イギリス多国籍銀行史
1830〜2000年

Geoffrey Jones
ジェフリー・ジョーンズ

監訳 坂本恒夫
　　 正田　繁

日本経済評論社

© Geoffrey Jones 1993
This translation of British Multinational Banking, 1830–1990 *originally published in English in 1993 is published by arrangement with Oxford University Press.*

日本語版への序文

　19世紀の初頭に起源を持つイギリス多国籍銀行経営の歴史的研究が、いま、日本語で可能になったということは、私にとって望外の喜びとするところです。

　グローバル経済の始まりであった第1次世界大戦以前に、イギリスの銀行家は、難しい意思疎通、貧弱な交通環境によってもたらされる大きな状況的障害にもかかわらず、世界中の多くの国に国際的な銀行ビジネスと支店網を形成していきました。本書は、この時代のイギリスの多国籍銀行が、20世紀への政治の激動と経済の再編のなかで、どのように永らえ、そして生き延びてきたのか明らかにしています。今日の巨大銀行の1つHSBCは、1860年代に設立された銀行のまさに子孫です。国境を越えた銀行が直面した環境的課題や、そしてそれをどのようにして乗り越えることが出来たか、本書には学ぶべき多くの教訓が盛り込まれています。

　この日本語版は、もともとのものと異なり最終章が完全に書き直されています。もとの英語版では、イギリス多国籍銀行の歴史書として1990年で終わっていました。しかしこの最新版では、最近までの話を盛り込んでおります。イギリス銀行業界の再編、つまり合併とほとんどの住宅金融組合の非相互会社化についても網羅しています。

　ミッドランド銀行の買収によって、HSBCはイギリス最大の銀行になりました。そして急速に国際化しました。1999年、HSBCは、世界中に同行の統一的な、まさに国際ブランドを確立しました。HSBCは、フランス系の大銀行の1つを買収することによって南米にも進出しました。そして、2002年ハウスホールド・インターナショナルを含む、アメリカにおける2つの巨大な銀行を買収して、大きく成長しました。

また、ロイヤル・バンク・オブ・スコットランドは、ミッドランド銀行同様の国内大手銀行、ナショナル・ウエストミンスターのきわめて成功的な買収と吸収によって、ヨーロッパで第2の巨大銀行に成長しました。そして時価総額の世界ランキングではトップグループの1つとなりました。しかし国際業務においては、アメリカで成長するリテール（小口）銀行業務においてかなり制限されています。
　そして最後に、スタンダード・チャータード銀行は、多くのアジアおよびアフリカの国々で、支店を開設したり、銀行を買収したりして「新興市場銀行」のスペシャリストとして、個性的な地位を築いております。
　これらの物語については、日本語版で最初に語られています。

　量的にも分厚い本書の日本語訳は、坂本恒夫教授と彼の研究仲間に多大の負担を課すことになりました。私は、彼らに、そして日本経済評論社に対して、心より感謝を申し上げたいと思います。そして日本の読者の関心がこの仕事を通じて私の研究に向けられる機会が生まれることを、衷心より願っています。
　2005年11月

ジェフェリー・ジョーンズ
（ハーバード大学　ビジネススクール）

目　　次

日本語版への序文　i
序文　1

第1章　イギリス多国籍銀行の概観 …………………………………… 5
　　1　問題の所在　5
　　2　概念と背景　8
　　3　要　約　16

第2章　創設、市場、戦略 ……………………………………………… 21
　　1　イギリス多国籍銀行の起源　21
　　2　商品とサービス　40
　　3　組織的能力と管理戦略　51
　　4　市場占有率と競争上の優位性　66
　　5　結　論　74

第3章　危機と成長 ……………………………………………………… 85
　　1　1890年から1895年の危機　85
　　2　成長と業績（1896～1913年）　91
　　3　参入と撤退　99
　　4　集中と経営支配　105
　　5　柔軟性と保守主義　108
　　6　競争と協調　120
　　7　結　論　127

第4章　銀行と政府 …………………………………………………………… 139

  1　大英帝国と公共政策および競争優位　139
  2　規制当局としての政府　140
  3　政府に対する銀行業務　146
  4　公債発行　156
  5　銀行家と外交官　168
  6　結　論　173

第5章　戦争と大恐慌 …………………………………………………………… 183

  1　構造とパフォーマンス（1914～46年）　183
  2　クリアリング・バンクと多国籍銀行　186
  3　合併、集中、そしてアングロ-サウスの没落　208
  4　経営構造　214
  5　危機管理　226
  6　結　論　237

第6章　戦間期の銀行戦略 …………………………………………………… 247

  1　市場シェアと競争優位　247
  2　競争とカルテル化　265
  3　地理的な多角化　270
  4　商品の多角化　274
  5　アジアおよびアフリカの現地スタッフ　284
  6　結　論　288

第7章　イギリス政府、イングランド銀行、多国籍銀行業 ………………… 301

  1　国家支援による多国籍銀行業　301
  2　イングランド銀行とクリアリング・バンク　314

3　銀行救済　319
4　結　論　325

第8章　壮大な構想　333

1　戦後世界における競争上の課題　333
2　合併の第1時期（1945〜60年）　343
3　壮大な構想（1960〜71年）　350
4　規制当局と壮大な構想　362
5　経営構造　366
6　結　論　374

第9章　戦後期の銀行業務戦略　385

1　マーケットシェア、競争、および受容性　385
2　南半球の銀行業務　395
3　発展途上国における継続と変化　404
4　アジアとアフリカの現地スタッフ　419
5　結　論　423

第10章　グローバリゼーションの興亡　431

1　多国籍銀行の変容　431
2　経営遺産と競争のダイヤモンド　433
3　多国籍銀行業務とクリアリング・バンク　438
4　グローバル化と海外銀行　448
5　グローバル債務　465
6　アメリカおよびヨーロッパにおける多国籍銀行業　470
7　結　論　487

第11章　結　論······499

1　イギリス多国籍銀行業：概要　499
2　起源と競争力優位　506
3　業績および効果　516

付録
1．イギリス多国籍銀行：総資産、時価総額、
   海外支店および関連会社······523
2．各銀行の歴史 ······533
3．イギリスの多国籍銀行における支店の地理的分布
   （1860〜1970年）······552
4．イギリスの多国籍銀行における総資産の地理的分布
   （1860〜1990年）······554
5．イギリスの多国籍銀行のサンプルにおける業績、
   収益性、企業価値（1890〜1975年）······556

参考文献一覧　629
訳者あとがき　641
索　　引　645

序　文

　近年までの150年にわたるイギリスの多国籍銀行業の発展を研究することに、私は5年の歳月を費やした。イギリスの海外銀行の歴史は、香港銀行が中東で手数料を取る業務を開始したことに始まる。そして、1986年と1987年にこれらに関する2冊の本が出版されている。イギリスの海外銀行業務全体の課題は、現代のイギリスの一般的な企業の海外業務の歴史の必要性とまったく同じであるということが、本書で明らかになる。これらのイギリスの多国籍銀行は、まったく無視することができない重要なビジネス群の1つであった。

　本書は信頼できる銀行の機密文書に基づいている。この研究は委託された仕事ではなく、またいくつかの銀行からスポンサー料をもらっているわけでもない。これらの銀行は機密文書を閲覧するのを認めてくれ、制限なしに私の調査の結果を出版することを許してくれた。これらの銀行に対して心より感謝を申し述べたい。私は19世紀からごく最近にまたがる機密資料をみるための特別の許可をいただいていた。私に機密文書を分析することを許してくれた以下の機関に御礼を申し述べたい。それは、イングランド銀行、ANZ（オーストラリア・アンド・ニュージーランド）銀行、バークレイズ銀行、香港銀行、イオニア証券会社、ロイズ銀行、ミッドランド銀行、ナショナル・ウエストミンスター銀行、スタンダード・チャータード銀行である。また。ミッチェル・ダンダード、ウィル・ベリー、ジョン・パンクの各氏には香港銀行、ANZ、スタンダード・チャータードなどの調査において、特別な援助を頂いた。このプロジェクトを進めるにあたって、銀行などの公文書管理者に多くの時間と労力をかけた。ジョン・ブーカー、ジェシー・キャンプベル、ダミアン・キャッシュ、ロン・ダイク、ピーター・エマーソン、ヘンリー・ギャレット、エドウィン・グリーン、トレバー・ハート、マーガレット・リー、フィリップ・ウィンターボトム、リリー・サンブ、アンジェラ・ラスピン、そしてエラウィン・ウォングに特に感謝したい。この協力と助け

は欠くことのできなかったものである。

　金銭上およびその他の援助をたくさんの人や団体から得た。私はニューフィールド財団から1年間の奨学金を頂き、それは私にこのプロジェクトの第一段階を計画し、教職上の仕事の負担を軽くすることを可能にしてくれた。これはすばらしい助けとなった。同時に、レバーヒューム信託には2年間の研究資金を提供していただき、私はフランキー・ボストックをこの計画の研究者として雇うことができた。のちに、ニューフィールド財団と経済・社会調査評議会の両者は、イギリス多国籍銀行の歴史の広くて深みのある専門化された側面を調査するために、ボストック氏に特別な資格を与えた。

　残存する銀行の記録の大多数はイギリスに保管されているが、香港銀行とオーストラリア・ニュージーランド銀行のきわめて重要なコレクションは現在、香港とメルボルンにそれぞれ保管されている。私はこれらの資料を調べるために、2度の楽しい調査旅行をした。香港では、1987年の春に香港大学のロバート・ブラックカレッジに滞在した。私は学校長にこのすばらしい研究の集団の一員になるということを許可してくれたことに関して感謝したい。ロバート・ブラックカレッジでできた友人たち、またマーガレット・リー、彼女の夫、そして息子であるシャン・ロックのもてなしは、私の香港の滞在を人生で最も幸せな期間の1つにしてくれた。1990年の夏、私は同様にメルボルン大学の経済史学部の客員研究員に任命されるという特権を与えられた。このことは私にANZの機密文書の調査をすること、また特に刺激的な経済史学者のグループに出会うことの両方を可能にしてくれた。私はC. B. シェドウィンとデビット・メレットにこの招待と歓待に対して心より感謝したい。

　そして、もう1人、フランキー・ボストックはこの本へ最大の貢献をしてくれた。彼女はスタンダード・チャータードのほとんどとイオニア銀行のすべての機密文書の研究を引き受けて、歴史家として突出した能力を証明してくれた。彼女は付録5で報告した銀行の収益性と価値の分析の責任をもち、その中で彼女は夫のマークから多くの助けを受けた。この本のそれぞれの草稿は彼女の批判的な意見を受け、彼女はありとあらゆる方法を用いて主要な議論を洗練させ、そして発展させた。誇張ではなく、この本はフランキー・ボストックの研究と彼女のイギ

リスの海外銀行の非常にすぐれた理解なしで書きつづけることはできなかったと考えている。彼女のエネルギーとこの計画への献身は注目に値するもので、ここで示された論点に対して重要な学術的貢献をした。

　多くの学界の同僚や銀行家が原稿のすべてか、あるいは一部を読んでくれて、その結果多くの改善がなされた。デビット・メレットは私がたくさんの資料を持っていて、その使い方がわからなかったときに、発展性のある貢献をしてくれた。マーク・カッソン、レスリー・プレスネル、スチュアート・ミュイルヘッド、ミラ・ウィルキンスは、その原稿の全体を読んで、部分を見るより全体を観察するよう多くの方法を教えてくれた。フランク.H.H.キングは香港銀行とアジア地域の為替銀行の歴史において必要不可欠な知識の源であった。チャールズ・ジョンは私に多くのラテンアメリカ銀行について教えてくれた。一方、マリア・バーバラはブラジリアン銀行の価値ある情報を提供してくれた。何年もの間、さまざまな不充分な考えはセミナーや会議で吟味され、そして参加者のコメントはこの本を書く上でかなりの影響を与えた。1989年レディング、1990年レーズ、ラウヴェン、オークランド、ウェリングサンドバーグ、1991年ケンブリッジ、サウスバンクポリテクニックロンドン、ウォーウィック、サンドバーグでの研究会やセミナーの参加者に特に感謝を申し述べたい。

　この計画は、私がロンドン大学政治経済学院（LSE）経済史学部の講師であったときに始まった。LSEは初めての調査に対し良き基礎を与えてくれた。経済学史における私の理解はこの時期にとても豊かになった。私は特にLSEの元スタッフであったメイ・ブラウンとマルコム・フォルクスの研究に影響を受けたことに感謝を申し述べたい。1988年にレディング大学の経済学部に移った。マーク・カッソン教授の一般的な経済学史および私の研究における助言はこの本の完成に関して重要であった。レディング大学は学術的な環境を与えてくれた。経済史、経済理論、経営管理の研究での相互作用によるやりがいのある学術的環境の中で深い研究ができた。この本はこうした意見交換による最初の成果である。これらの成果が他の研究者や他の地域に波及していくことを心より望んでいる。

　リン・コーネルは、私の手書き原稿を快くタイプしてくれた。しかも、彼女のこの本への貢献はそれ以上に多大で、筆者の多くの実務上の仕事をしてくれた。

また、手ぎわよく経営史室を管理してくれた。彼女の助けなしには本書を書き終えられなかっただろう。そして最後に、ファビーネの全面的なサポートに感謝を述べたい。

第1章 イギリス多国籍銀行の概観

1 問題の所在

　本書はイギリスの多国籍銀行の起源である1830年代から2000年までの歴史を扱っている。イギリスの銀行が海外に支店を設立したのは1830年代であった。それらは支店やビジネスをアメリカ、カナダ、西インド諸島や地中海で展開し、ロンドンの本店組織から監督・指揮をしていた。その後数十年、彼らは世界のいたるところで現代的な銀行業務を開拓していった。第１次世界大戦の直前まで、およそ30のイギリス銀行は1,000を超える支店を大英帝国の内外に所有していた。そして、1960年代までイギリスは世界で最も大きな多国籍銀行国家であった。イギリスの銀行の国際的活動はアメリカを含む他の国のそれよりもはるかに大きかった。

　イギリスの多国籍銀行の歴史はいくつかの方法で書くことができるが、それぞれの方法は、これらの銀行の歴史の異なるが重要な側面を強調するものになるであろう。これら銀行はイギリス金融システムの構成部分として、または銀行が活動している国々での役割や影響を通して、いずれかまたは一方のものとして扱うことができる。それらの地域状況におけるイギリスの銀行を考える上で１つの顕著な事例がある。おそらくオーストラリアのビジネスに特化しているイギリスの銀行というものは、西アフリカやブラジルといったイギリスの同系統の活動よりも、彼らの仲間であるオーストラリアの銀行との方がはるかに共通する部分が多い。しかしながら、本書のアプローチは世界的な銀行業におけるイギリス多国籍銀行の活動を調べることであり、また時代を超えた彼らの進化を追跡することで

ある。銀行業はサービス部門の産業として扱われる。資本の受入国における彼らの影響力よりもむしろイギリス銀行の起源、戦略、成果に焦点を置いた。詳細に吟味するために5つの関連したテーマを選定した。

　はじめのテーマはなぜ多国籍銀行は存在するのかである。この疑問は経済学者の主要な関心である。1977年にハーバート・グルーベルの「多国籍銀行の一般理論を発展させた最初の試み」[1]の公表から多くのモデルが出現してきた。多国籍銀行のパターンは資本コストの国々の相違に関係している[2]。多くの筆者は、銀行はしばしば国境を越えて活動する顧客としての会社に追随するため多国籍になると主張していた[3]。このような具体的な解釈を採用しようとする、より一般的な理論が提唱されてきた。ジョン・H．ダンニングによる国際生産の多岐にわたる実例が銀行業に当てはめられ、そして多国籍銀行の成長を所有形態、地域配置、内部化（海外事業の直接支配）の諸要素で立証しようと試みた[4]。製品の差異、規模の経済、情報と技術に関する市場の不完全性、政府のサポートが優位の源泉として、この文脈の中で議論されてきた[5]。最近になって、多国籍銀行の進化は内部化理論によって説明されてきた[6]。十分な理論のための探究は多国籍銀行のタイプの違いによって複雑になった。グルーベルは多国籍銀行を小口サービス銀行と大口サービス銀行に区別して説明をした。正確にいえばこれらの銀行業務には異なる解釈が必要であると論じた。本書は長期間にわたって、多国籍なリテール・サービスおよびホールセール・サービスを行った大規模銀行グループの多くの実証データを提供する。以下に続く章はなぜこれらの銀行がこのようになり、今日存在するのかを説明しようとしている。また多国籍銀行の起源に関する議論に貢献しようとしている。

　ここで追求する第2のテーマはイギリス籍の銀行が長期間においてなぜ目立ったのか、1960年代からなぜ精彩さを欠いてきたのかを追究することである。日本に対するアメリカ経済の相対的な衰退は、所有と国の競争力に関するこのような疑問に新たな関心をもたらした。マイケル・ポーターの『国の競争優位』では、なぜ国によって競争力に違いがあるのか、もっと厳密に言うと、なぜ企業が本店を置く国の違いによって、外国市場への浸透に成功する製品と失敗する製品があるのか[7]、ということが説明された。本書は長期間にわたる1つの業界における

国の競争力の事例研究を提供する。

　第3のテーマは多国籍銀行の内部の経営、組織に関することである。企業の機能に関する効率的な組織の諸問題は多国籍企業のケースにおいてとりわけ厳しい課題である。海外の国々における子会社や個人をコントロールすることは、多国籍企業にとって難しい仕事である。しかしこの領域での成功は全体の成功に本質的に不可欠であることを証明しているようである。その結果として組織論や国際ビジネスの研究者たちは「コントロール」戦略に関心を持ち続けている[8]。コントロールの問題は特にイギリスの多国籍銀行の歴史において深刻である。19世紀に多国籍銀行は本店からしばしば数千マイル離れた広範囲にわたる支店網を管理する問題に直面した。イギリスの銀行はラテンアメリカやイラン、タイでの活動のようないくつかのケースにおいて、地理的距離の問題は、異なる言語、文化、法秩序を持っている各国での作業のゆえに複雑化した。ジェット機はもちろん電話もなかった時代、どのようにしてイギリスの銀行が広く遠い国まで国際ビジネスの活動を組織化することができたのかを調査することは必要である。

　本書で追求されるべき第4のテーマは、銀行がどのように変化に対応していったのかという経営分析の中心的課題である。1990年に活動する多国籍銀行（例えば香港銀行やスタンダード・チャータード）は、19世紀中頃に活躍した銀行の流れを組んでいる。それら銀行の歴史の中で、彼らは市場や政治における荒々しい変化に直面した。2度の世界大戦、経済不況、大英帝国の崩壊、イギリス経済の衰退は、まさに彼らが直面した変化のいくつかにすぎない。生き残った銀行はどのようにして変化に対応してきたのだろうか。変化の制約は何だったのだろうか。そしてイギリスの銀行はなぜ的確にすばやく変化できたのだろうか。

　これらの問題は特に一連のイギリスの企業制度と関連がある。ここ100年間にわたるイギリス経済の相対的な衰退を説明しようと試みている文献が数多くある[9]。多くの説明では、20世紀のイギリスの企業は全体的に新しい環境にすばやく適応することができなかったと観察されている。そのような主張は、あらゆる文献に垣間見ることができる。中でも「全体組織の構造変化を毛嫌いする心的態度」に注目していたイギリスの著名な経済史学者のドナルド・コールマンに始まり、マイケル・ポーターによる「イギリス企業はしばしば革新と変化に抵抗する

経営文化を有する」[10]とした点に見られる。すでに述べたようにイギリス多国籍銀行は特に劇的な変化を受けており、これらの銀行の回答調査ではイギリス企業の変化を研究するための貴重な機会を長期にわたり提供する。

　本書で挙げられる最後のテーマは業績である。当時の多国籍銀行は国内銀行よりも良い業績をあげていることを示唆している。一つには、特定の国の市場リスク（システマティックリスク）から逃れられるという理由があり、さらには内部化戦略は、国際金融市場における不完全性を克服することによって多国籍銀行に優位性を生みだすという理由があるからである[11]。本書は長期間にわたるイギリス多国籍銀行の業績について調査している。1890年から1975年の中心時期で、イギリス多国籍銀行のサンプルとして、株主へのリターンを計算し、これを2つの国内銀行の株式に投資した場合と、あるいはイギリス債への投資した場合の投資利益と比較している。公表および非公表の情報に基づいて収益率も計算されている。この詳細な財務情報は付録5に収録されている。しかしながら株主へのリターンと収益性は事業の成功を見る1つの秤にしかすぎず、本書では市場シェアなどその他の業績を測る手段を含めて検証している。

　テーマ別アプローチは、本書が各イギリス銀行の包括的な歴史を与えるのではないことを意味している。時代ごとに一部の地域で用いられたビジネス戦略をより詳細に検証している。個々の銀行は特定の期間には突出したが、他の期間ではそうではなかった。付録1から4は個々の銀行そしてイギリス多国籍銀行の全体的な構造に関する情報を示している。付録1は1860年から1990年の間のさまざまな基準年での総資産と株価時価総額により銀行を評価している。付録2は各銀行の歴史を簡単に示している。付録3と4では基準年における支店と資産の地理的分布を分析している。この資料は本文において結論を引き出すための根拠となっている。

2　概念と背景

　いくつかの重要な概念がこの研究で用いられており、まずこれらのことを明らかにしておこう。

本書は多国籍銀行業を研究している。多国籍銀行は複数の国で支店と関係会社を所有しコントロールしている。これは、海外貿易金融や在外の政府や企業への貸付をも含んでいる国際銀行業務とは区別されている。多国籍銀行はしばしば国際銀行業務を行っている一方、母国以外で支店や関係会社を持たない銀行も、国境を越える貸付や貿易金融を運営しうるし、またしばしば実際に行われている。外国の独立した銀行を「コルレス」として、そのようなサービスを外国で展開することができる。多国籍銀行は、母国以外の異なった国々における金融施設の立地や所有に密接に関係している[12]。

　国際銀行業務は19世紀以前の数百年にわたり行われてきた。国際貿易に資金を供給し、両替を行った。ソブリン金貨はしばしば国境を越えて貸し付けられた。中世後期イタリアのバルディ、ペルッツィ、メディチ家はそのような活動において突出していた。16世紀に南ドイツの銀行家、続いてオランダ人の銀行家がこの業界の牽引役となった。こうした国際銀行業は、時折多国籍な活動をともない、初期のイタリア人の銀行家は時に海外で支店を設立した。しかし、ほとんどの銀行家は彼らの家族の一員やスタッフを代表として海外に送ったり、外国で彼らと同等の人々と相互協定を持つようになった。大規模な多国籍銀行業は、1830年代のイギリスの銀行とともに始まった[13]。

　本書では多国籍銀行へ焦点を当てているために、ロスチャイルド、ベアリングス、シュローダー、モルガン・グレンフェルのようなイギリスのマーチャント・バンクは詳細に研究していない。19世紀において、そのような大富豪は国際銀行業務において突出した存在であった。彼らはアメリカとヨーロッパの間の貿易金融を多く扱っていた。そして、世界最大の資本輸出国の金融の中心地であるロンドンで、外国貸付において大手金融機関であった。かつてのイタリアやドイツと同じように、マーチャント・バンクは海外に支店を設立することなく国際銀行業務を行っていた。その代りに、マーチャント・バンクは外国に「コルレス」銀行の巨大ネットワークをつくり、それらの国々でのサービスに相当するものと引き換えに、コルレス銀行のためにロンドンの取引銀行としての役割を担った。家族的なつながりや外国における共同出資者は、国際銀行業務を行う重要な手段を供給していた。マーチャント・バンクは19世紀以降にもかなり重要視されていた。

幸運にも、それらの成長と戦略に関する一連の優れた研究が出版されている[14]。

　2つ目の強調される点はイギリス人が所有し管理した金融機関の経営の研究である。これは明らかに重要な点であるように思われるが、本書によって扱われる期間の大部分において、当時の人々は現在では奇異に思われる方法で「イギリス」という概念を使った。これは1929年と1935年に出版されたイギリスの多国籍銀行の総合的な研究で、唯一の本を書いた人であるA. S. J. バスターの研究によって広まった[15]。バスターの独自で巧みな研究は、19世紀における銀行の起源を詳細に著しており、バスターに参照される特定の銀行をより詳細に知りたい人々は別にして、本書は19世紀における銀行の概観の多くを取り上げることができた。しかし、彼の国籍の概念と本書で使用する国籍の概念とは異なっている。彼の1929年の研究『ザ・インペリアル・バンク』では、イギリスで登録され、大英帝国内で支店を運営している銀行と、オーストラリアやカナダそして帝国のどこかで登記された銀行などを常に区分しているとは限らない。すべて"帝国銀行"であった。戦間期以降までしばらくはこの言い方にしたがっていた。1970年代の後半になって、イギリス銀行業務の統計は海外支店を経営していてロンドンに本店を置く銀行と、ロンドンに支店を持ち、英連邦のどこかに本店を持つ銀行とを「イギリス海外銀行」という1つのカテゴリーに含めた。ロンドンでは、これらの銀行はイギリス海外銀行協会という1つの代表的な団体に属しており、その団体は英連邦以外に本店を持つ銀行のための同等の組織である外国銀行協会とは完全に区別される[16]。さらに複雑なことに、当時の人々にとって、大英帝国は重要な存在だったので、バスターは帝国内で活動する"帝国"銀行と、彼の1935年の研究テーマであり外国で活動している銀行として定義した"国際銀行"を区別していた。

　大英帝国はもはや存在しておらず、また現在の経済において多国籍企業や海外直接投資のような概念を明確に規定している1990年代に書かれる本に、当時の使われていた表現で使用するのは妥当ではない。本書は海外直接投資に従事したイギリス銀行をとりあげている。19世紀にカナダ、オーストラリアや他の帝国内に設立された現地銀行は、大半が現地で所有され、現地に本店を置き取締役会の中に現地の人を採用した。現地銀行の経営戦略は大英帝国において登記されている

銀行に類似していたが、イギリスの多国籍企業の戦略とは異なっていた。この例外の1つは、1865年にイギリスの植民地である香港に登録された香港上海銀行（HSBC）である。同行は1860年代から今日まで上級経営者たちがイギリス人により構成され、株式もイギリス人に所有され、あらゆる点でイギリスの銀行として認識される。1991年にその銀行は本店所在地をイギリスに移転した。付録1には、イギリス多国籍銀行を定義づける上での問題に関して、幅広い論点が含まれている。

本書で行われているアプローチというのは、経営史や戦略論の多くの研究者の強い影響を受けている。基本的に本書は経営史の一研究である。論点の多くは、現存する公表資料とイギリス銀行の内部資料、双方用いて調査されたデータに依拠している。

経営史のいかなる研究者もアルフレッド・D. チャンドラーに多大な恩恵を受けており、本書にもそれが反映されている。3つの基本研究において、チャンドラーは現代の経営者資本主義の起源をたどり説明している[17]。19世紀後半、アメリカ合衆国の建国して間もない頃から所有と支配が分離したことにより、専門経営者が会社の所有者に代わり組織を支配し始めた。重要な経済の意思決定は、そのような大企業の経営者によって次第に担われるようになった。すなわち、市場の見えざる手から、管理上の調整といった見える手に置き換わった。企業の戦略と構造の変化は、市場や技術の変化によりもたらされた。通常、組織の変化は、時間差はあるが、戦略の変化に従う。

チャンドラーは基本的に現代産業企業にかかわってきた。彼の研究において銀行自体を、対象というよりむしろ産業企業への影響として取り上げている。"組織的能力は家族資本主義や個人資本主義の残存物によりハンディを背負わされている"という彼のイギリス製造業への主要な批判というものは、銀行業務部門には直接当てはまらない。銀行の家族所有は19世紀の終わりにはほとんど見られなくなった。しかしながら、彼の関心は製造業だったにもかかわらず、彼の概念はあらゆる部門の企業の研究者にとって価値のあるものである。チャンドラーの考えは、イギリス銀行の内部組織を理解し、状況や事業戦略の変化につれてその組織を変えることで直面する問題を把握するための議論に浸透している。

もう1人の経営史家の研究もまた本書の執筆に根本的な影響を与えた。ミラ・ウィルキンスは実質的に多国籍企業の歴史研究にはじめて取り組み、約20年以上の間それを続けている。3巻にわたり、彼女はアメリカ多国籍企業の進化をたどり、最近においてはアメリカで外国人が所有する多国籍企業の歴史も研究している[18]。ウィルキンスは本書の研究の基礎となる歴史的な背景を与えてくれた。19世紀に企業の多国籍化が始まり繁栄したことは周知のことであるが、多国籍化という概念が確立したのは1960年代のことであった。1867年にシンガー・ソーイング・マシンによるグラスゴーでの工場建設が多国籍製造業への投資の最初の成功例としてしばしば取り上げられており、何百という同様の投資があとに続いた。1914年までにコカ・コーラ、イーストマン・コダック、フォード、クウォーカー・オーツという一連のアメリカ企業は外国に工場を設立した。ドイツやイギリスは多国籍製造業の創業が豊富であった。第1次世界大戦までの海外直接投資は、1945年以降の水準と比較しても小さいものであった。しかし数百の多国籍製造企業が存在し、工場を有する企業のいくつかは多数の国に展開した[19]。

　最近まで多国籍企業に関する多くの研究は製造部門に集中しており、それゆえ研究の初めから広い視点をもって取り組むことが、ウィルキンスの研究の最も根本的な特徴の1つであった。採掘産業、サービス産業が彼女の本で強調されている特徴である。19世紀の間、鉱物や採掘産業、広告、保険、商業および通信サービスの広い範囲で海外直接投資があった。

　イギリス多国籍銀行は、ウィルキンスなどによって研究された広範な多国籍ビジネスという文脈の中で論じられる必要がある。銀行の多国籍戦略は19世紀には珍しいものではなかったが、他とは区別される多くの特徴があった。1830年代の初め、イギリス多国籍銀行業は国際ビジネスのまさに初期の形態であった。シンガーがグラスゴーへ投資をする時期までに、イギリス多国籍銀行はすでに5大陸で活動していた。多国籍銀行業務もまた、非常に多岐にわたっていて、地理的にも普及していた。1914年以前のアメリカの多国籍企業は、近隣のカナダやメキシコにおいて大部分が集中しており、一方、どの国の多国籍製造業者のなかで、1ダース以上の操業中の海外工場を有しているものはほとんどなかった。それとは対照的に、1914年までにロンドンに本店を持ついくつかの銀行は、何千マイルも

離れた地域で100、あるいは200近くの支店のネットワーク網を支配していた。そしてついに、イギリスが所有している銀行は、多国籍銀行業務の歴史において、比類なく重要なものとなった。多国籍製造業においては、1900年まではイギリス、ドイツ、そしてアメリカ合衆国が多くの多国籍製造業企業の本拠地となっていたが、アメリカ、ドイツ両国が多国籍企業の開拓者としての地位を得ている。それに対し、イギリス多国籍銀行は、ドイツの多国籍銀行がたどる道をすでに40年も前にたどっており、一方、アメリカは、はるかに大きな遅れをとっていた。

　ウィルキンスの研究の最後の特徴は注目に値する。ここ最近の15年以上の間、19世紀に見られる海外投資の潮流が本質的には証券投資であったという伝統的な見解は急激に見直されてきた。この期間の外国投資の少なくとも半分は所有と支配を含む直接投資であったということは明白である[20]。この19世紀の直接投資を行う上での会社形態は、近代的な多国籍企業の形態とはかけ離れていることが多かった。ウィルキンスはイギリスについてこの問題を研究し"フリースタンディング企業"という概念を導き出した。イギリスは1914年以前、第2次世界大戦前は最も巨大な直接投資国であった。ウィルキンスはアメリカや他のヨーロッパの投資とは対照的に、特異な形態をとっていることを観察していた。一般的に、企業は海外1カ国でビジネスをするために、イギリスで登記されていた。イギリス系オーストラリア企業、イギリス系アメリカ企業、イギリス系アルゼンチン企業は常に海外で単一の経済活動を行っていた。同じ構造が製造業から農業、サービス業にいたるあらゆる活動に現れていた。フリースタンディング企業は直接投資の1つの形態である。なぜなら、たとえその管理上の組織が小規模かつ初歩的なものであったとしても、実際の管理上の支配はイギリス本社から行われていたからである[21]。

　イギリス多国籍銀行業はフリースタンディングの構造の変形として発展した。ヨーロッパやアメリカのいかなるところにおいても、多国籍業務は既存の国内銀行業務を行っている銀行によって始められた。イギリスの場合は異なっていた。19世紀イギリス多国籍銀行はイギリス内で銀行業務は行っていなかった。それらは国外の銀行業務を目的として設立されたが、ロンドンにいる取締役や役員が主要な意思決定から細かな決定までも行っていた。第1次世界大戦直前に、イギリ

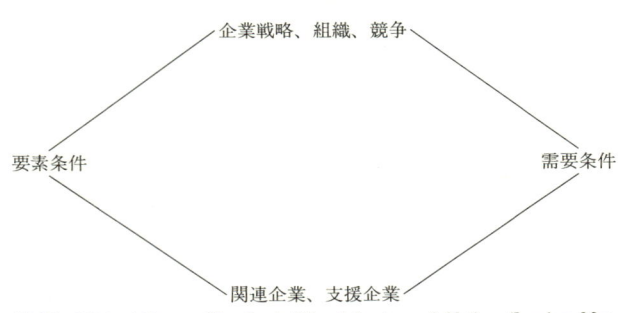

図1-1　ポーターの国の競争優位における決定要素

(出典) Michael Porter, *The Competitive Advantage of Nations* (London: Macmillan, 1990), 72.

スの国内銀行は初めて海外に支店を設立した。イギリス多国籍銀行は多国籍銀行業の歴史において特異なものであったが、イギリスの海外直接投資の流れにおいては典型的なものだった。

　本書の中でイギリス多国籍銀行の競争力に関する多くの議論は、経済学者であり企業戦略研究家であるマイケル・ポーターによって発展させられた概念を引用している。『国の競争優位』の中でポーターは、特定の産業における国の競争力は、競争優位のダイヤモンド理論で体系化した4つの主要な要素の範囲と質およびその相互関係に左右されると論じている。図1-1にポーターのダイヤモンド理論を示した。

　ポーターの最初の決定要素は、天然資源と創造物である財産のレベルおよび構成である。これらは人、資源、知識そして資本、インフラなどである。これらの要素を創造し、向上させるための国の能力は重要だとみなされる。現代のイギリスのように教育制度の課題のある国々は、ドイツや日本など人的資源に多く投資をしている国々と比較すると、"要素創造メカニズム"において不利である[22]。

　需要条件は、ある産業の製品またはサービスに対する国内市場需要の性質に関係がある。国内市場における規模と特徴の両方がポーターにとって重要である。複雑かつ要求の厳しい国内市場（当時のスイスのような）によって、製品品質やサービスという点で高い水準を満たすように地元企業に働きかけることができる。相対的に粗末で要求が厳しくない市場（当時のイギリスのそのような）は競争上

不利である[23]。例えば、内需は、政治的なつながりあるいは文化転移によって国際化されてしまう[24]。

　第3の決定要因は関連企業、支援企業である。ポーターは、企業がその関連活動を部分的にクラスター化することで、集積的もしくは外部経済からの利益を得ると説明している。ある産業で国が成功するには、国が、競争的な国内環境と供給者と競争者のネットワークを構築できるような多くの関連産業における競争優位を有しているかどうかがきわめて重要な決定要因であるとしている。

　企業の戦略、組織、ライバル間競争という第4の決定要素は、国内のライバル間競争の性質だけではなく、企業の設立・組織・管理方法を統制する国内条件に関係する。ポーターが強調する最後の点は、国内の競争相手は、競争優位の創造と持続へのカンフル剤になり、それが会社に革新と改善を強く促す[25]ということである。

　ポーターの"ダイヤモンド"は本来、多国籍ビジネスに関係して語られているのではない。はっきり言えば、これはダイヤモンドの弱点の1つであるということを正当に主張しているかもしれない。ポーターは、なぜある時は輸出によって、またある時は海外直接投資によって競争優位が発揮されるのかを論じていない。それにもかかわらず、ダイヤモンド理論は、国特有の競争優位の源泉を検討する際の有用なツールである[26]。本書では、ダイヤモンドの基本型を、イギリス多国籍銀行が有していた初期の競争優位の源泉と、20世紀を通じた競争優位の減少を調査するために、それぞれの主要な年代順の期間に適応させた。

　この研究においてポーターのモデルが持つ問題の1つは、公共政策に適応させた場合の役割の問題である。ポーターは政府を軽視していない（実際彼は1990年の研究で1章分をすべて政府のことに割り当てている）。しかし、彼は政府をそれ自身を決定要素として見ているというよりはむしろ、競争優位をなす4つの決定要素に影響を及ぼすものとしてみている。しかしながら、政府の政策は常に銀行にかなりの影響を及ぼしている。なぜなら、政府は銀行業への干渉を恒常的に必要としていたからである。銀行業務は、多くの部門の中の単なる経済の一部門というわけではない。銀行は、貸出政策を通して他のすべての部門に、また預金機能を通じて多くの個々人に、また経済の一般的な財政・金融状態に対して影響

力を持っている。現在、多国籍銀行業務の発展を説明する際に、規制の重要性を論証した理論的、実証的な文献が多く存在している。本書はこのような見解を立証し、またイギリス多国籍銀行業務の形態と今後のあり方における公共政策の重要性を詳細に検証する。

3 要　約

　イギリスの銀行は19世紀を通じて多国籍銀行業務のパイオニアであった。少なくとも1960年代までは銀行業において有力な機関であった。本書は、時代を超えて、イギリスの多国籍銀行の起源、競争優位の源泉、支配戦略、環境変化への対応、そして業績に関して検証していく。これら課題に対して、急速に発展している経営者資本主義、多国籍企業史、国の競争優位の決定要因といった概念を利用して探究していくことにする。

　次章ではイギリスの多国籍銀行の起源を検証する。1830年代から1890年までの50年間が重要な期間であり、当時整備された戦略や組織が、のちにイギリスの銀行の改革に基本的な影響を及ぼしているのである。

1) H. G. Grubel, 'A Theory of Multinational Banking', *Banca Nationale del Lavoro*, 123 (Dec, 1977).
2) Robert Z. Aliber, 'International Banking: A Survey', *Journal of Money, Credit and Banking*, 16 (4) (1984)
3) D. Channon, *Global Banking Strategy* (Chichester: Wiley, 1986), 3-4.
4) Jean M. Gray and Peter H. Gray, 'The Multinational Bank: A Financial MNC?', *Journal of Banking and Finance*, 5 (1981).
5) Adrian E. Tschoegl, 'International Retail Banking as a Strategy: An Assessment', *Journal of International Business Studies*, 19 (2) (1987)
6) Mark Casson, 'Evolution of Multinational Banks: A Theoretical Perspective', in Geoffrey Jones (ed.), *Banks as Multinationals* (London: Routledge, 1990).
7) Michael Porter, *The Competitive Advantage of Nations* (London: Macmillan, 1990).
8) C. Bartlett and S. Goshal, *Managing across Borders* (Boston, Mass.: Harvard

Business School Press, 1989).

9) 最近の例として、M. W. Kirby, *The Decline of British Economic Power since 1870* (London: Allen and Unwin, 1981); B. Elbaum and W. Lazonick (eds.), *The Decline of the British Economy* (Oxford: Oxford University Press, 1986); Scott Newton and Dilwyn Porter, *Modernisation Frustrated* (London: Unwin Hyman, 1988); Geoffrey Jones and Maurice Kirby (eds.), *Competitiveness and the State* (Manchester: Manchester University Press, 1991).

10) D. C. Coleman, 'Failings and Achievements: Some British Business, 1910-80', in R. P. T. Davenport-Hines and Geoffrey Jones (eds.), *Enterprise, Management and Innovation in British Business, 1914-1980* (London: Cass, 1988); Porter, *The Competitive Advantage of Nations*, 502.

11) Alan Rugman, *Inside the Multinationals* (London: Croom Helm, 1981), 89-103.

12) M. K. Lewis and K. T. Davis, *Domestic and International Banking* (Deddington: Allan, 1987), ch. 8.

13) Rondo Cameron, 'Banks: The First Multinationals', in V. I. Bovykin and Rondo Cameron (eds.), *International Banking, Foreign Investment and Industrial Finance, 1870-1914* (New York: Oxford University Press, 1991); Cherles P. Kindleberger, *Multinational Excursions* (Cambridge, Mass.: MIT Press, 1984), 155-70.

14) Stanley Chapman, *The Rise of Merchant Banking* (London: Allen and Unwin, 1984); Vincent P. Carosso, *The Morgans: Private International Bankers, 1854-1913* (Cambridge, Mass.: Harvard University Press, 1987); Kathleen Burk, *Morgan Grenfell, 1838-1988* (Oxford: Oxford University Press, 1989); Stephanie Diaper, 'The History of Kleinwort, Sons & Co. in Merchant Banking, 1855-1961', Ph. D. thesis, University of Nottingham, 1983.

15) A. S. J. Baster, *The Imperial Banks* (London: King, 1929) and id., *The International Banks* (London: King, 1935).

16) 'British Banking Enterprise in the Colonies', *Bankers' Magazine*, 45 (1885); 'The Overseas Foreign Banks in London', *Bank of England Quarterly Bulletin*, 1 (4) (1960-1); 'Overseas and Foreign Banks in London, 1962-68', *Bank of England Quarterly Bulletin*, 8 (4) (1968).

17) Alfred D. Chandler, *Strategy and Structure* (Cambridge, Mass.: MIT Press, 1962); id., *The Visible Hand* (Cambridge, Mass.: Harvard University Press, 1977); id., *Scale and Scope* (Cambridge, Mass.: Harvard University Press, 1990).

18) Mira Wilkins, *The Emergence of Multinational Enterprise* (Cambridge, Mass.: Harvard University Press, 1970); id., *The Making of Multinational Enterprise* (Cambridge, Mass.: Harvard University Press, 1974); id., *The History of Foreign Investment in the United States to 1914* (Cambridge, Mass.: Harvard University Press, 1989).

19) 多国籍企業の歴史に関する文献は、現在多数存在する。ミラ・ウィルキンスの3本の論文に加えて、有用な彼女による文献調査や考察も参照せよ。'The History of European Multinationals: A New Look', *Journal of European Economic History*, 15 (1986) and id., 1European and North American Multinationals, 1870-1914: Comparisons and Contrasts', in R. P. T. Davenport-Hines and Geoffrey Jones (eds.), *The End of Insularity* (London: Cass, 1988). The history of European multinational business can be approached in Peter Hertner and Geoffrey Jones (eds.), *Multinational: Theory and History* (Aldershot: Gower, 1986); Alice Teichova, Maurice Levy-Leboyer, and Helga Nussbaum (eds.), *Multinational Enterprise in Historical Perspective* (Cambridge: Cambridge University Press, 1986); Geoffrey Jones (ed.), *British Multinationals: Origins, Growth and Performance* (Aldershot: Gower, 1986); A. Teichova, M. Lévy-Leboyer, and H. Nussbaum (eds.), *Historical Studies in International Corporate Business* (Cambridge: Cambridge University Press, 1989). Mira Wilkins (ed.), *The Growth of Multinationals* (Aldershot: Elgar, 1991) contains an excellent selection of the most influential writings on the history of multinational business. J. H. Dunning, *Explaining International Production* (London: Unwin Hyman, 1988), ch. 3 contains the best estimates of the stock of foreign direct investment at various historical bench-mark dates.

20) P. Svedberg, 'The Portfolio: Direct Composition of Private Foreign Investment in 1914 Revisited', *Economic Journal*, 88 (1978); I. Stone, 'British Direct and Portfolio Investment in Latin America before 1914', *Journal of Economic History*, 37 (1977).

21) Mira Wilkins, 'Defining a Film: History and Theory', in Hertner and Jones (eds.), *Multinationals: Theory and History; idem*, 'The Free-Standing Company, 1870-1914: An Important Type of British Foreign Direct Investment', *Economic History Review*, 2nd ser. 41 (1988).

22) Porter, *The Competitive Advantage of Nations*, 368-71, 396-8, 497-8.

23) Ibid., 321-4, 500-1.

24) Ibid., 97-8.
25) Ibid., 121.
26) J. H.. Dunning, *Dunning on Porter: Reshaping the Diamond of Competitive Advantage*, University of Reading Discussion Papers in International Investment and Business Studies, No. 152, 1991.

第2章 創設、市場、戦略

1 イギリス多国籍銀行の起源

　諸外国の銀行制度に対するイギリスの影響は、1830年代以前にかなり見受けられる。イギリス人投資家は、新たに独立したアメリカ合衆国の銀行において、重要な役割を担っていた。1811年までに外国人投資家、中でも主にイギリスの投資家は、当時の大規模企業であった合衆国銀行株式の70％を所有していた。そして、その後継銀行である第二合衆国銀行にもまたイギリス人投資家による大量の株式所有が見られた[1]。イギリス人の移民は、カナダとオーストラリアの植民地に最初の銀行を創設した。1817年にイギリス領北アメリカの最初のフル・バンク（総合銀行）として創設されたモントリオール銀行の最初の出資者の中にはスコットランドの有力者が目立っていた[2]。オーストラリアの最初の銀行であるニュー・サウス・ウェールズ銀行は、1817年すなわちイギリス初の大陸流刑地となってから約30年後に創設されたが、イギリスの開拓移民、すなわち自由移民と流刑者の両者によって組織されたものであった[3]。

　これらは、多国籍投資ではなかった。合衆国銀行のイギリス人投資家は、その銀行を支配しなかった。それは、同行の運営がアメリカ人によりしっかり握られていたからである。カナダとオーストラリアの銀行に携わるイギリス移民は、イギリスを考慮することなしに現地でそれらの銀行を管理した。彼らの子供達は、オーストラリア生まれ、カナダ生まれのイギリス国民になったと思われるが、おそらくイギリスを訪れたことはないだろう。1990年代にカナダやオーストラリアといった独立国で目立った金融機関は──モントリオール銀行およびウエストパ

ック銀行（1982年にニュー・サウス・ウェールズ銀行になる）――植民地銀行におけるこの最初の世代の直系であった。

　1830年代に創設された初期のイギリスの海外銀行は、まったく異なるものであった。それらは、多国籍銀行であった。主にイギリスで発展し、イギリス特有の多国籍銀行は、ロンドンの本店が管理する海外支店を設立した。1850年代までこれらの銀行は、ほとんど独占的に大英帝国の支配下にある地域に進出していた。多国籍銀行の発展の時期また地域の特化は、大英帝国拡大、辺境地域の世界経済への組み込み、貴金属や一次産品の発掘や開拓の構図と密接にかかわっていた。初期の銀行は、イギリス植民地であるオーストラリア、西インド諸島、カナダに進出した。それは、これらの地域が高価な羊毛や砂糖、またイギリス移民の流入を通じて急速に発展したからである。オーストラレイシア銀行、サウス・オーストラリア銀行、オーストラリア・ユニオン銀行は、オーストラリアの植民地に1835年から1837年の間に開設された。コロニアル銀行とブリティッシュ・ノース・アメリカ銀行はともに1836年に設立され、イギリス領西インド諸島とイギリス領ギアナ、そしてカナダにそれぞれ進出した。イオニア銀行は、のちにイギリスの保護領となる地中海のイオニア諸島における業務のため1839年に設立された。

　これらの銀行は、当初、海外貿易金融を行うことを目的としていた。多くの場合、少なくとも発起人は他のタイプの銀行ビジネスに利益チャンスがあると考えていたが、それらの銀行は多国籍貿易銀行であった。しばしば、銀行設立の主導権は、営業対象地域にあったが、ロンドンのシティの銀行および他の商業上の利害関係者もまた、通常そうした銀行の発起人の代表者であった。例えば、オーストラレイシア銀行の設立構想は、捕鯨業と銀行業を結び付けようとした一人の植民地住民が考えついたものであったが、その主導権は、すぐにロンドンの関係者に移された[4]。イギリスの銀行は、オーストラリアの植民地における銀行業務の性質を変えた。現地の銀行は単一業務形態であり、預金を獲得するものではなく、通常、資本と紙幣の発行に依存していた。イギリスの銀行は、預金を集めるために利子を払い、入植地を移動する開拓者を追って支店を設立した。イギリスの銀行は、合法化された外国為替市場の設立を主導し、その設立は、あらかじめ政府機関の管理下にあった。

コロニアル銀行は、イギリスの銀行業者と重要な商人や農場経営者との連携によって成長した。それは、西インド諸島が同地域で生産された主要商品である砂糖の価格の高騰に基づく急速な発展を経験した時であった。この銀行の最初の会長は、ロンドンとリバプールにオフィスがあり、西インド諸島に多くのプランテーションを持つ貿易会社の共同出資者だった。ブリティッシュ・ノース・アメリカ銀行は、イギリスとカナダの植民地間の取引にかかわる商人と結び付いた。それは、カナダの国内銀行業務から利益が得られるという認識があったからである[5]。オーストラリアにあるイギリスの銀行同様に、この金融機関によって導入された銀行業の慣習は、カナダの銀行制度の発展に長期間影響を与えた[6]。

　イオニア銀行の起源は、いくぶん異なっていた。主導権が、イオニア諸島のイギリス植民地管理局にあったからである。地域経済は、スグリの実とオリーブオイルの生産によって占められていた。そして、農業経営者は、農産物の販売と代金回収を商人の有力なグループに依存していた。この問題の解決策として、株式の6分の1までが政府によって保有される現地所有の銀行を設立するという考えが生まれた。イオニア諸島で資金を調達することが不可能だとわかると、ロンドンの銀行家と商人は交渉を持ちかけられ、そして、1839年までにイオニア諸島で運営するための銀行がロンドンで設立された[7]。

　海外銀行の最初の世代では、発起人と取締役がかなり重複していた。オーストラレイシア銀行の初期の発起人だった14名のうち、5人はイオニア銀行に、2人はブリティッシュ・ノース・アメリカ銀行にも携わっていた。オーストラレイシア銀行の発起人の1人は、オーストラリア・ユニオン銀行の発起人の1人でもあり、オーストラリア・ユニオン銀行における初期の発起人のうち2人は、サウス・オーストラリア銀行の取締役でもあった[8]。商人は、これらの重複の源であったが、イギリスとアイルランドの銀行業、とりわけアイルランド・プロヴィンシャル銀行との顕著な結びつきも見られた。

　イギリスの海外銀行が植民地の支店を運営するために採用した組織構造は、アイルランドで創始された。アイルランド・プロヴィンシャル銀行は、1825年に設立され、ロンドンに本店を置き、アイルランドのいくつかの町に支店網を展開していた。それは、スコットランドの共同出資銀行をモデルとした。スコットラン

ドの共同出資銀行は、幅広い支店網を持ち、紙幣を発行し、預金に対する利息を支払った。この当時のスコットランドの銀行制度は、イギリスやウェールズとはかなり異なっていた。イギリスの銀行には、(仮に支店が紙幣を発行するとしたら) 高額な紙幣を発行できる支店は、通常、1つ (もしくはわずか) しかなかった。ロンドンにプロヴィンシャル銀行が本店を構えたのは、アイルランド銀行のダブリンでの紙幣発行業務の独占に原因があった[9]。

　アイルランド・プロヴィンシャル銀行は、財務上の成功を収めた。ロンドンの本店が、地理的に離れた地域にある支店網を監督できたことを証明した。直ちに、発起人は、いたるところでこうした方法を広めた。1833年に、プロヴィンシャル銀行の創設者らが、イギリスにナショナル・プロヴィンシャル銀行の設立を促した。それは、「数多くの支店を持つという点で特有の銀行」であった[10]。その後すぐに、彼らはさらに遠方に利益を得る機会を見出した。ナショナル・プロヴィンシャル銀行の発起人でもあったアイルランド・プロヴィンシャル銀行の取締役らのうち、1人はイオニア銀行、オーストレイシア銀行、ブリティッシュ・ノース・アメリカ銀行の取締役を兼ねており、また、別の者は、イオニア銀行とオーストレイシア銀行の取締役であり、残りの3人は、オーストレイシア銀行の取締役であった。アイルランド・プロヴィンシャル銀行の株式会社設立証書は、オーストレイシア銀行の証書[11]やブリティッシュ・ノース・アメリカ銀行の証書の模範となった。またそれは、同様にイオニア銀行にとっても模範となった。イギリスの海外銀行業務は、1820年代のアイルランド・プロヴィンシャル銀行で試みられたように、スコットランドの銀行業務の慣習を模範とし、また、アイルランド・プロヴィンシャル銀行で始められた本店と支店の分離をモデルとしたと言っても過言ではない。

　プロヴィンシャル銀行のように、海外銀行は通常、イギリスで登録された金融機関であり、ロンドンを拠点とする取締役会をともなっていた。その取締役会は、海外支店を統括していた。海外銀行のイギリスにおける拠点は、通常、ロンドンのただ1カ所に限られていた。しかしごくまれに、もっと遠方にある営業所として、エジンバラやリバプールといった街で運営されていたものもあった。

　こうした組織構造は、国際貿易金融によく適していた。ロンドンを拠点とした

取締役会や営業所は、イギリス商人との必要不可欠な交渉や彼らに関する情報を提供した。イギリス商人は、植民地経済圏で生産された商品や鉱物を輸入したり、現地で必要とされた製品を輸出したりしていた。ロンドンは手形を専門に扱う巨大な流通市場を有していた。さらに輸出期を通じて増大したイギリス通貨貸出しは、ロンドン市場に利益をもたらし、その上季節的な資金不足も同様に補塡された。それと同時に、海外支店網は、イギリスの金融機関に、諸外国でのさまざまな債権者の情報や負債の回収手段を提供した。こうした機能は独立したコルレスを活用することで可能であった。これは、アメリカおよびヨーロッパ大陸とのイギリスの取引が、マーチャント・バンクによって大きく取り扱われた理由だった。しかしながら、新しい海外銀行が1830年代から関心を示していたほとんどの地域においては、コルレスとしての役目を果たす信頼のおける現地の銀行を探すのは困難であった。それは、銀行業務のシステムが、存在しないかあるいは未発達の状態であったためである。言い換えれば、市場の利用を含めた取引コストは高くなりがちで、多国籍支店網を確立して貿易金融を内部で行う方が合理的なことであった。

　イギリスの海外銀行は、機能的にも地理的にもかなり専門化されていた。業務活動に関しては、イギリス内では国内銀行業務を行わず、国内銀行と株式所有の関係も持たなかった。イギリスの海外銀行は、もっぱらイギリス連合王国外で銀行業務を行うために組織されたが、所有権や支配は堅固に国内に置かれた。その結果、イギリスの海外銀行は、19世紀の海外直接投資の特徴的なイギリスの形態の初期の例となった。それは、「フリースタンディング」企業だった。しかしながら、海外銀行は、国内の金融システムとまったく切り離されていたわけではなかった。それは、取締役レベルでは、しばしばつながりがあったためである。初期のイギリスの海外銀行に対するアイルランド・プロヴィンシャル銀行の例外的な影響はさておき、ロンドンの銀行家達は、海外銀行の創設に頻繁に関与し、また、19世紀およびそれ以降もしばしば取締役会の代表となった。1890年から1914年におけるイギリスの海外銀行の取締役に関する研究では、海外銀行の取締役の44％が国内の貯蓄銀行やマーチャント・バンクといった他の銀行の取締役も兼ねていることがわかった[12]。

この指摘の最も明白な事例は、1850年代から海外銀行業務を行っているロンドンの民間銀行であるグリンとミルズの活動に見られた。グリンは1854年にオーストラリア・ユニオン銀行の取締役会のメンバーとなった。その後、1世紀後に他行と合併するまで取締役会にグリンとミルズどちらかの名前があった。1850年代を通じで、グリンとミルズは、2つの新しいイギリスの海外銀行の設立にかかわった。エジプト銀行とオスマン銀行である。続く10年間にロンドン・アンド・ブラジル銀行とアングロ-オーストリア銀行を、そして、1880年代にリバープレート・イングリッシュ銀行とペルシャ・インペリアル銀行の設立に携わった。通常、グリンとミルズ一族のメンバーは、これらの銀行の取締役会の代表となり、それだけでなく彼らが設立に関与していない銀行の取締役会の代表にもなった。したがって、このロンドンの銀行は、取締役職の形態の中にシニア・マネジメント（上級管理者）も備えた強力な推進連合役を務めた。しかしそのベンチャー投資家（キャピタリスト）の役割としては、多額の株式資本の提供を拡大してきたようには見えないし、別の海外銀行のビジネス戦略と調整しようとする試みも見られなかった。こうした意味で、海外銀行は、依然として国内銀行業務から完全に「フリースタンディング」状態にあった[13]。

　いくつかの銀行はしばしば同じ地域内で競合していたが、初期の銀行の名前に示されたように、各行が、自身の活動の地理的領域を持っていた。いくつかの例外を除き、イギリスの海外銀行がアジア、アフリカ、ラテンアメリカに広がっていった時に、こうした傾向が続いた。地理的特化は、その後150年間にわたってイギリスの多国籍銀行業務の特徴として残った。

　多くの関係者が、イギリスの多国籍銀行業務における機能的、地理的特化を説明している。イギリスの金融システムは、全体として、19世紀初頭までに専門的な金融機関システムに発展した。イングランドとウェールズの国内銀行は、──個人資本も（1826年以降）共同出資（株式資本）もともに、ロンドンの銀行と地方銀行というように分類されていたが──海外支店を持たないだけでなく外国為替業務も導入しなかった。しかし、1830年代からは、ロンドンを拠点とした銀行が、外国コルレス銀行との相互協定のネットワークを展開した。リテールバンキングは、多くの金融機関が参入していた。とりわけ、単一銀行業務が普及してい

第 2 章　創設、市場、戦略　27

たイングランドとウェールズにある金融機関が多かった。1825年には、イギリス連合王国に700行以上の銀行が存在し、1850年には、依然として450行以上あった[14]。これらの銀行の小規模性およびリテール事業に対する狭い範囲の特化は、多国籍銀行業務への関心の低さを物語っている。ロンドン金融市場に特有の機関である専門の手形割引商社は、為替手形の販売、買付、再販売を行っていた。当初、そのような手形は国内取引に資金を提供していたが、(国内の取引金融の利用が減少していた) 19世紀の半ば以降は、手形割引商社はマーチャント・バンクによって引き受けられた国際手形の買付業務 (手形割引) に徐々にかかわるようになった。当時のマーチャント・バンクは、国際貿易金融の専門家であり、ロンドン市場における外国債と鉄道株の発行を行っていた。19世紀初頭におけるイギリスの金融システムの一般的な環境を前提とすれば、海外銀行がより異なった組織形態として現れたのは驚くべきことではない。

　初期の多国籍銀行業投資の地理的な選定は、マーチャント・バンクに影響を受けた。すなわちマーチャント・バンクには、ヨーロッパ大陸やアメリカとのイギリスの貿易金融における最初の参入者としての強みがあった。同様に重要なことは、外国銀行に対する受容性の度合いであった。アメリカは、外国銀行に対しさまざまな制約を課していた。多くの州では、多国籍銀行は、まったく経営活動ができなかったし、ほとんどいたるところで、その行動が制限された。イギリスの海外銀行は進出が許される地域に展開していった。最初は、多国籍銀行の進出地にオーストラリアの植民地およびカナダが含まれていたが、オーストラリアの植民地では第 1 次世界大戦以降、非オーストラリア系銀行による進出はまったく受け入れられなかった。またカナダでは、イギリスの多国籍銀行は銀行の取締役は英国民でなければならないという1821年からの条件を免れることができた[15]。続いて、多国籍銀行は、東インド会社や植民地管理局によって強いられた参入障壁が撤廃されたので、アジア地域および南アフリカに進出できた。

　地理的、機能的特化は、初期の海外銀行が直面した規制構造によって大きく強化された。海外銀行に対する最も重要な規制の影響は、植民地銀行業務規制であり、それは、1830年代を通じてイギリス財務省によって展開されたが、のちに改正された。この規約は、大英帝国中、いたるところで適用された一連の規制を意

味し、銀行の組織、銀行が引き受ける事業の種類、銀行の株主との関係に影響を及ぼす意図があった。規制は、銀行業務の失敗を避ける目的があった。それは、例えば、大まかに定義されていた「銀行業務」に対する事業範囲の制限や払込済み資本金比率に応じた紙幣発行権限の制限などによってである。この規制は、法的効力を持つことなく柔軟に適用されたが、イギリスに登録された銀行や植民地銀行の組織に強い影響力を持っていた。

　植民地銀行業務規制の原則は、イギリス政府の設立許可証（ロイヤル・チャーター）に組み入れられていた。その設立許可証の下に、多くのイギリス海外銀行が活動していた。19世紀初頭のイギリス法は、会社に有限責任の特権を与えていなかった。海外銀行業務は依然としてリスクをともなうので、自己資本が調達される場合には、こうしたことに対するある種の保証を必要とした。その解決策は、設立許可証であった。設立許可証は、いわば有限責任を提供し、イングランド銀行はそれに基づき活動した。植民地銀行業務規制以後、設立許可証は払込済み資本金の規模に対する紙幣の発行を制限した。それ以外に、設立許可証には次のことが含まれていた。株主に対して2倍の責任を要求したり（すなわち、債務不履行が発生した際には、株主は出資総額の2倍まで責任を負うというものである）、年次決算の公表を義務づけたりした。また、支店の開設や閉鎖に関する管理を強制したり、事業を「銀行業務」に限定したり営業期間を制限した。このため銀行は定期的に設立許可証の更新を要求された。設立許可証は、銀行に独占権を与えなかったが、紙幣の発行の許可と、イギリスの植民地政府機関の資金を受け取る権限を追加的な認可なしに銀行に与えた。その規定はまた、——誤解を招くようだが——銀行に対するある種の政府の同意やあるいは保証をも含むものであった。これらの規定は確かに、銀行に誰もが欲しがるようなある程度の社会的地位を与えた[16]。

　許認可制は、初期のイギリスの海外銀行の地理的特化に大きな影響を与えた。すべての許認可が、地理的領域を指定し、その地域で銀行は、事業を行うことが認められた。しかし、細かい点は個々の事例における社会的圧力や状況によって異なっていた。財務省は、銀行がその事業活動を一地域に限定すべきだという見解を持っていた。特に銀行の紙幣発行の安全性を心配し、また多地域に展開する

銀行は不安定で破綻しやすいということを恐れていた[17]。例えばオーストラレイシア銀行の発起人は、初めは彼らの銀行をオーストラレイシア・アンド・サウス・アフリカ・ロイヤル銀行と見なしており、セイロン（スリランカ）、モーリシャス、シンガポールへ拡大することを考えていた。それは、事実上、イギリスとオーストラリア間の（スエズ運河以前の）通商航路に沿っての拡大であった。しかし、設立交渉の間中、商務省は「遠く離れ、お互いにもともと関係のない植民地で同じ組織の銀行が結びつくことは不適当である」と考えていた。同じ発起人がオーストラリアと南アフリカに別々の銀行を設立するというその後の提案は、政府銀行の預金取扱いや手形割引が南アフリカにすでに存在するという理由で植民地局によって退けられた[18]。ブリティッシュ・ノース・アメリカ銀行は、設立許可証を受けずに1836年に開設されたが、同行が植民地政府資金の保管業務を行えないことが判明した。同行は、設立許可証を申請し、1839年に与えられたが、このことが「北アメリカにあるイギリスの植民地や入植地内あるいはイギリス領北アメリカに隣接したすべての都市、街、場所に」同行の活動を制限した。これらの規定は、同行をロンドンでの商取引から締め出した[19]。

　設立許可証を申請しなかった銀行は、活動の地理的領域に関するそのような制限には直面しなかった。1840年代の最も活動的な海外銀行は、当初は設立許可証を持っていなかった。その銀行は、オリエンタル・バンク・コーポレーションであった。その新規事業は、ウエスタン・インディア銀行としてはじまり、1842年にボンベイに創設された。そして、それは、当時のイギリス領インドに普及していた特有の規制の枠組みから脱却し、成長した。多くの西洋の銀行機関は、19世紀初めの数十年間に東インド会社によって支配されていたインド領域で活動していた。外国為替銀行業務は、東インド会社と18世紀後半のインドで設立された多くのイギリス所有の「代理商社」の領域であった。政府の事業、紙幣の発行、特定の商業銀行業務――ただし、禁止されていた為替業務を除く――は、ベンガル（1806年）、ボンベイ（1840年）、マドラス（1843年）に設立されたプレジデンシー銀行によって運営されていた。これらの銀行は、1876年まで政府が株主であった。1829年から1834年までの代理商社危機のあと、ベンガル地方でカルカッタ・ユニオン銀行とアグラ銀行に先導されて多くの新しい民間銀行がイギリス人海外

居住者によって設立された[20]。

　1840年代の間には、インドとアジア諸国で為替銀行業務に有益な収益獲得の機会が新規参入者を引きつけ始めた。その地域の国際貿易は、商品の生産拡大と海上および陸上の輸送手段の向上により急速に発展した。1813年にインドと、1834年には中国との東インド会社による独占取引の廃止を機にイギリスの事業会社が数多く生れた。また、それは、1819年と1841年のそれぞれの年にイギリスの植民地になったシンガポールや香港のような中継貿易の急速な発展にも起因していた。ウエスタン・インディア銀行は、ボンベイ銀行から除外された為替業務とその他の業務を執り行うためにボンベイに設立された。

　この銀行は活発にビジネスを展開し、コロンボ、カルカッタ、香港、シンガポールに支店を設立した。1845年に同行は、本店をボンベイからロンドンに移し、名称をオリエンタル銀行に変更した。4年後、同行は、イギリス人のコーヒー農園主によって設立されたセイロンのある銀行を買収した。その銀行は設立許可証を取得していた。このようにして、オリエンタル銀行は、設立許可証の権利を行使する機会を得て、1851年に統合された銀行——オリエンタル・バンク・コーポレーションと呼ばれた——は、新たな設立許可証を手に入れた。行政上のミスのために、この銀行は、インドに進出することを許可する設立許可証を取得したイギリスで法人化された最初の銀行になった。財務省は、「喜望峰より東のいかなる地域においてでも」活動する権限を銀行に与えるという条項が、インドで活動する権利を法的に与えるものであったことに気づかなかった。その結果、設立許可証の申請は、インド当局に最初に伺いを立てるという通常の手続きによることなく財務省によって同意されるものとなった[21]。

　オリエンタル銀行は、アジア地域での最初の為替銀行になり、またしばらくはアジア地域の為替銀行の中でも最大の銀行であった。そのことは、為替銀行の領域になったインド外国為替市場に対する非難をもたらした。プレジデンシー銀行が、為替銀行に対して、仲介銀行家のような機能を果たすようになり、為替銀行のインドでの多大な運転資金の必要額をプレジデンシー銀行が供給した。オリエンタル銀行はまた、アジア地域の主要な貿易センターから南アフリカとオーストラリアまで拡大する多国籍支店網を構築した。

1850年代には、海外銀行進出促進の第2次の気運が見られた。グリンとミルズは、エジプト銀行の振興に関与した。エジプト銀行は、イギリス-エジプト貿易に資金供給することを意図していた。既存のイギリス系オーストラリアの銀行3行に、新たに創設されたオーストラリア・ロンドン・チャータード銀行とイングリッシュ・スコティッシュ・アンド・オーストラリア・チャータード銀行の2行が加わった。豊富な金の発掘が、1851年にニュー・サウス・ウェールズの植民地でなされ、続いてビクトリアの新しい別の植民地で、それと同等のもしくはそれ以上の金の発掘がなされた。新しいイギリスの銀行2行はシドニーとメルボルン、そしてニュー・サウス・ウェールズとビクトリアの主要な都市にそれぞれ支店を開設した。金は銀行の新規支店の急増をもたらした。現地の銀行はイギリスの銀行とととともに多支店銀行業務を行ったので、その数は1851年の25支店から1860年には197支店へとオーストラリアの植民地全土で増大した[22]。

　新規銀行2行はまた、オリエンタル銀行の広範囲な地域展開をまねる目的で設立されたが、双方の例では、規制の配慮すべき事柄が多地域の活動意欲を抑制し、この新しい金融機関がアジア地域の為替銀行になることを制限する働きをした。インド・オーストラリア・アンド・チャイナ・チャータード銀行が1853年に法人化された。主導者は、『エコノミスト』誌の創設者のジェームス・ウィルソンで、アジアとオーストラリアで、そしてまた両地域間の取引に資金供給する銀行業務機関を提供しようとしていた。それは東インドとオーストラリアの商人および船主の小さなグループと共同で行われた[23]。オリエンタル銀行による先例にもかかわらず、東インド会社の反対で設立許可証の取得がきわめて難しかったことが判明したが、1853年にようやく許可を得た。同行の名称と当初の意図にもかかわらず、チャータード銀行はオーストラリアに支店を開設することはなかった。それは、銀行の設立許可が与えられるまでに、商務省の新しい規則が、イギリスの銀行にオーストラリアでの開設の前に植民地議会の許可を求めることを要求していたためである。チャータード銀行は、正式に許可を得るために植民地局に申し入れたが、それまで、現地で設立された植民地銀行からオーストラレイシアのイギリス系銀行に対する反対が増していて、その申し入れは退けられた。同行はこうした反対がおさまった時に、再度申し入れることができたがそれを選択しなかっ

た[24]。代わりに、チャータード銀行は、アジア地域に全力を注いだ。

インド・ロンドン・アンド・チャイナ・チャータード・マーカンタイル銀行の由来は、1853年にボンベイで創設されたボンベイ・マーカンタイル銀行にあり、直後にインド・ロンドン・アンド・チャイナ・マーカンタイル銀行に名称変更した。マーカンタイル銀行は、設立許可証の取得の目的を持って形成され、この承認は、本店がボンベイからロンドンに移転されることを意味していた。設立許可は、ようやく1857年に取得され、取得の遅れを避けるために、同行はオーストラリアの植民地を活動の合意領域から除外した。翌年、同行の本店は、ボンベイからロンドンに移転された[25]。

アジア地域の為替銀行は、アジアにおいて西洋の影響の及んでいない地域への拡大のために優位性を確保する準備を整えていた。1853年に、ペリー提督は、日本に対し貿易を行うために開国するよう要求することにより、同国の250年にわたる鎖国を終焉させた。15年後、明治維新が新政府に日本経済の近代化に全力を傾ける影響力をもたらした。イギリス系銀行は、明治維新と同じ頃かもしくはそれ以前に日本に進出したが、世紀の変わり目の直前まで日本では外国系銀行だけが活発に活動していた。チャータード・マーカンタイルは、1863年に横浜に支店を開設し、1865年にオリエンタル銀行とその他の銀行の支店開設が続いた。オリエンタル銀行は、日本政府に対する金融アドバイザーとして特に重要な役割を担っていた。また、1870年と1873年に、明治政府による最初の2種類の外国債をロンドンで発行した[26]。

一方で、仮にイギリス多国籍銀行業に関する最初の30年間余りの進展状況を評価するための基準の年を1860年とすると、その時点では、15の銀行が活動していた。それらの銀行は、イギリス連合王国外において合計で132支店余りを運営していた。これらのうちのほぼ半数は、オーストラリアに位置し、ニュージーランドはほんの一握りであった。南アジア、西インド諸島、カナダはその次に重要な拠点だった。資産の地理的分布は、推定する限りでは、予想以上に異なっていた。1860年には、おそらくイギリス多国籍銀行業の資産の半分以上がアジアにあって、3分の1以上がオーストラレイシアにあった。その他の地域での営業活動は比較的目立たなかった[27]。

1860年代の間には、イギリスの会社立法改革が、海外銀行の進出促進の投機的なブームを盛り立てる助けとなった。1862年に国会は、1857年と1858年の従前の2つの会社法を集成した。それは、銀行業を営む会社も含む有限責任共同出資会社の自由な設立を導入し、その結果、国内外双方で共同出資銀行を組織化する勢いを加速させた。1857年から1866年の間に約30の新規の銀行が大英帝国内で業務を行うために創設された。それらはほとんどが、新有限責任法の下で法人化され、1864年以降、海外銀行に与えられた新しい設立許可証は、1889年の1件であった。これらの銀行の多くが1866年の重大なイギリスの銀行業危機で生き残れなかった脆弱な危険をはらんだ会社だった。その危機は、主要なロンドン手形割引商社であったオーバーエンド・ガルニーの倒産にかかわるものものだった[28]。

　この危機の間に起こったひとつの銀行——アグラ・アンド・マスターマンズ銀行——の支払停止は、注目に値する。同行は、1830年代にインドで設立された新しい民間銀行の1つであり、1857年の会社法に基づく法人化に続いて、その年にロンドンに本店を移した。1864年には、ロンドンの銀行家のマスターマン・ピーターズ・ミルドレッド・アンド・カンパニー社との統合によって国内外の銀行業間における制度上の障壁を打破した。その銀行は、インド、中国、そしてパリをも含む支店網を広げた。1862年にはシドニーに、その2年後にはメルボルンに支店を続けて開設した。1866年までに計画は、ブリズベン、クイーンズランドの植民地の支店開設へと動き出し、政府の事業の入札もうまくいった。その結果は、すでに設立された一般的な多国籍銀行業とはまったく異なったモデルとなった。特定の地域に特化した海外銀行ではなく、アグラ・アンド・マスターマンズは国内外の銀行業務を統合し、3大陸で支店を運営した。このモデルは、実質的には最初から不成功であった。ロンドンのシティは、国内外銀行業の先例のない統合に疑いを持ち、その上、支店の地理的な広がりは、1866年の金融危機においてこの銀行を脆弱にした。その結果は、倒産であった。その後、この銀行は、より小規模のアグラ銀行として再建されたが、その事業はアジア地域に限定し、1900年に破産するまで存続した[29]。次世代の銀行家は、国内イギリス銀行業務に組み込まれた多地域銀行を創設する努力に、20世紀の大部分を費やした。

　多くの投機的な事業はさておき、1860年代から1870年代の間に創設されたイギ

リスの海外銀行の新しい波が、ラテンアメリカ、南アフリカ、ニュージーランドの南半球入植者経済圏まで広がった。これらのイギリスの海外銀行は、鉱物や商品の好況時に頻繁に開設された。

　1860年代の前半におけるイギリスのラテンアメリカとの輸出入貿易を行っていた商人、そして南アメリカ大陸に利益獲得のチャンスを見出した者が、一連の銀行設立を促進した。それらには、ロンドン・アンド・リバープレート銀行、ロンドン・アンド・ブラジル銀行、リオ・デ・ジャネイロ・イングリッシュ銀行、メキシコ・アンド・サウス・アメリカ・ロンドン銀行が含まれている。それらの銀行は、港やいくつかの主要な内陸の貿易中心地、とりわけ急成長したリバープレート地域に支店を設立した。そこでは、イギリスの商業関係者が、毛織物、皮革や生皮などの革製品の輸出、イギリス製の織物やその他の日用品の輸入を活発に行っていた。こうした経済は、南ヨーロッパからの入国者が増大したことと鉄道の建設が本格化したことで急成長した。イギリス所有の会社は、多くのアルゼンチンの鉄道――同様にブラジルとその他のラテンアメリカの鉄道――を建設および運営した。また、公共施設、船舶会社、採掘の新規事業も積極的に行った。イギリス系の銀行は、これらの事業に尽力し、そうした事業に資金を貸し付け、その事業者から預金を受け入れていた。19世紀またそれ以降を通じ、ラテンアメリカでのイギリスの銀行業務活動は、アルゼンチン、ウルグアイ、ブラジル、チリの4カ国に限定されていた。南アメリカ大陸におけるほとんどのイギリスの投資はこうした国で行われ、19世紀の最後の数十年までに、これらの国々は、その他の共和国よりも国家の安定性に関してより高い評価を確立していた。

　最初に開拓を行った銀行に対し、すぐに他の銀行が参入してきた。1870年代には、一時的ではあったが、野心的なリバープレート・マーカンタイル銀行の存在があった。同行は、当初のイギリス系銀行は保守的すぎると考えたイギリス系アルゼンチンの商人によって発起されたのである。続く10年間に、リバープレート・イングリッシュ銀行とアングロ-アルゼンチン銀行が創設された。この期間に行われた別の設立には、1888年にチリで活動するために組織されたタラパカ・アンド・ロンドン銀行があった。同行は、1930年代初期の大恐慌で打撃を受ける前までは最も大きなイギリス系海外銀行に成長していた。後者の新規事業を促進

する原動力が、ジョン・トーマス・ノースであった。彼は多くのチリの硝酸産業とそれに関連する社会基盤、とりわけ鉄道を支配していた[30]。

　1860年代もまた南アフリカに特化したイギリス系海外銀行の出現が見られた。1850年代にケープ経済が拡張するにつれて、当局が1830年代以来保護しようと努めてきた現地銀行は、銀行業サービスの適切な水準の供給が不十分であったことを示した。ポート・エリザベス（東ケープ）の重要な商人グループは、そのほとんどがロンドンと密接な関係を持っていたのだが、1857年に現地のポート・エリザベス・スタンダード銀行の設立を提案した。最終的にその新規事業に対してイギリス資本を調達することが決まり、1862年にブリティッシュ・サウス・アフリカ・スタンダード銀行がロンドンで法人化された。競合相手であるロンドン・アンド・サウス・アフリカ銀行が1860年に設立され、1年後設立許可証を取得した。同行は、1877年に成功を収めていたスタンダード銀行に取得される前はさまざまな事業を行っていた。比較的高価だった毛織物、銅、ダイヤモンドに基づく経済の急成長は、オリエンタル銀行の南アフリカ事業を取得したアフリカ銀行（1879年）といった他のイギリス系海外銀行の創設をもたらした[31]。

　ニュージーランドでは、オーストラリア・ユニオン銀行が1840年に最初の支店を設立した。それは、イギリスの入植者が最初に到着した年であった。積極的な活動を行うオリエンタル銀行は、1861年に撤退する前のわずか数年間支店を開設し、1864年にオーストラレイシア銀行が出現した。一方で、1861年に、多量の金が発見されたことを受けて、入植者は自身の現地金融機関としてニュージーランド銀行を創設した。同行は、ニュージーランド最大の銀行になった。このオークランドを拠点とした金融機関は、オタゴの町の実業界を刺激して1863年にイギリスで登記した競合銀行のオタゴ銀行の進出を促進した。同行は、複雑な運命をたどり、1872年までにその事業をロンドンで登記された新銀行、ニュージーランド・ナショナル銀行に売却する手はずが整えられていた[32]。

　北アメリカで営業活動を行うために設立された新規の金融機関は、ほとんどなかった。ブリティッシュ・コロンビア銀行はカナダで活動し、その一方で多くの銀行がカリフォルニアで活動していた。その上、入植者の経済状況はオーストラリアの植民地とは異なっていた。新規の銀行には、ロンドン・アンド・サンフラ

ンシスコ銀行、アングロ-カリフォルニア銀行、ロンドン、パリ・アンド・アメリカ銀行が含まれていた。それらの銀行は、当初、カリフォルニアでの銀行業務で重要な役割を得ていた。例えば、アングロ-カリフォルニア銀行は「太平洋岸の国際為替市場における最大のディーラーになった」[33]が、やがてそれらの銀行の重要性は薄れていった。

　1860年代から入植者経済に多くの注目が集まったにもかかわらず、アジア地域が収益獲得の機会を提供していた。第2の銀行がエジプトで営業するためにアングロ-エジプト銀行が組織され、イランの国営銀行に指定された免許に基づき1889年にペルシャ・インペリアル銀行（ペルシャ銀行として1930年代から知られるようだった）が設立された[34]。別のアジア地域の為替銀行が1863年に、在外のイギリスおよびインドの商人によってカルカッタで組織されたカルカッタ・シティ・バンキング・コーポレーションから生まれた。当初は、取締役会に大多数のインド人の構成員がいた。その名称は、翌年、インド・ナショナル銀行に改称され、1866年にロンドンに登記が移された[35]。

　1860年以降のアジア地域の為替銀行業務への最も有力な新規参入者は、香港銀行であった。同行は、1865年に香港の多国籍貿易商人によって創設された。同行は、植民地政府によって認可を与えられていたが、植民地銀行業務規制の下での会社設立許可書は、イギリス政府による設立許可証の条項と類似していた。14人の創設委員会メンバーのうち8人は、イギリス人ではなく、ドイツ人、アメリカ人、ボンベイの利害関係者の代表3人、2人のパーシ人（ペルシャ系）とユダヤ系貿易商社のデイヴィッド・サスーン社のメンバーを含んでいた。その銀行の目的は、地域貿易の資金供給にあったが、結果として、銀行の最初の焦点は中国、日本、その近隣諸国の貿易港に当てられていた。香港銀行は、香港に開設した後わずか4カ月でロンドン事務所を開設したが、インドで創設された銀行の前例に倣わず、イギリスに拠点を移転しようとはしなかった。その代わり、イギリス人海外居住者によって運営されていたにもかかわらず、「現地」銀行として成功し、1876年までに「主要な地域銀行としての地位をすでに確立」していた[36]。

　その8年後、最も重要だった銀行がアジア地域の為替銀行業務から退出した。オリエンタル銀行が1884年に経営破たんしたのである。最大の為替銀行が消滅し

た背景には、銀の価値下落があった。ほとんどのアジア通貨は、銀が優勢であり、それに対してイギリス通貨および他の先進国の通貨は徐々に金本位制に連動された。本章の後半で述べているように（45ページ）、この下落は、イギリス通貨建ての資産を持つイギリスの銀行にとって不幸な結果を招いた。1878年には、このことが原因で、所有していたアジア通貨建ての短期資産を評価替えすることによって、オリエンタル銀行は事実上準備金を使い果たした。

経営上の失敗と拡張された支店は、銀の価値下落の問題を大きく悪化させた。銀価格の将来的動向の見込み違いは、無分別な貸付け政策と重なった。この貸付方針は回収されたセイロンのコーヒー農園とモーリシャスのさとうきび畑を銀行に管理させることになった。コーヒーに対する過剰な融資額は、1880年代初期のセイロン島の産業を破滅させた長引くコーヒーの葉の病気が原因で特に深刻だった。その結果、その島で活動するすべての銀行に多大な不良債権をもたらした。準備金を再積立するよりも配当を支払い続けたオリエンタル銀行の政策が、1884年に同行を破たんさせた信用危機の影響を受けやすくした[37]。

アグラ・アンド・マスターマンズの場合、この銀行は、ニュー・オリエンタル・バンク・コーポレーションとして再構築されたが、この銀行もわずか8年後に破たんした。この銀行もまた、イギリスの海外銀行業務に見られる規準と比べて、多国籍銀行業務の異なるモデルの代表だった。この銀行は、19世紀におけるとりわけ優れたグローバル銀行だった。同行は、東半球に著しい多大陸支店網を展開していた。やがてそのグローバルネットワークが、現地でのビジネス条件に対する知識不足を露呈し、銀行に莫大な不良債権を残した。同時代は、地域特化がより慎重な戦略であったと結論づけられるであろう。

1890年ごろには、イギリスの多国籍銀行業務は、30年前と比較して著しく成長した。銀行の数は、2倍以上になり33行に達した。多くのイギリスの銀行において海外支店の広大な拡張が見られ、その数は700を超えた。この拡大の推進力は、オーストラリアとニュージーランドにあり、1890年までに全イギリス海外支店のうち60％以上を占めていた。この30年間がオーストラリアの植民地における経済成長を維持した時であって、この間、多くの新しい植民地銀行が創設され、支店の総計は8倍になった[38]。1860年において、資産の分布は支店の分布とは異なる

様相を見せた。イギリス多国籍銀行業務は、オーストラレイシア、ラテンアメリカ、アジアのトライアングルに中心を置くようになった。最初の地域では、イギリスの銀行が大規模な支店網を開設した。後の2つの地域では、銀行が、一握りの支店の業務を行っていた。

　イギリスの多国籍銀行の多大な拡張の理由については、この章の終わりに述べるつもりであるが、その成長が大英帝国、イギリス資本の輸出、イギリス海外貿易の発展と関係しているということは直ちに証明できる。帝国との関係は、その3つの地域で最も明白であった。ラテンアメリカでの活動は、帝国の正規の国境を越えていたが、イギリスの銀行の支店配置のいたるところで、イギリス帝国の権力と圧倒的な相関関係があった。アジアでは、イギリスの銀行はイギリス植民地での運営か、西洋の権力の事実上の支配下にあった都市での運営かのどちらかであった。

　19世紀におけるイギリス多国籍銀行業務の重要性はまた、基本的には、世界経済におけるイギリスの全般的な重要性にあった。産業革命は、19世紀半ばにアメリカに追い越されるまで、西側の世界の中では、総所得に関して、最も大きな経済をイギリスに与えた。イギリスは、その世紀を通じて、単位資本当たりの生産に関しても主導国を維持した。イギリスは国際貿易の要だった。イギリスの輸出品は、主だったものが1876年から85年の10年間の世界総計のほぼ40％を占めていた[39]。1850年代からは、イギリスの資本輸出は、世界中でもはるかに大規模な海外投資家を生み出して加速し、第2次世界大戦までその地位を維持した[40]。

　しかしながら、図2-1のチャートは、イギリスの多国籍銀行業務とイギリスの貿易と資本輸出との間の関係が帝国の境界とは、それほど直接的ではなかったことを示している。1890年のイギリスの輸出入を見てみると、イギリスの貿易が北アメリカや他のヨーロッパの国にかなり偏っていることを示している。イギリスの銀行によるこの地域への直接投資は最も少なかった。この貿易の傾向は、戦前の十数年間ほとんど変わらなかった。イギリスの資本輸出の正確な規模と特徴には異論もあるが、1865年から1914年までの間の資本輸出先に関して図2-1で示された推定から、少なくとも概要を見ることができる。図2-1は、イギリス資本の受け手としての米国とカナダの重要性と、イギリスの多国籍銀行において

図2-1　1890年頃の多国籍銀行業務、貿易、資本移動

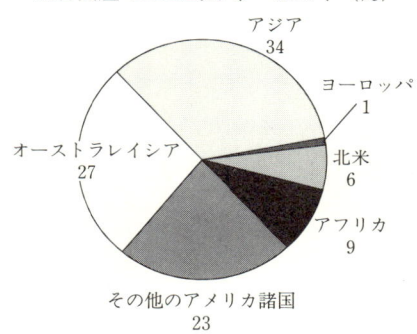

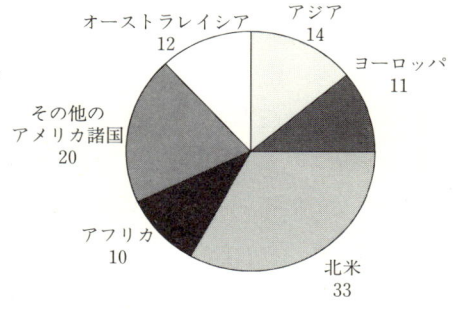

銀行資産の地理的分布　1890年（％）
- アジア 34
- ヨーロッパ 1
- 北米 6
- アフリカ 9
- その他のアメリカ諸国 23
- オーストラレイシア 27

イギリスの資本輸出　1865～1914年（％）
- オーストラレイシア 12
- アジア 14
- ヨーロッパ 11
- 北米 33
- アフリカ 10
- その他のアメリカ諸国 20

イギリスの輸入　1890年（％）
- ヨーロッパ 46
- アジア 12
- オーストラレイシア 7
- その他のアメリカ諸国 5
- アフリカ 5
- 北米 25

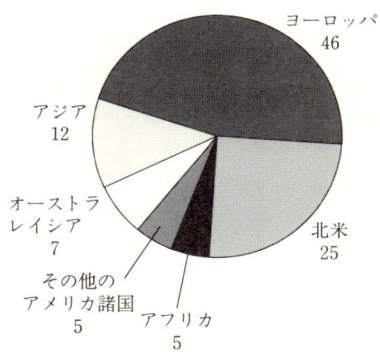

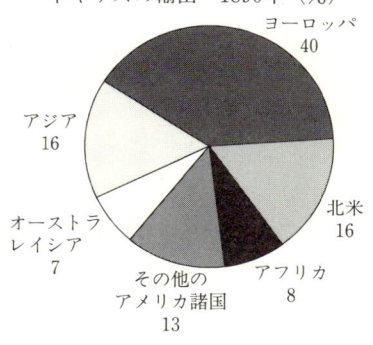

イギリスの輸出　1890年（％）
- ヨーロッパ 40
- アジア 16
- オーストラレイシア 7
- その他のアメリカ諸国 13
- アフリカ 8
- 北米 16

(出所)　付録4．イギリス資本の地理的分布にある銀行資産の分布。以下をもとに計算した。Lance E. Davis and Robert A. Huttenback, *Mammon and the Pursuit of Empire* (Cambridge: Cambridge University Press, 1986), 46（最小限の見積り値）。以下からの輸出入データ。B. R. Mitchell, *British Historical Statistics* (Cambridge: Cambridge University Press, 1988), 497-515, Table 1.6；この2つのグラフでは、「ヨーロッパ」には北アフリカを含み、「アフリカ」にはトルコと中東を含む。

両国があまり重要でないことの相違を示している。しかし、トライアングル（アジア、ラテンアメリカ、オーストラレイシア）地域はイギリスの資本輸出にとってその次に重要な相手国であった。但し、トライアングル地域の中でもアジアとオーストラレイシアの場合は、イギリスの重要な資本輸出国になったばかりであった。

　イギリス多国籍銀行業務は、したがって、世界経済におけるイギリスの類を見ない重要性に基礎を置いていたが、海外銀行はイギリスの国際金融システムの一

部のみを形成していた。海外銀行は、貿易と投資の流れの一部のみに関与し、その他のサービスについては、他の機関や契約上の処理に任せていた。

1830年代に生まれたイギリス多国籍銀行は、1890年までに南半球の入植者経済とアジア地域の港の多くを支配し、増殖していた。イギリス多国籍銀行発生の由来は、貿易金融機能に対するイギリス商人と海外商人らの需要にあった。外国貿易はコルレスのネットワークを通じて資金調達が可能であったし、しばしばそうしていたが、信頼できるコルレスがなかったので、貿易金融は自ら行わねばならなかった。そのため、（主に）ロンドンの本店から運営される海外支店を持つ多国籍銀行が生まれた。多国籍銀行は、以下のところに進出していった。すなわち、受入国の参入障壁がないところ、貿易金融がマーチャント・バンクによってまだよく提供されていないところ、そして、既存の銀行業システムが脆弱かあるいは未発達なところである。スコットランドの銀行業務方式に根差すアイルランド・プロヴィンシャル銀行は海外銀行の原型であり、イギリスの海外銀行のモデルとなった。イギリスの法規制と金融制度の伝統は、イギリスの海外銀行を高度に専門化された構造へと適応させた。海外銀行は特に、単一の地域に焦点を置いていたことと、イギリスの国内業務を行っていないことによって識別された。

2　商品とサービス

イギリス海外銀行は、ロンドン証券取引所で資本調達した。ロンドン証券取引所は、19世紀末まで、どこの資本市場と比較しても高い売買高、国際的志向、高度なサービスによって突出していた。ロンドンで上場した銀行は、それゆえ、資本市場が小さく、あるいは存在しないオーストラリアや南アフリカの植民地やインド、ラテンアメリカの共和諸国よりも、より豊富な資金を引き出すことが可能だった。より大きな資本は、同様に、現地の銀行よりも、より多額の貸付やより多額の紙幣の発行を生み出すことを可能にした。ロンドン証券取引所の魅力の主な要因は、1850年代から1860年代にアジア地域で上場した一連の銀行が、ロンドンへ「移動」したことにある。香港銀行は、現地の証券取引所に上場した異例の銀行であり、その後、ロンドンに本社を移転しようともしなかった。しかし、同

様にこの銀行は、ロンドン証券取引所で株式を取引し、1890年代の初期までにその株式の半分以上を同取引所に登録した[41]。

ロンドンで発行されたイギリスの海外銀行の資本のすべてが、連合王国の居住者によって所有されていたかというと必ずしもそうではない。株式の一定単位が、営業活動を予定している国の人々のために留保されることは、珍しいことではなかった。それは、株主が潜在的な顧客であったので、将来のビジネスを確保するための重要な一手段であった。コロニアル銀行は、1837年に開設され、200万ポンドの資本のうち4分の3がイギリスで上場され、残りは西インド植民地の株式引受人に割り当てられた。1872年におけるニュージーランド・ナショナル銀行の発行株式の3分の1は、その植民地の居住者のために留保された。オーストラリアにあるイギリスの銀行では、植民地住民の株式登録があり、時に、——例えば1870年代の初期のように——植民地住民の株式保有の促進によって、植民地の関係の改善を求めた。さらに、1880年代には、少なくともラテンアメリカのイギリス系銀行の株式資本の相当な部分が、ラテンアメリカとさまざまな大陸諸国の居住者によって占められていた[42]。

イギリスの海外銀行は、自分達の資本を自分達の事業の資金供給に使い、時々、物理的にその資本を世界中に移送した。しかし、いったん銀行が設立されると、銀行は英貨資本の使用よりもむしろ現地借入（預金）による現地貸付を優先していた。この政策の根底には為替リスクの問題があった。現地預金では不十分なので、資金はしばしば新しい支店の開設や固定資産の購入、事業支援のために現地へ送金されたが、海外銀行が設立した支店のあるこうした国々での預金を求めることが、これらの金融機関の顕著な特徴であった。銀行は、一般に、イギリスおよび帝国の証券でロンドンにおいて準備金を維持していた。香港銀行の準備金でさえ、イギリスおよびインド政府証券に投資されていて、大部分はロンドンにあった[43]。

少なくとも1860年代からは、多くの海外銀行が、イギリス人の3カ月から5年までの定期預金の獲得を求めはじめた。海外銀行は、ロンドン支店や、独立した代理店との契約を通じ、時には自身の支店や代理店を設立することによってそうした資金を獲得したが、特に、スコットランドでは、とりわけ豊富な預金源があ

った。例えば、香港銀行はその創設後まもなく、手形決済の資金調達のためイギリスの預金を求め、エジンバラの代理店と契約した。ロンドンの預金は、1888年の香港銀行の総預金の36％に寄与していた[44]。オーストラレイシアのイギリス系銀行および現地銀行の双方もまた、特に、1870年代の半ば頃から、活発にイギリスの定期預金を求めた。英貨と現地通貨間の平衡のために為替リスクがほとんどなかったので、イギリスの定期預金は、植民地で貸し付けている資金、特に、第一次生産国に対する現金不足の貸出金のために利用されていた。銀行にとっての明らかな動機づけは、利子率の差異だった。オーストラリアの銀行は、イギリスでの定期預金に対して植民地よりも低い利子を支払った。一方で、オーストラリアの銀行は、コンソル公債のような他の投資を引き受けるよりも、イギリスの投資家に対してより高い利子を支払うことによって資金を集めた。かなりの金額が集められた。1892年にオーストラリアの銀行（オーストラリア現地銀行とイギリス登記の銀行の双方）は、イギリスの預金の3,800万ポンド以上を保有し、総預金の28％を占めていた。その年のオーストラレイシア銀行とオーストラリア・ユニオン銀行の預金の20％は、イギリスからのもので、一方でオーストラリア・ロンドン・チャータード銀行は植民地預金よりも多額のイギリスからの預金を保有していた[45]。

　国際貿易金融は、海外銀行ビジネスの中心だった。19世紀末まで、海外銀行は、アジア地域の貿易の多くを取り扱っていた。オーストラリアでは、イギリス海外銀行が、その国の外国貿易に資金供給する支配的な機関だったし、少なくとも戦間期までは、現地銀行に対して主導権を保持していた[46]。ラテンアメリカでは、イギリスの銀行が、1860年代に貿易商社から外国貿易金融の役割を奪った。海外銀行によって資金供給されていた貿易が、通常、イギリスからの製品と海外銀行が支店を持っていた国によって生産された原材料および一次産品の交換で成り立っていたので、これらの金融機関は、しばしばその地域で生産された一次産品の名によって知られるようになった。アングロ-サウス・アメリカ銀行は「硝酸銀行」、イオニア銀行は「すぐり銀行」、モーリシャス銀行は「砂糖銀行」というようにである。

　19世紀の貿易金融の基本的な手段は、手形交換だった。イギリスのある輸出業

者Aが、海外の取引先Bに商品を売った場合、同時に、所定の期間、多くは、60日間あるいは90日間後の支払いを要求する手形を振り出す。手形は、それを「引き受ける」海外の取引先Bに提示され、商品の所有権を与えている船積書類の受け渡し前か、あるいは、船積書類の受け渡しを直ちに受け入れる前に支払う準備をする（「手形引受書類渡し」方式で振り出した手形の場合）。Bは、イギリスの銀行にAへの支払を依頼し、次に、自国で、現地通貨でこの銀行に支払う。実際に、為替手形の行程は、しばしば、信用供与にかかわっていた。AはBからの資金が届くのを待つ代わりに、その手形を銀行に売り、通常それは割り引かれる。Aは商品に対して即時払いで代金を受け取れる。一方、Bは輸入した商品を売るチャンスがあった時、与信期間を用いることができる。マーチャント・バンクは事業の多くが為替手形の引受だったことから、「手形引受業者」として知られていた。ロンドンでは、為替手形は、しばしば、手形割引商社に売られていた。19世紀には、ロンドン手形引受やあるいは、「ロンドン為替（ビル・オン・ロンドン）」は、イギリスが関与しない取引にとってさえ、国際的信用取引のきわめて一般的な一形態になった。1860年代から、支払の代替的な手段が、国際電信送金の利用に関して広まった。

　海外貿易金融に必要なもの、あるいは、そうであるべきものは、その短期性と安全性の重視であった。貸付は短期のみ応じられることが重要と見なされた。長期貸出しは、何があっても避けるべき「固定投資」だった。為替手形は、「すぐに換金」しうることと、実際の貿易取引の裏づけが求められた。取引先が実存していない商品の保証で借りようとする方法は、「融通手形」として知られ、これもまた避けるべきものだった。貸付は、通常輸送中の商品を担保として拡大されていったが、やがて現地の慣行と習慣がこの点で幅広い実務の変化をもたらした。取引先と商品の正確な知識が、その制度に必要不可欠だった。このことは、貿易金融に関与していたイギリスの金融機関の地域特化を説明するのに役立つ。海外銀行の経営者は、自分たちが資金供給したその商品の専門家になった。というのは、もし彼らが保証となる商品の特徴や市場をきわめて正確に知っていなかったならば、そこでは、貸付が「固定投資」になりうるリスクが常にあった[47]。

　外国貿易金融は、外国為替取引と深く密接していた。オーストラリア、ニュー

ジーランド、南アフリカのイギリス植民地の通貨は、イギリスポンドにほぼ平衡していた。また、イギリスと植民地国間の外国為替取引は、同じ金融機関内に資金移動が限定されることもあった。オーストラリアを例に取ると、1930年以前のオーストラリアポンドはイギリスポンドと区別されておらず、イギリス硬貨はオーストラリアの植民地で自由に流通していた。オーストラリアの銀行で値づけされた為替レートは、他の場所（ロンドン）で同じ通貨レートとして見なされていて、ロンドンのイギリス通貨は多くの手数料や割引料がかかるという言い方で表現されていた。銀行は、オーストラリアとロンドン間の為替取引の実質的な独占を享受していた。イギリスの銀行は、初めにこの市場を支配していたが、1850年代から、現地登録の銀行がロンドンオフィスを設立し——1853年のニュー・サウス・ウェールズ銀行を発端として——、為替市場のシェアを獲得した[48]。

　中央銀行がないので、オーストラリアにあるイギリス系の銀行と現地銀行は、共に為替レートをコントロールしていた。システムの中心には、ロンドンのすべての銀行による「ロンドン・ファンド」が維持されていた。外国貿易金融からの銀行の運用残高と同じくらいのオーストラリアの国際準備金が実際にあった。個々の銀行のロンドン・ファンドの水準は、国内の信用政策で規制されていて、この制度を通じて、銀行はオーストラリアとイギリスの通貨の間の平衡を維持していた。個々の銀行は、現金預金と預託比率が安全を考えた水準で維持されること確保するために、ロンドン・ファンドと国内貸付の状況の水準を厳格に見ていた。ロンドン・ファンドの伸び率は、オーストラリアの輸出収入が高い時や、政府の海外借入が増加した時に上昇した。このことは、銀行の流動性を改善し、したがって貸付能力を改善した。その結果、オーストラリアにおける信用は拡張された。貸付金の増加は預金を増加させる傾向があり、結果として、現金比率と流動比率を低下させた。そのことはまた輸入を刺激し、やがてロンドン・ファンドを減少させた。そのシステムはうまく為替の安定性を維持したが、その比率を調整することを個々の銀行に依存することは次善であった。貿易収支における突然の変化に反応することの遅れは、1920年代末の危機と崩壊をもたらした[49]。

　ラテンアメリカとアジアのイギリスの多国籍銀行は、より複雑な為替問題と直面していた。現地経済の大部分は、金本位制ではなく、それらの国の通貨価値は、

イギリスの通貨に対して不安定だった。銀行は、日々の業務で生じる為替リスクを決まりきったやり方で回避した。イギリス通貨の為替手形は現地の輸出業者が売却し、引き換えに現地通貨を受け取っていた。これらの為替に相当するイギリス通貨は、輸入業者やイギリス通貨を送金するのが必要だったその他の人に現地通貨で売られた。必要な場合には、レートの変更や金塊の輸送によって平衡を達成することができた。しかし、より長期投資として送金された資金は、為替リスクを受けやすかった。為替の変動は、正当なイギリスの銀行業務からは非難されていた活動である裁定取引や純粋な投機にとって多くの機会を生み出した。しかし、為替変動は実際には、当時は、銀行業務の性質上ほとんどが避けられないものだった。

　アジア地域で活動するイギリスの銀行にとって、1870年代の半ばから、すなわち、銀の価値が金に対して下がり始めた時から、為替問題は緊急を要するものとなった。ロンドンに本店があり、イギリス通貨を資本とする銀行は、アジア地域の資産に対するイギリス通貨価値の下落が見られたのと同時に日々の為替変動の問題を克服しなければならなかった。銀の下落は連続的ではなく、市場の動向に応える正しい判断を下す中に、多くの経営上の裁量に対する余地があった。香港銀行は、銀に基づく香港ドル建ての口座があった点で有利であった。しかしイギリスに多くの株主がいたので、その銀行は、依然イギリス通貨で配当を支払う必要があった。香港銀行は、「安定させておく」で知られる一連の政策で発展した。それは、イギリス通貨の資金は調達を使用に合わせており、銀も同様であった。香港銀行の本店、香港ドルのバランスシートそしてアジアの主な港にある支店が、銀の下落に対する為替保証をすることなく銀の預金を受け入れ、銀の預金を使用することを可能にした。その結果、他の為替銀行と有利に競争できる立場にあり、イギリスや植民地政府の事業の入札で高い値をつけた[50]。

　外国貿易金融は、支店を設立した国々での現地貸付へ完全にイギリスの海外銀行を導いた。イギリスの植民地内での銀行業務におけるこうした傾向は、銀行の歴史上きわめて早期に生じた。オーストラリアでは、銀行は農業経営者に貸付を行ったが、担保として不動産や家畜類、そして羊毛を取ることに対して設立許可証に示されていた制限から巧みに逃れていた。オーストレイシア銀行などのい

くつかの銀行は、1850年代から牧羊家に直接、資金を融通した。それに対して、ユニオン銀行などの銀行は、仲介者を通して「貸し付ける」ことを好んだ。その仲介者は、商人や抵当金融専門会社のどちらかであった[51]。実際、第一次生産者に対する貸付の多くは、土地の購入や建築物の建設、その他の利用のために長期のものとなった。それは、イギリスの銀行業務の正当性から大きく逸脱したものであった[52]。事業機会を求めていた、また競争の脅威に刺激された銀行は、内陸の羊毛生産者を、のちには金鉱採掘者を追いかけた。

　その速度や程度は異なるが、こうした過程はイギリスの銀行が投資したすべての国で生じた。国際貿易金融によって、銀行は農作物の流通業者や時には生産者に資金供給するような現地の経済に参入した。一度専門の領域が確立されると、ほとんどの銀行は現地の有益な銀行業務機会に逆らうことができなかった。「現地」と「海外」の事業を分けることの難しさ、利益の追求、現地の金融機関の不足や不十分さは、イギリスの銀行をこうした方向に突き動かそうとした。同様に、各国で現地の通貨や法制度の実体は、海外の銀行に国内のイギリスの同業者が決して引き受けなかった担保を受け入れることを余儀なくさせた。

　19世紀半ばのニュージーランドでは、ヨーロッパ人移住者が羊の群れを増やすために、そして未開拓地や湿地を牧草地に開拓するために借入れが必要だった。他の移住国と同じように抵当金融専門会社が現れたが、ニュージーランドではこうした会社と銀行間の密接な株式所有関係の動きは珍しいものであった。現地で登録されていたニュージーランド銀行は、こうした関係を開拓し、競争の脅威にさらされていた他の銀行はこの流れに続いた。ニュージーランド・ナショナル銀行は、その活動を正統なイギリスの銀行業務に限定したが、創立から4年で不動産金融専門会社あるいは現地で知られている「牧畜商人代理人」の育成に重要な役割を果たさなければならなかった[53]。

　1860年代にラテンアメリカに設立されたイギリスの銀行は、同様の道をたどった。ただし、かなりの躊躇があった。イギリスの銀行が設立されてから最初の10年間で、ロンドン・アンド・リバープレート銀行とロンドン・アンド・ブラジル銀行の両行は、ロンドンを拠点とする取締役会の意に反して、かなり変則的な貸付を行い、不動産を担保として貸付をした[54]。しかし、こうした変則的行為はイ

ギリス人移住国におけるより大きなリスクをもたらした。後に債務不履行となる貸出のために不動産を担保として取ったことで、ロンドン・アンド・ブラジル銀行は大規模コーヒー農園を1870年に買収する結果となった。同行は、以後15年間農園を経営した。その職務の中にはドイツの移住労働者の採用にかかわるものも含まれていた[55]。リバープレート・マーカンタイル銀行は、1872年の創立後わずか5年で破綻した。それは、現地の鉄道会社と水道会社に「不良な」貸付を行ったためである[56]。こうした困難な経験によって、1870年代半ば以降イギリスの銀行は従来の商業銀行業務や貿易金融へと回帰した[57]。そして、正統な貸付方針が修正されはじめたのは、第1次世界大戦前の20年間であった。

東地中海にあるイオニア銀行は、現地で貸付を行うための法律に束縛されたイギリスの多国籍銀行の珍しい事例であった。それは、イオニア銀行がイギリスからの設立許可証（この銀行が有限会社となった1883年に放棄された）だけでなく、イオニア諸島からの認可に基づき設立されたため生じた。イオニア諸島がギリシャの一部となる1864年に、銀行の所有するイオニア諸島からの認可は、ギリシャのものにとって代わった。イオニア銀行はすぐにギリシャ政府の圧力を受け、社会的に望ましいと考えられる分野に貸付を行った。1880年の4月に銀行により締結された協定によれば、紙幣の発行を含む以下のことを承諾することがギリシャでの許可証の権利の更新の基礎となった。それは、銀行がイオニア諸島での農業関係貸付を払込資本の40％および抵当貸付を払込資本の25％相当の金額にする義務を負うというものであった。貸付の期間や条件は、利率を含めて固定されていた。その協定には、貸付を望んでいた小規模農業経営者を保護するための特別な規定があった。それは、農作物が不作であったり、別の正当な原因があったり、また手形の支払期日後少なくとも3カ月間法的手続きに頼ることができなかったりしたときである[58]。こうした農業経営者に対する貸付は、しばしば不良債権問題を引き起こした。1890年代に公表された支払猶予により、銀行の不安は増した。それは、小規模農業経営者に負債の免除を利用することを可能としたものであった。不動産担保貸付もまた、しばしば債務不履行を引き起こした。イオニア銀行の期末貸借対照表は、銀行により（一時的に）所有された資産価値に相当する項目を常に含んでいた。

アジア地域では、為替銀行が商品の流通に対する資金供給を行っていた。こうした商品には、セイロン・ティ、マライの天然ゴムや錫、インドから輸出され中国等の主要市場へ輸入されたアヘンがあった。しかし、為替銀行もまた商品貿易に対する金融が彼らを現地経済圏の「内陸部」へと導いたことを知り、貸付のための担保に関する従来の規則の変更を積極的に行った。さらに、イギリスの銀行は、現地経済圏へ転貸融資取引するための現地の仲介業者を利用した。この複雑な過程は次章以降でより詳細に検討する。というのは、こうした傾向が19世紀末頃にいっそう強まったからである。

イギリスの銀行の貸付方針が当初に意図されたよりも過度に現地経済圏へ傾斜した場合、現地の預金の獲得や紙幣の発行にも同様の影響を及ぼした。イギリスの植民地経済圏では、大規模な支店網が展開された。銀行は、為替銀行業務や外国貿易金融に多くの焦点を合わせており、資金をそれほど強く求めていたわけではなかった。19世紀後半に、ラテンアメリカにあったイギリスの銀行は、たいていイギリス人が所有する商館や鉄道会社の預金を獲得することに限定した。しかし、20世紀になるまでに多くのこうした銀行は、小額預金者の資金を求めはじめていた[59]。19世紀のアジア地域の為替銀行は、支店が設立された港町で預金を求めた。しかし、こうした銀行はイギリス系オーストラリアの銀行と同様の方針で預金を獲得するためにアジア内陸部に進出しようとはしなかった。

銀行券の流通は現地預金とともに、イギリスの銀行に資金の第2の供給源を提供した。貨幣流通を増やしたいという願望は、支店の拡大と内陸への進出を促進した。銀行券の民間発行は、イギリスの銀行業務の伝統から直接に生じた。1830年代に最初の海外銀行がイギリスで設立された当時、イングランド銀行により銀行券は発行されていたが、個別に銀行券を発行することは国内の商業銀行にとっていまだ普通のことであった。商業銀行が発行した紙幣は法定通貨ではなかったが、その流通は公的な信任に依存していた。そして、1825年の大きな金融危機以降、イングランドとウェールズにある銀行は、5ポンド以下の「小額」額面紙幣を発行することが認められなかった。スコットランドとアイルランドでは状況が異なった。両地域は、小額紙幣が1826年に禁止されておらず、またイングランド銀行券は法定通貨ではなかった[60]。したがって、海外銀行が紙幣発行機関であっ

たこと、イギリス政府による許可証が紙幣発行の独占権や法定通貨の地位を与えなかったことなど驚くべきことではなかった。

イギリス財務省は、銀行の紙幣発行権を常に心配していた。銀行が破綻するような結果に備えるためであり、そして、これが銀行の活動を熟知している地域に限定するように強要した一番の理由であった。1846年の植民地銀行業務規制は、銀行が1ポンド以下の紙幣を発行できないこともまた明記した。香港銀行が1865年に設立されたことを受けて植民地令は、払込資本の規模に応じて銀行の紙幣発行量を制限したり、特別認可のない5ポンド以下の紙幣発行を禁止したり、紙幣発行量の3分の1に相当する額を準備金として保持することを求めた。1872年に香港銀行が1ポンドの低額紙幣の発行権を短期間確保したが、15年も経ないうちに財務省はこの特権の縮小を行った[61]。

財務省取締官は1884年のオリエンタル銀行の破綻に、最悪の懸念を強めた。シンガポールでは、別のイギリスの銀行が、オリエンタル銀行発行の紙幣を引き受けることにより信頼を維持するために動いていた。しかし、セイロンでは公共部門が主導権を握っていた。セイロンの知事は、ロンドンとは関係なく全体的な金融危機を防ぐため、植民地でオリエンタル銀行紙幣の発行を保証するために活動した。民間紙幣発行に関する政府責任のこの明らかな認識は、さまざまなイギリス政府部門がかかわる中で言葉の激しいやり取りを引き起こし、植民地における民間紙幣の発行を段階的に廃止するよう財務省に仕向けた[62]。

表2-1は、1890年におけるイギリスの多国籍銀行による紙幣発行量を示したものである。

大量の紙幣発行は、主に香港と海峡地域（シンガポール、ペナン島、マラッカ）といったアジア地域のイギリス植民地において行われ、それとともに少額の発行が、中国と日本で行われた。時には、これらの銀行紙幣は発行地域をはるかに超えて流通した。例えば、香港紙幣は20世紀初頭までに中国の隣接した省に普及していた[63]。オーストラリア、ニュージーランド、南アフリカにおけるイギリスの植民地もまた、イギリスの銀行によりかなりの紙幣発行量を有していたが、鋳造硬貨が相変わらずこの当時の通貨の主要な形態であった。大英帝国以外では、南アメリカの主にウルグアイ、そしてイオニア銀行が紙幣発行銀行であったギリ

表2-1 地域別のイギリス多国籍銀行の紙幣発行量
（1890年）

地　域	紙幣発行量（ポンド）	銀行数
アジア地域	2,284,870	3
オーストラリアおよびニュージーランド	1,591,458	6
南アフリカ	907,345	2
南アメリカ	781,365	2
カナダ	475,709	2
西インド諸島	457,210	1
ギリシャ	381,796	1
その他[a]	685	1
総　計	6,880,438	18

（注）　a：この小額の発行は、エジプトのアングロ-エジプト銀行による。

シャにおいて大量の紙幣の発行が行われた。

　紙幣の発行がイギリスの銀行にとって「有益な」ことであったかどうか、またそれがどの程度であったかは、議論の余地がある。紙幣の発行は、銀行にとっては無利子の借入金に相当した。紙幣の発行はまた、銀行に威信を与え、一種の広告と同じであった。実際に、紙幣発行の真価は、それを維持するために必要とされた準備金しだいであった。これらの基準は、イギリス政府による設立許可証や現地の銀行業務規制に明記されていた。準備金の水準はまた、銀行に対する「取り付け」の可能性に影響された。さらに課税率は、国によってさまざまであったが、紙幣の発行の収益性にかなり影響を与えていた。1914年以前に、そうした課税は、主に紙幣の発行量に対して、あるいは通常は流通量に対して課された税金の形態を採った。

　その結果、紙幣発行の「収益性」は、国と時代の間で著しく異なった。ラテンアメリカでは、1870年代までにロンドン・アンド・リバープレート銀行がすでに「必要とする準備金」のために紙幣発行の利点に疑いを持っていた[64]。しかし、1890年代前半の銀行危機の後でさえ、この銀行はウルグアイにおける紙幣の大量発行によって収益性を追求していたと思われる[65]。1890年代にイオニア銀行は、ギリシャにおける紙幣発行権は保持することに価値があり、保持し続けようとすることに価値があるということを明らかに考えていた。銀行内のある予測は、

「5％の利益」が紙幣発行によりもたらされることを示していた[66]。こうした収益性の概算は、明らかにきわめて大雑把なものであった。しかし、紙幣発行の重要性は、政府が紙幣の管理を求めはじめると、銀行による検討事項になった。

したがって、イギリスの海外銀行は19世紀にかけて多国籍貿易銀行としての起源から幅広い金融商品を提供する機関へと進化した。しかし、国際貿易金融や為替銀行業務は19世紀末までに中核事業のままであった。多くの要因が、商品の多様化を促進した。貿易金融や為替銀行業務は、農作物や遊牧地をたどっていったように銀行を内陸へと導いた。その過程で銀行は、しばしば貸付業務を修正しなければならなかった。銀行は、現地で集められた預金と紙幣の発行に基づき事業を行うことを求めた。預金の獲得と紙幣の流通を増やしたいという願望はともに、現地経済圏で支店の拡大と浸透の刺激となった。ライバル銀行との競争は、こうした展開に拍車をかけた。こうした過程は、地域ごとにまったく異なる速度で生じた。1890年までにオーストラリアのイギリスの銀行は、大規模な支店網を展開し、国内市場においてリテール業務に従事していた。対照的に、アジア地域の為替銀行は、いまだアジアの港町に大部分が閉じ込められており、その事業は貿易金融と為替銀行業務に多くを集中したままであった。

3　組織的能力と管理戦略

19世紀のイギリスの多国籍銀行は、多国籍企業の珍しい事例であった。それらは、多くの場合においてロンドンから広範な支店ネットワークを管理した。大英帝国外でのこうした銀行の活動は、各国の政治的、法律的そして文化的システムに対応しなければならなかった。銀行のすべてが、飛行機や電話が普及する前の時代に情報伝達という重要な問題に直面していた。時代が進展するにともない、電子通信の著しい進歩はあった。例えば、1865年までにセイロンは、ケーブルによってロンドンとつながれた。7年後、そのケーブルはダーウィンに到達し、それによってオーストラリアの他の主要都市とつながれた。1876年にシドニーとニュージーランド間でケーブル・リンクが開設された。しかし、ロンドンと海外支店間の人的往来は、依然困難であり、時間のかかることであった。アイラン

ド・プロヴィンシャル銀行は、組織的モデルを提供していたが、アイルランドはイギリスから近い距離にあった。距離という問題は、ウルグアイ、ニューサウス・ウェールズ、日本の支店をコントロールするイギリス多国籍銀行にとって何倍にも拡大された。

　こうした問題を克服したイギリス多国籍銀行の最初の世代における成功は、かなりのものであった。中には失敗したものもあり、オリエンタル銀行の場合は深刻なものであった。しかし、最も際立っていたのは、成長しうる事業を構築して、存続した銀行の数であった。本節では、広範囲に展開する事業活動を統合することを可能にしたこれらの銀行の経営構造について、さらに詳細に検討していく。

　イギリス多国籍銀行は、「フリースタンディング」事業組織であった。それは、国内の銀行や他の機関による株式の所有がないということである。株式は、通常小規模の同族内で所有されていたマーチャント・バンクとは異なり、これらの銀行は、相当数の個人株主により所有されていた。しかし時には、創業者やその子孫が、まとまった規模の株式を保有していた。1890年に、イギリス系オーストラリアの2大銀行であるオーストレイシア銀行とオーストラリア・ユニオン銀行は、それぞれ3,776人、3,133人という多くの株主を有していた。同時期のチャータード銀行の株主数は、たった929人であり、その一方小規模のアグラ銀行は2,250人、新設されたペルシャ・インペリアル銀行は2,085人であった。但し、後者においては、銀行の創業者たちの一部（サスーン家）が、おそらく全株式の3分の1を保有していたであろう[67]。香港銀行は、個人が所有できる株式数を制限していた。当初の最大所有許容数は、発行済株式総数の10％であった。しかしこの許容数は、1929年までに1.2％へと低下した[68]。

　銀行の頂点である取締役会は、通常ロンドンに置かれていた。役員は通常、3つの異なるタイプの人間から構成されていた。1つ目は、貿易商や実業家であった。彼らは、銀行の専門的地域における関係と経験を持っていた。2つ目は、銀行家そして時には会計士や弁護士であった。彼らは、ロンドンを拠点とし、中には海外との関係を持つ者もいた。3つ目は通常、多少の元外交官や植民地の役人であった。彼らは、かかわりのある地域における経験を持っていた。

　必然的に、さまざまな銀行の中で3つのグループにかけられる比重は多様であ

った。わずかな事例で要点を得るのに十分であろう。1890年のチャータード銀行の取締役会（あるいは重役会、それは東インド株式会社の慣習として知られている）は、多彩な役員で構成されていた。そうした役員は、カルカッタの高等裁判所の元判事、上海を本拠とする貿易商家の共同経営者、ロンドンとマンチェスターの商会の共同経営者、ジャーディン・マセソン商会の社員、主要な極東の貿易商家の1つ、この銀行のロンドン管理責任者などであった。取締役会議長は、シンガポールに拠点を置くペイターソン・サイモンズ・アンド・カンパニーの創業者の1人であった。1890年のイオニア銀行の取締役会は、ロンドンに居住するギリシャの実業界と知的職業層の3人を構成員として招き入れた。彼らは、ロンドンの事務所の公認会計士、ロンドンの法律事務所に勤務する創業者の親類、ロイズの共同出資者であった。ロンドン・アンド・リバープレート銀行は、1860年代にシティの銀行家とリバープレートの貿易商の強力な組み合せの取締役会でスタートを切った。しかし、その後の30年でリバープレートの関係はいっそう強固なものとなり、1890年代半ばまでにリバープレート・カンパニーの取締役数約25人のうち、この銀行の取締役が9人を占めていた[69]。創業者の子孫は別として、取締役は彼らが代表する会社、あるいは政府の元役人の場合のように関係者の地域やネットワークの彼らの経験に基づいて選任されていたようである。

兼務取締役の度合は、1830年代ほど長期にわたって特定の関係者に集中していたことはなかった。1830年代は、アイルランド・プロヴィンシャル銀行やナショナル・プロヴィンシャル銀行とかかわりのある同一グループの人々が多くの海外の銀行に出てきた時期である。それにもかかわらず、1890年までに海外の銀行と国内銀行また他の海外銀行間で取締役同士の多くの関係があった[70]。グリン、ミルズの事例については、すでに言及したとおりである（26ページ参照）。1890年代初頭までにこれらの2家族の一員が、以下の銀行の取締役に就いた。それぞれロンドン・アンド・ブラジル銀行、ペルシャ・インペリアル銀行、リバープレート・イングリッシュ銀行、エジプト銀行、ニュージーランド銀行、ブリティッシュ・ノース・アメリカ銀行、オーストラリア・ユニオン銀行である。しかし、取締役たちは、事業における地理的要因のためにお互いに競争関係にある銀行の取締役に就くことはなかった。1887年のリオ・デ・ジャネイロ・イングリッシュ銀

行におけるリバープレート地域に支店を開設するための意思決定は、2人の取締役の辞任後に行われた。その2人の取締役は、ロンドン・アンド・リバープレート銀行の取締役でもあった[71]。

いくつかの銀行が、取締役会に対して同族支配を行っていた。こうした状況によって、イギリスの多国籍銀行は、ほぼ同族経営であると見られたのである。ギッブス家の複数の人物が、1887年以降、オーストラレイシア銀行の取締役に就いた。同行は、1860年から1951年までハミルトン家が、1878年から1944年までのほとんどの時期をサンダーソン家が取締役に就いていた。一方、フラワー家は、1878年から1951年までユニオン銀行の取締役会の一員であった[72]。

多くの取締役会議長が、長年その職を務めていた。ロンドン・アンド・リバープレート銀行は、1869年から1899年まで同一人による議長であった。チャータード銀行は1874年から1896年、インド・ナショナル銀行は1872年から1898年まで議長が同一人であった。当然、こうした永年にわたる在任は、すべての銀行の議長に見られる特徴ではなかった。時には、早期の交替が社内規定によって定められているケースもあった。サウス・アフリカ・スタンダード銀行は、議長を週ごとに決めた。それは、各取締役が順番にその地位に就くというものであった。香港銀行は、議長や副議長をほぼ毎年交替した。それは、香港の専業の貿易会社から銀行の独立性を維持するための手段であった。イオニア銀行は、取締役会議長の地位が恒久的なものになる1891年までは、取締役会議長を1カ月の輪番制とした[73]。

取締役の義務は、株主利益を保証することであった。19世紀においてこの義務は、取締役会が会社業務の多くの側面を管理することが必要であることを意味していると解釈された。19世紀の取締役会は、20世紀後半の取締役会以上の多くの執行職務を有していた。取締役会は、企業戦略問題、例えば支店の新規開設のような問題に関する最高意思決定を行った。また彼らは、銀行取引の意思決定、特に貸付の範囲に関する意思決定を行った。それらは、取締役会がしばしば厳密に融資の監視を行い、一定額以上の貸出に関する意思決定を行った。各銀行の投資方針は、概して取締役の問題である。取締役会は、個人的問題も直接に支配した。それは、管理職へのイギリス人スタッフの任命や結婚するスタッフに対し許可を

与えるというものも含まれた。必然的に、そうした経営幹部の権力は、頻繁な（そして非常に長い）取締役会と取締役からの時間のかかる意志決定を意味していた。イオニア銀行では、取締役に加えて月ごとの議長で構成される輪番制の委員会があった。議長は、週に二度銀行に出向いた。19世紀後半のロンドン・アンド・リバープレート銀行の取締役会議長は、彼が選任されてから亡くなる数週間前までの3年間、銀行の本店に毎日通った[74]。

取締役会は、最高意思決定を行う以上の職務を持っていた。彼らは、商業情報を提供し、そして彼らが代表する会社や他の関係者を通じてビジネスを持たらした。ロンドンの銀行家を取締役に任命することは、この当該海外銀行のロンドンの銀行リストに彼の銀行を加えることになった。アジア地域の貿易商社は、一般的に取締役に就任している代表者のいる銀行へ、その会社の業務を移管した。アルゼンチンにおけるイギリスの鉄道会社または商社は、取締役会レベルで関係のある銀行に資金を預けたのは当然のことだった[75]。

現地の事業に関する情報の重要性は、非常に高いものであったので、イギリスの銀行は貸付の意思決定について経営者に対し助言を与えるために現地の取締役や取締役会をしばしば任命した。初期のイギリス系オーストラリアの銀行は、営業を行っている主要都市に現地の取締役会を組織した[76]。サウス・アフリカ・スタンダード銀行は、1860年代にこの形式にならい、ポート・エリザベスに現地の取締役会を組織した。そこは、この銀行の発祥の地であった。この銀行は、その後に小規模な現地の銀行を買収することで拡大した。一般的には、買収した銀行の取締役も採用し、彼らを将来的には現地の取締役として任用した[77]。その形態は、他の所で広く模範とされた。1873年以後、イオニア銀行は、コーフそしてまたアテネに現地の評議会を組織した。それに対して、ニュージーランド・ナショナル銀行は、さまざまな都市に現地の取締役会を組織した。ラテンアメリカにおいてロンドン・アンド・リバープレート銀行は、取締役会よりも現地の取締役制度を選択した[78]。

しかし、19世紀後半までに多くの銀行が、そうした現地の取締役会の有用性を疑問視するようになった。輸送の進歩は、オーストラリアの町同士の距離を縮める一方、ロンドンとの情報伝達もスピードアップしていた。また、多くの銀行の

ロンドンの取締役会は、現地の取締役会と激しくぶつかり合ったが、ロンドン側は現地に対して経営の意思決定で対立するのではなく、意見を求めたのであった。1870年代および1880年代の間、スタンダード銀行は、現地の取締役が退職しても新しい現地人に後を任せることをしなくなった。オーストラレイシア銀行とユニオン銀行は、1890年代になりこれにならった[79]。現地の取締役制度は、第2次世界大戦以降まで広く再現されることはなかった。

香港銀行は、ロンドンに本店を置く他の銀行とは反対の問題に直面した。それは、同行が香港に取締役会を置いていたが、ロンドンの意見を必要としていたからである。同行は、1875年にロンドン諮問委員会を設置した。その年は、香港銀行にとって金融危機の年であった。同委員会は、シティに勤める専門家集団として見なされた。彼らは、遠方の取締役会に対し助言を与えることができた。同委員会には、ロンドンのクリアリング・バンクであるロンドン・アンド・カウンティ銀行の取締役がいた。香港銀行は、ある脅威を常に警戒した。それは、ロンドンの委員会が香港に置かれている取締役会を支配するかもしれないということであり、海外の取締役会に対するロンドンの取締役会の不安事より大きいものであった。ロンドン諮問委員会は存続したが、香港銀行は上海で短期的な試みとして現地取締役会を設置したことはあったが、それ以外に「現地の」取締役会を設けることはなかった[80]。

銀行は取締役会の下に、現代の最高経営責任者（CEO）の前身と考えられうる人物を置いた。彼らは、チーフ・マネージャーあるいはゼネラル・マネージャー、ロンドンマネージャー、指導監督者などさまざまな名称で知られている。19世紀にはこうした人物の取締役会に対する支配力、地位、職制、権限に関して銀行間で幅広い違いがあった。社内でさえCEOの影響力はCEOになる人物の交代にともない変化した。

営業地域に配置されたそれらの銀行のCEOとロンドンにある取締役会に帰属していたCEOとの間にある重要な区別があった。前者の例としては、オーストラレイシアと南アフリカのイギリス系銀行がある。1864年からサウス・アフリカ・スタンダード銀行は、ゼネラル・マネージャーを置いた。ゼネラル・マネージャーは、最初にポート・エリザベスに、1885年以降はケープタウンに駐在して

いた。1876年までその職を占有していたのは、ロバート・スチュワートだった。スチュワートは、1876年にイギリスに戻るとロンドンのチーフ・マネージャーに任命され、同時に彼の地位は南アフリカの2人のゼネラル・マネージャーにより引き継がれた。しかし、ロンドンの地位は、1885年の彼の死去にともない廃止された。そして同行は、南アフリカに再びCEOを置くこととし、その地位は1人あるいは共同で就くこととした。オーストラリアでは、ユニオン銀行がゼネラル・マネージャーを、そしてオーストラレイシア銀行が指導監督者を置き、ともにメルボルンに配置された。これらは、強力な執行職であり、その職に就いた者は、支店長に対する非常に厳格な支配を行った[81]。イギリス系オーストラリアの銀行におけるCEOの地位は、19世紀後半までは、たいてい地元出身者が就いていた。そしてロンドンの取締役会が重要な方針決定の役割を持ち続けることができたとしてもその地位は相当の影響力を持っていた。こうした銀行とは正反対の例が、ペルシャ・インペリアル銀行に見られた。同行は、テヘランに主要な事務所とチーフ・マネージャーを置いた。しかし、ロンドンの取締役会は、事業のほぼすべての側面に対する非常に厳格な支配を行った（あるいは少なくとも行使しようと努めた）。個々の支店長は、取締役会およびロンドンの本社と直接やり取りを行い、場合によってはそれらのチーフ・マネージャーの決定を却下した[82]。

別の組織的形態は、取締役会と同じ地域に住んでいるCEOがいるというものであった。こうした状況は、2つのグループの緊張関係を柔らげた（確かに両者の関係は、最初の形態よりも親密であった）。しかし、それは取締役会とCEOともに最新の現地の知識に乏しかったということを意味した。19世紀後半では、アジア地域の為替銀行やラテンアメリカにあるイギリスの銀行にとってこれは普通の形態であった。チャータード銀行では、ロンドンマネージャーであるJ. H. グィザーがCEOの役目を果たした。彼は、1887年にマネージング・ダイレクターとなり、その後1896年から1904年まで同行の会長であった。インド・ナショナル銀行もまた、ロンドンを拠点とするゼネラル・マネージャー制を採り入れた。1877年から1880年まで2人のゼネラル・マネージャーがいた。1880年以降、その内の1人のロバート・キャンベルが唯一のゼネラル・マネージャーとなり、1902年までその地位にいた。彼は、その後の1903年から1924年まで同行の会長を務め

た。同様の構造が、南アメリカの銀行に広まった。ロンドン・アンド・ブラジル銀行のロンドンマネージャーは、1885年までにマネージング・ダイレクターに昇進した。ロンドン・アンド・リバープレート銀行では、1883年にロンドンマネージャーに任命された人物が6年後にマネージング・ダイレクターとなった。両行においてこの時代のマネージング・ダイレクターは、のちに会長になっている[83]。

　香港銀行のチーフ・マネージャーもまた、取締役会と同じ地域に住んでいたが、この場合の地域は香港であった。19世紀後半に同行のチーフ・マネージャーは、取締役会の一員ではなかった。しかし、彼は相当な執行権力を持っていた。おそらくそれは、イギリス籍の銀行以上のものであったろう。チーフ・マネージャーの権力は、さまざまな他の銀行同様に、長期におよぶ任期と強力な個性によって強化された。トーマス・ジャクソンは為替業務における卓越した専門性と強力な指導力を兼ね備えた人物であり、2つの短い期間を除いた1876年から1902年までその地位に就いていた[84]。

　すべての銀行にとっての大英帝国における中心となる物理的プレゼンスは、ロンドン本社であった。ロンドン本社の役割は、取締役会と——必要に応じて——CEOに対する支援の提供であった。一般的にロンドン本社はまた銀行の専門家地域としての貿易金融の「ロンドン担当」を引き受け、証券投資の管理をすることになった。海外支店のスタッフは、ロンドンで採用され、通常海外支店で何年間も勤務した。しかし、ロンドン本社の正社員が海外派遣されることはなく、銀行内で上級の管理者層へ昇進することはめったになかった。ロンドンスタッフの役割の重要性にもかかわらず、銀行のロンドン本社は地味な業務を行っていた。そこは、ほとんどいつも窮屈な事務所で勤務している少数の事務員で構成されていた[85]。

　各行の取締役会およびゼネラル・マネージャーは、それぞれ支店長によって管理されている支店網を統轄した。19世紀後半、支店長は就業規則とマニュアルによって確立されたシステムの下で経営を行った。彼らは、指示された業務に関し銀行の全般的な方針に従うこと、そして一定額以上のすべての与信に対して上司による承認が求められた。管理者階層制は存在したが、非常に単純なものだった。概して支店長は、CEO、場合によっては取締役会に直接報告を行った。さらに、

一種の地域の「主要支店」が、いくつかの銀行で誕生したが、これらは機能が明確でない管理体制を象徴するものであった。19世紀後半にチャータード銀行の香港支店が、極東の支店に対してそうした役割を果たしたが、南アジアの支店では見られなかった。

　特にアジア地域の為替銀行やラテンアメリカの銀行では、中央に対して支店が連合体で結ばれた実質的には単一の銀行であった。中央が全体の営業方針を決定し最後の貸し手として活動した。こうした銀行の支店は、現地の預金から、また時には現地の債券発行により融資を行った。輸送に関する問題は、中核となる最後の砦としての貸し手機能でさえほとんど実際の価値はなかったということをしばしば意味した。それは、供給すべき資金が他の地域から届く前に、支店に対する「取り付け」が上回っていたためであった。距離と乏しい情報伝達の問題は、支店の独立性を増す方向に作用した。その一方で、支店長の軽率な方針に関する本店の懸念は、反対方向に作用した。

　情報と支配の問題は、海外の銀行における組織構造――そして多くの組織的問題――の中心にあった。銀行の有益なまた慎重な経営は、正確な情報を必要とした。それは、顧客、商品、為替の動向、そしてロンドンのシティにおける貸出条件に関する情報であった。こうした情報が、各行内で取締役、CEO、支店長に伝えられ、そしてアジア地域の為替銀行では銀行を現地の貸出ネットワークに結びつけた仲介者に伝えられた。また、意思決定権も、こうした集団内に分散された。銀行をうまく運営していくために必要であった多くの異なる情報の重複は、複雑な問題であった。そして必然的に多くの意思決定が、非常に不明確な状態で行われなければならなかった。一方で、どの情報が「真実」であるかどうか、どんな方針に結果として従うべきなのか、これらを誰が決定するのかについて常に対立があった。

　そうした対立の最も明らかな徴候が、取締役会、CEO、支店長の間の不安定な関係に現われた。それは、19世紀の海外の銀行における普遍の問題であった。経済学者たちは、エージェント-プリンシパル問題という側面からその問題を認識するであろう。支店長は、プリンシパルである取締役会に対する「エージェント」として行動した（とりあえずCEOの役割は、無視する）。この関係の中に

は、情報の非対称性と利害の対立が存在した。情報の非対称性は、取締役会とマネージャーの異なる地理的配置から生じた。一般的に、取締役会がロンドンのシティにおける条件や基準を知っていたのに対し、支店長は現地市場における条件や基準を知っていたであろう。利害の対立は、さまざまな形で生じた。取締役は、イギリスの株主の代表として、「慎重な」銀行業務方針が実行されることをたいてい望んでいた。それは、国内のイギリスの銀行が従う方針といくつかの類似点があるものであった。反対に、海外支店のマネージャーは、定期的な接触を持つ顧客の要求に応えることをしばしば迫られた。また、昇進を望むマネージャーは、支店の利益を目立たせるために「正当ではない」方策を実行することを厭わなかった。ロンドンに拠点を置く取締役会は、イギリスの政策あるいは規制当局に影響を受けた。それに対して、海外支店のマネージャーは、必然的に現地政府の圧力を受ける対象であった。取締役会にとっての問題は、マネージャーに動機づけをするための十分なインセンティブをいかに与えるか、また、いかに彼らの「日和見主義的な」行動を抑えるかということであった。それには、自己勘定における為替投機にかかわる不当な方法で支店の利益を押し上げていたという可能性が含まれている。

　「エージェント」を支配するための取締役会の第一歩は、幹部に就くことになっている「若手」として入社した社員とその際に配属を行う契約であった。幹部社員をイギリスで採用した銀行、これは1890年までに現地で一般にスタッフを採用した英語圏植民地で営業する銀行以外のすべての銀行であるが、こうした銀行のために、ふさわしい人物が通常、ロンドン本社での短期勤務を経て、海外への配属契約または任命が行われたのであった。こうした契約は、通常、周期的に更新され、素行不良を除き最初の契約後に契約が更新されないことはまれであった。それらは基本的なことであり、銀行の規則を遵守することを約束させたり、休暇の条件を説明したり、行動のさまざまな形式を規定したりするといったことであった。銀行は、報酬に関する総合的政策――給料、手当、医療扶助に対する取り決め、有給休暇――をスタッフに与えた。それは、もしその後の報酬に関する基準が不十分であったとしても、国内の銀行で得られるものよりは優れており、また、単に働くということだけでなく、「役立つ」人材であるということは、スタ

ッフを納得させるものであった。

　契約の非更改は、マネージャーを含むすべてのスタッフに対して取締役会の許可が必要だった。しかし、充分かつ適切に業績を上げるためのインセンティブは、キャリア制度の中に多く含まれていた。多くの地域における支店の財務実績は、マネージャーの能力に依存していた。そして、報奨制度は、業績を向上させようとするために必要であった。多くの銀行において支店は、半期ごとに利益を取り決めた。著しい好業績——もしくは業績の悪化は——、本店や取締役会からの感謝状——もしくはその逆の文書——を受けるに値した。幹部補佐、経理担当者（あるいは副支店長）、支店長といった主要な職位のキャリア構造は、階層を上っていくにつれて給料や条件が向上していくという単純なものであった。20世紀には昇進は、ほとんど年功によるものであったと思われるが、19世紀の初期においては優れた業績を上げた者ほど昇進が速かった。アジアあるいはラテンアメリカの銀行の際立った少数の者には、30年間の海外勤務ののち、本店のゼネラル・マネージャーに加わるよう召集がかかるという希望があった。イギリスの植民地で業務を行うイギリスの銀行におけるキャリアと報奨制度は、かなり類似していた。主な相違は、ロンドンの雇用者またロンドンに戻った雇用者が常に最高額の報酬を得ていたわけではなかった点である。なぜなら、1890年までに経営幹部は一般に現地で採用されていたからである[86]。

　支店長の業績や行動を監視する方法が、19世紀にわたってゆっくりと場当たり的に発展した。多くの銀行において1890年までに支店長は、中間報告書とも呼ばれる半期の報告書を作成しなければならなかった。それは、支店の業績をあらゆる側面から詳細に記載したものであった。これらは、本店で熱心に確認され、しばしば取締役会に廻された。しかし、ほとんどの銀行は、長い間、倫理の欠如を調査する方法としてこのような「自主規制」に頼ることはなかった。半期の報告書で支店の真実の状態を隠す多くの方法があった。そのために、内部監査システムが発展し、独自の「検査役」の任命が始まり、やがて本格的な監査部門が展開された。検査役は、多くの銀行において支店長から配置換えになった人達であった。その役割は、支店の業務のすべてを調査することであった。それは、小口現金から貸付先の全顧客リストに至るまでに及んだ。彼らは、しばしば支店に対し

予告もなく訪れ、すべてを調査し質問を行った。オーストレイシア銀行は、早くも1862年に支店の総合検査役を任命した。20年後に同行のオーストラリアの全支店がシドニーの検査役により監督されるという取り決めがなされ、それに対してニュージーランドの支店は、現地を拠点とする検査役を雇用していた[87]。香港銀行は、1885年に初の常勤検査役を任命した[88]。検査役の報告書は、取締役会に対し支店に関する主要な情報源であった。しかし、それらは彼らのエージェントに対して取締役会の支配を積極的に行使するより、不正を見つけることの方に効果的であった。

　海外支店を支配するためにイギリスの銀行が利用した最初の方法は、階層制ではなく社会化であった。各行は、独自の企業文化を展開した。これは、文化的、社会的に同質の経営組織を補強するものであった。この組織は、終身雇用を享受し、職場内訓練を与えられていた。イギリスの銀行は、社会化戦略を利用した最初の企業ではなかった。それは、東インド株式会社やハドソン・ベイ・カンパニーといった19世紀初頭の大規模貿易会社の運営にはっきりと現われていた[89]。それにもかかわらず、銀行はそうした戦略を注意深く改善した。その結果、日本の1945年以降のものにとても類似した経営システムを生じ、その成功は初期のイギリスの多国籍銀行がどのように遠方の支店を支配することができたかを理解する手がかりを与えた。

　この企業文化を構築する過程は、執行幹部の「入社時点」から始まった。19世紀半ばには海外銀行のマネージャーには、何らかの外部労働市場が形成されていた。人々は、銀行間を移動し、新規に設立された銀行は、他のイギリスの銀行から最初のマネージャーをしばしば採用した[90]。オリエンタル銀行は、他行に採用された銀行家のための職業訓練校を行っていたようなものである。同行の倒産、またアグラ・アンド・マスターマンズの倒産は、競争企業にとって有効な人的資源を提供した。例えば、アグラの倒産は香港銀行に対しトーマス・ジャクソンを提供し、一方オリエンタルの消滅はオーストラリア・ユニオン銀行に将来のゼネラル・マネージャーを与えた[91]。

　しかし、時代が進むにつれ他行からの採用は、きわめてまれになった。そして、銀行との長期雇用を目的とした若い人材の雇用に変わっていった。英語圏外の植

民地で活動する銀行――主として為替銀行やラテンアメリカの専門家――にとって将来のマネージャーは、高等学校を卒業した直後か、それともたいていスコットランドやアイルランドの国内銀行に数年間勤務した若者が採用された。それは、紙幣の発行や多支店展開銀行業の構造が、海外の銀行におけるそれにきわめて似ていたからである。強力で長期にわたるスコットランドの影響は、多くの南アメリカおよび為替銀行において顕著であった。一例としてインド・マーカンタイル銀行は、「スコットランドのマーカンタイル銀行」と呼ばれていた[92]。これらの銀行は、将来のマネージャーをロンドンの本社を通じて採用した。それは、スタッフを事実上イギリス人に制限するという計画であった。採用者は、例外なく中流階級の者であり、通常は授業料の必要なパブリック・スクールの出身者であった。学業成績は、社交性や運動能力ほど重視されなかった。それは、若い採用者が企業風土に順応し、信頼され、そしてイギリスの海外銀行に対して適切に具体的役割を果たせるということを確実にしたからである[93]。

いったん採用されると、将来のマネージャーたちは類似の出世コースをたどった。それは、海外に派遣される前に、ロンドンの本社で幹部補佐として短期間勤務することから始まる。3年から5年間の海外への「最初の旅」は、しばしば銀行勤務にふさわしくないスタッフを見つけ出し、解任するために利用された。彼らは、一定の収入水準に達するまで、すなわち30代半ばまでは通常、結婚を認められなかった。アジア地域にいた幹部補佐は、少なくとも大規模な支店では、他の独身者と共同で宿舎に住んでいた。その他の地域では、同等の施設があった。このシステムは、仲間意識を高め、企業に対する意識を強化した。ともに生活しまた働く若者たちは、お互いのことを良く知ることができた。彼らは、在職中に活用できる同輩の実務能力と信頼性に関する見識を得たのである。特に、距離的な問題を考えると小規模な銀行内ですらスタッフが交流することは数十年なかったかもしれない。彼らが結婚をするとき、その妻となる者は秩序を乱す要素を除去するために取締役により選別された。

これらの設立時から少なくとも1960年代まで、イギリスの銀行は、職場内訓練を行っていた。これは、新規採用者がロンドンの本社の一員となるとすぐに始まった。その時に内外の手形取扱部門における経験が銀行業務の知識やイギリスと

専門地域間で行われているある種の取引、そして主要な支店および顧客の評判を当事者に与えた。こうした訓練は、当事者が海外に移動しても続けられた。ジョブ・ローテーション・システムは、可能な限り多くの経験を若いスタッフに与えていた。現代の日本企業のように昇進は、基本的に年功制であったがそれは、最も重要な上級職を手にすることができる人々に対し規定により、調整が加えられてあった。

こうした採用や昇進形態は、イギリス人の少数の経営エリートを集中させる強力な企業文化を生み出した。香港銀行は、1876年におよそ44人のアジア地域のスタッフを有していたが、20世紀の終わりまでに約150人まで増大した。小規模な銀行であったペルシャ・インペリアル銀行には、例外的に第1次世界大戦前にイランに勤務していたイギリス人駐在員が50人以上いた。こうした人々は、ビクトリア女王時代のパブリック・スクールで奉仕や忠誠の意味をたたき込まれ、個々の銀行内での業務期間で強化され、企業の伝統や規範に順応した。

英語圏の植民地におけるイギリスの銀行の活動は、採用者の国籍以外ではきわめて類似の人事方針を採っていた。1860年代までイギリス系オーストラリアの銀行は、イギリスでほとんどすべての上級執行者だけでなく多くの若者も採用していた。しかし、植民地の人口が増加してくるにつれ、イギリスでのスタッフの募集は珍しいものとなった[94]。小さな例外にオーストラリア・ユニオン銀行があった。同行は、第1次世界大戦まで（そしてそれ以降）イギリス人の若者を、イギリスとオーストラリア間の連係を維持する手段としてロンドンで5年間勤務させた後、オーストラリアへの異動を行っていた[95]。しかし、オーストラリア、ニュージーランド、南アフリカにおける一般的な形態は、経営幹部の現地採用を行うようになった。その他の点では、これらの銀行は、アジア地域の為替銀行およびラテンアメリカの銀行の社会化戦略に従った。彼らは、終身雇用を期待させる中流階級の年少者を採用し、その見返りに強力な企業への帰属意識を育生した。

イギリスの海外銀行により進められた社会化戦略は、支店網を効率的に管理すること、不良債権や不正から発生する損失に歯止めをかけることを容易にした。支店の地理的な分散や銀行業務にかかわる多くの独特な課題は、19世紀の状況では階層制の支配システムを効果のないものとした。経営者と同じ目標を持つスタ

ッフの慎重な選別とスタッフの社会化は、情報やモニタリングにかかわる費用を節約し、エージェント-プリンシパル間の対立に——なくすことはできないにしても——歯止めをかけた。そのシステムは、柔軟性に富んだものであった。孤立した支店のマネージャーは、思いがけない状況に直面したとき上司からの指示を絶えず求めることができなかった。特に、いくつかの国においては、出来事は19世紀ではしばしば「思いがけないもの」であった。イギリスの海外銀行の取締役は、ある自信を持つことができた。それは、社会化されたスタッフが銀行の伝統を継ぐことを任せられ、それからは逃れることができないというものであった。しかし、各行の階層制の異なるレベル間の緊張関係は、めったに解決されることはなかった。

ミラ・ウィルキンスは、イギリスのフリースタンディング企業の最終的な衰退の背後にある主要な要因として、19世紀におけるその単純なガバナンス構造を確認した。脆弱な本店は、資金調達以上の能力を持たず（資金調達もできないほどの能力で）、その存在を維持するための技術も知識も不足していた[96]。同様に、アルフレッド・D. チャンドラーは、「個人資本主義」に関連する第1次世界大戦以前のイギリスの経営構造における欠点を認めた。個人資本主義は、とりわけアメリカやドイツで始められた多くの新しい産業の中へ、イギリスの参入を遅らせるものとなった[97]。

イギリスの海外銀行は、ウィルキンスにより指摘された企業と同様の「フリースタンディング」形態に分類されるものであった。それに対し、イギリスの海外銀行の経営上の階層制は、一族による支配ではないにしても、小規模であり、また単純であった。それでも、この組織形態は、19世紀における産業より多国籍銀行に適したものであった。適度な経営階層制は、重要な組織的な能力を抑制しなかった。社会化戦略は、多国籍業務の支配およびエージェント-プリンシパル問題の軽減に対して大きな効果があった。ロンドンの本店は、数の上では小さかったが、やはり効果的であった。それは、事業の全般的支配、そして取締役会の構造を通じた国内外の主要な顧客と他の金融機関との計りしれないほど貴重な関係の提供という点に見られた。他の分野で「フリースタンディング」形態を採る企業とは違い、イギリスの多国籍銀行は、上手く組織化され、また上手く構成され

た海外直接投資形態であった。

4　市場占有率と競争上の優位性

　イギリスの多国籍銀行は、19世紀における大きな影響力をもつ事業会社であった。それは、イギリス国内および業務を行っていた多くの受入国の双方において重要であった。イギリスでは、多くの支店を持つ銀行が、19世紀後半にスコットランドからイングランドおよびウェールズまで拡大し、合併が——とりわけ1880年代後半と1890年代前半に——国内銀行の数を減少させた。それは、ロンドンに本店を構える全国的な銀行の設立をともなった。しかし、これは1875年の380行から1900年の180行まで銀行数が減少するという緩やかな進展であった。海外銀行は、多くの国内銀行に比べ、比較的大規模であった。1890年代前半にイギリスの海外銀行において最大規模であった香港銀行、オーストラレイシア銀行、ユニオン銀行は、イギリスの銀行業務の頂点に位置したロンドンの共同出資会社銀行上位16行中3、4行を除いた銀行に比べ、資産および預金量が上回っていた[98]。

　イギリスは、世界の主導的な多国籍銀行国家であった。アメリカは、第1次世界大戦の時までに事実上、多国籍銀行を有していなかった。アメリカは世界の主要な債務国家であったが、規制要因が、アメリカの多国籍銀行の遅れを理解するための手がかりを与えてくれるように思われる。1913年までアメリカの大規模銀行であった国立銀行は、海外に支店を展開することを法律により禁じられていた。国際的な銀行業務における国立銀行の参入でさえ、連邦法により阻まれた。彼らは、手形引受業務を行うことを認められなかった。19世紀末にだけ、わずかな活動があった。1897年にニューヨーク・ナショナル・シティ銀行が、在外預金の引受けと外国為替の取扱いを行う海外部門を設置した。5年後、インターナショナル・バンキング・コーポレーションが、多少イギリスの海外銀行にならって組織されたが、1913年までに16の海外支店しか持たなかった[99]。日本の多国籍銀行業務は、アメリカの初期に類似していた。1880年から1914年までの日本の多国籍銀行業務は、東京銀行の前身である横浜正金銀行に限定された。同行の20ほどの海外支店は、中国からヨーロッパやアメリカに拡大しており、当時のアジアの銀行

において著しい業績を収めていた。しかし、その活動は日本以外での重要性はほとんどなかった[100]。

ヨーロッパには多くの多国籍銀行があった。19世紀の半ばから特にフランス、ベルギー、ドイツにおいて国内銀行は、海外支店と専門的な海外銀行の設立を始めた。フランスでは、1850年代に5行が政府により設立された。各行は、別個のフランスの植民地を割り当てられた。1874年に植民地銀行の新しい世代がパリの銀行家たちの主導によるヌーベル-カレドニー銀行の設立から始まった。これは3年間しか続かなかったが、1875年にはこれを手本にフランス国内銀行2行が、民間の植民地銀行としてインドシナ銀行を設立した。同行は、イギリスの海外銀行とは反対に、(現在のヴェトナムの一部である) コーチシナと (インドの) ポンディチェリの2つのフランス植民地で20年の銀行債を発行する独占権を与えられた。そして、貸出と手形の割引に関する権限を与えられた。それは、アジア地域におけるフランスの植民地の銀行として発展し、シンガポール、バンコク、香港、中国にも支店を設立した。1914年までにアジアに19の支店を展開した。1901年にラフリーク・オシデンターレ銀行が、フランスのアフリカ植民地で業務を行うために設立された[101]。フランスの多国籍銀行は、フランスの植民地以外でも業務を行った。国内銀行は、ヨーロッパの主要な国際金融の中心地の事業に参入するために19世紀後半にロンドンに支店を設立した。1900年代にフランスの国内銀行は、主要なロシアの銀行における経営支配の行使にかかわる相当な比率の株式を保有していた[102]。

いくつかの点でフランスの多国籍銀行業務は、イギリスの形態より控えめな形態であると見ることができる。専門的な海外銀行の設立および帝国のつながりの重要性は、明らかに類似したものであった。主な相違点は、民間の銀行であっても見られたフランスの銀行業務における多大な政府の影響であり、そしてフランスの国内銀行が第1次世界大戦以前の多くの多国籍ベンチャー企業における株主として密接にかかわっていたという事実であった。

他のヨーロッパ大陸経済圏における多国籍銀行の展開は、類似した方向をたどった。ベルギーでは、大規模な国内銀行であったソシエテ・ジェネラルが、1890年にフランスの銀行を買収し、第1次大戦前に、多くの海外銀行を設立した。特

にシノ(中国)ベルギー銀行が中国で、またイタロ-ベルギー銀行が南アメリカで業務を行うために設立された。ベルギーの銀行はまた金融セクター以外にも海外直接投資に活発だった。例えば、1900年代にドゥトレーメ銀行はカナダの大規模な鉱業、天然資源、製紙業界を所有し、経営していた[103]。

　ドイツの多国籍銀行の起源は、ドイツの政治的統合に密接に関連していた。1870年に設立されたドイツ銀行がその初期にとった行動の1つに、ロンドンにおける合弁銀行の設立があった。同行は、1872年に上海と横浜に支店を設立し、続いて翌年ロンドンに完全支配の支店を設立した。ドイツの他の銀行数行もまた、ロンドン支店を設立した。それに対して、ドイツ銀行は、ブリュッセルとイスタンブールにさらに支店を開設した。しかし、一般的な形態は、1行または複数の国内銀行に所有される専門的な海外銀行の設立であった。1880年代および1890年代の後半にラテンアメリカと極東地域を専門とする銀行が設立された。これらは、ドイツ・トランスアトランティコ銀行、ドイツ・ブラジル銀行、チリ・ドイツ銀行、ドイツ・アジア銀行などであった。ヨーロッパ大陸の兼業銀行業務の伝統においてドイツの銀行は、異なる分野に海外直接投資も行っていた。例えば、ドイツ銀行は、戦前のルーマニアの石油製造業を買収した[104]。

　第1次世界大戦前の20年間にのみ、イギリスの海外銀行は他の国々が所有する多国籍銀行との競争を経験しはじめた。極東およびラテンアメリカにおいてドイツの銀行は、大きな影響を与える存在となった。競争圧力は、西インド諸島においても感じられた。西インド諸島は、イギリスの植民地であり、カナダの銀行がいくつかの支店を設立していた。この競争については、次章においてさらに詳細に述べることとするが、イギリスの銀行が利益や事業活動の全体的な規模の拡大に関して卓越した多国籍銀行であり続けたということは断言できるであろう。そして、こうした状況は1960年代まで存続した。

　イギリスの銀行に対する主な競争相手は、別のところからやって来た。国際的な銀行業務においてマーチャント・バンクは、19世紀に貿易手形引受における競争相手のいない事業を行っていた。これらは、北アメリカや他のヨーロッパ諸国とのイギリスの貿易金融の大部分に対し責任を負っていた。マーチャント・バンクは、ロンドンのシティで外国政府債の募集における先導的な機関でもあった。

それは、イギリスの銀行がかなりの事業を行っていた南アメリカ諸国に対してさえ行われた。一般に、マーチャント・バンクと海外銀行は、異なる地域や異なる金融商品に専念していたが、海外銀行が19世紀の間に展開した地域——インドや極東——には、ある程度の競争があった[105]。19世紀後半までに、あるロンドンの国内銀行は国際手形引受業務も行っていた。それは、コルレスとして外国の銀行および植民地の銀行を利用して行われた。しかし、多くの国際的業務——例えば外国為替取引——は、依然として国内銀行の事業ではなかった。

多国籍リテール・バンクのように、イギリスの銀行は業務を行う国々で現地銀行との競争に直面した。アジア、アフリカ、中東の一部地域では、イギリスの海外銀行は最初の近代的な銀行であった。こうした国々のうち数カ国——特に日本——には、19世紀に固有の近代的な銀行があった。多くの植民地経済圏では、イギリスの海外銀行は現地の銀行がすでに設立されていた市場に参入した。彼らは、(オーストラリアに見られる) 単一銀行あるいは (南アフリカや南アメリカの一部地域に見られる) 不安定な銀行に対して、多くの場合急速に市場シェアを獲得した。19世紀の後半から、こうした経済圏の現地の銀行にとって国内業務や貿易金融また為替業務においてもイギリスの銀行に挑戦し、そして競争力をつけることが時代の流れであった。しかし、こうした動向は、異なる国や地域でまったく違った速度で進んでいった。

統計の不足や方法の問題により、1890年代までにイギリスの多国籍銀行が獲得した市場シェアを算出することは難しいが、19世紀後半にラテンアメリカ、アジアそして英語圏の植民地経済圏における外国貿易金融や為替業務の多くは、イギリスの海外銀行を通じて行われたようである。

イギリスの銀行は、多くの国内銀行業務におけるかなりの市場シェアも占めていた。1914年の概算では、イギリスの銀行がブラジルの銀行業務システムの3分の1、またアルゼンチンとチリの4分の1にあたる預金を支配していたとされている。その比率は、1890年にさらに高まったであろう[106]。19世紀後半の南アフリカではサウス・アフリカ・スタンダード銀行が同地域で主要な銀行であった。その地域は、イギリスの植民地であるケープ、ナタル、ブリティッシュ・ベチュアナランドとともにボーア人の独立州であったオレンジ・フリー州そして南アフ

リカ共和国であった。イギリスの銀行は、スタンダード銀行を筆頭に、現地の競合銀行と比べ一般に大規模かつ良好に経営されていた。そして、1860年代から1890年までにイギリスの銀行は、完全に市場を支配するようになった。1890年末にスタンダード銀行の当座預金が、その地域にあるすべての他の銀行における当座預金総額の3倍以上あり、貸出金および貸付金は2倍を超えていた。この銀行のゼネラル・マネージャーは、「この地域で最大規模の金融機関」であると考えていた[107]。

　オーストラリアならびにニュージーランドでは、現地で設立された銀行が、より大きな影響を与えるようになった。1851年にイギリスの銀行3行がオーストラリアの商業銀行における総資産額の3分の2以上を保有していた。しかし、1890年までにイギリスの銀行のシェアは、現地銀行がその重要性を増していく中で40％まで下がった。1850年以降オーストラリアで営業活動を行うために設立または支店を開設したイギリスの銀行の小規模グループは、以前の銀行が1830年代および40年代に行ったような影響を与えることができなかった。現地の銀行で特にニュー・サウス・ウェールズ銀行は、上手く多支店モデルを範とし、また貿易金融や為替業務を行うためにロンドンに支店を開設した。しかし、1890年、ユニオン銀行とオーストラレイシア銀行はまだオーストラリア4大商業銀行としてとどまり、それぞれが預金総額の約10％を保有していた。両行は、ニュー・サウス・ウェールズ銀行と同様にオーストラリアの全植民地をほぼ網羅する支店を有する銀行であった[108]。ニュージーランドでは、1850年代後半のオリエンタル銀行の参入は別として、オーストラリア・ユニオン銀行が1860年代まで小規模な植民地銀行業務をほぼ独占していた。こうした状況は、1860年代に終わった。それは、オーストラレイシア銀行とニュー・サウス・ウェールズ銀行の参入と1861年にニュージーランド銀行の設立があったからである。ニュージーランド銀行は、銀行業務の大規模なシェアを急速に獲得した。それはとりわけ公的な事業を受けたためであった。しかし、イギリスの銀行は、依然として重要な存在であった。（ニュージーランド銀行の資産の非常に厳しかったが一時落ち込む以前の）1887年にイギリス系オーストラリアの銀行2行とニュージーランド・ナショナル銀行が3行併せて、民間預金の42％そしてニュージーランドの民間部門貸出金の30％を保有

した[109]。

　イギリスの多国籍銀行がこうした目立った立場を獲得することができた理由は、マイケル・ポーターのモデルに基づいた国の競争優位の決定要因から理解されうる。それについては、第1章で要点を述べた。19世紀に、「ダイヤモンド」の4つの要素が、イギリス連合王国に拠点を置くそしてまた国際銀行業務に従事する多国籍銀行の競争力に有利であった。マーチャント・バンクは、ロンドンからの輸出による競争力を利用し、また完全な内部化に替わる方法として一族のパートナーシップを利用することにより競争優位を十分に引き出した。同様に、いくつかのロンドンの銀行は、コルレスとして海外の独立した代理店を用いた。反対に、海外銀行は、資本関係つまり多国籍支店の設立により特定の専門的知識を国際的に移転し、競争力優位を引き出した。

　さまざまな種類の要素条件は、イギリスにおいて多国籍銀行を展開するのに有利であった。銀行は、高度に発展したロンドン証券取引所で資金を調達することができた。定評のある国内銀行システムは、訓練された人員の流れをもたらした。イギリスの海外銀行は、国内銀行で数年間訓練を受けた銀行家をしばしば採用した。少なくとも初めのうちは、こうしたことがオーストラリアのような国々で、現地の競合銀行よりもすぐれた経営スキルをイギリスの銀行に与えることに役立った[110]。

　需要に関する諸条件は、例外的に有利であり、世界経済におけるイギリスの貿易や投資の比類なき重要性に基づいていた。「中核となる市場」を支配することが、国際銀行業務を行っていた銀行にとっての競争優位であることは自明である。海外銀行は、世界の先導的な貿易経済にサービスを提供する多国籍貿易銀行であった。イギリスの貿易や資本輸出のかなりの比率が海外直接投資を含んでいたので、こうした優位性が高められた。第1章で述べたように、イギリスは第1次世界大戦前に世界の大規模海外直接投資国家となった。この投資のいくつかは、現代の多国籍企業の形態を採ったが、多くは、多数のイギリスのフリースタンディング企業や異なる地域に拡大した他の企業形態から構成された[111]。例えばイギリスの企業は、アルゼンチンで鉄道や造船会社、精肉工場を経営した。イギリス資本は、ブラジルの多くの輸出会社や海運会社を所有したが、コーヒー農園は所

有しなかった。東南アジアの貿易、商品や採取産業の多くは、シンガポールを拠点とする強力なイギリスの代理商社の支配下にあった。

イギリスの多国籍銀行は、19世紀にイギリスの広い海外事業の一部であり、密接に海外事業に関係していた。これらの銀行は、他のイギリス企業の要求に応え、またしばしばそうした企業の多くの預金を確保した。これらの銀行の取締役会には、各地域でイギリスの商人や他の利害関係者の代表が入っていた。こうした関係により、イギリスの貿易会社や炭鉱会社、海外で活動する代理商社の事業はイギリスの銀行を介さなければどこにも進出できそうになかった。多くの場合、国外のイギリス企業関係者は、最初は銀行の主要な創立者の一員であった。多国籍銀行が国境を越えて顧客としての企業を追って発展したと論じる人々とは反対に、イギリスの海外銀行の事例では、海外銀行がしばしば顧客としての企業を創出した。

ポーターは、ある産業に対する強力な国内需要が、さまざまな仕組みによって、海外に移転されうることを示唆している[112]。誠実さや安全性に関してイギリスの金融機関が享受する評判は、この点で重要である。安全性に関する評判により、イギリスの銀行は現地の預金を獲得することができた。それは、アジアやアフリカにあった現地の金融機関や初めにラテンアメリカや植民地経済圏に設立された新しい銀行をはるかに上回っていた。19世紀の金融市場、特に発展途上国経済圏では、情報の非対称性に特徴づけられ、イギリスの銀行の評判は、銀行とともに事業を行うことにより調査費用やその他の費用を低減できた預金者を引き付けた。イギリスであるという単なる事実だけで安定性を意味していた。大英帝国の政治的要因や強大さは、イギリスの海外銀行にとって明らかな優位をもたらした。従属した帝国内で、植民地政府はたいてい取引銀行としてイギリスの銀行を使うだけであった。しかし、オーストラリアやニュージーランドといった植民地経済圏では現地の銀行を優先することがあった。イランや中国といった外交上慎重を期する国々では、イギリスの銀行は、イギリスの外務省の支援を受けた。

国際的銀行業務に携わっていたすべてのイギリスの銀行は、世界貿易と投資におけるイギリスの類まれな重要性やその国際的威信から莫大な利益を得た。アメリカやヨーロッパにおける規制障壁や強力な現地の銀行システムは、同族関係と

ともに、直接投資以外の戦略による優位性の獲得を促進した。少なくとも当初は、南半球やアジアの多くの地域におけるこうした要因の欠如は、海外銀行の多国籍支店展開戦略に有利に働いた。

　ポーターが国家的優位性の3番目にあげる決定要因は、国際的競争状況にある関連産業あるいは供給産業の存在である。ロンドンのシティにおける金融サービスの密集化は、この点でもまたイギリスの銀行に非常に有利な状況を与えた。19世紀の最初の10年間までに、ロンドンは世界の先導的な国際金融センターとしてアムステルダムと入れ替わった。その地位は、第1次世界大戦以降まで続いた。多様な金融市場に加えて、原料や食料品の世界的に最も重要な商品市場の多くがロンドンに存在した。銀行サービスの密集化は、ロンドンの取引銀行からすぐに当座貸越を保証する国際銀行業務を可能にした。海外銀行は、しばしばこうした方法で多額の借入をした。それは、日常の貿易金融における重要な役割を果たし、また重大な局面ではきわめて重要な役割を果たした。

　英貨は、金と完全に交換できるものであり、世界で最も強力な通貨であった。ロンドンの金融システムは、国際貿易に多額の資金を提供した。19世紀末までに、国際貿易の3分の2を資金供給する英貨と「ロンドンの手形」の重要性は、貿易金融においてイギリスの銀行にかなりのコスト優位性を与えた。金本位制の機能や英貨の地位は、イギリスの銀行にさまざまな国の中で資金の交換をするための大きな自由を与えた。海外の銀行により海外で集められた余剰預金は、ロンドンの金融市場に容易に移転され、投資されえた。こうした銀行内で資金の一定の流入があったが、それは貿易における季節変動、為替相場、その他の環境を反映しており、一定の熟練した判断を要求されるプロセスがあった。

　国際競争優位の最後の決定要因は、ポーターによれば、確固たる戦略と組織である。本章は、イギリスの多国籍銀行の組織的能力が高かったことについて論じた。イギリスの多国籍銀行は、広範囲にわたる支店網を管理することを可能にする効果的なガバナンス構造を有していた。こうした銀行は、金融機関にとって重要な競争優位をあたえる誠実や高潔といった評判を構築した。不十分な経営や事業戦略は、失敗の原因となった。それは、アグラ・アンド・マスターマンズやオリエンタル銀行の倒産が示している。しかし、それは常にあったことではなくむ

しろ例外であった。イギリスの多国籍銀行の成功を説明する上で、イギリスの経済政治力は重要ではあったが、そこに単に「ただのり」したわけではなかった。イギリスの多国籍銀行は利益機会を察知する起業家精神の産物であった。そして、19世紀の多国籍銀行業務における大きなリスクを抑える事業構造を考案することで成功した。

19世紀に、それほど長い年月ではないが、イギリスの海外銀行はポーターが強調した活発な国内の競争から利益を得た。海外銀行の地域的特化は銀行間の競争の度合に歯止をかけたが、たいてい各地域で常に競合するイギリスの銀行の集団が存在した。談合協定が1890年以前にすでに存在したが、ほとんどの市場で張り合っているイギリスの銀行間の競争は強力であった。

19世紀におけるイギリスの銀行の強力な国際的競争力は、それゆえ、要素条件や必要条件に関して容易に理解できる。それは、ロンドンのシティやイギリスの金融部門全般の強さ、強力な組織的能力といったものである。アメリカ合衆国やヨーロッパ大陸以外に、外国の銀行の活動に対し法規制を持つ主要国はほとんどなかった。一方で、現地の銀行業務システムはたいてい十分に発達していなかった。それは、イギリスの海外銀行にとってほぼ完璧な環境であった。

5　結　論

初期のイギリスの多国籍銀行は1830年代に見出され、1890年までに30行以上が700を超える支店を展開していた。それらは、アメリカ合衆国やヨーロッパ大陸ではあまり重要な存在ではなかった。それは、こうした国々には独自の銀行が存在していたこと、イギリスとの貿易は異なるタイプの銀行が資金を供給していたことにある。こうした銀行は、取引先や提携先とのネットワークを利用していた。海外銀行は、南と東に進出し、世界のこうした地域で成功を収めた。さまざまな理由で、彼らは高度に専門化した企業として発展した。彼らは、イギリス国内の銀行業務に従事しない海外銀行業務の専門家であり、また特定の地域や国の専門家であった。多くの場合、彼らは単一商品の専門家であった。

イギリスの海外銀行の専門化は、当然のことながらイギリスの金融システムか

ら発展した。イギリスの規制当局者は、多地域銀行業務にかかわる増大するリスクを考慮してこの構造を実行するよう働きかけた。アグラ・アンド・マスターマンズやオリエンタル銀行の失敗は、多国籍銀行業務の代替モデルに関する疑いを強めさせるものとなった。19世紀の状況は、異なる地域での支店銀行業務をリスクの高い投機的事業にした。他のヨーロッパ諸国の多国籍銀行はイギリスのそれと同じ考え方をしており、特定の地域に特化した。しかし、それらはイギリスの銀行とは異なり、自国内で国内銀行と強力な連携があった。イギリスでは弱い関係しかなく、——グリンの推進役の例に見られるように——概して取締役職の兼任の範囲にとどめられていた。イギリスにおける海外と国内の銀行業務の分離は、永続的で手数のかかる遺産となった。

　これらの銀行は、多国籍貿易銀行で始まったが、さまざまな要因が貿易金融や為替業務を内部化することを求めさせるようになった。それは、マーチャント・バンクに支持されていたコルレスや市場関係を利用するよりもむしろ支店を設立することによって行われた。ほとんどいたるところで、彼らもまた別の業務にかかわるようにもなった。第一次産品の輸出への資金供給は、こうした彼らを内地へもたらした。預金の開拓や利益機会の認識は、これらの銀行に事業活動の多角化を促した。同様に正統なイギリスの銀行業務の慣行を改めることになった。結果として、オーストラリアと南アフリカにおけるイギリスの銀行は、他の地域ではそれほどではないにせよ、国際銀行業務を多国籍リテール銀行業務と結びつけた。

　これは、イギリスの多国籍銀行の起業家時代であった。彼らは、ほとんどシュンペーター方式で活動した。それは、植民地そしてヨーロッパの影響力の未開地帯が前進するにつれて新市場の開拓や事業の拡大をした。彼らは、産業構造の新たな形態——多国籍企業——を開拓した。それは、多支店銀行業務やスコットランドの銀行業務の手法を遠方の植民地、その後は諸外国で採用した。

　イギリスの海外銀行の強さは、マーチャント・バンクのように、19世紀のイギリスの経済的、政治的優位に基づいていた。世界の主要な資本や財の輸出業者の要求に応えたロンドンのシティに本社を置いた銀行が、外国の支店業務にほとんど制限がなかった世界で繁栄したことは当然のことであった。しかし海外銀行は

また、強固なガバナンス構造を確立したことで著しい成功を収めた。幹部候補に対して終身雇用と職場内訓練制度を組み合わせた社会化戦略は、良い影響をもたらした。リスクの高い事業であった19世紀の海外銀行業務にとって、この戦略は幸運をもたらすものであり、必要不可欠なものであった。1890年代初頭にイギリスの多国籍銀行は、企業構造の強さを試す試練に直面した。

1) Mira Wilkins, *The History of Foreign Investment in the United States to 1914* (Cambridge, Mass.: Harvard University Press, 1989), 38-9, 61-2; id., 'Banks over borders: Some Evidence from their pre-1914 History', in Geoffrey Jones (ed.), *Banks as Multinationals* (London: Routledge, 1990), 222, 226-7.
2) A. S. J. Baster, *The Imperial Banks* (London: King, 1929), 8.
3) Ibid., 9-11; R. F. Holder, *Bank of New South Wales: A History* (Sydney: Angus and Robertson, 1970).
4) S. J. Butlin, *Australia and New Zealand Bank* (London: Longman, 1961), 20-2.
5) Merrill Denison, *Canada's First Bank: A History of the Bank of Montreal* (Toronto: Dodd Mead, 1966), i. 313.
6) Gordon Laxer, *Open for Business: The Roots of Foreign Ownership in Canada* (Toronto: Oxford University Press, 1989), 172-3.
7) *Ionian Bank Ltd.: A History* (London 1953); A. S. J. Baster S, *The International Banks* (London: King, 1935), 51-5; Colonial Office Correspondence 1833 to 1837, in Centenary File, Box 2, Ionian Bank Archives.
8) イオニア銀行にも携わっていたオーストラレイシア銀行の5人の発起人は、キャプテン・サー・アンドリュー・ペレット・グリーン、リチャード・ノーマン、オリバー・ファラー、チャールズ・バリー・バルドウィン、ジョン・ライトであった。ファラーとペレット・グリーンは、ブリティッシュ・ノース・アメリカ銀行の発起人でもあった。ヤコブ・モンテフィオーリは、オーストラレイシア銀行とオーストラリア・ユニオン銀行の双方を推進し、一方、ジョージ・ファイフェ・アンガスとクリストファー・ドウソンはユニオン銀行の初代の発起人であるとともに取締役でありサウス・オーストラリア銀行の取締役でもあった。Baster, *The Imperial Banks*, pp. 120-121 を参照せよ。
9) Philip Ollerenshaw, *Banking in Nineteenth Century Ireland* (Manchester: Manchester University Press, 1987), 17-8; Charles W. Munn, 'The Emergence of Joint Stock Banking in the British Isles: A Comparative Approach', in R.

Davenport-Hines and Geoffrey Jones (eds.), *The End of Insularity* (London: Cass, 1988), 73. Rondo Cameron et al, *Banking in the Early Stages of Industrialization* (New York: Oxford University Press, 1967), 第2章および第3章は、さらにイギリスとスコットランドの銀行業務システムのさまざまな比較を提示している。

10) Munn, 'The Emergence of Joint Stock Banking in the British Isles', 79.

11) Butlin, *Australia and New Zealand Bank*, 23.

12) Youssef Cassis, *Les Banquiers de la City à l'époque edouardienne, 1890-1914* (Geneva: Librairie Droz, 1984), 96-7.

13) P. L. Cottrell, 'The Coalescence of a Cluster of Corporate Inernational Banks, 1855-1875', *Business History*, 33 (1991) ; Roger Fulford, *Glyn's, 1753-1953* (London: Macmillan, 1953), 159-60; David Merrett, *ANZ Bank* (Sydney: Allen and Unwin, 1985), 31-2.

14) 19世紀初頭のイギリス金融システムの構造については、以下を参照せよ。Michael Collins, *Money and Banking in the UK: A History* (Beckenham: Croom Helm, 1988), ch. 3. A. R. Holmes and Edwin Green, *Midland: 150 Years of Banking Business* (London: Batsford, 1986), 132-3.

15) アメリカについては、以下を参照せよ。Wilkins, *The History of Foreign Investment in the United States*, 61-3, 455-6. オーストラリアについては、以下を参照せよ。David Merrett, 'Paradise Lost? British Banks in Australia', in Geoffrey Jones (ed.), *Banks as Multinationals*, 71, 73. カナダについては、以下を参照せよ。Laxer, *Open for Business*, 216-18.

16) Baster, *The Imperial Banks*, ch. 2.

17) F. H. H. King, 'Structural Alternatives and Constraints in the Evolution of Exchange Banking', in Geoffrey Jones (ed.), *Banks as Multinationals*, 87.

18) Butlin, *Australia and New Zealand Bank*, 27-8.

19) Baster, *The Imperial Banks*, 82-3.

20) A. K. Bagchi, 'Anglo-Indian Banking in British India: From the Paper Pound to the Gold Standard', *Journal of Imperial and Commonwealth History*, 13 (3) (1985); id., *The Evolution of the State Bank of India* (Bombay: Oxford University Press, 1987), parts 1 and 2.

21) Baster, *The Imperial Banks*, 105-6; Compton Mackenzie, *Realms of Silver* (London: Routledge & Kegan Paul, 1954), chs. 1 and 2; F. H. H. King, 'The Mercantile Bank's Royal Charter', in F. H. H. King (ed.), *Asian Policy, History and Development* (Hong Kong: University of Hong Kong, 1979), 48.

22) S. J. Butlin, *The Australian Monetary System, 1851-1914* (Sydney, 1986), 23.
23) Prospectus of the Chartered Bank, SC.
24) Mackenzie, *Realms of Silver*, 16-27.
25) 付録 2 にある同行に対する記載を参照せよ。同行の由来は諸説あるが、ここでは同行の歴史を書いている S. W. Muirhead の新しい研究に基づいている。
26) R. P. T. Davenport-Hines and Geoffrey Jones, 'British Business in Japan since 1868', in R. P. T. Davenport-Hines and Geoffrey Jones (eds.), *British Business in Asia since 1860* (Cambridge: Cambridge University Press, 1989), 222-4.
27) 付録 1、3、4 を参照せよ。
28) Baster, *The Imperial Banks*, 126-9.
29) Ibid., pp. 129-30; F. H. H. King, *The History of the Hongkong and Shanghai Banking Corporation*, i (Cambridge: Cambridge University Press, 1987), 242; Butlin, *The Australian Monetary System*, 55.
30) David Joslin, *A Century of Banking in Latin America* (London: Oxford university Press, 1963), chs. 2-9. リバープレート・マーカンタイル銀行の履歴に関しては以下で述べられている。Charles A. Jones, *International Business in the Nineteenth Century* (Brighton: Harvester, 1987), 129-33, 172-3. ラテンアメリカにおけるイギリスの事業活動については以下を参照せよ。J. Fred Rippy, *British Investments in Latain America, 1822-1949* (Hamden: Archon, 1966).
31) J. A. Henry, *The first Hundred Years of the Standard Bank* (London: Oxford University Press, 1963), chs. 1-7.
32) Butlin, *Australia and New Zealand Bank*, ch. 9; G. R. Hawke and D. K. Sheppard, 'The Evolution of New Zealand Trading Banks mostly until 1934', Victoria University of Wellington Working Papers in Economic History, No. 84/2, 1984年 3 月; Baster, The *Imperial Banks*, 141-2. ニュージーランド銀行の創設については、以下に述べられている。Charles A. Jones, *International Business in the Nineteenth Century*, 133-4.
33) Baster, *The International Banks*, 159; Wilkins, *The History of Foreign Investment in the United Sates*, 850 n. 43.
34) *A Banking Century: Barclays Bank (Dominion, Colonial and Overseas), 1836-1936* (London: Barclays, 1936); Geoffrey Jones, *Banking and Empire in Iran* (Cambridge: Cambridge University Press, 1986), ch. 1.
35) Geoffrey Tyson, *100 Years of Banking in Asia and Africa* (London: National

and Grindlays, 1963), chs. 1-3.

36) King, *The History of the Hongkong and Shanghai Banking Corporation*, ⅰ. 41-73.

37) Baster, *The Imperial Banks*, 258-9; King, King, *The History of the Hongkong and Shanghai Banking Corporation*, ⅰ. 278-81; A. K. Bagchi, *The Presidency Banks and the Indian Economy, 1876-1914* (Calcutta: Oxford University Press, 1989), 205.

38) Butlin, *The Australian Monetary System*, 297-8.

39) C. K. Harley and Donald McCloskey, 'Foreign Trade: Competition and the Expanding International Economy', in Roderick Floud and Donald McCloskey (eds.), *The Economic History of Britain Since 1700* (Cambridge: Cambridge University Press, 1981).

40) M. Edelstein, 'Foreign Investment and Empire, 1860-1914', in Floud and McCloskey (eds.), *The Economic History of Britain*; P. L. Cottrell, *British Overseas Investment in the Nineteenth Century* (London: Macmillan, 1975); Lance E. Davis and Robert A. Huttenback, *Mammon and the Pursuit of Empire* (Cambridge: Cambridge University Press, 1986), ch. 3.

41) King, *The History of the Hongkong and Shanghai Banking Corporation*, ⅰ. 284-5, 436.

42) Butlin, *Australia and New Zealand Bank*, 195-6; Charles A. Jones, draft chapter for Colin M. Lewis and Rory Miller (ed.), *British Business in Latin America* (Cambridge: Cambridge University Press, forthcoming).

43) King, *The History of the Hongkong and Shanghai Banking Corporation*, ⅰ. 311.

44) Ibid., 154-5, 299-301. チャータード・マーカンタイルは、1890年12月31日時点で（2,800万ポンドの）定期預金の61％がイギリスからのものだった。S. W. Muirhead からの情報による。

45) D. T. Merrett, 'Australian Banking Practice and the Crisis of 1893', *Australian Economic History Review*, 29 (1) (1989), 75-6; Butlin, *Australia and New Zealand Bank*, 305-6; David Pope, *Bankers and Banking Business, 1860-1914*, Australian National University Working Paper in Economic History, No. 85, 1987; Baster, *The Imperial Banks*, 152-4; J. D. Bailey, 'Australian Borrowing in Scotland in the Nineteenth Century', *Economic History Review*, 2nd ser., 12 (2) (1959), 268-79.

46) Merrett, 'Paradise Lost?', 70-1.
47) Tyson, *100 Years of Banking in Asia and Africa*, 79.
48) H. W. Arndt, *The Australian Trading Banks* (Melbourne: Cheshire, 1957), 87-8, 102-3; Merrett, 'Paradise Lost?', 65-71; Butlin, *Australia and New Zealand Bank*, 5-7.
49) C. B. Schedvin, *Australia and the Great Depression* (Sydney: Sydney University Press, 1970), 76-8; *Report of the Royal Commission Appointed to Inquire into the Monetary and Banking Systems at Present in Operation in Australia* (Melbourne, 1936), 40-3. 同じようなシステムが、ニュージーランドで行われていたが、19世紀にニュージーランドとオーストラリアの「ロンドン・ファンド」は、体系的な方法で分離されていなかった。Hawke and Sheppard, 'The Evolution of New Zealand Trading Banks', 51-2.
50) King, *The History of the Hongkong and Shanghai Banking Corporation*, i. 273-8; iv (Cambridge: Cambridge University Press, 1991), 11.
51) Butlin, *Australia and New Zealand Bank*, 211-22, 250-2.
52) Arndt, *The Australian Trading Banking*, 50-1.
53) Hawke and Sheppard, 'The Evolution of New Zealand Trading Banks', 55-7.
54) Charles A Jones, 'The State and Business Practice in Argentina, 1862-1914', in C. Abel and C. M. Lewis (eds.), *Latin America, Economic Imperialism and the State: The Political Economy of the External Connection from Independence to the Present* (London: Athlone, 1985), 187.
55) Joslin, *A Century of Banking in Latin America*, 73, 76; Maria Barbara Levy and Flavio A. M. de Saes, 'Foreign Loans, Debt and Development: Brazil 1850-1913', unpublished paper, 1989.
56) Charles A. Jones, 'British Financial Institutions in Argentine, 1860-1914', Ph. D. thesis, Cambridge University, 1973, ch. 1.
57) Id., 'Commercial Banks and Mortgage Companies', in D. C. M. Platt (ed.), *Business Imperialism, 1840-1930* (Oxford: Clarendon Press, 1977), 40.
58) Convention of 1880, File on Royal Charter and Subsequent Conventions, Box 1; Note on Agrarian Loans, Miscellaneous File, Box 5, Ionian Bank Archives.
59) Joslin, *A Century of Banking in Latin America*, 132, 168, 171-3; Charles A Jones, 'British Financial Institutions in Argentine', ch. 3.
60) Collins, *Money and Banking in the UK*, 42-4; Munn, 'The Emergence of Joint

Stock Banking in the British Isles', 77, 79.

61) Baster, *The Imperial Banks,* 22-4; King, *The History of the Hongkong and Shanghai Banking Corporation*, i. 119-20, 370-2.
62) King, *The History of the Hongkong and Shanghai Banking Corporation*, i. 375-6, 391-3.
63) Ibid., 84, 392, 485.
64) Charles A. Jones, 'The Transfer of Banking Techniques from Britain to Argentina, 1862-1914', *Revue Internationale d'Histoire de la Banque*, 26-7 (1983), 254.
65) Manager's Letters from Montevideo, 21 Jan. 1892, Head Office Confidential Letters, Book 2, LB.
66) Undated Note in Note Issue File, on Note Issue Profit, Box 3, Ionian Bank Archives.
67) Geoffrey Jones, *Banking and Empire in Iran*, 31; Cassis, *Les Banquiers de la City*, 101.
68) King, *The History of the Hongkong and Shanghai Banking Corporation*, i. 134.
69) Joslin, *A Century of Banking in Latin America*, 28; Charles A. Jones, 'British Financial Institutions in Argentine', 135.
70) Baster, *The International Banks*, 247-8.
71) Joslin, *A Century of Banking in Latin America*, 169.
72) Merrett, *ANZ Bank*, 30-2.
73) King, *The History of the Hongkong and Shanghai Banking Corporation*, i. 338-9; Henry, *The First Hundred Years of the Standard Bank*, 317-18; Ionian Bank Archives.
74) Joslin, *A Century of Banking in Latin America*, 39.
75) Charles A. Jones, 'British Financial Institutions in Argentine', 81-2.
76) Butlin, *Australia and New Zealand Bank*, 89.
77) Henry, *The First Hundred Years of the Standard Bank*, 5-8.
78) Joslin, *A Century of Banking in Latin America*, 24.
79) Butlin, *Australia and New Zealand Bank*, 317; G. T. Amphlett, *History of the Standard Bank of South Africa Ltd., 1862-1913* (Glasgow: Maclehose, 1914), 22ff.
80) King, *The History of the Hongkong and Shanghai Banking Corporation*, i. 145-6, 211-12, 342-3, 420-2.

81) Henry, *The First Hundred Years of the Standard Bank*, 8-9, 88; Butlin, *Australia and New Zealand Bank*, 146, 275-7.
82) Geoffrey Jones, *Banking and Empire in Iran*, 37-8, 96-7, 100.
83) Joslin, *A Century of Banking in Latin America*, 161-2, 113.
84) King, *The History of the Hongkong and Shanghai Banking Corporation*, i. 339-41, 563-4.
85) Mackenzie, *Realms of Silver*, 163; Geoffrey Jones, *Banking and Empire in Iran*, 158-60.
86) Butlin, *Australia and New Zealand Bank*, 226-8.
87) Ibid., 197, 264.
88) King, *The History of the Hongkong and Shanghai Banking Corporation*, i. 341.
89) Ann M. Carlos and Stephen Nicholas, 'Giants of an Earlier Capitalism: The Early Chartered Companies as Modern Multinationals', *Business History Review*, 62 (1988), 398-419; id., 'Agency Problems in Early Chartered Companies: The Case of the Hudson's Bay Company', *Journal of Economic History*, 50 (1990).
90) 例えば、King, *The History of the Hongkong and Shanghai Banking Corporation*, i. 220-1.
91) Ibid., 242; Butlin, *Australia and New Zealand Bank*, 235.
92) Information from S. W. Muirhead. For the South American banks, see Joslin, *A Century of Banking in Latin America*, 23. ペルシャ・インペリアル銀行は、スコットランド人を選好したが、しばしばアイルランド人で満足しなければならなかった。Geoffrey Jones, *Banking and Empire in Iran*, 139, 268.
93) King, *The History of the Hongkong and Shanghai Banking Corporation*, i. 575-8.
94) Butlin, *Australia and New Zealand Bank*, 226-8.
95) Standing Committee to General Manager, 1921年9月22日、U/61/11; Standing Committee to General Manager, 1937年7月21日、U/61/13, ANZ Archives; Butlin, *Australia and New Zealand Bank*, 334.
96) Wilkins, *The History of Foreign Investment in the United States*, 613-14.
97) A. D. Chandler, *Scale and Scope* (Cambridge, Mass.: Harvard University Press, 1990), ch. 7.
98) 巻末付録の1ならびに5の資産および預金量に関するデータを参照せよ。1891年から1914年までのロンドンの共同資本銀行の貸借対照表データはC. A. E. Goodhart, *The Business of Banking, 1891-1914* (London: Weidenfeld and Nicolson,

1972), app. 3. において見られる。1904/5年の市場価値によるイギリスの15大金融機関のランキングは、香港銀行が同年の上位にあったことを示唆している。Peter Wardley, 'The Anatomy of Big Business: Aspects of Corporate Development in the Twentieth Century', *Business History*, 33 (1991), 100 を参照せよ。この研究におけるサンプル銀行の市場価値は、表A5.1に示されている。

99) Wilkins, *The History of Foreign Investment in the United States*, 454; Mira Wilkins, 'Banks over Borders: Some Evidence from their pre-1914 History', 232-3.

100) Norio Tamaki, 'The Yokohama Specie Bank: A Multinational in the Japanese Interest 1879-1931', in Geoffrey Jones (ed.), *Banks as Multinationals*, 205.

101) Marc Meuleau, *Des pioneers en Extrême-Orient* (Paris: Fayard, 1990), parts 1-3; Y. Gonjo, 'La Banque coloniale et l'etat: la Banque de l'Indochine devant l'interventionnisme, 1917-1931', *Le Mouvement Social*, 142 (1988), 45-73.

102) Olga Crisp, *Studies in the Russian Economy before 1914* (London: Macmillan, 1976), 170-3.

103) G. Kurgen-van Hentenryk, *Leopold II et les groupes finaciers belge en Chine* (Brussles: Palais des Académies, 1972); id. and J. Laureyssens, *Un siècle d'investissements belges au Canada* (Brussels: editions de l'Université de Bruxelles, 1986).

104) Peter Hertner, 'German Banks Abroad before 1914', in Geoffrey Jones (ed.), *Banks as Multinationals*; Manfred Pohl, 'Deutsche Bank London Agency Founded 100 Years Ago', in Deutsche Bank (ed.), *Studies on Economics and Monetary Problems and on Banking History* (Mainz: Hase & Koehler 1988), 233-6.

105) Stanley Chapman, *The Rise of Merchant Banking* (London: Allen and Unwin, 1984), 172. 19世紀の外国貸付における海外銀行の役割は、第4章以下で論じられる。

106) Joslin, *A Century of Banking in Latin America*, 110.

107) Amphlett, *History of the Standard Bank of South Africa*, 124; GMO 3/2/1 'Special', 1890年2月10日, in A. Mabin and B. Conradie (eds.), *The Confidence of the Whole Country* (Johannesburg: Standard Bank Investment Corporation, 1987), 270; Stuart Jones, 'The Apogee of the Imperial Banks in South Africa: Standard and Barclays, 1919-1939', *English Historical Review*, 103 (1988), 892; Henry, *The First Hundred Years of the Standard Bank*, 111-12.

108) Merrett, 'Paradise Lost?', 67; Butlin, *Australia and New Zealand Bank*, 232-9.
109) Hawke and Sheppard, 'The Evolution of New Zealand Trading Banks'.
110) Merrett, 'Paradise lost?', 65.
111) イギリスの海外事業の複雑な世界に関する異なる現代の視点は、以下の文献に見られる。S. D. Chapman, 'British-based Investment Groups before 1914', *Economic History Review*, 2nd ser., 38 (1985); Jones, *International Business*; Mira Wilkins, 'The Free-Standing Company', *Economic History Review*, 2nd ser., 41 (1988); Davenport-Hines and Jones (eds.), *British Business in Asia*.
112) Michael Porter, *The Competitive Advantage of Nations* (London: Macmillan, 1990), 97-9.

第3章 危機と成長

1　1890年から1895年の危機

　1890年代前半に、イギリスの多国籍銀行が活動していた広範囲の地域でこれまでにない金融危機が生じた。中央銀行もしくは最後のよりどころでもある貸し手が存在しない世界で、このような金融危機は、銀行の存続をも困難なものにしていった。1889年、南アフリカでの金融恐慌は、多くの現地の銀行の倒産を引き起こした。1890年に、ロンドンの主要なマーチャント・バンクであるベアリングスは、ラテンアメリカに巨額な融資を行っていたため、倒産寸前となった。その後、イングランド銀行によって救済されたものの、シティそしてラテンアメリカで信頼を損なうような大きな危機を引き起こすこととなった。アルゼンチンとウルグアイでも大々的な金融危機が生じた。続いて1891年にはチリで市民戦争が始まり、1892年および1893年には、ブラジルで革命的な反乱が繰り広げられた。オーストラリアでは1893年4月から5月にかけて、その当時2年前から活動していた64行のうち54行が閉鎖し、また34行が永久に活動が出来なくなってしまうという銀行恐慌を招くこととなった。アジア地域では1890年9月以降、銀の価格が急激に下落し、予想もしなかったこのような状況が世紀の変わり目まで続いた。銀の価格下落は金融不安を引き起こし、そしてその地域で活動している銀行の問題をさらに複雑化させていった。

　このような外部危機による海外銀行への影響については、この研究で詳細に調査したサンプルに選定されたイギリスの銀行の業績から明確に見解を述べることができる。サンプルの半分以上の銀行の株主は、1890年から1895年の間、銀行に

投資するよりも、コンソル公債、つまりイギリス債に投資した方が良い結果となったであろう。1890年代初期は、銀行は非常に困難な時代として1930年代に匹敵するものであった。特に問題だったのは、投資家の信頼を失ない、海外銀行の株価の下落を招いたことだった。また公表された総利益も急激に下落することになったが、多くの銀行の間では、収益性の面で大きな格差が生じていた[1]。

サンプル銀行はすべて生き残ったが、幸運に恵まれなかったいくつかの銀行もある。海外銀行で最大ではないものの、次に重要な800万ポンドから1,100万ポンドの資産を有する銀行の中には、損害を被った銀行もある。南アメリカでは、リバープレート・イングリッシュ銀行が1891年8月に倒産したがこの銀行の経営を改善し、そして再建するという試みは最終的に3年後に断念された。アジア地域では、再建されたオリエンタル銀行（ニュー・オリエンタル・バンク・コーポレーションとして周知されている）が、1892年6月に預金の支払いを停止した。4カ月後、インド・ロンドン・アンド・チャイナ・チャータード・マーカンタイル銀行は再建を余儀なくされ、インド・マーカンタイル銀行として（イギリス政府による許可証なしに）再開した。オーストラリアでは、小規模な海外銀行の1行であるサウス・オーストラリア銀行は、ユニオン銀行に買収されたということもあり、倒産という危機から免れることができた[2]。しかし、オーストラリア・ロンドン・チャータード銀行およびイングリッシュ・スコティッシュ・アンド・オーストラリア・チャータード銀行は、1893年4月に預金の支払いを停止した。両行は、数カ月後には再建され、そして新しい銀行として生まれ変わり活動を展開するようになった。このように銀行を再建させるために、株主は多額の資本を投じなければならず、数年間、配当金を受け取ることができなかった。このことからも分かるように株主は多大な負担をこうむることになった[3]。

いくつかの他の銀行は、痛烈な出来事に遭遇した。また海外銀行業務に新参入した2行は混乱することになった。チリで活動しているタラパカ・アンド・ロンドン銀行は1891年に配当金の支払いが不能になり、そして1894年には中間配当をも支払うことができなくなった[4]。1894年、ペルシャ・インペリアル銀行は、資本を3分の1まで評価減しなければならなくなっていた。同時にその年の配当金を支払うことができない状況であった[5]。伝統的な銀行もまた影響を被むること

となった。香港銀行の株主資本の合計が、1891年6月から1892年6月にかけて4分の1まで減少した。そして同行は株主に十分な配当金を支払うために、病気のために早期退職を強いられている行員あるいはその未亡人を支援することに予定していた資金を使い果たさなければならなかった[6]。また、1860年代に創設されたサウス・アフリカ・スタンダード銀行は、不良債権を抱えていた[7]。

ニュージーランドでは、オーストラリアで起こった銀行倒産に苦しむことはなかったものの、1885年以降、ニュージーランド・ナショナル銀行は苦境のどん底に追い込まれ、同行の資本が3分の1近くまで評価減された。ロンドンの名簿に記載されている大株主が中心となって開かれている非公式委員会では、1891年から1892年にかけてニュージーランド・ナショナル銀行を徹底的に調査した。その結果、ニュージーランド・ナショナル銀行の資本は60％近くまで評価減しなければならない状態であるということが明らかになり、そしてその合計は、株主によって負担されなければならないものであった。一方、ロンドンの銀行家、ロイズは、同行にクレジットラインを十分に拡大させていかなければならなかった。植民地で活動する現地銀行、ニュージーランド銀行は1870年代および1880年代に急成長を遂げた後、不幸にも危機に巻き込まれた。ニュージーランド銀行は不良債権、そして信用不安の問題を抱えることになり、1890年には一時的にロンドンに本社を移転させたり、さらに1895年には植民地政府が株式を買い取るという政策を打ち出した[8]。

かなり多くの地域を悩ました金融および通貨危機の原因は、地域特有のものであったことが明らかになった。原因の多くは、新しい植民地での採取および農業資源へのヨーロッパおよび特にイギリス資本の急激な流入を背景として認識されなければならない[9]。これは、1890年代の危機とオーバーエンド・ガルニーの倒産が原因でロンドンのシティで生じた1866年の危機との違いを特徴づけるものとなった。1890年の南アフリカの問題は、ビトバーテルスラントの金採掘の発展に続き、この国に影響を与えた周期的な投機ブームの一時的な衰退から生じていた。オーストラリア経済は、金融機関が巨額な融資を実行していた牧畜産業および建設業において投資額が減少するとともに、景気後退に入っていった。ラテンアメリカ内での政治的な紛争、さらにオーバー・ボローイングそして軽率な融資の問

題は、1890年代初期に生じた困難の原因でもあった。アジア地域では、銀の価格の急落に関して不明確な点を残したまま、複本位制を採用する国々や銀の価格を維持する国際的合意を確保する関係者の努力の失敗によって、銀の価格がますます下落した。さらに米国において、銀の価値が下落する前の価格で一定量の銀を購入することを連邦政府に要請した1890年のシャーマン法が廃止された1893年、銀の大幅な下落が深刻となった。

地域によって危機が生じる要因が異なっているのにもかかわらず、銀行は時折、活動している地域外の状況によって影響を被っていた。ベアリング危機は、ラテンアメリカで活動していない海外銀行に大きな影響を及ぼすことはなかったが、1891年、オーストラリア政府資金のためのロンドン市場の崩壊をもたらしたといってもさしつかえない[10]。そして海外銀行は恐慌に巻き込まれた銀行を支援するために、イングランド銀行によって設立されたベアリング保証基金に出資し、さらにロンドンの金融システムを支援しなければならない立場に置かれた。

オーストラリアの銀行危機は、他の銀行に大きな問題をもたらした。結果として、大規模なスタンダード銀行が影響を被ることはなかったけれども、南アフリカでは、銀行システムに関する新しい疑いが生じた[11]。その疑いとは、問題として取りあげられたオーストラリアの銀行によって集められたイギリスの豊富な預金であった。一部の銀行は、パニックの原因となったこの事を非難するようになった。実際、1893年5月以前に、大量の引出しを余儀なくされたオーストラリアの銀行はないものの、預金はパニック的に引き出されるという恐れがあるため攻撃を受けやすいものであり、状況を不安定にさせる1つの要因でもあった[12]。オーストラリアの銀行預金の安全性にかかわる信頼の欠如は、香港銀行が保有するロンドン預金を急減させ、その英貨の安定を保つ戦略に対して激しい打撃を与えた[13]。他の海外銀行でも同じような問題が起こった[14]。

その後、イギリスの多国籍銀行は、オーストラリアの銀行の失敗の結果、信頼を損なうという一般的な危機に加え、その地域特有の危機に直面することになった。しかしながら不安な状況を倒産へと一変させたものとは、不運な外的要因ではなく、むしろ銀行経営の失敗および軽率な経営行動が原因であった。つまり環境的な要因というよりむしろ銀行内の不適切な行動によって、経営に失敗した銀

行が消滅していったのである。

　その実例としてリバープレート・イングリッシュ銀行があげられる。通常の状況とはまったく逆に、現地経営者よりむしろ、この銀行のロンドン経営陣がアルゼンチンのさまざまな勢力に容易に融資を実行していた。この融資のいくつかは長期にわたるものもあったが、適切な現地預金基盤すら確保していなかった。最終的にリバープレート・イングリッシュ銀行は、ウルグアイで国立銀行を設立するために計画された投機的かつ不正なシンジケートへの参加によって苦しめられることとなった[15]。

　不正行為というよりも、むしろ銀行の軽率な行動によってオーストラリアの銀行危機が引き起こされた。その根本的な原因とは、規制のない環境の中で激しい競争が続いていた1880年代に、オーストラリアの銀行間では一般的に規範に反するような行動が見られた[16]。経営に失敗したイギリスの銀行では、このような問題が明るみになった。サウス・オーストラリア銀行は、準備金を積み立てるために、底がつきつつある財源を充てたが、その後1880年代後半に一連の不良債権を抱えることとなった。この流れは、この銀行のメルボルンのマネージャーが土地の投機筋に大きな貸付を行うことにつながった。同行は、1884年に監査役を解雇しており、地方の監査役の不在のために、アデレードに拠点をおく経営陣はメルボルンを管理することができなかった。同様に、オーストラリア・ロンドン・チャータード銀行は、軽率な融資に携わったということもあり、巨額な不良債権を抱えた。一方、イングリッシュ・スコティッシュ・アンド・オーストラリア・チャータード銀行は、不充分な流動資産を基盤として成長していったということもあり、貸出リスクの集中度が極端なものになっていった[17]。

　財務基盤が脆弱であったり、もしくは軽率な経営行動を実行するような銀行が、アジア地域でも見られるようになった。それは経営に失敗した2行の為替銀行である。銀の価格下落によって、アジア地域で活動するイギリスの銀行の直面するリスクが高まったが、徹底的に管理されていれば、そのリスクに関する問題を回避することができたであろう。ニュー・オリエンタル銀行の支店は、前身の銀行と同様に効率的な経営には余りにも広すぎる地域で活動しており、いくつかのきわめてまずい銀行の決定が行われた。不正行為と考えられる状況の中、巨額な融

資が銀行取締役に対して実行された。ロンドンの経営陣はさまざまな個人と会社にかなり多くの疑わしい貸出を実行する一方、発狂して精神病院へ収容されたマネージャーが巨額な不良債権をメルボルン支店に背負い込ませた[18]。チャータード・マーカンタイル銀行は、ニュー・オリエンタルの支払停止がアジア地域支店の預金取り付け騒ぎを引き起こす以前に、数年間におよぶ一連の不良債権に悩まされた。さらなる不良債権は、この銀行に公表準備金がないと思わせることになり、その銀行の株主および顧客への信頼を損なうこととなった[19]。

1890年代初期、問題に直面したが、倒産という事態を免れることができた銀行は、いつも不運な情勢の犠牲者というわけでなかった。例えば、ペルシャ・インペリアル銀行は、ペルシャで優良な商業銀行業務を築きあげたが、イラクそしてボンベイの管理が行きわたっていない支店、道路建設に対する無能な計画、そして投機的ともいえるような投資によって多大な損失を被ることとなった[20]。タラパカ・アンド・ロンドン銀行のトラブルは、ただ単にチリの政策および経済的困難だけではなかった。同行は、無視できない最初の経営問題に直面した。それは「ニトロ王（nitrate king）」であるノース大佐との従属関係に関連していた。そしてタラパカ銀行は、1896年のノース大佐の死によって、経営を持ちなおしたかのように思えた[21]。

1890年代初期の数年間におよぶ危機は、イギリスの多国籍銀行にかなりの影響力を与えたものの、地域間で著しい乖離が見られるようになっていった。オーストラリアでは、現地銀行とイギリスの銀行の間で、慎重な行動へのシフトが見られた。オーストラリアの銀行は、10年間におよぶ危機によって多大な影響を被った。銀行の評判が非常に傷つき、そのことが、20世紀オーストラリアの非常に注目すべき特徴となった銀行に対する広範な敵意・反感のもととなった。オーストラリアの銀行は、かなり保守的な体勢を築き上げていった。オーストラリア内の総流動比率は、その後20年間以上急激に上昇し続けた。新しい慎重な対応の一環として、イギリスの預金の受入れが大々的に停止された。重要なポジションについている2行のイギリスの銀行である、オーストラレイシア銀行とユニオン銀行、そして中心的な位置にある現地銀行のニュー・サウス・ウェールズ銀行は、オーストラリア内の全銀行の負債および資産のおよそ3分の1を占めていた。そして

これらの銀行は長い間、健全な銀行としての地位を守りつづけていた[22]。

　南アフリカとラテンアメリカにおけるイギリスの銀行の状況と対応はさまざまなものであった。1890年代初期、これらの地域では、現地銀行の基盤の脆弱さが表面化し、そのことによってイギリスの銀行の地位が高まることとなった。南アフリカにおける多くの現地銀行の破綻によって、スタンダード銀行は、有力な地位にのぼりつめることができた[23]。その状況はラテンアメリカの情勢と類似していた。1891年から1892年には、アルゼンチンで、数多くの国有銀行と民間銀行が破綻した。1891年には、ロンドン・アンド・リバープレート銀行は、アルゼンチンで最も歴史が長く、そして最大規模を誇る民間銀行、カラバッサ銀行を買収した。合併とロンドン・アンド・リバープレートの安全性によってこの銀行は、アルゼンチンで非常に強力な地位を築いたので、より自由な銀行戦略、特に新しいタイプの貸付業務を展開することができるであろうと考えた[24]。

　以上、イギリスにおける多国籍銀行のガバナンス構造の効果を論証してきた。ベアリング危機、オーストラリアの銀行の破綻と他地域への影響、アジア地域の為替業務の崩壊、そして多地域で生じた金融混乱は、利益の減少、不良債権の増大、そしてイギリスにおける多くの海外銀行の株価を暴落させていった。しかし、それらの銀行の生き残りは、決して疑うものではない。南半球の植民地経済において、健全性の高いイギリスの銀行は、競合する現地の銀行よりもかなり安全性が高いことを立証し、そして競争優位の継続的な強さをも示した。破綻したイギリスの銀行、もしくは再建しなければならないイギリスの銀行は、経営の失敗によって幕を閉じることとなった。このような少数の銀行の消滅によって、より慎重な金融機関が適所に残り、これらの評判は危機の中でもその安全性によって高められた。

2　成長と業績（1896～1913年）

　1890年代初期の金融混乱ののち、世界経済（第1次世界大戦前の20年間）は、持続的な成長を遂げた。相変わらず特定の地域に影響力を及ぼしたり、さらに市場の信頼性を損なわせる外交上の危機そして政治上の危機が生じた。例えば、ボ

ーア戦争（1899〜1902）、日露戦争（1904〜5）、中国における北清事変、そして1911年の辛亥革命があげられ、また強国間では、ヨーロッパにおける緊迫状況が高まっていった。とはいうものの、最近の顕著な特徴が広がりつつあった。さまざまな国々では、保護貿易主義が復活したのにもかかわらず世界貿易は急速に成長し続けていた。輸送費用の低下は、一次産品輸出を拡大するための土台を築いたことから、ヨーロッパ人入植地であまり目立たなかった地域が注目されるようになっていった。資本の流れは、多くの国々が金本位制を採用するにつれ、高まっていった。

　このような状況は、イギリスの多国籍銀行のために理想的な環境を提供するとともに、銀行は繁栄の時代を進みはじめていた。1890年から1913年にかけて、銀行の総資産は増大することとなった。ラテンアメリカは、イギリスの銀行にとって最も重要な地域として注目されるようになった。そしてイギリスの銀行の総資産について見てみると、ラテンアメリカに占る割合はアジア、そしてオーストラリアにまさるものであった。ラテンアメリカで活動しているイギリスの銀行は、急速に成長していった。1913年、ロンドン・アンド・リバープレート銀行は、2つの主要なイギリス系オーストラリア銀行やスタンダード銀行、チャータード銀行および香港銀行を上回り、資産規模で世界最大の銀行となり、時価総額では香港銀行についで第2位となった。1888年にはタラパカ・アンド・ロンドン銀行として創設されたばかりのアングロサウス・アメリカ銀行は、より目ざましい成長をとげた。同行の資産について見てみると、1890年から1913年の間に16倍増大し、そして時価総額も7倍に上昇した。

　イギリスの銀行の海外支店数は、この数年で約2倍に増加した。1901年に、個々の州がオーストラリア連邦に統一されたオーストラリアとニュージーランドは、支店数で最大のシェアを引き続き獲得した。しかしながら1910年に連邦になった南アフリカでもまた、支店数が急増することとなった。そして第1次世界大戦直前の地域別支店数の割合を見てみると、イギリスの多国籍銀行の支店の5分の1は、南アフリカに所在していた。アジア、ラテンアメリカ、そして他の地域での支店数は、南アフリカの地域と比較すると小規模な状況が続いていた。

　支店数の拡大は、数々のモチベーションそして決定要素から生じていた。例え

ば、現在よりもさらに優位な地位を求めようとする熱意、開拓されつつある地域で発揮される起業家的本能、そしてすべての業務を内部で取り扱うためのより計画性のある処置などである。オーストラリアにおける支店数が増大する背景には、支店を開設する中で、競合相手と対抗する意識のほかに、多くの町が成長していくにしたがって開設を余儀なくされたということがあげられる[25]。また他の国で支店を拡大することによって、リスクを分散させようとする銀行もある。例えば、1907年、イオニア銀行はエジプトに支店を開設したが、これはギリシャの干ぶどう産業に対する超過融資を削減する目的であり、そして紙幣発行の特権に反対する政治的な圧力があったことを認識したためであった[26]。エジプトはイギリスの支配下に置かれ、そして海外在住のギリシャ人は、エジプトのビジネス・ライフにおいて大きな役割を果たすようになっていった。ギリシャ製のタバコの輸出が行われるようになっており、そこに価値ある貿易金融の可能性を見出した。

　起業家が新しい機会を探し求める熱意は、イギリスの銀行家を、アフリカそしてアジアでの新しい活動の場に導いていった。この時期、サハラ砂漠以南のアフリカでは、イギリスの銀行業に対して門戸が開かれていた。南アフリカでは、イギリスの政治的な影響力が強まり、スタンダード銀行は、ローデシア（現在のザンビアとジンバブウェ）そしてニアサランド（現在のマラウィ）で支店を開設した[27]。イギリスの再度の拡張政策を受けて、イギリスの銀行もまた1890年代に東アフリカに参入した。インドと密接な貿易関係にあったザンジバルは、1890年にイギリスの「保護」の下に置かれた。その3年後、インド・ナショナル銀行はその地に支店を開設した。アフリカ大陸では拡大のための活動が繰り広げられ、そして1904年にはナイロビで国内初の支店が開設された[28]。1911年にスタンダード銀行がその地に参入したことによって、インド・ナショナル銀行とスタンダード銀行の2行間で、多数の競合となる支店が開設されることとなった[29]。アフリカン・バンキング・コーポレーションは南アフリカでの活動を基盤とするとともに、タンジールでも活動するなか、1891年、西アフリカでラゴスに支店を開設した。アフリカン・バンキング・コーポレーションは、このような広い領域での活動を管理するような力を有していないことを自覚していた。そしてナイジェリア、ゴールド・コースト、シエラレオネ、そしてガンビアに支店を開設していたブリテ

ィッシュ・ウエスト・アフリカ銀行は、アフリカン・バンキング・コーポレーションの西アフリカの支店、および開拓者の役割を引き継ぐこととなった。1899年に創設されたイギリスの銀行の競合相手、ナイジェリア銀行もまた、優良な競争相手に買収される以前、西アフリカに支店を開設していた[30]。

アジアの「まだ手が施されていない」地域では、イギリスの銀行のさらなる活動が展開された。1888年、香港銀行は、タイに初めて近代的な銀行を創設し、1894年にはチャータード銀行も続いて創設した[31]。マレー半島では、1870年代からイギリスの政治的な支配が広がりはじめた。チャータード銀行は、1888年に、クアラルンプールおよび台北で支店を開設し、その国の内部に進出した先駆けの銀行であった。インド・マーカンタイル銀行は、1912年にコタバルで支店を創設することによって、半島の東海岸に進出し始めた[32]。

これらの国々で支店が設立される以前には、きわめて頻繁に、時には長い期間にわたって、独立した代理店が活用されていた。ビジネス量が増加した時、あるいは代理店との関係が効率的でないことが明らかになった時、これらの代理店にかわって支店が設立された。インド・ナショナル銀行によるザンジバルへの投資は、最初の原因から実施されていたようである。ナショナル銀行はある商社を代理店として活動していたが、1892年、自由港のためのザンジバルの声明を受けて事業は急速に拡大していったので、この銀行が独自の営業所を設立した[33]。タイで活動する香港銀行とチャータード銀行は、大陸商人の代理店を持っていた。商社同士の競争から考えると、銀行として競合する商社を利用することは不本意であったと思われる。確かに、香港銀行の支店は、ほとんどの商人顧客を急速に獲得していったが、それは明らかに機密性を保護する一般的な要求のためであった[34]。

内部化の流れは、ニューヨークそしてハンブルクに独自の支店および代理店を設立したイギリスの多国籍銀行においてもその状況を伺うことができる。表3－1は、ニューヨーク、そしてハンブルクで開設した銀行および設立年をまとめたものである。

これらの支店を創設した背景には、世界経済の流れにおいて米国とドイツの外国貿易の重要性が高まっていたことがあげられる。合衆国では、ニューヨーク代

表3-1 ニューヨークそしてハンブルクで開設したイギリス多国籍銀行

銀行名	ニューヨークで開設された年	ハンブルクで開設された年
ブリティッシュ・ノース・アメリカ銀行	1850年代	―
香港銀行	1880年	1889年
ロンドン・アンド・ブラジル銀行	1886年	―
コロニアル銀行	1890年	―
ロンドン・アンド・リバープレート銀行	1891年	―
アフリカン・バンキング・コーポレーション	1900年代	―
チャータード銀行	1902年	1904年
サウス・アフリカ・スタンダード銀行	1905年	1904年
アングロ-サウス・アメリカ銀行	1907年	1905年
スパニッシュ・アメリカ商業銀行	1912年	―
ブリティッシュ・ウエスト・アフリカ銀行	―	c. 1909年

(資料) Bankers' Almanac; Mira Wilkins, *The History of Foreign Investment in the United States to 1914* (Cambridge, Mass.: Harvard University Press, 1989), pp. 464-5.

理店を早期に創設したブリティッシュ・ノース・アメリカ銀行の先駆となった事例は別にして、イギリスの銀行は当初、コロニアル銀行代理店となっていたブラウン・ブラザーズ・アンド・カンパニーのような独立代理店を利用していた。しかしながら取引の増大、さらに情報の必要性が高まることによって、イギリスの銀行は、より直接的な代理店を捜し求めることになった。このような行動は、米国の銀行に海外貿易金融への取り組み、自己勘定での為替取引を困難にさせていた合衆国の法律制定によって駆り立てられた。というのはニューヨーク州法では、外国銀行が現地の預金を受け入れることを禁止していたのであるが、現地に競争者がいないという有利な国際銀行業務の機会があった[35]。事業が拡大するにつれ、独立代理店は完全に所有された代理店に取って替わられ、これらは、預金の受入れが制限されていたため、支店というよりむしろ「代理店」と呼ばれた。

ハンブルクの支店でも、同じような現象が生じていた。それらは、取引量の増加、直接交渉するうえでの顧客情報の必要性、そして銀行の名のもとで行われる業務を支配する熱意であった。ハンブルクは、ドイツのヨーロッパ域外貿易において重要な貿易および海運の中心地であった。ドイツの国内銀行は、この事業を支援するために、貿易金融と外国での営業を展開することに活発であった。ドイツ・アジア銀行の創設および中国支店の開設に直接対抗するために、香港銀行は、1889年にハンブルク支店を開設した。他のイギリスの銀行も、それぞれの地域で

ドイツの貿易およびドイツの銀行業務の拡大に対抗して、香港銀行の対抗策と同じような行動をとった[36]。

1914年以前、ニューヨークとハンブルクは、イギリスの多国籍銀行が関心をもつような米国およびヨーロッパ大陸の中心地であった。しかし、他の都市は、特定の取引もしくは関連が銀行の特化した地域であるかどうかによって注目を集めた。ブリティッシュ・コロンビア銀行とブリティッシュ・ノース・アメリカ銀行は、1864年にサンフランシスコに支店を開設し、1875年には、香港銀行も支店を開設した。香港銀行は、中国とサンフランシスコ間での、大量の金塊および為替業務に魅了された[37]。ヨーロッパでは、移民の送金を再循環させる事業を発展させるために、ロンドン・アンド・ブラジル銀行が1860年代にポルトガルに支店を開設した。一方、1881年、香港銀行は、極東およびフランスの都市で高価な生糸の貿易業務に直接参加するためにリヨンに支店を開設した。このことは以前に主要な現地の銀行、クレディ・リヨネによって行われていた。14年後、ロンドン・アンド・リバープレート銀行はパリに支店を開設した。ロンドン・アンド・リバープレート銀行は、以前に代理店としてロスチャイルドを利用したが、1890年代半ばには「適切な監視体勢」の必要性を認識するようになった[38]。

拡大する貿易と帝国のフロンティアは、イギリスの海外銀行に利益をもたらし、さらに株主にリターンをも生み出した。サンプル銀行の中で、この時代に株主がコンソル債に投資していた方が良かった事例は1つだけにすぎなかった。急成長を遂げている新参入者、特にブリティッシュ・ウエスト・アフリカ銀行、アングロ-サウス・アメリカ銀行の株式を持つ投資家は巨額の利益を獲得することができた。しかしながら少なくともこの研究に含まれる2つの銀行から判断すると、多くのケースでは、投資家が国内銀行に投資したことで、より多くの利益を得ることができたであろう。

金融機関の間では利益率に大幅な違いがあったけれども、サンプルすべての海外銀行の公表された利益を見ると、1890年から1895年に大幅に改善された。1890年代後半、海外銀行の総利益率は、イギリスの国内銀行とともに上昇傾向が見られたが、1900年代には、イギリスの国内銀行の総利益率を上回ることとなった。その間、サンプルに含まれている不健全な5行でさえ、国内銀行との収益性にお

ける格差を縮小させていた[39]。

　イギリスの銀行は、政策の一貫として「真の利潤」もしくは「実質利益」を、株主に公表していなかった。公表利益を明らかにする前に、利益の一部分を内部留保および秘密積立金に移し替えていた。この慣習は完全に合法的なものとみなされ、海外銀行と同様に国内銀行でも利用されていた。もし公表された利益および配当の支払いが、現時点の事業の状況によって急激に変動するよりも、むしろ「安定」であるならば、銀行の信頼性は保たれるであろうという主張には正当性がある。さらに銀行は、さまざまな方法で、公表された準備金および内部留保を活用した。公表された準備金は、事実上資本の一部として見なされ、健全性と安定性を示す指標ともなる。公表された準備金からの繰り入れは、1890年代初期のように急を要する場合のみ実行される。一方、内部留保は、公表しないため、名声や信用を損うことなく利用することができる。したがって、公表された準備金が増え続けるのとは対照的に、内部留保は変動することもある。さらに内部留保は、危機管理の上で重要な資金源となる。例えば貿易危機もしくは為替危機による一時的な衰退が、銀行の安全性に深刻な打撃を与えることから救済する資金となる。

　実質利益そして内部留保の実体は、イギリスの多国籍銀行の活動に対する不可解そして不適切さを物語っている。実際、それらの実体を正しく把握する必要がある。実質利益および真の利潤を公表しているサンプル銀行の数年間におよぶ実質利益は公表された利益よりも高いということ、そして1896年から1913年の全銀行の実質利益率は、公表された利益率よりも高いということも明らかになっている。いくつかの銀行は第１次世界大戦前まで巨額な内部留保を蓄積していた。これらの総額は重要な意味を持っていたが、バランス・シートの全体規模から見るとそれほど大きいものではなかった。公表された数値は、現実の数値を歪めていたものの偽造されたものではない。例えば、かつて19世紀後半までに、実質利益における上昇（減少）は、公表された利益における上昇（もしくは減少）の動きに反映される慣例があった。しかし、こうした動きの幅は小さく、慣例が常に守られていたわけでなかった。つまり、イギリスの銀行は、秘密裏に、受入国から巨額な資金を引き出していたという粗雑な見解を支持するには、この論証では無

理がある。

　しかし、この問題に関して銀行の株主間で利害関係が生じることとなった。利益を内部留保に蓄積することは、株主が期待していたよりも少ない配当を受け取ることを意味している。一方、預金者は銀行が長期間にわたって健全性を維持しながら経営を遂行してきた安定性から利益を手にすることができる。終身雇用を採用し、根強い企業文化を育成する金融機関の例から分かるように、銀行の生き残りは、企業目標である株主価値の最大化と対等に位置づけられていた。1906年、チリのバルパライソにロンドン・アンド・リバープレート銀行の支店を開設することを計画した際、「銀行の方針とは、利益以前に安全性を考えていかなければならない」と忠告を受けた[40]。

　後の時代とは異なり、実質利益もしくは公表された利益の数値から見出せる地域的な特徴は明らかになっていない。まず公表された利益について見てみると、1896年から1913年の上位5行には、オーストラリアの銀行が2行、アジア地域の為替銀行が2行そしてラテンアメリカの銀行が含まれていた。上位10行には、オーストラリアの銀行が3行、アジア地域の為替銀行が3行、ラテンアメリカの銀行が3行、そして特に西アフリカおよびエジプトで活動している銀行が含まれていた。これはイギリスの海外銀行のさまざまな活動を示している見本であり、どんな環境でも好業績を収めることができるのかを示唆している。興味深い点として、低い利益率を公表している4つの金融機関には、ペルシャ・インペリアル銀行のほかに、1830年代の非オーストラリアの先駆けであった3つの金融機関、ブリティッシュ・ノース・アメリカ銀行、コロニアル銀行、イオニア銀行が含まれていた。ペルシャ・インペリアル銀行は、後進的で不安定なイランにイギリス流の商業銀行業務を導入する困難な仕事に直面していた。

　1896年から1913年の公表された利益を見ると、第2位にランクされていた香港銀行は、さらなる評価に値するものであった。香港銀行は、分析の期間を通して、最も利益を生み出している銀行であり、1890年から1920年にかけて、毎期、上位2位という地位を守り続けていた。そしてその後、第2次世界大戦を除く1975年にいたるまで、最も利益を生み出している銀行として注目されていた。この銀行の好業績を説明するいくつかの要因がある。アジア地域で急成長している国際貿

易は、1914年以前、管理が行き届いた為替銀行にとって素晴らしいビジネス環境を与えたが、香港における本社の立地は、この地域でのチャンスを上手く利用することを可能にしていたようである。このことは、為替業務において明らかにされている。同行の「変動の影響を受けない」戦略とともに、ドルで換算されているバランス・シートは、英貨ベースで換算されている銀行のバランス・シートよりも、競争上の優位性があった。英貨ベースの銀行は、銀の価値低落によって引き起こされている問題にかかわっていた。ロンドンのシティから離れている本社の立地もまた、柔軟性のある事業戦略を想定することを可能にした。確かに、サンフランシスコおよびリヨンでの支店の開設は、為替銀行にとって冒険的なものであった。一方、香港銀行の重要かつ収益性を高める外国貸出業務（次章で詳しく説明する）は特殊なものであった。払込資本金の預金に対する低い比率は、預金を受け入れることのできる長期の効率性、効果的な組織能力の指標、そして健全な評価を示している。

　1890年代初期の危機の後、イギリスの多国籍銀行は成長し、繁栄の時代をむかえた。さらに多くの支店が開設された。アフリカおよびアジアにおける起業家精神に溢れた新しいテリトリーが、ニューヨークおよびヨーロッパ大陸の足がかりとともに広がった。ほとんどの地域で活動している多くの銀行は、巨額な利益を計上していった。この利益の一部は株主へ還元するために使われ、また一部いざという時のために準備金を積み上げるために使われた。

3　参入と撤退

　新しい海外銀行が、この時代を中心に設立されたが、海外銀行の支店数の急増およびイギリスの多国籍銀行の資産の増大は、銀行が創設された結果ではなかった。1913年を基準年に営業していた銀行のうち11行は、1890年のリストに掲載されていないものの、これらの11行は、1913年における資産全体のわずか9％、イギリスの海外支店の11％を占めていたにすぎない[41]。グループとしての新しい参入者の特徴を見てみると、既存の銀行と異なるいくつかの点があった。特に、株主所有構造に関してである。これらの多くの銀行は、いくつかの面で「フリース

タンディング」を維持している一方、既存銀行と資本の結びつきが強く、多くの場合、株式は限られた株主によって保有されていた。

　変化は突然生じるものではない。そのためいくつかの新しい参入者は既存の銀行と類似する面もあった。1890年から1895年に生じた危機の際に創設されたわずか3行の海外銀行のうちの1行、アフリカン・バンキング・コーポレーションの事例をみる。アフリカン・バンキング・コーポレーションは、南アフリカで活動するために創設され、その際、経営に失敗した現地の銀行の行員および業務を買収した。そして、同行は典型的な「フリースタンディング」イギリスの海外銀行として台頭した。

　しかし、1894年に創設された他の2行は、異なる種類だった。ブリティッシュ・ウエスト・アフリカ銀行の創設の主導者は、アルフレッド・ジョーンズであった。アルフレッド・ジョーンズは、エルダー・デンプスター・スチーム-シップ・ラインの重要なオーナー（株主）であるとともに会長を務めていた。また最初の株式発行の際には約60％を保有していた。この期間までアルフレッド・ジョーンズは、イギリス領西アフリカの海外交通を支配し、事実上の独占を確実なものにしていた。アルフレッド・ジョーンズが率いる大規模な海上交通の一団はイギリスのライバルを撲滅する一方で、1885年、競合するドイツの海運会社と西アフリカ海運同盟の合意に達した。結果的に、ジョーンズは、1909年に彼の生涯の幕を閉じるまで、西アフリカの海運を独占し、激しい競争を抑えることができた。ジョーンズは、このように権力の基盤を強化することによって安定的な利益を獲得するとともに、船舶会社、近海航路、そして貿易が拡大することを可能にした信用と銀行業務体制の促進へと関連するサービスへ多角化した。第4章で触れるように、ブリティッシュ・ウエスト・アフリカ銀行は、この地域でイギリス圏の銀貨の供給に集中して業務を遂行した。そして、同行は植民地政府に銀の代理店として活動する独占権を与えられた。

　したがってブリティッシュ・ウエスト・アフリカ銀行は、多角経営を担う銀行として創設された。また実際に「フリースタンディング」銀行ではなかった。同行の本社は、第1次世界大戦直前まで、海運会社の中心として栄えていたリバプールにとどまっていた。1901年まで、同行はロンドン証券取引所に上場すること

第 3 章 危機と成長 101

はなかった。ジョーンズは、エルダー・デンプスターとともに、同行の会長としての職位をまっとうし、そして彼が他界するまで同行を支配していた。その際、アルフレッド・ジョーンズは、およそ 3 分の 1 の株式を所有していた[42]。

　活躍している商人グループと密接な関係を築いているのはブリティッシュ・ウエスト・アフリカ銀行だけではない。西アフリカの競合銀行であるナイジェリア銀行は、ブリティッシュ・ウエスト・アフリカ銀行のエルダー・デンプスターが経営権を握ったことに反対して、西アフリカで活動している商社の小さなグループによって創設された[43]。ナイジェリア銀行は短い生涯（1899～1912年）で幕を閉じたこともあり、1890年もしくは1913年のどちらかのベンチ・マーク・リストにも掲載されていない。同様に1894年に設立され、そして1913年にも活動していたモーリシャス銀行は、砂糖の輸出によって経済が成長していた島国で活動するイギリスの貿易関係者の小さなグループによって大部分所有されていた[44]。

　小規模な新しい参入者であるスパニッシュ・アメリカ商業銀行もまた、株式保有が制限されていた。同行は、ロンドンでコロンビア・コーヒーの受入れ、そして販売を行ったり、コロンビアに織物を運搬する委託販売店として始まった。同行は、ロンドンに在住する 2 人のコロンビア人によって1881年に設立され、そして彼らは、株主の重要な一員にとどまっていた。1904年、同行は、1893年にロンドンで登録された銀行、セントラル・アメリカ・ロンドン銀行と合併した。セントラル・アメリカ・ロンドン銀行は、すでに1888年にニカラグアで創設されていた。この合併を受けて、コルテス・コマーシャル・アンド・バンキング・カンパニーが設立されたが、その後も役員会ではラテンアメリカの強い影響力が存在していた。同行はラテンアメリカで活動するイギリスの海外銀行の領域をはるかに超えて、コロンビア、ニカラグア、エルサルバドル、エクアドル、そしてペルーで支店を開設していった。1910年に、アングロ-サウス・アメリカ銀行は、コルテス・コマーシャル・アンド・バンキングカンパニーの少数株式を買い取り、翌年にはサウス・アメリカ商業銀行に改名したが、独立した事業としての機能を継続していた[45]。

　さらにあいまいなケースとして、1909年ロンドンで設立されたイースタン銀行があげられる。同行は、1850年代および1860年代に創設された一種の新しい為替

銀行として想定されている。同行は、設立後すぐに株式上場を果たし、ブリティッシュ・ウエスト・アフリカ銀行よりも大きな資本を築きあげることとなった。けれども影響力を及ぼす多くの法人株主が存在していた。最も重要な機関投資家として、E. D. サスーンが率いるイースタン商社があげられる。初めての取締役会にはサスーンがおり、そしてロンドンのシティで初めて開設された銀行のオフィスは、E. D. サスーンが所有する敷地内に建設された[46]。非常に珍しいことであるが、同行の取締役会に、ヨーロッパの銀行から2人の代表者がいた。そのヨーロッパの銀行とは、中国に共同の利権を持つパリのソシエテ・ジェネラルおよびベルギーのドゥトレーメ銀行である。両行は、イースタン銀行の株式を所有しているようであった。ドゥトレーメ銀行の代表は、1930年代も引き続き業務を遂行した。イースタン銀行とドゥトレーメ銀行は、中国への融資交渉を進めるために組成されたイギリス-ベルギーのシンジケートに協力した。そして、サスーン家とベルギー人とをひとつにしたのは中国融資への関心だったように思われる[47]。

1913年、イギリスの多国籍銀行の活動に新しく参入した6行は、1890年代以前には見られなかったタイプである。グリンドレイズ・カンパニーとコックス＆Co. は、古い歴史を有する企業であり、英国軍と親交もあり、のちに海外銀行に発展した。両社の株式所有は制限されるとともに、どちらも上場されていなかった。ロンドンに拠点をおく販売代理店として1830年代に創設されたグリンドレイズは、アジア地域を行き交うイギリスの公務員と軍の関連業務を取り扱うことに専念していた。ロンドン・グリンドレイズがカルカッタおよびボンベイの支店を買収する1908年まで、それらの支店はインドに拠点をおくパートナーシップによって自主的に運営されていた[48]。コックス＆Co. は、インドに展開する軍の要求に応えるために、1905年、ボンベイに支店を開設し、その支店は軍の代理店のような存在であった。他のインド支店の開設が続き、そして、軍に関連しないいくつかの業務も展開された[49]。それは、これらの支店からイギリスへ資金送金する手段としてのインドにおける現地の手形割引と引受であった。

第1次世界大戦まぎわに開設された2つの新しい参入者は、イギリスの国内銀行のパリ子会社であった。世紀の変わり目までに、国内銀行のいくつかは、外国でのコルレスのネットワークを活用しながら、重要な外国貿易の業務を築きあげ

ていった。19世紀後半以降ヨーロッパ大陸の銀行によるロンドン支店の創設は、さらなる革命を引き起こした。1905年、ミッドランド銀行は、独自の外国為替業務を開始し、そして合衆国で支店を開設することを興味本位で着手しはじめた[50]。他の2行の国内銀行は、外国直接投資のルートを手に入れることができた。1911年、ロイズは、これまでさまざまなイギリス銀行の独立代理店であったパリのアームストロング・アンド・カンパニーを買収し、その後完全所有子会社、ロイズ銀行（フランス）とした。この銀行の経営者の1人がのちに述べたように、この銀行は「主に、英語圏と取引する目的で創設された」。この点をさらに強調するために、同行は堂々と英語で「この銀行はイギリスの方針で運営されるイギリスの銀行である」と宣言した。1913年9月、ロンドン・カウンティ・アンド・ウエストミンスター銀行はパリに子会社を創設したが、これもまたフランスで生活するイギリス人のためのイギリスの銀行と考えられた[51]。

エジプト・ナショナル銀行およびトルコ・ナショナル銀行もまた海外銀行の新しい形態であった。たとえロンドンを基盤とする有力な取締役がいたとしても、この2行は、半政治的な立場で存在し、それぞれの国々で国営銀行の機能を果たすように考案され、それぞれの国で登録された銀行であった。この銀行の創設については、次章で説明するが、この時代において、同一の個人によって大量の株式が所有されていたということは注目すべきことである。

1890年に活躍していた33行のうち約半数が、1913年まで少なくともそのままの形で、生き残ることができなかった。表3-2は、銀行の生き残りの状況をまとめたものである。1890年までに、消滅した16行のうち3行は1890年初期の犠牲になったが、23年後、再建された形態で存在している[52]。

1890年に活動していた5行が破産、もしくは清算という事態を招いた。ニュー・オリエンタルとリバープレート・イングリッシュ銀行は、1890年代初期に、破綻することとなった。スペイン・アンド・イングランド・ユニオン銀行は、1881年の設立当初から目立たない存在であり、そして1896年には任意清算で幕を閉じた[53]。アグラ銀行は、インドの紅茶産業に対する超過貸付のために、1900年に任意清算されている[54]。エジプト銀行は、安易な担保貸付を実行したということもあり、1911年10月には支払いが不能になった[55]。

表3-2　1890年に活動していた英国多国籍銀行の
1913年までの活動記録

1890年に活動していた銀行数	存続	存続／再建	破産／清算	英国以外の銀行による買収	英国銀行による買収
33行	17行	3行	5行	5行	3行

　イギリスの銀行の5行は、活動していた国々の地元関係者によって買収された。1912年、アフリカ銀行および南アフリカの支店は、サウス・アフリカ・ナショナル銀行によって買収された。しかしながら、このような買収の流れが最も鮮明に展開されてたのは、北アメリカである。1900年に、ブリティッシュ・コロンビア銀行は、カナディアン銀行によって買収された。一方、カリフォルニアを中心に活動していたイギリスの銀行3行のすべてが1900年代に現地化された[56]。

　1890年に活動していた3行は、他のイギリスの海外銀行によって買収された。アングロ-サウス・アメリカ銀行は、チリから離れ多角化戦略の一部として3行のうち2行、アングロ-アルゼンチン銀行そしてメキシコ・アンド・サウス・アメリカ・ロンドン銀行を買収した。小規模であるアングロ-アルゼンチン銀行は、ブエノスアイレスおよびウルグアイの首都モンテビデオに支店を構えていた[57]。メキシコ・アンド・サウス・アメリカ・ロンドン銀行は、一種の投資会社として機能しており、さまざまな国の現地の銀行の株式を所有していたことが、このイギリスの銀行にロンドンでのビジネスをもたらした[58]。これらの2行は、アングロ-サウスに完全に吸収されていった。サウス・オーストラリア銀行でも、同じような出来事が生じ、オーストラリアの銀行危機の際、ユニオン銀行に吸収された。

　他のイギリスの海外銀行の合併と買収は数少なく、国内銀行業界とは、著しい対照をなしていた[59]。イギリスの国内銀行は、この時代に合併が広く行われ、第1次世界大戦の終わりまでには統合が進んでいた。多国籍銀行は、小規模な海外の現地銀行の買収に多少なりとも関係していたけれども、この合併運動には関わっていなかった。南アフリカでは、アフリカン・バンキング・コーポレーションが、設立直後、いくつかの現地銀行の買収を繰り広げていった。一方、ロンドン・アンド・リバープレートは、重要な現地銀行を買収するために、1890年代初

期のアルゼンチンの銀行危機をうまく利用することができた（本章の1参照）。のちの1900年代に、インド・マーカンタイル銀行は、カルカッタの実業界において主要なイギリス人居住者であったユール家が所有していたカルカッタ銀行を買収することによって事業を強化していった。したがって同行は、重要な事業グループの顧客を買収したことになる。そして、カルカッタ銀行の会長、デビッド・ユールがインド・マーカンタイル銀行の取締役として任命されたことによって業務提携が強化されていった[60]。

　経営の失敗、もしくは消滅していったほとんどの銀行は、小規模な金融機関であったということが明確になっている。1890年に活動し完全に消滅した13行のうち、10行は、その年のリストで最も規模が小さい16行にランクインされている。経営に失敗した2行の大銀行、ニュー・オリエンタルおよびリバープレート・イングリッシュ銀行は、1890年代初期の銀行危機で衰退することとなった。この状況は、ある程度設立時期と関連している。13行のうち、わずか2行が1862年以前に創設された一方、5行は1870年代から1880年代の創設であった。他の動きとしては、ブリティッシュ・ノース・アメリカ銀行は別として、合衆国そしてカナダからイギリスの支店銀行業からの撤退であった。

　したがって1890年代と1900年代に、多国籍銀行業務に従事している金融機関では大きな入れ替りが見られた。1913年に活動していた銀行のうち11行が新しい参入者であった一方、1890年に活動していた銀行のうち13行が1913年には消滅し、そして3行以上が再建しなければならない状況に追い込まれていた。しかしながらこの目まぐるしい状況の重要性は思ったほど大きなものではなく、参入と撤退がほとんど小規模な銀行で繰り広げられていた。遠い国々で活動するために、個人が「フリースタンディング」形態のイギリスの銀行を推進する起業家の時代は終焉を迎えていた。

4　集中と経営支配

　第1次世界大戦前の20年間、一般的に「ロンドン」の重要性、そして特に意思決定における銀行の役員会の重要性が、多くの銀行にとってさらに高まっていっ

た。ロンドンの重要性が高まっていく多大な圧力が生じていった。多くの地域で開拓する時代は終わると同時に、経営管理システムの統合および構築へと活動が移行していった。コミュニケーションの改善は、遠融地にある支店の多大な支配権をロンドンに集中することを許容した。1890年代初期の危機によって、軽率な活動を行っていた銀行業務の危険が明らかになり、そして海外の「エージェント」の行動を綿密に監視することを、「プリンシパル」としての取締役に促した。債券発行への多くの銀行の高まる関心は、銀行内で「ロンドン」の重要性を高めることになった。その理由として、債券を発行するのもロンドンのシティであり、そこではコネと情報の獲得が成功への前提条件だった。

　1890年代初期の出来事によって、大きな打撃を受けたオーストラリアで活動しているイギリスの銀行の事例を見てみると、ロンドンの権限の拡大は最も注目すべきことであった。1890年代に現地の取締役会は、最終的に廃止されることとなった。ユニオン銀行およびオーストラレイシア銀行の両行では、ロンドンに権限を移動する明らかな行動が見られるようになった。取締役で構成される小委員会が設置され、オーストラリアの銀行業務の監視を細かく行うことを実現していった。そしてこの小委員会は、よりいっそうの権力を有するロンドンの経営者によって支持された。ユニオン銀行では常任委員会が、1895年に設置された。1951年、オーストラレイシア銀行との合併が行われるまで、1週間に2度のペースで委員会が開かれた。戦争勃発前の短期間、両行の取締役は、メルボルンで活動しているCEOに詳細な指示を頻繁に与えたもののメルボルンの助言に耳を傾けることはなかった。ユニオン銀行のロンドンの支配は、細かい点にいたるまで影響を及ぼしていった[61]。

　ロンドンの権力は、ここ数年、多くの他の銀行の歴史の中で、絶えず語り続けれられているテーマであった。ペルシャ・インペリアル銀行の取締役会は、少なくても週に1度開催している権力のある2つの小委員会を利用することで、銀行業務を厳しく管理していた。1908年、同委員会は、同行の初代チーフ・マネージャーの退任を促すことで、その権威の強さを発揮した[62]。1890年代まで同取締役会は、インド-ナショナル銀行の支配下に置かれてきた[63]。1890年以降、モーリシャス銀行そしてイースタン銀行のような新しい参入者には、類似的なパターン

が見られた。ブリティッシュ・ウエスト・アフリカ銀行における取締役会では、個人の問題から融資に至るまで、あらゆる問題に目を光らせていた。1901年まで月に1度、取締役会が開かれ、そしてその後、週に1度、開催されるようになった。しかしこのことが取締役会の支配の程度を示すものではなかった。なぜならば、アルフレッド・ジョーンズが同行の政策に関して権力を握り、そして仲間である他の取締役の助言を受け入れることなく、しばしば個人的な行動をとっていたためである。ジョーンズの死後、独裁的な時代は幕を閉じたが、イギリスによる政策の支配は見られなかった[64]。

香港銀行でもロンドンの重要性が高まっていたものの、同行のチーフ・マネージャーと香港の取締役会の最終的な権限を揺るがすような力をもちあわせていなかった。1900年代、分裂もしくは縄張りが同行で生まれていた。香港は、アジア地域の為替業務の責任を負っていた。逆にロンドンは香港銀行のマーチャント・バンク業務活動の中心になった。同行のマーチャント・バンク業務は、中国、そして他の国々に融資を行うために国際コンソーシアムが設立された時に、重要性を高めていた。特に、トーマス・ジャクソン卿が香港銀行を退職し、この委員会の常任委員長に1903年に任命された後、同行のロンドン諮問委員会は、独立した補助的ではない委員会に変わった。権限のある2つのセンターの存在が内部の緊張を高めることになる恐れがある一方、慎重かつ明確な機能の特化によって対立が回避されているように見えた[65]。

ロンドンの資本市場の魅力と情報通信の進歩は、その後、多くの銀行の意思決定において、ロンドンの重要性を高めていったものの、相変わらず例外があった。例えばサウス・アフリカ・スタンダード銀行で、ロンドンの影響力が高まったという事実はない。オーストラリアのように現地の取締役制度が徐々に廃止されたにもかかわらず、南アフリカのゼネラル・マネージャーは、強力な権力を有していた。この権力は、毎週議長を交代させるスタンダード銀行の厳守し続けた慣わしによって強化されてきたにちがいない。スタンダード銀行が、1911年に東アフリカ進出へと多角化を決定した時、東アフリカと南アフリカでは、情勢がかなり異なっていたが、新しく開設された支店は、1925年まで、南アフリカに管理されることとなった[66]。

ロンドンが大部分の事業の決定権を持つ銀行は、潜在的な問題に直面した。外国貿易金融および為替業務に特化している銀行にとって、シティは理想的な地であった。しかしながらロンドンを基盤とする取締役会は、遠方の市場で国内銀行業務のリスクを見極める能力が劣っていた。さらに異なるタイプの銀行業務——貿易と為替 vs 国内あるいはリテール——の優先順位における対立が生じていた。第1次世界大戦後の変わりゆく環境において、これらの問題は潜在的な問題というよりも、むしろ現実的な問題になりはじめた。

5　柔軟性と保守主義

　イギリスの銀行は海外のさまざまな地域で強力に活動分野を広げているにもかかわらず、1914年以前の20年間は、相変わらず貿易金融および関連する為替業務を主要な活動にしていたと言ってよい。彼らは地球上の商品や鉱物の取引に融資する多国籍貿易銀行であった。西アフリカでは、イギリスの銀行は、季節に最適な豆の購入、輸送および積み出しを扱うために資金を提供してココアの輸出に融資した[67]。タイでは、増大する錫や米およびゴムの輸出に融資した[68]。アルゼンチンでは、イギリスの銀行は、世界市場向け作物や肉および羊毛の供給に融資した。ブラジルでも彼らは外国貿易の中心にあり、コーヒーやゴムの輸出と同様に工業製品の輸入に融資した。ブラジルの地方のさまざまな中心的地域に支店を設置したことは、季節によって、ある港の輸入品と他の港での輸出品を組み合わせることを可能にした[69]。南洋州におけるイギリスの銀行は、同様にその国々の地方の産業と深くかかわっていた。

　作物や鉱物に対する慎重な金融は、商品やその市場についての詳しい知識を必要とした。一例をあげれば、1914年以前にはエジプトではイギリスの銀行は、現地経済の主要な部分となっていた綿と密接にかかわった。エジプト綿花は8月中旬から11月中旬にかけて収穫されたが、銀行は耕作者に対して2月から9月までの成長期に一部分融資を行った。資金は、確かな引受人に対して発行された割引手形を介して大地主に供給された。そしてそれは、銀行が指名した代理人によって綿を売る約束で行われた。イギリスの銀行は、商人、地方金融業者あるいは

1900年代に設立された専門農業銀行から資金を得ていた比較的小規模な耕作者に貸付をすることに関心を示すことはなかった。銀行は内陸の綿商人に貸付を行った。彼ら商人は、ある条件で販売のため引き渡される栽培中の作物や綿に対し、地方の耕作者に再貸付したのである。地元の商人に対する前貸しは、常にある数量の綿が銀行に販売のため引き渡されるという条件で行われた。前貸しは、銀行が認めた「綿繰り」工場に置いてある綿に対して行われた。その後、綿は綿繰り機にかけられ、銀行の名でアレキサンドリアまで送られ、アレキサンドリア市場で売られるまで銀行によって保管された。借り手の信頼性、および資金の貸出しを担保する綿の品質、その双方を確認することは重要なことであり、商人および大地主に手形割引する際は高い技術が要求された。多くは銀行に雇用された代理人の能力しだいで、彼らは通例、アラビア語を話す現地で生まれた西欧人であった[70]。アレクサンドリアの市場に出て売られた綿は輸出商人の手に渡ったが、彼らは綿が船積みされ、紡績工あるいはイギリスか他のどこかの銀行宛てに振り出された手形が支払われるまで、銀行からの融資を必要としたのである。

　中東および極東にあるイギリスの銀行は、以前にオーストラリアの銀行がしたように信用を供与する条件を修正しなければならないことに気づいた。第1次世界大戦の前の数十年間、アジア地域の為替銀行は多種多様な担保を取って融資を行った。それらは、銀行の財産となる商品、株券の預託やさらには不動産権利書であった。南東アジアの商人は、貸付や前貸しの保証として「担保荷物保管証（T／R）」を提供した。これらは、特定されない商品あるいは生産物の保証を銀行に提供し、絶えず決まったやり方で処理される一連の商品を扱う商人のために設計されたものである。しばしば銀行は、担保契約され、そして、いわゆる南アジアで見られるような倉庫などに保管された商品や生産物を監視することだけを職務とするスタッフを雇用した[71]。

　ベトナム（そしてフランスのインドシナの一部）では、香港銀行が1870年にサイゴンに支店を、そして1904年にはチャータード銀行が開設された。サイゴンは主要な米取引の中心であり、為替銀行は米取引に対する金融に積極的であった。問題は、籾付きの米（すなわち精米前の米）と米に対する前貸しの安全なシステムを見出すことであった。安全を求める銀行にとって便利なシステムが発展した。

為替銀行は、米製米業者から倉庫を借り、各銀行はそこでの倉庫の全部あるいは一部の単独使用権を保有したのである。このことで、銀行は「自分達のものとして」生産物（つまり前払いの対象となる商品）に対してより大きな支配力を持つことになった。慣習的に、籾付きの米は倉庫に運ばれ、受け取った受領証は借り手となる者、つまり製米業者もしくは中国の商人によって銀行に持ち込まれた。この受領証に対して借り手は、通常、預けた籾付き米の値の80％を受け取ることができた。製米場は籾付き米の生産物に対する支払いを受け取るだけなので、精米されるために籾付き米を倉庫から出荷することが必要であった。「出荷指示」認可手続きが銀行に対して用意されなければならなかった。次に、籾付き米は精米され、その結果、米が出荷され船積み書類が買取銀行に持ち込まれた。買取銀行は必ずしも貸出銀行に限るものではなかった。その後借入が返済される仕組みになっていた。このように手続きはかなり複雑であった[72]。

南アフリカにおいて、イギリスの銀行にとって特別重要なものは貴金属と食料の取引であった。ヴィトバーテルスランドで新しく発見された鉱床からの金の出荷に対する金融は、スタンダード銀行の活動の相当な部分を占めた。1890年代中頃には、トランスヴァール産の金のおそらく半分は、スタンダード銀行の手によってイギリスにもたらされたものである。同行のヨハネスブルグ支店における仕事の多くは、金の取扱いとロンドンへの販売を中心に展開されていた。同行は独自の鉱物分析装置を持っており、1892年には完全な鉱物分析研究室が開設され、そこでは金の延べ棒を精錬し、サンプルをテストした。独自の分析研究室によって、同行は金を担保とした融資だけでなく、完全に金を買うことができる立場となり、精錬した金でさらに高い融資を行うことができるようになったのである。1890年代には、スタンダード銀行は、デ・ビアスと関係を深めた。彼はその十年間で南アフリカのダイヤモンド産業のかなりのシェアを得た。しかし、スタンダード銀行はその利害関係をデ・ビアスだけに制限せず、1900年代の最も強力な競争相手のうちのひとつであるプリミエール・マイニング会社との関係を築き上げた[73]。

取締役会とロンドンの本社は、貿易金融に関連した為替業務を特に望ましいものとして考えていた。為替取引利益は銀行業の正統として重んじられた資金の迅

速な回転によってもたらされ、正統という見方では返済されないかもしれない前貸しの利息から得られる曖昧な利益の状態にある資金と対照をなしていた。この見方は、1890年代および1900年代に、「現場」のマネージャーと多くの衝突を引き起こした。彼らは、国内の生産者や商人への前貸しそれ自体は為替業務には含まれていなかったが、全貿易金融の過程の一部を形成すると主張したのである[74]。アジア地域の為替銀行は当然、為替の重要性が特に強かった。そうした銀行のマネージャーたちは、この事業を精力的に実行することについて、日ごろから注意されていた[75]。逆に言えば、ロンドンの取締役会は取引の上で生じる為替差益は好ましいと考えたが、投機や裁定取引のようなリスクの高い活動から生じる利益は強く嫌っていた[76]。

1890年代のブラジルでは、ロンドンとブラジルのビジネスの大部分は為替取引に集中していた。しかし、いくつかの事業の正当性について激しい対立があった。ロンドンの取締役会は、投機家との取引を禁止するよう努めた。この方針はロンドンで決定されたが、それは純粋に貿易から発生する為替業務だけを引き受けさせようと意図されたものであった。しかし、支店長は、しばしばこれを保守的かつリスク回避的すぎると主張したのである。結果はたびたび妥協に至った。同行のロンドン事務所は1897年に以下のようにリオ支店長に書き送った。「われわれは、あなた方の助言を受けて投機者からの為替の購入を禁止すべきか迷っている」「しかし、われわれはその商品を好ましいとは思っていない。売り手はもうかるかもしれない。しかしもし、売り手が契約を拒否する気になった場合、彼らに損害賠償を請求することができず、われわれの損失となることが充分に分かっている」[77]と。

事実、為替銀行業務はたえず断定的な決定を必要としており、それは、何が投機的であると見なされるかという問題であった。タイミングがその成功の核心であった。1890年代の終わり、マレー半島の海峡植民地のチャータード銀行支店で利益を上げたのは、「ロンドンでの銀の直渡しに対する手形と銀の現金購入とのマージンが相当の利益が確実になった時に英貨を購入した支店長の能力によるもの」とチャータード銀行のロンドンの経営陣は見なした[78]。タイミングは、19世紀末と20世紀初頭のアジア地域の為替銀行が扱う莫大な地金および正貨の事業に

おいて、成功の必要条件として非常に重要であった。チャータード銀行のロンドンの経営者陣は、そうした地金事業を細かく監視した。それは、地金や為替業務に踏み込んだり止めたりする方法について細かな指図を与えながら、アジア地域の支店が可能な限り効率的に為替や裁定取引に将来おこりうる可能性を管理していることを確かめるために行われた[79]。

為替業務は、開拓植民経済においてイギリスの銀行によって非常に重視された。オーストラリアにおいてはイギリスの銀行は突出した為替ディーラーであり、戦前は巨額の為替取引高を誇っていた[80]。南アフリカのスタンダード銀行は、為替業務を精力的に追求していた。1890年代には、デ・ビアスはロンドンでダイヤモンドに対する部分的支払を英貨で常に受けていたので、同行がダイヤモンド産業のほとんどの為替業務を見逃してしまったのは悲しむべきことだった[81]。しかし、ボーア戦争（1899-1902）は、イギリス陸軍俸給局との契約で、同行に高い為替差益を得る機会を与えた。この契約は、「実際に為替市場をコントロールし、採鉱および商業取引がないときには、有利な条件でわれわれから為替を買うよう他の銀行に強要することを可能にした」[82]。

為替レートの動きは、絶好の機会であるが相変わらず脅威であった。銀行はしばしばそうした動きによるバランス・シートへの影響を嘆いた。それはポンドに対して彼らが扱う通貨が価値を下げた時であり、そのことによって、外国にある資産のバランス・シート上の価値は減少する結果となった。例えば、1890年代の終わりに、ブラジルの通貨がポンドに対して急激に下落した。ブラジルでは、イギリスの銀行が疑しい投機的活動を行ったためにこの下落をまねいたとして非難された。イギリスの銀行は、彼らの私的書簡で、政治的不安定さや政府の「無謀な紙幣の発行」をしばしば非難した[83]。原因が何であれ、結局はポンドのバランス・シートの問題だったのである。そのため、ロンドン・アンド・ブラジル銀行は、1898年には株主への年配当金を猶予しなければならなかった。世紀の変わり目ごろ、イオニア銀行は再び、ドラクマ銀貨の対ポンド為替レートの変動によってひどく影響を受けた。そして1901年から1908年には、バランス・シート目的のために、ギリシャの資産をポンドに固定為替レートで変換することに切り替えたのである[84]。

海外の銀行の多くは、利益の内部計算を行うとき、利子収入、為替利益および少額の手数料収入を区別した。利益を計算する方法はさまざまあると考えれば、こうした計算を重視しすぎていると思われる。しかし、わずかな例であるが、少なくとも銀行間のばらつきの実態を示している。ペルシャ・インペリアル銀行では、関連する資料が数年間存在している。それによると利子による利益が、1905年から1908年の為替から得られた利益を相当上回っていた。そして、新たな経営者の任命と新たな経営戦略の採用の結果、この状況は1914年には逆転した[85]。モーリシャス銀行にも多少似通ったパターンがあった。そこでは、利子からの利益は、1903年から1909年の間に得た為替差益の2.5倍以上であったが、1910年から1914年までの間では10％高いだけにすぎなかった[86]。1911年と1913年（残存する２つの戦前資料によれば）のロンドン・アンド・リバープレート銀行では、利子からの受領額は、為替業務の６倍以上もあったのである[87]。

戦前の数十年間に、英語圏の開拓植民経済においてイギリスの銀行は、拡大した支店網によって国内あるいはリテール銀行業務の分野で確立をみた。しかし、経済圏間では互いに異なる傾向があった。オーストラリアでは、経済における構造上の変化、1890年代の初めの銀行業務危機への反応、そして、農民への政府信用保証機関の創設が、オーストラリア経済における貿易の重要性の増大にともなう貿易金融へのシフトとともに国内の建設業や農民への貸付の低下をもたらした[88]。対照的に南アフリカでは、スタンダード銀行は、1890年代まで担保貸付を拒否しようとしていたが、ボーア戦争ののちに、土地資産を担保とする前貸しを含め、農民向けにさらに貸付けしようとした[89]。これは、主に貿易金融を扱う港にある支店や貴金属に特化したヨハネスブルグ（金）およびキンバリー（ダイヤモンド）事業所とは対照的に、スタンダード銀行の内陸支店の主要な活動だったのである。

さらにラテンアメリカでは、1870年代の終わりから1880年代の正統な銀行業の時代に続いて、1890年代から計画的かつ持続的に金融商品の多様化の過程が見て取れる。この展開過程は、アルゼンチンでは最も詳細に研究されたケースである。そこでは貸出政策の自由化を促進するために、２つの要因が結びついていた。一方ではイギリスの銀行が現地銀行および商社からの競争の増大に直面したことで

ある。他方では、経済と人口が増大するにつれて、アルゼンチンの銀行預金の実質的な増大があったことである。アルゼンチンの銀行預金の合計は1900年から1914年の間に3倍以上に増大した。外国銀行のシェアは39%から23%まで落ちたが、イギリスの銀行は、さらに現地貸出を行うための財源の増加があった。安定性で評価の高いロンドン・アンド・リバープレート銀行は、一時的に移民から少額の預金を集めるのに成功した。特別な財源と競争に駆り立てられ、イギリスの銀行は彼らの貸出政策を修正した。ロンドン・アンド・リバープレート銀行は、当座勘定（固定のローンだけではなく）の当座貸越の提供を始めた。そしてまた、株式や不動産（もっぱら「純粋の」為替手形に対してではなく）を担保にして、貸付を始めた。さらに1890年代半ばからは、小さなイギリスの銀行数行は、ベルギーおよびのちのスコットランドからの資金を利用して担保貸付市場に参入した[90]。

　ブラジルでは、イギリスの銀行はアルゼンチンより緩慢なペースではあるが、為替や海外取引の域を越えて多角化した。いずれにせよ、20世紀初頭の数年までには、イギリスの銀行はサンパウロ地域の繊維工業と広い産業グループに貸し付けしていた。この点で銀行間で違いが見られた。ロンドン・アンド・ブラジル銀行は為替市場では非常に強い立場にあった。一方、イギリスの他の2つの銀行には新たな事業を見出す強力な誘因があった。例えば特に1900年代には、サウス・アメリカ・ブリティッシュ銀行は、現地の起業家への貸付を活発化させた。そして1909年には、その資金を増強するために一般大衆から小さな定期預金を集めた[91]。

　1900年代に、急成長しているアングロ-サウス・アメリカ銀行は、ラテンアメリカでその役割を拡張するために無担保貸付けする準備をしていた。しかしながら、そのような貸出は危険をともなっていた。そして1907年までに、この銀行でさえ無担保当座貸越の形で多くの支店で供与された甚大な融資から生じる損失に悩まされていたので、取締役会はより正式な貸付制度を導入しなければならなくなった。「同行が設立された国々で高い地位を維持する」ために、場合によっては無担保の信用を与える必要があると認識して、取締役会はその融資を提供する前に、その企業の事業を注意深く検査するようマネージャーに促し、その企業の

資本の20％相当分まで信用供与を認可した。さらに、ロンドンに関係なく支店長が承認することができた貸付額も同様に制限されていた[92]。

アジアでは、同地域の為替銀行も、時間の経過とともに現地の経済にかかわりを持つようになった。初期に事業活動を構えた港以外にも、為替銀行は「内陸」支店を設置した。マライ半島内部のチャータード銀行の最初の支店、タイピングとクアラルンプール支店は、小さな貿易業者や土建業者に貸出を認めることから始まった。こうした内陸支店は国内銀行業務に深くかかわるようになった[93]。また、港にある為替銀行の支店も貿易金融に限定することはなかった。中国の沿岸にある貿易港には多くの現地で登記された公益企業があり、それは国外に居住するさまざまな国籍のヨーロッパ人によって設立され、公共事業、サービス、消費財製造において活発な活動が行われた。香港銀行は、多くのこうした企業に多くの当座貸越融資を提供し、時には出資を行った[94]。

アジアの為替銀行が現地企業と行う取引は、仲介業者を通して行われた。事実、これら銀行には2つの事業活動組織があった。すなわち、ヨーロッパ人のマネージャーが欧米企業に（そして時折アジア企業に）貸付けし、他方、現地スタッフがその現地企業と取引する場合である。中国やオランダ領東インド諸国、シンガポールおよびフィリピンのように中国人ビジネス社会が存在する他の国々では、重要な役割を果たすものが買弁であった。買弁を利用することによって、異なる言語と事業文化を持つ社会で事業を行うことを可能にした。何よりも重要なことは、彼らが情報の供給者だったということである。同じ銀行の支店間での小さな違いはあったが、一般に、買弁は銀行のすべての中国人スタッフの採用と管理に責任を持っていた。彼らは賃金を支払い、あらゆる不足に対して金銭上の責任を負った。そのため信頼できる買弁の家族および氏族を採用したのである。買弁は、中国の顧客と銀行のビジネスを交渉し保証した。彼らは給料を受け取りはしたが、彼らの主要な所得源泉は、取り扱った事業に対する手数料だった。買弁は、その資金の濫用から銀行を守るために十分な担保を提供しなければならなかった。そして、一定の現金が銀行に前もって預けられ、それは資産担保によって補われていたようである。買弁は、通常、中国社会内から保証人を確保していた。

買弁のようなシステムには長所と短所の両方があった。為替銀行のイギリスの

スタッフが（かつてわずかしか試みたことはないが）中国語を学習することができたとしても、安全に貸し出すことができるような接点がなく、中国のビジネス社会についての情報を欠いていた。買弁は、外国銀行が中国の貿易業者あるいは銀行に貸出可能な手段を提供した。銀行にとってこのシステムの主な欠点は、その資金配分を制御することができなかったことである。銀行は買弁の信頼性しだいであった。しかし、買弁は頻繁に自らの責任で事業にかかわっていたので、銀行の資金が濫用されるという危険が常にあり、またそうなれば、銀行は重大な損失を被るかもしれなかった[95]。

中国では、為替銀行は、高度に発達したその現地固有の銀行業務組織との多くの取引を行っていた。主要都市には、それぞれの銀行業務組織（1886年の香港には約20の中国銀行があった）があり、それは国のいたるところで活動する専門の送金銀行によって相互に結びついていた。これらの銀行への貸付を通じて、為替銀行が直接貸し付けることに含まれるリスクなしで、現地の経済にさらに貸し付けることを可能にした[96]。イギリスの銀行と地元の銀行は、1日単位で市場条件に従い、仲介業者としての買弁を介して互いに借入をしたり貸付をした。地元の銀行家は、通常そうしたビジネスの過程では、イギリス人スタッフとは会おうとしなかった[97]。

中国固有の経済圏で事業を行うために採用された為替銀行による仲介業者の利用は、アジアの他のところでも同様にあった。例えばセイロンでは、「保証両替商」は買弁と同じような機能を果たした。彼らは自分が保証した現地の産業に対する貸付の取り決めを行う責任があった。そして中小規模の借り手のためのさらなる仲介人がいた。彼らは、南インドの銀行業務を扱う特権階級のシェティアーズ（Chettiars）であった。彼らは、イギリスの銀行が支店を開設する以前に、セイロンや南東アジアの他の一部であらゆる銀行業務を提供していた。為替銀行の両替商は、手数料を取りシェティアーズへの貸付を保証した。シェティアーズへの貸付は、地方の信用市場において普及していた高金利から得た利益のうちのいくらかを、極めて少ないリスクで西欧の銀行が獲得することを可能にした[98]。他の地域では、イギリスの銀行は、貸付を保証しない仲介業者を雇い入れた。しかし、彼らは現地の借り手の経済性や信頼性の情報提供において重要な役割を果

たした。イランでは、ペルシャ・インペリアル銀行の各支店はミルザあるいは「仲介者」を置いた。ミルザは形式上は顧客およびスタッフを保証しなかった。しかし、彼らは地元スタッフの募集および潜在的顧客の信用について助言した。そこにいるイギリスのスタッフは地元の顧客と直接的な接触を持つべきであるというインペリアル銀行の要望に従って、ミルザもヨーロッパのスタッフにペルシャ語のレッスンをすることをしばしば要求された。そのようなことは買弁が引き受けたにしてもめったに見られないような機能であった。その甲斐あって、1914年以前のインペリアル銀行は、時々、現地経済へ再融資を行っていた地元大商人あるいは地元銀行家（sarrafs）に相当な金額を提供した[99]。

その後、これらの仲介業者は、現地の借り手が西側の銀行と直接取引することを妨げたことそして、このことが借入コストを上昇させたことで強く非難されることになった。銀行の反論は、そのような仲介業者を利用しなければ貸付しなかっただろうということであった。両方の議論には妥当性があった。

アフリカ西部および東部では、イギリスの銀行と現地商人との間の連携がアジアの多くの地域よりも少なかった。また、銀行の貸出は国外企業に厳しく限定されていた。しかしながら、アフリカ東部のイギリスの銀行は、アフリカ人とほとんどビジネスをしなかったが、アジア商人とははるかに綿密な接触を持っていた。小売りおよびモンバサに到着する輸入品の内陸への配送は、ほとんど完全にインド住民の手中にあった。インド社会とビジネスを行うために、イギリスの銀行は、仲介業者をアジアで利用したのと同じ方針で「ブローカー」を雇い入れた。1900年代に東アフリカの支店で活動的だったブローカーは、しばしば支店の職員だった。しかし、手数料で働く独立した代理人であった。彼らはいつも当然にアジア人であった。彼らは市場情報を集めるために名目上採用されたが、実際に広範囲な機能を果たした[100]。

西アフリカにおいて、イギリスの銀行の現地ビジネスはヨーロッパの貿易会社の貸付にかなり関与していた。ヨーロッパの貿易会社はアフリカの商人や生産者に再貸付していた。貸し付ける際にアフリカ人から十分な担保を得る場合の問題は、直接的な貸付に対する特別な障害であった[101]。通常、挑戦者としての銀行の方が市場を先導する銀行より柔軟であった。このことは、1900年代の、ナイジ

ェリア銀行がアフリカ人に積極的に貸付けする際にみられた[102]。ブリティッシュ・ウエスト・アフリカ銀行は、イギリスの大きな貿易会社にビジネスを限定することや、植民地政府の銀の代理人としてのその有利な役割を限定することに大いに満足していて、非常に保守的な姿勢をとっていた。BBWA（ブリティッシュ・ウエスト・アフリカ銀行）がアフリカ人に対して資産を担保にした少額な資金の貸付にわずかな関心を示し始めたのは第1次世界大戦の直前で、ナイジェリア銀行を買収した後であった[103]。

　イギリス多国籍銀行の受け入れ国経済で国内銀行業務へのより大きな関与はできない状況にあった。というのは貿易金融および為替取引が相変わらず中核的な事業だったからである。本社がロンドンのシティにあるということが、国際銀行業務において海外銀行に競争優位を生み出していた。そのことが重要な情報と接点を提供した。彼らは、大口融資、切迫した投資および変化するビジネスの状況を現地の競争者より早く得ていたのである。海外のイギリスのビジネスの利害関係会社との相互の役員兼務によって、新たなビジネスと最新情報を得ることができた。ロンドンの手形市場は、依然として国際貿易金融の重要な拠点であった。特に1890年代の初めの危機に続くイギリスの預金払戻禁止の後、海外銀行のロンドンの銀行家によって提供される貸出は、季節的な資金の流れを調整するよう手助けする重要な役割をはたした。イギリスへ第1次産品が輸出され代金が回収されるとき、金融市場は、ロンドンに蓄積された一時的余剰資金の有益なよりどころであった。銀行のロンドンのオフィスはスタッフの数は少なかったが、彼らが処理したビジネスが金融機関にとって相当に重要だったということは驚くことではない。オーストラリアでは、イギリス系オーストラリアの銀行および現地の銀行によって行われたビジネスはほとんど同一だった。しかし、イギリス系の銀行は、ロンドンのビジネスに関係する資産がさらに大きな割合を占めることと、バランス・シート上の為替手形の小さな割合とによって区別できた[104]。

　ロンドンは銀行の長期投資にとって優れた場所であった。そして、投資金融資産は戦前の20年間で急速に成長した。1890年代に、イギリス国内の銀行が投資したように、海外の銀行は大部分をコンソル公債に投資した。コンソル公債は、収益力と同様に流動性が高く評価された。しかしながら、その後、コンソル公債価

格の下落によって銀行は金融資産を多様化させたが、速やかかつ充分に多様化できなかった銀行は損失を抱えた。特にコロニアル銀行は投資比率が高く、その資金の大半を英国債に投資していたのでひどい影響を受けた。1904年には、投資の価値低下を補うために特別積立金を創設しなければならなかった。そして、1908年以降は、価値低下を補うために、常に一定の額を利益から用意する必要があった[105]。

　ほとんどの銀行の投資金融資産は、しばしば彼らが特化した国々で発行された株式に偏りはしたが、1900年代にはさらに多様化することになった。1892年から1900年の間のペルシャ・インペリアル銀行の投資金融資産は、1892年のペルシャ政府の公債によって占められていた。同行はこの債券を売りに出したが、成功せず、ロンドン証券取引所での相場を守ることすら失敗した。この債券が1900年に償還された後、インペリアル銀行は、イギリス債、植民地債、地方債に多様化させた。しかしまた、中国、日本、アメリカ、メキシコ、南アメリカ、そしてロシアの各政府債、地方債、鉄道債に多くの少額投資を行った。1911年には、この銀行は、ペルシャが発行した新ペルシャ政府国債の相当な割合を購入した[106]。1910年には、ニュージーランド・ナショナル銀行は、ニュージーランド政府債にその金融商品の30％以上を、イギリス政府とイングランド銀行の証券、イギリス鉄道と公共事業そして地方自治体の債券にそれぞれ20％ずつ、インド政府と鉄道債券に15％、そして少額をさまざまな国の政府、鉄道債券に投資した[107]。

　細かな投資情報が現存する３番目の銀行は、アフリカン・バンキング・コーポレーションである。それは、イギリス政府証券では１％に満たないが、1913年に南アフリカにおいて政府債券にその投資のほぼ40％を投資していた。南アフリカ以外で最大の割合を占めたのは、インド政府および鉄道債券そしてアメリカのさまざまな鉄道であり、それぞれ約10％であった。そしてカナダの鉄道に６％、ブラジル政府債に５％、種々の政府、自治体、鉄道債に少額で広く分散させるとともに、ゴールド・フィールズ・オブ・サウス・アフリカグループ、ニューヨーク電話会社およびイギリスのビール醸造所にも投資した[108]。

　さまざまな地域のイギリスの多国籍銀行はビジネスの多様化を試みたが、その中のいくつかを一般化することは可能である。イギリスの多国籍銀行は、依然と

して貿易金融と為替銀行業務を専門としていた。それは、ロンドンに本部を置くことによって競争上の優位を効果的に利用していた。しかし、広範囲な金融商品を提供する金融機関として進化の過程は引き続き1890年以前に確立した方針に従っていた。南洋州と南アフリカの植民地において活動した銀行は、長らくさまざまな種類の国内銀行業務に従事した。アジア、アフリカおよびラテンアメリカの銀行は、早さと程度はさまざまであるが、戦争以前の数十年間の方向をさらに発展させた。イギリスの銀行は保守的な金融機関であった。彼らは慎重な貸し手で、スタッフに対しては投機的な活動への関与を思いとどまらせた。しかしながら、彼らの強い企業文化とマネージャー達の社会化は、一定条件の範囲内で事業戦略上柔軟な対応を可能にした。その結果、時間とともに、貸出はより多彩な条件で、白人のイギリス人以外の人々に、そして外国貿易以外のセクターに、さらには時々あるいは自責をもって投機家にも拡大された。

6　競争と協調

　現地の銀行やイギリス以外の外国の金融機関に対してイギリスの多国籍銀行の競争優位は、事業を行う多くの地域で、第1次世界大戦までかなり満足のいく状態にあった。最初の成功者としての優位性とロンドンで強い存在感を擁することの利点、そして銀行の組織的な能力、そのすべてが全体として競争者にイギリスの銀行への挑戦を困難にさせた。しかしながら、いくつかの地域では、イギリスの海外銀行は、競争による挑戦を経験した。

　アメリカおよびカナダでは、現地の銀行からの競争による圧力が大きく、1914年までイギリスの所有として残った銀行は1つだけだった。隣接する西インド諸島では、コロニアル銀行も、競争によってひどく影響を受けた。この銀行は、島の中では長らく強い独占的地位を占めていたが、従来からその地域社会を構成する大農園経営者や所有者以外のいかなる顧客にもほとんど関心を示さなかった[109]。砂糖産業への融資はこの銀行の領域であり、砂糖価格の下落はこの銀行の利益を奪ったが、さらに悪いことは、西インド諸島とカナダ、アメリカとの間の成長する商取引上の結びつきの影響だった。1889年には、カナダ人が所有する

ノバ・スコシア銀行が、ジャマイカのキングストンで支店を開設し、さらに他の西インド諸島でも支店を開設した。アメリカの海外支店業務がまだ行われていないところだったので、ノバ・スコシア銀行は、カリブ海にあるアメリカ企業のビジネスを獲得することができた。このカナダの銀行は、1899年にボストンに支店を設置した後に、ジャマイカにあるユナイテッド・フルーツ・カンパニーのビジネスを手に入れた。それは1890年代までジャマイカの最も重要な作物であるバナナの輸出のほとんどを支配することになったのである。1906年には、ノバ・スコシア銀行は、イギリスの銀行からジャマイカ政府の取引を奪い取った。さらにコロニアル銀行は、イギリス政府による設立許可証の中のある条件によって不利益を感じていた。とりわけ紙幣について、発行支店だけではなくすべての主要な支店で現金化に応じなければならないという義務は、コロニアル銀行が各支店で運用できない巨額の正貨準備を維持しなければならないということを意味した[110]。

実際、コロニアル銀行の不運は、主に経営の失敗によるものであった。それは、銀行が単一の商品を扱うという考え方に囚われていたものであった。主要なビジネスが傾いた時、取締役会はイギリスの政府債に投資する以上のことを何も考えることができなかった。その結果としてイギリス政府債の価値の下落に苦しんだのである。競争力のある対応の現れがあったのは、同行の支配株主での変化だけであった。1911年には、カナダの資本家ウィリアム・マクスウェル・エイトケン（初代ビーバーブルック卿）が、イギリスに移り住んで1年後にコロニアル銀行の支配権を買い入れた。彼は3年後に取締役に就任し、1915年から1917年の間会長を務めた。エイトケンは、以前カナダで合併の有力な推進者だったと同様に、西インド諸島では精力的に会社の振興に従事した。このことが30歳までに彼を百万長者にした。そして、彼はすぐに自分の起業家的スキルを使って、コロニアル銀行のために、ユナイテッド・フルーツ・カンパニーの取引を獲得することができた。しかしながら、彼の主要な戦略は西インド諸島から離れて、最初は西アフリカへ、そして最終的にはバークレイズ銀行との合併へと多様化することであった[111]。

ラテンアメリカにおいてイギリスの銀行に挑戦したのはドイツの多国籍銀行であり、カナダの多国籍銀行ではなかった。1880年代以降に設立されたドイツの海

外を専門とする銀行は、ラテンアメリカとのドイツ貿易の金融をイギリスの銀行から引き継ぐことを目論んだ。そして第1次世界大戦までこの方面では相当の進展があった[112]。ドイツの多国籍銀行はチリのようなドイツから相当数の移民をかかえた国々にうってつけの顧客ベースを見出した。しかし、ドイツの銀行はまた人種に根ざした銀行から抜け出すこともでき、イギリスの銀行が都市にあった時でも、ある地域ではイギリス企業の取引を獲得していた[113]。ドイツによる電気事業のラテンアメリカでの活動は、ドイツの銀行にもう1つの事業の源泉を提供した。ラテンアメリカにおけるイギリスの銀行は、ドイツとの競争によって明らかに影響された[114]。ドイツの銀行は市場を確保することに成功した。しかしイギリスの銀行は、第1次世界大戦が勃発する時まで、ほとんどどこでもドイツより有利な立場にあった。

　ドイツの銀行業務における競争力は、特に1889年のドイツ・アジア銀行の設立後に、アジアの重要な問題となった。しかし、アジア地域の為替銀行は強力な金融機関であって、アジア地域での貿易を支配しており、その銀行に打ち勝つのは容易ではなかった。香港銀行は中国沿岸で香港をベースに優れたサービスを提供することができたので、多くのドイツ商人の取引を確保していた。さらに、香港で活動する主要なドイツ企業は、1914年まで香港銀行の取締役会から代表者が送られていた。香港銀行は、中国政府への貸付のような事柄では、ドイツとは競うというよりは協力関係にあり、共生関係が発展した[115]。

　大陸のヨーロッパ多国籍銀行は、アジア地域に競争者として進出した。しかし、イギリスの銀行は引き続き強力であった。あまり重要な事柄ではないが、ドイツ・アジア銀行は、カルカッタとシンガポールに支店を開設した。インドシナ銀行は、ニュー・オリエンタルおよびチャータード・マーカンタイル銀行の事業の失敗で、新たな顧客を得ることになった。そして、アジア地域でのイギリスの商業的防衛拠点としての香港（1894）とシンガポール（1905）に支店を開設した。しかし、フランスの銀行は、シンガポール支店がやがて一部の中国商人の取引を獲得したものの、多くはフランスに関連する事業に限定した[116]。イランでは、1890年代の初頭にペルシャ・インペリアル銀行に対抗するロシアが活動を開始した。しかしあまり成功することはなく、第1次世界大戦の前の十年間で瀕死の状

態に追い込まれた。1895年に設立されたロシア・チャイニーズ銀行はより重大な問題であったが、しかし、それは中国における香港銀行の優位性を脅かすことはなかった[117]。アジアおよび中東におけるイギリスの銀行は、他のヨーロッパの多国籍銀行の競争を歓迎することはなかったが、それによってめったに脅かされることもなかった。イギリスの貿易と投資の全般的な重要さ、および外交と植民地の影響、これらがあらゆる驚くべき成果をもたらしたのである。

　南アフリカの一部は例外として、ほとんどの植民地経済で現地の銀行が成長したということは重要である。アルゼンチンでは、1891年と1892年の悲惨な崩壊ののちに、預金者やビジネスマンは徐々に現地の金融機関に対する信頼を取り戻した。このことは1つにはイギリスの銀行業務を彼らが模倣したためであった。アルゼンチンの新世代の銀行、特にナショナル銀行（Banco de la Nacion）は市場占有率を高めた。この銀行は、大胆な支店拡張戦略と慎重さを兼ね備えたものであったが、この銀行の前身であった公的金融機関よりもさらにイギリス式の商業銀行業務を範とした。アルゼンチンの預金の外国銀行シェアは、1900年から1914年の間には39％から23％に下落した。一方、この期間にナショナル銀行のシェアは2倍の51％に達した[118]。

　重要なことは、ラテンアメリカの他の場所でも現地の銀行が成長したことであった。チリではチリ銀行、ブラジルではブラジル銀行が、為替市場においてイギリスの銀行に挑んだ。世紀の変わり目にあって、ブラジルの深刻な銀行業務の危機は多くの現地銀行を苦しめ、ブラジル銀行ですらリストラをしなければならず、イギリスの銀行に優良顧客を獲得されてしまった[119]。ウルグアイでは、当初イギリス銀行家に軽視されたリパブリカ銀行（Banco de la Republica）が開設された[120]。しかし、ウルグアイ政府は、ほぼ40年間その国で流通していた紙幣の買取をロンドン・アンド・リバープレート銀行に強制し、新たな銀行に紙幣の発行に関する独占権を与えた。そして1914年までに、リパブリカ銀行は、この市場の高いシェアを獲得した[121]。

　オーストラリアでは、1890年より40年前に、現地の金融機関に対する市場占有率の急激な減少は止った。しかし、イギリスの銀行は長い停滞の時期に入った。このことはあらゆる商業銀行（あるいは良く知られるようになった貿易銀行）に

ある程度当てはまった。1890年から1930年の間に、州貯蓄銀行は、公的な保証をしばしば受けて6％から30％まで総預金のシェアを上げた。しかしながら、イギリス人に所有された2つの主要な商業銀行は、ビクトリア州の拠点でもっとも破壊的であった銀行の危機を乗り切ることによって達成した高い評判を利用できなかった。ユニオン銀行のゼネラル・マネージャーは40年後次のように回想した。「1893年の危機ののち、われわれの信望は非常に高まった」「また、その後数年の間、われわれが望んだどの事業も実際に手に入れることができた」と[122]。不幸にも、彼らは羊毛生産者および農民に貸し出すような事業や、その関連輸出貿易に対する融資のような順調な事業にそのまま集中することを望んだのである。その結果、他の成長機会を失うことになった。おそらくイギリスの海外銀行の柔軟性の限界は、オーストラリアで特に明らかであった。この期間を通じて、ニュー・サウス・ウェールズ銀行は、市場での立場をさらに強くした。一方、重要なことは、オーストラレイシア・ナショナル銀行のような比較的小さな現地銀行が成長したことである[123]。この時期、ニュージーランドではニュージーランド銀行が群を抜く巨大な銀行（これは1913年の民間預金のほぼ半分を占めるが）であった。しかし、ニュージーランド・ナショナル銀行、ユニオン銀行そしてオーストラレイシア・ナショナル銀行の間では、預金の37％、貸付の44％を有し、後者は1880年代の終わりに市場占有率をかなり向上させた[124]。

　第1次世界大戦までに国民によって所有された近代的な銀行は、アジアのいくつかの国々に存在した。しかし、アジア地域の為替銀行に脅威を与えることはめったになかった。タイでは、シャム商業銀行が1906年に設立された。しかし、ドイツの管理下ではうまくいかなかった。そして第1次世界大戦中に、香港銀行はシャム商業銀行を救済するために経営者を支援しなければならなかった[125]。中国では、国外在住商人が1891年にロンドンに登記された中国国立銀行の設立を支援したが、それは多くの中国人株主から成り、取締役会には中国人を擁した。しかし、この銀行と1898年に設立した中国帝国銀行は、為替銀行に対抗するにあたってはきわめて謙虚な展開をみせた。国立銀行は結局1911年に任意整理されるに至ったが同じ時に帝国銀行は苦境に立たされていた[126]。

　英領インドでは、近代的銀行業務システムとして3つのコンポーネントをもち、

互いにわずかに部分的に重なり合っていた。3つのプレジデンシー銀行は1876年に民営化されたが、彼らは政治的均衡を保つための特権を有していた。彼らは規制の対象であった。彼らは一定の担保に対して貸出可能であったが、イギリスでの借入は許されなかった。また、彼らは為替銀行業務を行うこともできなかった。さらにインドで登記された共同出資銀行もいくつかあったが、それは国内の事業に注目したもので、これらのうちのいくつかはイギリス人によって所有され、他はインド人の所有となっていた。この分野は定期的に危機に見舞われ、1860年代中頃と1913～14年には多くの銀行が行き詰まりをみせた。為替銀行は、プレジデンシー銀行や共同出資銀行から為替市場で競争に直面することはなく、その上ロンドン本社は、インドにおける外国企業の取引を引きつける有利な立場にあった。預金と貸出の競争があった。1870年代中頃から1890年代中頃に、為替銀行が銀行預金のシェアの拡大を行っていたが、その後インドの共同出資銀行がより強力な競争相手になっていた[127]。

1880年以後、公的出資による横浜正金銀行は、貿易金融および為替取引において躍進し、ロンドン市場での日本の国債発行にもかかわった。1914年までは、イギリスの銀行は、日本の貿易金融および外国からの借入においては依然として重要であった。しかし、その重要性は明らかに減少していた[128]。

必然的に、他のイギリスの金融機関、外国銀行そして現地の銀行からの競争に対するそれぞれのイギリスの銀行の反応は、時間と地域に応じてかなり変化した。しかしながら、戦略について一般化できるとするなら、それは時間とともにイギリスの銀行が無制限な競争にではなく、他の銀行（いかなる国籍であろうとも）との協力にますます魅力を感じるようになったということである。そうした協調を選好することは、おそらく資本主義の固有の特徴である。しかし、それは海外銀行が出現したところのイギリスの銀行業務の文化において明らかに強かった。少なくとも1860年代から、イギリスの国内銀行は、価格競争を制限する公式・非公式の協定を結んだ。またこの協調というのは、カルテル化した銀行と交渉するならば、公式の金利政策を強化することがより容易であると考えたイギリス財務省とイングランド銀行によって促されたものである[129]。多くの市場で不動の地位を保っていたイギリスの銀行が競争に直面したという事実は、特に価格の問題

に関して、新たな参加者と取引する際の最良の方法は、そこと協調して協定に取り込むことであるという考え方を促した。他方、銀行業務への新たな参入は多くの地域にみられたが、これは協調の行為に逆に働いた。さらに、遠方であることが支店長に相当な自立化を与えることとなり、1914年以前には多くの現地での契約が締結される傾向にあった。しかし、数カ月後には頻繁に破棄されることになった。

アジア地域の為替銀行の間では、協調の傾向は早い時期に顕著にみられた。しかし、支店の開設や最良の顧客獲得をめぐって激しい競争があった。1866年の銀行業務危機ののちに、アジア地域の為替銀行は、手形上のユーザンス期間を6カ月から4カ月に短くする協定に署名した。その協定は、新しく設立された香港銀行は参加を控え、1867年には破棄された[130]。世紀の変わり目までに、為替銀行は共同でインドの中央銀行に対し彼らにとって具合の良いような政策問題でロビー活動を行った[131]。為替銀行連合は、1892年のカルカッタおよびボンベイのような現地レベルで組織された。そして、このことによって金利協定が交渉によって決定される仕組みとなったのである。しかしながら、インドや他のアジア地域のこうした現地の銀行間協定は、協定違反行為の告発や実施状況の監視の問題によって徐々に弱められた[132]。この問題で本社と現地のマネージャーの間の緊迫した対立があった。現地のマネージャーは同じ街の他のイギリスの銀行の違反行為に激怒したが、ロンドンの本社は他のところにある同じ銀行との協業を大切にして、その違反を攻撃することにためらうこともあった[133]。

インドの為替銀行は、いつでも為替レートと利子率および特定のビジネスの取引条件に関する広範囲な協定を現地の基準で実施していたように思われる。後者のタイプの例を示すと、イギリスの銀行は1913年に綿布地ビジネスに貸付する条件について、デリー、コーンポールおよびアムリッツァーで同様の協定を結んだ。これらの協定は非常に詳しく包括的であった。アムリッツァー協定の下では、為替銀行3行およびイギリスの管理下にあったインドの共同出資銀行、アラハバード銀行は、布地業者向け貸出の利子率、アムリッツァーの倉庫あるいは倉庫に品物を積み込んだのちに貸出で維持される最低限のマージン、倉庫レンタルおよび保険料、品物を輸送する際の保険料、手形決済料金、また手形回収料金、レール

受取回収、そして手数料のような事柄を取り決めたのである[134]。

協調の最も安定的で進化したパターンは南洋州にあった。オーストラリアでは、業界連合であるビクトリア銀行協会が1877年に設立されたが、料金協定が頻繁に破棄された。しかし、1890年代初頭の危機ののちには競争本能が弱まり、利率や料金についての業界協定の強化は以前に比べ容易となった。オーストラリアの銀行業務システムは、1888年から1981年の間には国内の新たな参入者は1行だけで、緊密に結合した寡占状態へと進展した。特に支店の開設には未だ広範囲な非価格競争があったが、価格競争は縮小していた。為替レートに関する銀行間の協定は、1897～8年と1904～6年の戦争前の時期だけは破棄されたが、通常は堅固であった。オーストラリアの預金利率は表だった共謀ではなく、この時期までは規則正しく、価格に見合うものだった[135]。協定はニュージーランドにおいて少なくとも同じくらい強かった。そしてニュージーランド銀行協会が1891年に設立され、次の10年間は一連の料金協定が機能した[136]。

イギリスの多国籍銀行の競争上の優位は、1914年以前の数十年間は実質的に変わらなかった。その結果、ほとんど挑戦することは抑えられていた。極東、ラテンアメリカおよび西インド諸島では、イギリスの銀行は他のヨーロッパとカナダの多国籍銀行との新たな競争に直面した。ラテンアメリカの国々では、より安定した地元固有の銀行が国内のビジネスのためにさらに有効な競争を可能にした。イギリスの海外銀行の市場占有率はしばしば侵され、それはこの業界への新たな参入者によって奪われたシェアよりも大きかった。しかし、協定が好ましいとして選択される行為は競争力の衰退を暗示するものであった。

7 結　論

本章で対象とした期間は、金融危機から始まり世界大戦で終わる時期であった。この間に、イギリス多国籍銀行は急激な世界経済の発展とともに拡大した。イギリスの銀行の管理下にあった海外の支店の数はほぼ2倍になり、その支店の数は優に1,000を超えていた。1890年に活動していた銀行のほぼ半分は1913年まで存続しなかった。しかし、救済されなかった手痛い失敗はほんのわずかであり、消

え去るのはほとんどがより小さな銀行であった。多国籍銀行業務への新たな参入がさらにあった。しかし、その性格は「フリースタンディング」金融機関の確立されたモデルとはいくつかの点で異なっていた。

イギリスの海外銀行は柔軟な経営戦略を持った保守的な金融機関だった。その経営者らは、多国籍銀行業務の危うさを理解していたので、周期的な危機を乗り切る力を確保するため、利益を内部留保として蓄えた。ほとんどの場合、その支配構造と企業文化とは、リスクをコントロールするのに有効であった。この構造と文化とが最適であったかどうか、1890年代初頭の破綻はその結果を実証したはずである。ほとんどの銀行の強力な組織的能力は、貿易金融および為替銀行業務と同様に、いくつかの国内の銀行業務を英語圏の植民地経済以外で実施することを可能にした。アジアでは、為替銀行は国外企業の事業とともに地域固有の経済との双方の事業にかかわることを可能にするための組織形態を開発した。しかし、貿易銀行とは対照的に、多国籍リテール銀行のロンドン本部の優位性には疑問があった。

イギリスの海外銀行の競争的地位は、彼らが1830年代に進出した最初の領域で低下した。カナダでは、たった1つのイギリスに所有されている銀行だけがそのまま業務を行っていた。西インド諸島では、カナダの多国籍銀行がイギリスの地位に取って代わろうとした。オーストラリアでは、世紀の半ばから始まったイギリスの銀行の急激な衰退はおさまったが、1893年の銀行危機の際に彼らは存続のための投資に失敗して、停滞の時期に入った。日本以外のアジアのほとんどの地域、多くのラテンアメリカ、南アフリカ、および東西アフリカのイギリス植民地では、イギリスの銀行は依然としてかなり影響力があった。そして明らかに、他の多国籍あるいは現地銀行による攻撃からうまく防衛することを可能にしたのである。

1) このパラグラフでは、本書巻末表 A5-2 から表 A5-4 で取り上げられた銀行の業績に基づいて論じている。
2) S. J. Butlin, *Australia and New Zealand Bank* (London: Longman, 1961), 290-3.

3) David Merrett, *ANZ Bank* (Sydney: Allen and Unwin, 1985), 198-200; id., 'Australian Banking Practice and the Crisis of 1893', *Australian Economic History Review*, 29 (Mar. 1989), 81: id., 'The 1893 Bank Crashes: The Aftermath', 未発表論文（サウス・オーストラリア銀行の株主はユニオン銀行に対し多額な資金を支払わねばならなかった）Butlin, *Australia and New Zealand Bank*, 292-5 を参照。

4) David Joslin, *A Century of Banking in Latin America* (London: Oxford University Press, 1963), 181, 184.

5) Geoffrey Jones, *Banking and Empire in Iran* (Cambridge: Cambridge University Press, 1986), 66-8.

6) F. H. H. King, *The History of the Hongkong and Shanghai Banking Corporation*, i. (Cambridge: Cambridge University Press, 1987), 438-45, 594-5.

7) GMO, 1899年8月8日、in Alan Mabin and Barbara Conradie (eds.), *The Confidence of the Whole Country* (Johannesburg: Standard Bank Investment Corporation, 1987), 466.

8) National Bank of New Zealand Reports and Accounts; Balance Books, LB; B. A. Moore and J. S. Barton, *Banking in New Zealand* (Wellington: Bank Officers' Guild, 1935), 67-71; P. Colgate, D. K. Sheppard, K. Guerin, and G. R. Hawke, 'A History of the Bank of New Zealand, 1862-1982. Part 1: 1862-1934', Victoria University of Wellington Money and Finance Association, Discussion Paper No. 7, 1990.

9) Herbert Feis, *Europe: The World's Banker, 1870-1914* (New Haven, Conn.: Yale University Press, 1930), 19-20.

10) Butlin, *Australia and New Zealand Bank*, 280.

11) GMO, 1894年2月7日、in Mabin and Conradie (eds.), *The Confidence of the Whole country*, 342.

12) N. Cork, 'The Late Australian Banking Crisis', *Journal of the Institute of Banker*, 15 (1894年4月), 180; Butlin, Australia and New Zealand Bank, 305-7; A. S. J. Baster, *The Imperial Banks* (London: King, 1929), 151-6.

13) King, *The History of the Hongkong and Shanghai Banking Corporation*, i. 422, 229, 472.

14) 商業銀行については、チーフ・マネージャーである、W. Jacksonによる、File MB509, Mercantile Bank Archives, HSBC（1893年5月19日）を参照。ニュージーランド・ナショナル銀行については、National Bank of New Zealand Balance

Books, LB を参照せよ。

15) Charles A. Jones, 'British Financial Institutions in Argentine, 1860-1914', Ph. D. thesis, Cambridge University, 1983, 45-60.

16) Merrett, 'Australian Banking Practice', 82. 地方公認銀行において拡大している無謀さについての優良な事例研究のために、Margaret and Alan Beever, 'Henry Gyles Turner', in R. T. Appleyard and C. B. Schedvin (eds.), *Australian Financiers* (Melbourne: Macmillan, 1988), 120-7.

17) Merrett, 'Australian Banking Practice'; id., *ANZ Bank*, 197-8; id., 'The 1893 Bank Crashes: A Reconsideration', モナッシュ経済史セミナーに与えられた未発表論文、1987年11月13日; Butlin, *Australia and New Zealand Bank*, 290-5.

18) 'The New Oriental Bank Corporation: A Lesson in Bad Banking', *Bankers' Magazine*, 57 (1894).

19) 年次役員報告、1890、1891、1892、および委員会理事会報告、1892年10月27日; King, *The History of the Hongkong and Shanghai Banking Corporation*, i. 404; 商業銀行の手書原稿歴史、日付および著者は不明、File MB 2176, HSBC.

20) Geoffrey Jones, *Banking and Empire in Iran*, ch. 2.

21) Joslin, *A Century of Banking in Latin America*, 181-5.

22) Merrett, 'Australian Banking Practice', 83; id., 'The 1893 Bank Crashes: The Aftermath'; C. B. Schedvin, *Australia and the Great Depression* (Sydney: Sydney University Press, 1970), 80-1.

23) GMO, 1893年8月9日、in Mabin and Conradie (eds.), *The Confidence of the Whole Country*, 342.

24) Joslin, *A Century of Banking in Latin America*, 127-131; Charles A. Jones, 'British Financial Institutions in Argentine', ch. 2.

25) Butlin, *Australia and New Zealand Bank*, 331-3.

26) 議長声明、イオニア銀行の通常総会、1910年4月12日。

27) J. A. Henry, *The First Hundred Years of the Standard Bank* (London: Oxford University Press, 1963), 118-29; *Standard Bank, 1892-1967: Three Quarters of a Century of Banking in Rhodesia* (Salisbury: Standard Bank, 1967), 12-29.

28) Geoffrey Tyson, *100 Years of Banking in Asia and Africa* (London: National and Grindlays, 1963), 110-21.

29) Henry, *The First Hundred Years of the Standard Bank*, 193-200, 206-13; J. J. Swanson, 'History of the Bank in East Africa', Memoirs, 未発表 MS, 1954年6月、SC.

30) Richard Fry, *Bankers in West Africa* (London: Hutchinson Benham, 1976), 42, 61-2, 66-8; African Banking Corporation files, SC.

31) P. Sithi-Amnuai, *Finance and Banking in Thailand* (Bangkok: Thai Watana Panich, 1964), 33-9; F. H. King, *The History of the Hongkong and Shanghai Banking Corporation*, ii (Cambridge: Cambridge University Press, 1988), 129-35; Compton Mackenzie, *Realms of Silver* (London: Routledge & Kegan Paul, 1954), 194-7; 'The Chartered Bank in Thailand', *Standard Chartered London Newsletter*, 1974年10月、SC.

32) Mackenzie, *Realms of Silver*, 215-6; King, *The History of the Hongkong and Shanghai Banking Corporation*, ii. 35-6.

33) Tyson, *100 Years of Banking in Asia and Africa of Silver*, 111.

34) Sithi-Amnuai, *Finance and Banking in Thailand*, 34; Mackenzie, Realms of Silver, 195-6; King, *The History of the Hongkong and Shanghai Banking Corporation*, ii. 130.

35) Mira Wilkins, *The History of Foreign Investment in the United States to 1914* (Cambridge, Mass: Harvard University Press, 1989), 463.

36) King, *The History of the Hongkong and Shanghai Banking Corporation*, ii. 538; Joslin, *A Century of Banking in Latin America*, 199; Henry, *The First Hundred Years of the Standard Bank*, 155.

37) Wilkins, *The History of Foreign Investment in the United States*, 460; King, *The History of the Hongkong and Shanghai Banking Corporation*, i. 95-6, 152.

38) 議長声明、23回通常総会、ロンドン・アンド・リバープレート銀行、1895年12月15日。

39) サンプルとなった海外銀行の総利益率とともに English and Welsh joint stock banks の公表された総利益率、および「健全」および「不健全」な5行の海外銀行の総利益率を比較した（1890年から1939年）表A5-1および表A5-2を参照せよ。

40) E. Ross Duffield から R. Williams へ、1906年12月19日、D7/1、Bolsa Archives, UCL.

41) 付表によると、2行の新しい参入者、Grindlays and the London および Country and Westminister Bank (Paris) の資産は、1913年には不明であったものの、さほど大きくはないものと思われる。この見積りには、1890年に営業活動し再建に取り組んだ銀行、形式上は新しい銀行3行を除外している。

42) Fry, *Bankers in West Africa*, 26, 51, 57; P. N. Davies, *The Trade Makers: Elder Dempster in West Africa, 1852-1972* (London: Allen and Unwin, 1973), ch.

4 and 5.
43) Fry, *Bankers in West Africa*, 42; Davies, *The Trade Makers*, 122.
44) マーカンタイル銀行が、1916年にこの銀行を買収する申し出を発表した際、ロンドンでの会合に参加している11人の「主要な株主」によって、その申し出が受け入れられた。モーリシャス銀行の主要な株主のうちの数人の会議、1916年2月29日、MB 1191, HSBC.
45) Joslin, *A Century of Banking in Latin America*, 202-5.
46) *Bankers' Magazine*, 88 (1909), 751; Stanley Chapman, *The Rise of Merchant Banking* (London: Allen and Unwin, 1984), 131-2; Geoffrey Jones, *Banking and Empire in Iran*, 248.
47) King, *The History of the Hongkong and Shanghai Banking Corporation*, ii. 479; Mackenzie, *Realms of Silver*, 207; G. Kurgan-van Hentenryk, *Leopold II et les groupes financiers belge en Chine* (Brussels: Palais des Academies, 1972), 767 n. I.
48) Tyson, *100 Years of Banking in Asia and Africa*, 193-7.
49) インドのビジネスに関する日付のないメモ、A56b/101, LB; R. S. Sayers, *Lloyds Bank in the History of English Banking* (Oxford: Clarendon Press, 1957), 190-3, 202.
50) A. R. Holmes and Edwin Green, *Midland: 150 Years of Banking Business* (London: Batsford, 1986), 132-4.
51) Geoffrey Jones, 'Lombard Street on the Riviera: The British Clearing Banks and Europe, 1900-1960', *Business History*, 24 (1982), 187.
52) その3行とは、インド・マーカンタイル銀行、オーストラリア・ロンドン銀行、そしてイングリッシュ・スコティッシュ・アンド・オーストラリア銀行である。
53) A. S. J. Baster, *The International Banks* (London: King, 1935), 49.
54) Mackenzie, *Realms of Silver*, 217, 225; King, *The History of the Hongkong and Shanghai Banking Corporation*, i. 456.
55) Baster, *The International Banks*, 77-8; *National Bank of Egypt, 1898-1948* (Cairo: National Bank of Egupt, 1948), 33-4.
56) Wilkins, *The History of Foreign Investment in the United States*, 459-61, 850 n. 43.
57) Joslin, *A Century of Banking in Latin America*, 197-9.
58) Ibid, 207-14.
59) Michael Collins, *Money and Banking in the UK: A History* (London: Croom

Helm, 1988), 78-81.
60) カルカッタ銀行の David Yule とマーカンタイル銀行との間の1906年3月21日の協定、マーカンタイル銀行公文書、1946; Rajat K. Ray, *Industrialization in India* (Delhi: Oxford University Press, 1979), 266-7.
61) ブリスベンにおける新しい支店の管理に関するユニオン銀行のディレクターの見解に関しては、ゼネラル・マネージャーに対する常任委員会を参照、1913年11月21日、U/61/10. ANZ Archives; Butlin, *Australia and New Zealand Bank*, 318-22, 331, 336-7; Merrett, *ANZ Bank*, 47-9.
62) Geoffrey Jones, *Banking and Empire in Iran*, 76-7, 101-8.
63) Tyson, *100 Years of Banking in Asia and Africa*, 128.
64) Fry, *Bankers in West Africa*, 51-3, 59-60; Fry's Digests of the BBWA Board Minutes, Fry's History Files, BAC S/90, SC.
65) King, *The History of the Hongkong and Shanghai Banking Corporation*, ii. 27-31, 556-8.
66) Swanson, 'History of the Bank in East Africa', 24.
67) Fry, *Bankers in West Africa*, 31.
68) King, *The History of the Hongkong and Shanghai Banking Corporation*, ii. 131-2.
69) Joslin, *A Century of Banking in Latin America*, 130-1, 162-5; Richard Graham, *Britain and the Onset of Modernisation in Brazil, 1850-1914* (Cambridge: Cambridge University Press, 1968), 95-8.
70) 議長によるイオニア銀行株主への年次報告、1912年3月；エジプトの支店に関するメモ、1923年2月19日、A56c/155, LB.
71) 例えば、Madras Advice、1908年11月26日、in Branches/Agencies Special Advices File, 1907-9, Chartered History Files. SC.
72) Saigon Advice, 1912年12月21日、in Branches/Agencies Special Advices File, 1909-28, Chartered History Files, SC; Mackenzie, *Realms of Silver*, 197-9.
73) Henry, *The First Hundred Years of the Standard Bank*, 76-7, 102, 140-1; GMO, 1890年2月10日、GMO, 1892年2月17日、; GMO, 1897年8月4日、GMO, 1899年2月8日、in Mabin and Conradie (eds.), *The Confidence of the Whole Country*, 264-5, 308, 429, 457; スタンダード銀行、南アフリカからロンドンへ、1905年2月1日、1905年2月8日; in South Africa Box, SC; James Henry, 'The Standard Bank's Early Days in Johannesburg, 1886-1900', in *Africana Notes and News*, 1956年9月、SC; William H. Worger, *South Africa's City of Diamonds*

(New Haven. Conn.: Yale University Press, 1987), 304-5.

74) 例えば、Geoffrey Jones. *Banking and Empire in Iran*, 97, 136-7；チャータード銀行、ホンコンからロンドンへ、1898年5月30日、Hong Kong Correspondence File 5 (i). SC.

75) 例えば、マーカンタイル銀行ロンドンから Mr. Ormiston へ、1902年3月27日、MB 512, HSBC.

76) 例えば、Geoffrey Jones, *Banking and Empire in Iran*, 69, のような例がある。

77) Extra 35/33, 1897年8月13日、G3/3, Bolsa Archives, UCL. また、Graham, *Britain and the Onset of Modernisation in Brazil*, 98-9, and Joslin, *A Century of Banking in Latin America*, 161. を参照せよ。

78) チャータード銀行ホンコン支店からロンドンへ、1898年5月30日（J. H. Gwyther からの手紙に関するコメント）in Hong Kong Correspondence File 5 (i), Chartered History Files, SC.

79) 例えば、チャータード銀行、Mr Hoggan からカルカッタの監査役へ、414a, 1909年8月13日、本社からホンコンへ、25a, 1909年7月23日、Bullion File, Chartered History Files, SC.

80) 1914年以前のオーストラレイシア銀行の為替取引高のため、例えば、the Superintendent's Yearly Review, 1917年10月、A/141/5, ANZ Archives. を参照。

81) GMO, 1896年8月12日、in Mabin and Conradie (eds.), *The Confidence of the Whole Country*, 403.

82) GMO, 1900年8月8日、in ibid., 487. また、GMO, 1902年8月13日、522. を参照せよ。

83) Extra 35/51, ロンドンからリオへ、1897年12月23日、G3/3, Bolsa Archives, UCL. また、London to Rio, 1899年12月22日、G3/4 を参照せよ。

84) イオニア銀行の株主に対するアニュアル・リポート、1901年5月。

85) Geoffrey Jones, *Banking and Empire in Iran*, 106, 137.

86) Mauritius Operation の分析に関するメモ、MB1191, HSBC.

87) 本社および支店の合計された損益勘定、1911年9月30日、1913年9月3日、Bolsa, LB, ロンドンおよびブラジルのブエノスアイレス支店はこの形式に従っている。1897年と1915年の間の利子所得は、常に為替からのそれを上回った。そして1910年と1914年には、それらはほぼ9倍となった。損益計算書G39, Bolsa Archives, UCL.

88) 88 Butlin, *Australia and New Zealand Bank*, 322, 338-40; Merrett, 'The 1893 Bank Crashes: The Aftermath'.

89) GMO, 1897年8月4日、in Mabin and Conradie (eds.), *The Confidence of the Whole Country*, 422; Henry, *First Hundred Years of the Standard Bank*, 151-2.
90) Charles A. Jones, 'British Financial Institutions in Argentine', ch. 2.
91) Graham, *Britain and the Onset of Modernisation in Brazil*, 136; Joslin, *A Century of Banking in Latin America*, 165-72. 1892年にブラジルに開設されたロンドン・ラプラタ銀行のブラジル支店に宛てたリオからの私信が、1900年代に現地への貸付に携わるようになったことを示唆している。D8/2, Bolsa Archives, UCL を参照せよ。
92) アングロ-サウス・アメリカ銀行の回覧状、No. 13/33, 1907年12月6日、C2/4, Bolsa Archives, UCL.
93) Mackenzie, *Realms of Silver*, 216.
94) King, *The History of the Hongkong and Shanghai Banking Corporation*, i. 507-9.
95) Carl T. Smith, 'Compradores of the Hongkong Bank', in F. H. H. King (ed.), *Eastern Banking* (London: Athlone, 1983).
96) King, *The History of the Hongkong and Shanghai Banking Corporation*, i. 503-4.
97) チャータード銀行に対するハンコーにある5つの地元銀行によってもたらされた訴訟での証拠は、以下に詳細に示すように、この事業を認めている。以下を参照。Transcript of Privy Council Proceedings on the Tung Ta Bank and Others versus the Chartered Bank of India, Australia and China, 1907年3月20日、Posterity Files, SC.
98) King, *The History of the Hongkong and Shanghai Banking Corporation*, i. S 18; H. L. D. Selvaratnam, 'The Guarantee Shroffs, the Chettiars, and the Hong Kong Bank in Ceylon', in King (ed.), *Eastern Banking*.
99) Geoffrey Jones, *Banking and Empire in Iran*, 105-6, 156.
100) Swanson, 'History of the Bank in East Africa'.
101) Fry, *Bankers in West Africa*. 110; 116-17.
102) Sir Walter Egertonから植民地長官へあてた草案、1907年11月26日、No. 434S6; Colonial Office Minute by H. A. B., 1907年12月31日、No. 43456. Colonial Office Files, C0520/50, PRO.
103) BBWA議事録、1913年2月26日、1913年8月27日、1913年12月17日、in Fry's Digests of Minutes, BBWA議事録、Fry's History Files, BAC s/90, SC.
104) David Merrett 'Paradise Lost? British Banks in Australia', in Jones (ed.),

Banks as Multinationals (London: Routledge, 1990), 71.

105) 1907年にはスタンダード銀行にも同様の問題があった。以下の取締役会報告書を参照せよ。88th Ordinary Meeting of SBSA, 1907年10月15日; *A Banking Centenary: Barclays Bank (Dominion, Colonial and Overseas)*. 1836-1936 (London: Barclays Bank, 1936), 58; Colonial Bank Balance Sheets.

106) Geoffrey Jones, *Banking and Empire in Iran*, 73-4, 111.

107) National Bank of New Zealand Balance Books, LB.

108) African Banking Corporation papers, SC.

109) Republic Bank Ltd., *From Colonial to Republic: One Hundred and Fifty Years of Business in Banking in Trinidad and Tobago. 1837-1987* (Trinidad: Republic Bank, n. d.), 68.

110) Neil C. Quigley, 'The Bank of Nova Scotia in the Caribbean, 1889-1940: The Establishment and Organisation of an International Branch Banking Network', *Business History Review*, 63 (1989). コロニアル銀行の発券義務に対する苦情申し立てについては、以下のG. G. の覚え書きを参照せよ。1911年3月27日、Paper 9429, CO 318/327, PRO.

111) Quigley, 'The Bank of Nova Scotia in the Caribbean'; Katherine V. Bligh and Christine Shaw, 'William Maxwell Aitken', in David J. Jeremy (ed.), *Dictionary of Business Biography* (London: Butterworths, 1984), 23-4; Sir Julian Crossley and John Blandford, *The DCO Story* (London: Barclays Bank International, 1975), a-3; *A Banking Centenary*, 58-9.

112) Peter Hertner, 'German Banks Abroad before 1914', in Geoffrey Jones (ed.), *Banks as Multinationals*, 102-7; Manfred Pohl, *Deutsche Bank Buenos Aires. 1887-1987* (Mainz: Hase & Koehler, 1987), ch. 3.

113) この事例は、1900年代中頃に、チリのバルパライソにあったようである。1906年5月23日 R. Williams から R. A. Thurburn へ、D7/1, Bolsa Archives, UCL.

114) Joslin, *A Century of Banking in Latin America*, 111, 194-7.

115) King, *The History of the Hongkong and Shanghai Banking Corporation*, ii. 544-8; Hertner, 'German Banks Abroad', 107-11.

116) Marc Meuleau, *Des pionniers en Extreme-Orient* (Paris: Fayard, 1990), 171, 291-3.

117) Geoffrey Jones, *Banking and Empire in Iran*, 54-6, 98-9, 116, 119; King, *The History of the Hong kong and Shanghai Banking Corporation*, ii. 41.

118) Charles A. Jones, 'British Financial Institutions in Argentine', 83-5.

119) サウス・アメリカ・ブリティッシュ銀行のマネジング・ダイレクターからサンパウロ・マネージャーへ、1900年12月7日、E2/1、(Bolsa 史料)、UCL.
120) 経営者の1896年10月30日付書状、Head Office Confidential Letters. Book 2. LB.
121) Joslin, *A Century of Banking in Latin America*, 110, 137-8, 145, 165.
122) ゼネラル・マネージャーから常任委員会へ。1936年6月23日、UBL 191 (ANZ 史料).
123) Merrett, ANZ Bank, 35-6; Butlin, *Australia and New Zealand Bank*, 338-40.
124) G. R. Hawke and D. K. Sheppard, 'The Evolution of New Zealand Trading Banks mostly until 1934', Victoria University of Wellington Working Papers in Economic History, No. 84/2, 1984年3月。
125) King, *The History of the Hongkong Shanghai Banking Corporation*, ii. 129-30, 236-7.
126) Ibid, i. 261, 263, 404-6, 457; ii. 42-3, 278-9.
127) A. K. Bagchi, *The Presidency Banks and the Indian Economy, 1876-1914* (Calcutta: Oxford University Press. 1989), ch. 3; Dwijendra Tripathi and Priti Misra. *Towards a New Frontier: History of the Bank of Baroda, 1908-1983* (New Delhi: Manohar, 1985), 15-16; A. G. Chandavarkar, 'Money and Credit, 1858-1947', in D. Kumar (ed.), *The Cambridge Economic History of India*, ii (Cambridge: Cambridge University Press, 1983), 776-84.
128) 128 Norio Tamaki, 'The Yokohama Specie Bank: A Multinational in the Japanese Interest, 1879-1931', in Geoffrey Jones (ed.), *Banks as Multinationals*; R. P. T. Davenport-Hines and Geoffrey Jones, 'British Business in Japan since 1868', in R. P. T. Davenport-Hines and Geoffrey Jones (eds.), *British Business in Asia since 1860* (Cambridge: Cambridge University Press, 1989), 222-4; King, *The History of the Hongkong and Shanghai Banking Corporation*, ii. 43; Hugh T. Patrick, 'Japan, 1868-1914', in Rondo Cameron et al, *Banking in the Early Stages of Industrialization* (New York: Oxford University Press, 1967).
129) Collins, *Money and Banking in the UK*, 80; Brian Griffiths, 'The Development of Restrictive Practices in the UK Monetary System', *Manchester School*, 41 (1973); Geoffrey Jones, 'Competition and Competitiveness in British Banking, 1918-71', in Geoffrey Jones and Maurice Kirby (eds.), *Competitiveness and the State* (Manchester: Manchester University Press, 1991). 129.
130) Mackenzie, *Realms of Silver*, 64-S; King, *The History of the Hongkong and*

Shanghai Banking Corporation, i. 85-6, 185.

131) Tyson, *100 Years of Banking in Asia and Africa*, 140-4; Bagchi, *The Presidency Banks and Indian Economy*, 157-61.

132) 例えば、J. B. Lee によるマドラスのビジネス展望に関する報告書、1900年、Posterity File 97, SC.

133) 例えば、マーカンタイル銀行、ロンドンからニコル氏へ、1905年7月14日；MB Hist. 512, HSBC.

134) チャータード銀行、アムリッツァー書簡、129、1913年10月23日、支店・代理人特別通知、1909-28, Chartered History Files, SC.

135) Butlin, *Australia and New Zealand Bank*, 234-5, a58-60, 339-40; Merrett, 'Paradise Lost?', 72; idem, 'The 1893 Bank Crashes: The Aftremath'; Baster, *The Imperial Banks*. 145-7; R. F. Holder, *Bank of New South Wales: A History*, ii (Sydney: Angus and Robertson, 1970), 519, 524-7.

136) Hawke and Sheppard, 'The Evolution of New Zealand Trading Banks', 46-9.

第4章　銀行と政府

1　大英帝国と公共政策および競争優位

　イギリスの多国籍銀行の業務にとってきわめて有利なものであった政治的要因や公共政策の要因の論及なくして、1890年から1914年の間におけるイギリスの多国籍銀行の成長と実力を理解することはできない。おそらく、多国籍銀行が競争優位である国固有の源泉として、大英帝国の規模と勢力が、唯一最も重要であったのである。このことは、イギリスの多国籍銀行の投資の傾向に最もよく現われていた。というのもイギリスは他のヨーロッパやアメリカとの大規模な取引関係や投資関係を持っていたが、しかし海外銀行に大きく影響したのは大英帝国のつながりであった。南洋州と南アフリカにおいては、イギリスの多国籍銀行は、イギリス系移民の支えとなっていた。イギリスの多国籍銀行は、東洋ではインド帝国やシンガポール、香港といったイギリス支配の中核地域との貿易活動に資金を融通していたのである。19世紀末まで、ラテンアメリカは完全に実質的に大英帝国の一部であった。1914年までの20年間に大英帝国がアフリカの南部、西部、東部に拡大するにともない、海外銀行の支店も後に続いたのである。

　より一般的な点で、公共政策の環境は、イギリス銀行に都合がよいものだった。世界経済においては整備された規則といったものはほとんどなく、為替管理もなかったのである。世界中のほとんどの地域において、外国銀行に対する受容力が高かった。のちに、政府、もしくはその政府中央銀行の領域になる多くの機能が民間部門にまだ残されており、商業銀行に有益な機会を提供していた。オーストラリアのような国の為替レートや国際準備金は、まだ政府の方針なしに実施され、

個々の銀行の行動によって決定されていた。管理の行き届いたイギリスの多国籍銀行が、自分たちの競争優位性を最大限に発揮することのできる世界だったのである。

2 規制当局としての政府

　第2次世界大戦後の状況に比べ、19世紀は、多国籍銀行に対する母国および受入国の規制による管理がきわめて限定的な時期であった。英連合王国は規制体制はゆるやかだったのである。イギリスは銀行に対する公的規制による管理の推進に手間取り、その状況は20世紀のかなりあとまで続いていた[1]。公定歩合がなかったのである。1946年まで私的に所有されていたイングランド銀行は、19世紀末まで、非営利の中央銀行として順調に発展したが、個人の株主は自分の投資に対して納得のいく報酬を期待していた。このことはイングランド銀行の「公共の利益」のための活動の妨げとなった。イングランド銀行は、最後の貸し手として貢献しようとは、公式には決して宣言しなかった。そのため、19世紀においては、イングランド銀行はこのようなサポートをいつもするわけではなかったのである。1866年、イングランド銀行はオーバエンド割引商会の救済を拒否している。その倒産は無謀に引き起こされたと考えられた。他方、ベアリングスの救済でさえ、損失保証の提供のため商業銀行の援助に依存したのである[2]。

　アメリカの銀行による多国籍銀行業務を事実上非合法としたアメリカ合衆国法のような規制ははイギリスには全くなかった。もし個人が海外銀行の設立、もしくは海外銀行への投資を望んだとしても、19世紀のイギリス政府はまったく関与しなかった。世界で最も無干渉主義の政府は、国家というものはこのようなビジネス上の意思決定と関係があってはならないと信じていたのである。しかしながら、紙幣の保有者と政府預金の保護は、別の問題であった。そしてこのことはイギリス政府による設立許可証を立案した政府の規制当局の関心事だったのである。その許可証の下で第一世代の海外銀行は営業していたのである。

　ビクトリア女王時代のイギリスの状況では、規制当局でさえ、設立許可証を授与することが必要であるとする銀行業務への政府干渉に乗り気ではなかった。ほ

んの少数の恵まれた銀行にわずかな特権が授与されたため、その認可システムは無干渉主義の原則を破ってしまった。財務省はその責任を軽減することを熱望していた。その責務には、しばしば増資の許可、土地購入の許可、設立許可証で特定されなかった場所に支店を開くことの許可、そして退職重役の再選の認定にさえ許可をあたえることが含まれていたのである。結果として、銀行に対して、特別な政府管理のない有限責任特権の獲得を認めた1862年の会社法ののち、すぐに新たな設立許可証の授与は途絶えたのである。すでに設立許可証を持っていた銀行には問題が残ったままであった。1880年代初期までの財務省の解決策は、すべての公認銀行がその既存の設立許可証の期限が切れた時に、新たな「モデル設立許可証」の受け入れを要求されるというものであった。これにより、財務省は多くの責任から解放され、他の規制管理は植民地政府に移った[3]。会社法が実施される以前、イギリスの海外銀行業務の起業家世代において慎重な業務執行により、イギリス政府による認可システムはイギリスの多国籍銀行業務の競争優位を強化していた。

　長期にわたって多くの銀行が設立許可証を放棄し、会社法の下で法人となった。オリエンタル・バンク・コーポレーションは、1884年に破たん後、設立許可証を失った。3つ以上の銀行が1890年代初期に破たんあるいは再建の結果、設立許可証を失った[4]。しかしながら、1889年、財務省は、ペルシャ・インペリアル銀行の特別な状況を満たすために、新たな設立許可証を与えることを余儀なくされた。インペリアル銀行の創業者は、数ある特権のなかで、紙幣発行の独占的権利を持つ国営銀行を設立する権利をイラン政府から得ていた。しかし、会社法は紙幣発行に関して、有限責任の特権から紙幣発行の権利を有する銀行を除外したのである。イランはインド帝国に接し、イギリスとロシアが外交的に競い合う微妙な地域であった。そのため、イギリスの「国益」はイギリスが管理する国営銀行を持つことにかかっていると、イギリス外務省は財務省に対し、特別陳述を行った。以前の許可証のように、多くの制限を持つ設立許可証が正当にあたえられたのである。特に、同行はその紙幣発行に対して一定の準備金を持たなければならず、イラン政府への同行の貸付は払込済資本金の3分の1までに規制され、銀行業務はイラン国内に限られ、鉱業といった銀行業務ではない活動は妨げられていた[5]。

第1次世界大戦前後の数十年間に、存続し設立許可証を持っていた銀行が、既存の設立許可証の範囲を越えて何かに取り組むことを望む時には、補助許可証を申し込み、一般的には受理されることにより、この問題の解決がはかられた。通常、増資や新たな地理的な領域への拡大、紙幣発行権の更新や変更が原因となって、このような補助許可証の要請となったのである。このような変更に対する財務省の許可は機械的になされたのではなかった。例えば、ペルシャ・インペリアル銀行が1894年に資本償却のために補助許可証を必要とした時、財務省は、すべての払込資本金の価値を維持するために、資本準備金を確保しておくようにと強く主張している。のちに、第1次世界大戦後、ペルシャ・インペリアル銀行のイラン国外で支店を開きたいとの願望は、財務省によって、少数の指定された国に限定されたのである[6]。西インド諸島のコロニアル銀行は、そのすべての主要な支店で、紙幣を現金化しなければならないという許可証義務に不服であった。しかし、財務省と植民省はこのイギリスの銀行にその義務を免じることを拒否しているのである[7]。

　大英帝国以外の独立国では、受入国の規則は最も広範囲に及ぶものだった。アメリカ合衆国における外国銀行に対する低い受容性は、すでにアメリカ合衆国に対してイギリスの多国籍銀行の投資が低レベルにある理由の1つとして論じられていた。カリフォルニア州における受容性の低下の影響で、イギリス系カリフォルニア銀行は崩壊したのである。1909年のカリフォルニア銀行法の後、外国銀行は州内に「支店」を持つことが困難になり、現地法人の設立、あるいは少なくともカリフォルニア支店のビジネスの分離を進めた。1913年以降、新たに設立された外国銀行は預金を受けることを許されなかった[8]。

　アメリカ以外にも、イギリスの銀行は受入れ政府のいろいろな制限や要求にあった。しかし、これら規制や要求は、アメリカ的語感の「レギュレーション」という用語で簡単に定義されるものではなかった。イオニア銀行はヨーロッパ大陸で、最大の支店数を持っているイギリス系の銀行であり、外国銀行の税についての強硬な考えをもつギリシャの政府に立ち向かうこととなった。イオニア銀行はギリシャ政府の設立許可証を持っており、19世紀末に紙幣発行の「特権を与えられた」3行の銀行の中で唯一の非ギリシャ系銀行であった。ギリシャ政府にとっ

ては、このような「特権」が義務に相当することを意味していた。イオニア銀行は農業への融資を義務づけられ、そして同じく絶えず混沌とした状態のギリシャ財政の支援をしなければならなかった。1885年、イオニア銀行は、発行紙幣を法定通貨にする代償として、総額約15万ポンドの政府融資を余儀なくされた。そして、この銀行は追加政府融資をするしか選択の余地はほとんどなかった[9]。ギリシャ政府が公式に債務不履行を宣言した1897年までに、この国の対イオニア銀行債務は約17万ポンドになっていたのであるが、ギリシャ国家の債務を正常化するために大国の援助の下に設立された国際金融委員会の管理の下で、総額の一部が贖われただけであった[10]。

　イオニア銀行は、そのギリシャの設立許可証が1905年に更新されないかもしれないという増大する懸念の下、1900年代初頭まで存続した。1900年に他のギリシャ紙幣発行会社を買収していたギリシャ・ナショナル銀行の競争意識は、イオニア銀行の地位にますます注目するようになった。1901年初頭にイオニア銀行は非公式に紙幣発行の特権が更新されないであろうということを耳にした。そのためギリシャ・ナショナル銀行は、イオニア銀行の残りの事業の譲渡に関する交渉の申し入れをした[11]。数カ月の間に、ギリシャ政府は、本社、取締役会がアテネに存在し、株主総会がギリシャで開催され、ギリシャに登記された会社になることを含む、いろいろな条件をイオニア銀行に強く要求したのである[12]。

　このことは、受入れ政府の圧力のようなものであり、20世紀が進展するにつれて広範囲に広がり、外国銀行には抗しがたいものになったが、この段階ではまだイオニア銀行は妥協による解決にいたることが可能であった。イオニア銀行はイギリス外務省に援助を求めた。そのため、イオニア銀行の代理としてイギリスの大臣が、アテネでギリシャ政府に対して度重なる非公式陳情を行った[13]。イオニア銀行は、新しい支店を開いたり特定の貸付利率を下げたりといったようなさまざまな方法で、ギリシャへの献身を行動で示そうともしたのである[14]。最終的に、1903年に、更新後はイオニア銀行が、いかなる法的要求もしないとの条件で、政府は1905年から15年以上の期間に及ぶイオニア銀行の紙幣発行権の更新に同意している。もし十分な条件で合意されれば、イオニア銀行がギリシャ・ナショナル銀行にその特権を売却することも許された[15]。イオニア銀行による紙幣発行特権

の売却案は、その後、株主総会において主にギリシャ人株主の代理人投票によって阻止されたのである。当時彼らはイオニア銀行の過半数の株を持っていた[16]。イオニア銀行はこうして、さらに15年間にわたり、ギリシャにおいて発行銀行でありつづけたが、1920年に、その特権は何の補償もなく、ナショナル銀行に移った。

　ラテンアメリカにおけるイギリスの銀行も同様に、外資系の銀行の活動を限定しようとしている受入国政府から時々圧力を受けた。アルゼンチンでは、1880年代半ばから1890年代半ばにかけて、この圧力が頂点を迎えていた。というのも、この時期は準国家銀行もしくは開発銀行としてナシオナール銀行（the Banco Nacional）を育成し、そしてイギリスの銀行に課税する動きがあったのである。しかしながら、1890年に他の地元の銀行とともにナシオナール銀行が崩壊したことにより、この戦略は深刻な打撃を受けた。後を引き継いだ、ナショナル銀行（the Banco de la Nacíon）は、イギリスの銀行にとって強力なライバルとなった。しかし、ナショナル銀行は正統的なイギリスの流れをくむ銀行業務を行う標準的な商業銀行として営業した。1895年以降、アルゼンチンのイギリス系の銀行が経済的なナショナリズムの問題を抱えることはほとんどなくなった[17]。他のラテンアメリカにおいては、ウルグアイのイギリス系の銀行が1904年に紙幣発行業務を止めることを余儀なくされたが、第1次世界大戦まで、イギリスの銀行への反感が規制措置につながることはなかった。

　東洋では、イギリスの銀行がいくつかの独立国で営業していた。しかし、それは、独立国政府が外国の銀行に行使することを望んでいたかもしれないすべての規制管理を禁止された限られた主権国家であった。中国では、治外法権の特典の下で外国の銀行が営業していたが、これは上海国際居留地にある領事館法廷の司法権の適用を受けたものであり、それはイギリスの最高裁判所によってサポートされていた。タイでは、外国銀行は治外法権の条件の下で営業していた。しかしながら、タイ政府は経済主権を維持することを切望し、1902年、政府による独占的な紙幣発行のために、イギリスの銀行は紙幣発行の特権の放棄を余儀なくされた[18]。

　大英帝国の中では、植民地銀行業務規則は第1次世界大戦を通じて引き続き基

本的な法規制の枠組みとなっていた。規則についてほかにほとんどなく、大英帝国にはイングランド銀行以外の中央銀行が存在しなかったのである。しかしながら、オーストラリアに中央銀行の発展の最初の兆しがあった。1910年、オーストラリア連邦政府は財務省が管轄する紙幣発行を導入したが、発行済み、もしくは再発行された民間銀行券には10％を課税した。これは民間銀行券の回収を引き受けるためには十分すぎた。1914年までに、オーストラリアにおけるすべての貿易銀行の銀行券はほとんど絶滅したのである。銀行券発行の法制化ののち、すぐ国有のオーストラリア・コモンウェルス銀行の設立となった。コモンウェルス銀行の構想の支持者には同行が中央銀行の役を務めて、そして商業銀行の役割を大幅に制限することを希望するものもいたが、出来上がったものは民間銀行から連邦政府の事業を引き継いだ従来の商業銀行だったのである。中央銀行および業務監査機関としてのコモンウエルス銀行の役割が拡大したのは、第1次世界大戦後になってからであり、その上、むしろゆっくりしたものだったのである[19]。隣接するニュージーランドで、銀行は1930年代まで自行の銀行券を発行し続け、加えて、政府がニュージーランド銀行株式を所有していたのであるが、1934年まで中央銀行も政府銀行業務規則もなかったのである[20]。南アフリカでは、1920年まで商業銀行は業務監査機関の監督なしに営業していたが、その年、サウス・アフリカ準備銀行が唯一の銀行券発行権を備えて設立され、商業銀行が準備金の要件の適用を受けることになった[21]。

したがって、第1次世界大戦前の数十年間にイギリスの海外銀行に対する業務監査機関による制限は非常に限定されていたのである。イギリス内で、イギリス政府による設立許可証で営業し続けた銀行には数種類の財務省規則があったが、それは19世紀初期におけるものよりはるかに少ないものであった。合衆国における広範囲な規制は、アメリカでイギリスの多国籍銀行の業務を妨げた1つの要因だった。時折、ギリシャのように、外国の銀行の活動と特権は積極的な攻撃を受け、ウルグアイ、オーストラリア、タイといった多様な国では、イギリスの銀行の銀行券発行特権は、その地の政府によって削除されていったのである。しかしながら、ほとんどの地域で、イギリスの銀行は自行の業務において、ほとんど規制を受けることはなかった。

3 政府に対する銀行業務

　銀行業務規則の欠如、および1914年までの中央銀行の不在は、単にイギリスの多国籍銀行が選択した事業戦略を、自由に追及させただけではなかった。それは、その銀行自身が、政府資金の管理や通貨問題を含めて、のちに中央銀行が獲得したいくつかの機能を果たしたことを意味したのである。こうした業務が常に歓迎されたわけではないものの、これらの活動で実質的な利益があがったのである。

　新しいタイプのイギリスの海外銀行が第1次世界大戦前の20年間に出現したのは、一部にはこのような機会を利用したり、イギリスの影響力を鼓舞する、より広い目的を果たすためであった。これらの「国立銀行」の中で最も重要な2つがエジプト・ナショナル銀行とトルコ・ナショナル銀行であった。それらは、共に同じ人物、つまり1869年、17歳のときにイギリスに移住し、その後、国際的な金融業者として富を築いたユダヤ系ドイツ人銀行家となったアーネスト・カッセル卿が設立した企業グループと関係があった。

　エジプト・ナショナル銀行は、エジプトで唯一の銀行券の発行権を持つ政府の銀行の役を担うために1898年に設立された。その創設は、1890年代、エジプトにおける経済発展促進のために、イギリス政権が採った一連の措置の1つであった。カッセルはエジプト関連事業にかかわるようになっていた。特にイギリス政府に要請された社会基盤投資の融資にかかわり、そして、エジプト・ナショナル銀行設立の提案は、もう一つの同様のプロジェクトであり、他の開発への融資を促進し、エジプトとイギリスの経済関係を強固にするものとしてイギリス政府に歓迎された[22]。

　ナショナル銀行はエジプト人の会社としてできたのであるが、その資本金100万ポンドの半分をカッセル、残りを2人のエジプト在留の商人が出資したものである。イギリス人の銀行経営者と同様に取締役はカイロに存在したが、重要な委員会はロンドンにあったのである。ナショナル銀行は銀行券を発行し、政府の主たる銀行としての役を担い、そして政府外国債の発行を行った。ナショナル銀行は商業銀行業務も進出した。1914年までに、約20の支店がエジプトに、そしてロ

ンドン本店に設けられ、ナショナル銀行は（イギリスとエジプトによって共同統治されていた）隣接するスーダンにまで展開し、そこで、さらに5支店を開いていた。ナショナル銀行は、有限責任の最後の貸し手の地位に発展し、例えば、1911年に支払停止に追い込まれたエジプト銀行の倒産に関して責任を負った。このことによって、エジプト国家主義者は、ナショナル銀行が「外国の」銀行ではないと確信した。第1次世界大戦の前日まで、国家主義の著述家はエジプト人が所有する「国立銀行」の設立を夢見ていた。夢はついに、1920年のミスル銀行の設立となった[23]。

エジプト・ナショナル銀行とカッセルは、2つの関係会社の設立に関係し、その2つの会社はともに相当なナショナル銀行株式を保有し、取締役兼任していた。アグリカルチャル・エジプト銀行は、小規模耕作者向けの貸付のために1902年に設立された。その設立後10年はブームになったが、負債に対する差し押さえに対し小規模所有地を免除させた1911年の法律改正は、小規模土地所有者が借入に対し相応の担保を提供できなくなったことを意味した。同行の事業は消滅し、そして同行は戦間期に倒産した[24]。

エジプト・ナショナル銀行はアビシニア銀行とも親密な関係にあった。アビシニア銀行は1905年に、エジプトの会社として設立されたのであるが、アフリカにおいて最後の独立した「生粋の」王国を治めた皇帝から50年間の「国立銀行」の役を務める営業免許を与えられていた[25]。この事業は決して成功していなかった。この営業免許には本店がアジスアベバにあるべきであると指定されていたが、同行の本部の場所がカイロにあることで、現地の反感をまねいていた。そして、同国における鉄道免許を求めるイギリスとフランスは、外交・金融利権の長期かつ非生産的な争いに巻き込まれたのである[26]。商業銀行業務も銀行業がそれまで知られていなかった国では進出するまでに時間がかかり、アビシニア銀行は1909年まで利益を記録することができず、1914年になると同行はふたたび深刻な危機に陥った[27]。

アビシニア銀行およびアグリカルチャル・エジプト銀行が直面した問題は、他の「国営」銀行の創設への種々の試みを抑止することにはならなかった。これらの試みのいくつかはアーネスト・カッセル卿がかかわるものであった。例えば、

1906年、彼はエジプト・ナショナル銀行にならって、モロッコ国営銀行の設立の資金調達をしたが、フランスの圧倒的な影響力によりこの新規事業は失敗したようである[28]。

1880年代から投資権益を持っていたトルコにおける、カッセルのより意欲的な計画は同じような失敗をした。1909年に始まったトルコ・ナショナル銀行の構想は、若いトルコ政権と一緒にまとめたものであるが、その若い政権は、前年に、腐敗した無能の前政権を打倒し、国の近代化を切望していた政権であった。カッセルは新政府のために150万ポンドの貸付を手配した。彼は若い政権が切望し、この国の発展に寄与することのできる国立銀行を計画するために選ばれた人物だった。若いトルコ政権は、自国に強い経済・金融の影響をあたえるドイツやフランスといったイギリスの対抗勢力にも期待していた。実際、イギリスはオスマン帝国の国営銀行の役を担ったオスマン・インペリアル銀行で株主であったが、その銀行の中ではフランスの影響力が優勢であった。そのため、イギリスの外交的同盟国フランスの感情を害さないで営業することができる条件で、イギリス外務省はより独占的なイギリスの金融機関に慎重ながら乗り気であった。

新トルコ・ナショナル銀行はエジプト・ナショナル銀行をモデルにして設立された。同行の発行済資本は100万ポンドで、そのうち25万ポンドが払い込まれた。本社はコンスタンチノープルにあったが、6人の取締役は特別委員会としてロンドンに在勤し、取締役会は10万ポンド以上のローンおよび前貸しといった問題にはこの委員会のアドバイスを受けた。完全にトルコ人から成り立つ顧問委員会もあるはずであったが、同行の全体的な色合いはイギリス流であった。カッセルは、イギリス郵政省の役人でオスマントルコの負債の前管理者であった、ヘンリー・バビントン-スミス卿を経営者として選任した。エジプト・ナショナル銀行のケースのように、カッセルは取締役会には加わらなかったが、彼はバビントン-スミスとほとんど毎日接触していた[29]。

トルコ・ナショナル銀行は、戦前のトルコにおける銀行、および外交的な現実を大きく進歩させはしなかった。特に、トルコにおけるイギリスの事業権益はごくわずかだったので、トルコ・ナショナル銀行には主要な商業銀行業務を発展させる見込みが何もなかったのである。銀行券の発行権を単独で持つ政府の銀行と

しての、オスマン・インペリアル銀行を撃退する見込みは、トルコ・ナショナル銀行にはまったくなかった。したがって、社会資本投資事業の相当部分を確保するかどうかは、外務省による熱心なサポートにかかっていたのであるが、この熱意が現実のものとなることはなかったのである。ナショナル銀行に対するイギリス政府のサポートは、良好な英仏関係の必要性に準じるものと位置づけられていたのである。結果として、トルコにおいて、フランスがオスマン・インペリアル銀行に、ドイツがドイツ銀行に与えた公然の援助と同じレベルの援助を、ナショナル銀行は与えられなかったのである。シェル石油会社およびドイツ銀行と協力して石油特権を開発する合弁事業にナショナル銀行がかかわった時、このことは特に鮮明となった。というのもイギリス外務省はシェル石油会社およびドイツ銀行のいずれも望まなかったのである[30]。1913年の半ば、数々の困難ののち、種々の事業進出から締め出され、オスマン・インペリアル銀行との合併の失敗、その後フランス所有のサロニーク銀行との合併の試みも失敗に終わり、トルコ・ナショナル銀行はトルコから撤退を決めた[31]。外務省はナショナル銀行にビジネスを続けるよう説得したが、1914年前半には、フランスやロシアへ株式所有を与える交渉を進行させていたのである。交渉はほとんど決まりかけていたが、第1次世界大戦の発生によって頓挫してしまった[32]。

　1914年まで、国によってはイギリスの多国籍銀行が、このような外見上政治的につくられたものではなく、むしろ国営もしくは中央銀行業務機能をある程度果たしていた。イランでは、ペルシャ・インペリアル銀行が銀行券発行の唯一の権利を持っている国営銀行であり、政府の銀行、税金徴収、給料支払の役を担い、さらには、貨幣システムの改革さえしたのである[33]。ある意味で、香港銀行は、中国で最大手の外国銀行として、似たような役割を果たしたのである。ヨーロッパ資本市場おける中国公債発行にあたって、香港銀行は優位を占めていたが、特定の中央銀行業務の責任も果たしたのである。例えば、1909年の漢口、1910年の上海で、現地金融市場に重大な危機があったのであるが、香港銀行は救済業務にかかわっていたのである[34]。

　イギリスの海外銀行は国によって役割はさまざまであったけれども、帝国内で広範囲の政府の事業を引き受けた。イギリス領インドでは、プレジデンシー銀行

は政府銀行としての役を担った。カナダおよびオーストラリアでは、イギリスの銀行は現地の銀行と比較して特別な地位を得ることはなく、植民地政府はイギリス金融機関に対して政府事業の制限を決してしなかった。政府事業は競争を基本にして与えられたが、オーストラリアでは植民地政府によって著しいひいきが現地の金融機関になされた[35]。ニュージーランドでは、ニュージーランド銀行が政府の銀行の役を担った。1895年以降政府の株式所有と代表取締役の存在は、他の銀行が政府事業を確保したいという希望をついえさせた。対照的に、サウス・アフリカ・スタンダード銀行は、1890年代までに、イギリス帝国政府およびケープ植民地政府双方の唯一の銀行として確固たる地位を築いた[36]。

　イギリス領インドは別にして非移住者植民地においては、イギリスの海外銀行は、通常、政府口座を開設していた。香港のケースでは、1872年、植民地政府の当座預金はオリエンタル銀行から香港銀行へ移され、同行と植民地政府の間の関係は、以後、数十年間、非常に親密なものであった。しかしながら、1880年代後期から1890年代初期にかけて、香港銀行、イギリス植民地省およびイギリス財務省の間で、銀行によって保管される政府預金残高の許容水準に関する議論が行われた。これは、イギリス財務省が総額を決定し、それからイギリス政府の許可証を持つ4つの銀行の間で超過分を配分するというものであった。しかし植民地政府は香港銀行を政府の単一銀行として、制限なしに継続活用することを望んでいた。この決定がなされた直後、これらの銀行の1つ——ニュー・オリエンタル・バンク・コーポレーション——が倒産し、そしてもう1つ——チャータード・マーカンタイル——がイギリス政府から設立許可を受けていない銀行として再建された。こうして、政府取引は結果的に、香港銀行とチャーター銀行の間で分轄されたが、前者が最大のシェアを取ることになった[37]。

　海峡植民地とマラヤでは、政府事業が銀行の間に広まり、時には新しい支店の開設を奨励する誘因として働くこともあった。チャータードはマラヤ国内に初めて支店を開設した銀行であり、タイピンとクアラルンプールの支店は政府との取引があった[38]。1914年以前、マレー連邦政府が香港銀行にクアラルンプールに支店を開くことを望んだとき、香港銀行は香港銀行とチャータード銀行とで政府事業の分割を連邦政府に対して提案した[39]。1910年、マレーのジョーホール州に最

初の支店開設後、香港銀行は同州政府にも唯一の銀行として指定された[40]。

　西アフリカでは、ウエスト・アフリカ銀行（BBWA）が、1894年、アフリカン・バンキング・コーポレーションの事業を獲得した際、ラゴス政府との取引を引き継いだ。BBWAの支店網が西アフリカ中に広がるにつれて、BBWAは1896年、ゴールド・コースト、1898年、シエラレオネ、1902年、オールド・カラバー（南ナイジェリア）およびバスハースト（ガンビア）のそれぞれの植民地政府との取引を獲得した[41]。この銀行業務における非常に重要な部分に、これらの植民地政府の通貨エージェントとしての役割があった。安定した通貨の育成は、効率的な信用制度の基盤であるが、アルフレッド・ジョーンズのBBWA参画の主な目的であった。19世紀には、イギリス銀貨がその地域の主要通貨になっていた。イギリス銀貨はロンドンのイギリス造幣局によって必要なだけ供給された。アフリカ人は、使い古されたものより新貨を重んじるだけでなく貯めこむ傾向があったので、絶え間ない新貨の流入が必須であった。1891年、アフリカン・バンキング・コーポレーションがラゴスに開業した時、イギリス造幣局から梱包、輸送、保険が無料となる銀貨の輸入権が与えられることで合意に達した。同行は新銀貨に最大1％の料金をとることを許されたが、その任務には自費で余分な銀貨を集めて、イギリスに戻すことが含まれていた。BBWAはこの合意を引き継いで、その支店が西アフリカ中に広がった時、同様の協定に署名したのである[42]。

　銀貨を輸入するビジネスが、BBWAにとって利益の出るものであったことは、ほとんど疑いなく、同行の商業銀行戦略が、なぜ際立って保守的であったかということの説明になるであろう。BBWAは独占していたので、新銀貨に対して、手数料と同様、銀行業務料金を課すことができた。すべての貨幣を大量に輸入する必要はなく、流通から還流する大量の銀貨を再発行できたのである[43]。1900年代初頭まで、西アフリカに輸入されている正貨の量は相当になっていた。1901年から1904年までの4年間に、BBWAは毎年ナイジェリアに平均20万250ポンド相当の正貨を輸入した[44]。しかしながら、西アフリカに銀貨を流通させる実際の仕事も幾何級数的に拡大した。当該地域の商社は、生産物の支払いに多額の現金を必要とし、その上季節によって需要は激しく変動していたのである。特定の場所でどれぐらい貨幣が必要とされるか予測することと、辺ぴな町に現実に貨幣を

届けることは重要な問題であった。

　通貨エージェント、および政府の銀行としてのBBWAの役割は一分のスキも許されなかったのである。BBWAへの依存を減らすべく、時折、植民地の長官が、代替手段で自分たちで資金をもたらそうとすると、同行は権利を侵害されたと感じた。逆に、BBWAの委任手数料は恒常的に批判された。同行の独占がエルダー・デンプスター・グループをひいきにしたという事実について不平を言う取引業者もいた。多くの植民地政府もシステム全体に不服を感じていた。BBWAと同様、イギリス造幣局は、銀貨の交換価値とそれらの本質的な価値との相違から、かなりの利益を得たが、植民地の長官がこれらの利益の分け前を催促しはじめるのに長い時間はかからなかった[45]。

　BBWAの銀貨輸入独占の難しさは、イギリスの西アフリカ海岸における唯一の領土である南ナイジェリアで最も際立っており、そこでは、1899年のナイジェリア銀行の設立後、競争状況にあった。ナイジェリア銀行は政府事業について同じシェアを求め、急速な支店拡大期間ののち、ラゴスからはるかかなたに業務を拡張した1907年までに、植民地の長官は、BBWAの政府の銀行業務および銀貨輸入についての独占的な合意は終了されるべきであり、相方の銀行が競争を基本として扱われるべきであることを確信するようになった[46]。西アフリカで営業する多くの商人もBBWAの独占を批判したが、代替手続きについての論議はしばしば延期された。1909年になって初めて、ロンドンの植民省の検討会がBBWAの銀の輸入独占を中止することを決めたのである。今後、西アフリカへの銀貨の供給はイギリス造幣局によってコントロールされ、イギリス造幣局は認可を得たすべての銀行に等しい待遇を与えることを決議した。南ナイジェリアにおける政府の銀行業務も同じく2つの銀行の間で分けられることになった。ナイジェリア銀行は、最終的に、そのケースで勝利し、そして自身の将来を保証したかと思われたが、間際になって、植民地長官がはっきりしない理由で、現状のBBWAの完全な銀貨独占の継続を決定してしまった[47]。

　BBWAによる銀貨独占の根拠となる植民地政府との公式協定を終了させ、そして、次に、西アフリカにおける領土の通貨問題全体を調査するように、エモット卿の下で委員会を設立する最終決断がなされたのは、新植民地長官着任後の

1911年であった。この委員会報告は1912年の西アフリカ通貨委員会の設立に繋がったが、この西アフリカ通貨委員会は、西アフリカの植民地に新紙幣と硬貨を発行し、古いイギリスの銀貨と兌換する役割を担っていた。

第1次世界大戦ののち、通貨委員会の考えはイギリスの東アフリカ領で採用され、その後、他のイギリス植民地でも採用されていった。金融システムとして、このことは貨幣経済への移行を容易にし、安定通貨を創造することで、貿易を促進した。他方、それは独立した金融政策・調節権を持つ中央銀行とはまったく違うものであった。西アフリカおよび他の委員会はロンドンに本拠地を置き、委員会メンバーは植民省とイギリス財務省によって選ばれていた。委員会の主な機能は、現地のポンドと等価でリンクされているイギリスのポンドとの両替を取り決めることだった[48]。

しかしながら、通貨委員会システムの経済的功績にもかかわらず、通貨委員会システムは通貨問題におけるBBWAの役割の終了を意味していなかったのである。同行のチーフ・マネージャーはエモット委員会の7人のメンバーの1人であり、通貨委員会にも任命されたのである。貨幣鋳造および同委員会の他の初期支出の資金は、ロンドン・クリアリング銀行によって準備されていたが、西アフリカにおける新通貨システムの事業は、1912年に唯一の競争相手であったナイジェリア銀行を買収したBBWAに与えられていたのである。同行は新通貨の流通と古い通貨の回収に着手した。報酬は当初、取引高に応じた歩合手数料であった[49]。

イギリスの海外銀行の紙幣発行における19世紀の発展は前にふれたが、準国立銀行の活動との関連でとらえることができる。表4-1は1913年におけるイギリス海外銀行の紙幣発行の規模と流通地域を示している（1890年の状況は表2-1を参照）。

1890年から1913年の間、アジア地域——実際には香港とシンガポールのイギリス植民地——は、イギリスのコントロール下にある総紙幣発行額のシェアを43％に増加させ、他方、ペルシャ・インペリアル銀行も、イランにおいて紙幣発行を相当増やした。逆に、南アメリカにおいてイギリスのコントロール下にある発行はほとんどなくなったが、他方、オセアニアの総発行額のシェアは、残りほとんどすべてニュージーランドであったが、急激に落ち込んだ。

表 4-1　イギリス多国籍銀行の地域別紙幣発行高（1913年）

地　域	紙幣発行高（ポンド）	銀行数
アジア地域	3,313,169	3
南アフリカ	1,359,431	2
カナダ	1,001,981	1
イラン	962,419	1
オーストラリア、ニュージーランド	659,841	5
西インド	373,093	1
ギリシャ	290,878	1
南アメリカ	10,126	1
合　計	7,970,938	15

　紙幣発行を政府自ら引き継ぐか、あるいはこれまで貨幣を発行していた銀行に集中させるかという政府による決定の影響で、このような紙幣の地理的分布の変化が起きた。時がたつにつれて、大英帝国の従属植民地でさえ、私的な紙幣発行に対する不満は顕著となった。香港における香港銀行の少額紙幣発行についての論争や、そして1884年のセイロンにおけるオリエンタル銀行の紙幣発行に対するセイロン政府保証についてのセイロン知事の結論によって促進され、19世紀後半、このような民間の紙幣発行が政府の紙幣発行にとって代わられる動きが起こった[50]。1890年までに、あらゆる直轄植民地における政府紙幣発行の構想はイギリス帝国に承認された政策になっていたが、政策実行の進展は遅かった。海峡植民地政府は政府紙幣発行の熱心な支持者であった。1892年、チャータード・マーカンタイル銀行の失敗で、シンガポールの発券銀行は2つの銀行——香港銀行とチャータード銀行——だけとなってしまい、1893年の中国における新年の祝いの間、植民地は資金不足となった。さらなる遅延と政府・銀行間の緊張ののち、海峡法定紙幣法が1899年に可決され、それにより政府の紙幣発行が規定された。以後15年かかって、政府紙幣の発行はゆっくりと2つの銀行の紙幣発行に取って代わっていったのである[51]。

　紙幣発行銀行の収益性は特定の環境に左右され続けたため、紙幣発行特権の喪失が常にイギリスの銀行に財務的な大打撃を意味するわけではなかった。イランでは、競合相手によって進められた競争で、インペリアル銀行は、さらに脆弱になったけれども、紙幣発行を一流の証しであると同時に、利益性のある活動と考

第4章　銀行と政府　155

えていた。しかしながら、発行額の規模があるレベルを超えると、収益性はすべて消滅した。というのも、インペリアル銀行の設立許可証は、このような「過剰」発行に対して、インペリアル銀行が100％の現金準備率を保持しなければならないことを規定していたのである。同行は当然、そのポイントを越えて発行を拡大させようとはしなかった。1930年、インペリアル銀行がイラン政府にその紙幣発行特権を譲渡しなければならなかったとき、同行は20万ポンドの補償金を受け取ったが、その額を同行は著しく過小な評価であるとしている[52]。

ケープ植民地では、イギリスの銀行による紙幣発行の収益性は1891年のケープ銀行法により影響を受けていることが明らかとなっている。1819年までは、銀行の紙幣発行権は設立許可証によってその総額が制限されており、さらに毎年政府に1.5％の紙幣税も払わなければならなかったのである。新法は、紙幣発行の発行限度額がケープ政府債の預託によってカバーされなければならないということを規定した。このことにより、紙幣発行の収益性は、部分的に政府債の購入価格、および政府債から受け取れる利子に依存することとなった。同法は、銀行券が植民地全体で法貨であることも明示した。このことは紙幣がケープタウンで発行することが可能で、特定の支店だけでなくあらゆるところで受け入れられたことを意味した。銀行券は政府によって供給されることとなり、平均発行額に1％が課税された[53]。スタンダード銀行は、新体制の下で紙幣を発行し続けることを決めた。発行のメリットは単なる会計上の利益より広い項目に存在し、宣伝効果も含まれており、このことはより小さい銀行に対し競争優位をもたらすことが、同行の内部情報により明らかになっている。しかしながら、通貨の保証として政府債に多額の投資を維持する要求により、紙幣発行の収益性は、大幅に減ったようである[54]。

オーストラリアでは、1890年代まで、植民地政府の法律は私的紙幣発行を採算が取れないようにさせていたようで、このことが、なぜオーストラリア連邦紙幣の発行の導入への反対がほとんどなかったかということの説明となる。オーストラリア・ユニオン銀行のゼネラル・マネージャーは1895年、政府委員会に対し、「紙幣のイニシャル・コスト」、紙幣税、および正貨による準備金保持、加えて「記録簿および販売簿の処理、署名、説明、削除等ほかに、郵送料、そして国中

に紙幣を送るための事務労働」を考慮に入れれば、銀行の発行には何ひとつ利益はなかったと思うと語った[55]。

第1次世界大戦前の20年間に、イギリス多国籍銀行は、のちに公共部門によって引き継がれることとなった領域の活動を続けていた。中東地域では、ペルシャ・インペリアル銀行はイランの国営銀行としての役目を果たし、他方、アーネスト・カッセル卿はエジプト、トルコ、さらにはアビシニアのために、一連の国営銀行の発起人となった。このような図式は、その時期の外交的な対立とイギリス帝国の力に密接に結びついていた。各地でイギリスの銀行は政府と取引し、紙幣を発行し、時折——西アフリカでは目立って——全体的な通貨システムにおいてきわめて重要な役割を演じた。これらの機能は、イギリスの銀行が考えていたほど、常に利益があるわけではなかったが、イギリスの銀行は、しばしば銀行の名声を高めた。しかしながら、民間の紙幣発行に反対する動き、および植民地通貨委員会の設立は、イギリスの銀行の準政府活動が限りある期間のものとなるだろうということを示唆した。

4 公債発行

19世紀後半まで、ロンドンは世界の主な国際金融の中心であり、イギリスは世界で最も大きな資本輸出経済だった。外国への資本流出のかなりの割合が、植民地や外国政府、あるいはその国有鉄道への公債の形式をとっていた。しかしながら、このような公債の手配や発行の大部分は、海外銀行以外の金融機関によって担われていた。

19世紀前半、マーチャント・バンクは外国政府と鉄道の公債の発行を支配していた。公債市場のリーダーはロスチャイルドで、ベアリングスがあとに続いていた。ベアリングスは19世紀半ばから鉄道、特に北アメリカにおける発行ではきわめて活動的であった。19世紀後半は、これらの銀行に対して、ハンブロスや特にイギリス系アメリカのモーガンなどの激しい競争相手が出現した。彼らはヨーロッパや南アメリカの公債に積極的だった。このビジネスに参加して成功を収めるために必要とされるのは、大資本ではなく、世評やコネといった、より無形の資

産であり、主要なマーチャント・バンクが持っている決定的な強みは、このような領域にあったのである[56]。

しだいに公債の発行手続は複雑になっていった。当初、1社で公債を発行することを好んだ。少なくともベアリング危機までは、主要なマーチャント・バンクは、もし可能であるなら単独で発行に着手することをより好んだけれども1870年代と1880年代までに、公債はますます銀行シンジケートによって取り扱われるようになった。1900年代、シンジケートは、政治的性格の公債に対し、イギリス外務省の政策により、さらなる支援を受けた。公債発行のシンジケートの発展に密接に関連していたのは、引受業務の広がりであり、これは1900年代までの数十年間、マーチャント・バンクの大部分によって利用されたようである。引受けは、多くのシンジケートの役割の1つで、公債に対する申し込みが不足した時には、シンジケートメンバーは手数料の代わりに公債の一部を受け取ることに同意していた。シンジケートと引受グループは、ある程度まで流動的で、壊れやすい関係だったが、特定のマーチャント・バンク、株式ブローカー、他のシティの金融機関、そして特定の個人の間には、変わらぬ協力関係があったように思われる[57]。

第1次世界大戦前、外国政府債および鉄道債の発行においては、マーチャント・バンクが主たる金融機関であったという従来の意見に疑問の余地はないが、それでもなおしだいに競合が出現していた。1830年代の間、グリンとミルズはカナダの州の公債に関与し、同行は以後80年にわたって植民地や外国の公債に対して影響力を持ちつづけることとなった[58]。グリンは特別な銀行であり、パイオニアだった。しかし、国内の銀行の中で、外国債に関心を抱いていたのはこの1行だけではなかった。19世紀後半までに、ロンドン・アンド・ウエストミンスター銀行はオーストラリアおよび南アフリカの植民地公債発行で隆盛を誇った。パーズ銀行は、元々、地方の小さな銀行であったが、1891年にロンドンのクリアリング銀行となり、以降10年間で、カナダ、ブラジル、中国、さらにはセルビアの公債において、発行や、主たる引受け手の役を担い、さらに1899年から1913年のかけては、ロンドンにおける多額の日本政府の公債発行に密接に携わって、公債事業を大規模に発展させていた。第1次世界大戦の前日まで、頑固に外国債に入らないようにしていたミッドランド銀行でさえ、その戦略を修正し、1909年、ロシ

アの政府により保証されたロシア鉄道債を発行した[59]。

イギリスの海外銀行はめったに外国の公債発行に参加しなかった。1870年代、オリエンタル銀行（1873年にチリと日本、1875年にチリ）、イオニア銀行（1879年にギリシャ）および香港銀行（1875年の中国）による多くの小規模公債発行があった。そして1884年、スタンダード銀行はオレンジ自由州の小規模公債を工面したのである。1890年代から、ロンドン市場における合衆国とヨーロッパ大陸諸国の借入れは停滞し、ラテンアメリカ、極東、および植民地の公債発行にとって代わられた。ラテンアメリカ、極東、その他の植民地はイギリスの多国籍銀行が支店網を展開していた地域であり、これらの銀行が貿易取引同様に資本取引にも参加するであろうことは予想された。しかしこれは真実ではなかった。1890年以後、オーストラリア、カナダ、南アフリカの公債は、いずれもイギリスの海外銀行によって発行されたものではなかったのである。イギリスの海外銀行は、南米の公債においてのみ、かろうじてより大きい役割を担っていただけだった。1890年から1914年の間に、イギリスの海外銀行が手がけたのは、たった4つのラテンアメリカの政府債の発行にすぎなかったのである。ロンドン・アンド・リバープレート銀行は1892年に140万ポンド、1903年に280万ポンドのアルゼンチンの公債を発行した。メキシコ・アンド・サウス・アメリカ・ロンドン銀行は1908年に100万ポンドのエルサルバドル公債を発行し、アングロ–サウス・アメリカ銀行は1909年に50万ポンドのニカラグアの公債を発行した。加えて、ラテンアメリカのいくつかのイギリスの銀行が、中央政府の公債より小さい規模の短期国債や地方債などの公債の発行に着手した。例えば、ブラジルではロンドン・アンド・ブラジル銀行が、1904年にパラ政府債の発行を手がけ、3年後、サンパウロ政府のために百万ポンドの公債を工面した。1905年と1910年、同行はバイア州政府の公債を発行した。

この全体的に控え目な図式には2つの例外があった。小さな例外は、イランである。イランのロンドン市場（1892年の50万ポンドの公債と1911年の125万ポンドの公債）における2回の発行はペルシャ・インペリアル銀行によって発行されたのであった[60]。主な例外は極東、とりわけ中国と日本だった。1874年から1895年までの間、香港銀行は、額面価格1,200万ポンドの中国の公債の公募について

責任を負っていた。1895年以降、日本に中国が敗北して、多額の賠償金を支払う必要によって、中国の借入要求は増加した。香港銀行は、1895年年頭に、ドイツ・アジア銀行と、政府債はすべて2行で分割しようという合意に達していたので、この資金調達の仕切りにおいて主な役割を演じた。1895年から1914年までの間に、同行は、少なくとも6,000万ポンド相当の中国政府債発行にかかわっていた[61]。1897年から1912年までの間、香港銀行はロンドンにおける21本の日本の公債発行にも参加した。そして1897年から1930年までに、香港銀行は日本政府および地方自治体の総額25,000万ポンドの公債の発行に関与していた。これらの公債に対し、香港銀行はシンジケートのメンバーとしての行動を常にしたが、このシンジケートには通常パーズ銀行および横浜正金銀行が含まれていた。加えて、1905年、香港銀行はインドシナ銀行とともに、タイで最初の100万ポンドの公募債を発行し、1907年、香港銀行は鉄道開発のための300万ポンドの公債の仕切りにおいて主導的な銀行になっていた。しかし、常に1つの国や銀行に依存することを避けてきたタイは、のちにロンドン・クリアリング銀行であるナショナル・プロヴィンシャル銀行に換えている[62]。

　極東での香港銀行の主だったイギリスのライバル、チャータード銀行は、公債発行において、それほど積極的な役割を演じたわけではない。同行は1895年、100万ポンドの中国政府債を発行したが、これは通常、「カッセル・ローン」と言われている。というのも、アーネスト・カッセル卿がイギリスの側にたってロンドンで公債契約に署名したからである。チャータードは他行とともに1897年、440万ポンドの日本の公債、1899年には1,000万ポンドの日本の公債に参加した。1899年の公債はチャータード銀行、香港銀行、パーズ銀行および横浜正金銀行によって共同で発行された。チャータードは、その後、さらに1904年と1905年の日本の公債発行に関与したが、第1次世界大戦の少し前になって初めて、公債発行の熱心な参加者になるために同行は本気で努力をしはじめた[63]。

　公債発行における海外銀行の役割が、なぜ主として極東に限定されていたのか、また特に香港銀行が例外として突出していたのかという疑問が浮かんでくる。公債発行に成功するために必要とされる特質——コネクションと名声——の存在が答えの1つとなる。もし、公債契約が確実なものとなり、その発行の場所がロン

ドンのシティとなると、借入国と双方でコネクションが必要とされた。明らかにイギリスの多国籍銀行は、ヨーロッパ大陸諸国と合衆国においてコネクションに欠けていた。そこには支店が、ほとんどなかったのである。植民地およびラテンアメリカでは、イギリスの多国籍銀行はもっと良い位置にいたが、他の銀行は、しばしばイギリスの多国籍銀行より先に、より良いコネクションを確立していた。例えば、ブラジルのケースでは、ロンドン・ロスチャイルドは1855年に政府の唯一の金融取扱業者に任命された。そしてロンドン・ロスチャイルドは、少なくともフランスの銀行がパリでブラジル公債を発行した1908年まで、事実上ブラジルの外国の公債発行を独占していた。ロンドン・ロスチャイルドはロンドン、パリで同時にブラジルの公債を発行するために、パリの従兄弟とのつながりを利用することができたのである[64]。

　シティにおけるコネクションは等しく重要だった。なぜなら公債発行はほとんど信用の問題であったのである。マーチャント・バンクの信用度はその会社の資本の大きさではなく、その個人的な評判に基づいていた[65]。19世紀の大半、ロスチャイルドとベアリングズは、シティで非常に高い評価を受け、そのため、きわめて容易に発行に踏み切ることができた。1870年代と1880年代、モーガンはロスチャイルドやベアリングズと同等の評価を得るために努力していた。例えば、より高名な銀行によって仕切られていたシンジケートへの参加を受け入れ、さらに、スカンジナビア公債発行では定評があり、この地域を専門にしていたロンドン・マーチャント・バンクのハンブロスと協力した[66]。公債発行に着手したクリアリング銀行の中で、ロンドン・アンド・ウエストミンスター銀行はシティで最高の評価と最良のコネクションを持っていた[67]。海外銀行は最高ランクのシティの金融機関ではなく、そして、海外銀行がロンドンに本拠を置く取締役会には、だいたい他のシティの金融機関にコネクションをもつ取締役がいたけれども、これらのシティの金融機関の評価は巨大なマーチャント・バンクの地位には及ばなかった。

　なぜオーストラリアでイギリスの銀行が、オーストラリアの国債発行で、このような小さな役割しか演じなかったのかを説明するのには、このコネクションと信望の問題が役立つのである。第1次世界大戦前は1901年のオーストラリア連邦

政府の形成にもかかわらず、オーストラリアの借入は州政府によってなされた。1870年代と1880年代、現地系とイギリス系の商業銀行ともに州政府の公債を発行した。例えば、ユニオン銀行は、クィーンズランド政府に積極的であった。しかしながら、1880年代半ばから、その主要な借り手は、その発行業務をロンドンの大手銀行に乗り換えたのである。ニュー・サウス・ウェールズ州とクィーンズランド州はイングランド銀行に換え、他方、ビクトリア州、ウエスタン・オーストラリア州とタスマニア州はロンドン・アンド・ウエストミンスター銀行を利用した。1905年、ニュー・サウス・ウェールズ州もロンドン・ウエストミンスター銀行に乗り換えた。1914年まで、サウス・オーストラリア州だけは、現地登録されたオーストラレイシア・ナショナル銀行を好んでいたので、まだロンドンの銀行なしで公債を発行していた。

　そのために、イギリス系のオーストラリアの銀行は、ロンドン本社と多国籍の支店網があるにもかかわらず、それゆえにオーストラリアの大量の海外借入に参加しなかった。ロンドンの銀行の威信が、発行の成功を保証することに寄与したため、オーストラリアの州政府はロンドンの銀行を選択した。19世紀末にオーストラリアの公債発行規模が大きくなったので、明らかに好結果を保証できる銀行を使う重要性が増していったのである。しかしながら、ロンドンの銀行は、威信よりさらなる利点を持っていた。ロンドンの銀行は扱った大量の公債と資金によって、低料金を提案することができた。オーストラリアの公債は最低限の費用だけですんだのである。ロンドンの銀行によって組織されたシンジケートは、イギリス系オーストラリア銀行にははるかに及ばないほどの公債発行能力を持っていたのである。1880年代、オーストラリア政府が年間に新たに発行する国債残高は、すでにオーストラリアにおいて全イギリス系オーストラリア銀行の総資産のおよそ4分の1だった。もう1つの重要な要因が、オーストラリアの政府がすべて、ニビゾン・アンド・カンパニーというロンドンの仲買会社を使ったということであった。ニビゾンは1880年代に自分の会社を設立するために退社する前、ロンドン・アンド・ウエストミンスターの従業員だった。1890年代に、シンジケートの引受に関する新技術を開発することにより、彼はオーストラリア政府債の発行で著名になった。ロンドン・アンド・ウエストミンスターと提携して働くことによ

り、彼はシティとの付き合いのネットワークを広げたのであるが、そのシティでは、自治領公債に受託者地位を授けることにした1900年植民地公債法によって助けられ、公債発行を引き受けることができるようになったのである。受託者は自分たちの投資をイギリス政府債か、あるいは政府保証債に限定されていた。ニビゾンは受託者との間に親密な関係をもち、そしてそれにより多額の資金供給へ容易な手段を持つこととなり、発行の成功をほぼ保証することができた。このような取り決めはうまく機能し、イギリス系オーストラリアの銀行が、たとえ望んでいたとしても、ビジネスに参入する余地を残さなかったのである[68]。

　ラテンアメリカでは、イギリスの海外銀行の政府債発行への参入に対して、マーチャント・バンクの最初の市場参入者としての利点と信望が、等しく厚い障壁となった。ロスチャイルドはブラジルと、ベアリングズはいくつかの国と、親密かつ長期の関係をもっており、海外銀行にはほとんど余地がなかった。時々、海外銀行が公債発行のビジネスに侵入しようとすると、マーチャント・バンクによる提案条件に改善を望む政府の交渉の武器としてのみ利用されるだけであることが明らかとなった[69]。

　海外銀行が公債発行のビジネスを獲得したのは、特別な状況におけるものだけだった。その通常の基準は、借入国の信望が（少なくとも当初は）低く、海外銀行がその国の専門家であり、そして評判をよくすることができるより高名なシティの金融機関に緊密なコネクションを持っているということだった。1892年および1911年、ペルシャの公債がペルシャ・インペリアル銀行によって発行されたという事実は、このような条件によって部分的に説明できる。同行はその国の国営銀行であって、そして政府にユニークなコネクションを持っていたのである。イランは1892年に、――最初の――公債発行をしなければならなかった。というのもイランは強暴な外国排斥抗議発生の後、西洋の会社によって保持されていた利権を無効としていたからである。したがって、イラン国家はロンドン市場における信用度はまったくなかった。最終的に、インペリアル銀行はグリンと共同して、1892年と1911年の2回の公債を発行したのであるが、グリンはインペリアル銀行の創設者の1人であって、同行のロンドンの銀行家の役割を担っていた。しかし、公債発行時点での公募引受を1892年公債のわずか3％に止めてもグリンの名声で

は不十分であった。それほどイランとインペリアル銀行両方のシティにおける信望がなかったのである。1911年、イランの地位は2つ上がり、第2ランクとなってロンドン・マーチャント・バンクが公債発行に対して興味を表明するほど十分に上昇していたが、――以下に説明されるように――ペルシャ・インペリアル銀行は、イギリス外務省の望ましい道具として、その地位を守られていた[70]。

中国の公債における香港銀行の卓越した役割も、このような言い方で部分的には説明できる。同行は、ペルシャ・インペリアル銀行とは異なり、国営銀行ではなかったが、中国における専門家であった。1870年代と1880年代、中国は大規模な外国債を工面しようとはせず、そのため、1880年代にベアリングズとロスチャイルドが中国の公債に対する興味を表明したけれども、巨大マーチャント・バンクには著しく魅力的な仕事ではなかった。さらに、少なくとも当初は、中国が独自の条件、つまり、わかりにくい中国の通貨単位、陰暦基準で計算された利子、不都合な間隔での支払いといった条件で、公債を発行することを望んでいた。香港銀行はこのような必要条件を満たすことをいとわず、――さらに香港に基盤をおく金融機関として、まだ発行されない公債を裏付けとしてこの政府に資金を融通することが可能であり、――さらに、1890年代半ばから、その時までに、香港銀行自身の立場を強固なものとすることができたので、より大きな規模の中国の借入れを引き受けた[71]。マーチャント・バンクの援助なしにロンドン市場に初期の中国の公債を組むほど、香港銀行の能力は相当なものであった。そして、このことは、インペリアル銀行とグリンの事例のように、香港銀行には影響力を持ったシティの協力者――パンムア・ゴードン・アンド・カンパニーという株式仲介会社――が存在していたという事実に基づくものであった。この会社は、ブラジルの公債では（例えば）ロスチャイルドと協力して、公債発行に非常に積極的であった。同社の創設者は個人的に広範な中国の経験を有しており、このことが香港銀行との親密な関係の礎をもたらした。パンムア・ゴードンは香港銀行に、初期の公債を成功裏に工面するためには不可欠のシティのコネクションを用意した[72]。その後、香港銀行は、ロンドン委員会の重要性の増大と、1905年にチャールズ・アディスがアジア地域における長期業務ののちロンドン事務所に着任したことにともない、多くのロンドンの専門家を育成した。アディスは、ロンドンで

国際金融および中国専門家として高い評価を得つつあったのである[73]。

結果的に、香港銀行は既存のマーチャント・バンクに公債ビジネスを手渡さず、自行内にマーチャント・バンク業務機能を「内部化」させることを選択した。最終的に、香港銀行は、事実上、2つの銀行、つまりアジア地域における為替銀行とロンドンにおけるマーチャント・バンクとなった[74]。

一方で、ベアリングスやロスチャイルドが支配的な役割を増すのを妨げながら、香港銀行はベアリングスや、特に、ロスチャイルドとの良い関係を維持することをもくろんだ。N. M. ロスチャイルドとの関係は特に親密だった。ロスチャイルドは、1895年、香港銀行とドイツ・アジア銀行との中国の公債についての合意にいたった交渉で、仲介人の役を務めたのである。仲介の見返りとして、香港銀行がロンドンで中国の公債の発行準備支援を必要としたなら、ロスチャイルドに最初にビジネスを提供するということで同意した[75]。その後、1899年、――ロスチャイルドと非常に密接な関係である――カール・メイヤーが香港銀行のロンドン委員会に加わった[76]。同行はまた、中国や日本以外の公債発行においてマーチャント・バンクに協力したが、その一方で香港銀行は、ロスチャイルド（そしてシュローダー）がビジネスを辞退した後で、1905年のタイの公債を手がけた[77]。

公債発行で海外銀行の大部分がマーチャント・バンクと比較して、信望やコネクションに関して不利な立場にあった。しかし、他の金融機関には中国の公債が相対的に魅力的でなかったとき、中国の状況についての専門家としての知識を利用して、香港銀行は中国公債を発行することにより、この障害を克服したのである。香港銀行はロンドン株式仲買会社との同盟を通じてロンドンのシティに進出した。そして長い時間をかけて、香港銀行自身の会社内のマーチャント・バンク業務の専門的知識を増強した。このプロセスは自然の成り行きではなく、独自路線を進める香港銀行による起業家的意思決定の結果であった[78]。その政策は、パンムア・ゴードン、ある領域まではロスチャイルド、1895年以降の国際的な場においてはドイツ・アジア銀行との戦略的提携により、首尾よく実行された。逆に、多くの他の海外銀行が公債発行にかかわらなかったことは、単にその銀行の直面する障害の大きさではなく、その銀行が障害を乗り越えるに足る願望や起業家的活力に欠けたためであるようだと説明できる。多分、多くの銀行の取締役会が、

香港銀行の取締役会と異なり、ロンドンを拠点にしており、イギリス銀行制度の正統性や、高度に専門的な理念に相応しくない公債発行は自分たちに適切なビジネスではなかったと信じたのであろう。例えば、チャータード銀行は、中国の公債のような「政治的な」公債に非常に慎重で、——重役会で1899年に書きとどめられたように——鉄道建設、川の改良、あるいは類似の開発プロジェクトは為替銀行の領域の外にあり、受け入れるべきではないという見方をしていた[79]。第1次世界大戦の少し前だけ、この見方は変化した。同様に、1884年、サウス・アフリカ・スタンダード銀行は、最初のオレンジ自由州の公債をロンドンで発行したが、それ以降、公債はロスチャイルドもしくはロンドン・アンド・ウエストミンスター銀行によって手がけられた。スタンダードの経営者は、このことに動揺を感じたようには見えない。というのも、多分、同行は、南アフリカ内でケープ州および他の州政府に資金を貸すことから得られる多額の収入に満足したからである[80]。

　最後に、重要なこととして、なぜ、公債発行で、香港銀行とペルシャ・インペリアル銀行が、他の多くの海外銀行より、突出していたのかということの1つの説明に政治があげられる。新世紀の到来時までに、イギリス、さらにはイギリスの銀行にとって、外国への融資の最前線となった中国およびイランのような世界の外交上「敏感な」地域において、税関収入のような担保の重要な源泉に対する支配がライバルの権力の手に渡らないようにするために、政治はきわめて重要な位置を占めていた。ある程度、香港銀行とペルシャ・インペリアル銀行は外務省の望ましい道具になったので、公債発行者としてそれらの立場は「守られた」のであった。

　この保護の価値は、1911年、ペルシャの公債の事例で明らかとなった。それまでの20年間、イランにおける公債はイギリスとロシアの競争の舞台になっていたし、その期間まではドイツもイランに関心を持っていたのである。1910年、ドイツの公債が実現するかもしれないという懸念から、外務省は、ペルシャの公債に興味を表明していた2つのマーチャント・バンクに公債提案を開始する許可を与えた。イラン政府は、同国南部の関税を担保として第一先取特権を提供し、提案の1つを採用した。しかしながら、交渉が重大局面になるとすぐさま、外務省は

イランにおける伝統的なイギリス政策の道具であるインペリアル銀行の立場を守ろうとした。イラン政府とマーチャント・バンクはともに非常に明確な条件で遠ざけられ、インペリアル銀行からの対案に与えられた外務省の支援は同省の要請でもあった[81]。

第1次世界大戦の前の20年間における中国の公債の複雑な物語、そして中国およびイギリス政府と香港銀行との複雑な関係についての話しは、F. H. H. キングによって詳細に分析された。香港銀行はイギリス帝国主義の単なるエージェントではなく、民間商業部門の金融機関であり、株主と中国政府双方の最良の利益を目的として行動をしようとしたことをキングは強調したのである[82]。にもかかわらず、1900年代、中国の公債に関して香港銀行が外務省から非常に強いサポートをされたことは否定できない。これらの年に中国の公債が次第に国際的な外交の関心事となり、列強を代表する「銀行グループ」によって交渉された。香港銀行とドイツ・アジア銀行とによる1895年の協定は、1900年代半ばからフランス、ベルギー、そしてのちにアメリカ、ロシア、そして日本の銀行業務グループとの協調となった。これらのグループの中で、香港銀行は単独でイギリスの代表を務めた。この状況は外務省のサポートを得ていたのである。1912年に当局者の1人が次のように述べた。中国でイギリスの外交的な目標を達成する「今までで最も効果的な手段」は、「香港上海銀行およびこの銀行に関係している外国のグループの排他的な利用だった」[83]。しかしながら、1つの銀行に対する排他的なサポートは、外務省にとって満足のいく公的な立場ではなく、フランスおよびドイツグループが各政府から受けたような完全な支援を、香港銀行は決してイギリス政府から受けはしなかった。1910年以後、「イギリスグループ」の基礎を広げるべく、香港銀行に対する政府の圧力があったのである[84]。

この問題は1911年の中国の革命後、主要な「再建公債」の交渉中の主題となった。他の2つのイギリスの海外銀行が、中国の公債のビジネス、およびそのビジネスを香港銀行が独占していることに対して本気で挑戦することを決めたのである。1つは最近設立されたイースタン銀行であり、他方はチャータード銀行だった。彼らは最終的に、公債に参加することについての疑念を克服していた[85]。

両行は外務省からの妨害に直面した。香港銀行およびフランス、ドイツ、そし

てアメリカのグループからなる4列強共同体と競争するために形成されたイギリス-ベルギーのシンジケートに、イースタン銀行が参加した。このシンジケートは1912年3月に100万ポンドの公債契約をまとめたが、外務省は、安全性が危ういと表明し、貸付の公式通知の採択を拒否したのである[86]。

チャータード銀行も同様に外務省の妨害に直面した。チャータードは、4列強グループ（まもなくオリジナルの4カ国にロシア、そして日本の銀行が合流して、6列強グループに変わった）でイギリスの共同代表者としての香港銀行に加わることが最良の戦略と決定した。チャータード銀行はイギリスのグループに入ることで、当初、外務省のサポートを確約されていたが、外務省のサポートを誇示して香港銀行に接近した際、獲得したのはすでに契約されている公債の引受参加だけであった[87]。貸し手グループ間のライバルの競合を避け、公債が「望ましい」目的のために使われることに重点を置いていた外務省は、香港銀行に譲歩させるつもりはなかった。外務省は再建公債交渉の期間のみ、香港銀行が唯一のイギリスの公債発行銀行としてサポートされるということで解決したのである[88]。

この戦略に失望し、チャータードは他のイギリス系金融機関に参加したのであるが、それは著名な会社設立者、バーチ・クリスプにより編成されたライバルの公債で、そこにはいくつかの有名なロンドンの銀行がいた。一方、中国の政府は6列強グループの条件の厳しさに次第に我慢できなくなっていった。中国政府は1912年7月、公債のアレンジをチャータード銀行へ直接申請したが、イギリス在北京公使はこの申請を阻止するように取り扱った[89]。香港銀行が唯一のイギリスの銀行であり、サポートしつづけるという外務省声明および、この合意をキャンセルさせるべく中国の政府に対するイギリスの外交的な相当のプレッシャーにもかかわらず、クリスプ・シンジケートは8月に1,000万ポンドの公債を編成し、先陣を切った。ホワイトホール（英国政府）からの強い反対にもかかわらず、クリスプは初回の公債を発行することに成功した。というのも、明らかに、クリスプが「支配者層」に立ち向かったことを喜んだ、それほど目立たないいくつかのシティ金融機関からのサポートを保証されたためである[90]。しかしながら、外務省および香港銀行の反対は、クリスプの最終段階の失望へ導くこととなった。チャータード銀行が香港銀行の援助なしに公債の外国為替取引を行うことが不可能

であるとわかり、クリスプは結局、中国から撤退したのである[91]。

にもかかわらず、クリスプ公債によって引き起こされた混乱と当惑は、ついに香港銀行の独占的な地位を打破した。1912年12月、同行はイギリスグループを拡大することに同意し、イギリスグループは香港銀行（33%）、ベアリングズ（25%）、ロンドン・カウンティ・アンド・ウエストミンスター銀行（14%）、パーズ銀行（14%）およびマーチャント銀行シュローダーズ（14%）となった。チャータードは香港銀行からイギリスのグループへの対等の参加を提案されたが、その提案は公債返済業務、あるいは為替取扱業務の割り当てが許されないという理由で申し出を拒絶した。そして、ついに1916年までイギリスグループに参加しなかった[92]。

したがって、他のイギリスの海外銀行に比べて、公債発行において香港銀行が異常に目立つ立場にあることについて、外務省の排他的なサポートでは完全に説明できない。市場に一番乗りした者の利点、中国についての専門的な知識、シティなどにおける戦略的同盟の上手な利用、および純粋な起業家的能力すべてが香港銀行の優位性を説明している。にもかかわらず、1900年代、同行と外務省との利害の一致により、中国の公債における同行の立場を明らかに強くしたのである。

そのために、大部分のイギリスの多国籍銀行の柔軟なビジネス戦略は、外国債発行にかかわるところまでは拡張されなかった。イギリスの多国籍銀行が、ロンドンの大手マーチャント・バンクに競争をしかけるには、ロンドン・シティにおける評判とコネクションに欠けていたのである。専門金融システムの所産として、イギリスの多国籍銀行はこのようなビジネスにまで広げる願望も欠けていた。香港銀行はこの状況において、主たる特例であり、公債ビジネスは報酬をもたらす戦略だった。同行がアジア地域において為替変動で苦しんだおり、公債ビジネスは代替利益の源を提供し、戦前数十年間における同行の収益性の根拠の１つとなったのである[93]。

5　銀行家と外交官

1890年から1914年の間、銀行業、財政および国際外交の間の結びつきが強くな

ったことを、ペルシャおよび中国の公債における外務省のかかわりが明らかにしている。ある国では、銀行と国家的外交政策の目標との間の結びつきは、イギリスにおけるものより強かった。フランス政府の許可なしに、パリ市場で外国政府が公債を発行することはほとんど不可能だった。その上、フランスやドイツの海外銀行はそれぞれの外務省と緊密に働いた。これらの国におけるよりもイギリスの銀行と外務省の結びつきは親密でなく、儀礼的なものであったが、にもかかわらず、その結びつきは重要であった。

イギリスの銀行とイギリス外交官と関係の性質はきわめて地域限定的である。例えば、戦前のラテンアメリカでは、1890年代初期のアルゼンチンとチリの経済危機に対し、イギリス銀行業界や金融関係者からの要請にもかかわらず、イギリス政府は直接関係することを拒否し、断固たる非内政干渉主義的アプローチをとった。同様に、外務省はロンドンにおけるラテンアメリカの政府債の発行に干渉しないことを決めた[94]。合衆国におけるイギリス系の金融業者と銀行は、外務省からサポートを期待することができたが、イギリスとアメリカの関係を混乱させるような段階までの支援は何もなされなかった[95]。

対照的に、列強との相当の競争があった国では、銀行家と外交官が親密な関係にあった。この現象が見られた主な国は、エジプト、トルコ、イランおよび中国だった。この期間、イギリス政府は銀行を助成することはしなかったが、イギリス政府はエジプト・ナショナル銀行、アビシニア銀行、トルコ・ナショナル銀行、およびペルシャ・インペリアル銀行を間違いなく歓迎し、後押した。これらの国における「イギリス系」銀行の設立は、イギリス外交政策には有用な要素として見なされ、――それはイギリスの影響力が強化される手段であり、この信用のある金融機関を通じて、イギリスの商業上のプレゼンスが必要とみなされる国への投資が行われた――。

これらの国が求めた公債は、特に保証として提供された担保のために、外交問題となった。イランは古典的な実例を提供したのである。1890年代および1900年代、同国はイギリスとロシアが競合する領域であった。この国は帝政ロシアとイギリス領インドの国境の間にはさまれていた。両政府が公債と政治的影響力の関係を理解し、銀行家はこの高度に政治問題化した状況下で営業する以外に選択

枝を持たなかった。例えば1890年代後半において、このような政治的問題にかかわることを、どちらかというとイギリスは、ロシアより嫌い、例えば、イラン国債にイギリスの投資家を引きつける手段として、イギリス財務省が保証を提供することを拒否したのである。しかしながら、巨額のロシアの融資が1900年に組まれたのち、イギリスの外交官はイギリスの影響力を強くしようという試みのなかで、最前線の戦力として見なされたペルシャ・インペリアル銀行とともに、いっそう強力な政策の追求へ駆り立てられた。1907年、ロシアとイギリスはきちんと合意された「勢力範囲」に分けたが、第1次世界大戦前の数年におけるドイツのイランへの貸付金の恐れ——およびそれにともなうドイツの政治的影響力——が現れた[96]。

外務省はこれらの銀行を、望ましい政権、あるいは個人に資金を流すためにも使った。1903年以降、イランではイギリスの政府資金が、ペルシャ・インペリアル銀行を通じて、イラン政府に貸し付けられ、同行はその業務で1％の手数料の収入を得た。数十万ポンドがこのやり方でイラン政府に貸し付けられた[97]。インペリアル銀行自身の政府への貸付は、外務省の要望に従った[98]。イギリス外交官の要請で特定の個人に貸付が行われ、イギリス政府が保証した。1903年、イギリス公使はムッラー（イスラムの聖職者）のグループへのインペリアル銀行のローンを保証した。イギリス政府はできうる最良の関係を、強力なイスラムの聖職者との間に築きたかったのである[99]。中国では、1900年、イギリス政府が香港銀行を使って、初めて香港の総督への政治的なローンを組んだ[100]。

道路、鉄道および他のインフラストラクチャーにおけるイギリスの銀行のかかわりは、外務省との親密な関係へと結ぶこととなった。というのも輸送や通信は、戦略上の問題だったからである。ペルシャ・インペリアル銀行の創業者は、当初、銀行業務よりも鉱山や輸送のほうが多くの利益を生むと予想した。まもなく採鉱ベンチャーは別個の会社に分離されたが、何年にもわたって、同行は道路にかかわっていた。イランにおいて輸送は、他の多くのものと同様、高度な政治問題だったのである。1890年から1910年の間、ロシアはイランがいかなる鉄道を建設することを禁止していた（イギリスが喜び勇んで従った取り決め）。そしてこのことが道路の管理をさらに重要なものとしていた。1900年代前半、外務省はイン

ペリアル銀行が自己の道路投資を売却するのを阻止し、もう1つのイギリス系の会社とともにジョイント・ベンチャーの形成を促して、その道路の所有権を維持させるべく、同行への助成金を提案した。のちに、1910年以降、外務省はイランでの鉄道建設のための種々の計画におけるインペリアル銀行のかかわりをサポートしたのである[101]。

中国では、香港銀行が1890年代後半の鉄道営業許可の奪い合いに積極的に参加した。1898年、香港銀行はブリティッシュ・アンド・チャイニーズ・コーポレーション（B&CC）をつくるために、商事会社ジャーディン・マセソンと連携した。鉄道営業許可は、イランにおけるもののように、戦略上きわめて重要な問題だったので、中国において同社はイギリス外交官によってサポートされていた。1903年、貴重な鉄道営業許可の確保を切望し、フランスとの競争を懸念していた外務省は、新会社、中国中央鉄道の設立を画策し、それの中に、B&CC、ライバルのイギリス系ベンチャー、および北京シンジケートそれぞれの特定の利権を統合した。鉄道営業許可と他の問題の交渉の中で、香港銀行は「他の列強によって譲歩の圧力をかけられた中国当局に香港銀行の地位を承認させるために」外務省のサポートを必要としたのである[102]。

外交官と銀行家の間には他の場面で結びつきがあった。時々、イギリス政府は、商業的な見通しは魅力的とはいかないものの、外交的な目的を果たす地域に海外銀行が支店を開くための助成金を提供した。ペルシャ・インペリアル銀行はインド帝国の国境近くのセイスタンに支店を設立、維持のために1903年から1908年の間、助成金を受け取り、たまに――いつもではなく――支店を開くようにとの他の外務機関の要請にも応じた[103]。銀行支店への助成金支給は、外交上慎重を期する地域の範囲の外にまで及んだのである。マラヤのイギリス植民地政府は、銀行に特定の場所における支店開設を奨励すべく直接間接に助成金を使っている。香港銀行が政府命令により1909年、マラッカで支店を開いた時、その銀行は臨時の支店を無料で提供されたのみならず、支店長の無料宿泊施設や常設支店用地まで無料で提供されたのであった[104]。西インド諸島にでさえ、コロニアル銀行は特定の支店を開いておくようにするために助成金を受けている[105]。

そのため、第1次世界大戦前は、イギリスの海外銀行と外務省の間のコネクシ

ョンは、その環境においては実在し、かつ必然だった。しかしながら、銀行家と外交官との関係が良かったということは、真実からはほど遠いだろう。公務員は銀行家のモラルについて、かなりの疑い——あるいはどちらかと言えば偏見——を抱いた。1906年、「われわれはシャイロックとして見られたり、貧しくおどおどした中国人に哀れみの心のない男たちとして見られる」と、ブリティッシュ・アンド・チャイニーズ・コーポレーションの職員が不平を言っている[106]。数年前、ペルシャ・インペリアル銀行は外務省により「高利貸しで、うさんくさい」として扱われているのである[107]。

同様に、自分たちが外務省から1914年前後、イギリスの他の多くの業界から声に出された不満に価するサポートを受けたと、銀行家は決して感じていなかった[108]。トルコ・ナショナル銀行は、受けるに価値があり、すでに約束されていたと考える外務省からの完全なサポートを受けていないことに不満を感じていた。トルコにおいては、英仏の良い関係を維持することが、「イギリス系の」銀行に対するサポートより、外交的には、はるかに重要であると見なされていたのである。ペルシャ・インペリアル銀行は、いつも外務省の政策に批判的であり、国益のために採算を無視する要求が余りにも多すぎると考えていた。1909年、同行のシニア・マネージャーの１人は「政治的に考慮すべき事項は儲からない」と述べ、さらに類似の意見が香港銀行で述べられている[109]。

実は、国際外交上の激しい競争地域において、外務省と海外銀行は互いを必要としたが、利害は完全に同一というわけではなかった[110]。外交官はイギリスの政策目標が銀行によって果たされうることを理解するようになったが、外交官の関心は銀行の関心より広かった。そのため、外交官らが進んで特定のイギリス系企業に「独占的な」サポートを与えることはめったになかったのである。ペルシャ・インペリアル銀行や香港銀行のような銀行は、株主は言うまでもなく現地経済への責任を感じていた。このことはイギリス政府の代理人の役を務めるように依頼されるときに、銀行は利害の衝突に悩みかねないということを意味した。まだ、イランと中国のような国においては、外務省のサポートは生き残るためには不可欠だった。「そう、われわれがいかにダウニング街（ロンドン官庁街——訳者）からの笛の音に合わせて踊っても、われわれの問題に対しては親切にされる

どころかひどい目にあった」「そして、それにもかかわらず、われわれの利益のためには"絶対必要"な、このような良い関係を、われわれはあらゆる場面で堅持しなければならない」と、1910年に、インペリアル銀行のチーフ・マネージャーが書いている[111]。同様に、中国においては、銀行はイギリス公使の同意なしに中国政府とビジネスをすることができなかったが、イギリス公使は「ただイギリスの外交政策と一致している協定だけを支援し、そして記録するだけであった」[112]。銀行家と外交官との協力は相方にとって必要悪だったのである。

6 結　論

　最近の基準によれば、1914年以前の数十年間は、たいていの国で銀行業務における政府介入はほとんどなかった。法規制はほとんどなかったのである。国境を越える資金の流れには、ほとんど制限がなかったのである。合衆国を除いて、外国金融機関が差別的な法律に直面することはめったになかったのである。国有銀行がいくつかの国で設立されたが、まだそれらはただイギリス多国籍銀行の活動に対して、それほど重要な脅威とはならなかった。この間に、一方で、イギリスの公共政策は、海外銀行に慎重なビジネス戦略を奨励していたが、他方では、それとは異なり、海外銀行が望むような起業家的本能に従うことを許していた。

　のちに政府によってなされた多くの活動が、第1次世界大戦前にも依然として民間部門の中に残っていて、イギリスの海外銀行にビジネス機会を提供した。イギリスの海外銀行は、帝国の内外で、「国営銀行」および政府の銀行として、そして通貨エージェントとしての役を務めたのである。イギリスの海外銀行は、いろいろな国の紙幣を発行した。イギリスの海外銀行の公債発行の役割はマーチャント・バンクや多くのロンドンの銀行と比較して大きくなかったが、ロンドン資本市場で少量の公債を組む政府を手助けしたわけである。

　列強の競争地域で、イギリスの海外銀行は、どちらかといえば外務省との共生の関係に引き込まれた。どちらも相手とは完全に満足していたわけではなかったが、イギリスの外交官は、イギリスの戦略的利害が他の列強と張り合った中国やイランのような国では、銀行の公債発行や他の活動に関与しなければならないと

感じた。イギリスの海外銀行がこれらのエリアで生き残っていかねばならないなら、同様に、この銀行も外務省のサポートを必要としたのである。

1914年以前のイギリスの多国籍銀行は民間金融機関で、株主のために利益を生むことに努めていたが、イギリスの多国籍銀行にとって政府はすでに生命の一部であり、規制、ビジネス機会、事業の源であり、不満の源でもあった。

1) F. Capie, 'The Evolving Regulatory Framework in British Banking', in Martin Chick (ed.), *Governments, Industries and Markets* (Aldershot: Elgar, 1990); Geoffrey Jones, 'Competition and Competitiveness in British Banking, 1918-1971', in Geoffrey Jones and Maurice Kirby (eds.), *Competitiveness and the State* (Manchester: Manchester University Press, 1991).
2) Michael Collins, *Money and Banking in the UK: A History* (London: Croom Helm, 1988), ch. 6.
3) A. S. J. Baster, *The Imperial Banks* (London: King, 1929), 134-6; S. J. Butlin, *Australia and New Zealand Bank* (London: Longman, 1961), 269-74.
4) Baster, *The Imperial Banks*, 130-1.
5) Geoffrey Jones, *Banking and Empire in Iran* (Cambridge: Cambridge University Press, 1986), 24-5.
6) Ibid., 67-8, 245-6.
7) 1911年3月27日のG. G. による覚書、Paper 9429, CO318/327, PRO. 前述の第3章6を参照せよ。
8) Mira Wilkins, *The History of Foreign Investment in the United States to 1914* (Cambridge, Mass.: Harvard University Press, 1989), 461-2.
9) 1908年4月のF. LarkworthyからEdward Grey卿への書簡草稿、1898 2 1/2% Greek Government Gold Bonds File, Box I, Ionian Archives, LSE。
10) Ionian Bank to President, International Financial Commission, 1909 (draft) in 1898 2 1/2% Greek Government Gold Bonds File, Box 1, Ionian Archives.
11) F. Larkworthy's Annual Report, 1902年5月6日; Petition of Bank to Prime Minister Theotokis, 1901年3月28日、Charter/Extensions: 1905 Renewal File, Box 3, Ionian Archives。
12) 1901年10月31日の重役会議事録、Vol. 13, Ionian Archives.
13) 1902年1月30日のF. LarkworthyからT. Sandersonへの書簡；1902年2月20日のT. Sandersonからイオニア銀行への書簡；Charter/Extensions: 1905

Renewal File, Box 3, Ionian Archives; 1903年5月15日のF. Larkworthyから AGMへの報告書。

14) 1902年7月18日の特別重役会議事録、Vol. 13, Ionian Archives。

15) 1903年5月15日のF. LarkworthyからAGMへの報告書、Ionian Archives。

16) 1903年12月18日臨時株主総会議事録（イオニア銀行所蔵）、ロンドン名簿には544票を持つ131人の株主がいて、コルフ名簿には7,179票を持つ266人の株主がいた。売却についての投票は2,853票が賛成、6,817票が反対（すべて委任状）であった。

17) Charles Jones, 'British Financial Institutions in Argentine, 1860-1914', Ph. D. thesis, Cambridge University, 1983, chs. 6 and 7.

18) F. H. H. King, *The History of the Hongkong and Shanghai Banking Corporation*, ii, (Cambridge: Cambridge University Press, 1988), 129; T. Pramuanratkarn, 'The Hong Kong Bank in Thailand: A Case of a Pioneering Bank', in F. H. H. King (ed.), *Eastern Banking* (London: Athlone Press, 1983).

19) J. S. G. Wilson, 'The Commonwealth Bank of Australia', in R. S. Sayers (ed.), *Banking in the British Commonwealth* (Oxford: Clarendon Press, 1952); Butlin, *Australia and New Zealand Bank*, 340-54.

20) G. R. Hawke, *Between Governments and Banks: A History of the Reserve Bank of New Zealand* (Wellington: Shearer, 1973), ch. 2.

21) A. Day, 'The South African Reserve Bank', in Sayers (ed.), *Banking in the British commonwealth*.

22) P. Thane, 'Sir Ernest Joseph Cassel', in D. J. Jeremy (ed.), *Dictionary of Business Biography*, i (London: Butterworths, 1984), 607-8; id., 'Financiers and the British State: The Case of Sir Ernest cassel', in R. P. T. Davenport-Hines (ed.), *Speculators and Patriots: Essays in Business Biography* (London: Cass, 1986).

23) *National Bank of Egypt, 1898-1948* (Cairo: National Bank of Egypt, 1948), ch. 3: Eric Davis, *Challenging Colonialism: Bank Misr and Egyptian Industrialisation, 1920-1941* (Princeton, NJ: Princeton University Press, 1983), 69-76; Robert L. Tignor, *State, Private Enterprise, and Economic Change in Egypt, 1918-1952* (Princeton, NJ: Princeton University Press, 1984), 62-7.

24) *National Bank of Egypt*, 24-7.

25) 1906年11月29日のJohn Harrington卿からCromer卿への書簡、FO371/3；1909年4月26日のG. Clerkによるメモ、1909年5月7日のEdward Grey卿からEldon Gorst卿への書簡、FO371/594, PRO。

26) 1906年8月3日のChesterfield卿からEdward Grey卿への書簡に同封された

アビシニア鉄道に関するメモ、FO371/3; 1907年7月19日のアビシニア鉄道に関する John Harrington 卿によるメモ、FO371/191, PRO。

27) 1909年6月14日の Gorst から Grey への書簡に同封された BA（アビシニア銀行）の1908年度の貸借対照表、FO371/597; 1910年6月4日の Gorst から Grey への書簡に同封された BA の1909年度の貸借対照表、FO371/823; 1911年2月10日の W. G. Thesiger から Grey への書簡に同封された BA の1910年度の年次報告書、FO371/1043, PRO; *National Bank of Egypt*, 27-9。

28) Thane, 'Sir Ernest Joseph Cassel', 608.

29) Ibid., 610; A. S. J. Baster, *The International Banks* (London: King, 1935), 78-112, Marion Kent; 'Agent of Empire? The National Bank of Turkey and British Foreign Policy', *Historical Journal*, 18 (1975). インペリアル・オットマン銀行については、以下を参照せよ。Christopher Clay, 'The Imperial Ottoman Bank in the Later Nineteenth Century: A Multinational "National" Bank?', in Geoffrey Jones (ed.), *Banks as Multinationals* (London: Routledge, 1990)。

30) Kent, 'Agent of Empire?', and id., *Oil and Empire: British Policy and Mesopotamian Oil, 1900-1920* (London: Macmillan, 1976), 33-94 にはメソポタミアの石油特権についての非常に複雑な説明がある。Fritz Seidenzahl, *100 Jahre Deutsche Bank, 1870-1970* (Frankfurt am Main: Deutsche Bank, 1970), 224-7 も参照せよ。ドイツ銀行の石油利権については、以下を参照せよ。Hans Pohl, 'The Steaua Romana and the Deutsche Bank 1903-1920', *Studies on Economic and Monetary Problems and on Banking History*, Deutsche Bank, No. 24, 1989。

31) 1913年6月11日の Henry Babington-Smith 卿から Edward Grey 卿への書簡、FO371/1826, PRO.

32) 1914年2月23日の Edward Grey 卿から L. Mallet への書簡、FO371/2127, PRO。

33) Geoffrey Jones, *Banking and Empire in Iran*, esp. 78-86, 114-27.

34) King, *The History of the Hongkong and Shanghai Banking Corporation*, ii. 456-60.

35) Butlin, *Australia and New Zealand Bank*, 191, 205-6, 253-4.

36) J. A. Henry, *The First Hundred Years of the Standard Bank* (London: Oxford University Press, 1963), 144; GMO, 1894年2月7日 and GMO, 1895年2月13日、in Alan Mabin and Barbara Conradie (eds.), *The Confidence of the Whole Country* (Johannesburg: Standard Bank Investment Corporation, 1987), 351 and 370.

37) King, *The History of the Hongkong and Shanghai Banking Corporation*, i. 160-1, 445-6.
38) Compton Mackenzie, *Realms of Silver* (London: Routledge & Kegan Paul, 1954), 215-16.
39) King, *The History of the Hongkong and Shanghai Banking Corporation*, ii. 35.
40) Chee Peng Lim, Phang Siew Nooi, and Margaret Boh, 'The History and Development of the Hongkong and Shanghai Banking Corporation in Peninsular Malaysia', in King (ed.), *Eastern Banking*, 365.
41) Richard Fry, *Bankers in West Africa* (London: Hutchinson Benham, 1976), 20, 23-8.
42) Ibid., 7-10, 19-21, 23-6. 現地の通貨システムがイギリス銀貨によってとって代わる過程についての洞察については、Walter I. Ofonagoro, 'From Traditional to British Currency in Southern Nigeria: Analysis of a Currency Revolution, 1880-1948', *Journal of Economic History*, 39 (1979)を参照せよ。
43) Fry, *Bankers in West Africa*, 28-9.
44) Fry's Digests of Board Minutes, 1904-1909, BBWA Archives, SC からの引用。
45) Fry, *Bankers in West Africa*, 35-6, 38-9.
46) 1907年11月26日の Walter Egerton 卿から Elgin 卿への書簡、CO 520/50, PRO; Fry, *Bankers in West Africa*, 42-4。
47) Fry, *Bankers in West Africa*, 45, 49-51; 1909年5月20日の植民地局での会議に関するメモ、CO 520/86; 1910年3月7日の W. Egerton 卿から Crewe 卿への書簡および同書簡に関する1910年5月12日の J. A. による覚書、CO 520/92, PRO。
48) J. K. Onoh, *Money and Banking in Africa* (London: Longman, 1982), 36-7.
49) Fry, *Bankers in West Africa*, 75-8.
50) 前述の第2章2を参照せよ。
51) W. Evan Nelson, 'The Hongkong and Shanghai Banking Corporation Factor in the Progress towards a Straits Settlements Government Note Issue, 1881-1889', in King (ed.), *Eastern Banking*; King, *The History of the Hongkong and Shanghai Banking Corporation*, i. 484-7; ii. 226-9; Mackenzie, *Realms of Silver*, 190-1; Y. C. Jao and F. H. H. King, *Money in Hong Kong* (Hong Kong: Centre of Asian Studies, Univetsity of Hong Kong, 1990), 16 ff。
52) Geoffrey Jones, *Banking and Empire in Iran*, 80, 126, 223-4.
53) Henry, *The First Hundred Years of the Standard Bank*, 112-13.
54) GMO, 1893年2月2日、in Mabin and Conradie (eds.), *The Confidence of the*

Whole country, 324-5; Henry, *The First Hundred Years of the Standard Bank*, 153-4。

55) Butlin, *Australia and New Zealand Bank*, 324.

56) Stanley Chapman, *The Rise of Merchant Banking* (London: Allen and Unwin, 1984), chs. 1-3, 6; Vincent P. Carosso, *The Morgans: Private International Bankers, 1854-1913* (Cambridge, Mass.: Harvard University Press, 1987), chs. 6, 11, 14, 16.

57) Chapman, *The Rise of Merchant Banking*, 88-9, 155-61; Carosso, *The Morgans*, 205-6; D. C. M. Platt, *Britain's Investment Overseas on the Eve of the First World War* (London: Macmillan, 1986), 141-5.

58) Roger Fulford, *Glyn's, 1753-1953* (London: Macmillan, 1953), ch. 8, 160-1.

59) A. R. Holmes and Edwin Green, *Midland: 150 Years of Banking Business* (London: Batsford, 1986), 135-6.

60) Geoffrey Jones, *Banking and Empire in Iran*, 48-54, 120-3.

61) King, *The History of the Hongkong and Shanghai Banking Corporation*, i. 535-62; ii, chs. 5, 6, 7, 8. キングはvol. i, pp. 548-9に1874年から1895年までの期間の中国の主たるローンを要約した表をのせている。1895年から1914年までについてはvol. ii, pp. 312, 377, 451, 512にある。1874, in David J. S. King, 'China's First Public Loan: The Hongkong Bank and the Chinese Imperial Government "Foochow" Loan of 1874', in King (ed.), *Eastern Banking*には中国の最初の政府ローンについての徹底した研究がある。

62) King, *The History of the Hongkong and Shanghai Banking Corporation*, ii. 97-101. キングはpp. 143-6において日本の政府ローンへの香港銀行の参加の要約をのせている。Norio Tamaki, 'The Yokohama Specie Bank: A Multinational in the Japanese Interest, 1879-1931', in Geoffrey Jones (ed.), Banks as Multinationals, 200-2; King, *The History of the Hongkong and Shanghai Banking Corporation*, ii. 133-5。

63) Mackenzie, *Realms of Silver*, 203-4, 206; Thane, 'Financiers and the British State', 93-5; King, *The History of the Hongkong and Shanghai Banking Corporation*, ii. 98, 269; File on Japanese Sterling Loan of 1899, Posterity Files, 1904年11月9日および1905年3月29日の重役会議事録in Banking Operations File 3 (ii), Chartered History File, SC.

64) R. Graham, *Britain and the Onset of Modernisation in Brazil, 1850-1914* (Cambridge: Cambridge University Press, 1968), 101-2; Chapman, *The Rise of*

Merchant Banking, 86-7.
65) Chapman, *The Rise of Merchant Banking*, 70, 81.
66) Carosso, *The Morgans*, 204-5.
67) C. A. E. Goodhart, *The Business of Banking, 1891-1914* (London: Weidenfeld and Nicolson, 1972), 137 n. 24.
68) A. R. Hall, *The London Capital Market in Australia, 1870-1914* (Canberra: Australian National University, 1963). 103-5; R. S. Gilbert, 'London Financial Intermediaries and Australian Overseas Borrowing, 1900-29'. *Australian Economic History Review*, 11 (1971); R. P. T. Davenport-Hines, 'Lord Glendyne', in R. T. Appleyard and C. B. Schedvin (eds.), *Australian Finaciers* (Melbourne: Macmillan, 1988), 190-205.
69) アングロ-サウス・アメリカ銀行は、1907年チリにて同様の経験をした。London to Santiago, 1907年11月8日、C2/4. Bolsa Archives, UCL。
70) Geoffrey Jones, *Banking and Empire in Iran*, 28-9, 48-54, 121-3.
71) King, *The History of the Hongkong and Shanghai Banking Corporation*, i. 536-9.
72) Ibid., 545; ii. 269; Carosso, *The Morgans*, 589. 以下もまた参照せよ。B. H. D. MacDermot, *Panmure Gordon & Co., 1876-1976: A Century of Stockbroking* (London: privately published, 1976)。
73) Roberta Allbert Dayer, *Finance and Empire: Sir Charles Addis, 1861-1945* (London: Macmillan, 1988), esp. ch. 3.
74) 'Hongkong and Shanghai Banking Corporation', *Bankers' Magazine*, 96 (1913), 735；以下もまた参照せよ。King., *The History of the Hongkong and Shanghai Banking Corporation*, ii. 242。
75) King, *The History of the Hongkong and Shanghai Banking Corporation*, ii. 264-75.
76) Ibid., 298.
77) Ibid., 97, 133.
78) 香港銀行内において、独自の公債戦略を遂行する決断は、おそらくディビッド・マクリーン（David Mclean）香港支店長によるものである。彼は1872年にロンドンに転勤となった。King, *The History of the Hongkong and Shanghai Banking Corporation*, ii. 269。
79) 1899年12月28日の重役会議事録。同じような決定が、1901年5月15日および1902年1月15日の重役会議事録に見られる。in File 3 (ii), Box 3, Chartered His-

tory Files, SC。

80) Henry, *The First Hundred Years of the Standard Bank*, 89；スタンダード銀行のケープ政府に対する大規模な貸付については、例えば Mabin and Conradie (eds.), *The Confidence of the Whole Country*, 464 の1899年2月8日の GMO を参照せよ。

81) Geoffrey Jones, *Banking and Empire in Iran*, 121; David McLean, 'International Banking and its Political Implications: The Hongkong and Shanghai Banking Corporation and the Imperial Bank of Persia, 1889-1914', in King (ed.), *Eastern Banking*, 5-6.

82) King, *The History of the Hongkong and Shanghai Banking Corporation*, i., 558-9.

83) 再建ローン交渉が失敗した場合の HMG の将来の方針に関する J. D. Gregory による1912年8月26日の覚書、FO371/1321, PRO。

84) King, *The History of the Hongkong and Shanghai Banking Corporation*, ii. 412-13.

85) ロンドン事務所の秘書 William Hoggan から Peking 検査官への書簡、No, 554a, 1912年3月15日、China Loans File 5, Chartered History Files, SC. Mackenzie, *Realms of Silver*, 206 を参照せよ。

86) Mackenzie, *Realms of Silver*, 207; King, *The History of the Hongkong and Shanghai Banking Corporation*, ii. 479-81; 1912年1月24日の Balfour of Burleigh 卿から外国事務所への書簡、FO371/1340; 1912年3月16日の Max Müller による覚書；1912年3月16日のW. Langley による覚書；電報65、1912年3月18日の Edward Grey 卿から Jordan への書簡；1912年3月19日の W. Langley からイースタン銀行への書簡；1912年3月19日の W.Langley からイースタン銀行への書簡；1912年3月18日のイースタン銀行から外国事務所への書簡、FO371/1315; 1912年4月10日のイースタン銀行に関する M. Müller による覚書、FO371/1316, PRO。

87) 1912年3月22日の Whitehead から香港銀行への書簡；1912年4月13日のロンドン文書、in China Loans File 5, Chartered History Files, SC; 1912年3月27日のC. Addis から Langley への書簡および同書簡に関する M. Mülller による覚書、FO371/1316, PRO。

88) 1912年5月13日の外国事務所からチャータード銀行への書簡および W. Langley による覚書、FO371/1317, PRO。

89) 1912年7月16日の John Jordan からの電報156、FO371/1320, PRO。

90) Mackenzie, *Realms of Silver*, 207-8; King, *The History of the Hongkong and*

Shanghai Banking Corporation, ii. 490-3; 1912年8月23日のCrispと J. D. Gregory の対談、FO371/1321, PRO。
91) King, The History of the Hongkong and Shanghai Banking Corporation, ii. 496-8; Carosso, The Morgans, 571-2.
92) King, The History of the Hongkong and Shanghai Banking Corporation, ii. 494-6, 579-80.
93) King, The History of the Hongkong and Shanghai Banking Corporation, iv (Cambridge: Cambridge University Press, 1991), 11.
94) Joslin, A Century of Banking in Latin America (London: Oxford University Press, 1963), 103-4.
95) Wilkins, The History of Foreign Investment in the United states, 592-3, 605.
96) Geoffrey Jones, Banking and Empire in Iran, 83-7, 120-2.
97) Ibid., 88-91, 123-4.
98) Ibid., 116-17.
99) Ibid., 92, 128; McLean, 'International Banking and its Political Implications', 5.
100) King, The History of the Hongkong and Shanghai Banking Corporation, ii. 319-21.
101) Geoffrey Jones, Banking and Empire in Iran, 61-4, 93-4, 129-31.
102) King, The History of the Hongkong and Shanghai Banking Corporation, ii. 338, and *passim*; McLean, 'International Banking and its Political Implications', 9-10.
103) Geoffrey Jones, Banking and Empire in Iran, 91-2, 128.
104) Chee Peng Lim et al., 'The History and Development of the Hongkong and Shanghai Banking Corporation in Peninsular Malaysia', 366, 368; Mackenzie, Realms of Silver, 215-16.
105) 1911年12月15日のG. G. による覚書、paper 40056, CO318/327, PRO。
106) McLean, 'International Banking and its Political Implications', 10-11 より引用。
107) Geoffrey Jones, Banking and Empire in Iran, 88.
108) R. P. T. Davenport-Hines and Geoffrey Jones, 'British Business in Asia since 1860', in R. P. T. Davenport-Hines and Geoffrey Jones (eds.), British Business in Asia since 1860 (Cambridge: Cambridge University Press, 1989), 22-3.
109) Geoffrey Jones, Banking and Empire in Iran, 127-8; McLean, 'International

Banking and its Political Implications', 12.
110) Clarence B. Davis, 'Financing Imperialism: British and American Bankers as Vectors of Imperial Expansion in China, 1908-1920', *Business History Review*, 56 (1982), 260.
111) Geoffrey Jones, *Banking and Empire in Iran*, 127-8.
112) King, *The History of the Hongkong and Shanghai Banking Corporation*, ii. 518.

第5章　戦争と大恐慌

1　構造とパフォーマンス（1914〜46年）

　第1次世界大戦の勃発後の30年間に、イギリス多国籍銀行がかつて享受していた良好な環境条件に悪化が見られた。これら銀行は南半球で一次産品を生産する移民定住者経済やアジアへの金融サービスの提供に特化していた。彼らの中核的事業は貿易金融と為替業務であった。1914年以降、世界経済は2つの世界大戦、大恐慌、そして1931年の世界的な金融危機によって打撃を被った。多くの一次産品の貿易価格急落が、結果的にこれらの生産と輸出に特化していた国々の所得に深刻な下方圧力をもたらした。加えて1930年代までに、政府はいたるところで為替管理と関税によって国家間の貿易および資本フローに干渉していた。しかし依然として、広大なイギリスの多国籍銀行の支店網は影響を受けずに存続した。おそらく、1914年から1946年にかけてのイギリス多国籍銀行史において最も普及しているテーマは、環境の悪化に直面する中での生存と存続である。

　この期間の前半において、イギリス多国籍銀行の資産は増え続け、銀行の数はわずかに減少していたにもかかわらず、1928年までには1913年の2倍を超える水準に達した。対照的に、続く10年は不況であったため、1830年代から続いたイギリス多国籍銀行が有する資産の継続的膨張はついに終わりを告げた。ラテンアメリカがイギリス海外銀行にとっての重要性を失うにつれ、これら資産の地理的分布に顕著な変化が見られた。1938年までにオセアニア、アジア、そしてアフリカ南部の「三拠点」から構成される新たな受入れ地域が確立され、イギリス多国籍銀行が保有する資産の4分の3はこれら地域にあった。

イギリスの銀行によって運営される海外支店は1913年から1928年にかけて急成長し、1930年代の不況期に突入する前の年には、2,000店舗を超えるまでになり、海外支店数の点で匹敵する国はなかった。南アフリカにあるイギリス資本の銀行支店数に相当な増加が見られた。1938年にはイギリス海外銀行支店の全体の4分の3ほどが、南アフリカやオセアニアの移民者経済圏にあった。

　本書において検証されるサンプル銀行の財務パフォーマンスは、この30年間に多くの驚くべき特徴があったことを示している。海外銀行にとって、2つの世界大戦はやっかいな出来事というよりも投資機会であったことが明らかになった。一握りのケースを除いて、両世界大戦期における海外銀行の株主は、仮にコンソル公債に投資した場合よりも高い収益を獲得していたであろうし、この基準によれば彼らの多くは、仮にサンプルにある2つの国内銀行の株式を保有した場合よりも望ましい収益を達成していた。

　イギリスの銀行は、軍事的対立が存在した期間よりも戦間期の経済問題にうまく対応することができなかった。1920年代において、サンプル海外銀行の公表利益の総計は戦時中のピークから低下し、国内銀行のそれを下回ったままであった。そのうちほぼ半数の銀行の株主が彼らのファンドをコンソルに投資すればより高い収益を獲得していたであろう。予想通り、1930年から1938年にかけての海外銀行のパフォーマンスは大きく落ちこんだ。これら銀行を1つのグループとして見るならば、公表利益はさらに減少しており、2行を除いたこれら海外銀行すべての株主がコンソルに投資すればより高い収益を獲得していただろう。

　これら公表利益率に関しては、アジア地域の為替銀行が、第2次世界大戦期を除いた1914年以降に最高のパフォーマンスを見せた。1914～20年、1930～38年にかけて、この銀行グループからベスト5に4行が、そして1920年代には3行が入った。対照的に、ラテンアメリカの銀行の利益率は顕著に劣っており、これは1930年以降のオセアニアの銀行の場合も同様であった。ラテンアメリカでは戦間期に大規模な倒産が見られた。1929年には最大規模の総資産を有する海外銀行であったアングロ-サウス・アメリカ銀行が、1931年7月にはほぼ倒産状態にあり、この崩壊した銀行は5年後に他のイギリスの銀行によって最終的に吸収された。

　イギリスの銀行の公表されたパフォーマンスと「実質的な」それとの間に大幅

な差異が存在したのは1930年代であった。アジア地域の為替銀行の公表利益率はサンプルの最上位にあった一方で、内部留保と実質利益について現存するデータは、パフォーマンスが劣っていたことを示している。公表利益を維持するために簿外振替を行っており、実質利益の水準が既知であるサンプル中の為替銀行2行の場合、株式投資実質利益率は公表利益率を下回っていた。為替銀行の「星」である香港銀行はこの一般的傾向の例に漏れず、1930年代半ば、配当支払いのために内部留保を引き出すことを強いられた[1]。対照的に、──1926年に創設され、次節において議論される──スタンダード銀行とバークレイズ（DCO）のこの期間における「実質的な」パフォーマンスは、公表された収益性をかなりの程度上回るものであった。南アフリカは双方の銀行に中核的な事業を提供していることから、1930年代のイギリスの銀行にとって南アフリカが非常に望ましい場所であったことは明白である。

　要約すると、イギリス多国籍銀行にとって、利益が減少し資産および海外支店の拡大が停止するなど困難な時期であった1930年代を除き、これらの戦争は満足できるものであった。そしてオセアニア、アジアと並ぶ三大地域の1つであったラテンアメリカが南アフリカにとって代わられるなど、イギリスの海外銀行には地理上の再編制があった。1930年代には南アフリカにおいて活発であったイギリスの銀行2行もきわめて良好な財務パフォーマンスを達成した。しかしながら、この時期の政治、経済、そして金融上の騒乱の中でイギリス多国籍銀行が存続したことは、驚くべきことであった。利益と配当は落ち込んだものの、その構造は影響を受けずに残された。

　イギリス多国籍銀行の安定性に関する説明は、以下の多くの議論の基本的な問題となろう。本章では1914～46年の間の会社組織と経営構造における主要な展開を検証し、危機に対する銀行の対応を評価する。6章では銀行業務にかかわる戦略に焦点を当て、この期間の政治的かつ経済的変化への対応における彼らの成功を検討する。

2 クリアリング・バンクと多国籍銀行

　1914年以降の最も根本的な組織的革新とは、イギリス国内のコマーシャル・バンクが多国籍銀行業へ大幅に遅れて参入したことであった。このことは、イギリス海外銀行業の機能的かつ地理的に特化した構造を部分的に修正する方向へと向かう、より広範な傾向の一局面であった。しかしながら、受け継がれてきたこのイギリス多国籍銀行の構造は、非常に頑強であることが明らかとなった。

　多くの要因によってイギリス多国籍銀行業の伝統的に特化された性質に圧力がかかったが、これら要因はクリアリング・バンクが海外銀行業へ参入したことを説明するうえで有用である。国内外の銀行業の間により密接な結びつきを有するドイツの多国籍銀行に関する具体例はその1つであった。第1次世界大戦期の国内外の銀行業における大規模統合のメリットが、軍事的敵対が終焉したのち、ドイツとの経済競争についてのやや政治的な討論会のなかで多々議論された。ファリンドン卿の下、特別委員会が指名されたのはこのような状況下であったが、彼の報告およびその直後のブリティッシュ・トレード・コーポレーションの創設については第7章で論じる。イギリスの商業銀行家のほとんどがファリンドンを批判したものの、国内外の銀行の密接な統合から得られる便益があるとの考えは、幅広い支持を獲得した。

　機能的かつ地域的な特化に不利となる第2の要因は、1914年以降の多くの国々で見られた、よりいっそうの政治的そして経済的な不安定性であった。いくつかの国で生産される一部商品への資金融通に特化した銀行はリスク分散の必要性を実感したが、それには国内のイギリスの銀行と資本提携することも含まれた。ラテンアメリカと西インド諸島にあったイギリスの銀行はそのような分散の必要性を明確に感じており、積極的に合併および提携先を探し求めた。戦間期にはどの地域においても、経済問題と増加する政治リスクによってそのような多角化戦略が奨励された。1920年代後半のオーストラリアでは、具体的な計画を実現することは決してなかったが、政府による介入の増加と国有のコモンウェルス銀行との競争激化もさらにそのような考えを刺激した。例えば、1929年までにイングリッ

シュ・スコティッシュ・アンド・オーストラリア銀行のチーフ・ジェネラル・マネージャーの1人は、このような言葉でイギリス国内銀行との「連合」を提唱した。

　　われわれには、現在の政府により育成され強化されるコモンウェルス銀行がますますわれわれの収益獲得能力を奪い、やがて最も悩まされるかもしれない法的規制の行使を常に試みることが予見される……、私が指し示す方向へ一番乗りを果たす銀行は大幅に強化され、競合するその他すべての貿易銀行を上回る優位性を確保するであろうし、そのように強化された銀行は政府系金融機関に対抗する強大な勢力となるだろう[2]。

　イギリス海外銀行業の特化した構造に不利となる第3の要因は、多国籍銀行業に従事するための国内銀行の能力と欲求がともに増加したことであった。イギリスの国内銀行における買収の波が、小規模であった19世紀当時とは対照的に巨大なユニットを創り上げ、それがイギリス国外で支店を所有することの検討を現実的なものとした。19世紀後半から、クリアリング・バンクは国際銀行業に関心を持ち始めた。第1次世界大戦直前、多国籍銀行業に向けて試験的な段階に踏み出し、そしてイギリスの指導的なクリアリング・バンク2行がフランスに関連会社を設立した。コルレス銀行関係へのこれまでの依存が問題となっていた。国内銀行の規模拡大と名声の高まりは、外国貿易金融を、コルレス銀行への依存から自ら所有する海外支店を活用する方向へ転換することによって得られる優位性を強化した。この海外支店網が知識や評判のような無形の資産を社内に蓄積することを可能にすると考えられた。第1次世界大戦および終戦直後の政治的、経済的な不確実性は市場関連の取引費用を引き上げ、クリアリング・バンクが海外の事業に対し、より強固な支配権を行使することを促した。多国籍銀行業を通じた内部化の誘因は、海外銀行の株式を取得する上で財務的な魅力がある終戦後の低株価、そして国内銀行との提携に対する海外銀行の熱意によって高められた。

　イギリス国内銀行の「ビッグ5」であるロイズとバークレイズは最も活動的な海外直接投資家であり、1970年代までその状態が続いた。ロイズの戦略は独特で

表5-1 ロイズ銀行による海外直接投資（1911～46年）

地域	年	銀行	初期投資額（ポンド）	ロイズの発行済み資本の占有率(%)
ヨーロッパ	1911	ロイズ銀行（フランス）	39,888	100
	1917	ナショナル・プロヴィンシャルとの合弁会社となる		50
	1918	ロイズ・アンド・ナショナル・プロヴィンシャル外国銀行に名称変更		
南アメリカ	1918	ロンドン・アンド・リバープレート銀行	5,961,534	99
	1923	ロンドン・アンド・ブラジル銀行と合併		56.9
	1936	アングロ-サウス・アメリカを買収		49.6
インド/エジプト	1928	コックス・アンド・コーポレーション	54,000	100

あった。ロイズはイギリス国外で活動する銀行の株式を取得した。しかしながら、これら投資の背後にある政策に一貫性はほとんどなく、その投資によって生じた市場開拓にかかわる政策もまったくなかった[3]。ロイズの多国籍銀行戦略は、1960年代末までほとんど論理的脈絡のないままであった。その結果は、異論のあるところではあるが、イギリス多国籍銀行業の甚大な「機会の喪失」の1つとなった。

ロイズの海外活動の拡大には2つの特徴があった。第1に、ロイズは多くの買収を通じ、ラテンアメリカ、ヨーロッパ大陸、そしてインドに広がる支店網を確立し、それら支店に対して――以下に見られるように――さほど強力ではないものの、ある種の経営支配を行った。第2に、ロイズは莫大な数にのぼる海外銀行（イギリス内外で登記された）の株式をわずかではあるが取得した。これらの投資はいかなる経営支配も達成しえなかった。2つの戦略はほとんど別個に行われた。

1911年に、ロイズは初めての海外直接投資を行い、ロイズ銀行（フランス）がアームストロング・アンド・カンパニーの取得によって設立された。これに続く投資は、海外に直接の代表者を持ちたいというロイズの要望、ロイズの傘下に入ることを求めるいくつかの銀行の要求、そして経営難の銀行を救おうとするイングランド銀行の圧力といった、種々の要因の組み合わせに起因するものであった。

表5-1はロイズによる海外直接投資の進展状況を簡素化したものである。

第1次世界大戦はロイズ銀行（フランス）に有益な事業機会をもたらし、1915年までに資本簿価は24万ポンドとなった。1917年にロイズは、もう1つのイギリス系大手クリアリング・バンクであるナショナル・プロヴィンシャル銀行に、この銀行（ロイズ・フランス）株式の半数を取得させることを認め、その翌年にフランスの事業はロイズ・アンド・ナショナル・プロヴィンシャル外国銀行と改称された。この銀行は1919年までにフランス、ベルギー、ドイツ、そしてスイスに11店舗を構え、10年後にはヨーロッパ大陸で19の支店が営業していた[4]。

1918年にロイズは、市場価格をはるかに凌ぐ総額590万ポンドを超える金額で、ロンドン・アンド・リバープレート銀行株式の99%を取得した。ロイズはラテンアメリカ市場で活動するイギリス人顧客に対し、コルレス銀行との関係を通じた活動よりも自ら支店を所有することで、より上質のサービスを提供できると信じた[5]。しかし、ロンドン・アンド・リバープレート銀行は、ロイズによる買収を歓迎し、おそらくは狙っていたことも明らかであった。この銀行の収益性は戦時期に低下しており、近い将来はリスクで満たされているように見えた。ラテンアメリカのいくつかの国々は、戦争直前に景気後退や商業恐慌を経験しており、そのような問題の再発は考えられないことではなかった。さらに、戦時期のアメリカ系銀行はラテンアメリカでいっそう活動的となり、アメリカの南アメリカとの貿易はイギリス系銀行からしばしば融資されてきたというこれまでの状態を脅かした[6]。取締役を交換するとともに、資本総額を増加させるなどしたものの、ロイズはこの銀行の既存構造を保持した。

1923年、ロンドン・アンド・リバープレート銀行は、南アメリカにおいて歴史の長い有力なイギリス系銀行であるロンドン・アンド・ブラジル銀行と合併し、ロンドン・アンド・サウス・アメリカ銀行（以下、Bolsa）を発足した。ロンドン・アンド・ブラジル銀行のポジションは終戦から数年のうちに深刻なまでに弱体化した。この銀行は、利益の資本組入よりも株主に助力を懇願し、ロンドン・アンド・リバープレート銀行がかつて行ったように、1919年に増資を行った。資本力の増強がきわめて必要とされていた理由は、1920年代前半までに、ロンドン・アンド・ブラジル銀行がロンドン・アンド・リバープレート銀行の経営陣に

よって明らかに予見されていた困難に直面しつつあったからである。ブラジルやアルゼンチンの通貨のポンド価値に対する下落によって、1920年にロンドン・アンド・ブラジル銀行は、1922年までに総額54万557ポンドにのぼった南アメリカへの投下資本の純償却を加速する状況に見舞われた[7]。1923年のロンドン・アンド・リバープレート銀行とロンドン・アンド・ブラジル銀行が合併した時期までに、両行の内部留保は、不良債権と為替の切下げとの併発のために消失したと思われる[8]。この合併の条件の下、それぞれの銀行は新銀行であるBolsaへすべての保有資産を移し、新銀行に移した資産額に比例して普通株を取得した。その結果、新銀行の資本に対するロイズ銀行の持分を相当（56.9％まで）減じることとなった。

1936年にBolsaは、南アメリカで存続していたイギリス系銀行で、1931年以来ほとんど破産状態にあったアングロ-サウス・アメリカ銀行を買収した。この動きはイングランド銀行の指示を受けて行われたものだが、その詳細については第7章で論じる。この買収資金はBolsaによる新株発行によって調達され、この結果、Bolsaの発行済み資本に対するロイズの持分は49.8％に減少した。

1923年、ロイズは、イギリス領インドに10店舗、エジプトに2店舗を有するコックス・アンド・コーポレーションの事業を買収し、さらに2つの大陸を活動範囲に加えた。アングロ-サウス・アメリカ銀行同様、コックス・アンド・コーポレーションも事実上倒産しており、ロイズによる買収もまた、イングランド銀行の指示によるものであった。ロイズ銀行はこのインド企業の購入に際し5万4,000ポンド支払ったが、このインド事業に対してはこれ以外の支払いをしておらず、イングランド銀行がコックス・アンド・コーポレーションの損失を補填するために相当額を提供した。1926年にエジプトの支店は売却され、インド事業は1960年まで維持された。

このように、一連の買収を通じてロイズは、ラテンアメリカにあるイギリス海外銀行支店網の全体およびイギリス領インドにある多数の支店への影響力を獲得する一方で、未開拓地域への投資戦略がヨーロッパ大陸において支店網を創りあげてきた。しかしながら、この広大なロイズ帝国を活用し、組織化する方法に一考が与えられることはほとんどなかった。戦間期を通じて、さまざまな地域にお

ける事業、あるいはそれら地域とロイズの国内事業との間には、いかなる戦略的経営も、さらには連携すらもなかった。元のコックス・アンド・コーポレーションの支店を除き、他の銀行は独立的な単位として運営された。コックス・アンド・コーポレーションの支店は形式上ロイズ銀行の下に統合されたが、ロンドン本社の新アジア地域部の下に置かれ、主要取締役会アジア地域委員会によって監視された。しかしロイズは1917年にヨーロッパ大陸子会社への包括的な支配権を、そして1923年にはラテンアメリカでの活動をそれぞれ弱め、その後彼らの活動に対し支配権を行使することはほとんどなかった。そのような放任的な支配と連携は1930年代以前の多くのイギリスの産業分野に典型的なものであり、その後もたびたび類似の状況がみられた[9]。

　1943年には、ロイズのチーフ・ゼネラル・マネージャーであるウィルソンとパークスの手による内部報告書があり、これは、ロイズ・アンド・ナショナル・プロヴィンシャル外国銀行、Bolsa、そして1918年に発行株式のほとんどをロイズによって取得されたスコットランドの国内銀行であるスコットランド・ナショナル銀行とロイズの関係に関する報告書であった。この報告書には、「われわれはこれら銀行に対し十分に責任を持っており、また必然的に、そうしなければならないが」「バランスシートが作成され、さらにほんのわずかな数字が与えられる場合を除いて、何が進行しているかわれわれはほとんどわからず、それらに注意が払われることもほとんどなかった」という記述が見られた。ゼネラル・マネージャー達は、過去20年間において、これらのさまざまな銀行あるいはその親会社間でビジネスの重要なやりとりのいかなる証拠も発見することは出来ず、このことによって「このコネクションから獲得される優位性はほとんどない」ことが明らかとなった。このことは公報にも及んでいた。Bolsaが唯一、バランス・シート上に小さな活字でロイズとのコネクションについ言及していた。1943年までに、ロイズの海外投資先は、海外銀行業グループというよりむしろある種の「長期投資」に類似するようになってきた。ウィルソンとパークスは次のように指摘した。「一般的に言えば、われわれが行ってきた株式の一括購入は、一般投資家のようにめったに購入・売却することはできない。したがって、われわれは株式を保有しなければならず、その金融機関の健全経営に頼っており、経営にはほとんど関

与しないということを念頭においている」[10]。

「有能な経営陣」に依存することは、ヨーロッパ大陸あるいはラテンアメリカの活動のいずれもがこの特性の恩恵にあずかることがなかったという意味でとりわけ不運なことであり、このことがよりいっそうの損失を与えていた。なぜなら、両地域はイギリスの銀行にとって政治的・経済的状況がとりわけ困難な地域であったからである。結果としてロイズ銀行が行った海外銀行業の投資にかかわる第2の顕著な特徴は、不十分な財務パフォーマンスであった。

ロイズ・アンド・ナショナル・プロヴィンシャル外国銀行のパフォーマンスは非常に劣るものであった。1930年までわずかながらの配当を支払っていたが、それ以降、第2次世界大戦後まで無配であった。1930年代前半にこの銀行は巨額の不良債権を蓄積し、出資をしていたイギリスの銀行2行は、10年間赤字を出さず子会社を運営するため、簿外の「ギフト」150万ポンドを与えた。1931年の「休戦」協定下におけるドイツの負債の凍結、そして1930年代中頃のフランスのフラン危機といったような望ましくない外因的な状況は、この悪い数字のほとんどを説明している。ロイズ・アンド・ナショナル・プロヴィンシャル外国銀行はふさわしくない時代に間違った場所にあった。しかしながら、深刻な問題は不毛な事業戦略と貧弱な経営陣によって引き起こされたものでもあった。この銀行自体、どのような種類の事業を自らが欲しているのか不明であった。1920年代にはまだこの銀行がサービスを提供するヨーロッパ在住のイギリス人がおり、自らを正当化できるという期待があった。1930年代末が間近に迫って初めて、この大陸には自らの存在を正当化するためには、十分な「イギリスの」事業がないこと、そして現地の商業と真摯にかかわり始めなければならないことに気づいた。しかしながら、イギリス人の銀行経営者の中でそのような現地事業に地盤を築く能力を持つ者は皆無に近かった。1928年以降、ますます多くの浅はかな貸出が実施され、それが大恐慌により不良債権へと変質することで、パリ経営拠点の深刻な弱点が明らかとなった。この銀行の数少ない収益獲得部門の1つであるロンドン・シティの支店が、為替投機からその収益のすべてを得ていたことが判明した1937年はそれ以上の衝撃であった[11]。

Bolsaはロイズ・アンド・ナショナル・プロヴィンシャル外国銀行ほどの財務

的失敗ではなかった。しかしながら、たいていの評価によれば、その収益性とパフォーマンスは平均以下であった。機会費用の点からいえば、ロイズの投資はほとんど満足いくものではなかった。1936年までに560万ポンドにのぼった初期投資額はロイズの帳簿で260万ポンドまで償却されたが、ウィルソンとパークスは1943年までのBolsaの投資価値を240万ポンドと見積もっていた。彼らはさらに、配当フローがきわめて不満足なものであると判断した。1918年にロンドン・アンド・リバープレート銀行を買収した際に、ロイズは188万6,564ポンドまで増資を行った。ロンドン・アンド・リバープレート銀行の株主に12％の配当を支払う上で必要とされる総額は年間22万6,837ポンドであった。しかしながらロイズはBolsaから平均16万1,000ポンドの配当しか受け取っておらず、ウィルソンとパークスは「出資金獲得のための新株発行に伴い発生する配当の支払いに備えることで、莫大な不足額の存在がそのままになっていた」と不満を述べた[12]。

　ロイズ・アンド・ナショナル・プロヴィンシャル外国銀行と同様、Bolsaはふさわしくない時代にふさわしくない場所で不適切に経営された銀行であった。戦間期はラテンアメリカ全体を通じて貿易の不振、為替管理、そしてその他多くの問題が存在した時期であった。脆弱な経営は、Bolsaがこれら問題に対応しうる十分な準備がなかったことを意味した。ロンドン・アンド・ブラジル銀行と合併した直後の数年は、この点でとりわけ不運であるように思われた。Bolsaの実質利益は1920年代を通じて着実に減少した。1923年から1927年の間、この銀行は資本減価と不良債権を通じて250万ポンドを失ったが、そのうち資本減価の損失90万ポンド、不良債権の40万ポンドはブラジルでのものであった。1930年にBolsaの詳細な調査を指揮したロイズの取締役は、損失のほとんどが「とりわけブラジルでのものであり、他ではそれほどではなかった」が、それは「不完全な組織によるものだ」と結論づけた。融資決定に対する統制は著しく劣るものであった。経営構造はきわめて薄っぺらいもので、本社による統制は南アメリカへ定期的に訪れる取締役によって主に実施された。経営構造の強化がその後実施されることになるが、以下で述べるように、新たな10年間の前半には、さらに多くの不良債権が存在したのである[13]。

　先に述べたコックス・アンド・コーポレーションによる銀行業務のパフォーマ

表 5-2　ロイズの海外銀行における株式保有（1906〜43年）

年	銀　行	株式（株式数）	費用（ポンド）	1943年6月時点の価値（ポンド）
1906	イングリッシュ、スコティッシュ・アンド・オーストラリア銀行	20,000	20,000	1932年に12,071ポンドで売却
1910/1925	コマース・オーストラリア銀行	11,666	11,666	1929年に8,953ポンドで売却
1911	アングロ-ロシア銀行	1,800	8,200	0
1916	ブリティッシュ・イタリアン・コーポレーション	4,704	101,080	1930年に110万ポンドの売却損
1917	ブリティッシュ・トレード・コーポレーション	15,000	100,000	4,875
1918	クィーンランド・ナショナル銀行	30,000	30,000	21,750
1919	ブリティッシュ・ウエスト・アフリカ銀行	37,500	255,000	180,469
1919	ニュージーランド・ナショナル銀行	48,150	243,431	78,244
1919	サウス・アフリカ・ナショナル銀行	5,000	65,000	1932年に51,210ポンドで売却
1920	P&Oバンキング・コーポレーション	10,000	101,250	1927年に104,625ポンドで売却
1923	ニーダーオシュテライヒッシェ・エスコンプテ・ゲゼルシャフト	50,000	52,265	1935年に28,755ポンドで売却
1924	アムステルダム・インターナショナル銀行	300	25,478	1936年に26,383ポンドで売却
1924	オーストラレイシア・ナショナル銀行	3,265	49,118	24,487
1935	アングロ-パレスチナ銀行	25,000	26,111	26,111

ンスのみが、より楽観的なシナリオを提供した。1920年代にロイズはアジア諸国でも経営上の問題を経験し、ラテンアメリカ同様、この10年の最後の年にラングーンの支店で深刻な損失を被ったことによって、劣悪な融資管理と不適格な経営が明らかとなった。ロイズが1923年にインドの支店を買収した際に相当額の損失が発生したが、1924年にその額は8万ポンドにのぼった。しかしながら、1928年までイングランド銀行の保証の下でその事業を運営し、同年までに全体的に黒字となった。アジア地域でロイズはラテンアメリカやヨーロッパ大陸よりもはるかに簡単に経営上の問題を克服することが出来たが、これは、ロイズのアジア事業が完全所有され国内銀行に統合された1つの直接投資であったこととは、どうみても偶然の一致ではなかった。（ラテンアメリカやヨーロッパ大陸と比較して）より望ましい貿易環境と同様に、より有能な経営陣によって、1930年代にロイズによるアジア事業の収益性は高まった。1928年から1942年にかけて、インド支店とロンドンのアジア地域部門の総経費および不良債権、貸倒引当金控除後の純利

益は100万ポンドを超えた。この純利益のうち62万ポンド近くが本社へ送金された[14]。

これら直接投資に加え、さらにロイズは少なくとも他に14行の株式をわずかではあるが保有した。表5-2はこれら「戦略的投資」と1943年までのその成果についての一覧表である。

より多額の投資と同様、これらのより小規模な株式保有は、多様な理由から、戦略の全体像が不明確なまま実施された。最も一貫したテーマはコルレス銀行との関係を強化しようとするロイズの要望であるが、このことは、イギリスと現地で登記されたオーストラリアの銀行に対して行われた一連の投資において、とりわけ明白であった。例えば、現地登記されたオーストラリア・ナショナル銀行への1924年の投資は、株式を相互に購入するという形式をとり、「より密接な関係」と「可能な限り事業を互いに交流すること」を促すように計画された[15]。ブリティッシュ・ウエスト・アフリカ銀行やニュージーランド・ナショナル銀行のようなイギリス多国籍銀行は、強力なイギリスのクリアリング・バンクとの資本提携の見通しを喜んで受け入れた。例えば、ロイズはロンドンにおけるニュージーランド銀行の銀行業務を担っており、第1次世界大戦期に彼らの関係はとりわけ密接なものとなっていた[16]。いくつかのケースをみると、ロイズの投資は受入れ銀行から明らかに歓迎されていた。このことはP&Oバンキング・コーポレーションにも当てはまることであった。インチケープ卿が所有したP&Oスチーム・ナビゲーション・カンパニーから派生したこの会社の、1920年創設については後述する。ロイズによる株式保有は、別のクリアリング・バンク（ナショナル・プロヴィンシャル）が株式保有を求めてきたのち、インチケープ卿によって懇願された[17]。ブリティッシュ・トレード・コーポレーションとブリティッシュ・イタリアン・コーポレーションはイギリス政府から保証を受け、戦時期に創設されたものだが（第7章を参照）、ロイズの参加は、少なくとも部分的には、援助を与えるための表向きの口実であった。

これら小規模の戦略的投資がもたらす財務パフォーマンスは、巨額の投資と同様に満足できるものではなかった。1906年から1935年にかけて実施された投資の半分は1936年以前に売却されたが、5つのケースについては最初の購入時より低

い金額であった。これらの売却から発生した損失総額は120万ポンドを超えた。ブリティッシュ・イタリアン・コーポレーションの悲惨なケースでは、ロイズは初期投資額10万ポンドを失っただけでなく、110万ポンドを同社の救済ファンドに提供しなければならなかった。株式保有は維持されたものの、そのほとんどが価値を失った。ロイズには市場の最高値で購入するという奇妙な能力があった。ブリティッシュ・ウエスト・アフリカ銀行の1919年の株価は1946年までふたたび元の水準に戻ることはなかった。ニュージーランド・ナショナル銀行の株価が実際にピークを迎えたのは1928年であり、1930年代には劇的な値崩れを起こした。1943年にウィルソンとパークスは、ロイズがこの銀行に対して行った投資の価値が、1919年の購入価格と比較して70％近く下落していることを知り悲観した。

　総合的に見て、戦間期のロイズによる多国籍銀行業への参入を肯定することは難しい。1943年にウィルソンとパークスは、ロイズが1910年から1935年の間、海外銀行に750万ポンド投資しており、そのうち480万ポンドが完全に失われたと試算した。加えて、これら投資から得られたものは、新規事業の紹介といった非金銭的な優位性を持つような「取るに足らないもの」であった。この試算は確実なものではない。例えば、ロイズがインドでの投資から得た収入が除外されており、そしてロシアの教会で使用するワックス購入のため「ロシア帝国の政務会院」へ1916年に行われた７％金利80万ポンド融資への参加５万ポンドから生じた損失が含まれているように思われるからである[18]。それでもなお、ウィルソンとパークスによる概算は、ロイズによる投資の財務パフォーマンス全般に関する重要性を、適切かつ明白に表している。

　バークレイズは戦間期に巨額の海外投資を実施した第２のイギリスのクリアリング・バンクであるが、その経験はロイズと対照的であった。ロイズがラテンアメリカやアジア諸国で銀行事業を買収する一方、バークレイズは西インド諸島とアフリカ、より正確に言えば南アフリカ、エジプトそして西アフリカに活動の焦点を当てた。さらに、ロイズが多様な海外の関連会社を統合する努力をほとんどあるいはまったくしなかった一方で、バークレイズは新たに特殊な銀行を創設した。この銀行は活動することを選択した２つの地域において経営組織を統合し、そこでロイズよりも賢明な決定を行った。

第 5 章　戦争と大恐慌　197

　ロイズのケースのように、バークレイズによって買収された海外銀行はこの展開を熱狂的に支持した。それにもかかわらず、バークレイズにはロイズ以上に機を見るに敏な戦略的ビジョンがあったことも明らかであろう。バークレイズの経営者であり、1916年に頭取に任命されたF. C. グディナフは、戦時中のファリンドン委員会の問題を部分的に共有していた。1917年8月にグディナフは「世界市場獲得のための来るべき戦い」を著した。銀行業者がこの戦いにおいて重要な役割を演じるはずであり、「たいていは金融援助であろうが、それだけではなく、製造業の製品を扱う新たな販路の発掘に際し強大な援助」を行うと主張した。これを達成するためには、「銀行が主要な中心地に『コルレス』と通常呼ばれるものだけでなく、支店あるいは支店に近い存在を持つ」ことが必須であるとグディナフは結論づけた[19]。

　それゆえ、グディナフのビジョンにあるものは、イギリス銀行業に伝統的にみられるものよりも起業家的な銀行であった。彼の意見によれば、それはかつての市場取引を多国籍銀行業の構造内に、内部化することが必要であった。グディナフはまた、この多国籍銀行は大英帝国に焦点を当て、大英帝国の利益のために、そして彼自身熱心であった大英帝国経済圏の発展に貢献すべきであると信じていた[20]。

　幸運なことに、多国籍「帝国」銀行を創設したいというグディナフの期待に応える、理想的な機関に相当する海外銀行であるコロニアル銀行が存在した。マックス・エイトキンの行動的なリーダーシップの下、西インド諸島において、カナダとの競争にかかわる諸問題から免れるために、1つの多角化戦略が採用された。1916年のコロニアル銀行法によって、イギリスあるいは大英帝国のどこであっても、銀行事業を運営する権限がこの銀行に与えられた。これによって、伝統的に西インド諸島と貿易上の繋がりがあった西アフリカへ海外支店網を拡張する計画が実施可能となった。最初の西アフリカ支店は、ラゴスとアッカラに1917年初頭に開設された。支店はマンチェスターとリバプールでも開設され、この銀行は西インド諸島や西アフリカに関係を持つ商館と密接に接触することが可能となった。1917年にさらに法律が制定されたことよって、イギリス市民が事業を行いうる世界中のいたるところでこの銀行が事業を運営する権限が拡大されたが、この措置

はおそらく、コロニアル銀行が、フランスとドイツの西アフリカ植民地にあるブリティッシュ・ウエスト・アフリカ銀行と競争することを念頭において計画されたものであった。

バークレイズとコロニアル銀行の戦略目的の間には、明らかな相乗効果があった。1918年1月、取締役の合同委員会が設立され、続く3月にはバークレイズがコロニアル銀行の株式を4万ポンド購入した。バークレイズが、他のイギリス国内銀行で、コロニアル銀行の株式も保有していたロンドン・プロヴィンシャル・アンド・サウス・ウエスタン銀行を買収した同年には、結びつきがいっそう深まった。ロンドン・プロヴィンシャルの前会長はバークレイズの副会長となり、1919年に彼はコロニアル銀行の取締役会に加わった[21]。この段階でグディナフが理想とした多国籍帝国銀行の概念とは、帝国を構成する先進国から選ばれた多数の既存銀行によって所有される一種のコンソーシアム銀行であった。1919年に彼はモントリオール銀行とサウス・アフリカ・ナショナル銀行（両行とも自国内で現地登記）に対し、コロニアル銀行に投資するよう説得し、その結果、両行は取締役会における代表権を獲得した。

1920年に、バークレイズの海外への投資範囲は、90％を超えるアングロ-エジプト銀行株の取得にともなって拡大した。コロニアル銀行は多角化が可能な地域としてエジプトへの投資を表明していたが、実際、バークレイズによる買収のイニシアティブをとったのは、アングロ-エジプトであった。従前どおりの高価なコットン価格と軍事支出水準に依存しているエジプトの戦時中の繁栄が無限に続くはずがないことに、アングロ-エジプト銀行が気づいたのだと思われる。バークレイズに支援された競争相手の脅威がきっかけとなっていたのかもしれない[22]。

帝国銀行に向けたグディナフの戦略展開における第2段階は、サウス・アフリカ・ナショナル銀行を巻き込むことであった。この銀行は戦後、急速に支店網を拡大したが、結局は1920年代前半の不況に見舞われた。1922年には配当を支払うことが出来なかった。その前の1921年から、この銀行は自行の株式取得をバークレイズにもちかけたが何ら成果はなく、公衆の信頼を失うにつれ預金が着実に流出したことで低迷が続いた。1924年から1925年にかけてバークレイズとの交渉が再開されたが、伝えられるところによればサウス・アフリカ・ナショナル銀行の

取締役は、この窮状から逃れる方法を見つけたいという「〔彼らの〕圧倒的な願望と対立する訴えなど聞こうともしない」状況であった[23]。1925年の春までに、銀行業務についての綿密な査察を行ったのち、バークレイズはサウス・アフリカ・ナショナル銀行を救済する準備を終えた[24]。

バークレイズの計画には、サウス・アフリカ・ナショナル銀行を含め一元化された多地域銀行グループ創設のための主要な手段として、コロニアル銀行の活用が必要であった。1925年8月にコロニアル銀行は特定の法人に適用される国会制定法による会社となった。1カ月後、その名称はバークレイズ（ドミニオン・コロニアル・アンド・オーバーシーズ、以下、DCO）に変更された。1925年の11月から12月にかけて、アングロ-エジプトとサウス・アフリカ・ナショナル銀行の株主はこの計画への参加に同意した。

バークレイズ（DCO）はバークレイズによって支配されたが、完全に所有されたわけではなかった。この銀行の授権資本は1,000万ポンドであるが、そのうち697万5,500ポンドが発行され、497万5,500ポンドが払い込まれた。株の構成は、額面1ポンドで8％配当の累積優先株179万3,000株、額面1ポンドの普通株「A」268万2,500株、そして額面5ポンドの普通株「B」50万株に分類され、すべて1ポンドが払い込まれた。バークレイズは普通株「B」すべてに出資したことによって大多数の議決権を獲得したが、普通株以外の株式についてはかつてのアングロ-エジプト株の保有を通じてわずかに保有するのみであった[25]。1926年2月現在、優先株の9％およびA株の16％がこの銀行の南アフリカ登録となっていたが、この数値はやがて低下し、1931年3月にはそれぞれ5％、9％になった[26]。

バークレイズ（DCO）はロイズの海外銀行業への関与に比べ、いくつかの点で著しく対照的であった。最も明らかな相違は、バークレイズ（DCO）が共通の取締役会、経営陣、そして戦略的指針を有する一元化された銀行グループだという点であった。バークレイズ（DCO）の経営構造、そしてほとんどの上級スタッフは、バークレイズ銀行からの借り物であった。イギリスのバークレイズは、バークレイズ帝国に吸収された銀行を通常代表する現地の取締役会を基礎とする、高度に分散化されたシステムを運営した。この組織の基本型は新たな銀行を設立

する際に引き継がれた。この構造の最上層に位置するのはロンドンの中央取締役会であった。グディナフは会長になった。合併した銀行の3人の元会長に元取締役の一部が取締役となり、バークレイズのチーフ・ゼネラル・マネージャーであったジョン・コールカットも同様にゼネラル・マネージャーとなった。彼には2人のアシスタントがいたが、1人はバークレイズから、もう1人はサウス・アフリカ・ナショナル銀行からであった。彼らは小規模の本社スタッフを統率したが、そのほとんどはバークレイズから選ばれていた。

バークレイズの国内での実績を踏まえて、分権化はとりわけ重視されており、最初はそれぞれの銀行が独自性を保っていた。歴史の長い銀行の取締役会は存続し、中央取締役会によって委任された権限の下、職務を継続した。それらは「現地取締役会」となるよう計画されたが、先のコロニアル銀行とアングロ-エジプト銀行のそれはロンドンに置かれた。先のサウス・アフリカ・ナショナル銀行の現地取締役会はヨハネスブルグに継続的に置かれたが、この銀行のロンドン委員会はロンドンで継続的に開催された。現地取締役会には融資の決定について相当の権限が与えられていたが、それは本社によって制限されていた。例えば、1926年末、サウス・アフリカ・ナショナル銀行の現地取締役会は、5万ポンドを超える融資のために現行制限で更新する提案を認可することが許されていたが、同じ規模の融資が必要な新規事業の提案については、緊急の場合を除いてロンドンに照会しなければならなかった[27]。

サウス・アフリカ・ナショナル銀行の独立性は維持されたものの、長期にわたり受け継がれた独自の銀行組織はゆるやかに統合されていった。1929年、この銀行のロンドン委員会とロンドンに拠点を置く他の2行の取締役会が併合された。毎週開催されるこの新たな委員会は、中央取締役会から委任された権限によって融資政策を包括的に管理した。1932年にバークレイズ内にある類似の組織体をモデルとする、常任の会長委員会が設けられた。これは、取締役全員が招集される前に緊急の問題を議論し、国内銀行の同等な委員会と連絡を保つことが可能な、会長、会長代理、そして副会長によって構成された。新たに現地の経営管理センターが設立された。1920年代後半、旧来の中央集権的なサウス・アフリカ・ナショナル銀行の組織体制が一部変更され、まずケープ地域の銀行事業に対し責任を

持つケープの現地取締役会が、次に（1928年に）ローデシア委員会が創設された。東アフリカでの活動も同様に、ケニアに統制組織が設立されたことで、プレトリアによる直接監督の対象から省かれた。ローデシアとケニアの委員会は当初プレトリアにあるこの銀行の取締役会へ報告を行ったが、後者はすぐに望ましいコミュニケーションを行うため、ロンドンの統制下に移管された。現地本社はエジプト、それからパレスチナにも設立されたが、元のコロニアル銀行の地域だけはしばらくの間、地域経営の概念が適用されず、組織の中心が大規模支店の支店長の手中にあり、彼らは砂糖取引の中心地であったロンドンに直接報告していた。DCOのいたるところで、かなりの権限が本社の下部レベルに残されていた。とりわけサウス・アフリカ・ナショナル銀行の経営陣は戦間期を通じて広範な独立性を保持した[28]。

　バークレイズ（DCO）の一元化された性質がロイズと比べきわめて対照的であるならば、海外銀行と親会社との関係も同様なものであっただろう。資本提携と取締役会レベルでの繋がりを除いて、ロイズと海外の提携先との間にほとんど何の関係もなかったように思われる。対照的に、DCOには自立性があったけれども、バークレイズとの間には密接なコネクションが、さらには取締役兼任制があった。DCO設立ののち、多くの上級スタッフがしばしば当面のスタッフ不足を解決するため、バークレイズから海外銀行に転出した[29]。スタッフは訓練のためにある銀行から別の銀行へ臨時に配置転換されたが、DCOに入社したスタッフがバークレイズの地方支店で最初の18カ月を費やして銀行業務の基礎を学ぶことは、確立された慣行となった。DCOとバークレイズの独自の国際的活動の間には一定の競争的対立関係と緊張があったようだが、これら問題も概して解決されたと思われるのは、おそらく、かつてバークレイズにいたスタッフの多くがDCOに加わったからであった[30]。利害の共有についての理解が、少なくとも両銀行の上層部に行きわたっていた。グディナフが1934年に死去する前に双方の銀行の会長であり、そして、自然に協調することの利益を認識することによって、この共通意識が強化された。さらに、海外銀行の株式保有を減らすことに熱心なロイズとは異なり、バークレイズは逆の方針を採用した。1920年代後半と1930年代前半にバークレイズは、「両者間の利害の壮大な統合」を達成する手段として、

表5-3 地域別バークレイズ（DCO）の純利益（損失）（1928～39年）

(単位：1,000ポンド)

地　　域	1928～30年	1931～33年	1934～36年	1937～39年
サウス・アフリカ・ナショナル銀行	1,281	864	2,056	2,587
東アフリカ	25	(11)	1	3
コロニアル銀行	418	150	207	—
西インド諸島	—	—	—	344
西アフリカ	—	—	—	15
アングロ-エジプト	248	130	204	—
エジプトその他	—	—	—	77
パレスチナ	—	—	—	127
本　社	1,046	1,378	987	854
その他[a]	506	659	850	884
総計	3,524	3,170	4,305	4,891

(注)　a：この区分において最も重要なのはDCOが有するロンドンの諸支店である。イギリスのマンチェスターおよびリバプール支店、ニューヨークの代理店、そしてハンブルグの支店も同様に含まれる。
(資料)　DCOアカウントボードへの提出資料、38/251、BBA．

DCOの「A」株を購入し、優先株を売却した[31]。

　バークレイズ（DCO）の財務パフォーマンスもまた、ロイズの関連会社と比較して注目に値する改善がなされた。DCOは、アングロ-サウス・アメリカ銀行崩壊直後にイギリス最大の海外銀行として出現した。実質利益のパフォーマンスは公表利益よりも相当高く、巨額の内部留保を蓄積した。バークレイズはDCOに対し何ら金融援助を行う必要がなく、この期間を通じてDCOから配当を受け取った。この実例は、さまざまな市場で活動し、単一の市場のリスクにさらされていない銀行の優位性を強調する論者を支持するものである。

　バークレイズ（DCO）の収益を厳密に考察すると、実際のところ、同行グループは単一市場に多くを依存しており、あらゆる場所で支店網を「相互助成する」ために、獲得した利益を活用した。表5-3は、1928年から1939年にかけて、不良債権や貸倒れ引当金およびその他繰入額計上前の、バークレイズ（DCO）の純利益の地域別内訳を示したものである。

　表5-3の最も際立った特徴は、DCOの純利益総額に占めるサウス・アフリカ・ナショナル銀行の貢献度の高さであり、1937年から1939年までに53％に達していた。さらに、本社の利益の相当な割合がサウス・アフリカ・ナショナル銀行

の活動にかかわる管理手数料収入だったと思われるが、その一方で表5-3で示される「その他」の利益に最も貢献したのは、かつてサウス・アフリカ・ナショナル銀行のロンドン支社であったサーカス・プレイス支店であり、ここは、DCOの南アフリカ事業についてロンドンがかかわる部門の多くを統括していた[32]。南アフリカ関連事業は1928年から1939年にかけて、DCOの利益の約4分の3に貢献したが、東アフリカと（1930年代後半のデータからの）西アフリカにおける支店網の利益はわずかであった。

多くの理由によって、DCOの財務パフォーマンスはロイズの関連会社より優れていたことが説明される。第1の理由は、DCOはより良好に組織化され管理された銀行で、国内の親会社に蓄積された知識とスタッフを利用したことである。第2の理由は、戦間期の南アフリカはラテンアメリカよりも豊富な銀行業の機会を提供したことである。それは単にバークレイズが南アフリカでとりわけ成功したということではなく、そのライバルであったスタンダード銀行もまた戦間期にこの国に利益機会を見出していた。第3の理由は、バークレイズがロイズよりもうまく、スキルの高い銀行の買収を選択したことである。コロニアル銀行とサウス・アフリカ・ナショナル銀行は本来、1920年代前半に行った分別のない過剰な拡大を除けば安定した金融機関であり、後者の窮乏は一時的なものであった。アングロ-エジプトは、コットンを基盤とする経済、新設された現地銀行との競争、そして経営者不足という問題があるゆえ、おそらくは買収された3行の中で最も弱体であった[33]。

バークレイズの海外進出はDCOグループだけではなく、他の海外ベンチャー事業の中には、満足いくパフォーマンスを得られないものもあった。ヨーロッパ大陸全体に進出するというこの銀行の試みは、ロイズ・アンド・ナショナル・プロヴィンシャル合弁事業以上の成功を収めたが、まだ採算がとれなかった。バークレイズのフランスとの結びつきは、ロイズによるインドとの結びつき同様、1914年フランスへのイギリス遠征軍に従ったコックス・アンド・コーポレーションの活動を通して生まれた。1915年、別会社であるコックス・アンド・コーポレーション（フランス）は、ロンドン・アンド・サウス・ウエスタン銀行による半額出資を受け入れた。1918年のロンドン・アンド・サウス・ウエスタン銀行とバ

ークレイズの合併によって、このフランスの会社はバークレイズの影響下に置かれた。この合併の時期までに、コックスはフランスに6支店を有していたが、その後さらに支店が増えた。1922年にこの会社はバークレイズによって完全に買収され、バークレイズ銀行（オーバーシーズ）となり、1926年にバークレイズ銀行（フランス）と名称変更された。まもなくバークレイズは、ロイズ・アンド・ナショナル・プロヴィンシャル外国銀行に損失を与えた同じ問題のいくつかを経験した。現地の環境に対する無知と無分別な融資は、とりわけ1930年代に不良債権を増加させる結果となり、バークレイズはこの銀行への簿外支援を強いられた。バークレイズ銀行（フランス）は、1930年代、その経営を維持するため、親会社に40万ポンドを「依存」せざるをえなかった[34]。

1925年、バークレイズはさらに、イタリアで登記された100％出資の銀行であるバークレイズ銀行SAIを設立した。このばかげた決定は、バチカンの銀行になれるかもしれないというあまりに楽観的な考えに起因していた。1925年の聖なる年に、ローマの中心部に支店が開設され、その翌年に2番目の支店がジェノアに開設された。不幸なことに、少額の預金を除いて、バチカンからもたらされた事業はなく、1930年代前半までに巨額の不良債権が蓄積された。グディナフは1934年に「この銀行は2つの段階を経験したが、第1段階はある大失敗の一つであり、第2段階は破産であった」と述べた。それ以来、事業活動の多くが削減され、ジェノア支店は1937年に閉鎖された[35]。

ヨーロッパ以外の地域で、バークレイズは1929年にバークレイズ銀行（カナダ）を設立した。これはカナダ法下で認められた銀行であり、バークレイズ銀行とバークレイズ（DCO）によって共同所有されたが、カナダ、イギリス、そして他の帝国地域間での貿易金融をもくろんでいた[36]。このカナダのベンチャー銀行がバークレイズ銀行あるいはDCOの一部であれば、より望ましいパフォーマンスを獲得出来ただろうとグディナフは考えたが、カナダ内に一定額の資本と準備金の保持を要求する現地の法律によって、バークレイズは独立銀行の設立を強いられた[37]。バークレイズ銀行（カナダ）は小規模の外国為替業務を展開したが、1930年代中頃から不振に陥った。この銀行は起業家的能力が明らかに欠如した状態で経営されたため、カナダで活動するイギリス系会社の預金を引き寄せること

すら出来なかった[38]。

　最後に1930年代に入って、バークレイズ（DCO）はイースタン銀行との資本関係を強化した。この投資の動機は、バークレイズがアラブの顧客との事業を展開することを望んでいたが、パレスチナを拠点とする強力なユダヤ人顧客の存在が不利な条件となった点にあったようだ[39]。1939年、DCOの会長はイースタン銀行の取締役会に加わり、1940年代前半、イースタン銀行株を合理的な投資と見なし、市場環境が好ましい場合に定期的にこの銀行株を購入した[40]。これとは対照的に、バークレイズは、ロイズや他のクリアリング・バンク数行がすでに出資していたブリティッシュ・ウエスト・アフリカ銀行（BBWA）への投資を一貫して拒絶した。DCOとブリティッシュ・ウエスト・アフリカ銀行との間での、「西アフリカにおける必要のない無駄な競争」を減らすことにかかわる1930年代中頃の最初のアプローチは拒絶された。ブリティッシュ・ウエスト・アフリカ銀行は1939年にふたたびその問題を持ち出し、1943年に同行の会長は――再度失敗したものの――この銀行を丸ごと買収するようバークレイズへの説得を試みた[41]。

　ロイズとバークレイズだけでなく、イギリスのクリアリング・バンクの「ビッグ5」を構成する2行が、同等の規模ではないにせよ海外銀行業務に参入した。ウエストミンスター銀行の経験はロイズのそれと部分的に類似していた。1913年に新たにパリ関連会社を設立したが、この会社は――ウエストミンスター外国銀行として――フランス同様スペインやベルギーで支店を買収した。このベンチャー全体の計画は拙いもので、1921年までにウエストミンスター銀行はヨーロッパ大陸での活動によって約100万ポンドを失った。それ以降、極度に用心深い計画が継続され、さらに巨額の損失が発生した後の1924年にスペイン支店は売却された。1916年にウエストミンスター銀行はブリティッシュ・イタリアン・コーポレーションに10万ポンドの投資を行ったが、このためにその後悲惨な業績を招いた。1920年にウエストミンスター銀行、ナショナル・プロヴィンシャル、そしてスタンダード銀行はブリティッシュ・ウエスト・アフリカ銀行の株主としてロイズと提携した。ロイズは発行済み資本の12.5％を、他の3行はそれぞれ11％を保有していた。同年にウエストミンスター銀行はまた、P&Oバンキング・コーポレーションの一株主としてロイズと提携を深めたが、チャータード銀行がこの会社の

株式のほとんどを買収した1927年に、ウエストミンスター銀行はこの株式を売却した[42]。

　ナショナル・プロヴィンシャル銀行は戦時期の海外投資に突然、強い興味を抱いた。ロイズやウエストミンスターによる投資規模のわずか4分の1程度であったが、1916年にブリティッシュ・イタリアン・コーポレーションの株式を取得し、1917年にはロイズが保有する大陸の関連会社に半額出資した。ナショナル・プロヴィンシャルはその後、失敗に終わったロイズ・アンド・ナショナル・プロヴィンシャル外国銀行の損失に苦しめられただけでなく、いくつかの関連事業で生じた損失のために、このベンチャー企業がロイズにのみ属すると見なされ続けることにも不満を感じた[43]。1920年にナショナル・プロヴィンシャルはブリティッシュ・ウエスト・アフリカ銀行の資本を11%取得し、P&Oバンキング・コーポレーション株を取得した。ついに、ナショナル・プロヴィンシャルは1924年に全額出資の買収を行い、グリンドレイズ・カンパニーの株式資本すべてを取得した。この銀行は、インドで数年前に軍隊職員のための個人向け銀行業務からより一般的な商業銀行業務へと多角化を始めていた[44]。

　クリアリング・バンクの出現がイギリス多国籍銀行の所有構造に与えた影響は相当なものであった。1938年にバークレイズは、総資産と支店数から最大規模と評価されたDCOも含め、海外銀行4行を支配した。Bolsa、グリンドレイズ、そしてウエストミンスター外国銀行は、完全あるいは部分的に他のクリアリング・バンクによって所有された。ロイズ・アンド・ナショナル・プロヴィンシャル外国銀行はクリアリング・バンク2行に共同で所有された。イースタン銀行とニュージーランド・ナショナル銀行はバークレイズとロイズによってそれぞれ資本関係がある一方、ブリティッシュ・ウエスト・アフリカ銀行はロイズ、ナショナル・プロヴィンシャル、そしてウエストミンスター銀行グループとサウス・アフリカ・スタンダード銀行によって所有された。

　イギリス海外銀行業の機能的かつ地理的な特化が、クリアリング・バンクの多国籍銀行業への参入により戦間期に部分的に終わったが、しかし潜在力のある支店網による内部化の優位性が、経営および組織の失敗によって消失した。事業活動を統合する機会はしばしば見逃された。ロイズの海外銀行グループは、この失

敗を代表する最大の例であった。国内の親会社と経営陣が実質的に繋がっている多地域海外銀行の創設によって、バークレイズだけが内部組織を最大限に活用した内部化の優位性を獲得することが出来た。イギリスのクリアリング・バンクが海外銀行業へ参入したことによる主な結果は、ラテンアメリカ、西インド諸島、アフリカの植民地の一部、そしてヨーロッパ大陸のような地域において、規模が大きく収益性の低いイギリスの銀行の支店網を存続させたことであった。それゆえ、国内銀行による援助なくして、海外銀行は戦間期の騒乱を生き残ることができなかったのである。

　一方では、多国籍銀行業への参入を避けた国内銀行「ビッグ5」の1つである銀行が存在した。それは、1900年代における国際銀行業への対応が革新的で、1917年の共産主義革命が突然の環境変化をもたらした際に、ロシアの店舗が開業寸前までいったミッドランド銀行であった。しかしながら、ミッドランド銀行はその後、自らの事業領域で海外銀行と競争するよりもロンドンで「『銀行』の銀行」として活動する戦略を選択した。戦間期の多くの国々に広がる騒然とした環境を所与とすれば、これは賢明な戦略であり、とりわけ1930年代にミッドランドはコルレス銀行業務から相当の利益を得た[45]。他のクリアリング・バンクが期待するところとは反対に、この期間に多くの国々に進出しなくとも、国際銀行業は成功しえたことをミッドランドは例証した。

　イギリス多国籍銀行の「フリースタンディング」構造は、国内外の銀行間での資本提携が出現したことで戦間期にいくぶん形を変えた。しかしながら、一部銀行における所有権の移動の影響は予想したほど急進的なものではなかった。バークレイズだけがその海外拠点を、イギリス国内の親会社との連携を任う多地域多国籍銀行に統合しようと努力していた。国内銀行による金融支援はイギリス多国籍支店網の一部の存続を確保する上で有益であったが、国内のイギリス事業とかかわりのない、地域に特化された銀行に受け継がれた「フリースタンディング」の伝統は、大部分がそのまま残されたのである。

3 合併、集中、そしてアングロ-サウスの没落

　イギリス海外銀行の大幅な変化は、クリアリング・バンクが多国籍銀行業に参入してきたことから生じたものだが、他の展開も同様に存在した。カナダにおける最後のイギリス海外銀行であるブリティッシュ・ノース・アメリカ銀行が、モントリオール銀行によって1918年に買収された。前者の銀行が持つ92の支店がイギリス海外銀行の支配から切り離されたことは、1970年代まで、北アメリカにおけるイギリスの銀行の支店網の終焉を意味した[46]。

　同一地域で活動するイギリスの銀行の間では多少の合併があった。アジア諸国の場合、デリー・アンド・ロンドン銀行によるインドでの事業は、インドで登記されイギリス人が経営するシムラ・アライアンス銀行によって1916年に買収された。デリー・アンド・ロンドン銀行によるイギリスでの事業は、1914年以来アライアンス銀行と提携してきたロンドンのボルトン・ブラザーズに譲渡された。不幸なことに、ボルトン・ブラザーズは不正な金融取引に関与しており、1923年にこの銀行とアライアンス銀行は——インドで45もの支店を運営していたものの——倒産した[47]。第1次世界大戦時に行われたもう1つの合併は、インド・マーカンタイル銀行による小規模のモーリシャス銀行の買収であった。モーリシャスは地理的にマーカンタイルのアジアでの拠点から離れていたが、モーリシャス島とインドの間には強力な貿易関係が存在した。

　アジア諸国におけるその後の地域内合併は、チャータード銀行によるP&Oバンキング・コーポレーションの吸収であった。この会社は、クリアリング・バンクにも、アングロ-インターナショナル銀行のような「準公営の」銀行にも所有されない、1914年以降に新設された唯一の海外銀行であった（第7章参照）。1920年のP&Oバンキング・コーポレーションの基礎を築く上で原動力となったのは、当時、世界最大の海運業の連合体であるP&Oストリーム・ナビゲーション・カンパニーの会長である初代インチケープ伯爵であった。この海運会社は有力な個人銀行業を展開しており、この事業を、ファンド拡大のための資金調達が可能な独立した銀行に移すことが出来るならば、この高収益活動はいっそう強化

されるはずだとインチケープは考えた。この銀行はこの海運会社の新たな船舶購入に役立つために巨額の融資を行い、当初グループ内ビジネスを基盤にして急速に拡大した[48]。1921年までにこの銀行はインドに4支店、ロンドンシティーの本社のみならず、ウエストエンドにも1支店を持った。急進的な動きの中で、P&Oはさらに、インドで登記されながらもイギリス人が経営するアラハバード銀行の支配権を獲得し、インド国内で強力な国内銀行事業を有する最初の為替銀行となった。1920年代前半には、コロンボ、上海、香港、シンガポール、そして広東でさらに支店が増加した[49]。

この追加的な支店の創設はうまくゆかず、既存の競合相手に一度も打ち勝つことが出来なかった。チャータード銀行――競争相手の排除に腐心しつつ、アラハバード銀行を通じてインド国内銀行業への参入に関心があった――は1927年にP&Oの株式購入を提案し、7月中旬までに株式の4分の3を取得した。P&Oバンキング・コーポレーションは当時、相当な困難の中にあった。1928年3月末、5％の普通配当を支払うための必要総額は10万5,000ポンドであったにもかかわらず、P&Oの利益は8万2,453ポンドにすぎなかった。（上海とシンガポールの）2支店を除くすべての支店はその前年に損失を被っていたが、その主な収入源はロンドンの金融市場での資金運用によるものであった。アジア諸国の為替市場は競争が激しかったが、インチケープが所有する会社グループがインド・インペリアル銀行のような歴史の長い銀行業者に忠実であったため、P&Oへのこのグループ会社資金の移動は遅々として進まなかった。この新たな参入者は市場シェアを回復させるために不振事業へ打ってでたが、不良債権を生み出す結果となった[50]。チャータード銀行から4人の取締役が取締役会に加わり、重複する支店の合理化がなされたものの、P&Oバンキング・コーポレーションはその後10年間を通じて独立した事業体となっていた。しかしながら、この銀行の利益が1927年の水準を再び上回ることは決してなかった。充分な現地預金をまったく獲得することが出来ず、その収益の多くを金融市場での資金運用に依存し続けた[51]。アラハバード銀行は独立した事業体として運営されていたが、1939年2月チャータード銀行はこの銀行の残りの株式をすべて取得した。アラハバード銀行はチャータード銀行に完全に吸収された。

アジア諸国以外の地域にあるイギリスの銀行の間でも同様な合併があった。南アフリカでは1921年にアフリカン・バンキング・コーポレーションがスタンダード銀行によって買収された[52]。同年にオーストラリア・ロンドン銀行がイングリッシュ・スコティッシュ・アンド・オーストラリア銀行によって買収された。1930年代までに、オーストラリアにあるイギリス所有の貿易銀行の間で、より大規模な合併について多くの協議がなされたが、後述する理由のために、最大規模の銀行2行が合併しオーストラリア・アンド・ニュージーランド銀行となった1951年まで、何ら具体化されなかった。

最も大規模な集中が生じたのはラテンアメリカであった。ロンドン・アンド・リバープレート銀行とロンドン・アンド・ブラジル銀行は第1次世界大戦中と終戦直後にロイズグループに入った。アングロ-サウス・アメリカ銀行の急激な成長は、イギリスの銀行によるいっそうの集中を生み出す結果となった。結果的にこの銀行が崩壊したことは、戦間期のイギリス多国籍銀行史において最も深刻なエピソードの1つであったため、そのパフォーマンスを詳細に検討することには価値がある。

アングロ-サウスは第1次世界大戦前の買収を通じて成長の途に乗り出していた。この銀行の成長を支えた推進力は、1896年（創設者であるノース大佐が死亡する前日）に秘書として同行に入社し、1911年にマネージング・ダイレクター、1918年に会長となったR. J. ホウズであった。ホウズは1920年にロンドン・アンド・ブラジル銀行のライバルであるサウス・アメリカ・ブリティッシュ銀行を買収することによって、ブラジルを代表する人物になるという願望を達成した。その年に、チリに創設された歴史ある金融会社で、伝統的なイギリスの行動指針に基づき事業を経営してきたA. エドワルド銀行の株式60％も取得した[53]。この銀行の急速な成長は翌年以降も続いた。1921年にはベルギーの個人銀行であるジェネラル・ベルギー銀行の株式を取得した。2年後にはアングロ-サウスのパリ支店が現地登記のアングロ-シュッド・アメリケーヌ銀行になり、ニューヨークの代理店がアングロ-サウス・アメリカ・トラスト・カンパニーとなった。買収と関連会社の設立は、支店網の急速な拡大、新たな領域への進出に伴って行われた。スパニッシュ・アメリカ商業銀行は1914年になる前に買収されたが、グアテマラ

のような、多くの中央アメリカおよびカリブ諸国へ多地域展開するための手段として活用された[54]。

　成長のペースは収益性を高めるものではなかった。銀行規模が拡大する一方で、1920年代における弱気含みの株価下落によって、この銀行の資本の市場価値は著しく損われた。1928年まで、アングロ-サウス銀行は総資産からみて最も大規模なイギリス多国籍銀行であったが、株式時価総額で見ると12位程度にすぎなかった。この銀行の実質利益は不明であったが、この10年間の公表利益率は多くのサンプル銀行と比較してきわめて低いものであったことから、この銀行の株主は、株式保有よりもコンソルに投資していれば、望ましいリターンを獲得していただろう。

　1920年代には、アングロ-サウス・アメリカ銀行をとりまくいくつかの事態が悪化した。この銀行の起業家精神が組織の能力と調和しなかった。グループの中心的な権力ときわめて多様な利害がホウズの手に過度に集中したのである[55]。アングロ-サウス、ブリティッシュ銀行、そしてスパニッシュ・アメリカ商業銀行はそれぞれ別の本社をロンドンで経営していた。ラテンアメリカでのこのグループの支店網合理化の速度は緩く、合併された銀行は独立的な単位として業務を続行した。ウルグアイでは1924年にブリティッシュ銀行がアングロ-サウスの事業を引き継いだが、4年後にこの決定は取り消され、アングロ-サウス・アメリカ銀行によって再開された。銀行業務だけでなく、貿易活動にかかわるようになったスパニッシュ・アメリカ商業銀行の活動が合理化への歩を進めたのは1920年代中頃であった。1926年に中央アメリカ、コロンビア、ベネズエラ、そしてエクアドルにあったスパニッシュ・アメリカ商業銀行の支店はアングロ-サウスに統合され、その後もより従来型の銀行業務の方向へ進んだ[56]。

　経営者不足と組織上の欠点は、堅実な金融業務への注意不足をまねいた。配当の支払いは、銀行の基礎的な収益性以上に多かった。1927年、ラテンアメリカでの投資評価減のために公表準備金から80万ポンドが引き当てられ、この合計金額の5分の1弱が1930年までに元に戻された。1929年から1930年までに、サウス・アメリカ・ブリティッシュ銀行の配当額は利益額を上回った。アングロ-サウスは所有する不動産を子会社である不動産会社へ売却することで自ら資金調達を行

表5-4 チリにおける硝酸塩の生産量と価格（1918～34年）

年	生産量 (単位：1,000トン)	世界に占める生産シェア (%)	価格 (1トン当たりUSドル)
1918	487.5	42	58
1922	182.6	21	52
1926	346.1	23	43
1930	419.7	19	34
1934	144.8	7	19

（出所） Thomas F. O'Brien, 'Rich beyond the Dreames of Avarice: The Guggenheims in Chile', *Business History Review*, 63 (1989), 表1および2に基づく。

ったが、その不動産会社はその後不動産担保証券を発行し、その元本と金利は親銀行によって保証された。この銀行は高収益だが現金化しにくいビジネスへ資産を移すことで、差し迫った利益を確保しようとした形跡もあった[57]。

経営陣や資金調達におけるこれらの弱点は、おそらく、急速な起業家的成長の結果であるが、仮に経営環境が良好な状態にあったならば、こうした弱点は修正されたはずである。不幸なことに、商品価格の下落がラテンアメリカ経済にもたらした衝撃は、特に硝酸塩という1つの特定の商品に過度に融資していたアングロ-サウスのような銀行にとって理想的な状況とは程遠いものであった。

アングロ-サウスには「硝酸塩の銀行」という素性があった。19世紀後半、チリの硝酸塩はどの銀行にとっても自らの富と結びつく優良事業であった。1894年にチリは世界全体の硝酸塩市場の70％以上を供給し、価格はカルテル協定によって全体的に維持され、下支えされた。しかしながら、そのような価格の固定化は代替産品の開発を促した。すでに1914年までには、石炭の蒸留から抽出された窒素がチリの硝酸塩に対する深刻な競争相手となっていた。第1次世界大戦を契機に合成窒素の生産が奨励された[58]。チリ産の硝酸塩価格とその相対的重要性の因果関係は表5-4からわかる。

1920年代中頃までに、合成された硝酸塩が天然の硝酸塩にとり競争上の脅威となったのは周知のことであったが[59]、チリおよび硝酸塩産業に対するアングロ-サウスからの融資が余りにも大きすぎたので、それらから離れて大幅に分散化することは困難であった。さらに、アメリカ総合鉱山業グループのグッゲンハイム

スは、この産業の将来について相当な自信を表明した。1924年にグッゲンハイムスはチリの硝酸塩に初めて投資を行い、新たな生産過程によってコスト削減が可能となることを確信し、1929年にチリで最も影響力を有する硝酸塩生産者を買収した。自行の貸付金全体の3分の1が硝酸塩産業に固定されていたアングロ-サウスは、グッゲンハイムスの出現および産業再編の計画を熱烈に歓迎し、1929年の株式公開買付の際にグッゲンハイムスを「秘密裏に援助した」[60]。不幸なことに、継続的な物価下落はグッゲンハイムスの野望を土台から崩した。1930年初頭、アングロ-サウスはついに硝酸塩業界への追加融資に制限を加え始めたが、あまりにこの産業に全力を傾けすぎたため、再編によってこの状況が好転するはずだと信じて支援を継続する以外に代替策はほとんどなかった。

1931年3月、チリ政府と民間生産者はついに再編計画に同意した。コンパニア・デ・サリトレ・デ・チレ（以下、Cosach）が、グッゲンハイムスの経営の下で、政府から特別な財政的特権が与えられ、天然の硝酸塩の生産および販売を引き継ぐために設立された。アングロ-サウスはプランを開始させるためにCosachに貸付を行ったが、それはCosachが債権者への返済のためにニューヨークやロンドンで社債を発行するだろうという理解に基づくものであった。しかしながら、Cosachの財務構造は弱体化しており、加えて外部環境は恵まれないものであった。1931年の金融市場の状勢はCosachの社債を発行することが不可能であることを意味しており、さらに同年7月に、Cosachの設立に助力していたチリ政府が転覆した。アングロ-サウスは手形引受の形でCosachへの短期融資枠を拡大したが、7月以降預金の取付け騒ぎもあったため、9月10日にはこの銀行のマネージング・ディレクターが助力を仰ぐためにイングランド銀行に赴かねばならなかった[61]。アングロ-サウスのその後の運命は第7章3節にて詳述する。

戦間期には、クリアリング・バンクとかかわりのない海外銀行の間で若干の集中が見られた。イギリス海外銀行の業務が根本的に変化してしまうというほどのことではなかったが、アジア諸国、オーストラリア、そして南アフリカで、小規模銀行が大規模な同業者に吸収されていた。その過程はラテンアメリカで最も進行した。部分的には起業家的なアングロ-サウス・アメリカ銀行の崩壊が原因で、

すべてのイギリス多国籍銀行が1930年代末までに1つの銀行へと集約されていった。アングロ-サウス・アメリカ銀行は、中央および南アメリカで広大な支店網を創設し、アメリカやヨーロッパで存在感を持ちはじめていた。仮にこのビジョンが有効であったならば、アングロ-サウス・アメリカ銀行はバークレイズ（DCO）にあまねく類似した組織――多地域銀行――として発展したかもしれないが、株主の中に国内銀行はいなかった。不運にも、戦間期の一次産品価格という難題と組織的欠陥との組み合わせは致命的であった。

4　経営構造

戦間期の顕著な特徴は、1914年以前にすでに定着していた経営構造がどの程度存在しつづけていたのかという点にある。取締役会の構成やCEOと支店長の関係構造には類似性があった。戦間期の不安定な状況は、おそらくは組織改革を防げ、第2次世界大戦への序曲が響く中で、まさに変革を推進しようとしていた多くの銀行にとって停滞的な雰囲気も漂っていた。

海外銀行の取締役会の役員登用は、第1次世界大戦前にきわめて類似していた。同族的な支配集団が主役を演じていたのである。これこそがオーストラレイシア銀行やオーストラリア・ユニオン銀行の取締役の実態にほかならなかった。その取締役は年老いたものばかりで、1930年代末に至って、死去や退任で新たな世代に道を譲るまで、長期にわたってその座に就いていた[62]。ペルシャ・インペリアル銀行の取締役会も、代わり映えしなかった。1913年に取締役の座に就いた83歳の会長を筆頭に、取締役会のメンバー7人は、1936年時点で平均年齢71歳であった[63]。チャータード銀行でも、1904年から1932年まで1人の人物――彼は、同行が設立された年に生まれ、79歳で退任している――が会長を務めていた[64]。

メンバーの年齢にもかかわらず、海外銀行の取締役会は、執行機能を行使しつづけていた。取締役会は、より若い執行スタッフの採用、CEOおよびマネージャーに与えられた許容限度を超えた融資の意思決定、さらには全体戦略に対する最終的な意思決定を担っていた。戦間期、オーストラリア・ユニオン銀行では、取締役会の常任委員会が、週2回開かれており、方針決定において重要な役割を

担っていた。ペルシャ・インペリアル銀行の取締役会は、1935年と1939年には2人の歴代のチーフ・マネージャーを退任させた[65]。またブリティッシュ・ウエスト・アフリカ銀行では、とりわけレスリー・クーパーがゼネラル・マネージャー在任中であった1918年から死去する1929年までの間に、取締役会からゼネラル・マネージャーに権力が移行していた。クーパーは、その強固な権威の裏づけでもあったホワイトホールやシティで、何人にも依存しない強い立場を有していた。しかし1920年代でさえ、方針問題を討議する数々の特別委員会が設置されており、クーパーの死後、とりわけマネージング・ダイレクターとして2人の人物が勤務していた1937年以降の10年間には、再度、取締役職の権力が台頭しはじめていた[66]。

第1次世界大戦前にも見られたように、こうしたパターンに対する例外もあった。議長を週単位で交代していたスタンダード銀行では、南アフリカのゼネラル・マネージャーが、戦間期全体を通じて相当の権威を有していた。香港銀行の取締役も、非執行役員のままであった。取締役会は、尊重されていたし、助言を求められてもいたが、銀行を動かしつづけていたのはチーフ・マネージャーだったのである[67]。

取締役会は、銀行に提供する商務上の情報や経営上の連携という点からすれば重要でありつづけた。香港銀行の取締役会メンバーは、主として事業提携を図るために選出されていた。彼らは、香港や中国沿岸で強い影響力をもつ商館の出身であり、こうした商館は、極東各地やペルシャ湾などの地域、さらにはロンドンでの連携を次々と深めてもいた[68]。問題が生じる以前のアングロ-サウス・アメリカ銀行の取締役会は、強力なラテンアメリカでのビジネスや国際ビジネスを有する多くの人々との連携を誇っていた。特にボリヴィア人の大物アンテノール・パティーニョ氏は目立った存在であり、彼の支配下にあった世界の錫産業の統合を広範に推し進めようとしていた[69]。ラテンアメリカやアジア、その他の地域では、銀行と企業の間を循環するビジネスが取締役レベルで合流し、長期的な関係のネットワークを構築していった。

1914年以前、とりわけオーストラリアや南アフリカで活動していた銀行の中には、CEOがその国に居住する場合もあったが、アジア諸国やラテンアメリカの

銀行では、執行役員はロンドンに居住し、長期にわたって最高執行者の座に就いていた。イングリッシュ・スコッティッシュ・アンド・オーストラリア銀行（以下 ES&A）では、1909年から76歳で退任する1933年まで同一人物がゼネラル・マネージャーを務めていた。オーストラレイシア銀行の最高責任者は、1941年に71歳で退任するまで、18年間その地位にあった。また、チャータード銀行では、1920年から1933年にかけて同一人物がチーフ・マネージャーを務めていたが、その後は7年間で3人がその地位に就いていた。

1914年以前に、多くの銀行で育成されてきた意思決定における「ロンドン」の権力は、戦間期に至って覆されることはなかったが、同一地域内の銀行間や、さらには長期にわたると同一銀行内でも、ロンドンの権力には相当な違いがあった。戦間期のオーストラリアでは、ロンドンの権力の程度は、多種多様であった。極端なものとしては、ユニオン銀行の取締役会が、例外的にメルボルン在住の執行役員に対して周到な支配を行っていたが、第2次世界大戦中にはそれも緩和されるようになっていた[70]。オーストラレイシア銀行でも、ロンドンの発言力は強かったが、おそらくユニオン銀行ほどではなかったようである。対照的に、第1次世界大戦後、ES&A のオーストラリア人執行役員は、いっそう権力をもつようになったものと思われる。こうした3行の経営戦略における違いが何を意味するかについては、後述する。

その他の多くの銀行では、ロンドンに置かれた取締役会や経営陣が、依然として強い影響力をもっていた。ペルシャ・インペリアル銀行では、ロンドンの意見が傑出して重要な役割を果たしていた。1930年代、同行として政府の工業化計画に対する援助をするためにこの融資は承諾されるべきとしたテヘラン在住のチーフ・マネージャーの助言が、そうした貸付が「イギリス銀行業の主義に反する」という理由からロンドンに却下されている[71]。チャータード銀行、イースタン銀行、P&O バンキング・コーポレーションのようなアジア諸国の為替銀行では、ロンドンが、強い発言力を持ちつづけていた。イオニア銀行では、1921年にゼネラル・マネージャーが、地域マネージャーをギリシャに残して、アテネからロンドンに転勤となっている。

1900年代を通じて、香港銀行のロンドン委員会は、マーチャントバンク業務へ

第 5 章　戦争と大恐慌　217

焦点を当てた銀行の業務において特別な地位を確保するようになった。1919年、同委員会は改組され、同行のロンドンの上級マネージャーのチャールズ・アディス氏が職権上の議長に任命された。アディス氏は、香港銀行のロンドン手形交換所会員や主要マーチャント・バンクの代表者と協力して、国際金融における強い影響力を引き続き示した。アディス氏は、1922年に同行のスタッフを退任した際、同委員会の終身委員長の座に就いている。しかし変化する中国の経営環境（この点は第 6 章で十分に論じる）が、ロンドン委員会の有益性に対して疑問符を打つことになった。同行が有していた投資や貸付事業が、1920年代、何ら成果をもたらさなくなったのである。長い間香港は、ロンドン委員会に神経をとがらせていた。きわめて影響力の強い金融エキスパート集団が必要であるかどうかは疑問であったし、こうした集団自体も同行のロンドン経営陣からは漸次距離を置くようになり、1920年代末まではほとんど接触をもたなくなっていた。1933年、こうした緊張感は、同行チーフ・マネージャーがアディス氏の同委員会委員長からの退任を決定した際に頂点に達することとなった。氏が在任していた最後の10年間には、香港が政策課題に対して決定的な影響力を及ぼすにつれて、香港銀行内の「ロンドン」の権威も脆弱なものとなっていた[72]。

　太平洋での戦争勃発は、こうした状況下で結果として劇的かつ前例のない変化をもたらした。1914年12月、香港は日本軍の侵略を受け、日本による新たな統治の結果として同行の旧本店も接収された。1943年 8 月、同行チーフ・マネージャーが日本の捕虜収容所で死去した。その結果、1939年に香港からロンドンに転勤していた同行のロンドンの上級マネージャーであるアーサー・モースが、同行のチーフ・マネージャー代理となった。ロンドン委員会のメンバーは事実上の取締役となり、1943年にはモースが代表取締役に選出された。同行本店が香港に再度設置されたのは、1946年 6 月になってからであった[73]。

　多くの銀行では規模の拡大が、最適な経営階層の発展と合致しなくなっていた。その結果、さまざまな企業の組織能力が限界に達していた。経営組織のトップが、多くの金融機関で規模と範囲の拡大に十分に順応していなかったのである。この点は、アングロ−サウス・アメリカ銀行の事例で明らかにされている。同行では、1918年から1928年にかけて、R. J. ホウズが会長とマネージング・ダイレクター

を兼務しており、1928年には遅まきながらもCEOが任命されている。ロンドンにある同グループの3カ所の本店には少人数のサポート・スタッフしかおらず、ホウズが直面していた経営上の課題は膨大なものであった。オーストラリアの銀行でも、さほどのダメージがなかったとしても、類似した問題が浮上している。1930年代、オーストラレイシア銀行の執行役は、メルボルンで24人のスタッフに支えられながら、ロンドン宛文書への署名や、あらゆる多額の貸付、すべての上級スタッフの任命など、きわめて広範な経営課題を扱っていた。類似した体制を敷いていたユニオン銀行の執行役や同等の人物たちは、たとえロンドンに拠点を置く取締役会がその自律性を許容していたとしても、戦略の策定にほとんど時間を避けないほど細々としたことに圧倒されていたことは驚くことではなかった[74]。戦間期のES&Aでは、メルボルンのゼネラル・マネージャー職が、ヴィクトリア州における同行の事業運営とともに全般的な管理を兼務していた[75]。香港銀行でも、類似した状況が見られ、香港のチーフ・マネージャーが植民地の現地事業と国際的な支店網の双方を統括していた。1936年に香港で監査部門が設立された点は、初期の展開として注目されるが、はっきりとした本店の変化はほとんど見られなかった[76]。

　より複雑な経営組織を構築していた銀行もあった。正確に言えばその組織は銀行内の人事異動で変化していたけれど、南アフリカではスタンダード銀行が数層に分かれた上級管理職を置いていた。1921年まで南アフリカには、3人の共同ゼネラル・マネージャーと2人のゼネラル・マネージャー補佐に支えられた上級ゼネラル・マネージャーがいた。1927年には、2人の共同ゼネラル・マネージャーと2人のゼネラル・マネージャー代理がこれに替わった。1930年には、3人の共同ゼネラル・マネージャー、2人のゼネラル・マネージャー代理、1人のゼネラル・マネージャー補佐がいたが、1934年までには同行も執行スタッフを支える単独のゼネラル・マネージャーに逆戻りしている。

　地域レベルでの経営組織の構築は、地理的に分散していた銀行業務の経営課題に1つの解決策を提起することになった。この分野では戦間期に、クリアリング・バンクとの連携を有する海外銀行によって事態が大きく進展していたのである。現地の取締役会や現地の経営中枢におけるバークレイズ銀行（DCO）の体

制は、とりわけ効率的であった。しかし地域レベルの権限には常に問題が見られ、彼らは銀行内部での意思決定を容易にするというより、むしろ複雑にさせ、なおかつ取締役会やCEOに対する影響力の対抗勢力として成長を遂げていた。19世紀末以降、現地の取締役会を徐々に廃止していた銀行もあったが、それはこうした理由からであった。現地取締役よりも地域の「管理職」が一種の解決の手立てとなっていた。というのも取締役会の有給の使用人としての管理職はあまり自立的な姿勢を見せようとしなかったからである。スタンダード銀行が第1次世界大戦後、南アフリカで現地の取締役を任命せず、そのかわりゼネラル・マネージャーの権限を拡大する決定を行ったのは、この論法が間違いなく重要な要因であった[77]。

ロンドン・アンド・サウスアメリカ銀行（Bolsa）は、1923年の合併の翌年から数年間に直面していた不良債権やその他の困難な課題への対策として地域管理体制を構築した。最初のステップは1927年に導入され、地域管理体制がスタートした。Bolsaのゼネラル・マネージャーは、ロンドンに腰を据えた。その下には、ブエノス・アイレスのチーフ・マネージャーが付いていたが、しかし――香港銀行の場合と同様に――彼はアルゼンチンの各支店を指導するとともに大規模なブエノス・アイレス支店を管理していた。そのチーフ・マネージャーは、1927年の改革でブエノス・アイレス支店の経営職能委任の命令を受けたが、アルゼンチンの全支店やパラグアイの支店に対する絶大な権限も与えられていた。しかしこの段階ではこうした地域管理も、Bolsaにあっては依然として不十分なものにすぎなかった。ウルグアイでは、モンテヴィデオのマネージャーが、同国の全支店を統括し、ロンドンに対する報告を行い、「ブエノス・アイレスのチーフ・マネージャーに助言を求め、その協力を仰ぐように」という要請だけを受けていた。その一方でチリでは、各支店がそれぞれ直接ロンドンに対して報告を行っていた。この点は、ブラジルでも同様で、各支店が直接ロンドンから支配を受けており、「リオ・デ・ジャネイロ支店のチーフ・マネージャーの職務は、単に相談に乗ること」にすぎなかった。コロンビアでも類似した状況があった。こうした組織には協調という問題があり、これを克服するためには、マネージャーが「より頻繁に会議を開くよう努力」することが期待された[78]。

1931年、Bolsa の財務状況がさらに悪化しつづけていたことで、この組織体制も修正されることになった。ブエノス・アイレスのチーフ・マネージャーは、アルゼンチンおよびパラグアイと同様に、ウルグアイならびにチリの各支店に対する支配権を確保した。同時にブラジルで彼と同等の立場にあった人物もその権限を強化した。リオ・デ・ジャネイロのチーフ・マネージャーは、それ以後、貸付制限の問題を除けば、ブエノス・アイレスの同僚が支店を支配していたのと同じ方法で、ブラジルの支店を支配するようになった。こうした方法は、「現地のきわめて多様な状況や広大な地域に存在する顧客の性格のせいで」ロンドンの意向に沿って定着していった。またあるチーフ・マネージャーは、同行のコロンビアの支店をも管理するようにと指示を受けていた[79]。この基本的な体制も、あと10年は安泰かと思われていた。ところが1936年、Bolsa がアングロ-サウス・アメリカ銀行の事業を取得し、その結果中央アメリカ諸支店のネットワークも吸収したことで、Bolsa 体制は修正されざるをえなくなったのである。

　地域管理組織は、他の数々の銀行でも見られた。ブリティッシュ・ウエスト・アフリカ銀行は、ゴールド・コースト、ナイジェリア、シェラレオネ、モロッコ、エジプトといった地域ごとに多数の地区マネージャーを置いていた。同行が1937年に共同のマネージング・ダイレクターを任命した際には、一方が西アフリカとモロッコを、他方が投資および為替の管理に加えて、その他のすべての地域を管理するというように、その責任が地理的な線に沿って分割された[80]。戦間期には、イオニア銀行が、脆弱であったキプロスの現地組織とともに、ギリシャ（きわめて自律的で重要であった）およびエジプトの事業運営で地域管理体制を採用していた。銀行によっては、本格的な地域管理を行っていないところもあったが、特定の支店が他の支店より重要であり、準地域的機能を果たしてもいた。例えばチャータード銀行のシンガポールおよび香港支店がそれである。

　支店レベルでのマネージャーの支配と動機づけについては、銀行にとっての重大な問題が残されていた。戦間期まで、さまざまな形式的な手続きや規則が規定されていた。この手続きや規則には、マネージャーが上司の了解なしに与えることのできる融資金額の自由裁量枠や、服務規定・規則、支店ビジネスに関する定期的報告作成規則、監査人による定期的な検査などが定められていた。しかし

個々のマネージャーは、ロンドンのマネージャー以上に熟知している現地市場で利潤を生むことができるために十分な権限を必要としていた。各支店のマネージャーは、新規の事業機会を永遠に追求しつづける点では、起業家と同類であった。

だがこうした環境には、数々の落とし穴も潜んでいた。シニア・マネージメントは情報の非対称性という現実を認識せねばならず、その市場および文化的伝統もまたきわめて多様であった[81]。1931年、Bolsa の副会長は、「郷に入っては郷に従え」と明言していた。新マネージャーが、1921年にインド・マーカンタイル銀行の上海支店を引き継いだ際、数年後にチーフ・マネージャーとなるロンドンのある人物から次のような手紙を受け取った。

> あなたが本社から得られそうもないものとは、いかに自分の支店を運営するのかという指示である。もしわれわれが上海支店を運営することができたなら、その運営のために多額の俸給を支払って、あなたを彼の地に派遣することはなかったであろう。上海市場の日々の状況に対するわれわれの知識は皆無である。もし、あなたが明らかに誤りを犯したり、やりすぎたりすれば、わたしたちはそのことに対して注意を促すであろう。しかし上海のような支店では、このマネージャーが判断すべきことが非常に多くあるに違いない[82]。

しかし文字通りにそのような教義を適用しているイギリスの海外銀行などは存在していなかった。というのも、ロンドンに置かれた取締役会は、その支店に対してイギリス銀行業の正統性に近づくことを求めており、「郷に従え」という慣習を安易に行使すれば貸し倒れになってしまうからである。

したがって、起業家的な行動をとるマネージャーを許容することと銀行業に賢明さを要求することの間には、ある種の対立があった。支店レベルで起業家的でありすぎるということは、ひょっとすれば物騒なことかもしれないが、しかし厳密すぎる支配とあまねく浸透している保守主義により、マネージャーは動機づけと競争的な活力を欠いたままになってしまうこともあった。この点は、とりわけ1920年代末以降のオーストラレイシア銀行とユニオン銀行の事例に該当すると思われる。大恐慌にともなう貸し倒れ問題に対処するため、各支店の貸出状況は監

査人によって綿密な監視を受けていた。マネージャーは、新規事業を起こすよりは誤りを回避せんがために、危険を嫌うようになっていた[83]。

　企業の文化や社会化は、支店長同士の協力を確実なものとし、さして常軌を逸してもいない行動までも阻止するきわめて重要な手段となった。ヨーロッパ人が定住していない諸国で事業を運営する多国籍銀行は、イギリス国内で特定の社会的、教育的経歴をもった将来の執行役員を採用しつづけていた。こうしたスタッフたちは、若い頃からマネージャーやそれ以上の地位へと徐々に昇進する、類似した経歴を歩んでいた。とはいえこうしたマネージャーたちは、小規模な集団にすぎなかった。香港銀行のアジア地域のスタッフは、戦間期に最大となり274人に達していた。ペルシャ・インペリアル銀行のイギリス人海外執行スタッフは、1930年時点で68人にすぎず、1940年には43人にまで減少していた。P&Oバンキング・コーポレーションには、1927年に50人、1939年には43人のイギリス人海外スタッフがいた。人数の少なさや経歴の類似性が、この金融機関の伝統と慣行の下で――一般的に――集団的同一性、会社への忠誠心、規則遵守の精神を育んでいった。

　1942年に銀行家協会の調査に対するインド・マーカンタイル銀行の回答によって、海外銀行の人員採用方針が実証された。同行チーフ・マネージャーは、4点の全般的な意見を述べている。第1に「われわれは大学から人員を採用することはない」。第2に「近年では、全採用者の約半分は、校長会に加入が認められている私立学校（すなわちより授業料の高い私立学校ないし「パブリック」スクール）の出身者であった」。第3に「特別な事情ではまれにイングランドにある他の高等学校の生徒を採用することもある」。第4に「これら以外の学校から採用することはない」。パブリック・スクール、また時にはグラマー・スクールは、イギリスの海外銀行にとって最良の人材供給源であった。マーカンタイル銀行は、依然として従来の行員教育を行っていたが、もはやかつてほどの厳しさはなく、1914年以前と比べて「個性」がいっそう重要視されるようになっていた。チーフ・マネージャーが書き残したものによると、「外見、態度、一般的知性、個性にきわめて大きな価値があるので、われわれは面接を最も重視した。試験の成績は良いがさしたる個性が備わっていない少年がしばしば見受けられた」[84]。

求職の手順は、当然のごとく銀行によって異なる。香港銀行は、応募の前提として他企業での1年ないし2年の実務経験を要求しており、さらに内定者は、筆記試験に合格せねばならなかった。また、「アジア諸国ではスポーツが、健康、精神、身体に欠くことのできないものと思われており、会社同士の関係づくりや自分の同僚をさらによく知る上でも」スポーツへの参加に重点が置かれていた。このように、同行は、古典的なイギリスの言い回しである「調和」を図ろうとする（自信を持って銀行を代表し、事業を獲得する）人物を求めていたのである[85]。同様の意識は、他行でも行きわたっていた。1929年、ペルシャ・インペリアル銀行の取締役会は、「われわれは、個性をより重要な資産の1つと見なしている」と記している。「われわれは、職制にかかわらず、その地位の責任に対して、不断の敬意をもって、オフィスの内外で自ら行動するアジア地域の代表を目指さなければならない」[86]。戦間期のオーストラリアや南アフリカ（地中海でのイオニア銀行の事業と同様に）の執行スタッフは、イギリスのパブリック・スクールの御曹司ではなく、むしろ圧倒的に現地で採用された人物であったが、こうした現地採用者の気風や企業文化も、イギリスのパブリック・スクール生のそれにきわめて似通っていた[87]。

共通の経歴、社会やスポーツでの結びつき、終身雇用は、イギリスの海外銀行の執行スタッフを結び付けた。ただ、正式な教育が不足していたのは明らかであった。香港銀行など銀行によっては、ロンドンの若者に対して、海外に派遣される前に、銀行家協会の試験に合格することを期待しているところもあったが、しかし大多数は、何よりも仕事をしながら学ぶことが強く求められていた。スタッフは、他人を見ながら、そしてまた他人に見られながら仕事を覚えていったのである。

それでも、大規模銀行の中には、イギリス人スタッフに対して正式な教育を検討しはじめたところもあった。Bolsaは、スタッフ・マネージャーを任命し、お粗末ながらもスタッフ育成プログラムを実施していた。1927年の同行の全管理職に対する「規則と訓練」には、「各部署に関するさまざまな職務をそれぞれのスタッフに完全に熟知させるために、定期的にスタッフをある部署から一般の部署に移動させる」という義務が盛り込まれていた。1931年以降、監査人は、一般の

イギリス人スタッフの数値評価査定とともに、全執行スタッフについて記録された報告書を提出せねばならないようになった。Bolsa には、能力を見出す基本的システムがあったのである。

　　特に良い報告のあった事務員の名前は、本部の「将来有望な事務員のリスト」に記載された。そのための配慮として、若いうちに幅広い経験の場を与える上で、将来有望な人物ができるかぎり頻繁に（それが経済的に正当であると見なされれば）さまざまな支店に移動できるよう保証されていた[88]。

しかし大多数の銀行が、戦間期のスタッフ育成問題でこうした組織レベルにまで到達していたという証拠はない。
　こうした事情では、知的な能力や学問的な教育以上に「個性」を尊ぶ銀行にとって、大学卒業生の優先順位が高くはないというのも、驚くことではない。しかし成功はしなかったものの実験も試みられてはいた。エディンバラ大学の経済学部を卒業したチャールズ・アディスは、第 1 次世界大戦前、香港銀行で大学卒業生の採用を奨励しようとした。彼は、訓練という「古臭い経験から得た」方法はもう時代遅れであり、より正式な教育が必要とされていると述べ、さらにいかに考えるべきかという訓練を受けた人物は厳しい環境下でも優れた候補生であると主張した。しかし彼の案が日の目を見ることはなかった。というのも、その案には抜てき昇進プログラムが欠けており、大学卒業生が 3、4 歳年上でありながらも、高校卒業生と同等のレベルや給与からスタートを切らねばならなかったということを意味していたからである。彼の案にこれといった魅力的な期待がもてなかったのも、とりわけ香港銀行には（他のすべての銀行でも同様に）アカデミックな教育の価値を認めない数多くのマネージャーがいたからである。結果として香港銀行の大学卒業生の数は、戦間期にはほんのわずかなものにとどまっていた[89]。1930年代半ば、ユニオン銀行のゼネラル・マネージャーは、オーストラリアでの市場シェアの縮小を懸念し、「スタッフの能力の向上」を切望し、次のような必要性について論じている。

大学で会計学ないし商学を勉強することやその結果として試験に合格することで、自分に野心や能力があることを誇示する人物には後押しが必要である。こうした行員は、ありふれた経験をするよりは、若いうちから管理職や執行職に適しているはずであり、結果的に銀行に対して大いに貢献をしてくれるはずである。

　同時期、現地資本のニュー・サウス・ウェールズ銀行でも同様の意見が提起されたが、実際問題として両行とも本格的な教育技術については依然として限界があったのである[90]。

　個性に基づいて採用され職場で訓練を受けてきたマネージャーは、戦間期の数々の危険のただ中、その手腕と幸運でイギリスの銀行の舵を操ってきた。彼らは、これまでうまくやってきたとおりに実行したのである。ただ、本当に問題なのは、変化する環境に適応する能力であり、その点に関しては疑問があった。イギリスの銀行は、地理的な多角化と商品の多角化を企図した際に問題に直面する傾向があった。この点については本書で後述する。その人的資源に関する方針は、革新よりもむしろ安定を志向しており、戦間期に政治的・経済的現実が変化しはじめたことは不運であった。

　アメリカの大規模銀行とは対照的であった。第１次世界大戦中、ナショナル・シティ銀行（のちのシティバンク）が海外支店を設立しはじめた頃には、熟練行員の不足も認識されるようになり、この銀行の経営者はすぐさま高度な教育システムを開始した。1915年、同行は、アメリカのいくつかの大学とともに、国際的な銀行業務の実習を含む、特別プログラムを開発した。そこには、プログラムで好成績を収めた参加者が、その後、同行に就職できるという暗黙の了解があった。同年、大学教育プログラムがスタートし、「同行のさまざまな部署での仕事、外国語の学習、役員が行う講義への出席」といった１年間の課程を通して大学卒業生を選抜した[91]。戦間期には、本格的な行内訓練プログラムも開発された。ナショナル・シティ銀行では、同時期のアメリカの実業全般に拡大していた幅広い「経営の専門化」が不可欠な要素となっていたのである[92]。たいていの場合、こうした潮流はイギリスの企業で見過ごされ、海外銀行もまた正規の教育や訓練に

よって実務的な人物を提供できないというイギリス人の一般的な意見に安易に同調していたのである。

　戦間期には、イギリスの多国籍銀行における19世紀型の企業統治組織がしっかりと定着していた。冷酷な観察者の主張によれば、ろくに訓練も受けたことのないパブリック・スクール出身の幹部からなる組織が高齢の取締役によって統括されていた。事実、執行スタッフの社会化や強力な企業文化は、エージェント-プリンシパル（代理店と本店）の対立を抑制する強力な手段であった。銀行の健全な企業統治組織は、まさに激動の戦間期を生き抜く銀行の手腕をよりいっそう物語ってはいる。だが変化に対してダイナミックに対応する手腕には、なお問題が残っていた。

5　危機管理

　イギリスの多国籍銀行の統治構造の強さは、戦間期や大恐慌にともなう経済的・金融的危機において最も大きな真価が問われた。こうした戦争や金融危機は多国籍銀行のリスクを高めはしたが、イギリスの銀行は自らが危機管理の勝者であることを証明した。

　図5-1および5-2から銀行の利益に対する戦争の影響について見ることができる。図は各時期について実質利益データの存在するすべての海外銀行の公表利益および実質利益の推移を示している。図に挙げられた銀行は、両時期において規模的にも地域的にも適度に分散しているが、オーストラリアの銀行は含まれていない。戦争の衝撃が与えた影響について不完全ながらも1つの結果が得られる。

　両大戦には類似したパターンが見られる。初期の混乱の後、利益が上昇している。第2次世界大戦は、サンプル銀行の実質利益に悪影響を及ぼしていたことは明らかであり、実質利益は上昇傾向が定着する前の戦争初期には、激しく変動していた[93]。

　この共通するパターンについては、容易に説明できる。両大戦は、イギリスの多国籍銀行が金融の主力としていた貿易の流れを中断させた。両大戦は、通常の事業慣行を変えるような為替管理やその他の施策により、多国籍銀行業務に対す

図5-1 イギリス多国籍銀行6行の公表利益と実質利益の総計（1913〜19年）

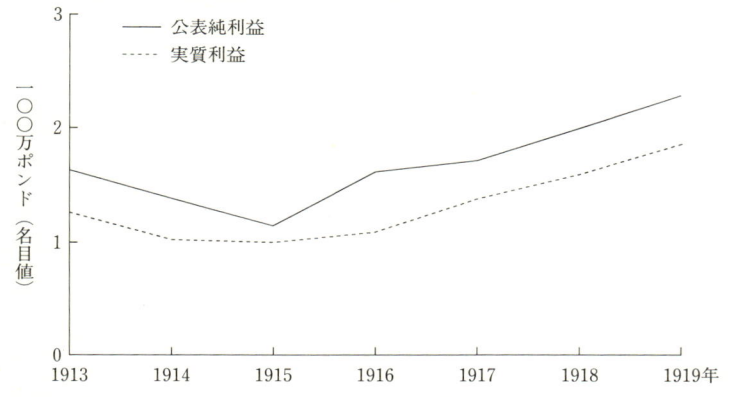

（チャータード銀行、スタンダード銀行、コロニアル銀行、イオニア銀行、ペルシャ・インペリアル銀行、ロンドン・アンド・リバープレート銀行）

図5-2 イギリス多国籍銀行10行の公表利益と実質利益の総計（1938〜46年）

（チャータード銀行、スタンダード銀行、バークレイズ銀行（DCO）、イオニア銀行、イラン・インペリアル銀行、ロンドン・サウス・アメリカ銀行、インド・マーカンタイル銀行、イースタン銀行、ブリティッシュ・ウエスト・アフリカ銀行、ロイズ・アンド・ナショナル・プロヴィンシャル外国銀行）

る高いレベルの政治介入につながった[94]。開戦当初は、しばしば同時に金融的混乱が起こった。例えば、1914年にはラテンアメリカやエジプト、その他の地域でパニックや支払停止の波が襲ってきた。敵に占領された地域では、支店も失ってしまった。第1次世界大戦時にはイギリスの多国籍銀行のハンブルグ支店が失われ、中近東では閉鎖されたのである[95]。トルコは、バグダッド（オスマン帝国の

一部)にあるイースタン銀行の支店を閉鎖する一方、1915年から1916年にかけてペルシャ・インペリアル銀行も、オスマン軍やドイツ軍を前にして、イラクにある多数の支店に対する支配力を喪失した[96]。敵の攻撃は、第2次大戦期、とりわけ為替銀行に対してきわめて重大な損害をもたらした。香港銀行は、1943年までにアジア地域の37支店のうち33支店を日本によって接収されることになった。一方インド・マーカンタイル銀行は24支店のうち半数、またチャータード銀行は、43の海外支店のうち30支店を失った。反対に、1940年に見られる実質利益の急激な上昇の大部分は、(まだ)この戦争の影響を受けていない地域にある支店の事業の成果であり、特にBolsa、バークレイズ(DCO)、そしてチャータード銀行で顕著であった。

　こうした銀行は、経営構造や企業文化の威力が影響して、戦時期の困難にもうまく対応した。最も特筆すべき実例は、第2次大戦期にその支店の大部分や本店を喪失しながらも生き残り、ロンドンでの再建に成功した香港銀行である。同行の生き残りは、1930年代までに、その準備金の大半をロンドンのイギリス証券に転換したということでかなり救われており、こうした行動は当初、為替リスクを克服するために採用され、その後もアジア諸国における資金の有利な活用の機会がないために継続されていた[97]。

　イギリスの多国籍銀行は、逆境に直面した現地市場での信用維持と予期せぬチャンスへの対応に少々長けていたことを証明している。イギリス人の冷静さと戦勝国であったことが、戦時期の困難を切り抜ける上で成功をもたらす取り合わせとなったことは明らかである。例えば第1次世界大戦の勃発は、ギリシャでの深刻な信用危機や取付け騒ぎの原因となった。ギリシャ政府は支払停止を宣言したが、アテネのイオニア銀行経営陣は、この支払停止の特典を生かすことを公然と拒否して、銀行に対するあらゆる要求に応えつづけた。アテネの経営陣も、数日のうちにはロンドンの本店資金に頼らねばならなくなった。この銀行のすぐに使える多くの財源は、この銀行の伝統に従いロンドン金融市場で運用されており、これがイギリス政府によって凍結されたことは不運であった。イオニア銀行は、ギリシャへの送金が可能なイングランド銀行や財務省からの一時的な援助を確保できたことで、当然ながらギリシャにおけるその評判を高めることになった[98]。

またイギリスの銀行は、過剰に興奮する「現地人」を落ち着かせるある種の冷静さにも長けていた。ドイツ軍がエジプトを侵略しようとしたことが明らかになった1942年の6月末から7月初頭にかけて、同国では理解しがたいほどの取付け騒ぎが発生した。しかしバークレイズ銀行（DCO）は、冷静かつ寛大であった──1週間で現金700万ポンドが支払われた──。「支店長は、われわれの耐え忍ぶ姿勢、不屈の精神、冷静さによって広く一般大衆に対して模範を示す……比類なき機会」を手にしたということが現地本店から支店長に伝えられた[99]。

南アフリカでは、1914年10月、反戦分子およびドイツ支持分子双方の支援を受けて暴動が勃発し、スタンダード銀行が、第1次大戦の影響を直接的に受けることになった。通信は遮断され、混乱地域にあったスタンダード銀行の支店の中には閉鎖されたところもあった。しかしのちに、反乱者に対して、株式ないし土地を売却せずとも、課された罰金を支払えるだけの貸付を認めるほど、同行はあらゆる方面と良好な関係を維持することに長けていた[100]。北部および東アフリカでも、スタンダード銀行が新たな機会に注意を向けていた。1916年の独領東アフリカでのドイツの敗北ののち、同行はカンパラ（英領ウガンダ隣国）の支店長をダル・エス・サラームに派遣し、すぐさま新支店を開設した[101]。

ほとんどの諸国では戦争が、経済活動のペースを速め、その過程で銀行に対して新たな事業機会を提供した。第1次大戦中、海外銀行が事業を行っていたほとんどの経済圏は、上昇する商品価格に景気づけられていた。南アフリカは、高い毛織物価格から利益を得ていた。エジプトは、綿花価格の高さゆえに繁栄していた。ブリティッシュ・ウエスト・アフリカ銀行は、西アフリカの主要産物であるココア、食用の木の実および種子の拡大する輸出と高価格から利益を得ていた。アングロ－サウス・アメリカ銀行のチリ支店は、硝石に対する大規模な戦時需要にともなうブームを経験していた。戦時インフレーションは、名目資産額を大きくつり上げたが、為替操作や鞘取引において有益な機会をも創出した。もちろん個々の銀行がこうした状況からどの程度の利益を得ていたのかという点は、その銀行の手腕にもよる。例えば第1次世界大戦中、オーストラレイシア銀行やオーストラリア・ユニアン銀行の保守的な現地経営陣は、ロンドン本店の説得にもかかわらず、急拡大するオーストラリアの輸出経済から十分な利益の確保が可能な

政策の採用を断っていた[102]。

　両大戦でもいくつかの銀行は、イギリス政府やイギリス軍の要求に服する有利な事業を獲得している。第1次大戦時のイラクではペルシャ・インペリアル銀行が、イギリス政府の要求を満たす莫大な資金を提供していた。第2次大戦では1941年8月の連合軍のイラク占領以降、ペルシャ・インペリアル銀行は、ふたたびイギリスの軍事需要に服する活動を行っており、事業運営に対する旧イラク政府の数々の規制から緩和されて利益を得ていた[103]。第1次大戦のエジプトではアングロ-エジプト銀行が、軍の公認銀行として活躍しており、同行の会長は、占領軍が「第2の綿作物と同じほど」エジプトに対して恩恵を与えてくれる存在であると述べている[104]。イラクではイースタン銀行が、1914年にトルコによって接収されたバグダッド支店を有していたが、戦局の好転にともないイギリス当局の公的支援から利益を得ていた。イースタン銀行は、インド銀行事業のイギリス政府の対応を足がかりにイラク地域に新支店を開設した[105]。第2次大戦でも同様の展開が見られた。例えばバークレイズ銀行（DCO）のエジプトでの事業は、軍用銀行であったアングロ-エジプト銀行の役割を継承し、急成長を遂げた。同行のカイロ支店の取引額は、1939年こそ600万ポンドを下回っていたが、その後の4年間には3億ポンド近くにまで増大した[106]。

　1931年の金融危機は、イギリスの多国籍銀行に対して別の、しかし等しく容易ならぬ課題を叩きつけた。イースタン銀行の会長が株主に対して痛々しく語ったところによると、1931年は「記憶する限りにおいて、銀行業や産業、商業の歴史においてきわめて困難な、波乱の年であった」[107]。数カ月間にわたるポンドの信用低下や5月から7月にかけてのオーストリアおよびドイツの銀行システムの崩壊に続いて、同年9月にはイギリスも金本位制から強行離脱した。この金融危機は、大きな景気後退が米国で始まった2年後に起こり、1929年から1933年にかけて米国の実質国民総生産は30％低下した。アメリカの銀行システムは、1920年代末から1933年にかけてほぼ9,000の銀行が閉鎖されるほど、深刻な危機を経験した。その間、合衆国の経済問題は急速に広がり、大部分の先進国世界における失業の急激な増大や物価の下落、所得の減少を引き起こした大恐慌は、食料品や原材料の価格低下を加速させ、生産国に対して壊滅的な結果をもたらした。

図5-3 イギリス多国籍銀行7行の公表利益と実質利益の総計（1927～34年）

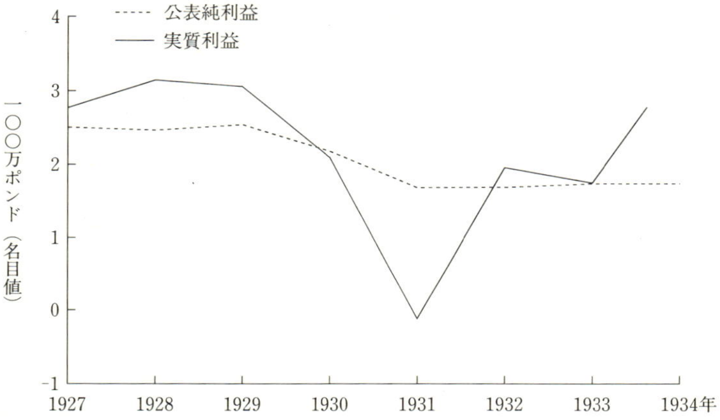

（チャータード銀行、スタンダード銀行、バークレイズ銀行（DCO）、イオニア銀行、イラン・インペリアル銀行、ロンドン・サウス・アメリカ銀行、ロイズ・アンド・ナショナル・プロヴィンシャル外国銀行）

　当然のことながら、こうした出来事は、イギリスの海外銀行に対して悪影響をもたらした。1931年の全般的な状況は、切実なほど弱体化していたアングロ-サウス・アメリカ銀行にとって明らかに最後の一撃となり、多くの金融機関の利益も大幅に減少した。図5-3は、両大戦期における実質利益と公表利益を示したもので、銀行に対する衝撃の激しさを物語っている。データが存在する7行全体の実質利益は、1930年に鋭く落ち込み、回復に向かう前の1931年にはわずかにマイナスとなっている。「なめらかな」公表利益でさえ、1931年にはそれまでの2年間に比べれば、7行で3分の1減少している。この統計数値には、金融機関の間で大幅な差異があった。チャータード銀行──アジア諸国の為替銀行の1つとしてサンプルに挙げた──およびBolsaの双方は、1931年にはそれぞれ70万ポンドを超えるほど、多額の実質損失を計上したが、他のほとんどの銀行は単に前年に対して実質利益を減少させたにすぎなかった。

　1931年の金融危機およびこれに関連する危機は、さまざまなかたちでイギリスの銀行に打撃を与えた。生産国における商品価格および所得の下落は、貿易の流れを縮小させ、貿易の取引高に依存した為替利益に次々と損害を与えた。銀行顧

客の難事によって不良債権が増大した。対ドイツおよび中央ヨーロッパ事業を運営する銀行では、1931年の為替管理および「債務返済停止据置」によって資金が突如として凍結されてしまったのである[108]。

金本位制の崩壊は、深刻な混乱をもたらした。チャータード銀行は、1931年の業績悪化、そしてその年の利益を補うために公表準備金から100万ポンドを振替する必要がその後生じたことを、直接的にイギリスの金本位制離脱による為替損失のせいにした[109]。すべての為替銀行は不安定な銀の影響を受けた。中国通貨は未だ銀本位制をとっており、1920年代後半における銀価格の低下の新しい時期が始まり、再び上昇に転じる直前の1931年にはポンドに対して最安値に近づいた[110]。スタンダード銀行およびバークレイズ銀行（DCO）は、イギリスの金本位制離脱にともなって南アフリカの景気が後退した際、例外的に困難な状況に置かれた。南アフリカ連邦は、1932年12月まであえて金本位制を放棄しなかった。その間、同国経済は、深刻なデフレ圧力を被っていたが、これと同時にイギリスの銀行も、重大な外国為替の危機に直面していた。1931年から1933年にかけてのスタンダード銀行全体の為替損失は、ほぼ70万ポンドにのぼった[111]。

金本位制の崩壊は、オーストラリアのイギリス貿易銀行にとっておそらく最大規模の衝撃であったといえる。こうした貿易銀行は、1920年代を通じてオーストラリアの為替相場を支配するとともに、19世紀に確立したメカニズムを利用することで、同国の国際準備金を保有していた。オーストラリアおよびイギリスの双方が金本位制から離脱していた1915年から1925年にかけての時期でさえ、両国通貨の為替相場はほとんど乖離してはいなかった[112]。だが1920年代末、オーストラリア経済が重大な対外的流動性危機に遭遇した際、両者の関係は崩壊した。1920年代を通じて、オーストラリアは、ロンドンおよびニューヨークで多額の借入を行っていた[113]。ロンドンではオーストラリアの借入の規模と安全性に対する批判が高まり、1929年初頭には利子率が上昇する状況の下、ロンドン市場ではオーストラリアの債務を引き受けることが不可能となっていた[114]。債務の返済は、価格が低下していた羊毛、小麦といったオーストラリアの主要一次産品の輸出に依存していた。結果として貿易銀行に支えられていたロンドンの資金――オーストラリアの準備金――は、1929年の後半には劇的に減少し、債務不履行や国

の信用不安の可能性さえも生じた。

　為替平価を維持するために貿易銀行によって行われていた伝統的な調整メカニズムは、突然の危機に苦しめられた。貿易銀行による為替レートや準備金の支配は、長期にわたる痛みを伴うプロセスを経て政府へ移動した。このプロセスでは、ニュー・サウス・ウェールズ銀行が一連のイニシアティブをとり、オーストラリアのイギリスの銀行もそれに従うこととなった。1930年の初頭、コモンウェルス銀行が外国への売却強行に備えて、入手可能な貿易銀行の金準備すべてを強制的に取得するなかで、同国もまたうまく金本位制から離脱していった。6カ月後、オーストラリアに対する大恐慌の衝撃が強まるにつれ、ニュー・サウス・ウェールズ銀行のゼネラル・マネージャーであるアルフレッド・デイヴィッドソン氏は、自主的な「総動員協定」の下、貿易銀行の外国為替保有に対する優先的な請求権を政府に与えるよう、他の貿易銀行を説得していた。しかしながら、為替相場に対する圧力が続く中で貿易銀行はポンドに対する平衡を持ちこたえようとしていた。1931年1月、デイヴィッドソンは、為替相場に対する貿易銀行の協定を破棄し、オーストラリア・ポンドの切り下げを主導した。オーストラリア・ポンドはイギリス・ポンドに対して同月末まで30％下落した[115]。12カ月後、コモンウェルス銀行が為替レートを決定する責任を取るとともに、為替管理政策も貿易銀行から中央銀行に移行した。

　こうした事態は、オーストラリアのすべての貿易銀行に対して衝撃的なものであった。通常のビジネスが深刻な痛手を被むったのみならず、貿易銀行が数十年間にわたってその下で事業を運営してきた規制も根本的に変化してしまった。オーストラリアのイギリス系銀行は、アジア諸国やラテンアメリカの同種のイギリス系銀行とは異なり、大幅な為替変動やこれにともなう損失についてはきわめて限られた経験しかしてこなかった。こうした銀行の事業や利益は強い打撃を受け、為替金融や貿易金融に特化していたことで、おそらくは多くの現地の銀行以上に、よりいっそうその混乱を露呈したようだ。

　イギリス系オーストラリア銀行の実質利益のデータを用いることはできないが、残っているデータによりこの数年にこの銀行が経験した衝撃についていくつかの見解が得られる。例えばオーストラレイシア銀行のロンドンにおける為替取引高

表5-5　イングリッシュ・スコッティッシュ・アンド・オーストラリア銀行
　　　　（ES&A）の損益（1927～33年）

(単位：ポンド)

	1927年	1928年	1929年	1930年	1931年	1932年	1933年
オーストラリア[a]	475,892	418,119	406,000	448,984	318,115	(418,592)	275,272
ロンドン[b]	771,956	81,795	192,133	20,559	(23,393)	453,824	7,400
合計	547,848	499,914	598,499	469,543	294,721	35,232	282,672
公表利益	550,988	598,769	601,262	542,736	226,658	147,719	219,327

(注)　a：この数字は不良債権回収を含む。
　　　b：この利益は純利益ではなく、イギリス税引前の数字である。したがって他行の「実質」利益とはことなる。
(出所)　Melbourne to London, 5 July 1930, E/3/15; Melbourne to London, 8 July 1932, E/3/18; Melbourne to London, 6 July 1933, E/3/19, ANZ Archives.

が、急激に減少している。1924年から1929年にかけての5年間での平均はおよそ4,200万ポンドであったが、1929年には3,800万ポンドと急激な減少に向かい、1930年には2,700万ポンド、その後の回復期前の1931年では1,700万ポンドにしかすぎなかった。1932年には2,500万ポンドとなり、翌年には2,700万ポンド、1934年には3,500万ポンドとなった[116]。ES&Aの利益も、表5-5が示すように深刻な影響を受けている。

さらに「異常な」為替状況（内部文書でもしばしば述べられているように）は、ロンドンとオーストラリアのどちらかにあった銀行利益の源泉に大幅な変化を引き起こす原因となった。この点は、とりわけロンドンでの利益に関する数字が劇的に変動した1929年から1933年についてはっきりと現れている。明らかにオーストラリアのイギリス系貿易銀行は、一時的な旋風に巻き込まれてしまったのである。

だがこれだけではない。各国の多国籍銀行は、1930年代初頭の事態によって自らの事業が最悪の状態になったことに気づいた。比較可能な財務データは利用できないが、状況証拠がこの数年にわたる多国籍銀行のリスクを明らかにしている。ナショナル・シティ銀行は、戦間期には最大規模の多国籍事業を展開するアメリカの銀行であったが、1930年から1934年にかけての5年間に外国支店において赤字を記録している[117]。仏領インドシナが大恐慌のひどい影響を受けた1930年代初頭に、インドシナ銀行の利益は急激に減少した[118]。またラテンアメリカにあ

るドイツの主要海外銀行、ドイツ海外銀行も、1931年には配当を支払うことができなくなり、その後も数年間にわたって配当の支払を停止した[119]。イギリス多国籍銀行業の勢力範囲や1930年代初頭の危機の深刻さを前提に考えると、七転八倒の苦しみを経験していたのがアングロ-サウス・アメリカ銀行だけであったという事実は注目に値する。

　もっともらしい数々の解説が見られる。銀行の倒産を回避しようとしたイングランド銀行のかかわりは重要であり、その点については第7章で述べる。また大規模クリアリング・バンクの傘の下に避難所を求めた海外銀行の賢明さについては、1931年の危機によって証明されているように思われる。もしブラジル、エジプトあるいは西インド諸島で活動していたイギリスの銀行が1914年以前のように他に依存しない金融機関のままであったなら、生き残りの見通しなど疑わしいものであったに違いない。例えば、表5-3で示されているバークレイズ銀行（DCO）の利益の全地域別内訳は、1930年代初頭の旧コロニアル銀行やアングロ-エジプト銀行の事業運営が直面していた厳しい利益の減少を隠蔽してしまっている[120]。広い意味で海外銀行は、イギリスの銀行の正統性に固執することで恩恵を被っていた。この数年の銀行危機は、商業銀行と投資銀行の事業が結びついていた諸国では最悪のものとなった。というのも産業に対して長期貸付を行っていたこうした銀行では、資産価値が低下することでその支払能力に影響が及んだからであり、同時に相当額の株式資産を有する銀行は、株価下落に弱かったからである[121]。

　世界大戦という時期の銀行の生き残りは、効果的な危機管理にかかっている。短期的に見れば、危機管理は、個人が慎重さを貫くと同時に、公的な信用を維持するために採用される政策の巧みな組み合わせから構成されていたということである。それまでの世代のマネージャーたちが蓄積した公表準備金および内部準備金が今、危機的状況の中で、信用を維持しようとする目的で利用された。Bolsa、チャータード銀行、オーストラレイシア銀行およびES&Aの中には、1931年時点で少なくとも100万ポンドにまで公表準備金を減少させた銀行もあった。他の銀行は、配当を支払うため、そして一般の評価を高めるために内部準備から資金を引き出した。あまり徹底したものではなかったが、ほとんどの銀行では減配さ

れ、取締役の報酬削減や、時には行員の給与削減、余剰人員の一時解雇、赤字支店の閉鎖など、さまざまな経済的手段が講じられていた[122]。企業文化がきわめて強固であったがゆえに、銀行全体の生き残りを確保すべく、行員も所得の減少や昇進見通しの暗さに耐えられる覚悟ができていた。場合によっては支店の閉鎖も相当数にのぼった。ペルシャ・インペリアル銀行の支店網は、1929年以降の10年間で29支店から14支店へと減少した。さらに、ブリティッシュ・ウエスト・アフリカ銀行の支店数は、1929年の58支店から同期間で40支店に減少した。これはすべて、収入の減少や不良債権の増大に直面する中での実施されるコスト管理計画であった。

　大恐慌や金本位制の崩壊に起因する新たな状況に対する銀行の長期的対応は、経営戦略の転換であった。1930年代には、銀行によってなされる投資が大幅に増大していたということがわかる。確かに同じような現象は、イギリスの国内銀行のバランスシートでも見られるし、その理由もきわめて類似している。安全な商業貸付の機会は減少していたが、イギリス政府証券を保有する魅力は増していた。1932年からイギリスで採用された低金利政策は、イギリス国債の資本価値を引き上げたが、同時に短期借入から長期借入への国債構成の変化は、銀行保有証券の平均償還年数を延長させる効果をもつことにもなった[123]。預金に対する投資の比率は、事業運営地域にかかわりなく、1929年から1938年の間にほとんどすべてのイギリスの多国籍銀行で大幅に上昇している[124]。こうした投資は、いくつかの銀行が存続する上で重要な役割を果たしていた。その極端な事例がペルシャ・インペリアル銀行であり、1931年以降の同行の主たる利益の源泉はロンドンの本社が行っていた投資から生じる収益であった[125]。しかし投資収益は、他の多くの銀行にとっても重要であった。1930年代半ばまで香港銀行の資金では、ポンド証券が「高い比重」を占めており、1935年に同行のチーフ・マネージャーがある支店長に対して書き送ったところによると、支店を閉鎖することと「郵便局の普通預金口座に保管されているこの支店の経費を投資すること」はより有益であろう[126]。

　オーストラリアでは1930年代にすべての貿易銀行が、連邦政府財務省証券に対して多額の資金を投資するようになった。こうした証券も1920年代にはわずかし

か発行されていなかったが、銀行もたいていそれを横目で見ていただけであった。だがこうした状況も1931年1月には一変した。この時コモンウェルス銀行が、政府の財政赤字を補塡するために銀行融資を求めて、事実上、額面価格で銀行保有手形の再割引を引き受けたのである。過剰な資金と低い利益の時代、財務省証券は、銀行資金の理想的なはけ口となったのである。貿易銀行保有の財務省証券は、1929年第4四半期の1,500万ポンドから1931年同時期の2,070万ポンド、さらに12カ月後には3,800万ポンドにまで増大した。イギリスの銀行は、財務省証券へ熱心に転換するようになったが、しばしばそうであったようにその有効性に最初に気づいたのはニュー・サウス・ウェールズ銀行であった[127]。

両大戦および1930年代初頭の危機の下でイギリスの多国籍銀行の安定性が、事業組織としての威力を証明した。こうした多国籍銀行は、短期的な混乱を乗り切ることができたとともに、中期的な戦略にもうまく適応した。

6　結　論

　1914年から1946年にかけての世界経済における政治的・経済的危機の深刻さを前提として考えると、イギリス多国籍銀行史におけるこの時期の顕著な特徴は、こうした銀行やその支店網の大部分が無傷のまま生き残っていたということである。主要銀行のうち唯一、アングロ-サウス・アメリカ銀行だけは挫折したが、それでさえ倒産したのではなく、きわめて適切に整理されたのである。南半球およびアジアの一次産品生産国で活動していた他の銀行は、当然のことながら1930年代には困難と劣悪な財務実績を経験していたが、その存在が脅かされることはなかった。同様に香港銀行は、太平洋戦争中に本店やほとんどの支店の喪失を切り抜け生き残った。イギリスの銀行は、危機的状況で生き残る能力を身に付けていたのである。その強力な企業文化によって、実際にきわめて厳しい逆境に対応することができた。こうした銀行は、うまく管理されていたのである。大恐慌と1931年の金融危機が襲ってきた際、長年にわたって蓄積されてきた準備金がイギリスの銀行に大いに役立った。事業が深刻な動揺に直面する中で、準備金を利益に移転することで、銀行は信用を維持することができたのである。

長期的な視点で見れば、1914年から1946年にかけての世界経済の変化は、イギリスの多国籍銀行業における19世紀の組織が引き続き存続できることに疑問を投げかけることとなった。イギリスの多国籍銀行の機能的・地理的特化はクリアリング・バンクの海外銀行への投資や海外銀行間の合併によって修正された。1920年代末までに3つのグループが、それまで特化していた過去と決別している。バークレイズ銀行（DCO）は、国内銀行によって統制されており、アフリカから西インド諸島にまたがる広範な支店網を有していた。別の国内銀行、ロイズ銀行は、ラテンアメリカ、中央ヨーロッパ、インドで活動する完全所有ないし部分所有の銀行を有するとともに、他地域で活動する幅広い金融機関の株式を所有していた。最後にアングロ-サウス・アメリカ銀行は、中央アメリカおよび南アメリカの多くの地域に支店を開設するとともに、他地域にも触手を延ばしていた。

　10年後の時点でイギリスの海外銀行の特殊な構造が、急速に転換したわけではないことは明白であった。アングロ-サウス・アメリカ銀行は消滅してしまった。その一部はロイズ銀行のラテンアメリカグループに吸収されたが、ロイズ銀行には多様な海外銀行支配を、統合された多国籍銀行グループに仕立てあげようとする意志もなければ、その能力もなかったことは明白である。バークレイズ銀行（DCO）だけは、さらに統合された組織として発展を遂げた。外部環境は、会社組織の再編にとって明らかに不利であった。アングロ-サウス・アメリカ銀行も、硝酸価格のトラウマ的な下落がなければ、生き残っていたかもしれない。銀行には危機を切り抜けられるような強力な企業文化があるにもかかわらず、それでもやはり組織的な短所が永続的なテーマとして浮上してくる。1920年代のアングロ-サウス・アメリカ銀行の経営組織は、同行の起業家的な野望や事業目的にうまく調和できなかったのである。ロイズ銀行は、10年間にわたって自らを支配なき所有という地位に置きつづけたままであった。次章では、銀行の経営組織が、現地経済圏の変化する環境に適応する能力をいかに発揮したかという点についてより詳細に考究する。

1)　F. H. H. King, *The History of the Hongkong and Shanghai Banking Corporation*, iii (Cambridge: Cambridge University Press, 1988), 188-94、196-200には、

戦間期におけるこの銀行の財務パフォーマンスについての詳細な議論が含まれている。
2) E. O'Sullivan から A. Williamson への書簡 (1929年11月28日、E/49/1, ANZ Archives)。
3) J. R. Winton, *Lloyds Bank, 1918-1969* (Oxford: Oxford University Press, 1982), 30.
4) Geoffrey Jones, 'Lombard Street on the Riviera: The British Clearing Banks and Europe, 1900-1960, *Business History*, 24 (1982), 187-90, 192-3.
5) ロイズの臨時株主総会に対する会長の声明、1918年8月7日。
6) Winton, *Lloyds Bank*, 28; David Joslin, *A Century of Banking in Latin America* (London: Oxford University Press, 1963), 236; A. S. J. Baster, *The International Banks* (London: King, 1935), 222-3.
7) London and Brazilian Bank Annual Reports for 1921, 1922, and 1923.
8) 株式会社ロイズ銀行のロンドン・アンド・サウス・アメリカ銀行への投資に関する覚書 (1930年9月9日、Winton Bolsa File, LB)。
9) A. D. Chandler, *Scale and Scope* (Cambridge, Mass.: Harvard University Press, 1990), 286-7 (安部悦生ほか訳『スケール・アンド・スコープ：経営力発展の国際比較』有斐閣、1993年)。
10) R. A. Wilson と Sydney Parkes による1943年7月21日のメモ (Winton Investment File, LB)。Winton, *Lloyds Bank*, 30.
11) Geoffrey Jones, 'Lombard Street on the Riviera', 193-8.
12) R. A. Wilson と Sydney Parkes による1943年7月21日のメモ (Winton Investment File, LB)。この期間における Bolsa の収益性とパフォーマンスを他銀行のそれとの比較については、付表5を参照せよ。
13) Alwyn Parker による株式会社ロイズ銀行のロンドン・アンド・サウス・アメリカ銀行への投資に関する覚書 (1930年9月9日、Winton Bolsa File, LB)、Murray と Beane によるレポート (1933年5月、LB)。
14) R. A. Wilson と Sydney Parkes による1943年7月21日のメモ (Winton Investment File, LB)。Winton, *Lloyds Bank*, 126-9.
15) Lloyds Investment Committee (1924年2月29日、File 500, LB)。
16) the correspondence in T160/278, PRO を参照せよ。
17) Inchcape 卿から Henry Bell への書簡 (1920年1月26日、File 5227, LB)。
18) Ibid., R. A. Wilson と Sydney Parkes による1943年7月21日のメモ (Winton Investment File, LB)。Winton, *Lloyds Bank*, 30.

19) F. C. Goodenoughによるメモ、1917年8月31日、File Private Papers of F. C. Goodenough, 3/2356/1, BBA, Jones, 'Lombard Street on the Riviera', 189からの引用。
20) A. S. J. Baster, *The Imperial Banks* (London: King, 1929), 235.
21) Sir Julian Grossley and John Blandford, *The DCO Story* (London: Barclays Bank International, 1975), 3-4.
22) Ibid., 5-9.
23) サウス・アフリカ準備銀行からM. Normanへの書簡（1925年4月1日、G1/9, B. of E）。
24) Crossley and Blandford, *The DCO Story*, 9-19.
25) バークレイズ銀行議事録（1927年3月24日、38/503）、会長とゼネラル・マネージャーの往復書簡（3/212, BBA）。
26) Ibid., J. R. LeiskからF. C. Goodenoughへの書簡（1931年7月22日）、会長とゼネラル・マネージャーの往復書簡（3/212）。
27) Ibid., 覚書、1926年10月5日、会長とゼネラル・マネージャーの往復書簡（3/211）。
28) Grossley and Blandford, *The DCO Story*, 22-30, 38-46, 59, 70-4.
29) Ibid., 41.
30) Ibid., 31.
31) F. C. GoodenoughからJ. R. Leiskへの書簡、1931年8月12日、会長とゼネラル・マネージャーの往復書簡（3/212, BBA）。
32) Ibid., サーカス・プレイスの「その他の」利益への貢献は1928～30年で75％、1931～33年で79％、1934～36年で65％、1937～39年で76％であった（38/251）。
33) Crossley and Blandford, *The DCO Story*, 39-42; W. N. Bickettによるスーダンおよびエジプト支店に関するレポート（1927年5月18日）、会長とゼネラル・マネージャーの往復書簡（3/211, BBA）。
34) Jones, 'Lombard Street on the Riviera', 189, 199; バークレイズ銀行（フランス）の秘書からF. G. Baconへの書簡（1954年7月2日、Bo2H, BBA）。
35) Jones, 'Lombard Street on the Riviera', 199-200.
36) F. C. GoodenoughからWillington子爵閣下への書簡（オタワ）、1927年11月14日、会長とゼネラル・マネージャーの往復書簡（3/215, BBA）。
37) Ibid., F. C. GoodenoughからJ. R. Leiskへの書簡（1931年11月5日、3/212）。
38) Ibid., Sir Julian Crossley Dairies（1946年12月17日および1948年3月23日、38/209, BBA）、George Bolton卿のメモの抜粋（1953年10月14日、C48/152. B. of E）。

39) Crossley and Blandford, *The DCO Story*, 94.
40) Sir Julian Crossley Diaries（1944年7月31日、38/209, BBA）。
41) Richard Fry, *Bankers in West Africa* (London: Hutchinson Benham, 1976), 143-4; Sir Julian Crossley Diaries（1943年9月10日、38/209, BBA）。
42) Jones, 'Lombard Street on the Riviera', 187, 189-90, 198-9; Fry, *Bankers in West Africa*, 96.
43) Jones, 'Lombard Street on the Riviera', 202.
44) Geoffrey Tyson, *100 Years of Banking in Asia and Africa* (London: National and Grindlays Bank, 1963), 189.
45) Jones, 'Lombard Street on the Riviera', 187, 190-1, 200-1; A. R. Holmes and Edwin Green, *Midland: 150 Years of Banking Business* (London: Batsford, 1986), 133-4, 137-41.
46) Baster, *The Imperial Banks*, 224-5.
47) Ibid., 222-3; 清算人のレポートに関するメモ（1924年11月19日、G30/13, B. of E）。
48) Stephanie Jones, *Trade and Shipping: Lord Inchcape, 1852-1932* (Manchester: Manchester Uninversity Press, 1989), 123-4, 131.
49) P & O Annual Reports and Accounts in 1920S; Compton Mackenzie, *Realms of Silver* (London: Routledge & Kegan Paul, 1954), 262.
50) 1928年3月31日付のP&O銀行の結果に関するメモ（Mr Keenan's File, BAC 63, SC）。
51) Ibid., P&Oバンキング・コーポレーションに関するチャータードのメモおよび1938年10月17日のコメント（P & O Files, BAC 63）。
52) J. A. Henry, *The First Hundred Years of the Standard Bank* (London: Oxford University Press, 1963), 232-3.
53) Charles A. Jones, 'Commercial Bank and Mortgage Companies', in D. C. M Platt (ed.), *Business Imperialism 1840-1930* (Oxford: Clarendon Press, 1977), 49.
54) Joslin, *A Century of Banking in Latin America*, 257-62.
55) Ibid., 260.
56) Ibid., 261-2.
57) Ibid., 263-4; Deloitte, Plender, Griffithsによるアングロ-サウス・アメリカ銀行に関するレポート（1932年5月17日、C48/89, B. of E）。
58) Thomas F. O'Brien, ' " Rich beyond the Dreams of Avarice," : The Guggenheims in Chile', *Business History Review*, 63 (1989), 132-9.

59) 例えば次の文献を参照。ゼネラル・マネージャーからW. E. Stokesへの書簡、1925年5月19日、*Financial Times* の記事 'Nitrates Sales' の切抜きを同封（1925年5月19日、B2/3, Bolsa Archives, UCL）。
60) O'Brien, 'The Guggenheims in Chile', 139-47.
61) Ibid., 149-53: Joslin, *A Century of Banking in Latin America*, 266-8.
62) D. T. Merrett, *ANZ Bank* (Sydney: Allen and Unwin, 1985), 29, 54.
63) Geoffrey Jones, *Banking and Empire in Iran* (Cambridge: Cambridge University Press, 1986), 186, 211-2.
64) Mackenzie, *Realms of Silver*, 270-1.
65) Geoffrey Jones, *Banking and Empire in Iran*, 210-33.
66) Fry, *Bankers in West Africa*, 40-1, 141. Fryによるブリティッシュ・ウエスト・アフリカ銀行取締役会議事録の要約 BAC S/90, SC.
67) King, *The History of the Hongkong and Shanghai Banking Corporation*, iii. 38, 290-9.
68) Ibid., 40-6.
69) Joslin, *A Century of Banking in Latin America*, 260-1.
70) Merrett, *ANZ Bank*, 48-50, 58-9.
71) Jones, *Banking and Empire in Iran*, 229.
72) King, *The History of the Hongkong and Shanghai Banking Corporation*, iii. 46-50, 94-8, 217-30, 371-5, 465-8.
73) Ibid., chs. 12 and 13; ibid., chs. 1 and 2.
74) Merrett, *ANZ Bank*, 16, 17, 45-7.
75) 1936年7月3日付のJ. Ewingのメモ、E/49/2, ANZ; Merrett, *ANZ Bank*, 206.
76) King, *The History of the Hongkong and Shanghai Banking Corporation*, iii. 447.
77) Henry, *The First Hundred Years of the Standard Bank*, 176.
78) 特別委員会による報告書、1927年11月15日、Bolsa Board Minutes, LB.
79) 同上、1931年2月10日、ibid., Board Minute.
80) ブリティッシュ・ウエスト・アフリカ銀行取締役の私的な覚書、1937年6月15日、SC.
81) Richard FosterからG. F. Thorburnへ、1931年7月20日、B34, Bolsa Archives, UCL.
82) J. B. CrichtonからJ. B. Rossへの書簡、1929年10月17日、MB Hist. 1002.8, HSBC.

83) Merrett, *ANZ Bank*, 43.
84) J. B. Crichton から C. Lidbury（銀行家協会会長）への書簡、1942年4月10日、MB Hist.
85) King, *The History of the Hongkong and Shanghai Banking Corporation*, iii. 317-24.
86) Geoffrey Jones, *Banking and Empire in Iran*, 273 から引用。
87) Merrett, *ANZ Bank*, 19-20.
88) F. A. Beane に対する業務推進部長向けの人材養成についてのメモ、1933年5月19日、File 2384, LB.
89) King, *The History of the Hongkong and Shanghai Banking Corporation*, iii. 264-5; ii (Cambridge: Cambridge University Press, 1988), 185-8.
90) ゼネラル・マネージャーから常任委員会へ、1936年6月23日、UBL 191, ANZ Archives; C. B. Schedvin, 'Sir Alfred Davidson', in R. T. Appleyard and C. B. Schedvin (eds.), *Australian Financiers* (Melbourne: Macmillan, 1988), 339-40.
91) Harold van B. Cleveland and Thomas. F. Huertas, *Citibank, 1812-1970* (Cambridge, Mass.: Harvard University Press, 1985), 79-80.
92) Alfred D. Chandler, *The Visible Hand* (Cambridge, Mass.: Harvard University Press, 1977), 464-8（鳥羽欽一郎・小林袈裟治訳『経営者の時代――アメリカ産業における近代企業の成立――』下、東洋経済新報社、1979年、795-802頁）.
93) 2つの世界大戦時の収益性と業績の別の指標については、付表5を参照。
94) 例えば、S. J. Butlin, *Australian and New Zealand Bank* (London: Longman, 1961), 355, 413: Crossley and Blandford, *The DCO Story*, 102 を参照。
95) David J. S. King, 'The Hamburg Branch: The German Period, 1889-1920', in F. H. H. King (ed.), *Eastern Banking* (London: Athlone, 1983), 529-41.
96) Geoffrey Jones, *Banking and Empire in Iran*, 170-1.
97) King, *The History of the Hongkong and Shanghai Banking Corporation*, iii. 178-9, 188.
98) 株主に対する議長声明、Ionian Bank, 1915年4月13日; *Ionian Bank Ltd.: A History* (London: Ionian Bank: 1953), 37.
99) Crossley and Blandford, *The DCO Story*, 128-9.
100) Henry, *The First Hundred Years of the Standard Bank*, 167.
101) Ibid., 214-17.
102) Butlin, *Australian and New Zealand Bank*, 361-3.
103) Geoffrey Jones, *Banking and Empire in Iran*, 176-82, 298-311.

104) *A Banking Centenary*, (London: Barclays Bank (DOC), 1936), 97.

105) イースタン銀行、ロンドンからバスラ支店へ、1915年9月6日、'Precedents', Book, Eastern Bank Archives, SC.

106) Crossley and Blandford, *The DCO Story*, 127-8; DCOの全般的な戦争での役割については、*A Banking in Battledress* (London, Barclays Bank (DCO), 1948), 49-50.

107) Eastern Bank Chairman's Report, 1932年3月。

108) 例えばGeoffrey Jones, 'Lombard Street on the Riviera', 198-9; Eastern Bank Profit and Loss Files, R/21, SCを参照。イースタン銀行では、「債務返済据置協定」の下で27万3,403ポンドが凍結され、事実上そのすべてが1939年までに損金処理された。

109) Mackenzie, *Realms of Silver*, 240.

110) King, *The History of the Hongkong and Shanghai Banking Corporation*, iii. 172.

111) Henry, *The First Hundred Years of the Standard Bank*, 235-48. Notes on Working of the Banking for the Four Years Ended 31 Mar. 1935, in Ledger in Miscellaneous South Africa Box, SC. Crossley and Blandford, *The DCO Story*, 52-5, 59-62.

112) *Report of the Royal Commission Appointed to Inquire into the Monetary and Banking Systems at Present in Operation in Australia* (Melbourne, 1936), 43.

113) R. S. Gilbert, *The Australian Loan Council in Federal Fiscal Adjustments, 1890-1965* (Canberra: Australian National University Press, 1973), 79.

114) C. B. Schedvin, *Australia and the Great Depression* (Sydney: Sydney University Press, 1970), 96-107.

115) Schedvin, 'Sir Alfred Davidson', 346.

116) 1931年から1939年にかけての最高責任者の年次報告、A/145/13 and A/141/13, ANZ Archives. これらの数字は、オーストラリアとニュージーランドの為替交換を含んでいる。

117) Cleveland and Huertas, *Citibank*, 207.

118) Y. Gonjo, 'La Banque coloniale te l'Etat: la Banque de l'Indochine devant l'interventionnisme, 1917-1931', *Le Mouvement social*, 142 (1988), 74; Marc Meuleau, *Des pionniers en Extrême-Orient* (Paris: Fayard, 1990), 360-401.

119) Manfred Pohl, *Deutsche Bank Buenos Aires, 1887-1987* (Mainz: Hase and Koehler, 1987), 76.

120) アングロ-エジプト銀行の利益は、1929年9月に終わる1年の10万1,089ポンドから1930年の7万7,803ポンド、1931年の3万4,288ポンドに減少していた。西インド諸島と西アフリカの旧コロニアル銀行支店の利益は、15万1,104ポンドから10万9,865ポンド、3万8,877ポンドに減少していた。Paper submitted to DCO Accounts Boards, 38/251, BBA.

121) Harold James, Introduction, in Harold James, Hakan Lindgren, and Alice Teichova (eds.), *The Role of Banks in the Interwar Economy* (Cambridge: Cambridge University Press, 1991), 7.

122) 例えば King, *The History of the Hongkong and Shanghai Banking Corporation*, iii. 191-2; Merrett, *ANZ Bank*, 203; Fry, *Bankers in West Africa*, 135-6; Joslin, *A Century of Banking in Latin America*, 253. を参照。

123) Michael Collins, *Money and Banking it the UK: A History* (London: Croom Helm, 1988), 247-51.

124) 1929年から1938年にかけてのスタンダード銀行の投資／預金比率は11％から25％に上昇していた。オーストラレイシア銀行は11％から22％、イースタン銀行は45％から79％、ペルシャ・インペリアル銀行は56％から94％であった。

125) Geoffrey Jones, *Banking and Empire in Iran*, 215-17.

126) King, *The History of the Hongkong and Shanghai Banking Corporation*, iii. 179.

127) *Report of the Royal Commission Appointed to Inquire into the Monetary and Banking Systems... in Australia*, 82-9; H, W, Arndt, *The Australian Trading Banks* (Melbourne: Cheshire, 1957), 76-7; R. F. Holder, *Bank of New South Wales: A History*, ii (Sydney: Angus and Robertson, 1970), 791.

第6章　戦間期の銀行戦略

1　市場シェアと競争優位

　多国籍銀行業は、戦間期において成熟産業と見なされる。商品や技術はさほど変化していなかったし、成長の見通しも先細りであった。経済圏によってはリテール銀行業への新規参入の機会もあったが、その結果としてイギリスの銀行は、さまざまな市場で新たな現地銀行からの競争に直面していた。しかしこの経済的・政治的環境下では、国際銀行業の将来見通しはほとんど立たなかった。他国の所有する新たな多国籍銀行が、イギリスの銀行に迫ってくることもほとんどなかった。ドイツの海外銀行業は、第1次世界大戦とその後の混乱により壊滅的な状況に陥っており、新規参入を果たしたのは主として合衆国の多国籍銀行であった。ナショナル・シティ銀行は、第1次世界大戦中に多国籍支店網を構築しはじめ、1930年までにはほぼ100程度の海外支店を有するようになり、その3分の2がラテンアメリカに展開していた。だが他のアメリカの銀行は、少数の海外支店を開設していたにすぎなかった。アメリカの多国籍銀行の活動は、斬新な展開を遂げてはいたものの、戦間期には相対的に小規模なものにとどまっていたのである[1]。

　19世紀、イギリスの海外銀行は、連合王国を基礎とした競争優位性を利用し、多国籍支店による銀行業務戦略を駆使して発展と繁栄を遂げてきた。だが1914年以降、国の競争優位における「ダイヤモンド」のいくつかの要因は、イギリスの銀行にとってさほど有利なものではなくなってしまった。

　要素条件は、イギリスの多国籍銀行にとってそれでも有利に働いていたが、お

そらく以前ほどではなかったであろう。ロンドン市場は、株式を発行する上で申し分のない場所ではあったが、実のところ第1次世界大戦直後からはほとんどの銀行が、ロンドン市場で資本を調達しなくなっていた。1920年代末からの悪化した経済状態は、その一端を物語っている。しかし、多くの銀行もまた資本調達を控えていたようである。なぜならば、大きな資本に見合う高い配当率を継続することができるほど十分かつ素速くさらなる利益を生み出すことができなくなっていたからである[2]。またイギリスの海外銀行は、望ましい発展を遂げた国内銀行業システムを有するイギリスで、銀行業務に精通した大量の人材を自由に入手していた。しかしこうした優位性を損なってきたであろう多くの要因もあげられる。第1次世界大戦で犠牲を払ったことによって大戦直後の時期にスタッフ不足が発生したので、銀行は職務遂行能力のあるスタッフを見出して雇用せねばならないという問題に直面していたものと思われる[3]。第2次世界大戦後にも類似した問題が見られた[4]。逆に恐慌下にあった1930年代初頭には大部分の銀行が、スタッフを採用するよりは、むしろ削減しようとしていた。国内から海外銀行に向けて容易にスタッフの配置転換ができるという点は、海外銀行に対するクリアリング・バンクの投資から生じた1つの将来性のある内部交流の長所であった。だが実際問題としてこうした配置転換は、バークレイズ・グループ内でしか行われていなかったようである。戦間期のイギリスの銀行のスタッフの一般的な資質は、一様に高かったとはいえないかもしれない。国内銀行間での急速な統合の進展にともなって、新たな大規模銀行グループに、合併したさまざまな銀行出身の種々雑多なスタッフをもたらしたが、小規模な銀行が吸収された結果成立した大規模なグループにとってみれば、彼らはおそらくはそれほど相応しい人材ではなかったといえよう[5]。おしなべてスタッフの正規訓練が避けられていたという事実も、こうした問題を悪化させていた。

戦間期にはイギリスの多国籍銀行にとって恵まれていた需要条件が悪化していた。その中核となる市場——イギリスの事業に必要なサービスを提供する——は、長期的かつ相対的な収縮期に入っていた。イギリスの輸出は、戦間期には停滞し、世界貿易におけるそのシェアは、1913年の14％から1937年の10％にまで縮小していた。しかし、イギリス輸出の低下傾向がイギリスの海外銀行に及ぼす影響はい

くつかの要因によって軽減されていた。それはイギリスの海外貿易における重要性がイギリス帝国内に高まったのであるが、それはまた先進国市場でイギリス製品の競争力が低下し、戦間期の帝国内特恵スキームの結果によるものであった。1930年から1938年にかけてのイギリスの輸出および輸入に占めるイギリス帝国の比重は、それぞれ43％から50％、29％から40％へと上昇している。だがイギリスの輸出、とりわけ繊維製品のそれは、銀行がイギリス貿易に対して金融を行っていたインドやラテンアメリカを含むさまざまな市場での輸入代替製品の登場により、相当の損失を被った[6]。

　多くの発展途上国の採掘部門や他部門で活動していたイギリスの「フリースタンディング」会社の1918年以降の弱体化は、こうした会社との緊密な取引関係を有する銀行にとっても大きな問題となっていた。例えばインド内では、従来その大半がイギリス人によって所有されていたジュート産業がインド人の手に渡ってしまったように、インドにおけるイギリスの海外事業の重要性が徐々に薄れていった[7]。イギリス資本輸出の急減にともなって、イギリスとの貿易上の結びつきが弱まっていたラテンアメリカの多くの地域でも類似した話が聞かれた。アメリカの多国籍企業は、アルゼンチン、ブラジルおよびその他のラテンアメリカ地域に対して相当額の投資を行っていたが、時にはイギリスの企業を買収することもあった。たいていの場合、こうした事業が渡ってしまった相手は、アメリカの銀行であった[8]。しかしイギリスの海外事業は、ゆっくりとした経過をたどりながら衰退していったので、依然として銀行にとっては重要な取引先の基盤を提供しつづけていた。例えばラテンアメリカでは1930年代にBolsaが、イギリスの貿易業者、さらにはギブズ社や多くのイギリス資本の公共事業をはじめとした他の業者に対して多大な融資を供与しつづけていた。とりわけ有益な顧客だったのは、ヴェステイ一族が経営するユニオン・コールド・ストーリッジ・カンパニーである。同社は、1920年代までに世界最大の食肉小売業者となり、イギリスにおける冷凍保管能力の3分の1ならびにイギリスが輸入する食肉の20％を占めるとともに、ラテンアメリカにおける供給網をも有していた[9]。Bolsaは、当座貸越や引受条件付き信用状、その他の手段を通じて、ユニオン・コールド・ストーリッジ・カンパニーに対し融資を行っていたが、その融資レベルは常に変動していた。

しかし1936年12月を基準日にとると、Bolsa は、アルゼンチン、ウルグアイ、ブラジル、ポルトガル、スペイン、ロンドンにある支店を通じて、ヴェステイ・グループに対して総額で1,600万ポンドを超える融資を供与していた。その半分はポンドで、残りは現地通貨で支払われていた[10]。

　他市場ではイギリスの銀行の経営陣が、有益に支店を運営するためには「イギリスの」事業が不足していることに気づいていた。戦間期にはイギリスのクリアリング・バンクのヨーロッパ大陸子会社が、こうした問題により深刻な影響を受けていたが、この点はヨーロッパ大陸に限ったことではなかった。戦間期のロイズ銀行のインド支店にとって最大の顧客は、イギリスの輸入業者や商館であった。だがこうした魅力的な事業をめぐる銀行間の競争は熾烈であり、他に見込みのある次の収入源を考慮していた。1930年にロイズ銀行のあるシニアマネージャーが、ラングーン支店に寄せた報告によると、「ヨーロッパ企業と大規模なインド企業の限られたパイをめぐるきわめて熾烈な競争が発生している。したがって新たな方向に突き進むことも必要であり、その提案としてソーラティー・バザールに支所を開設すべきである。この街のすべては『マハメドン〔引用原文のまま〕や中国商人双方の輸出入業者』によって占められていた」[11]。

　イギリスの事業の相対的重要性の低下は、イギリスの銀行が特化していた貿易金融や外国為替サービスに対する需要に悪影響を及ぼす世界経済における広範な構造的変化に符合するものであった。最も衝撃的な変化は、国際貿易の急激な減少であり、その貿易金融に海外銀行は深くかかわっていた。しかも海外銀行にとってなお悪いことは一次産品に対する商品交易条件の変更であった[12]。「硝石銀行」、「ココア銀行」、「干し葡萄銀行」を起源とする海外銀行は、金融を行っていた商品の価格が低下し、価格低下にともなって取引が減少し、不良債権が増大することを認識していた。

　例えば西アフリカではココア、パーム油、ピーナッツという3つの主要輸出作物が、大恐慌にともなう急激な価格低下に直面している。バークレイズ銀行やブリティッシュ・ウエスト・アフリカ銀行は、アフリカの生産者には金融を行っていなかったものの、その事業が劇的に衰退していた商社には金融を行っていた。ゴールド・コーストのアフリカのココア生産者は、一連の生産制限を講じること

で価格低下に対応し、ついには1937年に生産物の販売を一切拒否するまでに至った。さらにこの紛争が重大な局面に達する過程で、ココア生産は「スウォールン・シュート」病の発症によって打撃を受け、海外銀行にとって貿易金融の重要な領域の１つであった事業を弱体化させた[13]。同地域で活動していたイギリスの銀行の利益は急減することになったのである[14]。

戦間期の東アフリカでは、イギリスを本拠とした３つの銀行（スタンダード銀行、バークレイズ銀行（DCO）、インド・ナショナル銀行）は、戦間期の商品価格低下によって深刻な影響を受けたヨーロッパ人居留者やプランテーション所有者に対して金融を行っていた。ケニアの主要作物は、コーヒー、サイザル麻、トウモロコシであった。こうした入植者作物の価格は、1930年から暴落しはじめた。コーヒー、サイザル麻、トウモロコシの輸出総額は、1930年の250万ポンドから1934年には100万ポンド以下にまで下落した。対照的にイギリスの銀行がほとんど取引を行っていなかったアフリカの穀物生産者は、1930年代にも健闘していた[15]。彼らは低コストで事業を行っていた。ケニアではスタンダード銀行が、1930年以降、多数の農場に対して抵当権を行使しはじめ、時々その抵当流れの財産を自ら所有し保管していた。元スタンダード銀行の支店長が、1930年代初頭を回顧しつつ語ったところによると、スタンダード銀行は「おそらく当時としてはケニア最大の土地所有者」であったにちがいない[16]。だが長期にわたるこうした状況は、植民地統治者が不動産抵当銀行を設立した際に緩和され、ロンドンから資金を調達し、現行市場よりも低い金利で農業経営者に対して又貸したことで、多くの農場経営者が銀行に対して、既存の抵当権を解除することが可能となった。

1930年代にはラテンアメリカ、オーストラリア、ニュージーランドでも多くの一次産品生産者について類似した話がある。1931年のニュージーランドの輸出価格は、1928年の価格の58％にすぎなかった[17]。ブラジルのコーヒー、アルゼンチンの羊毛、チリの硝石の価格も暴落した。順調であった数少ない商品の１つが金であり、この幸運によって南アフリカが1930年代半ばまでに「商業的にも産業的にも世界のより繁栄した国の仲間入り」をすることが可能になるとともに、西アフリカや東アフリカの銀行も危機を切り抜けることができた[18]。

商品価格には問題があったものの、海外銀行が事業を行っていた多くの経済圏

では経済成長も見られた。以前は一次産品の貿易や価格の崩壊が、第三世界にとって最大の災難であると思われていたが、実際にはプラスの結果もあった。一次産品を生産する多くの地域社会（コミュニティ）は、収益の減少が及ぼす影響を軽減すべく、必要最低限の生産に部分的に回帰するような方策を利用することができる一方、収益もまた工業輸入製品および食料品価格の低下によって支えられていた[19]。貿易障壁と地元の起業家グループの台頭が、多くの諸国で輸入代替製品を通じて生産の持続的拡大を主導した。インドの製造業生産高は、イギリスや合衆国あるいはドイツよりも急速に成長し、戦間期の世界平均を上回る高い比率で拡大していた。ラテンアメリカでは製造部門が拡大するにつれて、1929年から1932年にかけての数年にわたる危機からの急速な回復が見られた。例えばアルゼンチンの製造業生産高は、1929年から1932年にかけて年率3％で拡大していた[20]。ラテンアメリカ経済では国内市場向けの繊維、タイヤ、医薬品、食品加工部門で独特の発展が見られた。国内市場が新興産業の要件に応えられたという事実は、ラテンアメリカの銀行が大恐慌でほとんど崩壊することがなかった理由の1つといえる[21]。

イギリスの多国籍銀行にとって問題なのは、従来の貿易、外国為替相場、一次産品金融への特化が、輸入代替製品ないし自作農業を通じて生じる成長から恩恵を得る上で、イギリスの銀行を最適な地位に据えていなかった点である。イギリス多国籍銀行の金融商品と方針は、異なった需要に見合うものであった。イギリスの銀行は、戦間期の発展途上世界の経済成長を支えてきたと思われる地元の企業家や農民との間に弱い関係しか結んでいなかった。例えば近代インドの実業は、マルワリの事業集団によって支配されるようになっており、マルワリ・グループは独自の信用協定を結ぶとともに、インドに対する愛国的な心情をも共有していた[22]。インドにおいて為替銀行は、マルワリとの限られた関係しか有していなかったのである。イランではペルシャ・インペリアル銀行が、その設立以来、イギリス人や現地商人の事業資金の需要に対して金融を行っていたが、1930年代の同国の工業化を担っていた政府の工場や民間の起業家の需要には対応してこなかった[23]。多くの場合、イギリスの銀行の支店が立地していたのは、成長のための新たな源泉を巧みに利用する上で不適切な場所——港や貨物集散地——にほかなら

なかったのである。

　イギリスの海外銀行にとってのさらなる問題とは、多くの地域で現地産業に対する金融といった国内指向型の事業をめぐって、実質的あるいは少なくとも潜在的に競争を挑んでいたのは現地の銀行であったという点である。ニュージーランドではニュージーランド銀行が、その設立以来、この市場を支配していたが、オーストラリアでは現地の銀行、とりわけニュー・サウス・ウェールズ銀行が、市場のリーダーであった。しかしこの時期にはラテンアメリカやアジアでも、信頼に足る近代的銀行事業などはすでに珍しいものではなかったし、顧客の抗議も時には国家主義や反帝国主義によって強まっていた。

　例えばエジプトやイラクでは国家主義的な感情が、時には国家主義者の心情に訴えつつ、預金や事業をめぐって精力的に競争を展開することになるミスル銀行やメッリ銀行という現地の銀行の設立につながった[24]。英領インドでは為替銀行に対して、インド人に十分な融資を行っていないとか、銀行の上層部でインド人を雇用していないという批判が噴出しはじめていた。1930年代初頭にはイギリスの政治的状況とも並行して、こうした感情が頂点に達する中で、イギリスの銀行は攻撃やボイコットを受けるようになってしまった。インドにある為替銀行の代表者は、1930年に中央銀行業調査委員会に対して証言を行った際に、「人種的な偏見からインドの企業やインドの事業に対して差別がある」という告発も受けている[25]。1934年のセイロン銀行業委員会でも、イギリスの銀行に対して同様の訴えがなされていた。それはセイロン人が直接イギリスの銀行から資金を借り入れることができず、両替商から借りなければならないので、コストが高くなるとの特別な不満であった[26]。

　中国ではイギリスの銀行に対する明らかな攻撃こそほとんどなかったが、その役割は近代的かつ統一的な国民国家が出現するにつれて変化していった。1927年には国民党が、中華民国の見かけ上の政治的統一を達成したものの、1930年代には日本軍の侵略により、統一達成後ほどなくその安定も崩壊することとなった。中国の国家主義は、外国銀行の役割を制約するものであった。1920年代末に至るまで香港銀行やさほど重要性が高くはなかったものの他の外国銀行が、準中央銀行的役割を果たしていた。香港銀行は、中国の海関（中国税関）と食塩管理局の

準備金を管理していた。また香港銀行の銀行券は支障なく流通し、香港銀行よって付けられた為替相場は上海の為替市場で公定相場として認められていた。しかし1928年から1936年にかけて通貨改革が行われた結果、銀行業システムに重大な変化が生じた。新設の中国中央銀行が、政府の歳入を継承したのである。1936年の管理通貨制度と各銀行が保有していた銀準備の国有化は、外国銀行の手から為替の相場づけを排除し、1936年以降、政府の銀行の発行する貨幣が、唯一の法定貨幣となった。政府および中国の近代的銀行は、イギリスの銀行と競争することとなったが、その競争もサービスの価格ないし質という点だけではなかった。チャータード銀行の北京マネージャーは1935年に「巨大な中国の銀行が現在享受していると思われる大きな政治的影響力」に対して不平を漏らしている[27]。1930年代までには政府が、外国銀行への中国人の預金を禁止することで、「安価な資金」の流れまでも排除するのではないかという脅威もあった。1937年にはこれを実現しようとする動きが始まったものの、同年8月の日本軍侵攻により結局は放棄された[28]。

　結果として国家主義的な心情と現地銀行は、イギリス多国籍銀行の競争優位性をある程度弱めることに一役買った。にもかかわらずイギリスの銀行は、1930年代初頭の大陸ヨーロッパや合衆国における銀行業の惨憺たる失敗と比較すれば、依然として安定した金融機関と見なされていたし、また実際にそうであった。戦間期の第三世界の新たな現地銀行の多くは、不安定で、無分別な方針や決定を行う傾向があった。例えばエジプトではミスル銀行が、急速な拡大と多角化の末、1931年には深刻な流動性危機のために崩壊してしまった[29]。現地銀行が困難に陥った際には、たいていの場合イギリスの銀行が、恩恵を被り、また時には援助することにもなった。戦間期の混乱状態では、安定性に対する評判が、依然として強力な競争優位性だったのである。

　ポーターの「ダイヤモンド」の3つ目の要素——関連産業あるいは供給産業の存在——ではある程度の衰退も見られた。1914年に比較して変化するロンドン・シティやポンドの地位は、ここでも重要であった。1918年直後の数年間にラテンアメリカでは、貿易金融のドルに移行する動きが見られ、この動きは1925年のイギリスの金本位制への復帰で一部で回避されただけであった。イングランド銀行

が、1920年代に投資資本輸出に対して非公式な制限を、また1932年以降はより強力な統制を課したことで、世界の主要資本市場としてのロンドン・シティの役割は低下していった。1926年から1929年にかけてオーストラリア政府のロンドン金融顧問であったニヴィソン社は、イングランド銀行による統制への対応として、公債発行をニューヨークに変更するよう顧客に勧めていた[30]。ラテンアメリカの政府は、1920年代にはニューヨーク市場で本格的な債券発行を開始している。その後ほとんどがデフォルトになってしまったものの、1925年から1928年にかけてニューヨークでは、ラテンアメリカの債券発行に対して投機的なブームまでもが起きていた[31]。ニューヨークとアメリカ・ドルがロンドンとポンドをすぐに上回ることはなかったが、戦間期までにはロンドンに本店を構えるポンドの銀行であることの競争優位性が徐々に弱まっていた。

同時に、金本位制問題やより一般的には銀行業に対する政府介入の増大により、イギリスの銀行が諸国間での資金移動から得る優位性も低下していった。戦間期には一般に広く中央銀行が登場した。1920年代初頭の中央銀行の設立は、為替の安定を回復させるための国際的な試みとして選択された手段であった。この時期を通じて、多くのラテンアメリカ諸国が中央銀行を設立した。イングランド銀行による奨励と指導を受けていたイギリス連邦でも類似した傾向が見られた。1920年にはサウス・アフリカ準備銀行が設立された。さらに1930年代までには国有のコモンウェルス銀行が、オーストラリアの中央銀行として発展を遂げていた。また1934年にはニュージーランド準備銀行が開設され、1935年にはインド準備銀行がこれに続いた[32]。東アフリカ、中央アフリカ、そして西インド諸島のイギリス植民地では、1912年に設けられた西アフリカ通貨理事会にならって、通貨理事会が設立された。

イギリスの銀行にとって、資金の自由な移動に対して為替管理や他の規制を課すことは、銀行業に対して強まる政府の介入のなかでも最も歓迎しがたい側面の1つであった。諸国間で資金を移動させることに対するイギリスの銀行の競争優位性と定期的かつ頻繁に生じる多額の為替利益は、いたるところで損なわれ、またところによっては排除されてしまった。1929年から資本移動に対する制限が強化され、1931年以降は世界全体に拡大した。為替管理は、イギリスの銀行の伝

統的な為替および貿易金融事業を大混乱に陥れる原因となったのである。1933年には Bolsa の報告が、「銀行の過去の歴史において、為替とその利益は常に事業の最も重要な側面に寄与してきた」と言及している。この点、とりわけ大部分の支店が港に置かれていたブラジルの場合にはまったくそのとおりであった。厳しい為替管理が、同行リオ・デ・ジャネイロ支店の1931年の利益を、1930年のわずか30％にまで下落させてしまったのである[33]。イランでは固定為替相場および為替管理にともない、ペルシャ・インペリアル銀行の為替利益が、1930年代を通じて1920年代のそれを下回る状態に陥っており、常に外国為替取引を行う権利が撤回される恐怖に怯え、しばしば利益を計上できないこともあった[34]。前章で言及したように、オーストラリアでは貿易銀行が、長期にわたって維持していた為替の相場づけという役割を失ってしまった。1932年からはコモンウェルス銀行が為替相場を付けるようになり、1939年8月には最初の包括的な外国為替管理が導入され、結局それが1983年まで続くことになった。

　イギリスの銀行は、こうした問題に対して強化された政府の介入がもたらす結果を十分に承知していた。1938年にチャータード銀行に完全に吸収されることになる P&O バンキング・コーポレーションのある取締役は、戦間期に以下のように言及した。

　　　事業としての銀行業は、管理や規制によって大いに影響を受けてきたし、また不利益な状況にも置かれてきた。こうした管理や規制は、政府により通貨、利子率、割引率、為替……に対して直接・間接的にあまねく行使されるものである。国家の必要な形に既存金融機関を制御し、これまで貿易や商業金融に開放されていた業務を制限する方向へと国家の活動を広げようとする動きがあちこちで見られた[35]。

　拡大する政府の役割は、多くのイギリス銀行家にとっては苦痛を与えるとともに当惑さえさせた。イギリスでも、1931年以降の広範囲にわたる保護貿易主義の導入など、経済問題に対して政府の介入が拡大していた。しかしまだ自由放任主義が最高のものという文化が残っていた。戦間期にはほとんどのイギリス職業人

にとって、経済問題への国家介入は、単に非効率というだけではなく、道徳に反するものでもあった。

イギリスの銀行は中央銀行の設立には反対していたけれども、必ずしも最悪のことと見なしていたわけではなかった。例えばスタンダード銀行の経営者は、1920年には「南アフリカでは中央準備銀行の特別な必要性」を見出すことができなかった。そして、準備銀行が「民間銀行の運営を著しく妨害するかのように発展を遂げ」ることに脅威を感じていた[36]。しかしイギリスの銀行が最も回避したいと願っていたことは、中央準備銀行が商業銀行に対する直接の競争相手として発展を遂げることであった。だが1931年と1932年の金本位制の危機を除いて、一度こうした脅威が治まると、両者の関係は落ち着いたものとなった[37]。戦間期の英領インドでは、為替銀行が可能なかぎり規制を行わないよう働きかけるとともに、準備銀行を運営するために課される拘束預金に対してはきっぱりと反対していた[38]。しかし一度こうしたシステムが確立してしまえば、準備銀行との関係は満足できるものとなった。

イギリスの海外銀行にとって、中央銀行が競争相手になるであろうという脅威を感じはじめると、海外銀行と当局の関係も厄介なものになってしまった。戦間期のオーストラリアではこの点が、貿易銀行とコモンウェルス銀行間のさまざまな緊張の核心として横たわっていたのである。また広く口に上っていた貿易銀行に対する痛烈な批判や当局に対して貿易銀行が感じる不信感によって、オーストラリアでは緊張がさらに高まっていった。1934年にはオーストラリアの労働党が、連邦議会選挙運動での主要綱領項目として貿易銀行の国有化を採択した。結局、労働党は議席を失ったが、緊張は沈静化せず、第2次世界大戦以降、国有化問題は再度浮上することになる[39]。貿易銀行は、納得しがたいような理由で、政府に包囲攻撃を仕掛けられていると感じていた。1938年にゼネラル・マネージャー代理がロンドンの会長に書き送ったところによると、「長きにわたる開拓の歴史ののち、〔オーストラリア・ユニオン銀行が〕政府の創出した困難に直面する姿を見るのは残念である。確かに本行は国有化には至らなかったが、あたかもすでにそうであったかのように、ある程度は本行に及ぶであろう政府の影響力に対処することを求められていた」[40]。貿易銀行は、ニュージーランドでも類似した迫害

感を抱いていた。1936年にユニオン銀行のゼネラル・マネージャーがロンドンに対して述べたところによると、

> 政府は、本行の金や銀行券発行の権利、酪農製品に対する融資を奪っていった。ニュージーランドでは、要求払預金額の7％、定期預金負債の3％を準備銀行に預けることを法律で強制されている。後者についてはわれわれは利子を支払うが、準備銀行から利益は得られない。この強制的な預金を利用することはできず、結果として収益税を支払うだけなのである[41]。

企業の戦略と構造——国の競争優位の4番目の決定要素——という点については、前章ですでに所説の多くについて概観しておいた。イギリスの海外銀行は、1914年以降の30年間に見られた深刻な危機を切り抜けることのできる、行き届いた経営がなされている金融機関であった。しかしこうした構造が、戦間期の変化する環境に対応する上で、戦略に適応できるほど急速に変化していたのか、という点についてははっきりとしない。とりわけイギリスの貿易など、南半球やアジア諸国との海外貿易に対する金融は、かつてそうであったような富の源泉ではなくなっていた。新たな成長機会が、輸入代替製品の登場や国内経済の他の分野を通じて、成長する産業に見出されようとしていたのである。商品および地理的多角化戦略も進展していた。しかしチャンドラーが近代的産業企業の成長に関して論じているところによると、海外市場の拡大、さらに商品多角化、商品の改良や革新には、相当な組織的能力が必要であった[42]。19世紀にきわめてうまく機能していた海外銀行の企業文化は、パブリック・スクール出身者の採用や終身雇用、OJTに基礎を置き、地域的、商品的専門性を育成しており、多角化に対応する備えは充分ではなかった。

イギリスの海外銀行の組織構造に特有な形態は、商品の多角化に対する制約として作用していた。それが意思決定を図る上で、ロンドンに置かれた取締役会や本店の役割であった。ロンドンの取締役会は、国際貿易に金融を行っていた19世紀的な銀行にとっては理想的であった。しかしより現地経済に対してかかわりをもつようになっていた銀行にしてみれば、あまり理想的ではなかった。ロンドン

の取締役やスタッフには、現地の銀行業のリスクについては地元の銀行が行う以上に評価しづらかったということがわかっていたので、保守的な傾向になった。またロンドンでの外国為替業務や資金運用に高い優先順位を与える傾向もあった。結果としてイギリスの銀行の中には、同じ銀行でありながらも、実際には2タイプの銀行、すなわち海外でリテール業務を行う銀行とロンドンからリテール業務以外の活動を行う銀行に発展していった。

多角化に対する組織的な制約は、オーストラリアの2つの主要銀行、すなわちオーストラリア・ユニオン銀行とオーストラレイシア銀行の事例にはっきりと見て取れる。両行のロンドンの取締役は、──その大半はイギリス-オーストラリア間貿易などの業務にかかわっており──本質的にリテール銀行業務や国内銀行業務を発展させることに興味がなく、こうした事業に融資を行うために多額の預金を獲得することにも関心を抱いていなかった。彼らが考慮に入れていたオーストラリアでの自行の事業とは、貿易とりわけ輸出業者に対して資金を提供することであった。こうした事業は資金をロンドンに蓄積することにつながり、次にその資金は短期金融市場での運用に利用されるのであった[43]。このメカニズムは、1920年代を通じてオーストラレイシア銀行で機能しており、オーストラリアでの融資も、貿易やロンドンの要求を満たす目的に限定され、割り当てられていた。1923年に同行の最高責任者は取締役に対して「現在の厳格な制限政策は、主に羊毛および農産物の為替手形の購入に充てる資金を確保する必要性から行われている」[44]と報告した。その4年後に彼は、「あらゆる点で融資に対する強い需要がある。われわれの資金の許す範囲で融資を増やすことに困難なことはあるはずがない。しかし本行は依然として、羊毛の為替手形等々の購入に充てる資金を確保する必要性から、制限政策を採用しつづけている」と報告している[45]。

ロンドンに置かれた取締役会が、オーストラリアの国内銀行業市場におけるオーストラリア・ユニオン銀行とオーストラレイシア銀行の成長を抑える役割を果たした。なぜなら両行のロンドン取締役会は、1917年から1931年にかけてオーストラリアの銀行業を変化させた合併の波から距離をおいていたからである。この時期には銀行業の合併ラッシュがあった。1914年にはその活動が1州ないし数州に限定されていた銀行が、1931年までにはまさに「全国的な」銀行になっていた。

しかしユニオン銀行とオーストラレイシア銀行のイギリス人取締役は、現地の銀行との合併によって、拠点をオーストラリアに移した金融機関が、結果的に制御不能に陥るのではないかと脅威を抱いていた。問題なのは、市場シェアがおおむね支店の数や立地によって決定されていたということである。他のオーストラリアの銀行は、合併を通じて急速に支店網を拡大することができたが、両イギリスの銀行は、ヴィクトリア州、さらには農村と地方の町に過度に依存していた。しかし1900年以降のオーストラリア経済が拠点としていたのは、大都市や、とりわけニュー・サウス・ウェールズ州とその州都シドニーであった。合併によってのみ両イギリスの銀行は、この地域における支店不足を覆すことができたはずであった[46]。

　両行の内部、とりわけユニオン銀行内部で一連の懸案事項が顕著になりはじめたのは、合併の波から10年後の1927年のことであった。同行の常任委員会は、預金の市場シェアでいかに「他行に遅れをとっていた」のかということについて言及しており、シドニーやメルボルンといった大都市の新興住宅地ではひどい支店不足になっていたことが、にわかに明るみに出はじめた[47]。しかし効果的な是正措置を採るよりもこの問題の認識が大切であった。現地の銀行（バララット・バンキング・カンパニー）の買収交渉も開始されたが、1930年には悪化する経済状況ゆえに流れてしまった[48]。1928年と1929年には新たに9支店がシドニーおよびメルボルンの近郊に開設された。だが自らの責任ある決断も大恐慌に苦しめられ、7年後になっても人口密集地域での同行の支店不足は相変わらず厳しいものに思われた[49]。ユニオン銀行の衰退を回復するためのさらなる試みが戦時下に行われ、貸付の決定権限をロンドンからメルボルンへと移行した。しかしイギリス系オーストラリア銀行の組織的構造から生じる問題は、瞬時に解決できるものではなかった。

　オーストラリアの第3のイギリス系銀行——イングリッシュ・スコティッシュ・アンド・オーストラリア銀行（ES&A）——は、ユニオン銀行やオーストラレイシア銀行とは対照をなしていた。同行のメルボルン支店長は、1920年代初頭まで他の2行の同格の人物よりも、取締役会に対して相当の権限を有していた。1909年から1927年にかけてゼネラル・マネージャー、1928年から1933年までは共

同ゼネラル・マネージャーであった人物は「『ロンドンからの干渉』に対して強い偏見」があったとのちに言われた[50]。おそらくこの大物オーストラリア人の影響であろうが、同行は1920年代の合併運動に対してきわめて積極的であった。1920年2月、このイギリスの銀行が、現地の銀行であるヴィクトリア銀行の買収を試みたことがあったが、その提案が拒否されると、イギリスを本拠とするオーストラリア・ロンドン銀行に狙いを定めた。そのロンドン銀行は、現地の銀行であるタスマニア商業銀行との統合を計画していたのである。それは主として同行の取引先の1つであるイギリスのチョコレート会社、キャドバリー社がタスマニアに工場の建設を計画していたからであったが、結局のところロンドン銀行と商業銀行の双方は、ともにES&Aによって買収されることになった[51]。さらに1927年には別の現地銀行であるオーストラリア・ロイヤル銀行も買収されている。

　こうした合併が、1920年代には急速な市場シェアの拡大を可能にした。ES&Aは、最初のうちはウエスタン・オーストラリア州とタスマニア州に進出した。1920年の時点ではニュー・サウス・ウェールズ州とヴィクトリア州での預金が、オーストレイシア銀行とユニオン銀行のそれをかなり下回ってはいたが、1930年までには両行を追い越している[52]。ES&Aは、1920年代には顕著に利益もあげはじめていた。だが不運なことに急速な拡大に経営改革がついていけなかった。1930年代初頭までの脆弱な経営構造が、結果として巨額の不良債権を生んだのである。ことにその不良債権は、同行の融資が特に集中していた少数ではあるが大規模融資顧客で発生したものであった。特にその巨額の損失は、同行が明らかに投機目的で運用するために多大の融資を供与していたシドニー証券取引所の投機家の1936年破産にともなうものであった[53]。

　戦間期を通じて市場シェアを拡大しつづけていたニュー・サウス・ウェールズ銀行は、オーストラリアにあるイギリスの貿易銀行すべてと極端に対照的であった。同行は、ダイナミックなゼネラル・マネージャーであるアルフレッド・デイヴィッドソン氏の下で、1930年代初頭の為替危機の間に大きな主導力を発揮するとともに、さらにはES&Aのような不運を回避しようとした革新的かつ積極的な事業戦略を展開することになった。大恐慌の真っただ中でさえ、同行は新たな支店を開設し、融資の拡大を狙うとともに、真っ先に連邦政府財務省証券の流動

表6-1　地域・国別のイギリス系銀行の市場シェア
（1914年頃～46年頃）

市場シェアの変化	地域／国
消滅／深刻な縮小	カナダ、イラン
停滞／わずかな縮小	オーストラリア、ニュージーランド、ラテンアメリカ
安定	アジア諸国、西インド諸島、植民地アフリカ
成長	南アフリカ

資産としての潜在的な有用性を理解していた[54]。

　結果として、経営構造ならびにその他の問題に関しては、19世紀のイギリス多国籍銀行が有していた本来の競争優位性が1914年以降に弱まったと言えよう。それにもかかわらず戦間期について推定する限りで、こうした弱さは、市場シェアの本格的な縮小には、めったにつながらなかった。表6-1は、1914年と1946年の間に地域ごとにイギリスの銀行の市場シェアがどのように変化したのかについて、大まかな評価を示したものである。

　いくつかの国では戦間期にイギリスの銀行の活動の実質的な後退ないし消滅さえあったことが理解できる。第1次世界大戦後のブリティッシュ・ノース・アメリカ銀行の売却によって、カナダの国内銀行業からイギリスの銀行が排除され、1920年代末に設立されたバークレイズ銀行（カナダ）だけがきわめて小規模な金融機関を維持していたにすぎなかった。イランでは制限的な政府立法と結びついた1928年の国有メッリ銀行の設立が、以前には同国のほとんどすべての近代的な銀行預金や貸出を支えていたペルシャ・インペリアル銀行の市場シェアの徹底的な縮小につながった。ペルシャ・インペリアル銀行は、1939年において銀行預金のわずか9％、貸出の6％を占めていたにすぎなかった[55]。

　さらによくあるパターンは、戦間期のラテンアメリカ、オーストラリア、ニュージーランドに見られる市場シェアの停滞ないしわずかな縮小である。ラテンアメリカではBolsaや消滅前のアングロ-サウス・アメリカ銀行が、多くの諸国の中でも相変わらず重要な存在であったものの、現地の銀行あるいはアメリカやカナダの銀行との競争も見られた。とりわけアメリカ大陸と結びついたイギリスの事業や貿易が衰退するにつれて、この地域での貿易金融のドルへの移行が、アメリカの銀行に比較してイギリスの銀行を不利な立場に置くことになった[56]。

戦間期のオーストラリアではイギリスの銀行が、民間貿易銀行のオーストラリア資産のうちおよそ30％を保有していた。だがすべての金融資産に占める貿易銀行のシェアは、重要性が増していた貯蓄銀行や生命保険会社といった他の金融仲介業者にとって有利であったことで、縮小しつづけていた。上記に説明したような理由で、2つの主要なイギリスの銀行の市場シェアは、現地のオーストラリアの銀行のそれに比較して停滞ないし縮小さえしていた。ユニオン銀行およびオーストラレイシア銀行は、シドニーを本拠とした2つの現地銀行、ニュー・サウス・ウェールズ銀行およびシドニー商業銀行会社にはるかに引き離されたが、ES&Aの買収戦略は、市場シェアを好転させていた[57]。戦間期のニュージーランドでは市場シェアも安定していた。3つのイギリスの銀行は、1914年の非政府預金のうち37％、貸付のうち44％を占めていたが、その一方で1939年のそれぞれの値はともに39％であった[58]。

イギリス帝国内の発展途上国ではイギリスの銀行が、相変わらず強さを発揮し、市場シェアも安定していた。例えばイギリス植民地のアフリカではまさにこのとおりであった。1933年にはアフリカの銀行、ナイジェリア・ナショナル銀行が設立されたが、第2次世界大戦中には増大したものの、1939年までは1万ポンド相当の預金しか有していなかった[59]。英領西インド諸島ではバークレイズ銀行（DCO）とノバ・スコシア銀行が、事実上、銀行業市場を複占的に支配していた。英領インドの為替銀行（ほとんどがイギリス系であった）では、近代的銀行業部門の預金に占めるシェアが、1919年から1937年にかけて34％から29％へと縮小していたことがわかる。1935年に準備銀行が設立された後、為替銀行も為替市場において、外国為替取引の禁止を最終的に解かれたインド・インペリアル銀行という新たな競争相手に直面することになった[60]。しかしこうした競争にともなって為替事業の急速な衰退が見られなかったことも明らかである。

南アフリカは、イギリスの銀行が戦間期に市場シェアをきわめて急速に拡大させた唯一の国である。1926年のバークレイズ銀行（DCO）によるサウス・アフリカ・ナショナル銀行の取得にともない、南アフリカの国内全体の銀行業部門がイギリスによって支配されるようになった。銀行業部門全体としては――オーストラリアでのように――住宅金融組合や保険会社のような非銀行系金融仲介業者

に対してその地歩を譲ることになってしまったが、銀行についてみれば2つのイギリスの巨人に対する数少ない競争相手は、オランダ資本のオランダ銀行と2つの小規模な現地金融機関だけであった。1939年にはバークレイズ銀行（DCO）とスタンダード銀行が、南アフリカの商業銀行預金の96％（それぞれ57％と39％）を占めていた。オーストラリアとはまったく逆に、現地所有の銀行が戦間期には実質的に姿を消してしまい、同国がイギリス多国籍銀行業勢力のまさに頂点になったのである[61]。南アフリカではイギリスの銀行の複占、現地人所有の強力な競争相手の欠如、活況を呈する金産業によって支えられた経済の繁栄が、1930年代にはバークレイズ銀行（DCO）とスタンダード銀行の高い収益性をもたらしたと断言できる。

結果としてほとんどの場合、戦間期のイギリス多国籍銀行は、競争優位性が弱まっていたにもかかわらず、早期に獲得した市場シェアをしっかり抱え込んでいた。この点は数々の要因によって説明できる。イギリス多国籍銀行は、事業を運営していた多くの地域で卓越した事業特権を確立しており、進出先政府が攻撃的な行動を採らないかぎり、それが容易に侵害されることもなかった。事業のほとんどがイギリス帝国内にとどまっていたことで、イギリスの銀行として敵対的な政策の的になることはほとんどなかった。例えばオーストラリア政府は、1920年代初頭から「外国」銀行の新規参入をブロックしていたが、既存のイギリスの銀行は、こうした範疇から除外されていた。またほとんどの国ではイギリスの銀行が、その支店網の下に大規模な物的資産を所有していた。こうした支店の中には、現地の実情から見ればいかめしい建物もあった。誠実さと安定性に対する評判は、この時期の不安な状況からすれば相当な資産であった。イギリスのクリアリング・バンクによるこれらの銀行への資本参加もまた、安定性に対する評判を高めることになった。

その他に十分検討されるべき2つの要因がある。その第1は、次節で論ずることにしている戦間期の多くの市場での競争の性質である。第2にイギリスの銀行は、変化する状況に適応するための事業戦略において十分な柔軟性を見せていた。この点は、本章の後節に関連する事項である。

2 競争とカルテル化

　戦間期にはイギリスの海外銀行も他の金融機関との競争に直面していたが、こうした競争がイギリスの海外銀行の市場シェアを完全に圧倒することなどほとんどなかった。他の国の多国籍銀行業には限界があった。現地の銀行によるリテール事業との競争は、しばしば談合協定によって制限されていた。結果として事業特権は、時には侵食されることもあったが、圧倒されることなどめったになかった。

　この点については、戦間期の銀行の内部文書を一読しただけでは、これといった所感は得られない。この時期に事業機会が縮小することで、しばしばマネージャーたちは、とりわけ第1次世界大戦前の黄金期と比較すれば、銀行が競争圧力の下に置かれていることを感じていた。支店レベルのマネージャーたちも、しばしば「魅力的な」外国為替や貿易関連の事業について熾烈な競争に直面していることを感じていた。この点は、同時期のアジア諸国の為替銀行ではきわめて明確である。例えばインドの銀行は、為替事業をめぐって激しく競争していた。1935年のインド・インペリアル銀行の為替銀行業務への参入が、その競争に別の要素を加えたのである。為替全般に関して、1938年にチャータード銀行のチーフ・マネージャーが言及しているところによると、

　　　今日、あらゆる意味で競争は非常に熾烈である。それゆえに一般的に銀行が即時取引に対して1/32％以上の手数料を取っているかどうかは疑わしい。またそれと同時に各半期末になってはっきりとわかってくることは、相当の銀行間取引が、結果としてほとんどあるいはまったく利益をもたらしておらず、ひたすら仲介業者の利益を満たすために行われているように思える[62]。

　また1936年には香港のインド・マーカンタイル銀行マネージャーが次のように考えていた。

競争はきわめて激しい。ヨーロッパ人の商売は堅実である。中国人は、買弁に手数料を支払いたくないために、おのずと中国の銀行に引き付けられる傾向にある。もしかするとここでは取引による純粋な収入だけでは、為替業務にかかわる23の銀行を支えることはできないのかもしれない[63]。

強大な香港銀行でさえ、中国、セイロンなどの地域で競争圧力の下に置かれていると感じていた[64]。現地の銀行が、時には預金基盤に少しずつ侵入した。例えばボンベイのイースタン銀行は、貯蓄預金をめぐって次のような歓迎しがたい競争を経験している。

新たに設立されたインドの銀行は、一般大衆の預金を獲得したいと切望しており、高い利子を払うつもりもある。インドではこの種の大衆は、平均的な当座預金保有者のようにさほど知識があるわけではない。したがって蓄えを預けようとする銀行の評判を尋ねようともしたがらない[65]。

ほとんどの国では、現地銀行との競争や手数料事業をめぐるイギリスの銀行間の対立が、価格および非価格の双方におよぶ広範な談合協定の状況の中で行われていた。まさにこの時期の経済状態が、談合的な行動に駆り立てたも同然である。銀行の商品への需要には弾力性がなく、革新もほとんどなかったが、その一方で政治的・金融的なリスクは高かった。ほとんどどこでも談合協定は不安定であったが、いつまでも続いていた。

談合活動の主たる焦点は、価格競争の規制であった。戦間期までオーストラリアではすべての銀行間に一般協定が存在していた。それはたとえ銀行が市場シェアの拡大を望んでいたとしても、好き勝手に価格競争をさせないための協定であった。だが主要戦略としての非価格競争（とりわけ新支店の開設）についてはその限りではなかったものの、口座を移すよう顧客を説得しようとしていた銀行のマネージャーに対して「紳士協定」が課されることがあった[66]。戦間期の南アフリカではバークレイズ銀行（DCO）とスタンダード銀行の複占体が、広範囲にわたって銀行業カルテルを布いていた[67]。南アフリカやオーストラリアでは銀行

産業への新規参入がほとんどまったくなかったことで、こうした協定が容易に実施されていたのである。小切手の銀行間決済を行う取引所に対する既存銀行による規制は、強力な参入障壁としての役割を果たしていた。またさらなる参入障壁に当たるものには、借入および貸付利息に関するカルテル協定と顧客の横取りに関する紳士協定もあった[68]。

このような次第ではあるが、戦間期のオーストラリアでは価格競争が、完全に排除されることはなかった。すでに概観してきたように、ニュー・サウス・ウェールズ銀行は、カルテル協定を破棄しがちであったし、あるいは利子水準の変更について独断的な行動も採っていた。またイギリスの銀行も、その行動によって常に当惑させられていた。1930年代によく見られたシナリオの一例を挙げるなら、1932年8月、イングリッシュ・スコティッシュ・アンド・オーストラリア銀行（ES&A）のメルボルン支店長が、ロンドンの本社に対して行った報告にそれが現れている。ニュー・サウス・ウェールズ銀行のゼネラル・マネージャー、デイヴィッドソンが、「すべての通貨の定期預金に対する利子支払に関する問題でまた黙っていられなくなった」のである。同支店長は、ヴィクトリア銀行組合の会長に対して以下のように書き送っている。

> デイヴィッドソン氏は、さらなる利子の引き下げを示唆していた。ヴィクトリアの銀行は、今は都合が悪いと考えている。そう助言を受けると、彼はすぐさまほのめかしたのである。本行の預金は十分な金額を維持している。したがって再度、預金利子率の引き下げを迫られるであろう。だが彼は、自行だけがそうした行動をとるべきではないとも思っていた……。他行の対応にかかわりなく、彼が自行の利子率を引き下げると独自に発表した時には、われわれは彼に反撃したいと思う[69]。

1930年代にはオーストラリアでさえ、貿易銀行間競争の完全な排除など想像もできなかった。

非植民地帝国の一部、すなわちラテンアメリカやアジア諸国では、談合協定が広範囲にわたっていたが、たびたびその協定は崩壊しやすかった。参入障壁は低

かった。また新たな参入者は市場シェアの確保を切望し、時々イギリスの銀行との談合を好まない地元の銀行もあった。それでもほとんどの地域では利子およびその他について協定が成立しており、協定が長期にわたってより包括的になっていく傾向もあった。例えば西アフリカでは1920年代末から2つのイギリスの銀行が、相手行に対して事前通告なしに、特定の場所で支店を開設ないし再開しないとの協定締結に至っている[70]。散発的な利子協定もあったが、それも最終的には1945年1月に調印がなされ、「西アフリカにおける銀行間協力」と題する公式協定というかたちで成文化されている。44の「案件」が銀行間で協定されたが、「ロンドン本部の相互承認」のなしに「逸脱ないし例外は許されなかった」。こうして同協定は、1957年まで効力が維持されることになった[71]。

　非イギリス系銀行が市場で活動していた場合、談合もしばしばより困難なものとなった。アジア諸国では19世紀以来、現地の利子協定が数々存在していたが、戦間期にはよりいっそう包括的なものになっていった。イギリスの為替銀行は、イギリスの為替銀行相互ならびに外国の為替銀行との間に相当数の提携を実現していた。アジア諸国の為替銀行の成文化された決議案は、折にふれてロンドンのマネージャーたちによって承認されていたが、この決議案は8つのイギリスの銀行のみならず、フランス、アメリカ、ベルギー、中国および日本の銀行にも適用されていた。さらにこの決議案は、これらの銀行によって取引された広範な事業、すなわち手形取引や貸付の交渉に付随してなされる利子率や手数料の設定から処理方法の規定に至る包括的な談合のパターンを代表するものであった[72]。しかしインドの銀行は、こうした協定に対してはあまり熱心ではなかったし、イギリスの銀行でさえも都合によって協定を破棄することもあった。1928年にはインド・マーカンタイル銀行のカルカッタ支店のマネージャーが、ロイズ銀行の政策を「相変わらず、こちらがその準備もできてないような条件で融資を供与することで、事業を誘致しようとする……悩みの種」と嘆いていた[73]。利子協定はまれに、地域によっては価格競争の余地を残しつつ、各銀行が提供するすべての商品に及ぶこともあった[74]。

　戦間期の為替銀行では露骨な談合と同様に、暗黙の談合も行われていた。特定市場にあって定評のある銀行が、価格競争を排除するために、その影響力や市場

第 6 章 戦間期の銀行戦略 269

支配力の行使を試みることなど珍しいことでもない。だがこうした戦略の成功は、個々の市場の特質にきわめて大きく依存している。1936年、貯蓄預金の利子率を引き下げようとするロイズ銀行の圧力に対して、イースタン銀行のカルカッタ支店は抵抗を示すことができた[75]。しかし香港銀行が有効な価格主導権の行使をなしえていた香港では、別の小規模なイギリスの銀行、マーカンタイル銀行にその余地などなかった。マーカンタイル銀行のマネージャーは、1929年、その状況についてロンドンに報告を行っている。

> あなたがたは、香港銀行が植民地に対してもっている支配力をまったく信じていないであろう。同行は、本国の銀行が見向きもしない事業を拡大する心構えである。ほとんどの会社、企業、個人は、何らかのかたちで同行の恩恵にあずかっている。同行は、他行に支払われる自行あてに振り出された小切手すべてを監視している。また小切手が為替業務にともなうものであることが分かれば、かかわりをもつ商人や仲介業者は、グレイバーン（香港銀行のチーフ・マネージャー）との面会を心待ちにしている。
>
> 仲介手数料は、商人取引で8分の1、銀行間で16分の1であった。これは高すぎる！ ナショナル・シティ銀行は、引き下げを検討するために会議を招集するようチャータード銀行のファーガソンを説得してみた。ファーガソンは約束したものの、何もしないままロンドンに帰ってしまった。グレイバーンは、ここにいる限り、仲介手数料が引き下げられることはなかろうと言い放っていた[76]。

アジアの貿易港、イギリス植民地、そして南アフリカでは、個々の銀行間で、その地位をめぐって避けがたい争いがあったにもかかわらず、イギリスの銀行が所を得て十分な支配力を発揮することで談合協定を維持していた。オーストラリアとニュージーランドでは、外部参入が不可能も同然な銀行カルテル内にしっかりと身を置いていた。イギリスの銀行の市場シェアの安定性は、疑いようもないことである。

こうした談合と全体的な経済的繁栄との因果関係は、あまり明確ではない。経

済理論は、談合を顧客の利益に対する負の効果を予測するであろう。この点については、1930年代の香港で課された仲介手数料の水準に関するインド・マーカンタイル銀行マネージャーの所感で提示された実例が、これを裏づけている。しかし談合には、アジア諸国でのみならず、頻繁に生じる実施上の問題があり、過度の独占利潤が長期にわたって確保できていたかどうかを疑わしいものにしていたのである。革新と安定の間には、ある程度トレード・オフの関係が存在している。ある南アフリカ銀行業史の研究者が論じたところによると、南アフリカは、スタンダード銀行とバークレイズ銀行（DCO）が行使する複占により、1929年以降のアメリカ銀行業の崩壊の恐怖から救われたのである[77]。逆にオーストラリア銀行業史の専門家は、――際立った銀行業の崩壊もなかったが――カルテル構造の代償の一端をなす保守主義の台頭および革新の欠如を強調している[78]。同時期の経済的・金融的状況では、アメリカや大陸ヨーロッパ的な銀行業崩壊を回避したことで相当の恩恵をこうむった。おそらく問題はのちになって生じるであろう。というのも戦間期のなれ合い的な慎重さが、しばしば第2次世界大戦後の新たな状況に持ち越されたからである。

3 地理的な多角化

　19世紀のイギリスの海外銀行――あるいは少なくとも生き残ったそれ――は、保守的な金融機関ではあったが、それでも慎重な銀行業と考えられる条件の中で、柔軟な戦略を追求していた。戦間期にもこうした伝統は継承されており、銀行も戦略のさらなる修正をもって競争優位の変化に対応してきた。
　商品価格や時には政治的リスクという問題が、地理的な多角化を促進してきた。第5章で述べた合併や統合も、こうした状況で理解されねばならない。クリアリングを行う金融機関との連携を追求してきた海外銀行は、なかんずく単一の国ないし地域への依存を減らそうと試みていた。
　銀行によっては、新たな国への新規設立投資を通じて地理的多角化戦略を追求してきたものもあった。リスク分散以外にも、こうした動きの背後にはたいてい有益な機会を確保することや競争相手を出し抜こうとする意図などの動機があっ

た。例えば戦間期には後者の動機が、インド・マーカンタイル銀行に対してマラヤの東海岸に支店を開設することを促した。「あなたが視野に止めておかなければならない重要な点とは、コタ・バルの既存の利権の防衛である」。インド・マーカンタイル銀行のチーフ・マネージャーが、さらにクアラ・クライの小さな町に新たな支店を開設する関係で、1927年の10月にシンガポールの彼の上司に対して書き送っている。「支店の設立にあたって、別の銀行に出し抜かれてはならないというのは、最優先の重大事である。そうした銀行は、われわれがすでにコタ・バルで確立している事業に対してダメージを与えかねない」[79]。

地中海では、1914年以前のイオニア銀行によるエジプトへの多角化が、相対的に成功であったということがわかる[80]。イオニア銀行は、エジプトでの経験に促され、戦間期にはその事業領域をさらに拡大しようと試みた。第1次世界大戦以降に同行がギリシャでの紙幣発行権を引き渡した際、ギリシャ当局との関係にはさほど大きな動揺はなかった。しかしそれでもなお戦間期のギリシャは、激しいインフレーションと通貨価値の低下をともなう不安定な経済状態にあったがため、国境を越えて資産を拡張する相当のインセンティブがあった。イオニア銀行は、サービスが提供できるようなギリシャ人地域社会のある場所に支店を設立しようという政策を追求した。同行は1922年にアメリカの銀行の支店を買収することでイスタンブール（コンスタンチノープル）に新たな支店を開設した。しかし同支店は、1つにはギリシャとトルコ間の絶え間ない緊張が理由で継続的に損失を出しつづけた。そして1928年には同支店もドイツ銀行に買収されてしまった[81]。1926年に1つの支店がキプロスのニコシアに開設されると、この年以降、他の数々の代理店もこれに続いた。多数のギリシャ人人口を誇るキプロスは、実りある地盤を提供してくれたのである。同地ではオスマン・インペリアル銀行の長期にわたり確立された地位、現地銀行やアテネ銀行の存在にもかかわらず、イオニア銀行は、1930年までに全商業銀行の預金のうち4分の1近い額を獲得していた。だが利益を得ることはそれほど容易ではなかった。キプロスの事業は、1926年から1935年の間、1年を除いて毎年、損失を出しつづけていた。しかし市場シェアが低下するにつれて（1946年までに11％になった）、利益は改善していった[82]。

2つのイギリスの銀行が、ペルシャ湾のアラブ側に多角化した。同地は、第1

次世界大戦以降の時期まで近代的な金融制度を欠くとともに、イギリスの「庇護」の下にあった地でもある。その開拓者が、イースタン銀行であり、1920年にバーレーン支店を開設している。イースタン銀行が遅れて進出したことが意味するのは、長期にわたって地位を確立していた為替銀行との間で英領インドの事業をめぐる激しい競争に直面していたということ、そして他の地域での機会を追求することにインセンティブがあったということである[83]。イースタン銀行が勢力を発揮していたボンベイは、バーレーンとの間で貿易上の緊密なきずなを有しており、さらには植民地ではないがイギリスの「庇護」の下にあり、インド政府に対して責任を負うインド駐在官によって統治されていたのである。バーレーンには多くのインド商人がおり、バーレーンの輸入品のほとんどすべてがインドから運ばれて来ていた。同行によるバーレーン島での支店開設は、イギリス当局によって歓迎され、1944年までその独占を守っていた。

　戦間期に地理的多角化を追求していた銀行が直面する問題の1つは、伝統的事業を不利な立場に立たせる商品価格の下落が世界的規模の現象であったということである。結局、多角化が意味することは、銀行がまさにいっそう多くの同様の問題に直面していたということにほかならない。1920年代のバーレーン経済は、真珠産業を重要な基盤としていた。バーレーンの真珠は、ボンベイに輸送され、世界全域に流通する前に、そこで仕分け、糸通し、艶出しがなされる。しかし大恐慌は、結果として真珠の需要を崩壊させたが、それは日本による養殖真珠の輸出によってさらに増幅された。イースタン銀行の多角化戦略は、バーレーン経済全体と同様に運が尽きてしまったようだった。しかしアメリカの石油会社がバーレーンで石油を発見した1930年代初頭には、ともに思いがけず救われることになった。それまで中東の石油産業は、1908年と1927年に石油が発見されたイランとイラクに限定されていた。バーレーンは、1934年には石油の輸出を開始し、翌年には精製所を建設している。イースタン銀行は、1930年代末までにバーレーンで相当額の、そしてさらに増大する利益を得ることができるようになったが、そのほとんど全部が石油産業に対する金融とその為替業務に対応することで生じたものであった[84]。結局のところイースタン銀行によるバーレーンでの多角化戦略のプラスの成果の主な理由は、おそらく幸運であったからといえよう。

イラン・インペリアル銀行のペルシャ湾アラブ側への進出は、まぎれもなくイギリスの海外銀行の大規模な地理的多角化戦略であった。こうした戦略は、成長の見通しが暗いか、あるいはまったくないとさえいえる市場からの逃避という古典的な例であった。イランでインペリアル銀行が直面した規制的・政治的状況は1920年代から急速に悪化し、同行は紙幣発行権を失ってしまった。さらにイラン政府がメッリ銀行を設立したため、ビジネスをめぐって活発に競争が行われた。輸入代替製品の登場による為替管理や工業化も、インペリアル銀行の従来の事業をさえぎることになった。1930年代の大半の期間、インペリアル銀行は、イラン内にあるその大規模な支店網からほとんど、あるいはまったく利益を得ることができず、その主たる利益の源泉も、ロンドンに対するポンド投資から得られる収入であった[85]。そして同行は、第2次世界大戦期のきわめて困難な状況の下でまず多角化を選択した。新たな支店は、1942年にクウェート、1944年にバーレーン、1946年にドゥバイに開設された。こうした意思決定に導いた事情とその成果については、第9章3で論じる。

イースタン銀行およびイラン・インペリアル銀行は、イギリスの政治的影響力の下にあるとともに、主要進出先との商業的な結びつきのある隣接地域に多角的に展開した。その能力を容易に移転しがたい銀行業市場への多角化を試みたこれらの銀行は、事業を確立する過程で相当な困難を経験する傾向にあった。さらに軽率な銀行家が直面する不良債権やその他の不愉快な策略について出費のかさむ学習をしなければならないことに少なからず気づくことにもなった。例えばイラン・インペリアル銀行は、1919年から1934年にかけてボンベイの支店を維持することが困難であったことに気づくとともに、一連の不良債権にも直面した[86]。ブリティッシュ・ウエスト・アフリカ銀行も、戦後の楽観主義が高揚する中でエジプト、モロッコ、その他地域に支店を開設した際、ほとんど同様の経験をしている。エジプトでは1918年と1920年にアレクサンドリアとカイロに支店が設立されたが、巨額の損失が続き、1925年にはロイズ銀行にその事業が売却されている。同行は1915年にモロッコのタンジールに支店を開設し、このフランス領でさらなる支店の拡張を続けたが、まもなく不良債権や不正が発生してしまった。1929年以降、各支店も閉鎖されていった[87]。戦間期に大陸ヨーロッパに挑んでいったイ

ギリス人銀行家も、現地銀行業の状況を理解することに類似の難しさを経験をしている。一方、オーストラリアでは2つの主要なイギリスの銀行が、他の州への多角化にさえ困難を見出していた。

地理的多角化は、戦間期になって競争優位の低下に直面していたイギリス多国籍銀行にとって唯一対応が可能な戦略であった。それはリスクを分散し、銀行の前途を変革させうるものであったが、成長の機会は限られていた。さらに地理的多角化の順調な遂行は、銀行の特定の地域に関する知識によって制約を受けることになった。その企業文化やOJTは、特定地域をよく「知る」執行役員を生み出したが、その能力は容易に移転できるものではなかった。銀行業における顧客を知ることの重要性を考えれば、事業文化が根本的に異なる地域に進出しようとする場合には、こうしたことは銀行に十分に役に立つものではなかった。

4　商品の多角化

競争優位性の低下に対する第2の可能な戦略的対応は、商品の多角化であった。戦間期は、19世紀あるいはまた1950年代や1960年代に見られる急速な経済成長の時期に比較すれば、銀行にとって理想的な環境ではなかった。だがもし銀行が輸入代替製品の登場による国内産業の成長のような、新たな事情に見合った金融商品に移行できたのであれば、少なくともいくばくかの可能性はあったといえる。

戦間期のイギリスの銀行には保守的なイメージがあったし、場合によっては現実がまさにそのイメージと一致することもあった。オーストラリアではイギリスの銀行が、保守的な状況下にあってやはり保守的であった。戦間期のオーストラリアに見られた商品の革新は、女性の銀行窓口、旅行サービス、小額の個人貸付の導入といったわずかなものであった。すべての銀行は、融資事業の多くを引き続き外国貿易金融に依存しており、多国籍企業の子会社であった大規模産業企業の投資資金や運転資金の需要を満たす機会を掌握するのに手間取っていた。オーストラリア・ユニオン銀行とオーストラレイシア銀行は特に保守的で、あまりにも長期にわたって旧来の地方や農村への融資に執着しつづけていた。そして、ニュー・サウス・ウェールズ州の工業発展地域に充分な支店を持っていなかった。

1938年にはオーストラレイシア銀行の融資（総額に対して）の41％が農民向け、さらに4％が一次産品製品関連産業向け、16％が民間個人向けで、商人・卸売商向けおよび「製造業・生産工業」は各9％であった[88]。同年までユニオン銀行は「一次産品生産者に関連する貸付の割合を減らすためにあらゆる手段をつくし、商業や工業の顧客に関連する貸付の割合を増やす必要性」を確信していた[89]。

　しかしイギリスの銀行が、戦間期にオーストラリアの成長の新たな源泉をすべてが敬遠していたと主張することは、現実を風刺したといってもよい。オーストラレイシア銀行は、ブロークン・ヒル持株会社（1886）が設立された年以来、ずっとブロークン・ヒル社の取引銀行であった。ブロークン・ヒル社は本来、輸入および輸出事業を行っていたが、戦間期までにはオーストラリアの主要重工業グループになっていた。オーストラレイシア銀行はまた、AT&T、ネスレ社、ユニリーヴァ社など、戦間期のオーストラリアで工場を設立していたいくつかのアメリカ、スイスおよびイギリス多国籍企業と取引を行っていた[90]。

　戦間期には商品革新の極端な欠如が、イラン政府の工業化計画の支援を辞退したイラン・インペリアル銀行、とりわけそのロンドンの取締役会で明らかになった。イラン・インペリアル銀行は、1930年代半ばから政府プロジェクト、とりわけ鉄道建設に従事する外国の請負業者が要求した短期融資の一部を提供していたが、同行は「イギリス銀行業の信条に反する」として、長期投資プロジェクトにかかわることを拒否した。イランでの事業機会とイラン政府との実務関係を再構築する機会が、ともに同行のこのような政策によって失われてしまったという結末を無視することはできない[91]。

　本格的な商品革新を試みていた銀行は、困難に陥ってしまった。アングローサウス・アメリカ銀行は、最終的にチリ硝石にやられてしまったが、さらに以下の点も明らかとなった。市場シェアの積極的な追求において、アングローサウス・アメリカ銀行は、イギリスの競争相手であるBolsaよりはるかに「柔軟」だったのである。しかしアングローサウス・アメリカ銀行の経営構造の脆弱性が意味するように、こうした柔軟性が銀行業の十分な慎重さに調和していなかった。ES&Aも、おそらく1930年代初頭には同様の問題に苦しんでいた。イギリスの海外銀行は、起業家的な意欲を必要な経営構造に調和させることが困難なことで

あり、正統性からの逸脱が、あまりにもたやすくすべてを深刻な困難に導いてしまったように思われる。

成功しなかった商品多角化——そして地理的多角化も——のさらなる事例は、1923年に倒産し、イングランド銀行の命を受けたロイズ銀行によって買収されたコックス社である（第7章を参照）。第1次世界大戦末までのインドでのコックス社の積立金と利益の大部分は、従来の試金事業よりもむしろほぼ完全に商業から得られたものであった[92]。コックス社は、1919年にエジプトのアレクサンドリアに、さらに翌年カイロに支店を開設した。同社は、熱烈な思いで綿金融事業にも参入し、1920年には2つの綿紡績工場を買収している。しかし同工場自体は利益をあげていたものの、1923年までにエジプトでの事業がほぼ9万5,000ポンドの損失を生んでしまった[93]。コックス社はまた、1920年に「銀行家として〔コックス社の〕範囲外の事業計画」に融資すべく、いくつかの現地の金融業者と共同でエジプト登記のイースタン社を設立した。このベンチャー企業は、コックス社の紡績工場のうちの1カ所で製造された製品を輸送する企業を、「のちにナイル運輸会社の統合を目的に」次々と助成した[94]。またコックス社は、ダニューブの海運会社にも小規模な投資を行うとともに、コックス海運代理店との取締役兼任制度を通じてつながってもいた。同代理店は、正式には海運および保険事業を運営していたが、時には商取引も行うことがあった[95]。コックス社は、第1次世界大戦以降、相当な商品多角化にかかわり続けていたらしいが、結果的にその経営構造は、ベンチャー事業を1つにまとめられるほど十分に力強くはなかった。繰り返すが多角化というのは、銀行業にとって欠くことのできない慎重さを犠牲にしてしまうものなのである。

しかし商品革新ないし商品多角化が、常に欠如しているか、あるいは常に致命的か、そのいずれか一方であると考えるのも誤りである。バークレイズ銀行（DCO）は、おそらくはきわめて効率的な経営階層性を有する海外銀行であり、1930年代には現地の農業部門に対する融資の先駆けともなった。1935年にはアングロ-エジプト銀行のノウハウを基礎にして、「これらの銀行からすぐに用意できないタイプの金融を提供するために」パレスティナ農業抵当会社の設立で「主役」を演じた。同行はまた、すでに1937年に支店を開設していたキプロスの農業

協同組合に融資を行っていた。同島には数十年にわたって協同信用組合があったが、中央協同銀行が設立される1938年まで、その金融には心もとないものがあった。同行は、さまざまな協同組合の預金から余剰資金を受け取り、資金を必要とする他の組合に貸付を行っていた。バークレイズ銀行（DCO）は、新たな組合に対して当座貸越による資金の貸付を行うことで、1938年中には協同組合銀行の運転資金のおよそ45％を供給するようになった[96]。

多くの地域では、イギリスの銀行が、ひたすら国内事業に接近し、融資条件を変更することで、戦間期の状況に対応しようとしていた。もちろん、こうした動きは長期的な傾向の延長線上にあった。為替利益が得られる限られた機会や（しばしば）競争激化のために、たいていの場合、銀行は為替事業を獲得することを期待して、「徹底的に」貸付を拡大した。アジアやアフリカではともにこの点について多くの事例が見られる。一例を挙げると満州のハルビンにあったイギリスの銀行は、1920年代の間、大豆の生産と輸出のブームに便乗していた。同行は中間商人や海運業者の双方に融資を行っており、こうしたことが貿易関連の為替事業を獲得するための最善の手段と見られていた[97]。ウガンダではイギリスの銀行が、アフリカの生産者から作物を購入していたアジアの繰綿業者に対して貸付を行っていた。同行は、繰綿の販売と運搬に付随する為替事業を獲得することに期待を抱いていたのである[98]。

国内事業を展開する現地銀行を買収することは、現地市場に接近するためのより徹底した戦略を代表するものであるが、戦間期にはほんのわずかな事例しか見られなかった。1920年にアングロ=サウス・アメリカ銀行がチリの民間銀行であるA.エドワルド銀行の支配株式を買収したことは、その最初であった。A.エドワルド銀行は、うまく事業を運営して利益を得ているように見えた。さらにBolsaの子会社として継承されることで、アングロ=サウス・アメリカ銀行の崩壊を無事切り抜けている。P&Oバンキング・コーポレーションは、1921年にインド登記のアラハバード銀行を買収した。やがてこの銀行はチャータード銀行の手に渡った。結局、あとになって時を誤ったことがわかる例としては、1939年1月にイオニア銀行が、ギリシャの「五大」銀行の1つであり、イオニア銀行の競争相手でもあったアテネ人民銀行の株式の過半数を取得したことである。さらな

る国内での改革としてイオニア銀行は、1939年3月にアテネ登記の火災保険会社を設立した。しかしその年にはギリシャが第2次世界大戦に巻き込まれ、2つのベンチャー事業も1944年のギリシャ解放まで敵国の中に消えてしまったのである[99]。

アジア、中東、アフリカでは、イギリスの銀行が、第2次世界大戦前にあってまったく魅力もなさそうな担保付き融資に対して並々ならぬ意志を見せていた。だがそのことは中東の銀行にとってさらなる現地融資が、しばしば無担保融資になってしまうことを意味していた。イスラム法では不動産担保融資をきわめて不正なものと規定しており、顧客もまたどうあろうとも自身の名声以外に担保を求められることを侮辱であると見なしていた。結果としてイラクのような国では、1930年代までイギリスの銀行が無担保融資を大規模に行っていたことはきわめて明確である[100]。こうしたことは他のなによりも強制的になされた改革の実例であり、かつまたその実行もロンドンの経営陣の好むものではなかった[101]。にもかかわらずイギリスの銀行は、1930年代までほとんどいたるところでしばしば不本意ながらも担保物権に対する規定を修正していたのである。

アジアでは為替銀行が、さらに現地融資にかかわるようになっていた。現地融資は、常に仲介者を通じて行われてきたし、またその後も行われていた。中国のイギリスの銀行は、現地事業の紹介と信用の評価を行う買弁を利用しつづけていた。結果としてある種「銀行の中に銀行」が居座っていたことになる。戦間期の香港銀行の上海支店の中に別個に中国人の銀行ホールさえあった。イギリスの銀行は中国の現地銀行との緊密な関係も維持していたが、1930年代初頭までには貿易港の銀行システムにおけるこうした銀行の役割も劇的に衰退した。しかし、1920年代にはこうした現地銀行は、現地経済に対する融資の低リスク手段を提供していた。例としてはチャータード銀行の上海支店が、絹、繭、その他の生産物の倉荷証券の保証金を担保として現地銀行に融資を行っていた。現品はまず中国系商人によって現地銀行に担保として出され、現地銀行が資金不足に陥った際には、外国の銀行に対して融資を要請した。貨物を担保に出した際には、外国の銀行にとって必要ならば、中国系商人が現地銀行の再担保を認めた書類に署名もした。したがって現地銀行は、例えばチャータード銀行から融資を受けるにあたっ

**表6-2　イースタン銀行各支店における当座勘定に基づく
　　　　当座貸越の担保（1936年）**

（当座貸越全体に対する％）

支　店	不動産	商　品	株　式	政府証券	無担保
カルカッタ	15	40	24	19	2
ボンベイ[a]	0.1	—	82	15	—
マドラス	4	1	37	—	58
シンガポール	7	65	4	—	24

（注）　a：ボンベイのイースタン銀行では、定期預金のような他の担保による当座
　　　　貸越が2.9％あった。他の支店での他の小さな担保は無視した。
（出所）　Eastern Bank Inspector Report, 1936, SC.

ては、チャータード銀行に融資総額の支払期限を表示した「約束手形」を渡し、普通借用証書にも署名した。その上こうした融資は、チャータード銀行の買弁によって保証されてもいた[102]。

　地域によっては為替銀行が直接、現地融資を行う際、無担保で貸付を行っていたが、担保として商品、政府証券、不動産、株式を取ることもあった。現存するデータが不足しており、長期間にわたっていかに業務が変化していたのかというその差異を確認することは困難であるが、1936年のイースタン銀行の4支店の当座勘定に基づく当座貸越で取られていた担保を示した表6-2は、少なくとも地域間に相当な相違があったことを明示している。

　為替銀行は、商品ないし政府証券を担保として行う融資を、何にもまして申し分のない措置と見なしていた。しかし戦間期に現地融資を維持ないし拡大することの必要性が、ますます不動産や株式を担保とする融資につながっていった。不動産と株式の双方はリスクが高いと考えられており、担保の法的地位としてはしばしば不確実性があった。例えばセイロンでは法律によって、融資の際に担保に入れられた物件を現金化することは不可能であった。これは不動産担保融資をやめるべきであったが、実際のところ香港銀行のような銀行でさえも戦間期にはこうした事業を行い、結局、不良債権を累積することになってしまった[103]。シンガポールではすべての為替銀行が、不動産を担保として融資を行っていたが、いずれの貸付も当座のみであり、他の堅実な事業の将来計画を提示しなければならないというように、一定の規則内でこうした融資を制限しようとしていた[104]。

不動産を担保とした融資から起こりうる問題については、1930年代のイースタン銀行のカルカッタ支店で例証できる。同行は、多くの不動産を抵当流れ処分にせねばならず、結局のところ同市の「広大な不動産」の所有者となった。他方、他の種類のビジネスが不足していたので、買い戻し不動産が有益な収入源になっていた。1936年にはカルカッタ支店の経営利益が、「不動産から得た収益に大きく依存していた」ことがわかる[105]。イギリスの銀行はまた、株式——表6-2で明らかなように——を担保として融資を行っていた。この種の担保がさらに恒常的に提供され、また引き受けられるためには、現地の証券取引市場と企業の成長が重要であった。しかし取引額の少ない証券市場で相場づけされた株式の市場性には重要な問題が残っていた[106]。

イギリスの銀行が伝統的な融資政策に変更を加えることができる限度は、安定的かつ正統的なイギリス銀行として見なされることへの不断の欲求であった。こうしたイメージは、現地の金融機関に対してイギリスの銀行の競争優位性の1つを提供しており、銀行側がいくら非正統的な銀行業を追求しているかのごとく見なされたいとしても、ロンドンに置かれた取締役会や主に連合王国の株主のために、その程度には限界があった。バークレイズ銀行（DCO）の会長が、1926年に南アフリカの不動産担保融資市場に参入したいとする同行の提案に反対している点が、まさにその立場を物語っている。

> とりわけ本行のような銀行とすれば、そうした計画は好ましいものではない。もし本行が厳格な銀行事業の姿勢を守りつづけるのであれば、本行の評判は大いに高まるであろう。この国でどう思われているのかというと、あのような事業の分野はまさに抵当会社ないし住宅金融組合のそれである。だがもし本行がそのような事業を行ったならば、私が思うにそれは本行に対して長期にわたり損害を与えることになるであろう[107]。

銀行業の正統性という基準を維持することへの懸念が、商品革新を妨げるわけではないが、しばしば制約にはなる。そのスタッフが地域や商品に関する特殊な知識を有する銀行にとって、新しい形態の事業を推進してゆくことに対する警鐘

表6-3　地域別のイギリス多国籍銀行の発券状況
　　　　（1938年）

地　　域	発券額	銀行数
香港	14,907,869	3
西インド諸島	1,230,955	1
ローデシア	942,088	1
オーストラリアおよびニュージーランド	3,756	2
合　　計	17,084,668	7

は、慎重でなければならないということである。

　イギリスの銀行は時には、二者択一などではなく、自らの統制を越えて変革を試み、その事業戦略を変化させなければならない。アジアではシェティアーズの銀行家を介して、セイロンやビルマ、東南アジアの他の諸国で活動していたイギリスの銀行が、地元の経済に対して相当額の又貸しを行っていたが、大恐慌中に同銀行家が挫折したことにより、イースタン銀行は多額の不良債権を抱えてしまった[108]。それはまた現地の商人に対するさらなる直接融資を促進することにもなった。

　銀行業や金融業で強まる政府の役割により、結果として「強制された商品革新」が推進されることとなった。表6-3は、イギリスの銀行が紙幣発行権を喪失しつづけていたことを示している。イギリスの銀行によって発行された銀行券の名目ポンド価値は、それまでの25年間より1938年の方が高まってはいたが（表4-1参照）、民間銀行が発券を行っていた国の数は、一挙に減少している。

　スタンダード銀行は、準備銀行の設立後、南アフリカでの紙幣発行権を喪失してしまった。とはいえイギリス植民地であるローデシアでは発券を続けていた。1920年にはイオニア銀行の紙幣発行特権も、ギリシャ・ナショナル銀行に移行した。10年後、イラン・インペリアル銀行も、当局の圧力の下で紙幣発行権を放棄した。1930年代半ばにはニュージーランドの貿易銀行が紙幣発行権を放棄せざるをえなくなり、1938年までわずかな発券だけが許されていたにすぎなかった。こうした傾向にあって主だった例外は香港であり、3つのイギリスの為替銀行の発行紙幣は、1935年に法定通貨となった。これは同年（第6章1を参照）、銀本位制から中国が離脱したことの結果であり、イギリス植民地もこれに続いた。香港

は、植民地通貨理事会システムの変形であるポンド為替本位制として知られる通貨制度を確立していた。発券銀行が紙幣に対して保有していた銀の譲渡先である政府運営の為替基金との関係でこの制度が機能していたので、その要請に応じて銀行は紙幣を発行することに同意した。ポンド為替本位制は1972年に幕を閉じたが、これらの銀行の紙幣発行は1990年代まで続くことになった[109]。

イギリスの銀行は、政府と新たに設立された中央銀行に対して、数々の準中央銀行業務的な役割を引き渡したが、時には新たな役割を見出すこともあった。さらなる例外的な逆転の1つがまたアジア諸国でも起きた。1930年代半ばまでに香港銀行は事実上、中国での準中央銀行的機能のすべてを失った。だがその後、同国が日本の侵略や新たな管理通貨の問題に煩わされるようになったことで、香港銀行は、チャータード銀行の手を借りつつ、またある程度は上海市場の裏為替操作を利用しつつ、中国通貨の安定を試みるようになったのである[110]。

戦間期にイギリスの海外銀行がどの程度その商品戦略に適合していたのかという点について、印象派絵画以上の絵を描くことは困難である。適合したことは明らかであったが、商品革新はたいてい革命的というよりもむしろ追加的であった。イギリスの銀行の事業変化の程度を表す1つの大まかな尺度となるのが、金融機関の為替と利子収入とのバランスである。1930年代までに、さまざまな銀行の利子収入は、現地事業で再び重視されるようになった為替から得られる収入よりもさらに重要になっていたものと思われる。だが現存するデータも分散しており、確実でなく傾向をつかむ程度のものである。

例えばP&Oバンキング・コーポレーションのような為替銀行は、1920年代末から下落しはじめる為替にその収益源を見出していた[111]。1938年に同行の取締役が、カルカッタでのP&Oの「大規模かつ有益な為替事業」がどれほどまで「その特性を必然的に変化させてきたのか、また旧来のアジア諸国の為替銀行のように、インドにおけるこの銀行が、現地の銀行業を指向し、そしてインド政府証券への投資を行って〔いた〕のか」と反省している。彼の主張によると、この為替銀行は、

　　過去にはアジアの原材料と西洋の工業製品の取引に対して金融を行うこと

で利益を追求していた。こうした事業は、為替利益から収益を得るだけでなく利子利益からも収入を稼ぐ為替手形によって行われていた。以前はアジアとヨーロッパ、とりわけ中央ヨーロッパとの間で繁栄していたきわめて大規模な貿易は、今はバーター取引を基本として行われている。イギリスの為替銀行は、こうした貿易に対する金融には非常に限られた範囲を除いて、今は参入しておらず、政府規制や付帯リスクだけにさらされている[112]。

ラテンアメリカや南アフリカのイギリスの銀行から得られる事実もまた、長期にわたって為替収益の重要性が低下していることを示唆している。1920年代のBolsaは、アルゼンチンやブラジルで為替取引によって大半の利益を生んでいた。しかし1930年代末までには、とりわけすでに為替管理が機能しはじめていたブラジルでも、それももはや現実のことではなくなってしまった[113]。1930年代の南アフリカでは、スタンダード銀行全体の収益性が向上しながらも、その為替収益は次第に大して重要性をもたないようになっていた[114]。

イギリスの多国籍銀行は、戦間期の新たな状況に対して何らかの銀行業戦略を採用することになった。しかしその変化は、革命的というよりもむしろ追加的であり、この傾向は一部の地域で特に顕著であった。そして、時には外部の出来事によって影響を受けることもあった。貸付方針の変更はほとんどの地域で生じており、国際経済の問題が、イギリス銀行に対して、外国貿易や為替に直接的に関連しないような事業の推進を促していた。その変化は数々の制約の中で生じていた。これらの制約には、スタッフの商品に関する特別な知識、保守的かつ安全なイメージを守る必要性、慎重さよりも起業家精神を尊ぶコックス社やアングロ-サウス・アメリカ銀行といった銀行の明らかな破綻などの要因が含まれていた。イギリス系オーストラリア銀行の保守主義が示唆していたものは、ロンドンからの過剰な支配が、少なくとも現地に基礎を置いた競争相手と比較して、国内ないしリテール銀行業務に従事できる範囲を制限していたということである。

5 アジアおよびアフリカの現地スタッフ

　戦間期の変化する環境は、海外銀行によっては雇用政策の修正を促すことにもなった。イギリス人の入植地域および地中海以外で事業を行う銀行の執行スタッフは、常に連合王国で採用されたイギリス人であった。イギリス人スタッフとは、顧客にとって生きた証なのである。つまり彼らこそが、安全で誠実な金融機関としての「イギリスの」銀行なのであった。それと同時に共通の文化的背景と経営幹部の終身雇用が、支店長同士の協調関係を確かなものとし、日和見主義的な行動を阻止する重要な手段を提供していた。またアジア諸国の為替銀行では、地元の事業を行おうとする際には、買弁のような仲介者も雇用していた。

　アフリカやアジアの銀行でさえも、為替銀行業務や貿易金融から脱皮し、現地経済に対して大いに関与する方向にシフトしていたので、戦間期になると、こうした政策は、さほど満足のいくものには思えなくなっていた。現地経済への本格的な参入には、その経済に関してよりいっそう高い水準の情報が必要であることを意味していた。このような詳細な情報については、むしろイギリス人の海外駐在員よりも現地人の間できわめて手軽に入手できた。国家主義の拡大も、同様の方向性を示していた。というのも海外駐在員の支店長への登用というのは、イギリスの銀行の異質性の目に見える証拠であったからである。同様に戦間期、とりわけ1930年代のより悪化する銀行の財務業績では、もし高くつく海外駐在員を安くてすむ現地人にとって代えることができれば、コストは抑えられるということを示唆していた。だがその頃はまだこうしたコスト抑制戦略が、銀行が持つ「イギリスの」銀行であることの比較優位性に逆行するものであった。結果として、もし現地人が執行スタッフに任用されたならば、イギリス人のイメージ――そしてイギリス人の実直さの目に見える実像――のもつ恩恵が、どれほどまでに蹴散らされてしまうのか、という不安が絶えずあった。そして現地スタッフの昇進の進度は、地域間での相当の差異をともないつつも、全体的に痛々しいほどゆっくりとしたものとなった。

　ブリティッシュ・ウエスト・アフリカ銀行は、上級職位で現地人を雇用しはじ

めた先駆者である。これはおそらく、西アフリカ海岸がヨーロッパ人にとってきわめて健康を損ないやすい環境であり、それゆえ銀行にも、適応可能なイギリス人スタッフを採用し、その雇用を維持することが困難であるとわかっていたことに起因するものであろう。ブリティッシュ・ウエスト・アフリカ銀行は、すでに1916年には「現地出身者に対する商業教育を奨励する目的で」フリータウンとラゴスの教育担当取締役を通じて「速記とタイプライティングに関して」ささやかな賞と奨学金を提供していた[115]。また1917年には取締役会が、株主として銀行に関心を抱くアフリカ人スタッフを採用するために、1つの試みとして彼らに対して、少しずつにではあるが配当が支払われる株式を提供しようとする決議を行った[116]。1年後、2人のアフリカ人が、小規模な出張所のマネージャーとして任命された[117]。戦間期にもさらなる任用が続いて行われていた。1931年には取締役会が、ラゴスの管理者からの提案に条件付で同意している。その提案は、アフリカ人事務員に出張所の管理を任せるべきであるというものであったが、選ばれるアフリカ人事務員には、地区マネージャーの信頼できる身元保証があるという条件が付けられた。加えて、安全対策がこの出張所の総務で取られた[118]。

1950年代まで東アフリカのアフリカ人には、こうした雇用の見込みはなかった。「現地人」として責任ある仕事を許されるのは、アジア人に限られていた。スタンダード銀行の場合、経済的な利益に照らせば、以前、ヨーロッパ人幹部が行っていた仕事のうちいくつかについては、将来、アジア人事務員によって担われるべきであるという決定が1936年になされている[119]。

アジアのイギリスの銀行でも、管理職的な地位で現地人を雇用することが困難なプロセスであると思われていたようで、大恐慌が給与やコストに意識を向けさせた1930年代まで、大きな展開は見られなかった。1932年にはロイズ銀行のインド支店の管理者が、ほとんどまったく経済的な理由ながら、特定のインド人スタッフに対して付加的な責任を与えるよう検討しはじめた。だが「正当な制度の仕組みに適合し、不正などの余地を最低限に」抑えることの必要性を懸念して、この提案はあまり進展したようには思われなかった。結局、ロイズ銀行ではインド人スタッフから執行スタッフへの昇進は、1950年代初頭まで行われていなかった[120]。

インド・マーカンタイル銀行では、この時期の多くの為替銀行に比べて、こうした方向にいっそう進展が見られた。さらに上級レベルでのインド人雇用の検討は、1936年に始まったものと思われる。その際、アンドリュー・ユール社という巨大なイギリス系インド商館の前代表で、インドの統治者の支持者でもあったコット卿が、マーカンタイル銀行のチーフ・マネージャーに対して書簡を送り、ひとりの若いインド人を事務員以上の資格でこの銀行に採用してもらいたいと提案している[121]。この26歳の男性は、マドラス大学の物理学科出身であったが、彼の父親はマドラスのマーカンタイル銀行で働いたことがあり、アンドリュー・ユール社のパートナーとして職業生活を終えた。またその義理の父親は、インド準備銀行のマドラス取締役会の役員であった。銀行も、いくぶんかはこの良いコネのある人物が、銀行のために「ある程度新たな事業に影響を与える」ことができるであろうと期待して、コットの提案を取り上げた[122]。

その試みは成功し、同行は1938年に「経営管理上の経済的な目的だけで」インド人アシスタントの新たな職位を設けた。同行が求めているのは、良い家庭の、堅実で信頼できる性格の、望ましくは学士など「高い教育を受けた」若い男性であり、その人物が試用期間に気に入られ、インド銀行家協会の第一次試験に合格すれば、新たな職位に任命されることになる。まず彼らには、銀行にしてみればきわめて制約された「権限」しか与えられなかった。しかし銀行のイギリス人職員は、彼らに対して丁寧な待遇を施そうとした。チーフ・マネージャーがボンベイの彼の上司に書き送ったところによると、「最初からインド人アシスタントが、『ミスター』とすべての職員から呼びかけられることを私たちは勧めている」[123]。

1943年までにマーカンタイル銀行には、役職として12人のインド人アシスタントがいた。大戦中に彼らは経理助手に配置転換されるようになり、さらに同行は、以前はイギリス人職員だけの職位に、インド人が正式に昇進する上で適任者になりえることを決定した。この時までこうした問題は、高度な政策の１つであり、また取締役会の議事録に掲載される銀行会長の長い覚書の主題であった。だが彼が恐れていたのは、もしさらなる昇進が阻止されれば、インド人アシスタントは他行によって横取りされるであろうということであった。しかしもはや——一挙にではないが——雇用自由化の実質的な議論は「政治的」なものになっていたの

である。

　　インドにあるアジア諸国の為替銀行の事業運営に対するきわめて厳しい訴えの1つは、銀行の職務におけるより高い地位が、ヨーロッパ人だけに与えられた職域であり、インド人はまったく従属的な地位に追いやられていたということである。戦後、為替銀行はいずれにせよ困難な立場にあり、本行もできるかぎり責任をもってあらゆる筋の通った訴えの原因を除去するための行動をとらねばならない。

　だがインド人執行スタッフを任命する上でのさまざまな制約は、依然として会長にとって考慮すべきものと感じられていた。彼はそのうち2点について確認している。彼がとっていたメモによると、「われわれは覚えておくべきである。インド・マーカンタイル銀行は、イギリスの銀行である。もしその外国での印象において、本行がインド化されていると受け止められているならば、それは危険であるかもしれないし、また本行の事業に影響を及ぼすかもしれない」。第2点は、小規模な銀行での執行スタッフの流動性の問題である。会長は、現地採用のスタッフを国際的に移動させることができるのか、あるいはすべきであるのかという点について、結論を出すことができなかったのである。2つの要素は、その後30年にわたってイギリスの海外銀行内で相当議論されることになった。マーカンタイル銀行の会長にとってこうしたことが意味するのは、この考えは相対的に小さなままにしておかなければならないことだった。その一方で、彼は先駆者たちを悩ませてきた信条について明確な公表をも準備していた。「本質的な信条としては、人種的立場から差別をすべきではない。もちろん相違はあろうが、その相違はヨーロッパ人が外国で仕事するのに対して、インド人は自国で仕事しているという事実から生じるものであろう」[124]。

　人種的差別を終焉させるこうした取り組みは、重要な突破口であった。当時のイランでの出来事が姿勢の変化の必要性をはっきりと物語っている。イラン・インペリアル銀行のきわめて優秀な現地従業員、アボル・ハッサン・エブデハージは、1920年に採用されたが、1930年代初頭、彼が単にイラン人であるという理由

から、彼には地位が与えられず、惨めな思いだけをさせられた。彼は1936年に銀行を辞職し、政府サービスに従事するようになった。そして1942年になってメッリ銀行の総裁として再び姿を現したのである。以降8年にわたり、彼は総裁として、インペリアル銀行という存在に対してきわめて不愉快な思いをいだいていた。彼はイギリスの銀行に個人的な恨みを持ち続けてきたことを常に否定するが、インペリアル銀行がイランから投資を引き揚げる意思決定において、彼の政策が重要な要因であったことは疑いの余地がない[125]。

　結果として1945年までアフリカやアジアの一部で活動をしていたイギリスの銀行のうちいくつかは少なくとも、より上級職位に現地人を昇進させるべく最初の一歩を踏み出し、またそれが「エブテハージ症候群」を回避することにもなったのである。変化する政治的な現実に対する認識が1つの理由であった。しかし、イギリスの銀行はスタッフ・コストの引き下げに熱心であったが、それと同時にさらなる融資が国内経済に向かって移動していったことで、現地の文化や事業の状態についての知識を有するスタッフの必要性がより重要にもなっていた。

6　結　論

　戦間期になってイギリスの多国籍銀行は、成熟産業における競争優位性の低下に直面していた。状況もイギリス多国籍銀行にとっては厳しいものであった。しかしイギリスの多国籍銀行は、実質的には一番手企業の優位性を保持するとともに、この時期の重大な危機を切り抜けることに成功した。イギリスの多国籍銀行は、優れた事業特権を有していた。また競争は、大部分の市場で限られていた。オセアニアや南アフリカ――事業が行われていた主要3地域のうちの2地域――では強力な銀行業カルテルが、新規参入者を阻止するかたちで機能しており、たとえ既存の銀行間の競争をまったく排除していたわけではないとしても、厳しく制限されていた。こうした要素に照らしてみればイギリスの多国籍銀行は、1930年代には低水準にあったにもかかわらず、多くの諸国で市場シェアを維持しつづけ、依然として収益性も高いままであった。

　イギリスの銀行は、銀行戦略において柔軟性を持っていた。これはなぜ市場シ

ェアが維持されてきたのかというもう1つの理由である。イギリスの銀行は、常に進出先経済の状況に適応しようとしてきたし、戦間期にもこの伝統を持続させていた。にもかかわらず銀行の全体的な政策は、「基本の順守」[126]と特徴づけられ、商品と地理的な多角化は謙虚なものであった。前章——とりわけ国内銀行の多国籍銀行業への参入——で論じた所有の変化は、結果として事業戦略に対して何ら大きな変化をもたらさなかった。「基本の順守」は、賢明な事業戦略ではあるが、おそらくそれは、特に戦間期の不安定性の影響を受けていたといえる。成熟産業という状況下で、追加的な変更は、もっぱら新商品を通じて新たな顧客の獲得を試みるというよりも（数々の方法で）あまりコストをかけないというものであった[127]。しかし成長の機会が、いくつかの市場、おそらく特にオーストラリア市場では見逃されてしまった。また銀行は「基本」からの逸脱が、痛みと危険を意味する数々の要素によって制約を受けていたとも思われる。根本的な問題は限りある組織能力であった。銀行内部の経営構造と文化は、成熟産業で新たな事業を創出するのではなく、先端産業でのリスクを制御することを目的とするものであった。そのスキルは特定の商品や地域だけのものであり、採用や訓練システムがこうした状態を補強した。多国籍貿易銀行のために設計された組織構造は、多国籍リテール銀行に進化しつつあった金融機関にとってみれば、あまり満足できるものではなかった。組織構造は戦略に遅れをとっており、戦略が変更される程度を限定してしまった。

　イギリスの多国籍銀行が直面する本国政府の環境についてはまだ考察していない。19世紀にはイギリス財務省が、とりわけその専門分野や地域に特化した性質を有する銀行の構造を構築する上で大きな役割を演じていた。海外銀行の競争優位性が戦間期になって低下するにつれ、イギリス政府やイングランド銀行からの適切な対応が期待されてもいた。次章では、多国籍銀行業に対するイギリスの公共政策について考察する。

1) Tomas F. Huertas, 'US Multinational Banking: History and Prospects', in Geoffrey Jones (ed.), *Banks as Multinationals* (London: Routledge, 1990), 249-53; Harold van B. Cleveland and Thomas F. Huertas, *Citibank, 1812-1970* (Cam-

bridge: Mass.: Harvard University Press, 1985), 76-9, 121-7, 205-8; John Donald Wilson, *The Chase* (Boston, Mass.: Harvard Business School Press, 1986), 12-14, 23-4. カナダの銀行もまた1920年代にはラテンアメリカで多国籍的な事業運営を展開していた。

2) 例えば、D. T. Merrett, *ANZ Bank* (Sydney: Allen and Unwin, 1985), 43; 'Paradise Lost? British Banks in Australia', in Geoffrey Jones (ed.), *Banks as Multinationals*, 78 を参照。

3) Geoffrey Jones, *Banking and Empire in Iran* (Cambridge: Cambridge University Press, 1986), 267-8.

4) Richard Fry, *Bankers in West Africa* (London: Hutchinson Benham, 1976), 173-9; Geoffrey Tyson, *100 Years of Banking in Asia and Africa* (London: National and Grindlays, 1963), 207; J. A. Henry, *The First Hundred Years of the Standard Bank* (London: Oxford University Press, 1963), 315.

5) Geoffrey Jones, 'Lombard Street on the Riviera: The British Clearing Banks and Europe, 1900-1960', *Business History*, 24 (1982), 205.

6) Derek H. Aldcroft, *The British Economy* (Brighton: Wheatsheaf, 1983), 34-6, 81-2.

7) B. R. Tomlinson, 'British Business in India, 1860-1970', in R. P. T Davenport-Hines and Geoffrey Jones (eds.), *British Business in Asia since 1860* (Cambridge: Cambridge University Press, 1989), 96-100.

8) David Joslin, *A Century of Banking in Latin America* (London: Oxford University Press, 1963), 231-3. 戦間期のラテンアメリカのアメリカ系多国籍企業の拡大については、Mira Wilkins, *The Maturing of Multinational Enterprise* (Cambridge, Mass., Harvard University Press, 1974), Sec. 2 and 3. (江夏健一・米倉昭夫訳『多国籍企業の成熟』上、ミネルヴァ書房、1976年、第2章および第3章); in Colin M. Lewis, 'Immigrant Entrepreneurs, Manufacturing and Industrial Policy in Argentine, 1922-28', *The Journal of Imperial and Commonwealth History*, 16 (1) (1987), 89-90 で論じられている。

9) Alfred D. Chandler, *Scale and Scope: The Dynamics of Industrial Capitalism*, (Cambridge, Mass., Harvard University Press, 1990), 376-8 (安部悦生・川辺信雄・工藤章・西牟田祐二・日高千景・山口一臣訳『スケール・アンド・スコープ——経営力発展の国際比較——』有斐閣、1993年、318-320ページ).

10) Bolsa Board Minutes, Dec. 1936, LB.

11) Mr Knox's Reports on Indian Branches, Mar.-Apr. 1930, File 2321, LB.

12) James Foreman-Peck, *A History of World Economy* (Brighton: Wheatsheaf, 1983), ch. 7.
13) Fry, *Bankers in West Africa*, 138-41.
14) BBWA Profit and Loss (Branches) File, West Africa Box, SC. ブリティッシュ・ウエスト・アフリカ銀行のナイジェリアおよびゴールド・コースト支店の利益は、1929年3月期でそれぞれ9万3,802ポンドと7万2,261ポンド（全領域の支店利益合計18万138ポンド）から1939年3月期でそれぞれ1万5,478ポンドと7,916ポンド（全領域の支店利益合計4万8,195ポンド）に減少していた。
15) David Anderson and David Throup, 'The Agrarian Economy of Central Province, Kenya, 1918 to 1939', in I. Brown (ed.), *The Economies of Africa and Asia in the Inter-war Depression* (London: Routledge, 1989); Henry, *The First Hundred Years of the Standard Bank*, ch. 23.
16) J. J. Swanson, 'History of the Bank in East Africa', Memoirs, June 1954, p. 68, East Africa Box, SC.
17) S. J. Butlin, *Australia and New Zealand Bank* (London: Longman, 1961), 390.
18) Henry, *The First Hundred Years of the Standard Bank*, 254; Fry, *Bankers in West Africa*, 146-7; 東アフリカでのスタンダード銀行は1930年代初頭にキスム近郊のカカメガでの金の発見によって利益を得ていた。Ralph Gibson's Report on his Visit to East Africa Branches, Mombasa, 29 Feb. 1936, SBSA East Africa Box, SC. Barclays (DCO) Report and Accounts, 9 Dec. 1937, 38/351, BBA.
19) I. Brown, Introduction, in I Brown (ed.), *The Economies of Africa and Asia in the Inter-war Depression*, 1-2.
20) Morris D. Morris, 'The Growth of Large-Scale Industry to 1947', in D. Kumar (ed.), *The Cambridge Economic History of India*, ii (Cambridge: Cambridge University Press, 1983), 609; Rajat K. Ray, *Industrialization in India* (Delhi: Oxford University Press, 1979).
21) Carlos F. Diaz Alejandro, 'Latin America in the 1930s' in Rosemary Thorp (ed.), *Latin America in the 1930s* (London: Macmillan, 1984). E. V. K. Fitzgerald, 'Restructuring through the Depression: The State and Capital Accumulation in Mexico, 1925-40' in id. 268. もまた参照。
22) Ray, *Industrialization in India*, 71-2.
23) Geoffrey Jones, *Banking and Empire in Iran*, 228; W. Floor, *Industrialization in Iran, 1900-1941*, Centre for Middle Eastern and Islamic Studies, University of Durham, Occasional Paper No. 23, 1984.

24) ミスル銀行については、Eric Davis, *Challenging Colonialism* (Princeton, NJ: Princeton University Press, 1989) を、メッリ銀行については、Geoffrey Jones, *Banking and Empire in Iran*, 206-8, 217-27; Frances Bostock and Geoffrey Jones, *Planning and Power in Iran* (London: Cass, 1989), 32-49 を参照。

25) C. Knox to F. A. Beane, 3 Sept, 1930, File 2321, LB. また memorandum by A. Murray, File 2381, LB も参照。

26) F. H. H. King, *The History of the Hongkong and Shanghai Banking Corporation*, iii (Cambridge: Cambridge University Press, 1988), 527-9.

27) Chartered Peking Branches Letter, 15 Mar. 1935, Eastern Banking between the Wars File, Chartered History Files, SC.

28) King, *The History of the Hongkong and Shanghai Banking Corporation*, iii. 360-1, and ch. 7 and 8. 1927年から1941年にかけての中国における香港銀行について。

29) Davis, *Challenging Colonialism*, 166-7; Robert L. Tignor, *State, Private Enterprise, and Economic Change in Egypt, 1918-1952* (Princeton, NJ: Princeton University Press, 1984), 162-74.

30) R. S. Gilbert, 'London Financial Intermediaries and Australian Overseas Borrowing, 1900-29', *Australian Economic History Review*, 11 (1971), 39.

31) Carlos Marichal, *A Century of Deb Crises in Latin America from Independence to the Great Depression, 1820-1930* (Princeton, NJ: Princeton University Press, 1989), ch. 7.

32) Joslin, *A Century of Banking in Latin America*, 229-30: R. S. Sayers (ed.), *Banking in the British Commonwealth* (London: Clarendon Press, 1952), ch. 2, 6, 9, 11; id. *The Bank of England, 1891-1944*, i (Cambridge: Cambridge University Press, 1976), 201-10; Rajul Mathur, 'The Delay in the Formation of the Reserve Bank of India: The India Office Perspective', *Indian Economic and Social History Review*, 2 (1988).

33) Bank of London and South America. Some Notes and Suggestions Arising out of the Visit of Sir Alexander Murray and Mr F. A. Beane to South America, Jan.-May 1933, 69-72, LB.

34) Geoffrey Jones, *Banking and Empire in Iran*, 222-5.

35) P&Oバンキング・コーポレーションのコックバーン報告書に関する取締役会のコメント、1938年10月21日、BAC 63, SC.

36) 1920年〜1921年の準備銀行の活動に関する覚書、SBSA Misc. Box, SC.

37) Henry, *The First Hundred Years of the Standard Bank*, 178-92, 235-48.
38) インド・ナショナル銀行の会議ノート——新たな準備銀行証書の供給に関する考察、1933年10月4日、MB Hist. 427. HSBC.
39) Butlin, *Australia and New Zealand Bank*, 398-9, 402-3, 406-8; Merrett, *ANZ Bank*, 107-8.
40) ゼネラル・マネージャー代行から Sir John Davidson への書簡、1938年10月4日、UBL 309, ANZ Archives.
41) A. W. McNicol から常任委員会への書簡、1936年8月11日、UBL 191, ANZ Archives.
42) Chandler, *Scale and Scope*, 374-5, 603-5.（『スケール・アンド・スコープ』316-7、522-4頁）
43) Merrett, *ANZ Bank*, 50-1.
44) 最高責任者の年次報告、1923年10月、A/141/5, ANZ Archives.
45) 最高責任者の年次報告、1927年10月、A/141/6, ANZ Archives.
46) Merrett, *ANZ Bank*, 41-3.
47) 常任委員会からゼネラル・マネージャーへの書簡、1927年2月17日、U/61/11; ゼネラル・マネージャーから常任委員会への書簡、1927年4月14日、UBL 182, ANZ Archives.
48) ゼネラル・マネージャーから常任委員会への書簡、1930年7月9日、UBL 185, ANZ Archives. オーストラレイシア銀行は、1928年に他の現地系銀行、アデレード銀行の買収を試みたが、拒否された。その一方で、オーストラレイシア銀行の取締役は、1930年には現地経営陣が勧めたにもかかわらず、クイーンズランド・ナショナル銀行に対する提案を辞退していた。この点は、Merrett, *ANZ Bank*, 42 を参照。
49) 常任委員会からゼネラル・マネージャーへの書簡、1936年5月14日、U/61/13 ANZ Archives.
50) S. M. Ward から J. Ewing への書簡、1937年9月6日、E/49/1, ANZ Archives.
51) London Bank of Australia, Directors' Minute Book No. 8, Minute of 1920年9月22日、LBA/25. B, ANZ Archives; メルボルンからロンドンへの書簡、1920年8月19日、E/3/1, ANZ Archives; Geoffrey Jones (ed.), *British Multinationals: Origin, Management and Performance* (Aldershot: Gower, 1986), 98-9, 103-5.
52) Merrett, *ANZ Bank*, 200-1; ゼネラル・マネージャーから常任委員会への書簡の付属資料、1936年6月23日、UBL 191, ANZ Archives.

53) Merrett, *ANZ Bank*, 200-4; ロンドンから共同ゼネラル・マネージャーへの書簡、1932年12月10日、E/3/17, ANZ Archives. 本書第5章4および第5章5を参照。問題になっているシドニーの貿易業者とは、キース・ブルーアム・ドッカーであった。S. Salisbury and K. Sweeney, *The Bull, the Bear and the Kangaroo* (Sydney: Allen and Unwin, 1988), 262-3 を参照。

54) C. B. Schedvin, 'Sir Alfred Davidson', in R. P. T. Appleyard and C. B. Schedvin (eds.), *Australian Financiers* (Melbourne: Macmillan, 1988), 339 ff.; R. F. Holder, *Bank of New South Wales: A History* (Sydney: Angus and Robertson, 1970), ii, ch. 36 and *passim*.

55) Geoffrey Jones, *Banking and Empire in Iran*, 235-6.

56) Cleveland and Huertas, *Citibank*, 123-5; Joslin, *A Century of Banking in Latin America*, 215-33. ブラジルではこの時期にすべての外国系銀行の全般的な重要性が低下した。6大主要銀行の一覧払い預金については、預金総額に占める割合が、1914年の41%から1938年の11%、1945年の8%に低下していた。Maria Barbara Levy to the Author, 7 Dec. 1990 アルゼンチンではチャールズ・ジョーンズが、預金に占めるイギリス系銀行のシェアが1927年には11%に低下したと示唆するデータを挙げている。イギリス系銀行は、金預金の20%、現地通貨預金についてはずっと低い9%を保有していた。Charles Jones, draft chapter for Colin M. Lewis and Rory Miller (eds.), *British Business in Latin America* (Cambridge: Cambridge University Press.

57) 1914年から1939年にかけてユニオン銀行の預金に占めるシェアは、11.2%から8.2%に、貸付に占めるシェアは、9.4%から9%に低下した。オーストラレイシア銀行は、1914年に預金の10.6%、貸付の9.3%を、1939年には預金の10.4%、貸付の10.7%を保有していた。Merrett, 'Paradise Lost?', 74-6; id., *ANZ Bank*, 35-42; Butlin, *Australia and New Zealand Bank*, 377, 409; R. C. White, *Australian Banking and Monetary Statistics, 1945-1970*, Reserve Bank of Australia, Occasional Paper No. 4B, Sydney, 1973, table 41.

58) G. R. Hawke and D. K. Sheppard, 'The Evolution of New Zealand Trading Banks mostly until 1934', Victoria University of Wellington Working Papers in Economic History, No. 84/2, Mar. 1984, tables 1 and 2.

59) Fry, *Bankers in West Africa*, 216-17.

60) A. G. Chandavarkar, 'Money and Credit, 1858-1947', in Kumar (ed.), *The Cambridge Economic History of India*, ii. 775-84.

61) Stuart Jones, 'The Apogee of the Imperial Banks in South Africa: Standard

and Barclays, 1919-1939', *English Historical Review*, 103 (1988). ナショナル・シティ銀行は、1920年にケープ・タウン支店を開設したが、2年のうちに閉鎖している。Richard W. Hull, *American Enterprise in South Africa* (New York: New York University Press, 1990), 130-3.

62) P&O バンキング・コーポレーションに対するメモ（undoubtedly by W. R. Cockburn of Chartered Bank）、1938年10月17日、BAC 63, SC.

63) R. Kennedy からチーフ・マネージャーへの書簡、1936年7月7日、MB Hist. 1002.4, HSBC.

64) King, *The History of the Hongkong and Shanghai Banking Corporation*, iii. 366-71, 501-3.

65) Eastern Bank Inspector's Report on Bombay, July/Aug. 1939, SC.

66) Merrett, *ANZ Bank*, 40; id., 'Two Hundred Years of Banking' (unpublished paper); Butlin, *Australia and New Zealand Bank*, 400.

67) Stuart Jones, 'The Apogee of the Imperial Banks in South Africa', 894.

68) オーストラリアについては、Merrett, 'Paradise Lost?', 72; id., 'Two Hundred Years of Banking' を参照。

69) メルボルンからロンドンへの書簡、1932年8月18日、E/3/18, ANZ Archives.

70) ブリティッシュ・ウエスト・アフリカ銀行取締役会議事録、1929年9月12日、1932年6月8日、1932年8月10日、ブリティッシュ・ウエスト・アフリカ銀行取締役会議事録の Fry による要約、BAC S/90, SC.

71) ブリティッシュ・ウエスト・アフリカ銀行取締役会議事録、22 Nov. 1944, ブリティッシュ・ウエスト・アフリカ銀行取締役会議事録の Fry による要約、BAC S/90, SC; Fry, *Bankers in West Africa*, 146.

72) ロンドンにおけるアジア地域の為替銀行のマネージャーによるさまざまな時に合意された決議の要約、1929年11月8日、Banking Enquiry File, Eastern Bank, Box 371. この点については、インド・インペリアル銀行とイースタン銀行コロンボ支店間の合意事項、1936年12月10日、イースタン銀行コロンボ支店の監査報告書 1939年10〜12月、SC を参照せよ。

73) カルカッタ支店長から J. B. Chrichton への書簡、1928年5月15日、MB Hist. 1002.1, HSBC.

74) 例えば、イースタン銀行マドラス支店の監査報告書、1939年10月、SC. 為替銀行は、1930年代末、同市で貸出利子率に関する協定を締結していなかった。

75) イースタン銀行カルカッタ支店の監査報告書、1936年1月、SC.

76) 香港支店長から J. B. Crichton への書簡、1932年12月13日、MB Hist. 1002.1,

HSBC.

77) Stuart Jones, 'The Apogee of the Imperial Banks in South Africa', 915.

78) Merrett, 'Two Hundred Years of Banking'.

79) チーフ・マネージャーからR. D. Cromartieへの書簡、1927年10月6日、MB Hist. 1190, HSBC. マーカンタイル銀行は、1929年、東北マラヤへの鉄道拡張の成果にともない楽観主義的な見通しを抱いたことでクアラ・クライに代理店を設立した。しかし同支店は2年後には閉鎖された。この点については、S. W. Muirhead, 'The Mercantile Bank of India on the East Coast of Malaya', in F. H. H. King (ed.), *Eastern Banking* (London: Athlone, 1983), 656 を参照。

80) 第1次世界大戦中、高騰する綿価格に支えられイオニア銀行のエジプトでの事業は有益なものとなった。1914年から1920年にかけての7年で、イオニア銀行のギリシャの支店は31万8,623ポンドの利益を獲得したが、そのほぼ3分の1はピークの年であった1918年の1年間に得られたものであった。逆にその頃確立したエジプトの事業は、26万2,380ポンドの利益を生んだが、年単位で見ればほとんど均等であった。Annual Account Ledgers 1914-20, Ionian Bank Archives, LSE.

81) *Ionian Bank Ltd.: A History* (London: Ionian Bank, 1953), 37-8; Annual Account Ledgers, 1925-8, Ionian Bank Archives, LSE.

82) Kate Phylaktis, 'Banking in a British Colony: Cyprus 1878-1959', *Business History*, 30 (1988), 422-5. キプロス支店の損失は、1926年から1935年にかけて総額ではほぼ1万4,000ポンドであった。一方、1936年から1945年にかけては2万5,000ポンドの利益を獲得した。Annual Account Ledgers 1927-46, Ionian Bank Archives, LSE.

83) Rodney Wilson, 'Financial Development of the Arab Gulf: The Eastern Bank Experience, 1917-1950', *Business History*, 29 (1987), 180-1.

84) バーレーンにおけるイースタン銀行の監査報告書、1938年2月、SC.

85) Geoffrey Jones, *Banking and Empire in Iran*, ch. 8.

86) Ibid., 259-65.

87) Fry, *Bankers in West Africa*, 96-7, 136, 156-7.

88) Superintendent's Yearly Report, 1938, A/141/15, ANZ Archives.

89) 常任委員会からゼネラル・マネージャーへの書簡、1938年11月15日、U/61/14, ANZ Archives.

90) 個々の顧客の銀行業者については、*The 'Digest' Yearbook of Public Companies of Australia and New Zealand*, published annually でわかる。産業別の株式公開会社の事業における銀行のシェアの概算は、H. W. Arndt, *The Australian*

Trading Banks (Melbourne: Cheshire, 1957), 21-2 の初版に記載されているが、以降の版には記載されていない。
91) Geoffrey Jones, *Banking and Empire in Iran*, 229.
92) インド事業に関するメモ、File 3042, LB.
93) エジプト支店に関するメモ、1923年2月19日; W. G. Johns to H. Bell, 11 Apr. 1923. File 2476, LB.
94) イースタン社に関するメモ、File 1251, LB.
95) O. V. G. Hoare から W. Goodenough への書簡、1921年5月3日、File 3035, LB.
96) Phylaktis, 'Banking in a British Colony', 425; Sir Julian Crossley and John Blandford, *The DCO Story* (London: Barclays Bank International, 1975), 78, 90-1.
97) ハルビンからロンドンへの調査報告書簡412a、1929年3月1日、Special Advices from Agencies and Branches No. 3, Chartered Box, SC: Felix Patrikeeff, 'Prosperity and Collapse: Banking and the Manchurian Economy in the 1920s and 1930s', in King (ed.), *Eastern Banking*.
98) モンバサのスタンダード銀行東アフリカ支店への訪問に関する Ralph Gibson の報告書、1939年2月29日、SBSA East Africa Box, SC.
99) *Ionian Bank Ltd*., 38-9.
100) Geoffrey Jones, *Banking and Empire in Iran*, 252.
101) 例えば、バスラのマネージャーに対する個人的かつ機密の文書、1939年3月8日；ゼネラル・マネージャーからアマラのマネージャーへの書簡、1939年4月21日; Eastern Bank Inspection Reports, SC を参照。
102) King, *The History of the Hongkong and Shanghai Banking Corporation*, iii. 347-54, 365; Shanghai to London, 948a, 20 Oct. 1922, Special Advices from Agencies and Branches No. 2, Chartered Box, SC.
103) King, *The History of the Hongkong and Shanghai Banking Corporation*, iii. 503-4.
104) イースタン銀行の規則については、シンガポールのマネージャーに対する個人的かつ機密の文書、1940年4月15日、Eastern Bank Inspection Reports, SC.
105) カルカッタ支店についての監査役報告書、1936年1月23日、SC.
106) マドラス支店についての臨時監査役報告書、1936, SC.
107) F. C. Goodenough から J. R. Leisk への書簡、1926年11月11日、3/211, BBA.
108) King, *The History of the Hongkong and Shanghai Banking Corporation*, iii.

512-16; H. L. D. Selvaratnan, 'The Guarantee Shroffs, the Chettiars and the Hongkong Bank in Ceylon', in King (ed.), *Eastern Banking*, 416-17. ビルマのロイズ銀行は、1933年7月時点で27ラーク（270万ルピー）分のデフォルトに陥ったシェティアーズへの融資をかかえていた。この点については、ロイズ（カルカッタ）から東洋部門への書簡、1934年9月19日、Box 1557, LBを参照。

109) Y. C. Jao and F. H. H. King, *Money in Hong Kong* (Hong Kong: Centre of Asian Studies, University of Hong Kong, 1990), 27-9, 51 ff. 発券銀行は、香港銀行、チャータード銀行（のちのスタンダード・チャータード銀行）そしてインド・マーカンタイル銀行であった（1911年から1978年まで）。

110) King, *The History of the Hongkong and Shanghai Banking Corporation*, iii. ch. 8; id., 'Defending the Chinese Currency', in King (ed.), *Eastern Banking*.

111) 1936年には利子からの純利益20万7,000ポンドは、為替からの利益6万1,000ポンドを上回っていた。P&O銀行のメモ (undoubtedly by W. R. Cockburn, of Chartered Bank)、1938年10月17日、BAC 63, SC.

112) コックバーン報告書に関するP&O取締役によるメモ、1938年10月21日、BAC 63, SC.

113) 1923年から1932年にかけてBolsaの支店のうちアルゼンチン・グループは総経常利益の66%を、またブラジル・グループは69%を為替から得ていた。1930年代末について比較できる数字は入手できていないが、総受取額（利益ではない）のデータはある。1936年から1939年の4年間で、支店のアルゼンチン・グループの為替からの受取額が73万5,048ポンド、あるいは総額で263万7,131ポンドであった利子からの収入の28%にあたる。その頃、為替管理が導入されていなかったブラジルでは、為替からの受取額が11万928ポンドで、総額で154万6,089ポンドであった利子からの収入の7%にすぎなかった。Bank of London and South America. Some Notes and Suggestions Arising out of the visit of Sir Alexander Murray and Mr. F. A. Beane to South America, Jan.-May 1933; Bolsa Consolidated Profit and Loss Accounts, LB.

114) 南アフリカでのスタンダード銀行の経営利益は、1933年に36万9,870ポンド、1935年に88万3,911ポンド、1937に122万936ポンド、1939年に104万2,496ポンドであった。為替利益の割合は、94%、29%、20%、21%であった。SBSA Profits, BAC P/25, SC.

115) ブリティッシュ・ウエスト・アフリカ銀行取締役会議事録、1916年3月15日、ブリティッシュ・ウエスト・アフリカ銀行取締役会議事録についてのFryの要訳、BAC S/90, SC.

116) ブリティッシュ・ウエスト・アフリカ銀行取締役会議事録、1917年3月30日、SC.
117) ブリティッシュ・ウエスト・アフリカ銀行取締役会議事録、1918年12月6日、SC.
118) ブリティッシュ・ウエスト・アフリカ銀行取締役会議事録、1931年3月26日、SC.
119) Ralph Gibsonによる報告書、1936年2月29日、SBSA East Africa Box, SC.
120) カルカッタの地区マネージャーによるチーフ・ゼネラル・マネージャーへのメモ、1933年2月14日、File 2407, LB; J. R. Winton, *Lloyds Bank, 1918-1969* (Oxford: Oxford University Press, 1982), 129.
121) Lord CattoからJ. B. Chrichtonへの書簡、1936年3月6日、MB Hist. 978, HSBC; R. P. T. Davenport-Hines, 'Thomas Sivewright Catto', in D. J. Jeremy (ed.), *Dictionary of Business Biography* (London: Butterworths, 1984), i.
122) マーカンタイル銀行からMr Gravesへの書簡、1936年4月23日、MB Hist. 978, HSBC.
123) チーフ・マネージャーからボンベイのマネージャーへの書簡、1938年2月10日、MB Hist. 978, HSBC.
124) 会長によるメモ、1943年10月12日、Board Minute Book No. 11, MB Hist. 2308: 13, HSBC.
125) Geoffrey Jones, *Banking and Empire in Iran*, 283-6, 305-9, 317-32; Bostock and Jones, *Planning and Power in Iran*, 19-24, 70-84.
126) 「基本の順守」という概念については、Thomas J. Peter and Robert H. Waterman, *In Search of Excellence: Lessons from America's Best-Run Companies* (New York: Harper and Row, 1982), ch. 10.（大前研一訳『エクセレント・カンパニー――超優良企業の条件――』講談社、1983年、10章）を参照。
127) Michael Porter, *Competitive Strategy* (New York: Free Press), 243-4（土岐坤・中辻萬治・服部照夫訳『競争の戦略』ダイヤモンド社、1982年、319頁）.

第7章 イギリス政府、イングランド銀行、多国籍銀行業

1 国家支援による多国籍銀行業

　第1次世界大戦中および不安定な戦間期において、イギリス政府とイングランド銀行は多国籍銀行業務に関してますます直接的な役割を演じることになった。イギリス政府は金融機関を設立した。イングランド銀行は多国籍銀行業に関するクリアリングバンクの事業戦略に影響力を行使しようとした。そしてさまざまな銀行の救済案が導入され、銀行の混乱が他の金融業界の健全性を犯すことのないように処置された。後者のほうは、この時代にイギリスの多国籍銀行業務が生き残ることができた要因の1つであった。しかし、他の政策はイギリスの銀行の競争優位をほとんど高めることはなかった。

　それまでの伝統と大きく異なった点は、これまで海外・国内銀行によって行われてきた機能を遂行する観点から立案された新たな銀行が、イギリス政府によって1917年に設立されたことであった。「これだけが戦争によってもたらされた自由競争主義という伝統の崩壊ではなかった」。政府は産業における広範囲な統制を余儀なくされ、限定的輸入関税を課したり、ドイツからの輸入染料に依存していたイギリスの現状を克服するために染料会社を設立し、その資本の半分を所有することとなった。それにもかかわらず、ロンドンのシティという神聖な社会への直接的干渉は、色々な意味で最も衝撃的なものであった。

　ブリティッシュ・トレード銀行の創設案は、イギリスの輸出業者がドイツの同業者に比べ、色々な地域で適切な金融上の便宜を享受していないという懸念から生まれていた。ドイツの銀行は自国の産業に対し長期貸出を積極的に行っており、

このことが化学産業などの新しい分野においてイギリス企業が非常に立ち遅れている要因だとした。このようにドイツ企業の成功要因をドイツの銀行業によって説明しようとする意見は、多くのイギリスの論者によって評価された。1916年7月に、専門委員会が政府により招集された。この委員会は、サー・アーネスト・カッセルの同僚であり親友でもある実務家、ファリンドン卿が委員長となった。ファリンドンはトルコ・ナショナル銀行創立者3人のうちの1人であった。彼の委員会には、ベアリングスやさまざまな銀行の代表者とともに、財務省と商務省からの2人が含まれていた[1]。

委員会の前に招集された参考人の何人かは、専門化されたイギリスの金融システムに関してかなりの数の疑念を表明した。それはイギリスの輸出業や製造業をドイツのようには振興するものとは思えないという内容のものであった。ドイツでは、国内外の銀行と産業の資本関係が親密になっている点が、南米や他の地域といった海外における契約の獲得や輸出の促進に関して効果的となっていた[2]。参考人は、ドイツの銀行は、より専門的、特に技術的な専門家を採用しているという点を強調した。ドイツ銀行の元従業員はこの銀行の調査部について説明した。この調査部は海外市場に関する十分で正確な商業情報を提供し、ドイツ人の銀行マネージャーがドイツ商人に海外ビジネスの拡大方法を指導できるようにしていた[3]。

ファリンドン委員会に提示された証言は、明らかに個人的意見であり、大局的見解からはほど遠いものでったものの、しかし、そのメッセージは明らかであった。イギリスの金融システムは個々の部分では十分に機能しているが、しかし戦後、ドイツに対して、イギリスが優位に競争を展開していくならば、より統合化されたものが必要であった。つまり、イギリスの金融と産業はより親密に機能する必要があった。また金融制度は技術的な知識や商業知識を必要としていた。求められているのは、プロジェクトに着手し、市場調査を行い、そして新しい事業にベンチャー資金をも供給する金融機関であった。

これらの意見は、提出された証言と違って、ファリンドン委員会報告書に反映され、公表された。この報告書では国内銀行と海外銀行双方の活動を賞賛したが、両者間に連携がないとも指摘した。ファリンドンは、必要とされているのは「国

内銀行と植民地やイギリス-外国銀行および金融会社の間の隔たりを埋め、現制度では提供できない融資を展開するような新たな銀行」であると論じた。多種多様な可能性のある業務が新しい金融機関のために用意された。情報の収集や提供に価値を見出すということが重要であり、新金融機関が完全に信頼を得るためには、戦略面において、場当たり的対応ではなく、より革新的であることだった。「イギリス製品は売り込まれるべきであり、製造業、商人、銀行家がイギリス製品を売り込むために団結しなくてはならない」。これらすべては海外において広い範囲で商売上の接点を必要としたが、ファリンドンは既存の海外銀行との間にコルレス関係というものを想定した。この金融機関は、何人かのスタッフの配置換えは予定されたが、合意のもと、利用できる限り既存の銀行や施設を利用することを報告書では想定していた。統合、情報提供、起業家的チャンスの把握、既存の金融機関との密接な関係が、ファリンドン報告書の最も重要な特徴であった。

　委員会は、この報告書を「ブリティッシュ・トレード銀行」のイギリス政府の許可証に基づく設立の具体的な提言として締めくくった。その銀行は1千万ポンドの株式非公開会社とすることになった。また、国内外における企業への信用貸しに応じるため外国為替部門や与信部門を有することにした。しかし、ブリティッシュ・トレード銀行は、既存の銀行やその他の金融業、金融機関を必要以上に妨げないように意図されたので、通知預金や短期預金を受け入れることはなく、海外で融資を利用しようと考えている企業向けに当座預金だけを開設することにしていた[4]。

　ファリンドン報告はシティでは評判が悪かった。ベアリングスの代表者はサインするのを拒んだ。また、多くの批判的な意見が色々な雑誌等に掲載された。バンカーズ・マガジンは、銀行業界からの支持を受けられない「性急に作られた文書」と評した[5]。自由貿易主義の擁護者であるチャールズ・アディスは1916年に提案された新銀行に対して猛烈な批判を行った。彼は、既存の金融機関との競争が排除されたので、新銀行は必然的に既存の銀行が不採算や安全でないとして見捨てた企業層を相手にすることになるだろうと予言した。また、彼は市場機能への政府の干渉に基本的に反対した[6]。

　ファリンドン提案の不評は、新金融機関への政府援助の熱意をそぐこととなっ

た。1916年11月ファリンドンは新銀行への金融支援に関する問題を提起した。それは、初年度には5万ポンドの補助金を受けたいというものであり、その翌年は4万ポンド、次が3万ポンド、2万ポンドと3年間続くものであった。ファリンドンは明確に「政府系銀行」を望んでいたのではなく、実行可能でうまく人事配置された金融機関を作り上げる作業には、いくらかの助成金が必要であると感じていた。しかし1917年4月中旬までに、そのような助成金という考えは拒絶され、財務省は、政府に提供されたどんなサービスに対しても、「公正な市場価値の原則」に基づいて支払を行うことだけを表明した。役員に政府の高官を配するという考えもまた簡単な議論ですまされ、すぐに拒絶された。なぜなら、政府とのあまりにも密接な関係は望ましいとはみなされなかったからである[7]。そのような警告やシティから政府への批判に対応し、社名から「銀行」をはずし「コーポレーション」にしたにもかかわらず、提案された新金融機関を作るための法案が1917年5月に下院で審議され、さまざまな分野から批判された。政府は議会に対して、この金融機関は、特別な政府支援や、政府情報への独占的なアクセス、イギリスの海外との貿易においての代表であるかのような、独占的利益を一切受け入れないと表明した[8]。

　1917年4月、新しくブリティッシュ・トレード・コーポレーション（BTC）がイギリス政府による設立許可を受けた。ファリンドンはその総裁に任命された。他の6人の役員には3人の銀行家（マーチャント・バンクであるフース・ジャクソンのシニアパートナー、ナショナル・プロヴィンシャルの会長、リバプール・アンド・マーティン銀行の役員）と、軍事産業と鉄鋼産業からの著名な3人が名を連ねた。その中には、ダッドリー・ドッカーがおり、彼は提案すべてを背後で支えた主導者であった。シティではこの金融機関の株を取得することにほとんど関心がなかった。1917年4月24日、商務省の長官は主要な株式会社銀行家を召集し、新規に発行される100万ポンドの株式を引き受けるように要請した。10万ポンドを要請されたロイズの会長は、BTCが直接的な競争相手にはならないだろうと確信していたが、目論見書の発行の後で意欲を失ってしまった。初期における資本参加の申込50社のリストには、バークレイズ、グリン、ミルズ、他に5つの国内銀行、2つのイギリスの海外銀行（ロンドン・アンド・リバープレート銀

行、サウス・アフリカ・スタンダード銀行)、設立されてまもない外国の貿易銀行(ノーザン・コマース・ブリティッシュ銀行)、そしてサウス・アフリカ・ナショナル銀行が含まれていた。しかし、株式引受総計は大きくはなく、株式発行の大部分が公募によって行われた。それにもかかわらず、資本は調達された。またBTCが指名した経営者は、オスマン・インペリアル銀行、イオニア銀行、アングロ-エジプト銀行、エジプト・ナショナル銀行の職務経歴を有する者であった[9]。

　BTCはみじめな実験だったことが判明した。1918年には2.5％の配当金を支払い、1919年、1920年には4％であったが、その後は無配であった。1922年には、資本の半分が償却された。BTCは3つの相互に関係した問題に直面した。第1に同社の経営戦略は、ドイツ、オーストリア、トルコ、ロシア帝国が崩壊した地域、すなわち、かつてドイツの貿易の影響力があった地域に進出することであった。たとえそのような地域で競争優位が存在したとしても、イギリスが基盤を有する銀行はほとんど存在しなかった。第2にイギリスの銀行が、まだ活動していない地域で営業することを公約にしていたことでこの問題を悪化させた。広範囲に及ぶイギリスの海外銀行の支店網を考えれば、誰も金融的に価値があると今までみなしていない地域での営業を、BTCに実質的に強いるものと同じであった。それゆえ、BTCの初期の支店は、(イギリスの銀行にとって)将来性の見込みのない地域に設立された。それは、例えば、南ロシアのバトーム、バルト諸国のベオグラードやダンツィヒであった。最後に、1914年のトルコ・ナショナル銀行のケースですでに例示されていたのであるが、イギリス政府は奨励もしくは振興していた金融機関にさえも全面的な支援を付す用意はなく、このことが上記の2つの問題を、より悪化させることとなった[10]。

　戦時中、BTCは情報部を立ち上げる以外、ほとんど何もできなかった。しかし、1919年初、戦時中には完全に活動が停止している状態になっていたトルコ・ナショナル銀行の株式の96％を購入した。同時期にBTCは新しく設立されたレバント・カンパニーを買収した。同社は貿易の新興企業で、近東におけるドイツの勢力に取って代わることを意図した会社で、役員にはファリンドン卿が名を連ねていた。そのほかに、サロニカとコンスタンティノープルに支社を有していた

ウィタルの商社を購入した。しかし、BTCの行動は東地中海に限定されるものではなかった。BTCはポルトガル・トレード・コーポレーションに10万ポンド投資し、戦前のポルトガルにおいて活動していた、ドイツ勢力と競争することを意図していた。また、1918年にBTCはロンドン・アンド・ブラジル銀行と共同でアングロ-ブラジリアン・コマーシャル・アンド・エージェンシー・カンパニーを設立し、ブラジルにおいて、イギリス商人によるドイツ商人への巻き返しを意図していた。しかしこういった企業やその他の小さな新興企業への支援はすべて失敗した。1922年までに、アングロ-ブラジリアン・コマーシャル・アンド・エージェンシー・カンパニーとレバント・カンパニーへの投資は、両社とも償却しなくてはならなくなり、また、トルコ・ナショナル銀行は二度と復活することはなかった[11]。BTCの最も意義のある成果は、外国との貿易に関する信用保証を行う関連会社、貿易損害補償会社の設立であった。それはたとえ短期間であったとしても、そのようなサービスに関するニーズに応えた。同社はまた、手形引受事業を構築し、1920年代半ばには、重要な手形引受企業となった。

　BTCの投資は、失敗に終わっていたイギリスの海外政策を支援することを意図していた。同社はボルシェビキ革命後のロシア市民戦争におけるイギリスの内政干渉に巻き込まれた。バトームの支店は、その地域におけるイギリス軍の要請に応じて開設された。その後すぐに1919年、（ロイズ、ウエストミンスター、ナショナル・プロヴィンシャルといった3つのクリアリング・バンクと共同で）サウス・ロシアン・バンキング・エージェンシーを設立し、南ロシアにおけるイギリスの利権を促進することを意図した。この新興企業は市民戦争におけるボルシェビキの勝利によって崩壊した。同様に、中国の公債への進出も効果的ではなかった。1919年にイギリス外務大臣は、（ロスチャイルドだけでなく）戦前に形成された「4列強コンソーシアム」におけるイギリスの銀行グループに、同社の加盟が認められるべきであると主張した。しかし、この時期に公債の交渉はなかった。1926年まで同社は単なる名前だけにすぎなかった[12]。1925年の間、アメリカのシンジケートが、BTCの残りの株式の25％を購入しようとしたが、イギリス政府の許可証を与えられていること、英国の貿易にとって重要な地位にあることから、そのような進展を政府が好まなかった。翌年、イングランド銀行は、この

第7章　イギリス政府、イングランド銀行、多国籍銀行業　307

ようなアメリカの「触手」からBTCを守るために、アングロ-オーストリア銀行とBTCとの合併を行った。アングロ-オーストリア銀行は政府の息がかかっているだけでなく、イングランド銀行が大株主であるという新興企業であった[13]。

アングロ-オーストリア銀行は、イギリス資本によって19世紀中ごろに設立された。しかし、1875年まで株主や支配権はオーストリアに移っていた[14]。戦前、同行はウィーン・クレジット・モビリアール・バンクという排他的な団体に属しており、ロンドンに事務所を構えて、さまざまなイギリス人やその他関係者に200万ポンド以上の負債があった。同行のポンド建て資産は、ポンド建て負債に対応しておらず、不足していた。戦争末期に生じたオーストリア通貨の急落は、オーストリアからの送金ができないということを意味していた。財務省の指導の下、イングランド銀行は、戦争勃発後、混乱を引き起こさないように、この銀行によって発行された多くの手形を引き受けて資金を融通した。その結果、イングランド銀行は160万ポンドを超える最大の債権者になった。この負債を正常に戻すため、またイングランド銀行総裁モンテギュー・ノーマンによる中央ヨーロッパとドイツの戦後通貨改革のための意欲的な計画の見地から、負債を資本にするスキーム（デット・イクィティ・スワップ）が考案された。このスキームの下で、アングロ-オーストリア銀行はイギリスに登記され、イングランド銀行によって完全に管理された金融機関として再建された。オーストリア・ハンガリー帝国が分裂した結果、アングロ-オーストリア銀行は6つの独立国にわたって多くの支店網を持つことになった。1920年にオーストリアに33社、チェコスロヴァキアに29社、ハンガリーとルーマニアにそれぞれ3社、イタリアに2社、ユーゴスラビアに1社営業活動を行っていた。このようなベンチャー企業（アングロ-オーストリア銀行）の主要株主になるためのイングランド銀行の決定は、BTCの創設よりも衝撃的な革新を象徴するものであり、特に、イングランド銀行がアングロ-オーストリア銀行の業務に積極的に参加することを表明したことは重要であった[15]。

アングロ-オーストリア銀行は実質資本140万6,370ポンドで、1922年3月イギリス企業として登記された。イングランド銀行は、その資本のちょうど4分の1以上を所有し、さらにいつでも株式に転換できる権利つきの債務証書が70万ポン

ドあった。定款にはイングランド銀行に、最低20万ポンド株式を有している限り、過半数の議決権を与えるというものがあった。チェコスロヴァキアの支店は政治的な理由により、現地で法人化された新アングローチェコスロヴァキア銀行へ譲渡され、アングローオーストリア銀行が株式の70％近くを所有し、チェコ政府が残りのほとんどを所有していた。

BTCのように、アングローオーストリア銀行の再編は良いアイデアであったが、どちらも実行可能な商業的スキームになることはなかった。1922年のあとすぐに、アングローオーストリア銀行は中央ヨーロッパの復興において、いくつかの積極的な役割を果たした。例えば、アングローオーストリア銀行とアングローチェコスロヴァキア銀行はロンドンにおいて、オーストリア、ハンガリー、チェコスロヴァキア向けの復興公債の起債に積極的に参加した[16]。しかし、商業的な成功というものはなかなか難しいということを示した。新しくイギリス化されたアングローオーストリア銀行の経営は、最初は、支配権がロンドンに集中させられ、イギリスの銀行の慣習に沿うものであるとされた。アングローオーストリア銀行がヨーロッパ大陸風の「兼業銀行業」という伝統を有している古い例であり、その主な業務が支配先であるさまざまな産業の関連先に信用供与することから成り立っていることを考えると、先のイギリス的な戦略を施行するのは決して簡単ではなかった。このような中央ヨーロッパの銀行の慣習というものはイギリス人従業員には不可解であり、彼らの多くはそのような経営文化やドイツ語さえもほとんど理解できなかった[17]。金融不安、重税、急激な為替相場の変動などが、この銀行経営の問題に加わった。

1922年11月、イングランド銀行はアングローオーストリア銀行が資本不足になったため、さらに30万ポンドの株式を取得し、1924年の間には、イングランド銀行は、アングローオーストリア銀行の会長でもありメンバーの1人でもあるハーバート・ローレンスのいるグリンとともに、100万ポンドの信用供与をしなくてはならなかった。オーストリアの支店は巨額な赤字を計上し、さらに1926年までにその金額は100万ポンドにまで上った[18]。同行は破産状態にまでなっていたので、多国籍化という野望を放棄する以外に選択の余地はなかった。同行のイタリアの支店は、イタロ－ブリタニカ銀行――この銀行の惨憺たる歴史はのちに述べ

ることになるであろう——に売却され、ユーゴスラビアの支店とハンガリーの支店は現地の銀行に売却された。1926年7月に最も大きな取引として、オーストリアの支店がウィーンのクレジット・アンシュタルトに売却された。いずれのケースにおいても、株式と経営者の交代が行われた。1926年9月には、アングロ-オーストリア銀行の残りの支店はBTCと統合し、アングロ-インターナショナル銀行となり、払込済資本が196万ポンドとなった。アングロ-オーストリア銀行は実質上破綻したので、イングランド銀行は、財務省のために行動し、新銀行に資本注入するために発行された株式100万ポンドのうち、60万ポンドを購入した[19]。同行の株式の55％近く所有したイングランド銀行により、ローレンスが新たな会長となった。

　アングロ-インターナショナル銀行の経歴は、その前身と同様に不運なものであった。ゼネラル・マネージャーは帝政ロシアの最後の財務大臣ピーター・バークで、彼はモンテギュー・ノーマンの方針に従った。彼は多国籍支店を放棄し、コルレス戦略に依存するアングロ-オーストリア銀行の方針を継続した。1927年までに銀行が所有しているものとしてはルーマニアの2社だけとなり、これらは最終的には1932年に処分された。アングロ-インターナショナル銀行は銀行の銀行として活動することに専念し、海外で商社との直接取引から海外銀行に信用を供与することに変わり、事業を中央ヨーロッパよりもむしろドイツに再集中した[20]。同行はまたイングランド銀行の代わりに取引業務を行った。例えば、イングランド銀行が、アングロ-インターナショナル銀行を利用して、ロンドンでドルを売却したりした。1931年9月以降、アングロ-インターナショナル銀行は、外国為替市場においてイングランド銀行の勘定を用いて業務を行っており、ドイツ政府の国債発行の引受を含め、イングランド銀行の要請に応じて多くの業務を引き受けていた[21]。このような活動から明らかなようにモンテギュー・ノーマンはアングロ-インターナショナル銀行の保護政策を促進させたともいえる。例えば、1928年6月にドイツ銀行からのイングランド銀行が保有する同行の持ち株を買いたいという要請を断った[22]。

　イングランド銀行の代わりにそのようなサービスをしていても、大恐慌の損害、特に中央ヨーロッパの金融危機からアングロ-インターナショナル銀行を守るこ

とはできなかった。1931年5月のクレジット・アンシュタルトの破綻は、アングロ-インターナショナルの業務の大半が、この古いオーストリアの関連先からもたらされていたため、大きな打撃であった。同行のドイツにおける事業は破綻同然であった。クレジット・アンシュタルトや他の関連した中央ヨーロッパの銀行の株式は価値のないものとなった。1932年10月までに、アングロ-インターナショナル銀行の資産のうち83％が「ほぼ凍結」された。しかし、イングランド銀行は支援を継続することを決めた。なぜなら、公式な破綻はイギリスの銀行の威信を汚すことにもなるし、特に支援者として行動していたイングランド銀行やグリンの威信はなおさらであったからである[23]。イングランド銀行は株価の全体的な暴落を防ぐために、市場においてアングロ-インターナショナル銀行の株式を購入した。しかし、アングロ-インターナショナル銀行は1933年までに流動負債が、流動資産を110万ドル以上超過した。イングランド銀行は、逼迫している同行に100万ポンドの信用を供与しつつ、1933年11月に「非公式に清算」の方針を決めた[24]。ローレンスは会長職をバートラム・ホーンズビィ卿に取って代わられた。同氏は1921年から1931年の間、エジプト・ナショナル銀行の総裁を務めていた。彼は1931年破綻後のアングロ-サウス・アメリカ銀行を管理するために任命され、今度はイングランド銀行を代表して、二匹の「死にそうな犬」の経営をすることとなった[25]。

アングロ-インターナショナル銀行は1930年代の間残存し、何ら新たな収入源を開発することなく、そして一時ホーンズビィが考えたように、「イギリス金融にとって効果を示すこと」にはならなかった[26]。1943年にイングランド銀行がアングロ-インターナショナル銀行への支援に関しての損失を見積った結果、1927年からおよそ160万ポンドに上るとされた。これには株式の購入も含まれていた[27]。1944年、経営上の「営業権」がグリンとミルズに対して与えられ、両者は僅かに残された債務を引き継いだが、アングロ-インターナショナル銀行が最終的に清算されたのは1962年だった。

さらに海外の銀行業務において費用がかかった公的介入が、ブリティッシュ・イタリアン・コーポレーションであった。イタリアで営業する銀行を創設しようという考えは、ロンドン・カウンティ・アンド・ウエストミンスター銀行で起こ

り、同行は1915年の初めにその可能性を探るため、パリの支店からイタリアに駐在員を派遣していた。すぐにビジネスの可能性があることが明らかになり、最善の選択はイタリアの銀行の株式を取得することとなった。財務省は、たいていどんなプロジェクトでも、政府の金融的な助成には非協力的であったが、8月にはイギリス外務省がそのスキームに興味を示した。時がたつにつれそのプロジェクトは大掛りとなり、1916年最終的な結果として2つの金融機関が創設された。1つはイギリスのブリティッシュ・イタリアン・コーポレーションで、もう1つはイタリアのコンパニア・イタロ-ブリタニカであった。

おそらく、このプロジェクトへの参加のイニシアティブをとっていたのは政府ではなく銀行であったため、イタリアの新興企業はBTCよりもシティの支援を引きつけた。相当数の国内および海外の銀行が株式を取得した。1929年の株主調査によれば、発行済み株式100万ポンドのうち、ざっと51%をイギリスの銀行が所有し、さらに20%をイギリスの保険会社（有名なところではプルデンシャル）が所有し、残りを信託会社、商社、海運会社（エラーマン）、個人投資家が所有した。イギリスのクリアリング・バンク「ビッグ・ファイブ」のうち3行が主要な株主であり、ロイズとウエストミンスター銀行が10万ポンド、ナショナル・プロヴィンシャルが2万5千ポンド所有していた[28]。コンパニア・イタロ-ブリタニカの資本の半分はブリティッシュ・イタリアン・コーポレーションが所有し、半分はイタリアの銀行グループが所有していた。

ブリティッシュ・イタリアン・コーポレーションの狙いは、BTCのものと同じであった。その目的は「大英帝国とイタリアとの経済関係の発展であり、イタリアにおける商業および工業分野における事業の振興」であった。競合するイギリス製造業が、同社を通じて互いにコンタクトを持つことができるように取り計らい、「無駄な競争」を回避することが期待された。戦略の中心は、電気産業に見られたように、戦前の多くのイタリアの産業におけるドイツの強さに挑戦することに置かれた。このような広範な目的は、おそらくこの計画の特徴を説明することに役立つであろう。財務省の消極的な態度にもかかわらず、またBTCとは大きく異なり、イギリス政府はこの新興企業に金融支援を行った。1916年6月8日の協定では、10年間にわたって、各年度の助成金として5万ポンドを提供する

というものであった。さらに1917年10月18日の追加協定では、各年度において補助金を受けることによって、同社が支払う義務が生じる所得税や超過利益に対する税と同等の額を政府が支払うというものであった[29]。

ブリティッシュ・イタリアン・コーポレーションはすぐに深刻な問題と直面した。この会社は海運業への金融に深入りし、海運会社の主要な株主となり、戦後の海運不況に巻き込まれた。BTCの取り組みとの連携が欠如していた。イタリアの電気産業に進出しようとする計画は失敗し、特に軍事企業ヴィッカーズのようにイタリアで営業している主要なイギリス企業と独占的な関係を構築しようとした企ても挫折した。イタリアの銀行とのジョイントベンチャーも放棄し、1922年イタリアにおける事業すべてを、傘下にあるイタロ-ブリタニカ銀行に譲渡した。政府の助成金援助はそれと同時に終了したが、そのときまで非課税や助成金で28万3,418ポンドを受け取っていた。同社の配当金支払いは、1917年から1921年まで計21万ポンドにのぼっていたが、これは完全に助成金に依存していた[30]。

一時、イタロ-ブリタニカ銀行は繁栄した。同行は多くの支店網を発展させると同時に、ミラノの本店から一元的な経営を展開した。そして1926年にはアングロ-オーストリア銀行のイタリア支店を買収した。同行はイタリアの商業銀行の中でも4番もしくは5番目に大きな銀行となった。不運にも、ロンドンにおいてこの会社はイタリアで行われた業務を制御できなくなり、1926年に、「不正行為」がイタロ-ブリタニカ銀行に起こった。1929年には同行の信用に関する風評が危機へとつながった。1929年1月には、イングランド銀行は、もし1週間以内にイタロ-ブリタニカ銀行が260万ポンド獲得できなければ、同行とブリティッシュ・イタリアン・コーポレーションは清算しなければならないと警告を受けた。クリアリング・バンクの「ビッグスリー」はこの会社の80人程度の株主の少数株主にすぎなかったにもかかわらず、イングランド銀行は、このビッグスリーに全額を提供することを義務づけた。イングランド銀行は25万ポンドという小額の貢献策を申し出て、ロンドン市場で売りに出されるいかなるポンド手形を引き受けることに同意した。ムッソリーニとイタリア中央銀行が救援活動にのり出した[31]。

その後のイングランド銀行による調査によって、イタロ-ブリタニカ銀行での機能不全と不正行為のすべての惨害のいくつかが明らかになった。2月の中旬ま

でにイングランド銀行の調査官は、このイタリアの金融機関は「完全に破綻」していることを証明した[32]。支店網の調査では、経営支配の制度的欠如の存在が明らかとなった。トリノ支店に関しては、報告によると「異常と言えるほどの寛大な手法」で経営されていた[33]。最もひどかったのはローマ支店であった。同支店は相当な金額をポンドもしくはドルで外国銀行から短期で借り入れしており、有価証券の購入に利用していたり、権限なしに多くの借り手に融資をしていたりした。取引は別の帳簿に内密に記帳され、負債と債権の合計の差額を偽名で正式帳簿に記入していた。イタロ-ブリタニカ銀行の上級のスタッフたちは、政治家への贈収賄や悪用に深く関与し続けていた。同行のマネージング・ダイレクターは、イタリア系でイギリスに帰化した人物で、スキャンダルで非難され辞任しフランスへ逃亡、のちに本人不在のまま懲役9年の判決が下った[34]。

　根底にある問題はイギリスとイタリアの銀行の慣習上の対立にあり、それは誤解や最終的には経営上の失敗へと導いた。アングロ-オーストリア銀行の困難さを思い出して、「イタリアの銀行に対する概念はイギリスとは異なっている」とイギリスの調査官が1929年6月に悲観的な見解を述べた[35]。1930年にイタリア事業はバンク・オブ・アメリカに売却された。イタロ-ブリタニカ銀行を支援したことで、ロイズとウエストミンスター銀行の損失はそれぞれ110万ポンドと187万7,522ポンドとなり、ナショナル・プロヴィンシャルも169万871ポンドの損失を出し、クリアリング・バンク3行の最大の損失合計は544万5,964ポンドになった。イングランド銀行も25万ポンドの負担金を償却した[36]。

　BTC、ブリティッシュ・イタリアン・コーポレーション、そしてアングロ-オーストリア銀行は、1914年以前の正統な銀行業とはかけ離れた展開をした。最初の2つの事例では、イギリス政府は、多国籍銀行が以前に進出していない地域において営業しようとする銀行を支援し、場合によっては補助金を与えた。また、両行は、異業種分野を金融業に取り込み、そして、国内と国外の銀行をリンクさせることで、専門銀行制というイギリス銀行業の特質を打破しようとした。モンテギュー・ノーマンが中央ヨーロッパの金融安定化を図ろうと努力している状況下において、イングランド銀行によるアングロ-オーストリア銀行の再建は、救済的意味は少なく、本質的に負債の問題に対する創意豊かな解決策となった。し

かし、イギリスの中央銀行が、多国籍支店網をもつ「兼業」商業銀行を所有および支配する結果となったことは異例であった。

　この非正統的慣行の結果は最悪であった。政府、イングランド銀行およびその他の関係者は、小さいけれども他に類を見ない失敗で、大きな財務的損失を出した。このひどい業績の背景には色々な要因が潜んでいた。戦間期というものはドイツ、イタリア、ヨーロッパにおいて新興銀行業には適した時期ではなかった。イギリスの銀行家は、新しい地域や新たなビジネススタイルが要求される分野でのスキルも経験も少なかった。経営判断の誤りも起きた。「現地人」スタッフへの過度の依存は不良債権となった。こうした新しい地域では、他のイギリスの商業関係者は少なく、新銀行はイギリス人の顧客基盤を持たなかった。

　振り返って見てみると、これらの銀行に関する経済上の論理は弱かった。世界的な貿易の減少や世界貿易におけるイギリスのシェアの減少は、新しいイギリス多国籍貿易銀行にとっては不適当な環境であった。おそらく兼業銀行業の全盛期も第1次世界大戦とともに終わっていた。戦間期の不安定な状況の下で、いくつかの大陸諸国の兼業銀行システムは崩壊、もしくは転換していた。ファリンドンや彼と同じような人たちは、ある程度、過去のモデルを模倣しようとしていた。より積極的な政府の支援があれば銀行は生き残れたかもしれないし、ニッチ市場を開拓出来たかもしれない。しかし、このような新しい機関の公的な支援者は、ときどき喜んで支援したけれども、新銀行を商業的成功に導くような積極的支援は決して用意されることはなく、また、新銀行の活動を指導するような試みもなかった。さらに、ファリンドン報告書には、新銀行は既存の金融機関と競争はしないというコンセンサスがあった。この制約がいかなる起業家的イニシアティブをも致命的なまでに抑制し、結果的にビジネスが実質上成立しないという宣告を受けることとなった。

2　イングランド銀行とクリアリング・バンク

　不思議なことに、イギリス政府は、イギリスの多国籍銀行の専門化した特性から部分的に脱却しようと計画された銀行に資金援助していた一方で、イングラン

ド銀行は同じ目的を達成するための民間銀行の試みに対しては、積極的に妨害しようとしていた。20年以上の間、イングランド銀行はクリアリング・バンクが多国籍銀行業に参入することに反対していたが、それはほとんど効果がないものだった。

　イングランド銀行の政策は、全体としてイギリスの銀行構造への不安が高まっている状況下で、展開していった。1918年までに、イングランドとウェールズの銀行業界は「ビッグ・ファイブ」に集中していた。このことは、ある地区では独占の恐れを引き起こしたが、一方でイングランド銀行は銀行業の安定性への影響を心配していた。銀行合併の進捗の不安がコルウィン委員会で高まり、同委員会の1918年の報告書では、今後のいかなる合併についても、事前の公的な認可が必要であるという立法案を具申した。いままで具体化した法律はなかったが、しかし、イングランドとウェールズの「ビッグ・ファイブ」は彼ら内部での合併に関して財務省に承認を求めるという方針が確立していた。この結果、一連の取り決めが1924年に成文化された[37]。

　この審議のサブテーマに、クリアリング・バンクが海外銀行業務に新参入したことによる影響があった。ロイズによる大量の海外投資によって、この問題は1918年に初めて表面化した。インド当局は、ロイズがインド・ナショナル銀行の株式を取得することに関して異論を唱えた。その結果、コルウィン委員会はロイズが交渉を続行する認可を棄却した[38]。1919年にニュージーランド・ナショナル銀行とブリティッシュ・ウエスト・アフリカ銀行の株式を取得したいというロイズの要請も困難に陥った。ロイズが前年に、さらなる買収をしないことに同意していたという理由で、コルウィン委員会は2つの要請を1919年3月に拒否した。この買収をしないという同意は基本的には国内の銀行を買収する際に適用されるものであるけれども、委員会は「いま提案されたような大きな買取は、取締役会の所在地を加味すると、合併の最たるものに分類される」とみなしたのであった[39]。しかし、このケースで、イギリス政府は、ロイズとの関係構築を必要とする両行から強く働きかけられた。植民地局もまたウエスト・アフリカとニュージーランドの買収を支援した。その結果、コルウィン委員会は1919年6月に計画を進めることを許可した[40]。

初期の審議において同委員会は、銀行の合併に関する全体的な政府の方針に照らして、ロイズの買収政策を取り扱った。しかし、1920年代までには審議の中心は大きく変化し、より具体的になってきた。クリアリング・バンクの海外での新興事業の1つが失敗するかもしれないとの不安は金融の安定に対する潜在的な脅威となった。そのような心配を表明していたうちの1人にガスパード・ファラーがいた。彼はベアリングスの役員で、コルウィン委員会で、これ以上銀行が合併することは反対であると証言していた人物であり、その後この時代の財務大臣の諮問委員会のメンバーにも名を連ねていた。また、彼はブリティッシュ・トレード銀行の設立を強く要求するレポートにサインすることを拒否したファリンドン委員会のメンバーの1人でもあった[41]。1923年2月に彼はコルウィン卿に、「海外で営業中の銀行の買収を行っているイギリスの国内銀行に対して警告すべきである。なぜなら、もし彼らの外国における新興事業がうまく行かなくなったとき、政府が援助をせざるをえなくなるからだ。そしてその可能性は充分ある」と書簡を送った。彼は「このような海外における拡大には弁解の余地はなく、貪欲と誇大妄想以外のなにものでもない」と指摘した。ファラーは、特にロイズがラテンアメリカで直面している危険性を懸念し、それは明らかに19世紀後半のベアリングスの致命的な問題を想起してのものだった。「経験が、興奮しやすいラテン民族の間でどんなに簡単に問題が生じるかを教えてくれる」[42]と述べていた。

　ファラーの見解はすぐにノーマンに支持された。3月初旬までに彼は、インドを再びクリアリング・バンクが存在しない状態にするという希望を表明し、すぐにクリアリング・バンクが海外において彼らの利権を拡大すべきでないという総督の政策が決められた[43]。ノーマンは1925年のバークレイズ（DCO）の設立に反対して、サウス・アフリカ準備銀行の総裁に書簡を送った。「もし、アフリカのすべての地域や西インド諸島において危機が起きた場合、影響を受けるクリアリング・バンクの信用リスクをロンドンにいるわれわれが負担するのか」。ノーマンにとってその構想のすべてが、安定性の基盤となっている専門化したイギリスの金融機関を脅かすものであった。「クリアリング・バンクは主にイギリスの貿易と産業のためにイギリスに存在しているのであり、また国内外向けの金融取引や個人のニーズのためにイギリスに存在しているのだ」[44]と述べた。

彼はこの方針を効果がないにもかかわらず20年間以上維持した。彼は彼の方針を遂行するために2つの矛盾する問題に直面した。1つ目の問題としては、財務省が「ビッグ・ファイブ」の間では合併はすべきではないという政策を支持する一方で、クリアリング・バンクから海外における利権を剥奪するという彼の見解に対しては、政府はそれほど強く支持していなかった。この2つのことは別個のものとして見られ、まして後者に関しては財務省にはまったく関心がなかった[45]。2つ目の問題として、銀行の差し迫った破綻が金融システムを脅かしているいくつかの事例では、クリアリング・バンクの海外投資の拡大を助長しているケースが見られた。ロイズは（次節で見るが）、1923年にコックス社（インドとエジプト支店とともに）の救済を進め、さらに劇的に1936年アングロ-サウス・アメリカ銀行をラテンアメリカにおけるロイズ帝国に加えた。ノーマンはこのような矛盾にもかかわらず、多国籍投資をすることに反対という彼の意見を変えることはなかった。

　ロイズの所有するロンドン・アンド・リバープレート銀行とロンドン・アンド・ブラジル銀行との1923年の合併をなにもすることなく傍観した2年後、最初の大きな衝撃がバークレイズ（DCO）の設立によって生じた。イングランド銀行はこの申請を「公共の利益に反する」ものとみなした[46]。バークレイズに対して抗議がなされたが、バークレイズはこれを断固無視した。1925年6月にはイングランド銀行は原則としてその口座を閉鎖し、クリアリング・バンクが支配している海外銀行の引受手形を差別することを決定した。バークレイズ（DCO）が業務を開始したとき、イングランド銀行はバークレイズの口座開設や手形の割引を拒否した。1929年5月までに、この取り扱いは、バークレイズのフランスおよびカナダの子会社、Bolsa、ブリティッシュ・ウエスト・アフリカ銀行、ロイズ・アンド・ナショナル・プロヴィンシャル外国銀行、ニュージーランド・ナショナル銀行、ウエストミンスター外国銀行、ブリティッシュ・オーバーシーズ銀行にも適用された。ブリティッシュ・イタリアン・コーポレーションの引受手形だけイングランド銀行は受け入れたが、この悲惨な状況は、海外での紛糾の危険性についてノーマンが最も恐れていた事態だった。1930年代を通じて、上記の海外銀行の手形はイングランド銀行の差別化政策のために若干高いレートで割引さ

れた[47]。

　イングランド銀行はクリアリング・バンクの海外の子会社を撤収するためにさまざまな計画を試みた。1936年11月、ノーマンはイングランド銀行の財務省委員会で、「もし機会があるのなら、総裁がバークレイズの会長に対して、相互に同意できるような価格でバークレイズ（DCO）の株式を現金で買収する提案をする」という合意を得た[48]。しかし、この特別な提案は、イングランド銀行をイギリスの最も大きい海外銀行の所有者にさせるようなものであり、何も具体化しなかった。ノーマンができたのはバークレイズの方針に時折干渉をするくらいだった。例えば、1936年彼はバークレイズがキプロスに支店を開設しようとする計画があり、それを植民地局に妨害させようとしたが、結局失敗に終わった[49]。

　ノーマンは同様にロイズにも同社の海外子会社を売却するよう説得する試みを行ったが、効果はなかった。彼はロイズのインドでの営業を特に好ましく思っていなかった。ロイズのインド営業は他の新興企業よりも正当性に欠けていると1925年に評していた[50]。1934年、イングランド銀行はロイズにインドの支店をインド・インペリアル銀行に売却するよう説得を試みたが、収益性の試算の結果、ロイズは売却を見送った[51]。1936年にロイズは、Bolsaとアングロ-サウス・アメリカ銀行の合併の結果、ロイズが所有する株が50%以下となったため、Bolsaに対する差別的処遇を撤回するように求めた。しかし、イングランド銀行は「どんな観点からもこの事実が同行の地位を変更するものだとは認定できない」とした[52]。

　イングランド銀行は第2次世界大戦中にもその努力を継続した。イングランド銀行は1943年まで、クリアリング・バンクの海外における利権支配を削ぐ手法を検討していた。その年の4月に、「信託会社」の創設という考えが浮かび上がり、これは、Bolsa、バークレイズ（DCO）、そしてロイズのインド支店の株式を引き継ぐというものであったが、「実行不可能」として却下された。より程度をおさえた構想が、別々にそして追加的なベースで各銀行と交渉するために提案された。例えば、もしロイズの会長がBolsaの会長職を辞めることが可能ならば、「きわめて重要な出発点」となるかもしれないと思われていた[53]。イングランド銀行の政策が緩和されたのはモンテギュー・ノーマンが総裁の座を退いてからだ

った。

　モンテギュー・ノーマンによるクリアリング・バンクの海外での利権に対する攻撃は、まったく無力だった。しかしそれは、多国籍銀行業における地理的、機能的専門化を終焉させることで、イギリスの多国籍銀行業の競争優位を取り戻そうという試みにとっては適切でない状況を生み出した。それは、ロイズが本質的に異なる海外の関係会社を、より強固な構造にまとめることに失敗した理由の1つを説明するのに役立つかもしれない。国内銀行と海外銀行が統合に対する中央銀行の反対によって、ロイズの経営者には、色々な事業分野を統合する動機が生まれなかった。

3　銀行救済

　多国籍銀行業のリスクに対するイングランド銀行の反感は、戦間期に国内外双方において問題が生じた多くの銀行へ支援をしなくてはならなかったということに関係しているかもしれない。1920年代の終わりに、イングランド銀行は、ランカシャーを営業基盤にしていたクリアリング・バンクのウィリアムズ・ディーコンを救済しなくてはならなかった、同行は綿産業において多額の不良債権をかかえていた。イングランド銀行は、同行に対し300万ポンドを超える支援をし、ロイヤル・バンク・オブ・スコットランドによる買収も取り決めた[54]。同じような救済措置が、先に触れたアングロ－オーストリア銀行やブリティッシュ・イタリアン・コーポレーションに加えて、多くの海外銀行に必要であった。しかし、皮肉にも、ノーマンが海外銀行業務から隔離しようとしていたクリアリング・バンクのうち1行に協力を求めるという代償を払ってのみイングランド銀行はイギリスの銀行の安定性を保持し続けることができた。

　最初の危機が1923年、コックスの問題として表面化した。同行の急激な成長に関しては先に明らかにされている（第6章7を参照）。1918年にはすでに同行の安定性に対する風評がささやかれていた。イングランド銀行総裁は、1人の経営者に、「この金融会社は今後、最も純粋な銀行業務に営業を限定するように特に注意したほうがいい」と親切にほのめかしていた[55]。その「アドバイス」は受け

入れられることがなく、1923年1月29日に、コックスの会計検査官からモンテギュー・ノーマンに、同行は、120万から140万ポンドの間の資本金および準備金に対して100万ポンドの損失が発生していて、取り付けが予想されるとの悲痛な連絡が入った。約6週間前にコックス社がロイズに対し合併を持ちかけていたが、ロイズは関心がなかった。ノーマンは同日、ロイズの会長に会い、「提案された合併が少しの遅延もなく行われることが、業界のために絶対必要であると思われる」と述べた[56]。

この「業界のため」というのはつまり、コックスの営業を引き継ぐロイズに対し財務的援助をするということであった。ロイズは、当初財務省が負担していた40万ポンドを含めて、イングランド銀行から合わせて90万ポンドの保証を受けた。コックス社の総資産およびイングランド銀行の保証付負債が評価される1927年12月に終了する会計期間中、ロイズが、インドおよびエジプト支店を含めコックス社を別の会社として経営することをイングランド銀行は認めた。財務省もその合併に同意し、合併委員会に諮問をしなかった。

ロイズによるコックス社の買収によって、小さくはあるが銀行の失態に端を発する信用危機を回避した。しかしノーマンは、インドやエジプトにおける支店網を結果としてロイズが所有することとなった点を憂慮した。1926年、彼はエジプトの支店を、エジプト・ナショナル銀行に5万ポンドの支払いを申し出ることで、売却する取り決めに成功した[57]。しかし、イングランド銀行は、ロイズがインドにおける事業から撤退するように説得することは失敗に終った。その結果、イングランド銀行がコックスの救済のためにかかった費用の総計は（ロイズからエジプトの支店を取り除くために支払った5万ポンドを含め）26万7千ポンドにまで上昇してしまった[58]。

より長期間で費用がかさむ救済措置が、アングロ-サウス・アメリカ銀行には必要となった。同行のマネージング・ダイレクターがイングランド銀行に出向いたのが1931年9月10日だった（5章3参照）。彼は、同行が市場における手形引受での問題が生じており、ここ10週間で預金が500万ポンド減少したと報告した。金本位制離脱を余儀なくされた金融危機末期のことであり、イングランド銀行にとって最悪のときであった。アングロ-サウスに対する当初のアドバイスは、在

ロンドンの銀行から支援者を探すようにということであった。しかし、危機の深刻さがすぐに表面化した。9月22日、イングランド銀行はその厳しい状況下の銀行に対して150万ポンドまで、翌日300万ポンドまで資金を融通した[59]。イングランド銀行にとって、アングロ-サウス・アメリカ銀行が陥った苦境に対する本当の恐ろしさは、この金融機関自身に起こりうる破たんではなく、その破たんにより、ロンドンの割引市場の機能が損なわれることだった。そして、1931年9月の状況下では完全に悲惨なものとなった。さらに、そのような状況で、他のイギリス銀行の海外での信用に対して、避けられない影響があるのではないかと懸念された[60]。

コックス危機のように、イングランド銀行の意向はすぐに、他のロンドンに基盤を置く南アメリカの銀行であるBolsaの一部を所有しているロイズに頼ることであった。9月23日、ロイズの会長はアングロ-サウスを引き継ぐように打診されたが、翌日、ロイズは「ロンドンの銀行（Bolsa）の世話だけをしたい」という旨の返答をした[61]。これは1930年および1931年のBolsaの巨額の「実際の」損失や南アメリカ経済の一般的な問題を考えてみれば、決して驚くものではなかった。イングランド銀行はすべてのクリアリング・バンクに救済するようにたびたび要請した。ロイズは断固として巻き込まれることを拒否した。しかし、「ビッグ・ファイブ」のうち他の4行は救済措置に同意し、それぞれ50万ポンドを拠出し、イングランド銀行はさらに300万ポンド拠出した。支援の条件としてアングロ-サウスの経営陣の辞任が要求され、10月中旬までにイングランド銀行は会長としてバートラム・ホーンズビィを送り込んだ[62]。10月の終わりには、アングロ-サウスのマネージング・ダイレクターは依然として、グッゲンハイムの手腕を信じ、また、硝酸塩は、浮き沈みはあるものの、最後にはいつも好転するのだと言っていた[63]。しかし、11月には状況は非常に危機的となったので、モンテギュー・ノーマンは財務大臣に対し、政府による損失補填をするという正式な保証を求めることを余儀なくされた。1932年の1月の終わりまでに、支援銀行の「共同出資金」は、この厳しい銀行向け貸付に850万ポンドとなった。報道機関がこの問題の深刻さの詳細を最終的に報じた5月には、別の危機が発生した。同月終わりにはアングロ-サウスの大口取引先である、ボリビアの錫王パティーノが預

金総額75万ポンドを解約するという動きがあった。財務省では、正統な見解であるが無慈悲な手法を採用し、自らの損失を切り捨てるほうがいいのかどうかを検討していた。アングロ-サウスの手形引受は減少していたので、「割引市場は現在、1つの破綻の衝撃にはおそらく耐えることができるが、もし、仮にアングロ-サウスが倒産することになった場合、他の金融機関も倒産する大きなリスクがある」という問題が残っていた[64]。

このような危機的状況下で、「共同出資」による支援は、名目資本1,000ポンドでチルニットという新しい企業を創設することで正式な形となった。共同出資金による850万ポンドの貸付金はチルニットに引き継がれた。代わりにチルニットは資産として不良硝酸塩売掛債権を750万ポンド、アングロ-サウス・アメリカ銀行の議決権を有する新しい優先株を100万ドル保有した。この方法は、一覧払い債務を延べ払いを条件とする保証へと転換し、またこれは、アングロ-サウスの信頼を復興させるための手段だった。1932年6月にモンテギュー・ノーマンは、イングランド銀行からアングロ-サウスへ資金供給という形で200万ポンド、恐らくさらに100万ポンドを貸し付けることも決定した[65]。

しばらくの間、アングロ-サウスは救済されたかのように思われた。1933年10月、主要金融雑誌が「アングロ-サウスは死の影の谷から逃げ出すことができた」と述べた[66]。しかし、アングロ-サウスは負債が重くのしかかり、1930年代の南アメリカの経済状況を考えるならば、復活するチャンスはなかった[67]。より恒久な解決策が必要であった。1935年にノーマンは、カナダ中央銀行の総裁を通じてカナダ・ロイヤル銀行に接触し、興味があるかどうか打診したが、不調に終わった[68]。1935年9月までには、アングロ-サウスの状況は非常に急を要したので、ノーマンは、「実行可能な代替案がなく、前進させる唯一の方法は、たとえ南アメリカにおけるロイズの罪業を大目に見ることになっても、Bolsaとの合併しかない」と結論を下した[69]。1年間の交渉の後、1936年7月に同意に達し、Bolsaはアングロ-サウスの事業を買収し、その負債を引き継いだ。見返りとしてチルニットはBolsa株（1株当たり5ポンド）10万ポンドを配分され、Bolsaとロイズは35万ポンドまでの従業員退職金を支払うことで合意した。アングロ-サウスの株主は何も受け取らなかった。Bolsa株の売却や現金化ののち、アングロ-サ

第7章　イギリス政府、イングランド銀行、多国籍銀行業　323

ウス救済のために共同出資金が拠出した合計額は456万8千ポンドにのぼり、そのうちイングランド銀行は235万1千ポンドを負担した[70]。こうして事実上、イギリスの銀行業界が戦間期に直面した最も厳しい危機を回避した。

　他の救済もあった。その1つに、ブリティッシュ・オーバーシーズ銀行といういわば多国籍企業があった。中堅の国内銀行によって外国専門銀行を創設する考えは、第1次世界大戦以前に、スコットランド・ユニオン銀行およびグリン、ミルズが提案していた。戦時中およびファリンドン報告書の状況下で、多くの銀行が関与する形で計画は進められていた。1919年にブリティッシュ・オーバーシーズ銀行が設立された。8つの銀行が「B」株に100万ポンド出資し、そして一方で、さらに「A」株を100万ポンド公募し、そのうち10万ポンドをプルデンシャル保険が引き受けた[71]。ブリティッシュ・オーバーシーズ銀行はBTC同様に、国内外の銀行業をより緊密に統合しようとしていた。また、BTC同様東方へ目を向けていた。同行はワルシャワの民間銀行を買収し、1920年アングロ-ポーランド銀行を創設した。同行は、エストニアの銀行の過半数株式とラトビアの銀行の様式をも取得した。そして1924年には、大陸の手形引受事業を大きく行っていたロンドン・アンド・リバプール・オブ・コマースを吸収した。BTCとは違って、未開発地域に支店を設立することはなかった。

　同行の株主構成が初期の問題をもたらした。株主であるオスマン・インペリアル銀行とアングロ-サウス・アメリカ銀行の2行が、ブリティッシュ・オーバーシーズ銀行の業務との間に利害対立が生じてしまったのである。その結果、1924年、他の6行は、この2行の持分を額面で売却することに同意し、ウィリアムズ・ディーコン、スコットランド・ユニオン銀行そしてプルデンシャルは、それぞれB株の3分の1を所有する株主となった[72]。その後、ブリティッシュ・オーバーシーズ銀行は、(ロンドン・アンド・リバプール銀行を継承したため)、東ヨーロッパやスペインで大きな貿易に関する融資業務を発展させ繁栄したようだ。モンテギュー・ノーマンはクリアリング・バンクによるこの銀行への出資に反対したが、1931年イングランド銀行は、アングロ-インターナショナル銀行とともに、外国為替市場における取引に同行を使い始めた。1936年、イングランド銀行はブリティッシュ・オーバーシーズ銀行にフレデリック・フース・カンパニーを

買収させた。同行は、1920年代前半から業績が悪化しているマーチャント・バンクで、イングランド銀行は同行への救済措置で100万ポンドの損失を計上していた[73]。概して言えば、ブリティッシュ・オーバーシーズ銀行は、イングランド銀行などの「公的銀行」を苦しめていた事態を回避するために1930年代半ばに登場したのである[74]。

実際には、ブリティッシュ・オーバーシーズ銀行は、他のイギリスの金融機関と同じく、中央ヨーロッパでの出来事の影響を回避することができなかった。1937年12月までに、他の国々にある「未払」負債や凍結資産に対する妥当な引当金が計上されていないということや、同行が「債務超過」であることが明らかになった[75]。翌年の11月までにイングランド銀行は同行に100万ポンドを預金することに同意し、さらにウィリアム・ディーコンが75万ポンド、そしてユニオン銀行が25万ポンドを預金し、新しい会長が任命された[76]。それにもかかわらず、同行は徐々に経営が悪化していき、1944年に残りの事業をグリンとミルズに7,000ポンドで売却した。この救済に関してどのくらいの額の損失が生じたかは不明であるが、少なくとも30万ポンドの特別預金が償却されたと見られている[77]。

これら救済の試みに加えて、イングランド銀行は、ある銀行に役員という地位で時折助言をしたり、政策を補助するため少量の株を買い付けたりすることで、関与するようになった。例えば、1930年代中ごろ、多額の不良債権を抱えていたイオニア銀行へ役員を派遣し助言をした。ノーマンは必要があるならば、彼の役員への株式割当に対して資金を提供することを認めた[78]。イングランド銀行の介入の他の例では、1926年以降、オスマン銀行の株式を少数買い付け、多数のイギリスのマーチャント・バンクに同様に購入するよう促した。これは、オスマン銀行に対するフランスの影響力を阻止し、同行のロンドン委員会の影響力を増すのが狙いであった[79]。

戦間期における主要な海外の銀行業の破綻を、イングランド銀行が阻止するのに成功したことは、特に1930年代において世界の金融および経済システムの問題があったことを考慮に入れれば、相当な成果であった。銀行救済は効果的かつ効率的に処理された。しかし、払った代償は大きかった。イングランド銀行がコックスやアングロ-サウス・アメリカ銀行の救済に要した費用は260万ポンドを超え

ていた。さらにブリティッシュ・オーバーシーズ銀行にはさらに15万ポンドを要した。ブリティッシュ・イタリアン・コーポレーションの救済とアングロ-インターナショナル銀行への支援にはおよそ200万ポンド以上が費やされた。しかしながら、500万ポンドという金額は、金融の安定を維持するためには極端に大きな額ではなかった。これは長期的に見てみると、1935年と1936年の2年間のイングランド銀行の利益に相当するものだった[80]。

4 結 論

　全体的に見て、イギリス政府の多国籍銀行業に対する政策における効果が、高いものであったかどうかの評価ははっきりとはいえるものではない。しかしイングランド銀行が金融業界の主要な危機を回避したことは評価に値する。特に、1931年のアングロ-サウス・アメリカ銀行の破綻は、小さな海外銀行にとっては厳しい影響であったに違いない。それら銀行と同様に、イングランド銀行のとった危機管理は有効であったと言える。

　より積極的な政策決定はあまり成果が上がらなかった。イングランド銀行やイギリス政府省庁は、一連の絶えず赤字の新興企業に巻き込まれ、不正もしくは不可解なイタリアや中央ヨーロッパの不運な犠牲となっていた。新しい多国籍貿易銀行の中途半端な設立やウィーン・クレジット・モビリアール・バンクの営業の試みは、政府や政府職員が商業銀行業に巻き込まれることで、何が起きるかということに十分注意が向けられていなかった。

　クリアリング・バンクが多国籍銀行業に参入することに対して、イングランド銀行が反対したことは実際には成功せず、多くの政策の中で最も悪い結果となった。「興奮しやすいラテン系民族」や他の非イギリス的文化圏で起こりうる障害は、戦間期においては無理からぬものであった。イギリス多国籍銀行の競争優位が後退し、政治および経済環境は安定していなかった。イングランド銀行は、1950年代および60年代に見られるような世界経済の急成長を予期することはできなかった。それどころか、イングランド銀行の高官達は、もう1つの世界大戦を予感していた。

しかし、19世紀にリスクを軽減させるために考案された専門化を中核とする金融システムは、20世紀にも同じような効果を持つだろうという誤った認識があった。海外銀行は、特定の商品や地域に専門化していたため、その地域での商品や政策が1914年以降予想できなくなる新しいリスクに直面していた。クリアリング・バンクの多国籍銀行業への参入はこうしたリスクに答えたものであった。もし、国内の銀行が海外銀行の株式を取得しなかったのならば、イギリスの銀行にもっと多くのアングロ-サウス型の倒産が生じただろうし、少なくとも南アメリカや西インド諸島、そしてアフリカの一部では大量の倒産が生じていたであろう。イングランド銀行は、このことを認識していなかっただけでなく、所有の変化が国内と海外銀行業との効果的な関係へと転換されないという状況を作ってしまった。実際、イングランド銀行は危機管理に成功したものの、残念な副作用は、ロイズの海外銀行業務の展開に異質な特性を付け加えてしまったことと、ロイズのラテンアメリカにおける支配が弱体化したということであった。

1) A. S. J. Baster, *The International Banks* (London: King, 1935), 193-4; R. P. T. Davenport-Hines, *Dudley Docker* (Cambridge: Cambridge University Press, 1984), 137-9. 委員会における銀行は、National Provincial Bank, Westminster Bank, Glyn, Mills, Liverpool, Martins Bank, the Midland Bank そしてイングランド銀行である。
2) 1916年7月ファリンドン委員会への Vincent Caillard の証言による（BT55/32, PRO）。
3) Edward F. Davies の証言（1916年7月7日、BT55/32, PRO）。
4) 貿易に関する財務的便宜を調査するために指名された委員会によって作成された商務省へのレポート（Cd. 8346, 1946）。
5) 「British Trade Bank への提言」、*Bankers' Magazine*, 102 (Nov. 1916), 545.
6) 'A British Trade Bank', *Economic Journal* (Dec. 1916); Roberta Allbert Dayer, *Finance and Empire* (London: Macmillan, 1988), 87-8.
7) 商務省長官から財務大臣へのメモ：各省庁間の委員会のメモ（1916年11月22日、BT 13/72, PRO）。法務省から A. Stanley へのメモ（1917年3月14日）、財務省から R. W. Matthew へのメモ（1917年4月16日、BT 13/83, PRO）。
8) Baster, *The International Banks*, 194-5; Davenport-Hines, *Dudley Docker*, 141

-2.
9) Baster, *The International Banks*, 195; Davenport-Hines, *Dudley Docker*, 142; id., 'Alexander Henderson, First Lord Faringdon', in D. J. Jeremy (ed), *Dictionary of Business Biography*, iii (London: Butterworths, 1985), 155; Banker's Meeting, 24 Apr. 1917, Deputation from the Clearing House Bankers, 1 May 1917, List of Applicants for £1 million capital, BT 13/83, PRO.
10) Davenport-Hines, *Dudley Docker*, 143.
11) David Joslin, *A Century of Banking in Latin America* (London: Oxford University Press, 1963), 244: M. Kent, 'Agent of Empire? The National Bank of Turkey and British Foreign Policy', *Historical Journal*, 18 (1975), 388; Paper 44421, FO368/2204 PRO.
12) Davenport-Hines, *Dudley Docker*, 143-7; Bastre, *The International Banks*, 196-7.「新しいコンソーシアム」の失敗に関しては、F. H. King, *The History of the Hongkong and Shanghai Banking Corporation*, iii (Cambridge: Cambridge University Press, 199), 87-98 を参照せよ。
13) Anglo-Oesterreichische Bank の再建に関するイングランド銀行のスキームの要約（1927, C40/119）。M. Norman から General Sir Herbert Lawrence への書簡。
14) P. L. Cottrell, 'London Financiers and Austria, 1863-1875: The Anglo-Austrian Bank', *Business History*, 11 (1969), repr. In R. P. T. Davenport-Hines (ed.), *Capital, Entrepreneurs and Profits* (London: Cass, 1990).
15) Baster, *The International Banks*, 199-200 参照；M. Norman から Basil Blackett 卿への書簡（13 Apr. 1921, C40/115, B. of E）。アングロ-オーストリア銀行におけるイングランド銀行の介入の詳細に関しては、R. S. Sayers, *The Bank of England, 1891-1944*, i (Cambridge: Cambridge University press, 1976), P. L. Cottrell, 'Aspects of Western Equity Investment in the Banking Systems of East Central Europe' (Alice Teichova および P. L. Cottrell (eds.), *International Business and Central Europe 1918-1939* (Leicester: Leicester University Press, 1983), esp. 316), Robert Boyce, British Capitalism at the Crossroads, 1919-1932 (Cambridge: Cambridge University Press 1987), 39 を参照せよ。イングランド銀行とアングロ-オーストリア銀行に関する詳細な考察は、Alice Techova, 'Versailles and the Expansion of the Bank of England into Central Europe' (N. Horn, J. Kocka (eds.), *Law and the Formation of the Big Enterprises in the Ninteenth and Early Twentieth Centuries* (Göttingen: Vandenhoeck and Ruprecht, 1979), 368-80 を参

照せよ。また、Eduard März, *Austrian Banking and Financial Policy* (London: Weidenfeld and Nicolson, 1984), 457-62 も参照せよ。

16) Baster, *The International Banks*, 201.
17) Cottrel, 'Aspects of Western Equity Investment in the Banking Systems of East Central Europe', 331-3. また、P. Bark から M. Norman への書簡 (28 Dec, 1921)、1921年12月27日のメモ (C40/116, B. of E) を参照せよ。
18) M. Norman から O. Niemeyer への書簡 (14 June 1926, C40/120, B. of E)。
19) アングロ-インターナショナル銀行のチーフ支配人のオフィスのメモ (2 Mar. 1932, C40/119)、1930年10月20日のメモ (C140/120, B. of E)。
20) P. Bark によるメモ (1933年11月16日、C48/90, B. of E)。
21) イングランド銀行のメモ (1932年10月16日、C40/119)、アングロ-インターナショナル銀行のメモ (1932年10月7日、c48/90, B. of E)、R. J. Truptil, *British Banks and the London Money Market* (London: Jonathan Cape, 1936), 175, Sayers, *The Bank of England*, ii, 426 n. l. 参照。
22) 1928年6月13日のメモ (G14/84, B. of E)。
23) 1932年10月17日のイングランド銀行のメモ (C40/119, B. of E)。
24) 1936年9月26日の長官へのメモ (C40/119)、K. O. Peppiatt から H. Read への書簡 (1933年11月20日、C48/90, B. of E)。
25) 1934年12月3日のメモ (C48/90, B. of E)。
26) 1939年11月17日の B. Hornsby によるメモ (C48/91, B. of E)。
27) 1943年2月24日のメモ (C48/92, B. of E)。
28) ブリティッシュ・イタリアン・コーポレーションのアニュアル・レポートおよび同社の株主保有調査 (1929年、OV36/35, B. of. E)。
29) Luciano Segreto, 'La City e la "Dolce Vita" Romano: la storia della Banca Italo Britannica, 1916-1930', *Passato e Presente*, 13 (1987), 69-73, Baster, *The International Banks*, 197-8, ブリティッシュ・イタリアン銀行のアニュアル・レポート (1917)、商務省から財務省への書簡 (1920年10月26日、T161/498, PRO)。
30) Segreto, 'La City e la "Dolce Vita" romano', 74-7, Baster, *The International Banks*, 198 参照。
31) 1929年1月23日と1929年3月6日の財務委員会の議事録 (G14/250, B. of E)、Sayers, *The Bank of England*, i. 260-1 参照。
32) Francis Rodd から副長官への書簡 (1929年2月16日、OV36/35, B. of E)。
33) ヴェニス、トリエステ、トリノ支店のレポートに関する Mr. Palmer のレポートのメモ (1929年9月21日、OV36/38, B. of E)。

34) Segreto, 'La City e la "Dolce Vita" romano', 80-92、ブリティッシュ・イタリアン・バンキング・コーポレーションとバンコ・イタロ-ブリタニカの財政状況に関するメモ（1929年）、1931年4月のメモ（File 7692, LB）。
35) C. H. Evans から F. Ashley Cooper への書簡（1929年6月4日、File 7692, LB）。
36) この高い数値は Lloyds Advances and General Purpose Committee から出されている（1930年10月1日、File 2209, LB）。当時はロイズは、その銀行が544万5,964ポンドのうち120万ポンドまで回復するであろうと見込んでいた時期だった。1943年のロイズのレポートによると銀行の損失は107万9,757ポンドとしていた（1943年7月21日 R. A. Wilson と Sydney Parkes のメモによる（Winton Investment File, LB））。また、Sayers, *The Bank of England*, i. 261-3 と J. R. Winton, *Lloyds Bank*, 1918-1969 (Oxford: Oxford University Press, 1982), 57-9 も参照せよ。
37) Sayers, *The Bank of England*, i. 253-43.
38) Winton, *Lloyds Bank*, 23; G. Tyson, *100 Years of Banking in Asia and Africa* (London: National and Grindlays Bank, 1963), 152-3.
39) Bank Amalgamation Committee のレポート（1919年3月13日）。C. P. Stocks によるノート（1919年3月13日、T160/278, PRO）。
40) ニュージーランド・ナショナル銀行から Austen Chamberlain への書簡（1919年3月20日）、商務省から外務省への書簡（1919年6月19日）、Lord Selbourne から A. Chamberlain への書簡（1919年4月5日）、Lord Inchcape への LB、BBWA、NBNZ、ウエスト・ヨークシャー銀行の速記で書いた代理委任状（1919年6月11日）、諮問委員会の会議議事録（1919年6月11日、T160/278, PRO）。
41) Sayers, *The Bank of England*, i. 237-8. ファラーに関しては、Philip Ziegler, *The Sixth Great Power: Barings, 1762-1929* (London: Collins, 1988), 272-3 を参照せよ。
42) Gaspard Farrer から Lord Colwyn への書簡（1923年2月15日、G1/9, B of E）、Sayers, *The Bank of England*, i. 243-4.
43) M. Norman から Basil Blackett 卿への書簡（1923年3月9日、G1/9, B of E）、Sayers, *The Bank of England*, i. 242-3.
44) M. Norman からサウス・アフリカ準備銀行の会長への書簡（1925年3月11日、G1/9, B. of E.）。
45) バークレイズ銀行のカナダにおけるメモ（1929年12月27日、T160/278, PRO）。
46) 1925年4月1日の財務委員会（G14/73）、Sir Julian Crossley and John Bland-

ford, *The DCO Story* (London: Barclays Bank International, 1975), 24.

47) 1925年6月3日および1929年5月1日の財務委員会（G14/73, B. of E）、Sayers, *The Bank of England*, i. 244-8.

48) 1936年11月25日財務委員会（G14/73, B. of E）。

49) M. NormanからA. H. Reidへの書簡（1936年12月16日）、R. V. N. HopkinsからM. Normanへの書簡（1937年2月24日、G1/367, B. of E）。

50) 1925年6月17日の極秘メモ（G14/73, B. of E）。

51) 1934年10月24日および1934年12月5日財務委員会（G14/73, B. of E）、Advances and General Purpose Committee（1934年11月28日、File 2210, FB）。

52) 1936年10月28日財務委員会（G14/73, B. of E）。

53) 1943年4月7日のメモ（G14/73, B. of E）、バークレイズ（DCO）とBolsaのメモ（1943年4月14日、C48/152, B. of E）。

54) Sayers, *The Bank of England*, i. 253-9.

55) 1918年6月1日の長官のメモ（C40/125, B. of E）。

56) N. NormanからSir Warren Fisherへの書簡（1923年2月2日、C40/125, B. ofE）。

57) N. NormanからB. Hornsbyへの書簡（1926年12月9日、G1/9, B. of E）。

58) Sayers, *The Bank of England*, i. 242; Winton, *Lloyds Bank*, 22-5.

59) 1931年9月10日のK. O. Peppiattのメモ、1931年9月22, 23日のCredit Committeeの会議（C48/68, B. E）、Sayers, *The Bank of England*, i. 263-4.

60) 1931年10月10日のK. O. Peppiattのメモ（C48/68, B. of E）。

61) 1931年9月23日のメモ、1931年9月24日のCredit Committee（C48/68, B. of E）。

62) 1931年9月30日と10月2日のCredit Committee、1931年10月2日のメモ（C48/68, B. of E）。

63) Wellsへのインタビューメモ（1931年10月30日、C48/69, B. of E）。

64) *Daily Herald*（1932年5月18日）、*The Times*（1932年5月20日）、Sir Richard-Hopkinsへの財務省のメモ（1932年5月30日、T160/633, PRO）。

65) Sayers, *The Bank of England*, i. 266, 1932年6月20日のメモ（C48/74, B. of E）。

66) *Financial News*（1933年10月16日）.

67) B. Hornsbyの極秘メモ（1934年2月21日、C48/79, B. of E）。

68) 1935年6月5日M. NormanからG. F. Towersへの書簡、1935年7月4日G. F. TowersからN. Normanへの書簡（C48/80, B. of E）。

69) 頭取の部屋でのミーティング（1935年9月12日、C48/81, B. of E)。
70) ボルサとアングロ-サウスの同意および補足的同意のメモ（1936年7月6日、C48/83, B. of E)、1948年9月24日のメモ（C48/84, B. of E)、Sayers, *The Bank of England*, i. 266-7.
71) Baster, *The International Banks*, 202-3、ブリティッシュ・オーバーシー銀行が出所のGairdnerのメモ（1938年11月30日C48/129)、B. G. CatternsへのN. Hirdの書簡（1938年10月29日、C48/128, B. of E.）を参照。当初の8行は、グリンズ、ユニオン・オブ・スコットランド、ウィリアムズ・ディーコン、アングロ-サウス・アメリカ銀行、ドミニオン・バンク・オブ・トロント、ホアー、ノーザン・バンキング・カンパニー（ベルファスト）、そしてインペリアル・オスマン銀行であった。ウィリアムズ・ディーコンの役員会の議事録（1919年6月5日）によると、「ブリティッシュ・オーバーシー銀行は、第1に相互利益を促進するため、第2に新分野における事業の発展のための保護的な提携であった」とされている。1991年8月12日の作者宛のP. Winterbottomのものを含めて、ブリティッシュ・オーバーシー銀行のメモを参照。
72) Gairdnerのメモ（1938年11月30日、C48／129)、M. Normanへのプルデンシャルのメモ（1924年4月25日、C48/128, B. of E.）参照。
73) Sayers, *The Bank of England*, ii, 426 n. 1, 268-71、B. G. CatternsへのN. Hirdの書簡（1938年10月19日、C48/128, B. of E.）参照。
74) Baster, *The International Banks*, 204参照。
75) メモ（1937年12月23日、1938年1月14日、C48/128）参照。
76) GairdnerへのM. Normanの書簡（1938年11月16日)、C48/129, B. of E. 参照。
77) *Financial Times*、1944年6月26日。
78) 1935年12月23日および1936年2月5日のM. Normanの覚書（G1/367, B. of E)。
79) オスマン銀行の信憑性のあるメモ（1926年6月16日)、General Sir Herbert LawrenceへのN. Normanの手紙（1926年10月27日)、出納長からさまざまな金融機関宛の書類（1926年11月8日)、C40/130, B. of E. 参照。
80) Sayers, *The Bank of England*、付表343参照。1890～93年までのイングランド銀行の利益が掲載されている。

第8章　壮大な構想

1　戦後世界における競争上の課題

　世界経済は1950年代から1973年の間に急速に拡大し、戦間期に見られた経済的な逆境の不安は当面の間なくなった。この時代は、日本のみならず西ヨーロッパのほとんどにおいて、急速に持続的な経済発展を遂げた「経済的奇跡」の時期であった。イギリス多国籍銀行は世界戦争と金融危機の問題から解放されたが、いくつかの点で、彼らが利用してきた国の競争優位を決める「ダイヤモンド」は劣化しつづけた。構造的、組織的な変化の必要性と同様に事業戦略の変更が急務となった。第9章ではイギリス多国籍銀行の進出国の経済における戦略を検討するが、この章ではその構造に注目する。

　イギリスの経済力および政治力の相対的低下はイギリス多国籍銀行の競争優位が悪化した根本的な原因であった。イギリスは第2次世界大戦以降、アフリカおよびアジアにわたる巨大な植民地帝国の宗主として登場した。しかし20年後、その座を降りることになった。実際にイギリス自身で評したわけではないが、イギリスはヨーロッパの普通の国になってしまった。1950年代から1960年代にかけて、イギリスは「経済的奇跡」を実現できず、経済成長率はヨーロッパの近隣諸国よりも低い状態が続いた[1]。

　競争優位を決める「ダイヤモンド」の需要要因はヨーロッパ近隣諸国の発展によって著しくマイナスの影響を被った。外国貿易へ融資を行ってきたイギリスの銀行はその中核市場が収縮していることに気づいた。1929年、イギリスは製品の世界輸出の23%を占めていたが、1953年には16%になり、1970年までに8%に低

下した²⁾。もっと深刻なことに、輸入代替品とその他の要因はイギリスの銀行が特化してきた多くの国における従来のイギリス市場を切り崩した。例えば、ラテンアメリカの輸入におけるイギリスのシェアは1938年から1955年の間に13％から5％へと低下した³⁾。

　長期的にみるとイギリスの輸出構成は変化しており、繊維などの低技術製品から化学製品や電気製品などのより精巧な製品へとシフトしてきた。つまりこれは、連合王国および発展途上国から先進国へと市場がシフトしたことを意味した。1971年におけるイギリスの輸出の45％はヨーロッパ向けであった。さらに、イギリスの輸入品についても同様なシフトがあった。かつては天然資源や食料品が圧倒的なシェアを占めていたが、1950年代以降、工業品のシェアが増加しはじめ、1951年には20％だったが、その30年後には60％を超えた。このような製品は大部分、ヨーロッパおよびアメリカからであった⁴⁾。19世紀には、イギリスの海外銀行はイギリスとアメリカおよびヨーロッパとの貿易金融から撤退し、その結果、それらの地域には最小限の代表機関しか置かなかった。1960年代までに、このような特化がイギリスの銀行をますます縮小する市場に閉じこめることになったといえよう。

　イギリス連邦の植民地経済においてさえ、イギリスからその他の国へと貿易のパターンがシフトした。第2次世界大戦後、オーストラリアおよびニュージーランドからイギリスへの輸出は小さなシェアにすぎず、イギリスからの輸入はさらに小さかった。オーストラリアおよびニュージーランドはアメリカと日本こそが羊毛および食肉の新たな市場であることを認識し、多くの先進諸国からさまざまなものを輸入した。1960年代中ごろ、日本はオーストラリアの最大の輸出市場であり、北アメリカは最も重要な輸入元であった⁵⁾。1967年のサウス・アフリカ・スタンダード銀行の内部記録には、イギリス多国籍銀行にとって、これらの市場におけるアメリカ、日本、大陸ヨーロッパでの競争の出現の重要性について次のようにコメントされている。

　　アメリカ・日本・大陸ヨーロッパとイギリス連邦との貿易は急速に拡大し、
　　多くの国の場合、全体的にはずっと以前からイギリス本国との貿易をしのい

でいる。銀行取引の機会はイギリス向けの貿易とはますます関連しなくなっている。これまでの海外銀行の手法にとって、すべてに重要な意味を持つポンドまたはポンド関連通貨以外での貿易がますます増えてきている[6]。

　換言すれば、イギリスの銀行であることの競争優位は、つぎつぎと各地域で競争非優位になる危険にさらされていた。
　スタンダード銀行で顕著となったポンド利用の低下は、イギリスの銀行にとって特別な問題を提起した。イギリスの競争力の低下によって、ポンドの地位は1945年以降の高まる通貨切り下げ圧力下でドルと同等の準備通貨となり、1949年の通貨価値切り下げを止めることは出来なかった。1967年11月の再度の切り下げ後にやっと、イギリス政府はポンドが準備通貨であった時代は終わったことを認識するようになった。その一方で、1950年代および1960年代、クウェートや香港などのポンド残高の多い国において活動していたイギリス多国籍銀行は、イギリス政府からのポンド支援の圧力を受けている状況にあった。イギリスの銀行は、ポンド取扱い機関であることから競争優位を得る代わりに、この弱体化したポンドを生き延びさせるように貢献することを期待された。ついに通貨切り下げが1967年に行われた時、香港銀行とミドル・イースト・ブリティッシュ銀行（BBME）はかなりの損失を被った銀行であった[7]。
　ポンドの問題は、国際貿易金融というイギリスの銀行の伝統的な事業を不利な状況に追い込んでいった。海外銀行は、需要の少ない通貨に基づいており、それに代わる通貨ドルは不足していることに気づいた。アメリカドルは第2次世界大戦以降、ラテンアメリカで支配的となった。一方で、アジア地域の為替銀行や東、中央、西アフリカと西インド諸島のイギリスの銀行さえもポンド地域の崩壊という結果に直面しなければならなかった。1950年代までは、これらの地域の現地通貨はポンドとの等価交換で固定されていた。これは、これらの取引がポンドでファイナンスされたということを意味しただけではなく、ロンドンと受入国の豊富な資金とともに、統一された様式で銀行が事業を行うことを可能にした基礎的な要因でもあった。1950年代の後半、植民地の金融システムを運営していた旧通貨委員会はその地位を譲り、中央銀行が自由裁量の金融運営を引き受けた。多くの

場合、やがて通貨準備はポンドからドルにシフトした[8]。帝国内で活動していたイギリスの銀行に優位を与えた金融システムはゆっくりと崩壊していった。

イギリスの銀行はイギリスの海外取引に対してサービスを提供しただけでなく、世界経済の中で活発であったイギリスの多様な海外事業投資に密接なかかわりも持っていた。これは幸運な地位であった。というのは、1938年まではイギリスは依然として世界の最大の海外直接投資国であったからである。イギリスは、第2次世界大戦後アメリカにその地位を明け渡すが、1971年では全海外直接投資額の14%を占める世界第2位の多国籍投資国であった[9]。しかし、このイギリスの直接投資の向かう先は、海外銀行には不利な方向に急速に動いていた。1929年、イギリスの直接投資の4分の3は発展途上国であり、特にラテンアメリカとアジアで、天然資源や公共事業が主であった。ヨーロッパおよびアメリカはわずかに約14%であった。第2次世界大戦以降、多くのイギリス所有の資源および公共投資は、しばしば国有化を通じて消滅した。1962年までに、発展途上国はイギリスの対外直接投資の36%を占めるのみとなった。1950年代、イギリスの直接投資家は、カナダ、オーストラリア、南アフリカに注目し、後者の2つの国ではイギリス多国籍銀行はもちろん極端に有利な地位にあったが、1960年代初期以降、西ヨーロッパおよびアメリカ向けへと急速に投資先を変えていった[10]。

したがって、海外貿易の場合と同様に、イギリスの直接投資は海外銀行が支店を持っていた地域から離れるようになった。預金および為替事業を提供していたイギリス所有の公共事業、プランテーション、鉱山、商社とのビジネスは、顧客基盤が縮小していった。イギリスの多国籍企業はイギリスの銀行に有利な事業機会を依然として提供していたが、イギリスの海外銀行はその機会を利用するのに適した場所に立地していなかった。地理的な立地という重大な問題を別にしても、イギリスの銀行は、特に会社役員レベルにおいて、大規模なイギリス製造業よりも、アジアの商社や代理店といった「古い」形態のイギリス企業との密接な関連をもっていた。このイギリスの製造業はイギリスの多国籍投資の推進力となっており、その資金はクリアリング・バンクに依存していた。戦後におけるイギリス多国籍企業は、多くの国で、大規模な金融機関と資金とを必要としていた。どちらも、比較的小規模で地理的に特化したイギリスの海外銀行はこれに応えられる

状態ではなかった。イギリスの海外銀行はより大きな資金源を必要としていた。これらの銀行は、より多くの国々で資金を提供する必要があり、将来性のある新しいイギリス企業顧客へ近づく方法を必要としていた[11]。これらのニーズは、イギリスの海外銀行の特化した構造にまったく相反するものであった。

ほとんどの場合、海外銀行の資本規模は戦後世界において、ますます不利な状況となった。ほとんどの銀行の払込資本は1950年代中ごろまで、1920年代のレベルのままであり、大幅な増加は次の10年間になってやっと行われた。これには多くの原因があった。多額の内部留保の存在は、公表された自己資本比率についての懸念を経営陣にあまり与えなかった。イギリス系オーストラリアの銀行とおそらくその他の多くの銀行は、依然として株価と配当率の維持に関心を持っており、新たに増資をしても、配当支払いを維持するために十分な利益を生み出すことができるのかどうか懐疑的であった[12]。ドル建の払込資本が1921年から1955年の間変化しなかった香港銀行は、株主割当発行に強い抵抗感を持ち、明らかに中国人関係者による信頼の損失を恐れていた[13]。実際に、イギリスの海外銀行は資本額が小さく、有名だが秘密の内部留保があったにもかかわらず、大企業やその他の大手顧客から、体質がぜい弱に見られていた。このことが深刻に受け止められたとき、海外銀行は一定の資本規模を必要とするとの認識が強まった[14]。「過小資本」の問題は、多くの受入国政府が、その国の銀行に特定の自己資本比率を導入したことから、主要な問題となった。

イギリス多国籍銀行の規模と範囲を拡大するインセンティブは、より厳しい競争の出現によって強化された。多くの発展途上国において、現地の銀行がその重要性を増していたが、その一方で、特に1950年代以降、国際的および多国籍銀行業務への新規参入者が登場した。1950年代、イギリスのクリアリング・バンクは、かつて海外銀行が独占していた事業に参入するために、その大きな規模、国内顧客基盤、海外コルレス網を利用した。海外銀行は、クリアリング・バンクが輸出金融において市場シェアを獲得しつつあると感じていた[15]。さらに、アジアおよびその他の発展途上国におけるイギリスの海外銀行は、新たな現地の銀行とのつながりを作ったイギリスのクリアリング・バンクによって出し抜かれる状況になった[16]。イギリスのクリアリング・バンクは現地銀行の成長を助けることもあっ

た。海外支店を持たないが、巨大な海外コルレス網を有していたミッドランド銀行はこの点で特に活発であった。同行は、よいコルレス関係から得られる長期の便益を目的として、1950年代に新規に設立された一連の現地銀行（クウェート・ナショナル銀行、ヨルダン・ナショナル銀行、スーダン商業銀行など）へと人を派遣した[17]。

さらに大きな競争上の脅威はアメリカの多国籍銀行であった。1950年代終わりのユーロダラー市場の出現は第10章で述べるが、多国籍銀行業界の変容の到来を告げた。1つの結末は、アメリカの銀行による多国籍活動のはなはだしい拡大である。アメリカ多国籍銀行は、1950年代に前例のない水準の海外直接投資を行ったアメリカ企業の要求に対して、サービスを提供した。シティバンクとチェイスといった有力な銀行は地球規模の支店網を確立した。その他の多くの銀行は主要な金融センターと特定の国々に支店を開設した[18]。アメリカの大規模銀行は、イギリスの海外銀行に不足していた規模と活動の機会を持っていた。その顧客基盤は世界最大の多国籍投資家からもたらされ、ドル建の資本および預金基盤があった。アメリカの銀行は国際的に急速に拡大することに貪欲であった。攻撃的に売り込みをし、特に国際銀行業務とターム・ローンに焦点をあてた。アメリカの銀行は、単にイギリスの海外銀行の強力な競争相手だけではなく、海外銀行を買収する可能性を持っていた。1950年代の海外銀行合併の第1の波は、実際あるいは想像のアメリカの買収の脅威を背景にして実施された。

発展途上国のほとんどにおいて、イギリスの海外銀行は、リテールおよび国内事業に関して、現地の銀行との競争に直面した。現地の銀行は、現地会社であること、市場に精通していること、そして、現地の特殊な要求を満たすために十分なものを備えているという利点を持っていた。多くの国において、現地銀行の取締役は、他の現地企業の取締役を兼ねており、自社の顧客を自らの現地銀行に振り向けようとした。1950年代、多くのイギリスの銀行は依然として現地銀行との競合が可能であり、これに勝利するために支店網を急速に拡大したが、次の10年間ではしばしば、海外銀行業務活動、特に新支店の開設を制限する規制が導入された。規制強化は、特定の地域だけに依存した銀行の脆弱性を深刻なものにし、多角化への大きなインセンティブとして働いた。自らの重要性が低下したことに

より、イギリスの銀行はより不安定さを感じるようになった。「海外のイギリス銀行が、活動していた国にとってあまり必要なものではなくなるにつれて、その規制当局に影響を与え、思いどおりに世論を操る力がかなり弱体化し、その存在感の低下に拍車をかけた」[19]と1967年のスタンダード銀行の経営陣は意見を述べた。

　さらなる問題は、ほとんどのイギリス多国籍銀行投資の活動場所であった。南半球の植民地経済は、決して19世紀に見られたダイナミズムを回復することはなく、1945年以降、その相対的な低下がつづいた。すべてのイギリス所有の海外銀行の支店の4分の3が置かれていたオーストラリア、ニュージーランド、南アフリカにおいて、経済成長率は西ヨーロッパおよび日本のそれを下回った。オーストラリアおよびニュージーランドの一次産品輸出依存と、人口の少なさが、その成長を制約した。両国は経済の多様化が極端に困難な状況にあった。牧畜製品は1950年代終わりまで、オーストラリアの全輸出の約50％を占めていた[20]。南アフリカは1950年代および1960年代にかなりの工業化を経験した。しかし南アフリカは、国家主義政党が導入したアパルトヘイト体制の下で、英語圏のビジネス世界と対立していただけでなく、厳しい為替管理など過剰な国家介入を行っていた[21]。さらに、1960年3月のシャープビルにおける南アフリカ警察による69人のアフリカ人虐殺は、深刻な政治リスクのある国であることを確信させた。

　アジア、アフリカ、ラテンアメリカの多くの国々では、イギリスの銀行にほとんど成長のチャンスがなかった。1950年代および1960年代のサハラ以南のアフリカ諸国および南アジア諸国の経済成長率は相対的に低く、その多くは、低成長の状況の中でも、イギリスの銀行の営業活動を制限する輸入代替品および排外的経済戦略を採用した。ラテンアメリカ諸国の中で、ブラジルはかなりの経済発展を達成したが、（イギリスの銀行の活動が最も強かった）アルゼンチンのようなその他の主要国の成長率は1950年代および1960年代には低く、どの国でも輸入代替品政策、国家介入主義、インフレ、政策の不安定さなど、外国銀行には予測できないものであった[22]。

　それゆえ、イギリス多国籍銀行は、多くの理由によって、1945年の戦争以後の世界の中で成長が停滞していた国々に特化していた。2つの例外がある。第1は、

1950年代および1960年代のアジアにおいて、シンガポールと香港は第三世界のほとんどと異なり、輸出主導成長戦略をとった。この2つの国の（そしてそのすぐ後の韓国および台湾の）戦略によってもたらされたものは、NICs（新興工業諸国）へと変容させた経済成長の増大であった[23]。アジア地域の為替銀行であるチャータード銀行と香港銀行は、シンガポールと香港の両国に長期にわたって確立した強固な地位を有していた。これら2行は「外国」銀行を歓迎しつづけた受入国の成長を利用するのに好ましい位置を得ていた。イギリス海外銀行が快く受け入れられた環境であると認識した第2の地域は、石油の豊富な湾岸諸国であった。（少なくとも1970年代まで）イギリスの銀行に自由に活動することを認めた開放的な国として、これらの国々は繁栄の場所と豊富な預金源を提供した[24]。

　それゆえ、1945年以降に、小規模で地理的に特化した銀行という特徴を有するイギリス多国籍銀行の固有の構造に多くの問題があった。この時期の状況は、戦間期に見られた方向性、とくに国内と海外銀行の大規模統合や単にリスク分散としてだけのための多地域グループの設立への動きを決定づけたように思われる。実際には、イギリス多国籍銀行の銀行再編成はかなりゆっくりとしたペースで進んだ。1955年に活動していたイギリス多国籍銀行の数は、1928年の数よりも少なかったが、その他のすべての点ではまったく同じであった。1960年代終わりになって初めて、大きな再編成が行われたがしかし、1970年におけるイギリス多国籍銀行の資産および支店の地理的分散もまた、それ以前の時期との強い連続性を示して大きな変化は見られなかった。

　イギリス多国籍銀行の構造変化を達成するための動きは次の2つの節のテーマである。しかし、複雑な合併交渉の前後関係を説明するために、銀行再編成が緩慢であったいくつかの一般的な理由は本節でふれておこう。

　第1の理由であるが、それは、多国籍銀行業界の発展は、イギリスの金融システム全体との関係で説明されなければならず、その全体システムの中で構造的な変化が戦後20年間きわめて遅いペースで進んだのである。イギリスの金融機関の高度に特化した性質は1950年代終わりまで強固な形で残っていた。イングランド銀行とイギリス政府は伝統的な実務慣行の変更には強固に反対した。こうした状況は、クリアリング・バンクに対する貸出規制が一時的に緩和され、割賦販売会

社とのつながりをもつことが認められた1958年前後に変化しはじめた。ヨーロッパ共同市場の成長と、さらなるクリアリング・バンクの合併を認めた1967年の政府の決定は、特化されたシステムの終焉へと導く画期的な出来事であったが、1970年代になるまで、大きな多角化はなく、「金融コングロマリット」が形成されなかった[25]。

　第2の理由であるが、1945年以降、マイケル・ポーターが変化への刺激として強調する国内の競争相手はほとんど存在しなかった。海外銀行の間で世界市場を分割していた。ある特定の地域で営業する銀行は、それ以外の地域では競争しなかった。談合協定が多くの国で広がった。公的貸出規制、為替規制、参入障壁が浸透した。経営陣は自らの銀行の真実の業績を隠蔽しつづけた。1948年のイギリス会社法は、真実の利益開示に関する一般原則を適用する業界から銀行を除外した。海外銀行は1950年代および1960年代全体を通じて、非開示が預金者の最善の利益であるという見解を堅持した[26]。この政策は、イギリスのクリアリング・バンクが真実の利益と準備金を公開する意向を明確に発表した1969年以降にやっと変更された。バークレイズ（DCO）とナショナル・アンド・グリンドレイズの2つの海外銀行は、1970年の決算においてこの路線に従うことを決定し、香港銀行以外のすべての銀行がこれに従った[27]。

　構造変化の緩慢さの第3の理由は、たとえイギリス多国籍銀行の競争優位が長期的に低下していたとしても、1950年代および1960年代の世界経済は活力にあふれており、イギリスの銀行は株主を満足させるだけの十分な配当を支払うことが可能であった。投資家は、多くの場合コンソルか国内銀行の株に投資した場合よりも、多国籍銀行の株に投資した場合の方がより大きなリターンを得られた。公表された利益率は1930年代と戦間期はかなり改善した。すべてのサンプル銀行の「実際の」収益性は公表値よりも高く、多くの場合かなり良好であった。株主は業界の好調さにより利益を得たが、経営陣もまた内部留保を強化する機会を得た。結果として、イギリスの銀行は当面赤字の心配はなかったので、事業再編に重点的に取り組む必要もなかった。

　イギリス多国籍銀行の1つの大きな株主の姿勢が、素早い銀行改革の障害になっていたと言える。ロイズ銀行の多国籍銀行戦略は、この期間ずっと一貫性がな

く、ロイズが投資したさまざまな銀行グループに一定の秩序をつくる意図も意欲もなかった。1960年代のほとんどの間、ロイズは国際的な戦略の展開を関係会社のBolsaに任せきりであり、1969年以降になってやっと、より首尾一貫した政策をとりはじめた。ロイズは、イギリス所有の多国籍銀行を再編成するためのビジョンと能力の両面で欠けていたことは不運であった。

　最後に述べるべきことは、イギリスの海外銀行の特定の業務に特化した構造は、合併することが困難なほど、それぞれの銀行がきわめて独特な企業文化をつくりだしていたことであった。経営陣はしばしば、自らのアイデンティティを失うことを嫌い、他の地域で活動している銀行について疑問を持っていた。例えば、チャータード銀行とスタンダード銀行との合併についての初期の話し合いにおいて、どちらも「個々のアイデンティティを犠牲にする」[28]ことを望まなかったため、中々うまくいかなかった。それぞれの銀行の経営陣は、自らの組織に極端な愛着を感じ、取締役の合併計画に反対した。この問題は、オーストラレイシア銀行とユニオン銀行の取締役が第2次世界大戦直後に合併することに同意したときにかなり顕著になって現れた。ロンドンの取締役は、これはすばらしい合併だと考えた一方で、相談を受けていなかったオーストラレイシア銀行の経営陣の方は決して満足できるものではなかった。ユニオン銀行の上級経営陣は合併に反対し、検査役は辞任したこともあって、1947年中ごろまで合併交渉を延期せざるをえなかった[29]。この時期、オーストラリア政府の銀行国有化法によって、この合併の話は完全にストップしたのである。その数年後の1954年、BBMEのゼネラル・マネージャーは、BBME会長によるチャータード銀行との合併計画をなんとかして破談にした。ゼネラル・マネージャーはチャータード銀行が嫌いだった[30]。銀行を永続的な会社にすることに役立った企業文化はまた、組織改革を歓迎しないという障害にもなりえたのである。

　したがって、イギリス多国籍銀行の組織改革への力強いインセンティブは存在したものの、急速な経済成長期における銀行の高い収益性、買収や株主の批判からの防衛、ロイズの優柔不断、そして制度的な要素などが加わり、この問題の対応を遅らせるものとなった。さらに、イギリスの金融システムが全体として、銀行の専門家が長い間にわたり継承し、その手法を徐々に進化させていったため、

表8-1 イギリスの海外銀行の合併・統合（1945～60年）

年	銀　行	地域的	多地域的
1948	インド・ナショナル銀行／グリンドレイズ銀行	×	
1951	ユニオン銀行／オーストラレイシア銀行	×	
1954	ロイズがロイズ・アンド・ナショナル・プロヴィンシャル外国銀行の100％を買収	×	
1957	チャータード銀行／イースタン銀行(a)		×
1957	チャータード銀行がイオニアのキプロス支店を買収		×
1959	香港銀行／インド・マーカンタイル銀行	×	
1960	香港銀行／BBME		×
1960	ナショナル・アンド・グリンドレイズがロイズ・インド支店を買収	×	

(注)　(a)　イースタン銀行の活動は中東およびアジアに広がっていた。

表8-2 失敗したイギリス海外銀行の合併（1945～60年）

年	銀　行	地域的	多地域的
1953～6	BBMEとイオニア		×
1954	ES&Aとニュージーランド・ナショナル銀行	×	
1954～5	BBMEとチャータード銀行		×
1955	ES&AとANZ	×	
1955	チャータード銀行とイオニア		×
1958～9	BBMEとナショナル・アンド・グリンドレイズ		×

1950年代まで、ほんのわずかな変化しか起きなかった。

2　合併の第1時期（1945～60年）

　銀行再編成のペースは第2次世界大戦の後の15年間は緩慢であった。多くの合併が行われ、検討されたが、1960年には特定の地域や機能に専門化した銀行の構造は強固に維持されていた。表8-1はこの時期における主な合併および買収をまとめた表である。表8-2は、すでに重要な交渉段階に入りながら失敗した合併計画や提案の一覧表である。

　この期間の合併および合併計画から多くの問題が浮かび上がってきた。第1は、国内銀行と海外銀行とを統合する戦間期の試みが、若干変化したことである。国内銀行「ビッグ・ファイブ」の1行であるナショナル・プロヴィンシャル銀行は、海外銀行業務から撤退する明確な戦略を採った。1948年、同行はグリンドレイズ

銀行の100%の持ち株を、同行がロンドンの銀行として長い間営業していた相手であるインド・ナショナル銀行に売却し、7年後、うまくいかなかったロイズとのヨーロッパ大陸ジョイント・ベンチャーから撤退した。この結果、このジョイント・ベンチャーは、ロイズ銀行（外国）となり、ロイズの完全子会社となった[31]。バークレイズの多国籍銀行に向かう情熱もまた冷めてしまった。1957年、サスーン家とともにイースタン銀行株の65%を所有していたバークレイズは、チャータード銀行がイースタン銀行を買収することに合意した。その見返りとして、バークレイズとチャータード銀行との株式交換が行われた[32]。バークレイズはまたその小規模なイタリアの子会社およびカナダの子会社をそれぞれ1950年および1955年に売却した。

ロイズはヨーロッパ大陸の子会社の完全な支配権を取得したが、しかしその政策の全般的な方向は、多国籍銀行からの撤退を示していた。1943年、同行はBolsaの低業績を考慮して、さらにBolsa株式の所有を減少させることを決定し、1954年の終わりにはBolsaへの所有比率はわずか29.7%となった。1960年、ロイズはまたインドおよびパキスタンの完全所有支店網をナショナル・アンド・グリンドレイズに売却し、その見返りにロイズはナショナル・アンド・グリンドレイズの株約25%を受け取った[33]。ロイズの1950年代の10年間の海外銀行業務は、それを開始した時よりも一体運営されたグループとはなっていなかった。

1945年からの15年間の合併の主な結果は、地域内のイギリスの銀行のさらなる集中であった。ラテンアメリカにおけるイギリスの銀行はすでにBolsaだけであった。1945年以後、オーストラリアにおけるイギリスの銀行もまた合併していた。1951年、ユニオン銀行とオーストラレイシア銀行はついに合併して、オーストラリア・アンド・ニュージーランド銀行（ANZ）を形成し、その後の数年間に、この地域内でさらなる統合を実現しようとする多くの試みがみられた。1954年、ANZは、もう1つ残っているオーストラリアのイギリスの銀行である、イングリッシュ・スコティッシュ・アンド・オーストラリア銀行（ES&A）に合併をするために近づいたが、交渉は失敗に終わった。ANZの主要な動機は、防衛的なものであり、地元の2つの銀行間で行われていた初期の合併と同じであった。イギリスの銀行は現地銀行に市場シェアを奪われ続け、この傾向をひっくり返す

方法として合併を試みていた。ニュージーランド・ナショナル銀行に合併を持ちかけた ES&A の試みも同じように失敗した[34]。オーストラリアのイギリスの貿易銀行は、各地に展開していたイギリスの海外銀行やイギリスの国内銀行から孤立しており、わずかにバークレイズ銀行とある程度の関係を持っていた。オーストラレイシア銀行の取締役であったジェフリー・ギッブスは、1947年に会長に選任され、その後1951年から1967年まで ANZ の会長として務めていた大物であるが、1945年から1971年まで、バークレイズ（DCO）の取締役でもあり、1949年に副会長、1955年に会長代理となった。1948年、彼はオーストラレイシア銀行とユニオン銀行を、バークレイズ・グループへ統合することに関心をもっていたようであったが、その計画は進展しなかった。バークレイズ銀行は合併後の ANZ の少数の株式を所有する程度にとどめていた[35]。

アジア地域の為替銀行の間でも集中がおき、3つの主要なグループが出現し、それぞれが他の地域に手を伸ばした。インド亜大陸におけるグリンドレイズの12の海外支店の買収は、インド・ナショナル銀行の南アジア事業を強化した。それに続く1960年のナショナル・アンド・グリンドレイズ銀行によるロイズのインド支店の買収は、このグループに南アジアの最大の外国資本支店網を与えた。1950年代、インド・ナショナル銀行のアフリカに対する影響力もまた、グリンドレイズによるローデシアの一連の支店の開設によって強化され、その後イギリスの植民地経済はかなりのブームに沸いた。南アフリカのソールスベリーで初の支店が1953年に開設した[36]。1960年までに、（1958年に知られるようになった銀行としての）ナショナル・アンド・グリンドレイズは南アジアと東および南アフリカにまたがる支店網を有し、同行に対するロイズの所有は25％であった。

チャータード銀行の動きはもう1つの核であった。1950年代中ごろまでに、チャータード銀行は従来から活動していた地域で多くの障害に直面した。1949年の中国共産主義革命以後、中国にはチャータード銀行の支店は上海に1カ所だけとなり、インド、ビルマ、セイロンの各支店は、輸入代替品の登場（や高関税）の経済政策に直面していた。チャータード銀行は成長機会がもっと大きな地域へ業務を多角化することを決定した。湾岸地域の豊富な預金基盤と排他的な銀行業務の許可にあぐらをかいていた BBME は明らかに買収の標的であった。しかし

(前述したように) 合併計画は BBME のゼネラル・マネージャーによって巧妙に妨害された。したがって、チャータード銀行は、自らの重複する支店も持っている南および東南アジア地域における主要な独立したイギリスの銀行であるイースタン銀行にその関心を向けた。この銀行は、ボンベイとカルカッタにおける1,200万ポンドを超える不良債権を有し、かなり弱体化していた。この不良債権によって実際の利益は公表値のごくわずかしか上回っていなかった。バークレイズも、このような状況の中で、チャータード銀行のイースタン銀行買収を活発に支援した。この買収はチャータード銀行にアラブ湾岸地域の支店を与え、1959年にイランのジョイント・ベンチャーを設立することによって、これらの中東での影響力が増強された[37]。

1957年、チャータード銀行は、イオニア銀行のキプロス支店の買収によって、さらに地理的な営業圏の拡大を行った。イオニア銀行が営業を集中していた地域は、第2次世界大戦以後ますますきびしい状況の中にあり、同行の内部と外部の両方で合併論が起きた。1948年、イングランド銀行の役員は、「この銀行は、ギリシャとエジプト、種なし干し葡萄と綿花という困難な地位にいる。そして、合併によって経営基盤を拡大する方法を探すことが賢明であろう」[38]と述べた。かなりの内部留保をもつ小規模銀行として、金融投機家の関心を集めたが、その結果として、その株式所有は不安定なものとなった[39]。戦争の間、この銀行のかなりの株 (1953年までにおそらく18％以上) は、その長期の意図が疑わしい中東のユダヤ人ファミリー (ジルカス家) に買われた[40]。ミドル・イースト・ブリティッシュ銀行との交渉の失敗以後[41]、1956年9月、イオニア銀行はチャータード銀行との合併の交渉を開始し、イオニア銀行のアイデンティティを維持するかたちですぐに2行間の原則合意が達成された。しかし、この合併はジルカス家が以前所有していた株式を購入した新たな株主グループによって11月に否決された。このシンジケートの原動力は TOB に特化した株式ブローカー企業のベーレンス・トラステッドであった。この企業はチャータード銀行が支払う準備をしていなかったイオニア銀行の清算価値を要求した[42]。その後、関心の対象は同行の解散へと移った。1957年1月、同行のエジプト支店はスエズ危機後没収された。同年の8月、イオニア銀行のギリシャ事業はギリシャ商業銀行に売却された。2カ月後、

チャータード銀行はキプロス事業を取得した。イオニア銀行は事実上海外銀行としての活動を終えたが、商業銀行の形態で存続しつづけた。

これから明らかなように、1960年までに、チャータード銀行は、ナショナル・アンド・グリンドレイズと同様に、これまで営業活動を行ってきた地域内でその地位を強化、確保するとともに、それ以外の地域への多角化を進めた。イースタン銀行の買収はバークレイズとの株式持ち合いという結果となったが[43]、何らの経営上の成果もなかった。さらに株式持分を増やすというDCOの提案は、チャータード銀行によって強固に反対された[44]。

アジア地域での為替銀行の第3のグループは香港銀行が中心であった。同行の長期にわたる好業績は注目されている。1930年代および第2次世界大戦中は困難な時期であったが、戦後の数十年間、香港銀行の利益率は、公表されたものと実際のものの両方とも、チャータード銀行を含む他のサンプル銀行の利益率と比較しても良好なものであった。この業績は、その主要な受入国、特に、香港の経済的な活力に依存していた。未だイギリスの植民地であった香港の輸出主導型の成長とポンド圏内の「オープン・マーケット」は為替銀行に優れた機会を提供した。戦後、香港はまたイギリスと比較して低関税地域として存在しており、香港銀行もまた外国会社として連合王国内投資に対する課税特権による便益を得ていた。香港銀行は起業家的な方法でこれらの機会を利用した。香港のみで1947年から1961年の間の香港銀行の粗利益の46％を提供した[45]。

香港銀行は、その好業績にもかかわらず、あるいはむしろその好業績により、その伝統的な地域以外に多角化するのは緩慢であった。香港銀行は、アメリカの銀行がアジア地域においてより活発に活動していることを知っていたが、同行は、株式保有に関する法的な規制があったので買収される恐れはほとんどなく、特に脅威も感じていなかった。1875年に設立された同行のサンフランシスコの代理店は、1955年に香港上海銀行カリフォルニアという別の子会社に転換した（第10章を参照）。しかし、最初の大きな動きはマーカンタイル銀行の買収であった。香港を基盤とした株式投機家であったジョージ・マーデンの活動は、マーカンタイル銀行の買収を第一の目的としていた。マーデンは1953年にマーカンタイル銀行の株を買いはじめ、香港銀行にそれを売却して利益を得ることを期待していた。

香港銀行がこの申し出を断った時、彼はバンク・オブ・アメリカにこの申し出をもっていったが、同行もまた関心を示さなかった。マーカンタイル銀行を分割し、部分に分けて売却する計画に対して、イングランド銀行は不満を示した。1957年夏、香港銀行は、「マーカンタイル銀行株が他に売却されることを防ぐためにも」[46]、マーデンが所有するマーカンタイル銀行の株式14%を買うことに同意した。マーカンタイルの取締役会は、残りの株に対する香港銀行による現金での買収提案を断り、1958年にチェイス・マンハッタンがマーカンタイルの買収候補として現れるまでこう着状態が続いた。マーカンタイルに対するさらなる申し出が行われ、1959年に同行は香港銀行の完全子会社となった[47]。

翌年、香港銀行はBBMEを買収した。1940年代に香港銀行は、イランからアラブ諸国へと多地域展開しており、この時期、石油の発見がクウェートや湾岸諸国に大きな富をもたらしたため、同行は多くの配当を支払うことができた。クウェートや湾岸諸国の中には、香港銀行が一時的に銀行業を独占的に扱う協定を持つ国もあった。香港銀行と同様、BBMEは、この好況に沸く地域で大きな預金基盤を持っていた。この地域はイギリスの政治的影響下にあったが、ポンド圏の為替管理からは免れていた[48]。しかし、同行はかなりの内部留保と価値ある特権をもつ小規模の銀行であったため、明らかに買収の標的であった。そのため、同行の取締役会は別の銀行との合併によって先手を打って買収を阻止しようとした。同行の取締役会によるチャータード銀行との合併の当初の提案が行き詰まっていた時、BBMEはイオニア銀行との交渉を行った。1958年の夏、ナショナル・アンド・グリンドレイズとの合併交渉が始まり、1959年当初にナショナル・アンド・クリンドレイズとBBMEは、アジア地域での銀行業務についての基本的な再編成を実現するための買収について協議すべく香港銀行に近づいた[49]。

そのような再編成にナショナル・アンド・グリンドレイズを含めることは、香港銀行にはほとんど好ましいものではなかった。インド・マーカンタイル銀行は東南アジアに利益の上がる支店を持っていたが、ナショナル・アンド・グリンドレイズは、外国企業に対して高率課税と制限的な態度を持つ魅力のないインドに大きく依存していた。BBMEは、はるかに魅力的な相手であり、同行の内部留保の規模と実際の利益水準を香港銀行が知った時は特にそうであった。さらに、

第8章　壮大な構想　349

アメリカの脅威はいまだ一つの要因であった[50]。1959年11月、香港銀行は小規模銀行であるBBMEに対して現金および株式交換の申し出を行い、1960年春までに、実質的に全株式を取得した[51]。

　1945年から1960年に実施された合併による成果は、それほど大きくなかった。なぜならば、異なる銀行の組織統合は遅々として進まなかったからである。イギリスの銀行は、その特徴において、イギリスのビジネスに定着した伝統に従っており、銀行が合併しても、旧組織を完全に統合することにならない場合が多くあった。つまり、旧組織がそのまま別々の部として活動を多くの点で継続していたのである[52]。このことは、オーストラリアでは事情が異なり、ユニオン銀行とオーストラレイシア銀行は1951年以降、完全に新しく、そしてよりダイナミックな銀行となった[53]。しかし、アジア地域の為替銀行の統合は遅々として進まなかった。1948年のグリンドレイズの買収後のインド・ナショナル銀行の取締役会議事録には次のように書かれている。「別々の会社として、その事業を発展させることがグリンドレイズ銀行の資本を取得した主な目的であった」[54]。グリンドレイズはそれゆえ、取締役会レベルで、ナショナル銀行の代表とは別の会社として1958年まで活動していた。カルカッタでの巨額の不良債権などグリンドレイズに多くの問題が発生した1958年以降、この2つの銀行はやっと1つの組織に統合された。同様に、イースタン銀行は1971年まで独自の経営陣とバランスシートを持ち続け、香港銀行もまたインド・マーカンタイル銀行とBBMEに別々の企業理念、取締役会、経営陣、バランスシートを維持することを認めた。1966年、マーカンタイルの本社は香港に移転し、同行は香港銀行へと次第に組織統合された[56]。対照的に、極東ではなく中東で活動していたBBMEは、長期間、別の銀行として機能しつづけることを許可され、1970年代中ごろまで、同行は、香港銀行とは別に採用活動を行っていた。1980年になって初めて同行の自主性が失われ、法的には別組織として存続したが、本社は香港に移され、上級の経営機能は統合された[57]。

　それゆえ、1945年から1960年の間、合併によってオーストラリアの多くのイギリスの銀行は2行まで減少し、アジア地域の為替銀行は3つのグループに集約され、その3グループともにアジア以外の地域に支店を展開していた。ロイズは為

表 8-3　イギリスの海外銀行の合併・統合

年	銀　　行	地域的	多地域的	国　内
1965	スタンダード銀行／ウエスト・アフリカ銀行	×		
1965	ロイズがニュージーランド・ナショナル銀行を買収			×
1969	ナショナル・アンド・グリンドレイズがオスマン銀行のロンドン・グループ事業を買収		×	
1970	ANZ と ES&A	×		
1970	スタンダード銀行／チャータード銀行		×	
1970	Bolsa／ロイズ・ヨーロッパ		×	×
1971	バークレイズがバークレイズ（DCO）を買収			×

表 8-4　失敗したイギリスの海外銀行の合併（1960～71年）

年	銀　　行	地域的	多地域的	国　内
1962～7	ES&A とチャータード銀行		×	
1964～8	スタンダード銀行／チャータード銀行／ANZ／ナショナル・アンド・グリンドレイズ		×	
1965～8	ロイズ／バークレイズ／Bolsa／ナショナル・アンド・グリンドレイズ		×	×

替銀行の1つ、バークレイズは ANZ ともう1つの銀行の株式を取得したが、国内および海外の銀行の本当の統合を実現するにはほとんど何の進展もなかった。

3　壮大な構想（1960～71年）

　イギリス多国籍銀行の機能的および地理的特化を修正しようとする長期にわたる努力が1960年代を通じて続けられた。この10年間で、これらの銀行の地位は、切迫した競争的脅威に直面して、さらに低下した。イギリス多国籍銀行は「互いにもたれ合う非常に弱い構造」[58]のようなものであった。その結果、多地域銀行グループを作り出そうという野心的な計画あるいは「壮大な構想」がうまれた。表8-3および8-4は、この時期の合併提案の成功および失敗したものの要約である。
　地域的な統合というテーマは1960年代にまで継続した。アフリカでは、1965年スタンダード銀行がウエスト・アフリカ銀行を買収した。早くも1955年には（ミッドランド銀行からきたばかりの）ウエスト・アフリカ銀行のゼネラル・マネージャーは、別の地域で活動するイギリスの海外銀行と合併することを提案した。

しかし、取締役会は自分たちの「アイデンティティを失う」この考えを嫌悪した。10年後、同行に、スタンダード銀行が近づいた。スタンダード銀行は、アフリカ各地に支店を持っていたが、西アフリカには支店がなかったので、3つのクリアリング・バンクと共同でウエスト・アフリカ銀行の株式を取得した。詳しい取り決めの内容は後述するが、スタンダード銀行は、イギリスのクリアリング・バンクとアメリカのチェイス銀行が応じた新株発行を引き受けることによりウエスト・アフリカ銀行を買収した。このウエスト・アフリカ銀行は1966年にウエスト・アフリカ・スタンダード銀行に名称変更したが、これまでどおり、組織統合のプロセスは緩慢なものだった[59]。

1960年代にはまた、オーストラリアにおけるイギリス多国籍銀行のすべてで最後の合併が行われた。ANZの市場シェアは1950年代後半から改善してきたが、それより小規模なES&Aは十分でない自己資本と慎重な取締役会によってシェア拡大ができなかった。1960年代初期、同行は2つのオーストラリアの銀行からの合併申し出を断ったが、1962年12月にチャータード銀行からの申し出を受け入れた。2カ月後、その取り決めは、外国の銀行から申請の殺到を招くかもしれないという理由でオーストラリア政府によって止められたが、1967年になるまで両行とも合併の期待をまったくあきらめなかった[60]。ES&Aの明らかなパートナーが残っていた。それは規模の大きい双子のANZであった。ANZの経営陣は、遅かれ早かれ外国の銀行がオーストラリア参入を認められ、ANZの強いエリア、特に国際事業に攻撃を仕掛けてくるだろうことを恐れた。それゆえ、ES&Aの買収は、参入条件の自由化に先んじてANZの国内事業を強化し、アメリカの銀行がこの小規模なイギリスの銀行を買収し、オーストラリア市場への参入のための拠点として利用することを防ぐことを意図した保守的な動きであった。1968年12月、この2つの銀行は合併を発表し、1970年に新たなオーストラリア・アンド・ニュージーランド・バンキング・グループを開業した[61]。

はるかに多くの雄大な合併計画もまた1960年代に進行した。この時期の交渉は複雑で重複しているが、単純化しすぎというそしりを恐れず一般論として言えば、2つの銀行がイギリスの海外銀行を再編成する試みの先導を取ったといえよう。この2つとは、ジョージ・ボルトンの率いるBolsaとシリル・ホーカー会長の

率いるスタンダード銀行であった。彼らの計画はどちらも重複し、お互い衝突するものだったが、1つ1つ取り上げて分析することができる。

Bolsaがイギリスの海外銀行の再編成の試みの指導的な役割を担ったのは驚くべきことではない。というのは、1945年以降、イギリスの海外銀行のラテンアメリカにおける基盤が、特に同行を弱体化させたからである。アメリカ大陸におけるイギリスの貿易および投資は1945年以降劇的に落ち込んだ。アメリカの銀行は非常に活発でありドル絶頂期であった。ラテンアメリカ政府は顕著に輸入代替品および経済的ナショナリズム政策をとった。最終的に、Bolsaはまとまりのないロイズの海外銀行グループの一部となった。しかし、Bolsaはイギリスの海外銀行の再編成の第1局面には関係していなかった。同行は、変化に対応した戦略的な視野を持ち、自らチャンスを捉えることができる起業家を必要としていた。

1957年、そのような人物がやってきた。ジョージ・ボルトンである。ボルトンはパリのソシエテ・ジェネラルのロンドン支店の為替ディーラーを最初の仕事とし、1920年代には、マーチャント・バンクに勤務していた。1930年代初期、彼はモンテギュー・ノーマンにリクルートされ、イングランド銀行の初期段階の為替取引部門に加わり、第2次世界大戦期に実施された為替コントロールシステムの計画において指導的な役割を担った。1948年、彼はイングランド銀行の執行取締役に指名された。1950年代には、彼は金融市場の自由化を活発に支援し、ポンドや他の多くの通貨が国際的に交換されるようになった1958年にその全盛をきわめた。その1年前、彼はBolsaの会長になる申し出を受け入れた[62]。

ボルトンは、こうしたキャリアによって、イギリスの海外銀行の会長やCEOではほとんど及ばない全般的な戦略的見識を持った。Bolsaに加わるまでに彼は2つの考えを持っていた。第1は、ポンドの準備通貨としての役割はすでに終わっているということであった。第2は、もし規制が緩和されれば、ロンドンのシティは金融サービス業が集中し、新たなメリットが生じ、世界の主導的金融センターとして生まれ変わることができるということであった。これらの洞察に基づき、ボルトンはBolsaの戦略的な再生計画を策定した。あるコメントが述べているように、当時のBolsaは「廃棄状態にあるすてきな旧式の自動車」であった。ボルトンは、もし同行が貿易金融およびラテンアメリカのリテール銀行業務

第 8 章　壮大な構想　353

を行うポンド銀行から離れ、復活の可能性のあるロンドンのシティに拠点をおいていることを利用する事業へと再編することができるなら、その「自動車」は、開かれうる潜在的な利用価値をまだもっていると判断した。1970 年のインタビューのなかで、ボルトンは、Bolsa 再編を決定した「大きなステップ」について述べた。

　　ポンドの国際的な利用は実質的に終焉するだろうという信念を持ってポンドの業務から慎重に撤退すること。活発な為替部門を組織化すること。われわれの職責は、イギリス貿易の金融のための手段とされる銀行ではなく、受入国の成長を支援することにあると決定すること。製造企業を顧客に勧誘するよりも、実勢金利で預金を獲得することを決定すること[63]。

ボルトンのとった最初の動きは、設立の古いイギリスのマーチャント・バンクであるバルフォー・ウィリアムソン・アンド・カンパニーの取得であった。この非公開会社は、信用状の確認や、船舶仲買、木材を中心とした貿易金融などきわめて多角化したビジネスを持ち、連合王国のみならず南北アメリカのほとんどにわたり営業していた[64]。この買収により、Bolsa はリテール銀行業務および短期貿易融資から、より広範な金融および貿易業務へと多角化することが可能となり、バルフォー・ウィリアムソンの子会社もまたアメリカ大陸を越えて多角化する手段として利用された。例えば、1963 年、この子会社はアフリカ、オーストラリア、アジアに金融的なつながりをもつイギリス企業アライド・ナショナル・カンパニーを買収した。

しかし、ボルトンの戦略のカギとなる要素は「ポンド業務」からの撤退の決断であった。Bolsa は新たなユーロダラー市場における最初の参入者の 1 つになったが（第 10 章 2 参照）、ユーロダラーはボルトンにとって、「受入国……の成長の支援」の一部となりうる中期および長期の貸出業務を行うための理想的な基盤ではなかった。そこで、彼はまたドル資本ベースから得られうるドル資金への、より安全な接触機会を捜し求めた。Bolsa の会長になった直後、ボルトンはモントリオール銀行とのパートナーシップの可能性について話し合いをはじめた。その

結果、バハマ登記ジョイント・ベンチャーでロンドン・アンド・モントリオール銀行（Bolam）がつくられた。このジョイント・ベンチャーには、Bolsa が中央アメリカの支店網を提供し、モントリオール銀行はカナダドルを提供した。1963年までに、Bolsa はアメリカの銀行パートナーを探しており、アメリカの銀行持ち株会社ウエスタン・バンコーポレーションと交渉を行った。これらの交渉は何も生み出さなかったが、1965年、ボルトンはもう１つのアメリカの銀行、メロン・ナショナル銀行との交渉を成功させた。イングランド銀行は外国銀行がイギリスの銀行の発行済み資本の15％以上を買収することを認めなかった。1965年8月、メロンは Bolsa の株式を500万ポンド以上かけて取得した[65]。その結果、Bolsa の資本のうちロイズ所有分は1965年末までに24％に低下した。

ボルトンによるイギリスの海外銀行の再編計画は1960年代中ごろに最高点に達した。その計画とは、イギリス-アメリカ多国籍銀行を作り出すために、少なくともロイズとバークレイズの海外銀行関連会社とメロンのそれを結合することであった。同時代の多くのイギリス人と同様に、ボルトンはイギリスを西ヨーロッパ経済に統合するという考えには冷淡なままであった。代わりに彼はアメリカに注目し、アメリカとイギリスの歴史的な政治および軍事的同盟関係は、「アメリカとイギリスの銀行および金融システムの間の最も緊密で良好な関係によって強化される」と主張した[66]。

ロイズが株式所有していた銀行グループは、グローバルなイギリス-アメリカの銀行の基礎として特に魅力的に見えた。この銀行グループには、1960年にナショナル・アンド・グリンドレイズの株式25％を取得した Bolsa と、完全子会社のロイズ・ヨーロッパが含まれていた。1965年、ロイズは、所有していたウエスト・アフリカ銀行の株式をスタンダード銀行に売却したが、翌年ニュージーランド・ナショナル銀行の株式の100％を買収した。もし、バークレイズ（DCO）が加われば、ラテンアメリカ、大陸ヨーロッパ、アフリカ、アジア、ニュージーランドに広がる支店を持ち、ロンドンに本社を置き、アメリカの株主を通じてドルにアクセスする１つの多国籍銀行が創り出されるとボルトンは主張した。

問題は、この寄せ集めの状態を統一勢力へと融合させる方策を見つけ出すことであった。1964年、ボルトンはナショナル・アンド・グリンドレイズとの合併に

ついての交渉に入ったが、ナショナル・アンド・グリンドレイズの準備金の方がBolsaよりはるかに健全であるとの会計士の報告が出た後に、この交渉は失敗した[67]。彼は当初、1964年に Bolam の株式の3分の1を取得したバークレイズ（DCO）ときわめて良好な関係を持ち[68]、1965年までにボルトンはロイズとバークレイズのすべての関連会社の合併を提案した[69]。しかし、この提案は、すべての海外銀行が「かなり過小資本化されている」と考えていたイングランド銀行から賛成を得られず、「これらの銀行を1つにすることは中身のない巨大な組織をつくるだけ」と見なされた[70]。

1966年および1967年の間、ボルトンはバークレイズとロイズの海外銀行の関連会社の合併という考えに固執したが、両行とも規模の大きな新銀行に「彼らの」子会社を合併させることによってその支配権を失うことを好まず、はるかに緩い協定を実現することの方が都合が良かった。1967年、バークレイズ、バークレイズ（DCO）、Bolsa、ニュージーランド・ナショナル銀行に加えて、チャータード銀行とバークレイズが少数の株式を所有していた ANZ は、「すべての通貨でほとんど世界中を基盤とした」金融を提供する大きな野望を持った新組織インターコンチネンタル・バンキング・サービス（IBS）を設立した。バークレイズは、後述するように、チャータード銀行と ANZ を合併するとのスタンダード銀行の計画によって刺激を受け、すぐに行動に出た。初めの提案は、バークレイズおよびロイズが（未だ所有していない）Bolsa、チャータード銀行、ANZ、ニュージーランド・ナショナル銀行それぞれの多数の株式（約20％）を取得するというものだった。ナショナル・アンド・グリンドレイズはこの計画にかかわることを完全に辞退した。チャータード銀行は株式交換の考えに反対し、その結果、本来描かれていたものよりはるかにゆるやかなコンソーシアム構造が出現した[71]。それでも、IBS は最終的に1967年11月の大きなポンド危機とポンド切り下げの直前に発足した。しかし、イギリス政府の貸出規制は IBS の成長をぶちこわしたため、IBS は1970年まで新事業を始めることを中止せざるをえなかった[72]。

ロイズとバークレイズが（より小規模なイギリスのクリアリング・バンク、マーティンもともに）合併すると発表した1968年、ボルトンの計画にとってもう1つの狂いが生じた。この合併計画は、海外銀行それ自体とは何の関係もないが、

イギリスのクリアリング・バンクの「ビッグ・ファイブ」のうちの2行、ウエストミンスターとナショナル・プロヴィンシャルが発表した合併計画に対する性急な反応であった。しかし、ロイズとバークレイズは、その合併がイギリス政府によって反トラスト部局である独占委員会に持ち込まれた時、この提携の国際的な便益をかなり強調した。合併の理由について述べられた6つのうち3つは、国際的な銀行活動に関するものであり、特に、国内および海外の銀行の統合によって、イギリスの顧客に本国でも海外でも同じ銀行で取引する機会を与え、それはある程度まで、競合しているアメリカの銀行に対抗することができるというものであった。独占委員会はこれについて納得せず、ナショナル・ウエストミンスターの設立を進めることは認めたが、バークレイズとロイズとの合併は認めなかった。国内銀行業が2行に独占されてしまうことへの不安がこの決定の主流を占めていた。しかし、同時に委員会はこの合併で国際的な銀行活動にメリットが生まれることを理解することもできなかった。委員会はアメリカの銀行と競争する上での規模よりも効率性とコストの長所を強調し、発展途上国における2組の同様な支店網を1つにする競争的なメリットにはほとんど目を向けようとしなかった[73]。委員会の判断は、ロイズとバークレイズのもつ多様な関係会社は別々の道を歩むという見方をしていた。

　Bolsaとナショナル・アンド・グリンドレイズは両行とも大西洋の向こう側へ救済を求めていた。1968年、イングランド銀行は、Bolsaにメロンによる株式所有を25％まで増すことを認めた。その一方で、ナショナル・アンド・グリンドレイズの会長であるアルディントン卿は、チェイス・マンハッタンに自行への投資をしてもらうよう説得するためにニューヨークに渡った。結局、投資したのはシティバンクであった[74]。同行に対するイギリスのコントロールを維持することを狙った複雑な取り決めの中で、シティバンクはその株式を40％所有し、ロイズは残りの25％を保有した。1969年、ナショナル・アンド・グリンドレイズもまた、オスマン銀行のロンドン事業とそのキプロス、中東、東アフリカ支店などの銀行事業の重要な一部を買収した。加えて、新たなジョイント・ベンチャー銀行のオスマン（フランス）銀行SAが、パリ、マルセイユ、ジェノバのオスマンの事業の大部分を買収するために設立された。

第 8 章　壮大な構想　357

　ロイズとバークレイズは、合併計画が失敗した直後、海外の関係会社に対するさらに強固な支配権をとるために動いた。1969年2月、ロイズは海外戦略について遅ればせながら見直しを開始した。1970年、Bolsa は Bolam 株式をメロンとバークレイズ（DCO）から買い取り、Bolam を完全子会社にした。次のステージは Bolsa とロイズ銀行ヨーロッパの合併であった。1971年、両行は新銀行ロイズ・アンド・ボルサ・インターナショナル・バンクの子会社となった。ロイズはその新銀行の資本の55％を、メロン銀行は約13％を取得し、残りは一般および機関投資家の手に渡った。一方、ボルトンは1970年に Bolsa の会長を辞任した。グローバルに統合されたイギリス-アメリカ多国籍銀行という彼のビジョンは実現しないままであった。

　バークレイズはロイズと同様の道をたどった。1971年、同行はバークレイズ（DCO）の少数株主を買収した。バークレイズ（DCO）は大陸ヨーロッパにおけるバークレイズの関係会社と合併し、新たな国際銀行バークレイズ銀行インターナショナルを設立した。

　ボルトンがイギリス海外銀行の再編成を奨励した推進力の1人であったとすれば、もう一方の中心人物はスタンダード銀行のシリル・ホーカーであった。ホーカーは、ボルトンが1934年にイングランド銀行の海外部長であった時、彼の代理として仕えていたが[75]、皮肉にも彼らは、1962年にホーカーがスタンダード銀行の会長に指名された後、1960年代には協力者というよりライバルとなった。

　スタンダード銀行はホーカーの着任前の数年間、提携先を探しはじめていた。同行は1950年代終わり、アフリカの政治的および経済的見通しにますます懸念を抱きつつあった。南アフリカと関係することはアフリカの新興諸国では不名誉なことであり、その上、スタンダード銀行の南アフリカの拠点は明らかに政治リスクを負っていた。1959年、スタンダード銀行の少数株主としてアメリカの銀行になってもらおうという考えが出され、バンク・オブ・アメリカの名前も言及されたが、イングランド銀行はこの考えは「歓迎されないもの」[76]と助言した。オーストラリアの銀行、ロイズあるいはチャータード銀行との合併案も議論されたが、独特の企業文化の調和という問題に直面して、ほとんど現実的なものではなかった。1961年、スタンダード銀行はナショナル・アンド・グリンドレイズとの協議

を行ったが、これは、ナショナル・アンド・グリンドレイズが単にスタンダード銀行の東アフリカ事業を買収するだけの申し出を行ったので交渉は決裂した[77]。

ボルトンが当初そのラテンアメリカの拠点からポンド以外の資金を得る必要性に焦点を当てていた一方、ホーカーは混乱状態のアフリカから出て、地理的な多角化を実現するために合併を模索したことは当然であった。会長の指名から数カ月で、彼は海外銀行セクターを再編成するための「壮大な構想」の一部として、巨大な「イギリス海外銀行」の設立を主張した。1960年代のすべての合併計画と同様に、その合併交渉は複雑で変動していたが、3つの主要なそして相関する特徴があった。それは、イギリス国内銀行との結び付き、アメリカの銀行との結び付き、海外銀行グループ間の合併であった。

1962年末、ホーカーは、ミッドランド銀行がこの「イギリスの海外銀行」に参加すべきだとの考えを提示した。コルレス銀行に依存するというミッドランド銀行の伝統的な政策があったため、数年前ならそのような提案はばかげたものだっただろう。しかし、ポンドの問題と欧州共同体の形成などの要因により、同行の国際戦略について再評価しようという内部の気運が生まれ、1962年までに共同事業的な提携を通じて、一歩踏みこんだ新たな国際戦略が考え出された。当初の考えは、ミッドランド銀行が主導し、スタンダード銀行、チャータード銀行、ES&Aなどの銀行グループの形成であったが、チャータード銀行はアフリカとかかわりをもつことについて強い難色を示し、参加を断った。1963年5月、ミッドランド銀行もまた「イギリス連邦銀行」という、より緩い連合体を望むようになった。その結果、1964年のロンドン初のコンソーシアム銀行であるミッドランド・アンド・インターナショナル・バンクすなわちMAIBLが設立された。MAIBLはミッドランド銀行（その資本の45％を所有）、スタンダード銀行、オーストラリア商業銀行、トロント・ドミニオン銀行が共同して所有し、その目的は大量の資金を元手にした大規模な開発プロジェクト金融であった[78]。1965年、スタンダード銀行はさらに、ミッドランド銀行との関係を強化した。スタンダード銀行がウエスト・アフリカ銀行と合併したことで、ミッドランド銀行はロイズが所有するウエスト・アフリカ銀行の株式を取得し、その結果スタンダード銀行株式5％を取得した[79]。しかし、この株式所有もMAIBLも、ホーカーが当初描

第 8 章 壮大な構想　359

いていた国内銀行との強固な統合には至らなかった。

　1963年までに、ホーカーはまた、スタンダード銀行にはアメリカの銀行とのつながりが必要であるとの見解に至り、ミッドランド銀行との交渉が進展する一方で、チェイス・マンハッタンとの話し合いも始まった。チェイス・マンハッタン銀行は南アフリカに小さな支店網とさらにナイジェリアに支店をすでに設立しており、何らかの協力的な取り決めに至らない場合には、両地域における潜在的な競争上の脅威が生まれていた。ホーカーの初めの考えは、スタンダード銀行の東アフリカ事業を分離し、チェイスの参加する新銀行に移すことであった。この新銀行は、ナショナリストの批判をおさえる追加的な方法として、おそらく大陸の銀行の参加も念頭にあったと思われる。しかし、この計画は進展しなかった。代わりに、ウエスト・アフリカ銀行の合併の取り決めによって、チェイスはスタンダード銀行の15％を所有し、実質的に競争上の脅威を取り除いた。西アフリカではチェイスのナイジェリア支店はスタンダード銀行に売却された一方で、スタンダード銀行とチェイスの南アフリカ事業の統合が取り決められた。その後、チェイスはさらに「いくつかの新たな銀行業務技術と積極的競争の精神」[80]の導入を支援するマネージャーをスタンダード銀行に送りこんだ。この取り決めによってミッドランド銀行、ナショナル・プロヴィンシャル、ウエストミンスター銀行はスタンダード銀行の株式をそれぞれ4.9％所有し、同じくチェイスは14.5％所有することとなった。

　ホーカーの「壮大な構想」の最終目標は、イギリスの海外銀行グループの合併であった。1965年のウエスト・アフリカ銀行の買収はこの戦略の初めの部分であったが、ホーカーはさらに進めることが困難であることに気づいた。チャータード銀行、ナショナル・アンド・グリンドレイズ、ANZが望ましいパートナーであったが、互いに問題が生じた。ウエスト・アフリカ銀行と、スタンダード銀行およびナショナル・アンド・グリンドレイズの中央および東アフリカ支店を含む「アフリカ銀行」をつくる1964年の提案は崩壊した。その原因は、ナショナル・アンド・グリンドレイズがインド支店を合併に含むことを求めたが、スタンダード銀行は、東アフリカにおけるアジア人の高まる不人気のために、それは望ましくないと主張したことにあった。チャータード銀行はスタンダード銀行との合併

について不適当だとの考えを持ちつづけ、そして、チェイスの関与によってこの合併の嫌気が増幅していった。なぜならスタンダード銀行がアメリカの関係会社であることを知られるようになった場合、中華人民共和国でのチャータード銀行の事業は脅かされるかもしれないと考えられたからである。ANZに関しては、チェイスはオーストラリアの支店を開設する許可を断られており、オーストラリアにおいて、アメリカの銀行を含めたどんな計画でも、チェイスが裏口からこの国へ参入を意図しているものとオーストラリア政府から見られることをANZは恐れていた[81]。まさにこのような利害の対立する状況において、バークレイズは1967年にライバルの合併計画を立ち上げ、これが最終的にインターコンチネンタル・バンキング・サービス（IBS）の新設につながった。

1968年の出来事で、最終的にこの交渉におけるいくつかの混乱が取り除かれた。ロイズ-バークレイズの合併の脅威が注目されている一方で、シティバンクがナショナル・アンド・グリンドレイズの40％を買収したことで、同行は合併の対象から外れた。同様にオーストラリアの２つのイギリスの貿易銀行が合併するという決定によって、海外銀行に対するオーストラリア政府の継続的な反対と相まって、合併の議論からこの２行は除外された。

1969年の３月と４月、スタンダード銀行の株主２行が実質的な支配権を得ようと試みた。すなわち、新たに設立されたナショナル・ウエストミンスターとチェイスは、新株割当によって彼らの所有比率をそれぞれ20％まで引き上げることを提案した。ナショナル・ウエストミンスターは、両行が弱い領域に国際的に拡大することを強く望んだ一方で、チェイスは常に所有比率を引き上げることを求めていた。ナショナル・ウエストミンスターはスタンダード銀行のためにビジネスを指導し、競争上の挑戦に対抗するためのより大きな資源を同行に提供することを約束したが、ホーカーはその提案をあまり喜ばしく感じていなかった。彼の「壮大な構想」は常にさまざまなクリアリング・バンクとアメリカの銀行とのつながりの必要性を強調したものであり、２行のみとの排他的な関係を望むものではなかった。５月、この計画はなくなった[82]。

スタンダード銀行はチャータード銀行に託すことになった。合併交渉が1969年の上半期に開始され、10月１日に合併に合意したと発表された。1970年１月１日、

図 8-1　イギリスの主要な多国籍銀行グループ（1971年）

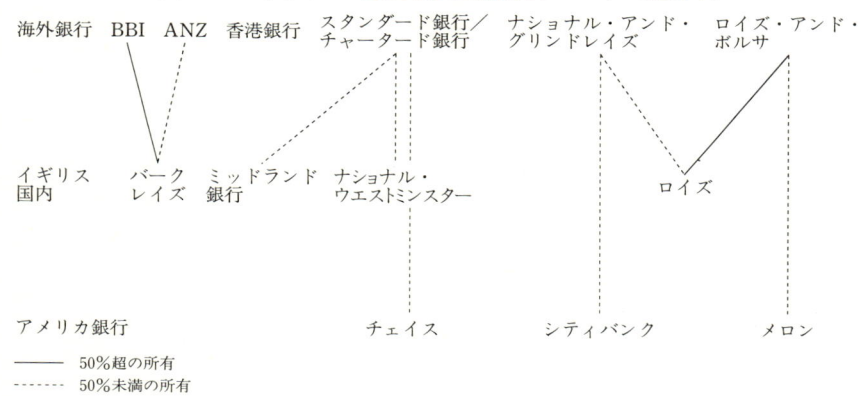

```
海外銀行    BBI  ANZ   香港銀行  スタンダード銀行／  ナショナル・アンド・   ロイズ・アンド・
                              チャータード銀行   グリンドレイズ      ボルサ

イギリス        バーク       ミッドランド  ナショナル・                    ロイズ
国内           レイズ        銀行       ウエストミンスター

アメリカ銀行                          チェイス        シティバンク        メロン
─────  50％超の所有
──────  50％未満の所有
```

　スタンダード銀行とチャータード銀行の全発行済み株式を所有する新たな持ち株会社スタンダード・チャータード・バンキング・グループが生まれた。それぞれの銀行は原型を損なわない形で、この資本提携を進めていった。バークレイズは、ほぼその直後に売却することになるが、チャータード銀行の株式を15％所有した一方、スタンダード銀行の株式は、チェイスが14.5％、ナショナル・ウエストミンスターが約8％、ミッドランド銀行が約5％を所有した。

　それゆえ、1960年代、イギリスの海外銀行にとっての2人のアウトサイダー——ボルトンとホーカー——がこの業界を再編成するために格闘した。彼らの努力の結果は図8-1に見ることができる。

　1971年までに、イギリス多国籍銀行は6大グループに集中した。これらのうちの5行は多地域的であり、ANZのみがオーストラリアとロンドンに事業を限定していた。しかし、「フリースタンディング」な海外銀行とイギリスあるいはアメリカの国内銀行の統合についてはほとんど進展しかなかった。バークレイズ銀行インターナショナルのみが国内銀行によって完全所有された。ロイズは、ロイズ・アンド・ボルサの完全所有の途上にあったが、1971年にはまだメロンの所有分もあった。それ以外の銀行のうち3行にはイギリスのクリアリング・バンクやアメリカの銀行が少数株主として存在していた。ただ、香港銀行には大規模な機関投資家は依然として存在しなかった。

この銀行再編成が達成されるには長い時間がかかり、結果的にチャンスを逃してしまった。イギリス-アメリカ系銀行をつくるというボルトンの計画は、間違いなく現実的というよりノスタルジックなものであった。しかし、発展途上国の歴史的に重要な支店網と、主導的な国際銀行センターとして生まれ変わったロンドン・シティの積極的な役割を結びつけることで、イギリスの銀行にすばらしい可能性が開かれるという彼の認識は確かに正しかった。1960年代、第10章でより詳細に論じるように、世界の多国籍銀行業界が急速に変化するにつれて、イギリスの銀行がこれらの変化に対してどうすれば最善な対応となるかについて単に議論するだけに終止したことは不幸であった。

4　規制当局と壮大な構想

　イギリスの海外銀行の再編成に対する障害として、公共政策は特に言及しなければならない。イギリスの多国籍銀行は、本国および受入国の規制当局に規定された範囲の中で活動していた。その規制当局のほとんどは競争力のあるイギリス多国籍銀行をつくりだすことを念頭においていなかった。

　多国籍銀行に対する規制のいくつかはすでに前の2節においてみてきた。オーストラリア政府は、イギリス所有の貿易銀行とオーストラリア以外の地域で活動する銀行との合併計画のすべてを事実上妨げた。小規模かもしれないが政治的に安定したオーストラリア市場において、強固な基盤を持つ力強いイギリス多国籍銀行をつくりだそうとする試みはすべて結果的に打ち砕かれた。イギリス独占委員会は1968年にロイズ-バークレイズの合併を阻止した。しかし、海外銀行に最大の影響力を持つ規制当局はイングランド銀行であった。

　1950年代中ごろまでに、イングランド銀行は、小規模で地理的に特化した海外銀行の構造は全盛期を過ぎているとの結論に至っていた。イングランド銀行は、特にアジア地域の為替銀行が、資産の略奪者あるいはさらに悪い場合アメリカの銀行の標的となるかもしれないとの懸念を抱いていた。イングランド銀行は為替銀行同士の合併については好意的に見ており、大西洋を越えてやってくる歓迎できない訪問者に参入を許すかもしれないことから、為替銀行同士が競争を継続す

ることを危険なものとみなした[83]。しかし、イングランド銀行は規制によらず、「うなずきとウィンク」によってロンドンのシティを統治しつづけた[84]。イングランド銀行は、決定の結果について責任をとらなくてはならないようなことを強制、もしくは提案することはなかった。結果的に、イングランド銀行は、既得権益と独特の企業文化によって行き詰まった交渉を乗り越えるために、直接的に行動を起こそうとしなかった。

イギリスの特徴的な方法によって、イングランド銀行は規制によってではなく、忠告によってイギリスの海外銀行の戦略に影響を及ぼそうと試み、イギリス海外銀行に役員を派遣した。初期の例は、1949年から1966年の間イングランド銀行の役員会のメンバーであり、1950年にBBMEの取締役に指名され、1952年から1977年までその副会長を務めたジェフリー・エリー卿であった。1950年代の合併交渉の間、エリーはその進行状況をイングランド銀行に知らせつづけ、連絡役として活動した[85]。1950年代中ごろ、イングランド銀行総裁が「Bolsaの将来について」話し合いを持った結果、ボルトンが会長に任命された[86]。ボルトンがBolsaの会長を退任した時、国際的な問題についてボルトンとともに長い間働いてきたもう1人のイングランド銀行の役員モーリス・パーソンズ卿と交代した[87]。1962年、シリル・ホーカーはボルトンと同様に、イングランド銀行から海外銀行であるスタンダード銀行の会長へと転身した。

この「ふさわしい人物」が任命された場合、適切な政策がとられるだろうとの見解は理にかなっていたが、それはある点についてだけであった。ボルトンとホーカーは銀行再生のための明晰な戦略を持ってそれぞれの銀行に着任した。しかし、イングランド銀行はその後、彼らの計画に対する構造的な障害を克服することについて、2人の思うようにやらせた。ボルトンもホーカーも中央銀行にいる古い同僚の特別な助けを求めることは出来なかった。

1つの公的機関として、イングランド銀行は1950年代および1960年代、可能な場合にはさまざまな合併計画を支援した。例えば、1950年代の終わり、イングランド銀行が、イギリス内国歳入庁から香港銀行に課税特権を与える手助けをしたことによって、香港銀行によるマーカンタイル銀行とBBMEの買収が円滑にすすんだ。イングランド銀行はさまざまな銀行に「合併交渉を継続する」よう強く

勧めることもあった[88]。しかし、イングランド銀行の「うなずきとウィンク」が無視された場合、その政策はかなり無力なものだったことが明らかとなった。例えば、1950年代、イオニア銀行が分割された時、イングランド銀行は十分な監視を行っていなかった（本章2参照）。1953年以降、イングランド銀行は、イオニア銀行がイギリスの海外銀行の中から適切なパートナーを探すことを非公式に支援していたが、イオニア銀行に強制的に何かを行わせようとはしなかった[89]。イングランド銀行の消極的な態度は、ベーレンス・トラステッドが過半数の株式を取得し、その後イオニア銀行を解散する手続きをとるときも継続した。イングランド銀行は、国債の投機家とみなしていたベーレンス・トラステッドに対して強く不信感を持ち、イギリスの海外銀行のこれ以上の解散を嫌った。しかし、直接的に干渉しようとはせず、イングランド銀行の最大限の制裁の措置は、ベーレンスのシティにおけるその後の活動を不便にすることであった。「ベーレンスは、ほとんど銀行業に何ら関心をもっておらず、単に短期的な利益にのみ関心をもっていた」とのちにあるイングランド銀行の役員は書きとめた。「彼らは中東におけるイギリスの銀行業を強化するとのわれわれの考えに関心をもたず、その結果、彼らの行動はわれわれの不満を招いた」[90]。

　イングランド銀行は、個々の銀行に合併を強要しようとしなかった一方で、イギリスの海外銀行がイギリスの国内銀行あるいはアメリカの銀行と統合することを防ぐことにむしろ活発であった。1945年以降、クリアリング・バンクの多国籍活動に対するイングランド銀行のあからさまな敵意は、弱まりはしたが、しかし、その政策は変わらなかった[91]。バークレイズはDCOへの出資比率を低下させ、同行の国内銀行と海外銀行のつながりを弱めるようイングランド銀行から促された[92]。BBMEが1955年にロイズあるいはそれ以外のクリアリング・バンクとの合併のアイディアについて言及したところ、「ロイズと他のすべてのクリアリング・バンクはイギリス国内でそれぞれの合併に専念するだけで十分すぎる」という理由で、イングランド銀行によってこのアイディアは強固に排除された[93]。翌年、ロイヤル・バンク・オブ・スコットランドとの提携の可能性についての仮の表明は総裁によって急につぶされた[94]。1959年および1960年にスタンダード銀行がロイズとの資本提携の考えを出した時、イングランド銀行は、少数の株式所有

なら認めるつもりであったが、完全買収については強固に思いとどまらせようとした[95]。1961年の C. F. コボルドの総裁退任以降になって初めて、イングランド銀行の政策が変化しはじめた。スタンダード銀行が1963年にミッドランド銀行との連携の可能性について、イングランド銀行にアプローチした時の反応は、以前より歓迎され、ある役員は、「時代は変わった」と述べている[96]。それにもかかわらず、イングランド銀行は MAIBL より緩やかな連合体を好み、国内銀行が多国籍銀行業務を行うことを完全に認めるようになったのはおそらく1960年代の終わりであった。

イングランド銀行が1960年代にクリアリング・バンクに対する政策を修正した理由の1つは、イギリスの銀行システムへのアメリカの浸透に対する警戒の高まりと、アメリカがイギリスの海外銀行のどれかを買収することを防ぐための決断であった。イングランド銀行は、アメリカの介入の脅威を背景として、1950年代のアジア地域の為替銀行間の合併の動きを支持した。1960年代、イングランド銀行は、アメリカ銀行による株式所有は不可避であり、望ましいものでさえあるとの見解に屈したが、そうはいっても少数株主にとどめるように努めた。1960年代初め、その許容値は15％であった。1965年の Bolsa に対するメロンの投資と、スタンダード銀行に対するチェイスの株式所有は、イングランド銀行の要求するこのレベルにとどめられた。1968年、シティバンクはナショナル・アンド・グリンドレイズの株式40％を取得することを認められたが、イギリスのコントロールが維持され、イングランド銀行総裁の同意なしには、シティバンクはそれ以上の株式取得はしないとの条件が付けられていた[97]。

その後、規制当局はイギリスの海外銀行の再編成に際立った貢献を行った。イングランド銀行は、イギリスの国内および海外銀行間のより大規模な統合を実現するための、あるいはアメリカの銀行とのより大規模な統合を実現するための計画を阻止した一方で、多地域合併を促進したが、ゆっくりしたペースで実行された。回想すれば、残りのイギリスの海外銀行が国内のパートナーを探すのに1970年以降の20年間を費やすことになったように、イングランド銀行の貢献は、イギリスの海外銀行で長年受け継がれてきた扱いにくい制度を、致命的に近い制度的ハンディキャップへと変えてしまったということにあると言わざるをえない。

5 経営構造

　イギリスの銀行は19世紀から受け継がれた経営構造を変えることにいまだ慢然としていた。これらの構造は戦争と金融危機の試練に耐えていたが、1960年代までにその価値は薄らいできた。

　継続性をみるうえで銀行の取締役会の構成は証拠となる。1950年代および1960年代の銀行はしばしば19世紀の彼らの前任者達と同じ企業から取締役を迎え入れた。例えば、アジア地域の為替銀行は未だアジアの古い商社のなかからそのほとんどの取締役を見つけていた。香港銀行の取締役会は伝統的な「商館」の代表から構成され、1945年以降、新たな企業から取締役として加わったのは、わずか1社――イギリス最大の化学会社 ICI ――のみであった[98]。おそらく、最も重要な新しい人材は元イングランド銀行役員の取締役会への任命であった。その顕著な例はボルトンとホーカーであった。

　しかし、いくつかの革新はあった。交通手段の改善によって、銀行の取締役達は自行が事業を行っている国々をより頻繁に訪れることが可能となった。例えば、大陸横断航空旅行の出現によって、イギリス系オーストラリア銀行の取締役達は南半球を頻繁に訪れることができるようになった[99]。その他の銀行にも同様の発展があった。1946年、ケネット卿はイラン・インペリアル銀行の初代会長となり、職務期間中に中東を訪問し、その後それ以外の地へも訪問した[100]。

　はっきり分かる第2の傾向は、取締役達の意思決定の専門化であった。例えば、サウス・アフリカ・スタンダード銀行は、ついに1952年に常設で常勤の会長を指名した[101]。ほとんどの銀行では、取締役は詳細な事柄についての業務的な意思決定を下すことをやめた。ただし、この進展のペースは銀行ごとでかなりの差があり、やがて銀行は執行役員制度を開始した。1950年代中ごろまでに、ブリティッシュ・ウエスト・アフリカ銀行の取締役は「ゼネラル・マネージャーと経営委員会に同行の運営を任せ、全般的な方針だけに従事することにした」[102]。1950年代には多くの銀行で、取締役が確実に「正しい」意思決定を行えるようにするために、CEO が取締役に提供する情報を慎重に管理するようになった[103]。

第 8 章　壮大な構想　367

　驚くべきことではないが、ジョージ・ボルトン卿は、Bolsa の会長就任以後、取締役会の意思決定のさらなる専門化を実現するために懸命になった。1950年代、同行は、貸し出しとその他の事業についての多くの業務意思決定を行う常務委員会をもっていた。1950年代の中ごろまでに、設立委員会（Establishments Committee）および政策委員会もあった。さらに、取締役は未だ業務上の事柄に積極的にかかわりを持っていた。ボルトンは Bolsa の常勤会長になり、取締役会の業務手続きを改善することを速やかに提案した。本社機能は銀行業務と管理業務の2つに分離され、これらの2つの主要な機能の政策決定と監督に責任をもった2人の常勤取締役をつけた[104]。1959年、すべての取締役会の委員会は廃止され、会長とその代理と少数の取締役のグループから構成される単一の会長委員会に代わった。この委員会は「毎週あるいは必要な時に」開催され、同行のゼネラル・マネージャーも出席した。その機能は、信用供与の承認、ある特定の水準までの財産や設備に対する支出の承認であった[105]。

　管理階層は1950年代、そして特に1960年代に深化した。1950年代、専門的な部門が本社に出現しはじめた。メルボルンでは、ANZ が、のちに事実上の戦略計画部となった経済および統計部門を作った。続いて企画部門およびデータプロセス部門がゼネラル・マネージャーの直属部門としてつくられた。1960年代に至るまで、ライン機能とスタッフ機能間のかなりの混乱があり、専門部門は信用されなかった[106]。

　本社構造は他のほとんどの銀行においてさらに発展が遅れていた。例えば、香港銀行の本社は非常に小規模で、1961年にその経営スタッフはわずか7人であった。そのチーフ・マネージャーは、各支店から出される月別利益を審査する小人数の検査役グループからのアドバイスを受けていた。チーフ・マネージャーはこの銀行の全支店長から送られて来る文書に目を通していたが、しかし、各支店は独立採算制で運営されていた。この組織は、柔軟性などのメリットを有していたが、規模と多様性において急速に成長する銀行を管理するためにはあまりよくできたものではなく、他の銀行を買収しはじめた時、深刻な問題を生み出した[107]。新たな複雑な問題と商品の多様性を考慮して、組織構造を修正するための精力的な試みが1960年代に行われた。香港銀行では、1971年に本社の経営スタッフの人

数は26人に増加した。専門機能が認識され、法律および税のスペシャリストが指名された。1967年、同行のチーフ・マネージャーは会長となり、1969年、大きなリストラクチャリングを行って執行役員会を新設した[108]。

　1967年から1970年までの間、イギリスの銀行の多くは経営コンサルタントを利用した。これはイギリスの銀行だけではなかった。アメリカでは、シティバンクが1967年にマッキンゼー・アンド・カンパニーに自行の組織を調査させた。多くのイギリスの銀行は経営コンサルタントを利用し、通常は、マッキンゼーかアーウィック・オール・アンド・パートナーズのどちらかであった。通常のアドバイスは、第2次世界大戦以前のアメリカで発展した複数事業部組織（Mフォーム）を採用するというものであった。ミッドランド銀行やナショナル・ウエストミンスターといったイギリスの国内銀行は大西洋のかなたからコンサルティングを受けた[109]。

　1967年および1968年、アーウィック・オールのバークレイズ（DCO）に対する調査の結果、「目標管理」という当時流行していた概念に基づく新たな管理システムが導入された。経営の各階層は目標を与えられ、定期的に目標と結果が比較された[110]。ナショナル・アンド・グリンドレイズはこの10年間の終わりにマッキンゼーを訪れ、製品と市場に基づくプランニングと事業部組織の長所について同様のレッスンを受けた。マッキンゼー・レポートの結果、取締役会の業務的な諸機能は大部分、会長直属の強力な部門に与えられた。この部門は4つのプロフィットセンターを統括した。海外部門は、海外支店を管理し、これまでの銀行業務を指導した。国際部門は海外の商業銀行業務を管理し、新たなベンチャーに対して責任を負った。マーチャント・バンキング部門はロンドンのマーチャント・バンキング活動に責任を負った。金融部門は為替取引業務を担った[111]。

　商品別あるいは地域別の部門で構成された経営組織が、1970年代初期までにイギリスの海外銀行において一般的になった。1970年代および1980年代の事実は、これらの管理階層でも結果的には、貧弱な戦略的意思決定を避けることはできなかったが、これらの管理階層によって、イギリスの銀行はより自信を持って商品および地理的多角化を追求することが可能となった。

　戦争直後のほとんどの期間、香港銀行の重大な例外は別にして、イギリス多国

籍銀行は、海外支店を運営し、ロンドンに本社を置く銀行として、その構造を維持した。戦間期に地域拠点の経営組織が発展したにもかかわらず、ほとんどの銀行ではロンドンが意思決定において重要であり続けた。このことは、イギリスの銀行が受入国において、国内の事業を発展させようとしていたとき、潜在的な制約となり続けた。この点は、次章においてより詳細に探究する。

やがてこの組織構造もまた外部の圧力を受けるようになりはじめた。多くの受入国において「現地化」の圧力が起こりはじめ、支店銀行業務をあきらめて現地登録銀行の設立に向かい、それは時には現地の資本参加も行われた。いくつかのケースでは、規制の変更によって現地化を強制したところがあった一方で、他の多くの地域では、ナショナリズム感情の高まりによって、単により大きな現地のアイデンティティを望んだだけであった。イギリスの銀行はそのような現地化を嫌い、水平統合された企業が得られる規模と範囲の経済を強調したが[112]、しばしば現地化に抵抗するだけの力強さをもっていなかった。

最初に現地化の問題に直面しなければならなかったのはアフリカのイギリス銀行であった。1940年代以降、南アフリカにおける2つのイギリス銀行は現地化の圧力を感じはじめた。イギリスの銀行は1948年以降政権を持ったナショナリスト政府に不人気であった一方、戦時の銀行法制は銀行の活動を南アフリカ内の資本および公表された準備金に比例するように制限した。1961年、南アフリカはイギリス連邦を離脱した。その間、黒人アフリカ人植民地が政治的な独立に近づくにつれて、そしてアパルトヘイトへの敵意が増大するにつれて、南アフリカ以外ではイギリスの銀行の南アフリカとのつながりは、ますますの負担となった。

1948年、バークレイズ（DCO）の会長はすでに、別の南アフリカ銀行の設立は「正しい動きであることと証明される」であろうとの（私的な）結論に達した[113]。この考えは実行されなかったが、1953年、DCOは（ナタールとオレンジ自由州に）新たな2人の現地の取締役を、すでにあるケープの現地の取締役の組織とプレトリアを拠点とした南アフリカ全体の取締役会に加えた[114]。スタンダード銀行は1951年に、南アフリカ事業の子会社への分離について真剣に検討しはじめた[115]。しかし、バークレイズと同様に、スタンダード銀行は当初、同行の統一性を壊すよりも、むしろ現地の取締役を指名しようと考えた。1953年、南ア

フリカ取締役が、南アフリカにおける全般的な監督責任を持ってつくられ、加えて、ケープ地方および南アフリカ人の占有した西南アフリカ(ナミビア)についての特別な責任をもつケープ取締役会が設立された。その1年前、同行の本社がケープタウンからトランスヴァール州アフリカン地方にある政府所在地プレトリアへと移された[116]。

しかし、現地子会社の設立はイギリスの銀行にとって、より根本的な問題を生じさせた。DCO およびスタンダード銀行の南アフリカ事業は未だその収益の最も中心にあった。1950年代初期、南アフリカの貢献は DCO の(税引前および不良債権引当前の)利益の40％から50％を占めていた。ただ、この数値はこの10年間で約3分の1に落ち込んだ[117]。また、例えば、南アフリカ子会社が、南アフリカ連邦の境界外の近隣諸国における活動についてもコントロールすべきかどうかについて技術的な問題があった。さらに、よく知られている管理の問題、すなわち、ロンドン本社との重複や競合の問題があった。スタンダード銀行の上級経営陣は南アフリカ事業をよそに移すことについて、明らかに好ましく思っておらず、1950年代の終わりに同行が検討したさまざまな合併計画(本章4参照)はある意味で、現地化といういやな戦略の受け入れに対する代替的な戦略としてみなすことができよう。

ブラック・アフリカにおける独立のペースと、スタンダード銀行とアパルトヘイト体制との間の距離を広げる必要性は、南アフリカにおいて同行を現地化へと押し出した。東アフリカの植民地タンガニカ(のちのタンザニア)における独立の要請は、最終的な現地化の実行時期を決定した[118]。1962年、その親銀行の名称がスタンダード銀行と変更され、新たな南アフリカの登録子会社サウス・アフリカ・スタンダード銀行がつくられた。同行は、南アフリカに立地していたスタンダード銀行の(南アフリカにある全900のうち)700支店を買収した。この新銀行はイギリスの親会社が完全に所有しており、その取締役会の中にはスタンダード銀行の取締役が4人いた。8年後、持ち株会社組織が南アフリカで創設された。スタンダード・バンク・インベストメント・コーポレーション(SBIC)が設立され、金融サービス、資金運用、資産、クレジットカード業務を行っていたサウス・アフリカ・スタンダード銀行とその他の子会社をコントロールした。

第 8 章　壮大な構想　371

　外部の圧力はさらに「現地化」へとスタンダード銀行を動かしつづけた。1960年代、アフリカ人の実業界は重要さを増しつづけ、同行の現地経営陣は強烈にその圧力を感じていた。この緊張感は、ロンドンと同行の南アフリカの経営陣の間で感じ方に大きな違いが出ていた。「南アフリカの一部において、ロンドンのわれわれと彼らのつながりはリップ・サービス程度であり、……われわれが現在唯一の株主であるという事実を、彼らはいやいや受け入れているだけだ」と、1967年にロンドンの経営陣は不満を述べている[119]。1968年、サウス・アフリカ・スタンダード銀行は増資を行い、現地でも株式が発行され、資本の約11％が一般株主の所有となり、1970年までに、SBICにおける一般株主の資本参加は約14％になっていた。

　この時までに、南アフリカ政府の圧力はより直接的になった。1970年、政府の委員会――フランスゼン委員会――は、銀行および保険会社のすべては、南アフリカの株主によって過半数を所有されるべきだと勧告した。この圧力は非常に大きく、その結果DCOは現地化に対抗することをあきらめ、1971年、現地子会社バークレイズ・ナショナル銀行を設立した[120]。1970年代初期、イギリスの銀行は、その子会社株式の少なくとも50％を現地で所有することを念頭におくとの圧力を受け、1973年までに、南アフリカ政府は、イギリスの銀行はその所有をわずか10％に切り下げるとの提案さえ行った[121]。実際には、南アフリカの資本市場の規模が限定されていることによって、現地の株式所有比率を引き上げる機会が制限されていることを認め、南アフリカ政府はイギリスの所有比率の低下を急がないことを認めた。1975年までに、SBICに対するスタンダード銀行の所有は73％に低下し、1980年までに58％に落ちた。

　1960年代後半、ブラック・アフリカのイギリスの銀行は、現地に登録し、しばしば現地の所有をともなった子会社をつくる同様の圧力を経験した。ナイジェリアでは、1968年、全海外企業はナイジェリア現地法人と「みなされる」との政府布告を出した。バークレイズ銀行DCO（ナイジェリア）とスタンダード銀行（ナイジェリア）が1969年に公式に現地法人化された。1970年、同様の現地法人化がガーナで行われた。1967年に海外銀行を国有化したタンザニアを例外として、東および中央アフリカにおいて同様の展開があった。1969年、ウガンダでの政府

の法制は、銀行が直ちに現地法人化されなければならないと定めた。1年後、政府は、ほとんどの企業の株式の60％が政府によって買収されることになると発表したが、悪名高いアミン将軍の軍事クーデター以後、イギリスの銀行はその子会社の51％の過半数株式所有を維持することを許可された[122]。

1970年までに、子会社の現地法人化はスタンダード銀行のような銀行の構造に劇的な衝撃を与えた。スタンダード銀行は、実質的に多国籍支店銀行でなくなり、アフリカのさまざまな国々で現地法人化された多くの子会社や関連会社の持株会社となった。そして、スタンダード銀行はこうした子会社や関連会社の株式をいろいろな比率で所有した。現地法人化への圧力が1960年代において最大となったのは、アフリカであった。したがって、最もラディカルな構造変化を行わざるをえなかったのは、アフリカ大陸において営業展開するイギリスの銀行であった。例えば、スタンダード銀行との合併の時まで、チャータード銀行は未だ多国籍支店銀行であった。しかし、やがて、政治的および規制による圧力によって、発展途上国やそれ以外の多くで活動していたその他のイギリスの銀行は現地の子会社を法人化せざるをえなかった[123]。

イギリスの銀行の人事方針にほとんど変化はなかった。採用と教育は、かなり長い間これまでの方法に固執していた。イギリスの銀行は、将来の経営幹部として、中流階級の出身で、数年間国内銀行での経験を持ち、私立校で教育を受けた人材を好んで採用しており、こうして採用された人々は終身雇用された。高すぎる学力面の選考基準が採用の明確な障害となる場合には、「人柄」という名のもとに、社会的およびスポーツの技能を学力よりはるかに高く重視した[124]。大学の卒業生は積極的に採用されなかった。彼らは「ほとんど利用価値がなく、このことはイギリスの海外銀行すべてが共通して経験している。大学生活は彼らを必要以上に守られた存在にしている」[125]と1955年にBBMEのゼネラル・マネージャーは取締役会にアドバイスした。より高い教育へと進むイギリスの高卒者数が増加した1960年代終わりになってやっと、時代遅れの採用政策が再検討され始めた。

大卒に対するこうした疑いは、イギリス企業のほとんどの業界にはっきり見てとれた共通の文化的現象であったが、それはさておき、イギリスの銀行の人事政

策は、1945年以降の日本企業の型にはまったイメージと多くの点で類似していた[126]。しかし、教育訓練の方針には際立った相違があった。すなわち、イギリスの銀行の教育訓練とは、いまだに基本業務のOJTの寄せ集めにすぎなかった。これは、多国籍および国際的な銀行業務が1960年代に変容していくにつれて、深刻なハンディキャップとなりはじめた。貿易手形あるいは当座貸付などの技術は従来の手法によってある世代から次の世代へと移すことが可能であったが、グローバルな資本市場および外国為替取引市場のより複雑化し、変化しつつある世界について理解するためには、より正式な教育が必要とされた。さらに、海外駐在する幹部候補に数年間日常的な事務作業をさせるシステムは、特に能力の高い現地スタッフがそのような仕事をどんどん行えるようになっていくにつれて、海外駐在幹部のコストを引き上げることとなった[127]。

　バークレイズ（DCO）では、1950年代に親銀行で開発されたものとほぼ同様のスタッフ訓練計画が開始された[128]。1950年代終わりまでに、ANZは、オーストラリアおよびニュージーランドで運営されたスタッフ訓練計画と多くの訓練学校を持っていた[129]。スタンダード銀行もまたこの時期に訓練学校を持っていた。1960年代までに、訓練学校はロンドンのみならずいくつかのアフリカ諸国でも運営され、1965年、スタンダード銀行はヨハネスブルグに、「銀行大学」としてよく知られる「最初の」訓練大学を開校した[130]。

　OJTシステムは、その一部を変更することで向上がはかられたが、イギリスの銀行が行った訓練コースは、主としてむしろ初歩的な技能に限定されていたようであり、シティバンクのようなアメリカの銀行で導入されていた経営開発プログラムと同等のものではなかった[131]。スタンダード銀行の「大学」は多くの訓練学校と同様に、以前のように社会的技能に大きく力点を置いたものであり、広大なスポーツ施設がしばしば提供された。アジア地域の為替銀行は正式な教育を行うことをひどく嫌った。香港銀行の経営者は、国際的な銀行家の日常用語として「ユーロダラー」が使われるようになった後も、数年間はこの用語を無視しつづけていた[132]。1970年代におけるBBMEのゼネラル・マネージャーは未だ、中東での初のポストが決まるのをロンドンで待っている幹部候補達に、ハロッズでカフスボタンを買うなどの「半端な仕事」を与えるほどであった[133]。これはも

はやイギリス特有の情緒ある風景などではなく、頑固なアマチュアリズムであり、変わりつつある市場の状況を無視したものであった。

それゆえ、第2次世界大戦後におけるイギリス多国籍銀行の経営構造が継続する要因は強力であったが、やがて変化が生じてきた。管理階層は深化し、経営コンサルタントが利用され、教育政策がグレードアップされた。変化のペースは1960年代終わりまで緩慢であったが、おそらく、これは経営幹部が「壮大な構想」に没頭したからであろう。伝統的に受け継がれた強力な企業文化もまた変化への障害であった。むしろ外部圧力のほうが急速な衝撃を与えた。多国籍に支店をもつ銀行が銀行グループへと変容していく中で、1970年までに受入国の現地化への圧力がいくつかのケースでは、重要な組織的変化という結果を導いた。

6　結　論

イギリス多国籍銀行は、イギリスの政治的および経済的な低下から生じた競争優位の悪化にもかかわらず、第2次世界大戦終戦後の25年間はうまくやっていた。海外支店数は1970年までに、南アフリカおよびその他で現地化された主要な子会社を除き、約4,000に増加した。ほとんどの銀行の「実際」の利益は公表値よりもはるかによく、また収益性はそれ以前との比較からみて良好であった。変化した競争優位への明確な対応は、銀行の集中化で明らかとなった。1971年までに、6大多国籍銀行グループが出現し、そのうち5つは多地域銀行であった。60年後、ロイズはかつて買収した海外銀行関係会社にある程度の統一性をもたせることをついに決定した。

あまり楽天的ではない見方をすると、これらの変化に限界があることも明らかであった。成長の緩慢な南半球の国々ではイギリスの銀行は統合されず別々のままとなり、ボルトンとホーカーの壮大な構想は実現しなかった。イギリスの国内および海外銀行の統合は部分的にしか達成されず、フリースタンディング・バンキングという遺産も残った。1970年、香港銀行、ANZ、スタンダード・チャータード、ナショナル・アンド・グリンドレイズはいまだイギリス国内に銀行の基盤を持っていなかった。これらのうち香港銀行以外はイギリスのクリアリング・

バンクと資本関係を持っていたが、これらは統合という結果をもたらさず、一時的なものであった。この程度の統合でさえ実現するのに25年間を費やし、その後しばらくして、この業界には銀行業務のグローバル化の到来によって革命的な変化が生じた。管理階層と教育はアメリカのマネーセンター・バンクのレベルに至っておらず、アメリカの銀行と比較すると不可解に思えた。

　イギリス銀行はしばしば完全な内部統合化よりも、より緩やかなあるいは非公式なつながりを好んだ。数十年間、ロイズはいくつかの海外銀行の株式を所有していたが、それらへの完全な支配権を取ることはなかった。バークレイズはDCOという統合された組織をつくったが、その後のANZとチャータード銀行における少数の株式所有と兼務役員は、依然として統合には達していなかった。壮大な構想では、MAIBLやIBSのように、新しく最終的にはむしろ不十分な組織をつくることに終わる傾向があった。合併によって元の組織の業務がすぐに統合されることはほとんどなかった。

　銀行内の構造的変化を実現する内的な推進力は十分でなく、銀行の独特な企業文化は構造的変化を抑えた。銀行の高い収益性が切迫感を低下させた。イギリスの銀行は、内部留保の利用によって株主の圧力が防がれていた。その一方、イングランド銀行は、必ずしもイギリスの投機筋でないにせよ、アメリカの買収から海外銀行を守った。イギリスの金融システム全体の高度に特殊化した構造はゆっくりとしか修正されなかった。変化は外的な影響から起きた。この時期に大胆な戦略的考えを持つボルトンとホーカーは、イングランド銀行からイギリスの海外銀行へ送り込まれた。アメリカとの競争の脅威は買収とはいかないまでも、銀行を合併へと駆り立てた。受入国における慣りをもった政治的および法規制の圧力によって、現地登録子会社の設立が、イギリスの銀行に対して強制された。

　ボルトンとホーカーはより急速な構造的変化と、イギリス海外銀行の特殊な伝統からの根本的な離脱を実現しようと試みた。イギリスの国内銀行と海外銀行、そしてロンドンのシティに作られた国際金融の新しい世界との間で、より大きな協調関係を築くために、既在の銀行を再建することが可能ならば、持続的な好機がおとずれることをこの二人は認識していた。もし1960年代の前半に3行ないし4行のイギリス銀行がそのような方向で作られ、互いの地域を越えて精力的に競

争していたならば、イギリス所有の多国籍銀行の競争力は確実に強化されただろう。しかし、そのようなシナリオは、当時のイングランド銀行ほとんどが望んでいなかっただろう。

1) B. W. E. Alford, *British Economic Performance*, 1945-1975 (London: Macmillan, 1988), 11-9.
2) B. R. Mitchell, *British Historical Statistics* (Cambridge University Press, 1988), 524（中村壽男訳『イギリス歴史統計』原書房、1995年）.
3) D. J. Joslin, *A Century of Banking in Latin America* (London: Oxford University Press, 1963), 286.
4) C. H. Lee, *The British Economy since 1700: A Macroeconomic Perspective* (Cambridge: Cambridge University Press, 1986), 218-33.
5) D. T. Merrett, *ANZ Bank* (Sydney: Allen and Unwin, 1985), 173-4.
6) 1967年1月24日のC. E. FieroからW. G. Pullenへの書簡に同封された1967年1月18日の極秘メモ、Standard 'Grand Design' File, South Africa Box, SC。
7) Geoffrey Jones, *Banking and Oil* (Cambridge: Cambridge University Press, 1987), 65-8, 146-8; F. H. H. King, *The History of the Hongkong and Shanghai Banking Corporation*, iv (Cambridge: Cambridge University Press, 1991), 738.
8) 'Currency and Banking Developments in Certain Commonwealth Countries during the Past Ten Years', *Bank of England Quarterly Bulletin*, 2（1962年3月), 25-35; G. O. Nwanko, 'British Overseas Banks in the Developing Countries. 2: The Break-up of the Empire', *Journal of the Institute of Bankers*, 93（1972年8月), 254-9.
9) John H. Dunning, 'Changes in the Level and Structure of International Production: The Last One Hundred Years', in Mark Casson (ed.), *The Growth of International Business* (London: Allen and Unwin, 1983), 87.
10) David Shepherd, Aubrey Silberston, and Roger Strange, *British Manufacturing Investment Overseas* (London: Methuen, 1985), 9-12.
11) Richard Fry, *Bankers in West Africa* (London: Hutchinson Benham, 1976), 250.
12) Merrett, *ANZ Bank*, 172.
13) King, *The History of the Hongkong and Shanghai Banking Corporation*, iv. 5 n. c, 244.

14) 例えば、Geoffrey Jones, *Banking and Oil*, 73。
15) H. E. Faulkner から Mr. Pullen への覚書、the Radcliffe Committe のメモに関して、1957年10月1日、Radcliffe Committee Papers, 'Miscellaneous' File, Chartered Box, SC。
16) W. G. Pullen から John Mellor Stevens への書簡、1961年4月6日、C48/158, B of E; C. R. Wardle から I. M. W. Ward への書簡、1960年5月27日、Mercantile Bank Archives, HSBC。
17) Chief Foreign Manager から F. I. Ashton への書簡、1952年9月26日；H. M. O. のメモ、1952年12月22日、Midland Bank Archives; Geoffrey Jones, *Banking and Oil*, 71, 143。
18) Thomas F. Huertas, 'US Multinational Banking: History and Prospects', in Geoffrey Jones (ed.), *Banks as Multinationals* (London: Routledge, 1990), 253-4. Derek F. Channon, *Global Banking Strategy* (Chichester: Wiley, 1988), 11-20.
19) 1967年1月24日の C. E. Fiero から W. G. Pullen への書簡に同封された1967年1月18日の極秘メモ、Standard's 'Grand Design' File, South Africa Box, SC。
20) A. G. Kenwood and A. L. Lougheed, *The Growth of the International Economy, 1820-1980* (London: Unwin Hyman, 1983), 309-10; C. B. Schedvin, 'Staples and Regions of Pax Britannica', *Economic History Review*, 43 (4) (1990).
21) Stuart Jones, introduction, in Stuart Jones (ed.), *Banking and Business in South Africa* (London: Macmillan, 1988), 16-22.
22) Lloyd G. Reynolds, *Economic Growth in the Third World: An Introduction* (New Haven, Conn.: Yale University Press, 1986), 78. は1950年から1980年までの大多数の発展途上国の経済成長率を提供している。
23) James Riedel, 'Economic Development in East Asia: Doing What Comes Naturally?', in Helen Hughes (ed.) *Achieving Industrialization in East Asia* (Cambridge: Cambridge University Press, 1990).
24) Geoffrey Jones, *Banking and Oil*, ch. 2.
25) James Maycock, *Financial Conglomerates: The New Phenomenon* (Aldershot: Gower, 1986), ch. 2 and 3; Geoffrey Jones, 'Competition and Competitiveness in British Banking, 1918-71', in Geoffrey Jones and Maurice Kirby (eds.), *Competitiveness and the State* (Manchester: Manchester University Press, 1991), 127-30.
26) the Company Law Committee への the Eastern Exchange Banks' Association による証書（おそらく1960年3月）、General Manager's Letters File, Chartered

Bank Records, SC。

27) Deputy Chairman から Chairman への覚書、Standard Bank, 1970年7月6日、SBSA Box; Standard Chartered Annual Report, 1972, SC。

28) 総裁の覚書、1959年12月3日、C48/158, B. of E。

29) Merrett, *ANZ Bank*, 78-89.

30) Geoffrey Jones, *Banking and Oil*, 75-7.

31) Geoffrey Tyson, *100 Years of Banking in Asia and Africa* (London: National and Grindlays, 1963), 189-90; Geoffrey Jones, 'Lombard Street on the Riviera: The British Clearing Banks and Europe, 1900-1960', *Business History*, 24 (1982), 202.

32) 1957年5月2日のメモ、C45/158, B. of E。

33) J. R. Winton, *Lloyds Bank, 1918-1969* (Oxford: Oxford University Press, 1982), 134-7.

34) Merrett, *ANZ Bank*, 233-4, 211-2.

35) Julian Crossley 卿の日記、1948年3月16日、38/209; DCO Accounts Board のメモ、1959年11月23日、38/251、BBA. 1959年、Barclays Bank と Barclays (DCO) は共同して ANZ の資本の7.5%を所有した。

36) Tyson, *100 Years of Banking in Asia and Africa*, 191, 224.

37) Barclays (DCO) で行われた Eastern, Chartered と DCO の代理人の会合、1957年6月6日、Eastern/Chartered Merger File, Box 22, SC; Standard Chartered Bank, *A Story Brought up to Date* (London: Standard Chartered Bank, 1980), 7.

38) 1948年3月24日のメモ、C48/154, B. of E。

39) F. C. Hawker から Herbert Brittain 卿への書簡、1957年6月7日、C48/154, B. of E。

40) 1952年7月3日のメモ、C48/154, B. of E。

41) Geoffrey Jones, *Banking and Oil*, 50.

42) 記録のための覚書、1956年5月22日、C48/154, B. of E. Ionian's Board から Permanent Secretary への手紙の下書き、HM Treasury, 1956年10-11月; draft Court Minute, 1956年10月30日; J. M. Trusted から A. H. Reid への書簡、1956年10月30日; H. M. Morford から A. H. Reid への書簡、1956年11月6日、Box I: Old Historical Records, Ionian Bank Archives, LSE。

43) 1958年5月、バークレイズ (DCO) とバークレイズはチャータード銀行の株式の14%近く (60万ポンド) をもっていたが、チャータード銀行はバークレイズ (DCO) 株式の約1.5% (20万ポンド) を有していた。

44) John Tait 卿からの覚書、1958年5月5日、John Tait 卿から V. A. Grantham への書簡、1958年5月7日、V. A. Grantham から John Tait 卿への書簡、1958年5月12日、Eastern/Chartered Merger File, Box 22, SC。
45) King, *The History of the Hongkong and Shanghai Banking Corporation*, iv. 327. オープンな為替市場としての香港の地位に関しては、ibid., 345-7 を参照せよ。香港の工業化における同行の役割は第9章3で論じられる。
46) King, *The History of the Hongkong and Shanghai Banking Corporation*, 499.
47) Ibid., 507-14.
48) BBME の発展は第9章により詳細に検討される。
49) King, *The History of the Hongkong and Shanghai Banking Corporation*, iv. 533; Geoffrey Jones, *Banking and Oil*, 78.
50) Geoffrey Jones, *Banking and Oil*, 79.
51) Ibid., 81-6; King, *The History of the Hongkong and Shanghai Banking Corporation*, iv. 535-9.
52) A. D. Chandler, *Scale and Scope* (Cambridge, Mass: Harvard University Press, 1990), 287 (安部悦生・川辺信雄・工藤章・西牟田祐二・日高千景・山口一臣訳『スケール・アンド・スコープ——経営力発展の国際比較——』有斐閣、1993年).
53) Merrett, *ANZ Bank*, 97-103.
54) 1948年12月16日付取締役会議事録、1941〜49年 Grindlays and Company 議事録帳、Grindlays Archives, ANZ Archives。
55) 1953年12月23日付取締役会議事録、1950〜54年 Grindlays Bank 取締役会議事録、Grindlays Archives, ANZ Archives。
56) King, *The History of the Hongkong and Shanghai Banking Corporation*, iv. 514-17, 607-8.
57) Ibid., 544-9; Geoffrey Jones, *Banking and Oil*, 86-8, 274-5.
58) George Bolton 卿によるメモの鉛筆書きの覚書、1965年12月8日、C48/156, B. of E。
59) Fry, *Bankers in West Africa*, 250-7.
60) Merrett, *ANZ Bank*, 245-9.
61) Ibid., ch. 11.
62) Richard Fry (ed.), *A Banker's World* (London: Hutchison, 1970), 18-38. 彼のキャリアの要約として R. P. T. Davenport-Hines, 'Sir George Lewis French Bolton', in David Jeremy (ed.), *Dictionary of Business Biography*, i (London: Butterwor-

ths, 1984), 364-9. を参照せよ。

63) The Banker, 1970年2月、の中のインタビュー。Fry (ed.), *A Banker's World*, 180に引用されている。

64) H. A. Holley, 'Bolsa under Sir George Bolton', in Fry (ed.), *A Banker's World*, 216.

65) Deputy Governorへのメモ、1965年8月5日、C48/156, B. of E。

66) 1962年10月25日の同行の百年祭のディナーにおけるジョージ・ボルトン卿によるスピーチ。*Bolsa Quarterly Review*, 3 (1) (1963).

67) Winton Files, LB.

68) Sir Julian Crossley and John Blandford, *The DCO Story* (London: Barclays Bank International, 1975), 217.

69) ジョージ・ボルトン卿のメモ、1965年12月8日、C48/156, B. of E。

70) メモ、1965年12月15日、C48/165, B. of E。

71) Charles FieroからGeorge Championへの書簡、1967年9月21日、'Grand Design' File, South Africa Box, SC。

72) Winton, *Lloyds Bank*, 183-4.

73) Monopolies Commission, *Report on the Proposed Merger of Barclays Ltd., Lloyds Bank Ltd., and Martins Bank Ltd*. (London, 1968) 18-19, 44-60; Winton, *Lloyds Bank*, 183-4. 第10章1も参照せよ。

74) Harold Van B. Cleveland and Thomas F. Huertas, *Citibank, 1812-1970* (Cambridge, Mass.: Harvard University Press, 1985), 435.

75) Fry (ed.), *A Banker's World*, 20.

76) 副総裁のメモ、1959年2月9日；H. C. B. MynorsからE. Hall-Patchへの書簡、1959年2月17日、C48/157, B. of E。

77) Edmund Hall-Patch卿との会談の覚書、1961年10月4日、C48/157, B. of E。

78) A. R. Holmes and Edwin Green, *Midland: 150 Years of Banking Business* (London: Batsford, 1986), 249-54; ニューヨークで行われたCBA, Toronto-Dominion, Standard Bankとの討論の覚書、1963年10月、in Maibl File, Management Committee Box 289, Midland Bank Archives; 1963年5月14日のメモ、C48/157, B. of E。

79) Fry (ed.), *A Banker's World*, 252-4.

80) Ibid., 252.

81) Charles FieroからJohn A. Hooperへの書簡、1967年6月20日、'Grand Design' File, South Africa Box, SC。

82) Cyril Hawker から George Harvie-Watt 卿への書簡、1969年4月24日、'Grand Design' File, South Africa Box, SC。
83) 例えば、Geoffrey Jones, *Banking and Oil*, 75-6 を参照せよ。
84) Geoffrey Jones, 'Competition and Competitiveness in British Banking, 1918-1971'.
85) Geoffrey Jones, *Banking and Oil*, 75-8.
86) 総裁の覚書、1955年7月5日、C48/156, B. of E.
87) Fry (ed.), *A Banker's World*, 20.
88) Geoffrey Jones, *Banking and Oil*, 80-5.
89) 記録のための覚書、1953年11月27日；1954年10月21日の覚書、1955年12月15日の覚書、C48/154, B. of E。
90) 1958年1月14日のメモ；H. S. Clarke による Chief Cashier へのメモ、1961年1月16日、C48/155, B. of E。
91) 1951年5月21日のメモ、C48/152, B. of E。
92) 総裁の覚書、1951年9月25日と1955年4月27日、C48/152, B. of E。
93) 総裁の極秘メモ、1955年11月2日、C48/392, B. of E。
94) 総裁の覚書、1956年7月5日、C48/392, B. of E。
95) 総裁の覚書、1960年9月20日、C48/157, B. of E。
96) 総裁へのメモ、1963年3月26日、C48/157, B. of E。
97) Geoffrey Jones, 'The British Government and Foreign Multinationals before 1970', in Martin Chick (ed.), *Governments, Industries and Markets* (Aldershot: Elgar, 1990), 205.
98) Geoffrey Jones, *Banking and Oil*, 39-40; Merrett, *ANZ Bank*, 194; King; *The History of the Hongkong and Shanghai Banking Corporation*, iv. 252-7.
99) Merrett, *ANZ Bank*, 230.
100) Geoffrey Jones, *Banking and Oil*, 5.
101) Henry, *The First Hundred Years of the Standard Bank* (London: Oxford University Press, 1963), 318.
102) Fry (ed.), *A Banker's World*, 189.
103) Ibid., 230; Geoffery Jones, *Banking and Oil*, 40.
104) Bolsa 取締役会議事録、1957年6月18日、LB。
105) Bolsa 取締役会議事録、1959年8月25日、LB。
106) Merrett, *ANZ Bank*, 138-9, 155-6, 192-3.
107) King, *The History of the Hongkong and Shanghai Banking Corporation*, iv,

581; S. G. Redding, 'Organizational and Structural Change in the Hongkong and Shanghai Banking Corporation, 1950-1980', in F. H. H. King (ed.), *Eastern Banking* (London: Athlone, 1983), 612, 618.

108) Redding, 'Organisational and Structural Change', 618-9.

109) L. Hannah, *The Rise of the Corporate Economy* (London: Methuen, 1983), 152 (湯沢威・後藤伸訳『大企業経済の興隆』東洋経済新報社、1987年); Derek F. Channon, *The Strategy and Structure of British Enterprise* (London: Macmillan, 1973), 132; Holmes and Green, Midland, 282-8; Cleveland and Huertas, *Citibank*, 279.

110) Crossley and Blandford, *The DCO Story*, 237-9.

111) National and Grindlays Board Minutes, 1970年9月22日、ANZ Archives.

112) Chariman's Statement to Shareholders at 41st Ordinary General Meeting of Barclays (DCO), 1967年1月4日、38/401, BBA; Geoffrey Jones, *Banking and Oil*, 90-1.

113) Julian Crossley 卿の日記、1948年5月10日、38/209, BBA。

114) Crossley and Blandford, *The DCO Story*, 279-80.

115) R. E. Williams から W. G. Hall への書簡、1954年4月9日、*re* Gibson's Report of 1951 and correspondence, Subsidiary Company File, SBSA Historical Archives Box, SC。

116) Henry, *The First Hundred Years of the Standard Bank*, 318-20.

117) Papers submitted to DCO Accounts Board, 38/251, BBA.

118) E. Hall-Patch から Cavendish-Bentinck への書簡、1961年9月14日、Chairman's Letter Book, East Africa Box, SC。

119) 委員長の覚書、1967年5月19日、SBSA Future Capital Requirements File, South Africa Box, SC。

120) Crossley and Blandford, *The DCO Story*, 284.

121) A. Davies から C. Hawker への書簡、1970年10月12日；C. Hawker による Board のメモ、1973年6月9日、Papers on Franszen Commission and Foreign Control of Banks, 1970-3, South Africa Box, SC。

122) Crossley and Blandford, *The DCO Story*, 247, 262-3, 272-9; A Story Brought up to Date, 14-7.

123) R. G. Dyson, 'New Patterns in British Banking Overseas', *Journal of the Institute of Bankers*, 94 (1973年6月), 141-2.

124) King, *The History of the Hongkong and Shanghai Banking Corporation*, iv.

275.

125) Geoffrey Jones, *Banking and Oil*, 104 より引用。

126) James C. Abegglen and George Stalk, *Kaisha: The Japanese Corporation* (New York: Basic Books, 1985), 198ff（植山周一郎訳『カイシャ：次代を創るダイナミズム』講談社、1986年）.

127) King, *The History of the Hongkong and Shanghai Banking Corporation*, iv. 320.

128) Crossley and Blandford, *The DCO Story*, 172-4.

129) Merrett, *ANZ Bank*, 152-3.

130) Standard Bank Report and Accounts, 1956年3月、Chairman's Statement; Standard Bank London Newsletter, 1969年10月5日、SC。

131) Cleveland and Huertas, *Citibank*, 284-6.

132) King, *The History of the Hongkong and Shanghai Banking Corporation*, iv. 672.

133) Geoffrey Jones, *Banking and Oil*, 107-8.

第9章 戦後期の銀行業務戦略

1 マーケットシェア、競争、および受容性

　イギリス多国籍銀行業の構造再編の壮大な計画は部分的にしか達成されなかった。しかし、イギリスの銀行は、それが設立された現地の国内銀行業務市場の多くで、その地位を維持していた。戦後の数十年の政治的、経済的な環境のさまざまな変化にもかかわらず、イギリスの銀行は多国籍サービスとリテール銀行業として、収益性の高い成功例であり続けた。

　表9-1は、第2次世界大戦後以降の25年間における、イギリスの銀行のマーケットシェアの変化推移を示している。一方、表9-2は、1970年代の初頭にイギリス資本の銀行が保有していた預金のシェアを推計したものである。多くの国で、公的機関レベルのマーケットシェアデータの収集が困難であり、この表は単純な規模を表しているだけにとどまっている。したがってイギリスの銀行が業務を展開していたすべての国を網羅しているわけではない。

　イギリス多国籍銀行は、南半球の英語圏では、移住者の経済圏での銀行制度において突出した位置を保有していた。1970年までに南アフリカの73％の商業銀行預金は、2つのイギリス銀行が占めていた[1]。オーストラリアでは、イギリス所有の銀行は徐々にではあるが、現地の銀行によってマーケットシェアを奪われつつあった。しかし、ANZグループ（1970年に合併）が結成された時には、オーストラリアの最も大きな銀行であるニュー・サウス・ウェールズ銀行をわずかに下回る水準のマーケットシェア（24％の預金量）を有していた[2]。ニュージーランドでは、1970年にANZとニュージーランド・ナショナル銀行との間で、40％

表9-1　地域・国別イギリス銀行のマーケットシェア（1946〜71年）

マーケットシェアの変化	地域／国
撤退	中国（1949）、エジプト（1957）、ギリシャ（1957）、シリア（1961）、ビルマ（ミャンマー）（1963）、イラク（1964）、タンザニア（1967）、クウェート（1970）
急激な減少	ラテンアメリカ、南アジア
低迷／緩やかな減少	オーストラリア、南アフリカ、シンガポール、マレーシア、香港
現状維持	西、中央、東アフリカ[a]、ニュージーランド
増加	レバノン

a：タンザニアを除く英語圏の英連邦国。

表9-2　主要市場における商業銀行預金中のイギリス銀行マーケットシェア（1971年）

マーケットシェア（％）	地域／国
＞50	南アフリカ、西、中央、東アフリカ[a]、オマーン
＞30	香港、ニュージーランド、バーレーン、ドバイ
＞20	オーストラリア、マレーシア、シンガポール
＞5	レバノン、インド
1-5	アルゼンチン
少数	ヨーロッパ、アメリカ、カナダ、日本

a：タンザニアを除く英語圏の英連邦国。

の民間預金、すなわち1939年とほぼ同じ水準のマーケットシェアを保有していた[3]。

　他の地域におけるイギリス多国籍銀行業務の地位は、イギリスの政治的影響が強かった国においては圧倒的なものがあった。以前にイギリス植民地領域であった多くの西、中央、東アフリカの新しい国々や、現地の銀行と外国銀行からの挑戦が始まったばかりの国々では、イギリスの銀行は1970年代初頭の段階では強い立場を保っていた。香港と元イギリス植民地領域であったマレーシア、シンガポールでの競争はさらに激しく、為替銀行が保有していた相対的地位はピークを過ぎていた。だが、イギリスの銀行は依然として強い力を持ち続けていた。預金量のシェアでは1970年のチャータード銀行だけでも、香港11％、シンガポール13％、マレーシア19％を有していた。これらの3カ国すべてにおいて、アジア地域最大の競争相手である香港銀行も同等のマーケットシェアを獲得していた。同行は香港での市場を支配しており、1969年に香港銀行とその子会社の銀行融資と前貸しの合計は約36％であった[4]。イギリスの銀行は、イギリスの保護下であった湾岸

首長国でも強い地位を維持していた。フランスの元保護領であるレバノンは、おそらく、第2次世界大戦後に大英帝国領以外でイギリスの銀行がマーケットシェアを築くことができた唯一の新しい国であろう。レバノンで営業していた2つのイギリス銀行の中でも特に有力だったミドル・イースト・ブリティッシュ銀行（BBME）は、1946年にベイルートに支店を設立し、1965年には合計預金量の6％を保有していた。この数字は確実に5年後にはさらに上昇し続け、おそらくこの時期のレバノンにおいて2番目に預金残高のある銀行となったと思われる[5]。

　いくつかの地域において、イギリスの銀行はその影響力を急速に失っていった。例えば、インドの為替銀行は急激に衰退した。インドの独立後、2年を経た1949年12月には、為替銀行はインドの新国家の預金量の19％を保有し、そのうちの9割を6つのイギリスの海外銀行が保有していた。だがその20年後には、インドでの合計預金量に占める外国銀行の割合は9％にまで低下していた。このうち、5つのイギリスの銀行が68％、すなわち、インド商業銀行の総預金量の約7％を保有していた。ラテンアメリカでは、Bolsa（ロンドン・アンド・サウス・アメリカ銀行）が中央・南アメリカ12カ国で支店を保有していた。しかし、イギリスの銀行制度の全体的な重要性が大きかったのはアルゼンチンのみであった。このアルゼンチンにおいてさえ、全体の預金量のマーケットシェアは、1960年代までに5％未満へと低下していた。

　イギリスの銀行は各国の国有化が進むことにより、多くの市場を失った。香港銀行とチャータード銀行の両行は、1950年代から1960年代にかけて上海に支店を有していた。しかし、イギリスの銀行は1949年の共産主義者革命の後、中国から事実上の撤退を余儀なくされた。1957年に外国の銀行が国有化されたエジプトに始まり、アラブの国家主義の成長によって、中東のいくつかの地域にあったイギリスの銀行業は大幅に縮小された。シリア、イラク、およびリビアも、その後数年間にこの国有化政策に追従した。BBMEはクウェートでの最初の銀行であり、国内で事業を展開することを許された唯一の外国の銀行であったが、1971年の特権は更新されず、この国から撤退することを余儀なくされた[6]。ミャンマーとタンザニアでは、イギリスの銀行が関連する銀行の国有化があり、同時に、インドでチャータード銀行が31年間にわたり92％の株式を保有したアラハバード銀行は、

1969年に他のインドの国内銀行とともに国営化された[7]。

1970年以前までヨーロッパ（イギリスを含む）、北アメリカ、および日本でのイギリスの海外銀行が占めるマーケットシェアは、限りなくゼロに近かった。大陸ヨーロッパ内の銀行業務の主要なイギリスの足場であったイオニア銀行のギリシャにおけるビジネスは、その銀行のギリシャ資産の売却により1957年に縮小を余儀なくされた。イオニア銀行とその100％所有の子会社であるポピュレール銀行との間で、ギリシャのすべての商業銀行の預金量の約10％を保有していた[8]。

それぞれの市場にはそれぞれの特徴があったが、特に2つの変化する要素が受入国におけるイギリスの銀行の業績に根本的な影響を及ぼした。2つの要素とは、競争と受容性だった。イギリスの銀行は、競争が制約されるような経済下ではそれらのマーケットシェアを保っていた。1970年以前のオーストラリア、ニュージーランド、および南アフリカは、まさにその通りの状況であった。それらの国々において、銀行は、総需要をコントロールすることを目指したマクロ経済政策の一部として強く規制されていた。非価格競争は時に激しいものであったが、それは単に明確な条件の下で行われただけであった。この結果、3つのすべての経済圏で、ノンバンクの金融仲介業者の重要性が増した。例えば、オーストラリアでは、総金融資産に貿易銀行の占める割合は1948年の32％から1970年の22％に減少した[9]。このように規制された寡占的状況下では、イギリスの銀行は悪くても現地の金融機関にゆっくりとした速度でマーケットシェアを奪われる程度であった。さらに、アメリカの銀行が、1950年代の終わりに南アフリカに子会社を設立し、アメリカ企業の子会社へのサービスを提供するようなビジネスを展開することができたにもかかわらず、オーストラリアおよびニュージーランドでは政府が新しい外国銀行の参入を禁止した[10]。

同様に、ブラック・アフリカとアラブ湾のイギリスの銀行が競争への脅威を強く受けはじめたのは、ほとんど1960年代後半になってからだった。表9-3は、アフリカとアラブ湾の経済圏の中から国を抜粋し、その国において、現地の銀行とアメリカの銀行が最初に設立された年を表している。

1970年代以前のアメリカの銀行は、東、中央、西アフリカではその営業活動は小規模にとどまっていた。バンク・オブ・アメリカは、1960年にナイジェリアに

表9-3 アフリカおよび湾岸諸国（抜粋）における現地の銀行およびアメリカの商業銀行の設立年度（1946〜70年）

国	現地銀行設立年度	アメリカ銀行設立年度
ナイジェリア	1924	1960
ガーナ	1953	—
ケニア	—	—
ウガンダ	1965	—
クウェート	1952	—
バーレーン	1957	—
ドバイ	1963	1964
オマーン	—	—

支店を開設し、1961年にチェイス銀行がそれに続いたが、チェイス銀行の営業権は1965年にウエスト・アフリカ銀行に売却された。バンク・オブ・アメリカは、1962年にタンガニーカ共和国（現タンザニア連合共和国）に設立された現地資本のアフリカ商業銀行にも出資した。ペルシャ湾岸では、クウェートでアメリカの銀行を開くことは決して許可されなかった。1972年に最初の現地の銀行である、オマーン・ナショナル銀行が開設されたときに、アメリカの銀行が経営上の関わりを有していたことにより、オマーンでの足場が得られるだけであった[11]。最初のアメリカの銀行の支店は1964年にドバイで、そして、バーレーンではその7年後に営業を開始したが、1973年に原油価格の上昇が起こるまでは、アメリカの多国籍銀行が大挙してこの地域に参入することはなかった。

　1950年以降に、アラブの湾岸とブラック・アフリカの両方で地元の銀行が多く設立された。現アラブ首長国連邦で最も成功した現地銀行は1952年に開設されたクウェート・ナショナル銀行である。1959年までにクウェート・ナショナル銀行はBBMEを預金規模で上回っていた。両行は共に密接な関係を保ちながら運営されていたが、1961年からクウェート資本の新しい3銀行が現れたことによってより競争的な状況が出現した。これによってBBMEは預金量のシェアが27％から8年間のうちに10％に下落するという事態に直面していた[12]。1924年頃の早い時期に、西アフリカではナイジェリアの現地資本の銀行が開設されたが、この銀行は6年後には倒産し、国内の銀行業を不安定にした。100行以上の地元の銀行が、1940年代から1950年代にかけて設立されたが、実際にはほんのわずかな中規

模の現地の銀行以外はすべて失敗に終わった。近隣国のガーナでは、ガーナ商業銀行が1952年に創設されたが、厳しい経営問題に苦しんでいた[13]。ケニアとウガンダでは、イギリスの銀行が現地で登記し、少数または過半数の株式が現地で取得されはじめた1960年代後半においては、現地の銀行業はきわめて限られていた。東アフリカの最も強力な現地銀行は、1965年に設立されたウガンダ商業銀行で、10年前に設立されたクレジット会社をベースにしていた。この銀行は1960年代の後半にイギリスの銀行のビジネスに食い込むようになった。

　通常、現地の銀行業の競争が非常に激しい地域や、アメリカ資本の銀行が活躍している国々では、イギリスの銀行のマーケットシェアは低下していたが、ラテンアメリカでは、両方の要因が作用していた。多くのアメリカの銀行は、この時期までには、アメリカ大陸内での支店と子会社の広いネットワークを運営していた。1960年代において、チェイス銀行は数々のラテンアメリカの国において活動する銀行の株式を取得した。ブラジルにあった子会社のラー銀行は特にダイナミックであった[14]。Bolsaは設立されたほとんどすべての地域で激しい競争に直面した。1950年代当時のマネージャーのレポートの中で、その状況や競争相手の節操のないやり方を嘆いていた。例えば、モンテビデオとウルグアイのBolsaのマネージャーは「100万人の住民がいる都市はすでに120もの銀行の支店で飽和状態である……このような状況でビジネスを獲得するために取られる方法は、たとえ銀行間の協定が守られているように見えても、協定の主旨を考えれば、多くの場合、厳格な審査に耐えられるものではない」[15]と不平を述べている。ベネズエラのBolsaは石油景気に沸く経済状況にあったが、同時に多くの銀行がそこで営業しており、満足のいくような相互銀行協定に達することは滅多になかった。在ベネズエラのすべてのアメリカ資本の製油会社はシティバンクに口座を持ち、同じく、重要な位置を占めていたイギリス資本の大きな製油会社もBolsaではなく、アメリカ系の銀行に口座を持っていた。そのためベネズエラ経済が原油産業に支えられていたにもかかわらず、製油会社の口座を持つことができなかったBolsaの経営状態は悪化していった[16]。

　東南アジアでは1960年代以降になって初めて、イギリスの銀行が競争へのプレッシャーに直面していた。マレーシアでは1960年に2つの現地資本の銀行が設立

され、1966年までにマレーシア資本の銀行の支店数が外国の銀行の数を上回るようになった。イギリスの銀行家は新しい現地銀行の成功に「驚き」、それらが「帳簿のすべてにおいて不正な策略を使用している」と不満を漏らしていた[17]。シンガポールでは、戦間期に現地資本所有による銀行業務セクターを育成し、強力なオーバーシーズ・チャイニーズ・バンク・コーポレーションが1932年から事業を開始した。アメリカの銀行であるインターナショナル・バンキング・コーポレーションは、1902年にシンガポールの支店を設立し、1915年にシティバンクへ正式に譲渡した[18]。しかし、競争は1960年代中盤前まではそれほど激しくはなかった。

イギリスの銀行は海外商社と長年のつながりを持っており、他の銀行の顧客には営業活動を仕掛けないという「紳士協定」が存在した。この穏やかな雰囲気は1968年にアジアのドル市場の開設ののちに、シンガポールの経済が急速に成長しはじめるのに伴って、1960年代後半にはより激しいものへと移り変わっていった。1970年の段階でシンガポールに支店を持つ商業銀行は37銀行あり、そのうち26銀行が外国資本であった[19]。新しい競争相手が、イギリス銀行と同じかあるいはより優れた金融商品を用意して、この市場へ参入したことにつれて、イギリスの銀行の特権的位置が脅かされていった。

香港とレバノンは、激しい競争の圧力にも負けずにイギリス銀行がその位置を保っていたが、しかし、両市場には特別な状況があった。1955年の段階では、香港には94の支店を持つ91のライセンスを得た銀行があり、1970年には399支店を持つ73の銀行があった。しかし、香港銀行は「現地の銀行」として強い位置を維持し、さらに紙幣の90％を発行するようなイギリス植民地の事実上の中央銀行として機能していた[20]。レバノンでは、BBMEは1965年には、およそ90行の外国と現地の銀行との競争に直面していたが、イギリスの銀行は特別な環境に恵まれていた。それは現地の銀行は不安定であるという評判であり、1966年に最大の銀行――イントラ銀行――が破綻したときにこの評判は完全に正当化された。一方、アメリカの銀行は、中東の銀行業は学習途上にあり、当初、貸出決定に苦心していた[21]。

イギリス銀行への受容性の度合いは、さまざまな市場でイギリスの銀行の業績

表9-4　いくつかの選択された国のイギリスの銀行に対する受容性（1971年）

高い[a]	中間[b]	低い[c]
オーストラリア	インド	ウガンダ
ニュージーランド	パキスタン	ナイジェリア
南アフリカ	スリランカ	ガーナ
香港	マレーシア	イラン
ドバイ	シンガポール	
バーレーン	タイ	
オマーン	日本	
レバノン	サウジアラビア	
	アルゼンチン	

a：高い＝現存のイギリスの銀行に対していかなる差別的な法律なし。
b：中間＝イギリスの銀行に対して支店拡張制限のような差別的な法律あり。
c：低い＝イギリスの銀行は、現地資本との合併もしくは現地資本参加による会社でのみ営業活動が認められる。

を決定する2番目の重要な要因だった。受容性の度合いは国家間で大きく異なっていたが、1950年代から1960年代での一般的な傾向としては外国の銀行に対する規制の導入へと向かっていた。表9-4は、数カ国（外国の銀行を国営化した国を除く）における1970年前後のイギリスの銀行に対する受容性の程度の概要を示している。

イギリスの銀行への高い受容性と高い市場占有率の間には強い相関関係がみられた。オーストラリアとニュージーランドでは、長期間運営されているイギリスの貿易銀行は外国の銀行への一般禁止令から除外されていた。イギリスの銀行は事実上国家的な機関としてみなされていたからである。レバノンと香港の両国では、外国企業に対して、まったく規制がない自由市場の貿易中継地だった。アラブ湾国家は、1970年代初期に完全な独立が出現しただけで、1970年代の後半まで外国の銀行の規制を導入しなかった。

現地の銀行と対等な立場でイギリスの銀行が競争することができるような場所は、戦後、および特に1960年代において徐々に少なくなっていった。この時代に、政府は、時には融資に対して直接コントロールを加えたり、あるいは、新しい流動性比率を導入したりすることなどを通じて、銀行制度への支配力を強めた。これら支配の多くは国籍を問わずすべての銀行にあてはまったが、イギリスの銀行に対しては特に悪影響を及ぼしていた。例えば、第2次世界大戦後に、銀行の預

金量および貸出量を、その国で有する銀行資本の一定の比率内に制限する規定が政府によって導入されはじめた。イギリスの銀行は資本をロンドンで利用可能にしておくことを好むので、それらの資本をそのような方式で制約されることを伝統的に渋っていた。したがって、この立法はイギリス銀行のビジネスに対して大きな痛みを伴うものであった。1940年代の終わりまでにそのような規則はラテンアメリカの広範囲で普及した。ウルグアイでは、預金量が資本と準備金の金額の8倍以内に抑えられなければならなかった。コロンビアでは、資本と準備金が最低でも預金量の15%に達する必要があり、ベネズエラでは、預金量は資本と準備金の6倍までに制限されていたが、その超過分の40%が現金準備金でカバーされていればその限りではなかった[22]。

1950年代と1960年代の間にラテンアメリカからアジアとアフリカへ同じような規制が広まった。それと同時に、経済発展を補助するように銀行に対して強制するような試みも増していった。例えばインドでは、政府がすべての銀行に対して「社会的コントロール」の方針を導入した。これは、資金の一定の割合を、農業や小規模の産業などの優先されている産業への貸与に割り当てるよう規制するものだった。1969年にチャータード銀行の支店長は「現在、銀行が指摘されている過剰資金をどこへどのように出資するかについて口を挟まれている」「さらに、あらゆる面から考えても、われわれは国営化される可能性がある」とロンドンへ報告した[23]。

いくつかの規制は特に外国の銀行が標的とされていた。やがて、政府は新しい支店の設立を制限しはじめた。例えば、1950年代の半ばまでには、旧インド帝国の為替銀行は、支店の新たな設立を阻止されたり、あるいは取りやめることを勧告された[24]。当初の制限は公式的なものというよりも、むしろ非公式的なものであった。1956年に、マーカンタイル銀行は、パキスタンの連邦準備銀行の総裁とこの銀行の経営陣の間で行われた会議の席上で、政府が「東西パキスタンで為替銀行がすでに設立されている場合を除き、国内での営業活動を制限する」ことを意図していると通知された[25]。そのような支店の制限は、ロイズ銀行が1960年に南アジアの支店を売却する際の決定において重要な要因となっていた[26]。1960年代の終わりまでに、外国銀行がインドで新しい支店を開くことはほとんど不可能

になった。1969年にインドの現地資本の銀行が国営化されたのちに、銀行の支店の莫大な拡張がインドの地方で見られたが、外国の銀行がこの開拓に関与することは許されなかった。

外国の銀行の支店への規制は伝染病のように広がった。タイでは、1962年以降外国の銀行はバンコクでしか設立が許可されず、その上、営業店は1カ所に限られていた。1965年以降、マレーシアでは外国の銀行が支店を開くことは許可されなかった[27]。1968年までに、シンガポール当局は、その年から始まった新しいオフショア市場で営業するために外国銀行が支店を開くことは認めたが、それ以外の目的で新しい支店を開くことは許可しなかった。1978年までに、サウジアラビアやアルゼンチンのような多様な国々で、外国の銀行による一層の支店拡張を制限し、禁止することもあった[28]。1967年には、2年間の厳しい金融恐慌の結果として、自由放任主義の香港でさえ支店開設の制限を始めた。支店開業には、香港の銀行監督庁長官の事前承認が取得されなければならず、1つの支店に対して1つの年間のライセンス料金を支払う必要があった。しかし、この立法は植民地内の2つの大きなイギリス銀行にとって好都合であり、その主要な効果は小さな銀行の支店をチェックすることであった。いくつかの国の政府は新しい支店についての規制をしただけでなく、既存の銀行の預金額の許容量の制限もした。1961年には、スリランカ（セイロン）の政府は、外国の銀行はスリランカ国民またはスリランカの企業からの新規の預金を受け入れられず、現時点での預金額の増加を受け入れることができない、という立法を導入した。この際のスリランカの企業とは、スリランカ人の役員が最低1人いる企業と定義されていた。その結果1963年から1968年の期間、スリランカでのイギリスの銀行が保有する預金の割合は、32％から23％へと減少した[29]。

反外国銀行規制は現地の金融機関に追い風となるような差別を伴っていた。政府口座が現地の銀行に開設されることも多かった。例えば、1957年のガーナの独立後の5年以内に政府および他の公社の口座は、イギリスの銀行から国有のガーナ商業銀行に移された[30]。そうした状況は1960年代のマレーシアも同じであり、多くの公的機関の口座がイギリス銀行から移管され現地の銀行は急速に成長した。オーストラリアにあったイギリスの銀行でさえ、このような動きによってある程

度の損害を被った。小麦マーケティング（販売）委員会のような公共団体は、1950年代と1960年代、国有のコモンウェルス銀行にその業務を与え、イギリスまたはオーストラリア資本の商業取引銀行などにはなにも与えなかった[31]。

　数ヵ国の政府は、現地の銀行とパートナーを組まなければ、外国の銀行は国内で営業活動を行うことができないというさらなる対抗措置を講じた。1960年代の終盤にアフリカの数ヵ国は、そのような「現地化」（第8章参照）を強く主張した。また、この種の法律は、さらにイランのようなさまざまな国で施行された[32]。

　したがって1970年までにイギリスの銀行が長い間確立してきた経済活動の範囲では、大きなマーケットシェアを保持していた。しかし、レバノンはイギリスの銀行が新市場へ本格的に進出を果たした唯一の例であった。激しい競争が抑制されており、かつ、外国銀行に対して差別がなかった場合においては、イギリスの銀行は市場占有率を高い水準で確保できた。これは驚くことではなかったが、しかし、それはまたイギリスの銀行によって実行された多国籍リテール・バンキングのようなものの長期的な存続可能性に疑問を投げかけることになった。というのは、多くの国々では外国企業に対する受容性が減少し、競争が激しさを増していると思われたからである。

2　南半球の銀行業務

　戦間期に南半球移住者経済圏の経済環境は大幅に改善したが、成長率の低さと市場規模の小ささ、さらには広範囲に及ぶ厳しい規制により、ビジネスの収益性と金融商品の革新は限られていた。価格競争はまれで、マーケットシェア向上への努力は主に支店の新設と広告など類似した戦略によって行われていた。

　オーストラリアでは、貿易銀行は、中央銀行による利子率と融資水準の規制が利益率を押し下げ、イノベーションへの意欲をも大きく失わせるというハンデを抱えながら業務を行っていた。資産比率の規制により、銀行は資金の大半を低利回り資産で運用していた。為替レートと資本の移転についても厳しく規制されていた。また、1950年代を通じて貿易銀行は、1953年まですべての規制の対象外とされていた中央銀行のトレーディング部門との競争にも直面していた。このよう

な異常な状態は、1960年にコモンウェルス銀行の中央銀行としての機能が、新しい金融機関であるオーストラリア準備銀行へ移管されるまで続いた[33]。ニュージーランドでも利率と融資について厳しく規制され、1952年から1969年にかけて行われた変動準備金比率制度は金融政策の中心となっていた[34]。

このような規制の厳しい状況において、イギリスの銀行はさらにロンドンの役員会とオーストラリアまたはニュージーランドの経営陣との間の意思決定の相違というハンデを背負い込んでいた。例えば、ANZ の役員会は、オーストラリアとニュージーランド国内の業務に悪影響を及ぼしていても、ロンドンでの業務により重きを置き続けた。イギリスの役員は一般的に銀行資源の大半をロンドンに保有しようとし、マーケットシェアよりも目先の利益にとらわれていた。これは、オーストラリアで業務を行う銀行に対して、事実上国内に保有された流動資産と公債のみがその対象となると規定された流動性の条件を連邦政府が1952年から課した際には、重大な問題となった。新規定が効力を持った当時、ANZ は半分以上の流動資産と公債をオーストラリア国外に有しており、1958年まで流動性基準を満たすことが出来なかった。ANZ は最終的に国内融資の縮小などによって該当条件を克服したが、これがマーケットシェアの奪還という合併後の計画の足をひっぱることになり、さらにはその過程では役員会とメルボルン在住の執行役との間の対立を招く原因ともなった[35]。

1961年の ANZ による、とりわけ有能なゼネラル・マネージャーの採用は、権限をロンドンからメルボルンへ移行させ、さらに同行の拡大政策の追求へとつながった。彼の6年にわたる在籍期間中に、ANZ の前身の銀行が常に進出をしかねていたニュー・サウス・ウェールズの都市部を中心に支店を127店舗新設した。彼はさらに ANZ を「オーストラリアで最も先進的な銀行」[36]であるとのイメージを与える広告にも力を入れた。

ロンドンとメルボルンにおける意見と優先事項の相違は、ANZ より小規模なイギリスの競争相手であるイングリッシュ・スコティッシュ・アンド・オーストラリア銀行（ES&A）の経営戦略に対しても影響を与えた。大戦後の最初の10年間、ES&A のゼネラル・マネージャーは伝統的に、内部意思決定に関して役員会と比較して相当に大きな権限を有していた。彼は積極的な融資方針を採り、

1953年には大胆な割賦金融への多様化を進める一方で、政府による銀行業務への規制を嫌い、中央銀行による流動性条件を無視したために、彼が退職した1955年頃までにES&Aは流動性において重大な問題を抱えるようになった。のちに役員会が意思決定に、より権限を持つようになり、ANZ同様にマーケットシェアよりもむしろ利益の改善に重きを置くようになった。ES&Aのバランスシートに他人資本を取り入れることによって、拡張のための資金源を生み出す、というような1960年の想像力に富んだ事業計画は、オーストラリア政府の財政と金融政策が不明瞭かつ不安定だったために、役員会によって最終的には拒絶されることになった[37]。

　1950年代から1960年代にかけてイギリスの銀行は、オーストラリアにおいてマーケットリーダーとしてよりもむしろ追従者としての観があった一方で、規制的環境と組織上の問題にもかかわらず、イギリスの銀行はプロダクト・イノベーションを行った。その内で最も際立っていた起業家的行為は、1950年代初頭のES&Aによる割賦金融への多様化であった。ES&Aのゼネラル・マネージャーがアメリカへ出張した際、アメリカの大手銀行による同事業への取り組みを目にしたことによって実施されることとなった。オーストラリアではコモンウェルス銀行が1945年に割賦金融事業を始めた前例があったが、貿易銀行としては先駆的な行為であった。その事業は成功し、1955年に新設された子会社のエサンダへ移管された。1960年代にはエサンダは相当な利益を上げるようになり、多くの点で最も優れている事業となった。ANZはその分野で大きく出遅れていた。ANZは1954年にオーストラリアにおける割賦金融会社の最大手1社の株式取得の誘いを受けたが断った。このビジネスへの参入への適切な対応をめぐって、再びロンドンとメルボルンの意見対立が生じた。結局、優柔不断だったANZを決断させたのは、1957年ニュー・サウス・ウェールズ銀行による割賦金融会社株式の大量取得の発表であった。そして、ANZはインダストリアル・アクセプタンス・ホールディングスの株式の14％を取得し、この株式はES&Aと合併する1970年までANZによって保有された[38]。

　1950年には、ANZも貯蓄銀行ビジネスへと活動分野を多様化していった。1890年代から貯蓄銀行への預金は国により保証されていたため、貿易銀行の預金

よりも速く増加した。貯蓄銀行を設立することは、貿易銀行が間接的に預金を確保することができる1つの手段であったが、第2次世界大戦の後にはそのような方法を強く規制する障害があると考えられていた。しかし、1955年に、ニュー・サウス・ウェールズ銀行は、完全所有の貯蓄銀行子会社を設立して、銀行自身をこの方向に乗り出させた。この子会社が保有する預金には、既存の貯蓄銀行と対等の立場になるように銀行によって保証が付けられていた。ANZは、ただちに完全所有の（ロンドン登記）子会社、オーストラリア・アンド・ニュージーランド貯蓄銀行を設立して対応し、1956年1月にビジネスを開始し、すぐに大量の預金を集めた。こうした営業活動は貿易銀行の支店を通じて行われていたので、そのような貯蓄銀行子会社は、特に親会社銀行に有益であった。ES&Aは1961年までこの成功した戦略を真似しなかった[39]。それにもかかわらず、ANZとES&Aの2つの銀行間の1970年の合併の時期までに、2つの銀行はかつてないほどに、オーストラリアの国内経済により深くかかわりあっていた。

　南アフリカにおける規制的な環境によって、同国の銀行市場は1950年代から1960年代にかけてのオーストラリアの環境と明らかに類似してきた。2つのイギリスの銀行が市場を支配しており、それら2行は銀行業務に関する各種の比率や為替管理などの政府金融政策によって認められていた条件の中で、精通しているリテール向けと商業向けを組み合わせた銀行業務を追求した。全体的に商業銀行は徐々にマーケットシェアをノンバンク系の金融仲介業者に奪われ、そして、オーストラリアで見られたように、彼らの競争力の欠如を規制取締のせいにした。しかし、より批判的な立場のものは、ビジネスを手に入れたマーチャント・バンクや住宅金融組合は、環境の変化への対応として、より多くの活力や起業家精神というものを打ち出していると主張した[40]。

　しかし、南アフリカの市場はオーストラリアやニュージーランドの市場に比べ、ずっと活気がなかった。例えば、スタンダード銀行は、南アフリカにおける貸出金総額に占める同行の割合が1949年には45％だったものが、10年後には38％に下落した。主なシェアの獲得者は、フォルクスカスという南アフリカ系白人が所有する親政府系銀行であり、多くの州当局や南アフリカ系白人の会社の口座は同行に移管された。1960年代中頃、スタンダード銀行の経営陣は南アフリカ系白人と

の取引の機会を得ようとして、フォルクスカスとの間で株式交換しようと考えたが、その計画は実行されなかった41)。バークレイズの業務に関しては、その競争にはそれほど被害を受けなかった。なぜなら、バークレイズは南アフリカの鉱業関係の取引先、特にアングロ-アメリカン・コーポレーションや主要な公共設備関連の会社の口座を多く所有していたからである。その結果として、同行は1950年代を通じて貸出金の41％前後でそのシェアを維持したが、すべての銀行は預金獲得のために、より活発な競争を行わなければならなかった。加えて、1950年代において多くの国々などで、有利子預金の割合が大幅に上昇し、イギリス連合王国内における比率は、1954年の30％から1962年には73％へ上昇した。

　南アフリカ政府の方針は、オーストラリアに比べると金融商品の革新にはそれほど非協力的ではなく、ある意味で積極的であった。例えば、スタンダード銀行は早くも1917年には貯蓄銀行部門を設立していた42)。第2次世界大戦後、当局は同行に対して、オーソドックスなイギリス風の商業銀行から脱皮するように働きかけた。1949年に準備銀行は、銀行や他の金融会社にナショナル・ファイナンス・コーポレーション・オブ・サウス・アフリカという新しい金融機関への資本の提供を強制させた。この機関は、同国において短期金融市場を作り出すことを目的として設立されたものであった43)。11年後、準備銀行は伝統的な当座貸越制度からアメリカ型のタームローンをより重視することを表明した。これがさまざまな銀行の事業の方向転換をしようとする大きな引き金になった。しかしながら、こうした新しい融資の導入においては、銀行間で合意に至ることができず、導入は遅れることになった44)。

　1963年までには、製造業は鉱業と農業の合計額と同じだけの国民所得を生み出す産業へと発展した。こうした1960年代に進展した南アフリカ経済の多様化に伴い、イギリスの銀行もまたその商品の幅を多様化させていった。他の金融機関との競争や金利の付かない預金の減少がそうした多様化に拍車をかけた45)。1960年代初めに、スタンダード銀行は南アフリカにおいて、中期および長期融資を提供することを検討しはじめた46)。1950年代後半の間に、ユニオン・アクセプタンスなどのような積極的に活動するディスカウントハウス（手形割引業者）は、一般の人々から直接預金を獲得し、銀行の顧客に融資をはじめた。ユニオン・アクセ

プタンスは、アングロ-アメリカン・コーポレーションによって設立され、バークレイズと密接な関係を有していた業者であった。このことが、スタンダード銀行が南アフリカにおけるマーチャントバンク業に参入するきっかけとなった。1963年、スタンダード銀行は、さまざまな鉱業や保険グループとともに、新たなマーチャント・バンクであるシティ・マーチャント・バンクの主要な資金提供者の1つとなった。しかし、同行は複雑な所有構造に問題が生じ、1969年には、セントラル・アクセプタンス（もしくは Sentak）と呼ばれる巨大グループに併合された。このグループの株主にはフォルクスカスに加えて政府機関が含まれていた。

マーチャント・バンク業への他の参入ルートは、1964年に中期の資金を確保するために設立された全額スタンダード銀行出資のデベロップメント・コーポレーション・オブ・サウス・アフリカ（もしくは Devco）であった。バークレイズは、預金のシェアを獲得するために既存の各種銀行業務協定の条項を無視するものとして Devco の設立に強く反発し、しばらくの間、少なくともこれに関連する預金の範囲で、金利協定を断念した。1967年に Devco はスタンダード・マーチャント・バンクとなり、同年にスタンダードは Sentak から撤退した。一方、バークレイズは1967年に設立した中期金融の子会社を通じてマーチャント・バンク業へと参入した。

1960年代中盤以降では、金融商品の多様化が進展した。1966年にはスタンダードはダイナーズ・クラブの南アフリカの子会社の支配株式を取得し、クレジットカード事業へ参入する銀行第1号となった。3年後、バークレイズは同行のクレジットカードであるバークレイズ・カードを南アフリカにも導入した。スタンダードは1968年、大手割賦金融会社であるナショナル・インダストリアル・クレジット・コーポレーションの完全な支配権を獲得した。同社の部分的支配権は1963年より保有していた。

1970年代初頭までに、南アフリカにおいてスタンダードとバークレイズ双方ともに、コマーシャルおよびマーチャントバンク業、割賦金融業、ファクタリング、リース業などへと金融サービス業務を多様化させた。両行と政府との関係や南アフリカ系白人の経済界との関係は良好ではなかったが、同国における最も重要な

銀行としての役割を担っていた。両行は依然として商業銀行分野の預金において大きなシェアを有しており、同国の重要な位置を占める貿易相手先であり外国人投資家であるイギリスだけでなく、1960年代および1970年代初期を通じて貿易国および投資国として急成長していたアメリカに対しても、南アフリカでの海外銀行業務の大部分を行っていた。1973年に南アフリカで事業を行っているアメリカ企業300社を対象に銀行との関係を分析した結果によると、スタンダードとは61.5%が、バークレイズとは37.2%が、そしてシティバンクとは19.3%が関係を有していたことが明らかになった[47]。

　南アフリカは他の南半球の移民者経済の特徴の多くを共有していたが、大きな社会的な違いが1つあった。それはヨーロッパからの移住者の子孫が南アフリカの総人口に占める割合が非常に低いという点である。1950年代まで、商業銀行分野は南アフリカの人口の大部分を占める現地アフリカ人との間にほとんど接点がなかった。しかし、その後の10年間の経済成長の恩恵は、非常に不公平な富の分配を生んだけれども、多くのアフリカ人に行き渡り、潜在的な顧客として銀行に注目されるようになった。アフリカ人が貯蓄預金の有用な資金源として認識されるようになった一方で、そのような預金事業は制約される必要があると考えられるようになった。1958年のスタンダード銀行の経営者の指摘によると、「小切手帳を持っている当座預金顧客のアフリカ人は、多少は例外があるにしろ、その特権を悪用する傾向にある」としており、アフリカ人は潜在的な借り手としては重視されていなかった[48]。

　このような態度はその後すぐに変わっていった。スタンダード銀行のアフリカの貯蓄銀行業務において、1958年の3月から2年の間で、口座数27,805、資金量120万ポンドから、口座数49,968、資金量180万ポンドにまで伸びた。スタンダードは「アフリカ人の事業の重要性」について、経営陣が重大な関心を寄せていることを報告書にも記している。だが、アパルトヘイト制度という政治的構造は、イギリスの銀行がこのような事業を推進することを阻害した。都市部においてアフリカ人が不動産を所有することに対しての公的規制は、彼らが銀行融資を受けようとすることへの障害となった[49]。1962年までにスタンダード銀行の上級経営陣は、長期的には経済の実体によってアパルトヘイト政策は確実に崩壊し、「2

つの人種は緩やかに統合していくもの」と確信していた。イギリスの銀行はこの見通しと可能性のあるアフリカ人ビジネスを歓迎した。しかしそれは開拓者または犠牲者の役割を担うことではなく、ただ必然的な経過として歴史の流れを見るだけで満足していた。

> もしわれわれが、バントゥー族のためにより多くの社会的・政治的権利を求める道筋を開拓しようとするならば、事業の軋轢や損失を被ることになるだろう。しかし、もしわれわれが北から学び、現代の大衆の考えに歩調をあわせて進むならば、アフリカのナショナリズムの成長から利益を得る以外に銀行の事業を行う理由がない[50]。

不運にも、南アフリカの黒人の人々にとっての社会的、政治的権利の改善への道のりは、1962年にスタンダードの経営陣が考えたものよりも長く険しい道を辿ることになった。

アルゼンチンでは、第2次世界大戦後の10年間はBolsaにとって特に困難な時期であった。経済および銀行業界への強い国家介入により厳しい環境となった。1946年にペロン独裁政権が中央銀行を国有化して政府の直轄化に置いた。そして、「資金の国有化」として知られる負担の多い銀行融資管理方式を導入した。これは、支払準備率を実質100%とするもので、全銀行に対し適応された。中央銀行は銀行融資の総額や種類に対し詳細にわたる統制を担うことになった。その一方で、この経済圏の外国企業は、厳しい貿易および為替への統制によって隔離された。この政権は1958年まで続いた。

アルゼンチンにおけるBolsaの経営陣は、事実上そのような状況下で策略を巡らすことは不可能であり、不幸な犠牲者として出来事を傍観するほかなかった。イギリス所有の鉄道が1948年に国有化され、重要な資金源を失った。イギリスはアルゼンチン産の牛肉の主な購入者であったが、アルゼンチンへのイギリスの輸出品が落ち込んでいったことにより、貿易金融と外国為替取引の機会は減少した。送金可能な利益額は、同国内で調達された資本と資金の一定の割合で決定された範囲内に限定され、それ以上の利益を国外へ送金することができなかったため、

表9-5 アルゼンチンにおける1945年、1957年、1965年の支店数、預金、貸出のシェア

(単位:%)

金融機関	支店数			預金			貸出		
	1945	1957	1965	1945	1957	1965	1945	1957	1965
公的銀行	72	75	65	57	69	55	55	82	68
民間銀行	28	25	35	43	31	45	45	18	32
外国	5	4	5	17	10	15	13	6	9
アルゼンチン	23	21	30	26	21	30	32	12	23

Source: Julio Gonzalez del Solar, "The Argentine Banking System", *Bolsa Quarterly Review*, 6 (4) (Nov. 1966).

 アルゼンチンで得たBolsaの利益の多くはアルゼンチンに塩漬けになった[51]。

 表9-5は1946年に確立した統制的な政権の影響を示している。アルゼンチンの銀行制度は国営、州営、市営銀行を含む公的銀行と、外国人や現地人に所有されている民間銀行とに分かれた。1945年と1957年との間に、預金および貸出のマーケットシェアは公的金融機関へとシフトし、外国資本民間銀行のマーケットシェアは急激に減少した。ペロン政権の崩壊後の1957年の改革で、資金の国有化を含む1945年に制定された制度のほとんどが廃止された。その結果、外国銀行は融資よりも預金の面でマーケットシェアを回復することが出来た。1960年代の中ごろにはBolsaは外国銀行14行の中でトップの座を維持していた。1965年12月の段階で、同行は外国銀行の預金のうち27%、民間銀行の預金の9%、アルゼンチンの銀行全体の預金の4%を占めていた。しかし、銀行の自由なイノベーションは依然として中央銀行によって制限されており、すべての銀行が従うことが求められる詳細な融資政策が指示された[52]。

 このような公的規制の中で、1960年代を通じて、Bolsaはオーストラリアや南アフリカと非常に似通った手法で事業を発展させた。それは、支店網の再編、拡張をすることによって、預金を集めることを目指すものであった。支店数は1955年の22店舗から1971年には31店舗になった。その10年間の前半では、新しい本社がブエノスアイレスに開設され、支店が預金を獲得できる見込のある郊外にも開設された。また1967年には、ブエノスアイレスに新しく出来たデパートの中に支店を開設するという新しい試みも行われた[53]。Bolsaはアルゼンチンで提供する

金融サービスを多様化させた。1961年には、新しく現地登録の金融会社を設立した。同社は投資管理および顧問、現地の株式取引所での株式募集、中期金融といったサービスを行った。また同社は割賦金融業にも参入した。1965年に Bolsa は完全所有の保険会社を設立し、4年後に同行はアルゼンチンでクレジットカード事業も開始した。

　商業銀行業務とは別の金融サービス業への多角化は、恐らく第2次世界大戦後の南半球への移民者経済圏においてイギリス銀行史上、最も特筆すべきテーマだった。特に、金融サービスのイノベーションのペースが活性化した1960年代においては顕著であった。多様化の主たる領域は割賦金融業、保険業、マーチャントバンク業であった。同時に1960年代は、活性化したノンバンクの金融仲介業者と現地銀行からの資金を巡る競争が激化したことによって、預金を獲得するための新たな懸念事項が現れた。あらゆる場面において、規制や為替管理が銀行戦略の要素を決定した。さらに、イギリスの銀行は南アフリカでは緩やかではあるが公的な差別を、またアルゼンチンのペロン政権下ではあからさまな差別を受けた。その一方で、ロンドンに本社を構えながら現地の国内銀行業務に広く携わっている銀行が永らく抱え続けてきた問題の明確な徴候がオーストラリアで現れていた。

3　発展途上国における継続と変化

　アジアおよびアフリカにおけるイギリス多国籍銀行の経営戦略への批判は、第2次世界大戦以前から始まり、1950年代から1960年代にかけて強くなった。イギリスの銀行は、貿易金融のための短期貸付や為替取引だけにとらわれていたこと、現地居住者より外国居住者に対し優先的に貸付を行ったこと、いくつかの国において仲介者を用いることで借入は高コストとなり、難しくなったこと、資本が不足している経済情況の下で預金を集め、それをロンドンへ投資したこと、そして人種差別的な雇用慣行を行ったことなどさまざまに非難された。

　こうした批判にはそれぞれ妥当な理由があったが、第2次世界大戦以前でさえ、どの理由もまったく容認されることはなかっただろう。さらに、部外者にとって好ましいとは思われそうにない諸政策であっても、そこには銀行業務において明

らかに理にかなうことがしばしばあった。例えば、戦時下のイギリス植民地省の顧問でさえも、イギリスの銀行が貧しい国々から集めた預金を、ロンドンで投資するのを見て反感を覚えていたが、銀行家は貸出に際し、安全性の乏しい市場しかないという理由から、この戦略が必要であると主張した[54]。しかしそのような銀行家の主張は、「安全」の定義を限定し過ぎるという理由から、なおさら批判された。イギリス領西アフリカにおいて、ユナイテッド・アフリカ会社のような貿易商社が、戦争直後、イギリス資本の銀行よりも多くの貸付を拡大したことは特筆すべきことであった。しかし、十分に納得できるわけではないが、そういった保守的傾向には重要な意味があった。ほとんどの発展途上国と同じように西アフリカには、銀行が自らの流動性を失なわないようにするために、資金の一部を投資することができる短期金融商品と証券市場が不足していた[55]。

　発展途上国におけるイギリスの銀行の事業戦略が、1950年代から1960年代の新しい政治的、経済的現実に適合することに手間取り、イギリスの銀行への批判はさらに強まった。この数十年間で行われた事業の種類と使われた金融手法は以前と同じだった。商品の動きにともなう金融は、新しい制度上の変更によって時々部分的に変わったが、アフリカおよびアジアにおけるイギリスの銀行の中核ビジネスとして残った。例えば、西アフリカにおいて、農産物のための融資は1950年代から1960年代にかけて、イギリスの銀行の主な事業であった。しかしながら、1940年代後半に唯一の農産物購買者として発展した農産物販売機関の設立、その結果として、ユナイッテッド・アフリカ会社のような大規模な貿易商社が、西アフリカ国内の多くの地域において類似銀行としての以前の役割から撤退することによって、農産物向け金融ビジネスの構成が変化した[56]。イギリスの銀行は1950年代、西アフリカの農産物販売機関に、かなりの融資を行った[57]。

　1950年代の西アフリカにおけるイギリスの銀行の最も重要な顧客リストには、その地域において活発に活動しているイギリスとアメリカの多国籍企業が常に名を連ねた。最大の融資先企業は、エッソ、モービルおよびシェルの現地子会社のようなイギリスとアメリカの石油会社、この地域からほとんどのココアを調達するキャドバリーのようなイギリスのチョコレート会社、コスティンおよびテーラー・ウッドローのようなイギリスの土木業者、またシンガーミシンのような大規

模な多国籍企業であった。しかし、これまでのように、イギリスの銀行は、より多くの起業家的活動を生かすことにはきわめて柔軟に対応していた。1949年には、ブリティッシュ・ウエスト・アフリカ銀行（BBWA）が、シエラレオネのボーに現地支店を開設した。この設立のタイミングは理想的であった。なぜならば、ボーは、1952年において、新しいダイヤモンド生産地の中心になったからである。ここは、当初、国際採鉱会社に名目上割当てられた地域であったが、ここで採掘を行っていたアフリカ人によって不法に開発された場所であった。1960年代までには、ダイヤモンドはシエラレオネの最も重要な輸出商品になっていた。ブリティッシュ・ウエスト・アフリカ銀行ボー支店はダイヤモンドのブームの結果、成功した。当初、同行は不法なアフリカの抗夫からダイヤモンドを買っていたが、時とともに販売業者への融資に重点的に取り組むようになった。1956年に、政府がダイヤモンドの採掘と輸出を合法化した時、ブリティッシュ・ウエスト・アフリカ銀行およびバークレイズ銀行の両行は輸出許可証をえた。しかし3年後、ダイヤモンドの輸出は1つの公的機関に集中し、南アフリカの採鉱会社デ・ビアスによって運営された[58]。

　1950年代から1960年代初期の東アフリカにおいて、イギリスの銀行は、その地域の農業と畜産製品の販売に対する融資にかなり重点を置いていた。1962年には、スタンダード銀行の東アフリカへの貸付金の約25％は、農業関係者、農産物仲買人そして農業物の輸出業者に対するものであった。同行は東アフリカの綿作物を主に栽培しているようなアフリカ人の小自作農に対しては融資を行わなかったが、通常アジア人の管理下にあった加工処理と輸出段階に対しては融資を行った。スタンダード銀行の貸付金のあとの25％は、製造業および製造業者に対し行われたが、この大部分は、穀物製粉業者、砂糖精錬業者、食肉および果物運送業者、ならびに農業部門に密接に関連した他の実業家達であった。残りの貸付金の大部分は卸売業者と小売業者に対し行われているが、それも農業関連に対してであった[59]。

　貿易業への融資を重視したことで、当然イギリスの海外銀行としては、短期貸付を継続して優先させた。すぐに現金を回収できる短期貸付は好ましいものであり、資金の長期「固定化」は好ましくなかった。1960年3月31日におけるスタン

ダード銀行の総貸付金179百万ポンドの5.3%だけが、満期3年以上の契約であった。そしてこの数値が、この年代の発展途上国における平均的なイギリスの海外銀行を正しく表しているとの想定は、合理的なものであった[60]。例えば、1961年におけるマーカンタイル銀行のインドおよびパキスタンへの中期債権のリストによると、3年から8.5年満期のある程度の規模の借入金を有していたのは、たった7社（製造業、汽船会社、紡績工場および茶農園主を含む）だけであり、一方他の37社は、毎年更新される当座借越であったが、正式には銀行からの要求があり次第返済すべきものであった[61]。

　いくつかの地域で、短期貸付金の重視や担保の警戒感が、政治的リスクに対する不安によって増大した。例えば、第2次世界大戦後、ほとんどのアジア地域の為替銀行は、その地域が共産主義者の手に落ちるのではないかとの不安から、特に東南アジアで貸付を行うことに厳しい制限を付けた。1950年代のマレー半島における共産主義者主導の暴動は、そのような不安を増大させた。ロンドン本社は、脅威下にあると考えられる国々において、第1抵当権として不動産を取ることを特に嫌い、その代わりとして、第1抵当権を在庫品に対する荷為替担保差入証とし、付随的な担保として不動産に基づいた融資をしばしば行った。不動産を担保として貸付が行われる場合、個々のマネージャーの裁量は、通常担保なしで貸し付けられる額に制限された。そのような貸付方針は、少なくとも1970年代までアジア地域の為替銀行の間では普通のことであった。

　イギリスの銀行が貸付を行う際の人種的偏りは1950年代まで続いた。1950年代における東アフリカにおいて、スタンダード銀行および他の銀行は、「アフリカ人は金融および商業責任に対する感覚がまだ十分ではない」という根本的な前提に反し、多少不本意ではあったが、アフリカ人に対していくらかの融資を行おうとした[62]。イギリスの銀行は、商業的基準で貸付を決定していたが、リスクと信用性に対する評価は民族性に関する前提に基づいていた。アフリカの農民に対する貸付は、その植民地の地区委員による推薦に基づき、またのちには、引退した外国人の農場経営者のアドバイスに基づき、しばしば行われたが、そのような貸付件数は少なかった[63]。

　アジアにおいても、イギリスの海外銀行は、少なくとも初めのうちは、「現地」

への貸付に対し戦前の姿勢を保っていた。独立後のスリランカにおいて、イギリスの銀行は、当初その評判の悪さにもかかわらず、保証両替制度に固執した。為替銀行は、強制的な公的圧力によって方針の変更を行わなければならなかった。例えば、1954年に行われた全為替銀行代表者会議において、セイロン中央銀行の総裁は、「セイロン人の事業は促進されなければならない」し、保証両替制度の使用は「中止するべき」であるという要求を明確に行わざるをえなかった[64]。そしてそのような要求を行ったのちにさえ、保証両替制度は1年程度の間残った[65]。

人種および民族問題に関する伝統的な考えは、イギリスの銀行内に残った。このことは、その経営組織がイギリスのパブリックスクールの理想によって構築された社会化戦略に基づいた銀行においては、驚くべきことではなかった。貸付から人事にいたるまで、銀行政策はすべての面で、人種的理由によって影響を受けた。例えば、イギリスのスタッフと、アジア系あるいはアフリカ系の女性スタッフとの結婚は、1960年代まですべての銀行において強い反対が残っていた。例えば、1961年には、マーカンタイル銀行の支店長は、「支店の中国女性事務員と関係を持った」スタッフの多くのケースを知らされた。

そして彼の反応は、一般的な見解であった。すなわち、

> 今やそれらはあまりにも頻繁に生じているので、私はこれらの出来事にかなりうんざりし、飽き飽きした。私たちは最近、セイロンのスタッフや香港で厄介な問題を引き起こした者を処分しなければならなくなった。私は、その理由が、魅力的な若いアジアの女性と私たち男性達がより簡単に交際できる現代的状況にあると思う。私にはどうしてもこれらの交際を回避することができないように思える。ただ、ぜひとも防がれなければならないことは、彼らがあまりにも真剣になりすぎることである。私やすべてのマネージャーにできる唯一のことは、異なる人種間での婚姻が、家族や銀行での経歴、および何よりも社会的地位にどんな影響を及ぼすかを機会あるごとに、強い口調で訴えかけることぐらいである。おそらくより重要なことは、彼らが問題を起こす前に、もし異なる人種の女性と結婚するならば、新しい仕事を探す必要が生じるであろうことを、彼ら個々人に対して警告することである[66]。

1962年マーカンタイル銀行の経営陣は、異なる人種間の婚姻を防ぐために親会社から「政策的指示」を受けたが、その香港銀行は「例外的なケースがどこかで生じるかもしれない、……そこでは銀行にとって非常に厄介な事態になるかもしれないとして、この指示を印刷物にする」ことはなかった[67]。

しかし、考え方や方針に大きな変化はなかったにもかかわらず、アフリカおよびアジアにおけるイギリス多国籍銀行の事業戦略は第2次世界大戦前と同様に発展し続けた。

多国籍銀行は、これまでの手法を堅持しようと努めていたかもしれないが、基本的な政治的、経済的変化は現地経済のすべての様相を変化させ、それに応じなければならなかった。経済開発、現地銀行とアメリカの銀行からの競争、そしてイギリスの銀行間の競争を促進するための現地政府の働きかけは、時々従来の政策を変更または修正する強力な誘因となった。

イギリスの銀行が各地域で作成した複雑な利子協定は、すべての価格競争あるいは非価格競争を決して抑制することはできなかった。1950年代以降、現地銀行とアメリカの銀行の新しい競争者の出現で、談合協定の強要は難しくなり、従来のイギリスの正当な銀行業務の規範をほとんど順守しない業者からの、より自由な競争にイギリスの銀行はさらされた。

アフリカの植民地は、それぞれの地域において、利子協定の複雑なシステムが有効であったため、1960年代まで、イギリスの銀行にとって天国のままであった。そのような協定は、1963年に旧英信託統治領のタンガニーカ（現タンザニア）政府によって委任されたアーウィン・ブルメンタールが作成した東アフリカの金融制度に関する公式報告の中で、かなり酷評された。ブルメンタールは、1929年以降東アフリカのすべての外国銀行によって運用されていた料金や条件を定めた50ページの銀行協定の要約文に注目した。ブルメンタールは、「その協定に含まれるこれらの事項に関する契約は、正常な条件の下ではほとんど承認することが難しい」と述べた[68]。報告書に対するイギリスの銀行の私的な意見としては、東アフリカにおいて協定価格は妥当であり、経済的実情を反映すると考えていたが、「実際、その契約は価格維持協定であることを否定できない」ということを認めた[69]。実際には、競争は決してなくならなかった。東アフリカの銀行業務協定が

最低利子率を規定しただけなので、各銀行は、より有利な利子率を示すことにより、預金の市場占有率を改善しようとしばしば試みた。多くの例のうちの1つを挙げると、1962年には、バークレイズ銀行の経営者は、この点について、「合意レートの仕組を台無しにした」イギリスの競争者のうちの1行の「茶番めいた」行動について不満を述べた[70]。

改革の必要性は、1965年にスタンダード銀行の上級経営者の1人によって、明らかにされた。イギリスの銀行は、植民地のアフリカにおいて最も「伝統的」であり、1960年代のアフリカ諸国の突然の独立は、きわめて急激な軌道修正を必要とした。すなわち、

　　成功する銀行業務とは、その国での利害関係、すなわちその国と運命を共にし、そしてその利害関係者との一体感を必要とする。特にアフリカにおいて、われわれが新政府に対し過敏になり、疑念を抱いたとしても、新政府との間に溝を作り、長年にわたり利益を奪い、そして何も戻さないことがあってはならない。もしわれわれが、リスクを冒す覚悟をしていなければ、政府とビジネスマンの信頼を失うであろう。もしわれわれが慎重になりすぎ、臆病すぎたならば、恐れている事柄がもたらされるであろう。もしわれわれが一貫して、資金の不足のために、高い収益性と健全な貸付を行わなかったならば、その取引はバークレイズDCOに行くであろう[71]。

したがって銀行の利益の追求は、銀行が発展途上国の発展を助ける必要があるという純粋な認識と調和した。

実際、1950年代から1960年代にかけて、発展途上国におけるイギリスの銀行は、地域や企業によってそのスピードに差はあったが、貸付相手および貸付条件に関して、より柔軟になった。西アフリカにおいて農産物販売機関およびシエラレオネのダイヤモンド会社に対する融資は、イギリスの銀行の正統な方法から抜けだすための新たな意欲のほんの一部にすぎなかった。

早くも1947年には、ブリティッシュ・ウエスト・アフリカ銀行はまず最初に、植民地政府に対して長期開発融資を行いはじめたが、その後民間部門へも融資を

行うようになった。少なくとも、1950年代末から、ますます多くの融資がアフリカ人に対し行われ、アフリカ系企業に対する融資規模はかなりの額となった[72]。

すでに述べたように、東アフリカおよび中央アフリカにおいて、イギリスの銀行は長い間、より伝統的な方針で運営してきたが、ある変化がはっきりと認められた。バークレイズ銀行（DCO）は、パレスチナとキプロスの協同組合に貸し付けた以前の経験を基に、東アフリカの協同組合に対し、特にこの販売組織形態がきわめて繁栄していたタンガニーカにおいて、戦後かなりの貸付を行っていた。このことは、イギリスの銀行にとって、アフリカ人に融資する「安全な」方法であった。1962年のスタンダード銀行の研修資料には、東アフリカの協同組合に貸す利点について説明されている。すなわち「農作物用資金として銀行が個々のアフリカ人に融資することは、ほぼ実行不可能であったが、特別法および厳しい管理下にある協同組合のシステムにより、銀行はアフリカ人に利用可能な多額の融資を行う機会をえた」[73]。スタンダード銀行はバークレイズ銀行に倣って、協同組合へも積極的に融資を行った。1960年代初め、タンガニーカにおける銀行の融資のほぼ10％が、協同組合に向けられた。

さらに、スタンダード銀行および他のイギリスの銀行2行は、協同組合に資金を貸し付けている農業販売機関に対するコンソーシアム融資へ参加することにより、間接的に協同組合に融資を行った。1962年タンガニーカ協同組合銀行が設立され、商業銀行（市中銀行）にあった協同組合の口座がすべて移転されて以降、イギリスの銀行は協同組合銀行への貸付けを通じて協同組合の活動に融資した。しかしながら、1967年のタンザニアにおける銀行の国有化により、その取引はまったくなくなってしまった。

近隣のケニアでは、イギリスの銀行は、その国の農業部門を支配してきた白人の開拓者に伝統的に融資してきた。1963年の独立後、これらのヨーロッパ人農民の多くはアフリカ人に彼らの土地を再分配した。イギリスの銀行は、小自作農への融資を協同組合に対する貸付に限定していたが、ヨーロッパ人に取って代わった少数のアフリカ人大規模農場経営者に対し積極的に融資を行った[74]。

イギリスの銀行4行は、アジアやアフリカの現地経済への融資機会および中期貸付についての新たな利権を求めて、中期・長期貸付金を提供する開発会社とし

て知られている完全所有子会社を設立した。

　これらの会社は、第2次世界中に浮上した植民地開発のための新たな事業に始まり、1948年に発足した政府系専門機関であるコロニアル・デベロップメント・コーポレーションの設立となった。バークレイズ銀行は、この分野におけるイギリスの海外銀行の先駆者であった。その子会社であるバークレイズ・オーバーシーズ・デベロップメント・コーポレーションは1946年に設立され、最も重要な会社として存続していた。

　これらの開発会社は、イギリスの海外銀行に共通する変化の様子を示していたが、その限界は明白であった。彼らは、親会社から、もっぱら商業利益をえることを要求されたが、融資できるプロジェクトの種類は限られていた。貸付金は中小企業よりも大企業に回る傾向があり、開発会社に委ねられた財源には制限があった。その上、おそらくバークレイズ銀行だけが、実際1960年代までその考えに積極的であった。こうした銀行系の会社は、一時的な現象と見なされていた。アフリカやその他の地域における独立国家の到来と、新政府が開発の役割を有したことにより、開発会社の当初の役割の大部分は消え、マーチャント・バンクへと徐々に進化した。しかしながら、少なくとも1950年代において、これら開発会社の業績は、一連の無計画なプロジェクトに資金を提供し、重大な経営上の失敗を犯したコロニアル・デベロップメント・コーポレーションに匹敵する[75]。

　イギリスの植民地としてのステータスとは別にして、香港は1960年代までに、急速に輸出主導の産業化に乗り出した。そのため銀行系海外開発会社の重要拠点だったアフリカや西インド諸島の国々とはきわめて対照的であった。このような状況の中、植民地におけるイギリスの銀行はふたたび柔軟な対応を示し、特に香港銀行の場合顕著であった。香港銀行は中国の実業家に対して、運転資金や設備投資、特に工場建設のために有利な条件で融資を行った。この後者の目的のための貸付は、名目上要求次第で返済されるべきものであったが、実際には4年までは支払い期限を延長していた。香港銀行は、1966年6月時点で、総貸付の48％を植民地の製造分野に融資しており、輸出主導の成長に指導的な役割を果たしていた繊維業界など特定産業に対して、より高い割合の融資を行っていた。異常なことではあるが、——ここでは銀行の本社が、ロンドンではなく植民地にあったと

いう事実が重要であった——香港銀行は、香港が本拠地である海運業者や、植民地の航空会社であるキャセイ・パシフィックの株式を所有した。このことは、イギリスの正統な銀行業からの完全な脱却であり、香港銀行は、香港の急速な発展の恩恵を十分に共有することができた[76]。

アフリカやアジアにおけるイギリスの銀行が、貿易金融や為替銀行業務から長期の融資に移るにつれて——それぞれ状況によりスピードに違いはあった——資金調達の制約を経験しはじめた。現地で調達した預金を貸付金の資金とし、その一部は海外に転移され、ロンドン金融市場に投資されるというイギリスの銀行の伝統的制度の中に、ひずみが1950年後半には見られるようになった。ポンド地域のこうした問題と国の金融制度の導入とが、難局の１つの原因であった。同様に厳しい問題は、増加する貸付金を支えるより多くの資金源を探すことであった。

そのような資金難と、それがイギリスの銀行の経営戦略に与える影響は、東アフリカの植民地の政治的独立が切迫し、深刻な資本逃避つまり次々に預金が減少した1960年代の初めに、東アフリカで明らかになった。季節的な資金供給を行うイギリスの銀行の能力は、特にウガンダ綿に関しては疑わしく、結局1961年末、東アフリカ通貨委員会は、多くの主要作物の取引に対する銀行の貸付金に資金を補充する限定的なスキームを実施した。イギリスの銀行は、この処置により当面の危機を脱したが、以後数年にわたって、その戦略を変えざるをえなかった。イギリスの銀行は、現地で調達した預金の大部分をロンドンに投資した状況から——1960代中頃までには——東アフリカ支店がロンドン本社から借り越しをする状況に変化した[77]。

アジアにおいても傾向は同じであった。1960年代初めまでには、インドやパキスタンにおいても、為替銀行はロンドンの資金を引き出すことによって、営業用の資金調達を行わなければならなかった[78]。このことは、マーカンタイル銀行のチーフ・マネージャーが1960年に予想していた「リスクの存在」すなわち、「将来、インド政府がそのような資金送金を拒否するだろう」というイギリスの海外銀行が設立以来抱えてきた問題を引き起こした[79]。

こうした状況の変化は、預金に対する新たな関心を促した。アジアやアフリカの大部分では、銀行間の金融市場が事実上存在しなかったため、1960年代でさえ、

通常の預金か、あるいはイギリスから送金された資金源のいずれかによる場合以外には、貸付資金を調達する方法がなかった。「成功する銀行は低利の資金を持っていなければならない」と、1960年にマーカンタイル銀行のチーフ・マネージャーは述べた。すなわちこれを「言い換えるならば預金」である[80]。預金の獲得は、新しい優先事項と考えられた。

　アジア地域の為替銀行の歴史的遺産は、この点で彼らを不利な立場に立たせた。なぜならば、支店の大部分は、外国為替銀行業務や貿易金融を行うことができる商業中心地や貨物集散地に密集していたからである。例えば、アジア地域の為替銀行は、支店をアジアの港と貨物集散地の商業施設に置いた。為替業務をもたらさないような預金の獲得には消極的であった。イギリスの銀行に現地のビジネスを紹介した買弁のような仲介人は、単純な預金顧客を集めるための奨励金をほとんど与えられてこなかった。さらに、マレー半島のような一部のイギリス植民地では、現地政府がイギリスの銀行に口座を所有し、それによって確実な資金源を供給していた。1960年代の初めにはすでに、競争によってこの仕組みは徐々に衰退していった。なぜならば、この仕組みは、増加した貸付資金を調達するために現地で資金を獲得する能力を抑える一方で、より多くを貸し付けることを為替銀行——および発展途上国における他の地域の同等な銀行——に同時に行わせるものであったからである。

　イギリスの銀行は預金基盤を拡張するために多くの戦略をとった。多くの国々で、かなりの支店の数が拡大され、預金獲得がこの流れの主要な動機となった。1967年、銀行支店の継続的拡大政策を支持して、ナショナル・アンド・グリンドレイズ銀行の会長は、「東アフリカでのわれわれの主要な目的は、さらなる預金の獲得であった」と述べた[81]。

　香港の例をあげると、為替銀行は小額預金の獲得にはこれまで関心を示さなかったので、数少ない支店の豪華なホールは、中国の小額預金者が快適に感じることができる場所ではなかった。第2次大戦後、香港の政治的将来に関する懸念および、1つの支店につき1人のイギリス人のマネージャーを義務づける当初の制約は、支店業への関心をさらに減少させた。1961年には、香港銀行は16支店を有しているにすぎなかった。その後、資金獲得と競争への脅威が、政策の変更を

引き起こした。1962年から1971年の間に、香港における香港銀行の支店数は48まで増加し、それらの大部分は新しい住宅地区にあり、香港系中国人によって管理されていた。同期間において、香港のチャータード銀行の支店数は6から18にまで増加し、香港の銀行支店総数は190から438にまで増加した[82]。

1965年には、香港銀行はハンセン銀行の株式の51％を取得することにより、その預金基盤を増強することができた。香港系中国人によって所有されたこのハンセン銀行は、積極的ではあるが慎重な貸付戦略で、1950年代から1960年代初期にかけて急速に成長した。1965年までには、その銀行は、預金において香港で最大の民間中国系銀行の1つとなった。しかしながら、植民地における銀行業務危機の翌年には多額の預金取付け騒ぎを被り、その銀行の取締役は、ついには彼らの過半数の株式を香港銀行に提供するか、または閉鎖に直面しなければならなかった[83]。同様の買収機会はごく少なかった。1970年に、ナショナル・アンド・グリンドレイズ銀行は、もう1つの香港の中国系銀行、ダオ・ヘン銀行の49％を獲得したが、この事業はうまくいかず、1982年にダオ・ヘン銀行（その時までには完全にこのイギリスの銀行によって所有されていた）は香港の関係者たちに売却された。

為替銀行および特に香港銀行は、支店を出すことにより、香港において――相対的とはいかないまでも絶対的には――預金を増加することができた。香港銀行の戦後の成功のほとんどは、起業家的方法によって集められたこの強い預金基盤によるものであった。しかしながら、外国銀行による新規支店開業に対する制限が1950年代から1960年代にかけて広がったために、支店拡大戦略は、各地で次第により困難になった（第9章1節参照）。

イギリスの銀行はまた、預金を集めるために、より多く支払わなければならなかった。さまざまな国々において、イギリスの銀行では預金総額に対する無利子預金の割合が減少していた。イギリスの銀行だけが持つ安全性や安定性が預金者を引きつける時代は過去のものとなった。植民地のアフリカにおいて、イギリスの銀行は、これまでに退蔵された資金を銀行に預金させるための「移動店舗」や他の方法を通じて、アフリカの普通預金口座の獲得を積極的に行った[84]。イギリスの銀行は、長期的な融資を行うために安定した預金基盤を必要とし、預金量と

表9-6 チャータード銀行の預金構造 (1946～65年)

(単位：百万ポンド)

年	当座預金	預金総額に占る当座預金の割合 (%)	定期預金	預金総額に占る定期預金の割合 (%)	預金総額
1946	96	92	8	8	104
1955	172	85	31	15	203
1965	323	56	253	44	576

資料：SC, various files.

貸出量の比率をしばしば用いた。例えば、1960年代におけるスタンダード銀行は、貸出量（2年以上）を銀行預金量の90％に相当するレベルまで制限しようとした。

イギリスの銀行は、各地域においても、安い資金調達時代の終焉に直面した。例えば、チャータード銀行は、預金基盤の構造の著しい変化を経験した。表9-6では、20年満期の利付き定期預金の割合が急増したことを示している。この傾向は、ペルシャ湾岸地域における多くの顧客のイスラム教の原則（彼らが利子を認めないことを意味する）にもかかわらず、この地域においてでさえ認識できた。1950年代初めには、大多数のBBMEの預金は無利子だったが、1964年までにはその預金のおよそ70％に利子を支払った[85]。

預金の獲得を望む銀行、あるいは好まざる政治リスクに直面した銀行にとって、唯一可能な経営戦略は、地理的多角化であった。しかしながら、1950年代から1960年代にかけて、このような例は、他のイギリスの銀行との合併以外では、稀であった。1つの重要な例としては、第2次世界大戦中に始まった、イラン・インペリアル銀行からミドル・イースト・ブリティッシュ銀行への変革であった（第6章3節参照）。1945年、イランは、まだ同行の利益の半分以上を提供していた。7年後には、同行はイランから撤退し、アラブ世界の新しい支店は、イランでの利益に匹敵するようになり、かなり上回るようになった。アラブ世界の支店の拡大は、その10年後までにアラビア語圏のほとんどすべての国々までに及んだ[86]。他の未進出地域への多角化の例は、ほとんどなかった。アフリカでは、グリンドレイズが1950年代にローデシアに支店を開設したが、少なくとも2つの他の為替銀行——香港銀行やマーカンタイル銀行——はアフリカで支店を開設することを検討したが、断念した[87]。

地理的な多角化が行われなかった背景には、銀行スタッフが特定の地域だけに専門化していたこと、1945年以降の多くの地域における外国銀行の受容性の低下、そしてアフリカやアジアの多くの国々における魅力のない政治的・経済的将来性など、多くの解釈がある。しかしながら、銀行間における起業家精神および組織構造の差もまた、時として重要な要因であった。

このことは、中東でのBBMEとイースタン銀行、およびアジアでのマーカンタイル銀行と香港銀行の戦略を対比することにより、理解することができる。イースタン銀行は、ペルシャ湾岸のアラブ側で最初のイギリスの銀行であり、1920年に開設したバーレーン支店を持っていたが、クウェート、ドバイ、および他の首長国において、BBMEが主導権をとり、独占銀行業務協定を確保していたため、第2次世界大戦中にイースタン銀行の事業は弱体化した[88]。アジアにおいて、1945年以降香港銀行は、香港という成長経済の中で価値のある特権を有していたのみならず、それらを活用できる事業も有していた。それとは対照的に、マーカンタイル銀行の慎重な取締役会や上級役員は、インドに専念することに決め、例えば、香港における支店ネットワークを拡張するという、内部のマネージャー達からの提案を拒否した。その後、同行の経営最高責任者（CEO）の述べたところによると、香港は「われわれが九龍に支店を開設しなかったことにより1948年にバスに乗り損ねた場所であった」[89]。

同行は、1950年代にタイ、シンガポールなどにおいても、同様に慎重であった。

組織的な構造は、戦略の違いにも影響を及ぼした。イースタン銀行とマーカンタイル銀行双方の意志決定に対しロンドンの権限は強く、この権限は保守的な方法で用いられた[90]。対照的に香港銀行の上級役員は、植民地内に本拠地を置いていたため、リスクを判断するには、おそらくより適した場所に居たこととなる。また、BBMEの多角化は、ロンドンからではなく経営階層のかなり下部からのイニシアティブによるものであった。クウェート支店を開設する要望は、ペルシャ湾岸のイラン側のマネージャーの1人から提案された。彼は、1930年代にイラン支店の閉鎖によって落胆していたが、石油が近隣のバーレーンに繁栄をもたらしたという情報を得ていた。彼はこの地域のイギリス上級外交官に後押された。この外交官はクウェートにおけるイギリスの銀行を望んでいて、そこに支店を開

設するようイースタン銀行に説得を試みたが失敗していた。この2人はまた、BBMEに対しても、バーレーンとドバイに開設するよう働きかけた。BBMEの取締役会は、これらの提案に積極的に動いたが、能動的というよりは受動的なものであった。1950年代における一連の支店の開設は、近隣諸国における銀行業務に関する報告を行う支店長やその他のスタッフがイニシアティブをとった結果であった[91]。

BBMEがそのような個々の発案を許可したのは、1つの理由によるものとは考えられない。1940年代以前、その取締役会は、銀行スタッフに対してロンドンで決定された政策を著しく強制してきた。1つの重要な要素は、上級管理者の注意が、イランに集中しており、このことが逆にイラン周辺地域で柔軟性を可能にしたことはほとんど間違いなかった。1941年から1945年の間のイギリス軍とソ連軍によるイラン占領は、イラン政府の攻撃から当時のインペリアル銀行を救済し、貴重な利益のもとを提供し、そして経営者の考えを戦時下の緊急事態にとどめていた。1946年以降、BBMEの経営者は、イラン政府との間で生じている複雑な問題に気を取られていた。イランにおいて同行の特権的営業権が1949年に期限切れを迎えることは、同行が1930年代にイランで悩んできた長く苦しい対立と同様に、イラン以外の地域に目を向けることへの抵抗感を取り除いた。BBMEは、多角化か清算か、との明白な選択に直面した[92]。一度最初の多角化が成功するとすぐに、起業家精神が銀行内に広がり、そのことは、その地域での石油の確実な存在によって強められた。それは、明らかに可能性の高いチャンスであることを示していた。

1960年代にはまた、イギリスの外国貿易および投資がアメリカおよびヨーロッパで拡大し、その地域構成の変化に対応しようとするイギリスの海外銀行初の動きが見られた。次の10年間でより意欲的な計画の先駆者となるこれらの取り組みについては、次章で詳しく述べる。

第2次世界大戦後25年間の発展途上国におけるイギリス多国籍銀行の事業戦略は、継続と変化であった。彼らは引き続き短期貸付と流動性を優先した。民族性に関する従来の見解は消えなかった。しかしながら、競争と彼らを取り巻く状況の変化は、いくつかの点でかなりの革新的成果につながった。現地の顧客へ進ん

で新たな貸付を行ったことで、中長期貸付が増加した。預金の供給力が現地顧客への貸付の発展を抑制したので、イギリスの銀行の支店は、イギリスの銀行をこれまで活用していなかった層の顧客を求めた。これらの変化は急進的というよりもむしろ漸進的であったが、イギリスの銀行の限られた組織能力を考えると、できる限りのことを行い、そして成功したことは、おそらく驚くべきことである。しかしながら、1960年代までには、たとえイギリスの銀行が改革を望んだとしても、外部的制約、特に法的規制により、大きな限界があった。また一方、発展途上国における未進出地域への多角化の機会はほとんど残っていなかった。

4　アジアとアフリカの現地スタッフ

　戦間期中イギリスの銀行で働くアジア人およびアフリカ人の現地スタッフの地位の向上に対する最初の動きは、前述した通りである（第6章5節を参照）。第2次世界大戦後の発展は、現地スタッフに対してより多くの責任を与える機会を、さらに増やした。イギリスの銀行は、現地の顧客に対して大規模な融資を行おうとし、また顧客の要求に自らの貸出政策を適応させたため、より多くの情報と現地での付き合いが必要となった。民族（独立）主義者から外国の銀行に向けられた非難や現地銀行との競争は、イギリスの銀行が現地とのより強い一体感を態度で示す必要があることを示していた。支店拡大戦略は、イギリス人よりも現地人を優先的に雇用するというコスト論争を進めた。アジアにおいて30の支店を持つ銀行は、すべての支店のマネージャーとしてイギリス人を雇用する余裕があったが、300の支店を持つ銀行にとってそのような戦略的コストは莫大となった。

　それにもかかわらず、現地人を執行役員の地位で雇用するということは、引き続き異論があった。イギリスの銀行によって採用された社会化戦略は、正式な教育資格よりも特性やタイプを判断基準としていたため、文化的に同質的社会の中で最も効率良く機能した。理論的には、この社会化戦略を広く適応し、アジア人やアフリカ人をイギリスの銀行の企業文化に適合させることが可能であった。しかしながら、そのような方法は、銀行がイギリスの文化とは非常に異なる文化を持つ人々の「特性」を評価する必要があったため、コスト高で困難なものであっ

た。さらなる問題は、ある種の差別であった。イギリスの銀行顧客は、イギリス人の銀行と取引することを選択し、多くの顧客は支店に足を運ぶ際には当然イギリス人の顔を見られるものと思っていた。機密を守ることで信頼され、現地の対立関係に深入りしていないイギリスのマネージャーと取引することを多くの現地の顧客——外国企業はもちろん——は好んだということがしばしば主張された[93]。

　さらに転勤という問題も依然として残っていた。イギリスの銀行には、異なる国々の支店間を転勤する国際的役員達がいた。銀行スタッフはイギリスの銀行が展開するいかなる場所においても業務ができることを期待された。そのようなシステムが非イギリス人の国際担当役員によって支持されうるとはとても思えなかった。彼らは転勤を望まない場合もある。さらに深刻なことには、ほとんどの政府がイギリス人の役員に対してはイギリスの銀行の支店長として働く労働許可証を与えただろうが、アフリカの政府はそのような許可証をイギリスの銀行の役員になるインド人に対しても与えるだろうか、またはその逆はどうだろうか？　イギリスの銀行にとって1つの可能性は、それぞれの国々で銀行内のすべての地位に現地人をつけることを支持し、国際的に転勤する役員の概念を捨てることであった。しかしながら、そのような急進的な方法は、銀行組織を修復不可能なまでに破壊するだろうと、イギリスの銀行はおそらく正しく確信していた。

　このような考えから、イギリスの銀行が現地人の雇用を躊躇しているという動きがわかる。しかし、彼らが躊躇する時間が長くなればなるほど、よりいっそう深刻な問題が生じた。1960年代までに、イギリスの銀行に採用されることは、もはや多くの発展途上国の若い世代の理想ではなくなっていた。しばしば、官公庁勤務のほうがより高い給料かもしくは、より多くの名声を手にしていた。イギリスの銀行は、非イギリス市民に対してロンドンでの最高経営者の席を譲ることはなかったので、現地の銀行や企業に就職するほうが、昇進の可能性を手にすることができた。結局、多くのイギリスの銀行が、現地人に対して管理職の地位を開いた時には、その地位にふさわしい人物を雇用することは困難となっていた。この問題は、1960年代までにはアラビア湾岸できわめて明白になった。BBMEのようなイギリスの銀行は、現地人を採用することがきわめて困難となり、アラビア湾支店の人材確保のためにアラビア半島のインド人やパキスタン人を雇うこと

に頼らなければならなくなった[94]。

　アジア地域の為替銀行間では、現地スタッフの現状の改善を進めるスピードに明確な違いがあった。インド・マーカンタイル銀行は、1930年中頃に、アジア人に対し幹部職の募集を始めた。インド・ナショナルは1946年に初めて、インド人を上級役員の地位に任命した[95]。しかしながら、1957年までチャータード銀行の重役会はこの決定に足並みを揃えることはなかった。翌年、このような役職者が9名誕生した[96]。

　現地人の幹部登用において為替銀行では先駆者であるマーカンタイル銀行は、1950年代中頃に、その姿勢を再検討し、より抜本的な方法を考えた。外資系企業の役員職へのアジア人の登用に対する南アジアの政府からのさまざまな圧力に対してコメントし、マーカンタイル銀行の会長は、その件に関し「包括的な政策」を必要とすると主張した。彼は、マーカンタイル銀行が、すべての支店のマネージャーおよびサブ・マネージャーにはイギリス人のみを任用し続けるが、その他の役職の一部はアジア人になるであろうと述べた。彼は、このアジアの幹部が、国際的に異動し、母国以外の国々で「大部分の業務」に従事し、また、彼らがイギリスの長期訓練センターに参加し、3年以内の間ロンドン支店で働くことにより、その企業文化へ「適合される」であろうと予想した。最後に、彼は、補助会計係という銀行の地位から会計係の地位や、それ以上の地位への昇進がアジア人にまで開かれることを提案した[97]。

　この会長の発議は、同行内部から相当な反感を買った。1945年以降、多くの銀行の会長が他の銀行を合併しようとした時に気づいたのであるけれど、彼らの組織は、銀行の存在を脅かす外部からの脅威に抵抗することには強いが、閉鎖的な企業文化を持っていた。マーカンタイル銀行経営者の声明は、以下のように主張した。

　　この銀行の将来の成功はイギリス的特性の維持にかかっている……現地の銀行のサービスの活用を求める現地政府の強い宣伝活動に直面しながらも、ヨーロッパ人の幹部たちの誠実さと公明正大さは、この銀行のビジネスを維持し、そして拡張している。このことは、今もそして将来においても、現地

の銀行との競争に対し、われわれの最強の切り札となるであろう[98]。

　これらの主張は、期待された効果を発揮したようで、会長の進歩的な提案は棚上げされた。

　おそらく、ある程度同様の理由によって、アジアまたはその他の地域におけるイギリスの銀行は、相当数の非イギリス人を国際スタッフへ任用する門戸を閉ざしていた。しかしながら、時が経つとともに、現地スタッフの地位と将来性が高まり、1960年代までにいくつかの国々で、現地人が小規模な支店のマネージャーとして任用された。イギリスの銀行が以前、現地の事業を行う際、取引をしたさまざまな現地仲介人は次第に、ゆっくりと消えていったか、あるいは形態を変化させた。香港銀行は1953年に最後の香港の買弁を任命した。1960年には、買弁という肩書きは、中国人マネージャーというものに変えられた。彼は引き続き、彼のスタッフを保証し、仲介したビジネスに対しコミッションを受け取ったが、彼が1965年に辞任した際、これら両方の慣例は終わり、買弁システムも終焉を迎えた[99]。

　一般的に、スタッフの「現地化」は、アフリカよりアジアでより速く進んだ。しかしながらアフリカの中では、西アフリカが先頭に立ち続けた。ブリティッシュ・ウエスト・アフリカ銀行は戦間期に事務員および上級事務員としてすでにアフリカ人を雇いはじめていた。戦後、彼らはより上級ポストに任用されはじめた。アフリカ人は1950年代の初めから支店の管理職の地位に任用され、また優秀な現地人は訓練のため、あるいはより正確に言うと、企業文化に適応させるために、ロンドンに派遣されていた。1958年までに、BBWAは13人のアフリカ人の支店長を雇用し、次の2年の間にこの人数を2倍にした。バークレイズ（DCO）も、アフリカ人化に対して同じように全力を注いできたようである[100]。

　東アフリカにおいて、1945年以後最初の20年間、現地化は、実質的にはアフリカ人ではなく、その地域で雇用されたアジア人の昇進を意味した。例えば、スタンダード銀行は支店の拡張と業務の拡大とのため、1945年以後の数年で多くのアジア人を雇用した。しかしながら、彼らは窓口係や案内係のような下級的地位で雇用されることに限定されていた。言い換えればこの銀行は質の高い人材には魅

力がなかったことを意味していた[101]。1958年には、スタンダード銀行は東アフリカにおいて、事務員としてほんの52名のアフリカ人だけを雇っていたが、「彼らの内の1人だけが著しい能力があるとわかった」[102]。アフリカ国家の独立によって、アフリカ人を銀行スタッフとして採用する継続的な動きが生じたが、東アフリカのスタンダード銀行および他のイギリスの銀行は、適切な人材を募集することがまったく容易ではないことを知った。新しい政府の公務員がよりよい将来を示す一方、種族の違いが1つの国内でさえアフリカ人スタッフの異動をしばしば制限した[103]。

　したがって、1945年以後の25年間で、イギリスの銀行に雇用された現地人スタッフの将来性と地位は改善した。イギリスの銀行は、他の地域と同様に環境の変化に気づき、対応するよう試みた。しかしながら、外部環境への対応と同様に、イギリスの銀行の伝統的管理方法は、しばしば変革の速度を遅らせた。1960年代までには、一連の国々において、多くのイギリスの銀行は、より多くの現地人を役員ポストに任用したいと切望していたが、そこで働きたいと望んでいて、十分な資格を有する現地人の数は限られていた。

5　結　　論

　第2次世界大戦後の25年間、受入国経済におけるイギリス多国籍銀行の業績は、これらの銀行が成功した期間であったことを示した前章の実証を裏づけるものである。競争圧力が強くなかったところでは最もうまくいったが、法的規制の条件が良い多くの場所ではマーケットシェアを維持した。イギリス多国籍銀行は先行者の優位性を持っていたために、現状維持を重視していたが、同時に環境の変化に対応して、競争優位を高める十分な柔軟性を持っていた。オーストラリア、南アフリカおよびアルゼンチンにおいて、イギリス多国籍銀行はノンバンク金融サービスへと多角化した。発展途上国では、貸付および預金に対する伝統的な政策は、現地人スタッフに対する政策とともに修正された。革新と変化に対する意欲が1960年代に加速した。

　イギリス多国籍銀行が実施した戦略における組織上の制約は、戦間期と同様に、

この時代まで明らかに残っていた。ロンドン本社は、リテール市場で現地銀行と競争する際にハンディキャップとなった。スキルは商品や地域ごとに専門化していた。イギリスの銀行の企業文化および社会化戦略は、現地との大きな一体感を獲得する妨げとなった。しかしながら、イギリス多国籍銀行にとっては、1960年以降グローバルな銀行業務の時代に始まった新しい機会を十分に利用するよりも、過去において成功した古い多国籍リテール・バンキング・ビジネスを維持し、状況に合わせて変化させることの方が問題が少なかった。次章では、この新しい世界について述べる。

1) Katherine Munro, 'Monetary Policy, Commercial Banking and the Political Imperative, 1965-85', in Stuart Jones (ed.), *Banking and Business in South Africa* (London: Macmillan, 1988), 114.
2) D. T. Merrett, *ANZ Bank* (Sydney: Allen & Unwin, 1985), 273. R. C. White, *Australian Banking and Monetary Statistics, 1945-1970*, Reserve Bank of Australia, Occasional Paper No. 4B, Sydney, 1973, table 41.
3) G. R. Hawke and D. K. Sheppard, 'The Evolution of New Zealand Trading Banks mostly until 1934', Victoria University of Wellington, Working Papers in Economic History, No. 84/2, Mar. 1984, table 1.
4) Y. C. Jao, 'Financing Hong Kong's Early Postwar Industrialization', in F. H. H. King (ed.), *Eastern Banking* (London: Athlone, 1983), 560.
5) Geoffrey Jones, *Banking and Oil* (Cambridge: Cambridge University Press, 1987), 191, 204.
6) Ibid., 147-9.
7) Standard Chartered Bank, *A Story Brought up to Date* (London: Standard Chartered Bank, 1980), 4.
8) 1956年9月24日のH. M. MorfordからB. A. Sweet-Escottへの書簡。さまざまな買収交渉に関するファイル (Box 1, Old Historical Records, Ionian Bank Archives, LSE)。ギリシャの商業銀行はイギリスのマーチャント・バンクであるHambrosと密接な関係を持っており、イギリスのギリシャの銀行業への「影響」はある程度持続していた。
9) David Merrett, 'Two Hundred Years of Banking' (unpublished paper).
10) Richard W. Hull, *American Enterprise in South Africa* (New York: New York

University Press, 1990), 221.
11) Geoffrey Jones, *Banking and Oil*, 169.
12) Ibid., 145.
13) J. K. Onoh, *Money and Banking in Africa* (London: Longman, 1982), 95-7; Sir Julian Crossley and John Blandford, *The DCO Story* (London: Barclays Bank International, 1975), 246.
14) John Donald Wilson, *The Chase* (Boston, Mass.: Harvard Business School Press, 1986), 163-6.
15) Bolsa Half-Yearly Results, June 1956, LB.
16) Bolsa Half-Yearly Results, Dec. 1956, LB.
17) 1961年12月29日の C. Wardle から M. Turner への書簡。Mercantile Bank Archives, HSBC; Chee Peng Lim, Phang Siew Nooi, and Margaret Boh, 'The History and Development of the Hongkong and Shanghai Banking Corporation in Peninsular Malaysia', in King (ed.), *Eastern Banking*, 375-6.
18) Raj Brown, 'Chinese Business and Banking in Southeast Asia since 1870', in Geoffrey Jones (ed.), *Banks as Multinationals* (London: Routledge, 1990), 180; Harold van B. Cleveland and Thomas F. Huertas, *Citibank, 1812-1970* (Cambridge, Mass.: Harvard University Press, 1985), 81, 125.
19) Hafiz Mirza, *Multinationals and the Growth of the Singapore Economy* (London: Croom Helm, 1986), 127.
20) F. H. H. king, *A history of the Hongkong and Shanghai Banking Corporation*, iv (Cambridge: Cambridge University Press, 1991), 334-69, 621-5.
21) Geoffrey Jones, *Banking and Oil*, 196-8, 199-204.
22) 支店の会計帳簿上の資本に関する Bolsa のメモ：Restrictions on Deposits and Loans, June 1949, C48/156, B. of E。
23) チャータード（カルカッタ）から本店への書簡（1969年6月8日、File India: Merchant Banking, SC.）。
24) インドのケースに関しては、1954年1月26日 R. N. Drake から Sir Cyril Jones への書簡（MB Hist. 1000: 12, HSBC）。
25) C. F. Pow から Mercantile Bank Karachi への書簡（1956, MB Hist. 1794, HSBC）。
26) J. R. Winton, *Lloyds Bank, 1918-1969* (Oxford: Oxford University Press, 1982), 134-6.
27) Thiravet Pramuanratkarn, 'The Hongkong Bank in Thailand: A Case of a

Pioneering Bank', 430, and Chee Peng Lim *et al.*, 'The History and Development of the Hongkong and Shanghai Banking Corporation in Peninsular Malaysia', 375, both in King (ed.), *Eastern Banking*.

28) Geoffrey Jones, *Banking and Oil*, 179-80; Report of the Directors to AGM of Bolsa, 31 Dec. 1969.

29) King, *The History of the Hongkong and Shanghai Banking Corporation*, iv. 461-2.

30) Richard Fry, *Bankers in West Africa* (London: Hutchinson Benham, 1976). 245

31) David Merrettからの情報。

32) Geoffrey Jones, *Banking and Oil*, 51, 249-50; Standard Chartered Bank, *A Story Brought up to Date*, 7.

33) Merrett, *ANZ Bank*, 130-3.

34) G. R. Hawke, *Between Governments and Banks* (Wellington: Shearer, 1973), chs. 8 and 9.

35) Merrett, *ANZ Bank*, 110-28.

36) Ibid., 136-8, 166-71, 186.

37) Ibid., 215-45; R. C. White, *Australian Banking and Monetary Statistics, 1945 -1970*, Reserve Bank Australia, Occasional Paper No. 4B, Sydney, 1973, table 41.

38) Merrett, *ANZ Bank*, 143-7, 220-2, 231-2, 239, 271.

39) Ibid., 139-43, 241-2.

40) 1973年のSBIC Ltdのアニュアルレポートにおける会長声明 (Munro, 'Monetary Policy, Commercial Banking and the Political Imperative', 122)。

41) Report on Business in the Union, 21 Oct. 1959, Business in the Union File; Alwyn DaviesからCyril Hawkerへの書簡 (1965年8月5日 South Africa Box, SC); Stuart Jones, Introduction, in Stuart Jones (ed.), *Banking and Business in South Africa*, 22。

42) J. A. Henry, *The First Hundred Years of the Standard Bank* (London: Oxford University Press, 1963), 172.

43) Ibid., 288; Crossley and Blandford, *The DCO Story*, 167; Sir Julian Crossley Diaries, 26 and 31 Oct. 1949, 38/209, BBA.

44) General Manager's Conference, 1960 and 1962, in General Manager's Conferences, SC.

45) Munro, 'Monetary Policy, Commercial Banking and the Political Impera-

tive', 121-4.
46) General Manager's Conference, 1962, in General Manager's Conferences, SC.
47) Hull, *American Enterprise in South Africa*, ch. 6; Memorandum on the Banking Business of American Companies in South Africa, Oct. 1973, South Africa Box, SC.
48) General Manager's Conference, 1958, in General Manager's Conferences, SC.
49) General Manager's Conference, 1960, in General Manager's Conferences, SC.
50) General Manager's Conference, 1962, in General Manager's Conferences, SC.
51) Bolsa Board Minutes, 29 July 1952, 3 Mar. 1953, 17 July 1956, LB.
52) Julio Gonzalez del Solar, 'The Argentine Banking System', *Bolsa Quarterly Review*, 6 (4) (Nov. 1966).
53) Bolsaのアニュアルレポートにおける1967年12月31日付けの会長の株主に向けた声明。
54) W. A. Lewisによる1944年6月1日および8月16日の議事録。G. P. Lambによる1944年6月5日の議事録（C0852/554/1, PRO）。
55) W. T. Newlyn, *Money in an African context* (Nairobi: Oxford University Press, 1967), 42-6.
56) Fry, *Bankers in West Africa*, 184-6.
57) Fryによる1952年12月16日、1953年11月19日、1957年3月21日、1957年12月18日、1960年11月10日のBBWA取締役会議事録の抜粋（BAC s/90, SC）。
58) Fry, *Bankers in West Africa*, 208-12.
59) Notes on Talk for the Training School, East Africa and Agencies Department, Nov. 1962, SC.
60) General Manager's Conference, 1960, in General Managers' Conferences, SC.
61) 1961年4月20日 C. WardleからM. Turnerへの書簡（MB Hist. 1325, HSBC）。
62) General Manager's Conference, 1958, in General Managers' Conferences, SC.
63) 1968年1月18日 R. E. WilliamsからD. J. M. Frazerへの書簡（Development Finance File, Kenya Cabinet, SC）。
64) Meeting at Chartered Bank between Representatives of the British Banks with Branches in Ceylon and N. U. Jayawardena, Governor, Central Bank of Ceylon, 24 Mar. 1954, MB Hist. 610, HSBC; H. L. D. Selvaratnam, 'The Guarantee Shroffs, the Chettiars, and the Hongkong in Ceylon', in King (ed.), *Eastern Banking*, 409-20.
65) R. N. Drakeへの内部文書（Sept. 1955, MB Hist 1000: 7, HSBC）。

66) 1961年5月31日 C. R. Wardle から T. J. McWilkie への書簡（MB Hist. 2132, HSBC）。

67) 1962年3月16日 C. R. Wardle から J. M. Gregoire への書簡（MB Hist. 2137, HSBC）。

68) Erwin Blumenthal, *The Present Monetary System and its Future*, Report to the Government of Tanganyika, 1963, paras. 50 and 51.

69) Memorandum on The Summary of Banking Arrangements: East Africa, *re* Blumenthal Report and 'Criticisms Implied', 21 Feb. 1963, attached to Note for Mr Roberts, 8 June 1964, Blumenthal Report File, Tanzania Box, SC.

70) 1962年8月16日の Julian Crossley から Cyril Hawker への書簡に同封されていた、1962年8月11日の Barclays (DCO) Local Head Office, Nairobi から General Managers への書簡（Miscellaneous, SC）。

71) Standard Bank Board Paper, 6 Sept. 1965, *re* Employing the Bank's Resources in East, Central, and West Africa, Standard Box, SC. F. Seebohm, 'The Role of the British Overseas Banks', *Journal of the Institute of Bankers*, 88 (June 1967), 171 も参照せよ。

72) Fry, *Bankers in West Africa*, 168-9, 234-5. アフリカ人に対するいくつかの大規模な貸付金は、1962年12月の取締役会で承認されたが、これらの目的は明確ではなかった。これらのうち3つは、ナイジェリアのソコト（Sokoto）であり、総額270,000ポンドもの貸付金であった。Fry's Digests of BBWA Board Minutes, 20 Dec. 1962, and *passim*, BAC S/90, SC.

73) Notes on Talk for the Training school, East Africa and Agencies Department, Nov. 1962, Miscellaneous, SC.

74) 'Banking and Agriculture in Africa: Kenya', *Standard Bank London Newsletter*, 6 Feb, 1970.

75) Frances Bostock, 'The British Overseas Banks and Development Finance in Africa after 1945', *Business History*, 33 (1991), はこのような開発会社の動向を詳細に提供する。また Crossley and Blandford, *The DCO Story*, 144-5 も参照せよ。Standard, National Bank of India と Chartered は1947、1948年、1955年に開発会社を設立した。

76) King, *The History of the Hongkong and Shanghai Banking Corporation*, iv, 349-63, 561, 620-9, 693, 720-1.

77) 1965年4月28日 C. Hawker から A. Lawrie への書簡（Chairman's Letter Book, East Africa Box, SC）。Newlyn, *Money in an African Context*, 42-9 も参

第 9 章　戦後期の銀行業務戦略　429

78) 1961年 3 月 1 日 C. R. Wardle から M. Turner への書簡（MB Hist. 1325, HSBC）。
79) C. R. Wardle から Lydall への書簡（1960年11月 2 日、MB Hist. 1321, HSBC）。King. *The History of the Hongkong and Shanghai Banking Corporation*, iv, 430-2 も参照せよ。
80) 1960年 4 月 1 日 C. R. Wardle から S. W. P. Perry-Aldworth への書簡（MB Hist. 3140. 4, HSBC）。
81) Regional Committee 'B' Meetings, 1965-9, Grindlays Archives, ANZ Archives.
82) King, *The History of the Hongkong and Shanghai Banking Corporation*, iv, 367-72; Victor F. S. Sit, 'Branching of the Hongkong and Shanghai Banking Corporation in Hong Kong: A Spatial Analysis', in King (ed.), *Eastern Banking*, 629-54.
83) King, *The History of the Hongkong and Shanghai Banking Corporation*, iv, 701-6; Y. P. Ngan, 'Hang Seng Bank Limited: A Brief History', in King (ed.), *Eastern Banking*, 709-16.
84) Newlyn, *Money in an African Context*, 54.
85) Geoffrey Jones, *Banking and Oil*, 60-1.
86) Ibid., chs. 1-3.
87) King *The History of the Hongkong and Shanghai Banking Corporation*, iv, 480, 500, 528; the Thomas Report on East Africa, *c*. 1950, and comments thereon, MB Hist. 808, HSBC.
88) Geoffrey Jones, *Banking and Oil*, 9-15.
89) Mr Pow's Tour of Eastern Branches, 1963, MB I045. 1948年 5 月21日 Hong Kong から E. W. Paton への書簡も参照せよ（MB I003: 11, HSBC）。九龍は中国本土に位置する植民地の一部。
90) 香港銀行の合併の以降、さまざまな市場における業績を説明する際、ロンドンの有害な影響がしばしばマーカンタイル銀行のマネージャーによって引き合いに出された。1959年10月13日 C. R Wardle から J. H. Wickers への書簡（MB 2118, HSBC）。
91) Geoffrey Jones, *Banking and Oil*, 47-8.
92) Geoffrey Jones, *Banking and Empire in Iran* (Cambridge: Cambridge University Press), ch. 12.

93) Geoffrey Jones, *Banking and Oil*, 125-6.
94) King *The History of the Hongkong and Shanghai Banking Corporation*, iv, 304; Geoffrey Jones, *Banking and Oil*, 122-3.
95) Geoffrey Tyson, *100 Years of Banking in Asia and Africa* (London: National and Grindlays, 1963), 208.
96) 1995年12月付チャータード銀行年次報告書および貸借対照表、会長レポート。
97) 会長のメモ（1955年3月7日、MB Hist. 836, HSBC）。
98) Agreed Views of Management at a Meeting on 11 Mar. 1955 on the Chairman's Memorandum on Asianization, MB Hist. 836, HSBC.
99) King, *The History of the Hongkong and Shanghai Banking Corporation*, iv, 310.
100) BBWA Chairman's Statements, Annual Meetings, 1958 and 1960; Fry, *Bankers in West Africa*, 232; Crossley and Blandford, *The DCO Story*, 246.
101) Report by R. D. Roberts on Tour of East Africa, 6 May-4 July 1958, East Africa Box, SC.
102) Standard Bank Manager's Conference, 1958, Standard Bank Managers' Conferences, SC.
103) Ibid., 1962 Report on Visit to Kenya/Uganda by A. A. Lawrie, Jan.-Feb. 1968, East Africa Box, SC; National and Grindlays Report and Accounts, year ended Dec. 1967, Chairman's Statement.

第10章 グローバリゼーションの興亡

1　多国籍銀行の変容

　イギリス多国籍銀行は1945年以降、マーケットシェアの若干の減少があったとはいえ、変化する条件に対応して多国籍貿易業務とリテール業務における確立された地位を維持し得るほどの十分な柔軟性を示してきた。これは大きな成果であるが、イギリス多国籍銀行が行う業務の種類は1960年代でさえも、根本的には19世紀に見られたものと同じであった。資本移動と通貨兌換の管理・統制は、国際銀行業務の重要度を低下させ、イノベーションの範囲を縮小した。対照的に、製造業はこの時期に新しい生産方式や生産工程により変革を起こしてきた。

　1960年代から国際銀行業務は変容した。それはのちの著述家達が以前の国際銀行との類似点をほとんど見出せないほど劇的な変化であった。きっかけはユーロドル市場の出現であった。この新しい国際資本市場にはほとんど規制がなく、保護的かつ保守的な国内銀行市場から金融仲介のシェアを急速に獲得していった。1963年のユーロ債の登場は同様に規制のない資本市場の出現であった[1]。国際銀行業務の質は変容したのである。かつては国際銀行業務は国際貿易の流れと強く結びついており、為替業務とも関係していた。しかし、やがて、ユーロ通貨、ユーロ債、外国為替市場は国際貿易とさほど結びつかなくなった。多国籍銀行はこれら新しい金融市場において独占的プレイヤーとなり、多国籍企業と政府への貸付はかつてないほど大規模に行われた。金融市場のグローバル化は多くの政府に金融市場の規制緩和と外国銀行への市場開放を促進させた。これら発展の結果として、国際銀行業務の性質と多国籍銀行への機会は変化した[2]。

イギリスの銀行はこの復活した業界においてその卓越性を急速に失った。第8、9章で、すでにアメリカ多国籍銀行経営の興隆に注目した。アメリカの銀行は国際銀行業務の新時代を切り開いた。そしてその過程で合衆国の銀行システムは、ローカルな性質から世界の金融・銀行システムと高度に統合したものへと変化した。1960年にはアメリカの銀行8行がトータルで124の海外支店を運営していたが、10年後には79行が532の海外支店を、1980年までに159行が799の海外支店を持つに至った。1970年代に日本と大陸欧州の銀行もまた多国籍活動を大規模化させた[3]。

1960年以降の多国籍銀行業の複雑性によって、マーケットシェアと競争力の評価は手間のかかるものになった。十分に分析するためには、多くの個別の金融商品市場の調査に加え、金融機関の全体的競争ポジションの評価を必要とするであろう[4]。とはいえ、イギリスの銀行の重要度を大まかに把握できる数値は全世界の銀行総資産に占めるイギリスの銀行の割合である。1984年までにイギリスは全世界の銀行総資産の7.5％を占め、アメリカ（26.4％）、日本（23％）、フランス（8.9％）に続く4位であったものの、ドイツ（6.4％）より上位であった。約20年後の2002年には全世界の銀行総資産の割合に劇的な変化がみられた。ドイツが最大（19％）となり、次いでアメリカ（11.3％）、スイス（11.1％）、日本（10.7％）となった。イギリスは1990年代初頭に香港銀行（HSBC）のイギリスへの本社移転があったにもかかわらず、9.3％で5位となった[5]。イギリスの銀行は国際銀行業務の最初の時代を開拓・独占したが、次の時代には普通のプレイヤーとなってしまった。

1980年代以降のイギリスの銀行の国際的地位の低迷は、同時期のイギリス経済全体の役割の低下と、直に（そしてより正当性をもって）相互に関連していた。しかしながら本章では、経営諸要因がイギリスの銀行の競争力をいっそう不利にし、相対的な衰退に拍車をかけたことについて論じる。イギリスの銀行は、これまでの経営方法のために多国籍銀行業務の新しい機会への対応ができず、一方で事業戦略の数々の大きな失敗が資本を消耗させ経営を疲弊させた。

以下の3つの節では、これまでの経営手法においてイギリスの銀行が直面した問題について述べ、グローバルな銀行業務の時代にいっそう適した新しい企業構

造を作り上げるための試みについて論じる。次に、1970年代および1980年代のイギリスの銀行の新戦略に関する2つの問題、すなわち、海外への貸出とアメリカにおける多国籍銀行業務について詳しく検討する。

2　経営遺産と競争のダイヤモンド

　1970年代から80年代にかけてのイギリス経済の衰退は、イギリス多国籍銀行が当初から有していた多くの競争優位性を危うくした。イギリスの輸出シェアは減り続け、1979から81年にかけて起きた例外的に厳しい不況はイギリス製造業の5分の1余りを倒産に至らせた。そして1983年には工業製品において200年間で初めての貿易赤字を計上した。イギリスにおいてカラーテレビから自動車まで製造部門の相当なシェアおよび総工業生産高の約20％は外国の多国籍企業の子会社によって支配されていた。90年代初期のもう1つの厳しい不況以降、イギリス経済は安定し、EUにおける大規模経済圏の1つとしての地位を確立している。

　「ダイヤモンド」の別の局面は、イギリスに拠点をおく銀行にとっては好ましく、多国籍銀行業における新たな競争優位の見通しを提供した。ロンドンが新ユーロ市場の中心になったことである。ロンドンは、金融サービスの密集化、安定性と誠実性に関する評判、そして厳しい規制からの自由など必要不可欠な要求に対応した。というのは、新市場は何よりも規制によるコントロールを回避しようとする要求が原動力となったからである。外国銀行は独立した資本を必要としないロンドン支店を自由に設立することができ、また、イングランド銀行は非居住者の外国為替業務に柔軟に対応した。支払準備金や融資期間の制限はなかった。商業銀行業務と投資銀行業務の分離を要求するアメリカのグラス-スティーガル法のような法はなかった[6]。その結果、1970年代から80年にかけてロンドンは国際銀行業務、外国為替取引、およびその他の金融取引のほとんどにおいて優位的役割を果たした[7]。2002年のユーロ通貨の開始は初めロンドンの競争力にほとんど影響を与えなかったようだ。2002年にイギリスは世界最大の海外銀行貸出の中心となり、世界貸出総額の21％を占めていた。

　世界をリードする国際金融センターに本社があることに加え、イギリスの銀行

は国際業務の比類なく豊富な経験を積んでいた。総合すると、イギリスの銀行は世界中に数千の支店を有し、それらのほとんどが発展途上国ないし南半球にあったとはいえ、香港、シンガポール、バーレーンなどアジアと中東で主要な金融センターとなった多くの地域（ただし東京は除く）でも長期にわたり地位を確立してきた。イギリスの銀行はまた、外国為替業務と世界を股にかけた資金移動においても数十年の経験を有していた。イギリスの銀行には、銀行業の変化によってもたらされる新しい機会に対する十分な優位性を享受するために、適切な企業構造の創造と効果的な事業戦略の考案が要求された。

これら目標を達成するためのイギリスの銀行の能力は経営遺産により制限された[8]。イギリスの銀行は組織の長い歴史、長期に確立された資産配分のパターン、強力な企業文化を残したままグローバル・バンキングの時代に突入した。1960年代以前の多国籍銀行業でさえ、こうした組織と文化は理想的ではなくなっていた。銀行業における海外と国内業務の分離は第1次世界大戦期から批判の対象であったが、海外の銀行の組織構造はいくつかのケースで多国籍リテール銀行として機能するための能力を抑制してきた。1960年代以降の銀行業において、イギリスの銀行の経営遺産は克服すべき大きなハンディキャップであった。

例えばイギリスの銀行業務は商圏の区分けを特徴としてきた。クリアリング・バンクは主に国内市場にかかわり、一方海外銀行は外国市場に特化した。グローバルな資本・資金市場の出現、電子情報通信コストの急落、家計貯蓄の信託化（専門的に管理された資本プールの創造）が、国内市場のセグメントを崩壊し、ある程度、単一のグローバル市場となった。銀行家達は、こうした新しい機会の十分な優位性を手にし、新しい国際資金市場を開拓するために、全世界あるいは少なくとも主要国際金融センターで業務を行う必要があった[9]。

銀行の顧客として大企業は、世界中でサービスを受けられることをますます期待したが、これはイギリス銀行業の伝統的な組織が首尾よく提供できるサービスではなかった。クリアリング・バンクは、バークレイズ銀行とロイズ銀行の一部を除いて、企業に要求される貿易金融と為替業務を提供する際、おおむね海外コルレス銀行に頼っていたが、新たな金融市場のスピードと複雑性によって、市場メカニズムの利用よりもむしろ国際進出のほうがはるかに有利な状況に変わった。

海外銀行は別の問題を抱えた。海外銀行はイギリス大企業の顧客をほとんど持たなかった。というより、海外銀行は特定の市場で、イギリス多国籍企業の子会社の銀行としてサービスしたが、イギリスの本社との関係は弱かった。

イギリスの銀行の顧客基盤はいかなる場合も問題であった。アメリカ多国籍銀行の重要度の急上昇の背後にある基本的要因は、アメリカ企業のユーロドル市場利用の拡大であった。アメリカ政府は投資ドルの輸出に制限を課したので、アメリカ多国籍企業は、拡大のための資金源を海外で探さなければならなかった。一方、金利規制があったのでアメリカ企業はユーロドル市場で余剰の海外資金を運用した[10]。アメリカの銀行はユーロドル市場を活用するためにロンドンに支店を開設し、しばしば、この資金を本社に貸し出すようにした。ほとんどのイギリス企業がアメリカ企業と同様の方法で海外子会社を統合し、世界的規模で金融サービスを要求しはじめるまでにはタイムラグがあった。1968年にバークレイズ銀行とロイズ銀行の合併を認めなかった独占禁止委員会の報告は、イギリス企業が銀行からのグローバルサービスを望む主張を明快に拒絶したのである。その理由は以下のことである。

> 原則として海外で業務を行う企業は、しばしば現地の支店網などの現地サービスを最も安くかつ最も効果的に提供する銀行を利用する。多くの国でこうした銀行はその現地の銀行である。しかし、利用する銀行がイギリスの銀行であった場合でも、企業は地元の状況に影響を受けるのであって、イギリスの親銀行との関係に影響を受けるものではない[11]。

このような状況は、1968年においても依然として真実だったとしても、1970年代初めの固定為替相場制の崩壊まで存続することはなかった。その後、あらゆる多国籍企業はグローバルな外国為替取引市場が自己のビジネスにとって重大であると認めねばならなかった。

イギリスの銀行システムの専門的知識もグローバル・バンキングの時代には不利となった。1960年代にアメリカの銀行は、急速な商品革新、即ち変動金利ローンやシンジケートローンといった新しい貸出投資の開発を通してユーロ市場の発

展を先導した。ほとんどの取引がドルまたはドル建の手形で行われるようになるにつれ、アメリカの銀行は当然にして優位性を手にしたが、イギリスの銀行は革新意欲においても遅れていた。クリアリング・バンクはリテールバンカーであった。彼らは複雑な企業金融をマーチャント・バンクにゆだね、高度にカルテル化され規制された国内市場で存続した。彼らは革新的な貸出商品を開発するために必要なものを備えていなかったのである。実際、1960年以降イギリス国内でさえ商業貸付のシェアを急速に失った[12]。イギリスのクリアリング・バンクは1970年代までユーロ通貨市場への進出を決断しなかった。

　複雑で規模が一変する業界に本格的に参入するためには、イギリスの銀行は、為替業務とリテール業務における海外銀行の伝統的スキルも改善する必要があった。クリアリング・バンクよりも海外銀行の中で、新たな機会に対する深い認識を持つ銀行があった。特に、ジョージ・ボルトンの下でのBolsaはユーロドル市場のパイオニアの1つであった。1957年に彼が会長に任命されて最初に行った活動の1つは、外貨資金の取引を指示するディーラーを有する外為部門を設置したことであった。1962年末にBolsaは、「ロンドン市場における4大取引業者の3位までに入る」と推定している[13]。しかしながらBolsaはユーロ市場における突出した地位を長くは維持できず、いくつかの別のイギリスの海外銀行が追いついてきた。チャータード銀行のチーフ・マネージャーは、1968年に、ようやく新市場の潜在力を十分に察知するようになり、同時にこのユーロ市場への進出において同行の中に制約があることを次のように指摘した。

　　Bolsaの約5分の4はロンドンおよび欧州大陸志向であり、ユーロドル・ユーロ債市場とその他プロジェクトで大きな利益を上げている。……われわれは、より収益性の高い海外支店網を有しているが、しかし、……ロンドンにおいてチャンスを見逃しているかもしれないという印象から逃れることはできない。また、このことはわれわれのゼネラル・マネージャーの能力に対し非難を加えているわけではない。その経営陣は支店から本国へ転勤した人達であり、支店での経歴や経験は、ロンドンにおける異なる側面を持ったビジネスを行うためには最善の訓練とはならず、しばしば彼らは専門知識を仕

事で生かすのではなく、仕事の中で学ばなければならない[14]。

遅まきながら、チャータード銀行は1969年にBolsaの国際部門の退職者を長とした国際銀行業務部門を立ち上げた。

戦争と不況を通して海外銀行に維持された社会化戦略は、1960年代以降の多国籍銀行業務において価値が低下した。この事実に遅ればせながら認識し、「人柄」がもはや十分な資格ではないとの認識の下、多国籍銀行はやがてより正式な教育を受けたスタッフを採用しはじめた。ナショナル・アンド・グリンドレイズ銀行は、銀行業務がいっそう複雑になり、「競争がより激しく、銀行の決定スピードがいっそう重要になっている」との認識の下、1969年に大卒者の定期採用を始めた[15]。1977年に香港銀行は人事政策の大幅な見直しに着手し、その後、大卒者の採用が普通になった[16]。終身雇用を基本とした企業文化も、中間キャリアのスペシャリストが、特にマーチャント・バンクと投資銀行で採用されるにつれ、部分修正された。香港銀行は、1970年代に子会社としてマーチャント・バンクを設立したとき、自行外からスタッフを採用している[17]。いくつかの銀行はそのスキルを増強するために、マーチャント・バンク全体を買い上げた。

「フリースタンディング」な海外銀行業務の伝統の後継者達は、特定の諸問題に直面した。19世紀では、ロンドンに本社を置くことは多国籍取引を行う銀行に相当な優位性を与えてきた。1960年代以降の多国籍銀行業務において、ロンドン支店は国際ビジネスに従事する世界のあらゆる銀行にとって前提条件となったが、ロンドンに本社を置くことはグローバルな通貨・資本市場における優位性とはならなかった。さらに、海外銀行は（ユーロドル市場の初期段階で卓越していたイギリスのマーチャント・バンクのように）、相対的に小さい資本規模のために、外貨預金の受け入れ能力を制約された。そして、イギリスの海外銀行は、他のドル以外の通貨をベースとした銀行のように、ドルの債務残高に関して危険にさらされた。ポンドが弱く価値が低下している通貨であったために、この点でとりわけ不利となった。その結果イギリスの銀行は、外貨預金を更新するのを困難にさせる危険に備えてドル預金の割合を制限せねばならず、また、総預金の拡張を資本および準備金の許容範囲に制限せねばならなかった。

イギリスの銀行は多大な優位性を持って多国籍銀行の新しい時代に突入した。しかしながら、イギリスの銀行は銀行業における新たな機会の優位性を十分に享受するための能力を制約する経営遺産とともに、新たな時代に突入したのである。

3　多国籍銀行業務とクリアリング・バンク

　1970年代から1980年代にかけて、イギリスの商業銀行は自身の受け継がれた組織構造と資産配分を徹底的に修正しようとした。関連金融サービスへの多角化など、採用された戦略の多くはクリアリング・バンクや海外銀行に共通のものであり、また英語圏のどこの銀行にとってもこれは共通であった。しかしながら、イギリス多国籍銀行業の歴史の関連において最も印象的な現象は、海外業務と国内業務の制度的分離を克服するための継続的な葛藤であった。本節ではイギリスのクリアリング・バンクが自力で多国籍銀行になり、「グローバル銀行」になるための挑戦について考察する。

　バークレイズ銀行は1970年代初期のイギリスにおける最大のクリアリング・バンクであり、多国籍銀行業において最も輝かしい歴史のある銀行であった。イギリスの国内銀行のうちバークレイズ銀行は、1920年代のDCOの創立によって最高の比率の海外利用資産を持っていた。完全子会社のバークレイズ銀行インターナショナル（BBI）への海外銀行関連会社の集約は、多国籍銀行としてのバークレイズ銀行の進化における次の段階を示していた。1970年代を通してBBIは、多くの地域において提携銀行と関連銀行への投資を完全子会社に切り替えるにつれ、持株会社構造へと進化した。アフリカやほとんどの発展途上国において、BBIは、地元に登記された多くの銀行、つまり以前のDCO支店ネットワークが現地化された後継銀行の株式を所有した。1976年までにBBIは、南アフリカにおける最大の商業銀行であるバークレイズ・ナショナル銀行の株式所有を60％弱に減少させた。一方、アフリカにおいて南アフリカの次に大きな業務グループである、バークレイズ銀行（ナイジェリア）の株式を40％所有した。対照的に、BBIは先進国市場経済圏で設立された数多くの銀行（バークレイズ銀行〔カリフォルニア〕、バークレイズ銀行〔ニューヨーク〕、バークレイズ〔カナダ〕な

ど）の完全所有権を有した[18]。

1970年代を通してBBIはホールセール業務およびリース、マーチャント・バンキング、企業金融などの金融サービスへと業務を拡大した。1984年にBBIは、グローバルベースでの顧客サービスの提供を可能とする統合された銀行を作るために、親企業の国内銀行と合併した。1986年のロンドン市場の規制緩和――「ビッグバン」――以降、バークレイズ銀行は投資銀行業務におけるプレゼンスを確立するための多くの投資も行い、子会社バークレイズ・デゾート・ウェッド（BZW）を創立した。BZWは自力で多国籍銀行になろうと努め、他の国際金融センターに事務所を開設した。

バークレイズ銀行は依然として海外に支店や関連会社を所有するという伝統的感覚をもつ多国籍銀行であり、1990年に73カ国に1,100の事務所を所有していた。しかしながら、その事業構造は20年余を経て大きく変化した。1986年にサウス・アフリカ銀行の残りの株式を売却したように、発展途上国におけるリテール事業のほとんどは売却した。イギリス以外のバークレイズ銀行の資産のほとんどがアメリカとヨーロッパに立地するようになった。その上、多国籍リテール業務への参入は、フランス、スペイン、ギリシャなどのヨーロッパ諸国にほぼ限られた。フランスとスペインで、バークレイズ銀行は利付口座を開拓し、少数の収益性の高い支店による低コストのサービスを市場へ提供した。

このような企業構造と資産配分の変更はコストなしでは達成されなかった。投資銀行業務に参入した初年度は、ほとんどの商業銀行の一般的経験と同様に、財務的には低い収益であった。1997年にBZWのエクイティ事業は売却され、残りの事業はバークレイズ・キャピタルと改名された。アメリカにおいて大規模なリテール業務および消費者金融業務を展開する試みは、断念された（第10章6参照）。アフリカとカリブ海におけるバークレイズ銀行のリテール事業は成功したとはいえ、先進国と環太平洋地域においてバークレイズ銀行は低い収益しか得ることができなかった。グローバルな商業銀行、投資銀行への意欲は次第に衰えていった。バークレイズ銀行は西ヨーロッパでリテールおよび商業銀行事業を確立するという戦略とともに、コアであるイギリス国内市場に集中するようになった。そして、プライベート・バンキングやクレジットカード、その他ニッチの機会を

より広範に探索していった。それにもかかわらず、バークレイズ銀行は2003年においてもなお、イギリス以外に60数カ国に約500の支店を運営していた。

多国籍銀行業務におけるロイズ銀行の経営遺産は不適切であったが、1971年のロイズ・アンド・ボルサ・インターナショナルの設立は肯定的な発展と思われた。2年間でメロンと他の少数株主の持つこの銀行の株式が買却され、この銀行はロイズ銀行インターナショナル（LBI）と名称を変更し、ラテンアメリカと西欧に及ぶ広範な多国籍支店網の完全な所有権を得た。

しかしながらロイズ銀行は多国籍銀行関連会社経営において困難を経験しつづけた。ロイズが資本を持つ海外銀行のいくつかは依然としてLBIの支配外にあった。そこにはグリンドレイズ銀行とニュージーランド・ナショナル銀行が含まれ、両行は、いくつかの新しい海外子会社のようにロイズ銀行の経営傘下に置かれた。最も重要な例は1974年に創設されたロイズ銀行（カリフォルニア）である。LBIと親銀行であるロイズ銀行はそれぞれ独自にコルレス銀行事業、外国為替取引部門、企業銀行業務部門、および輸出金融部門を運営した。外国通貨貸付業務もまた2行に分かれていた。投資マネジメントはロイズ銀行の投資部門と信託部に分かれていたが、LBIもまた多少の金融資金運用を行っていた。

LBI自体の問題もあった。1970年代に同行は積極的な成長戦略を採用した。特に極東への拡大を重視し、そこの主要な地域金融センターすべてに支店および代表事務所を開設していった。Bolsa側から来た経営陣は、実際に国内銀行と接触をしたことがなく、国内銀行とは異なる企業文化をもっていた。彼らは世界的な成長のチャンス、すなわち、ラテンアメリカの束縛から逃れるという歓迎すべきチャンスに興奮し、この機会による十分な優位性を享受しようと決心した。起業家的文化は盛んになり、弁護士、実業家、会計士などの専門家のみならず、他の産業からも銀行管理職の多量採用が行われた。結論的に、LBIがロイズ銀行に完全所有されていたにもかかわらず、2つの銀行はきわめて異なる企業文化を持ち、実質的・全体的に分離された経営であった[19]。LBIの内部にも、国際銀行業務の起業家的な成長に全力を傾けるシニア・マネジメントと、異なる伝統を持つスタッフとの間に、文化的な衝突もあった。LBIのある経営陣のひとりは1983年に以下のように述べている。「LBIのルーツはラテンアメリカにある。そ

の企業文化は1世紀以上ラテンアメリカでの商売に深く染みこんでいる。取締役が変化を要求する一方で、大半のスタッフは1つの方法によって育てられてきており、変化を成し遂げるにはかなりの時間を費やすことになるだろう」[20]。1980年代初頭にLBIの急成長戦略は深刻な問題を経験した。それは、極東およびその他地域での不良債権問題である。アルゼンチンにおける伝統的支店網はフォークランド戦争期間に差し押さえの危機に直面した。しかしながらさらに深刻なことは広範なクロスボーダー貸付によって資産の増大を追及したことであった（第5章参照）。1982年の世界債務危機の発生はLBIをほぼ運命づけ、最終的には4年後に国内銀行と合併するに至った。再編の一環としてロイズ銀行は、1985年に自前のマーチャント・バンクを設立し、LBIのマーチャントバンキング部門および企業金融部門を、国際および国内銀行双方の輸出金融活動とともに、この新銀行へ移管した。また1984年にロイズ銀行はグリンドレイズ銀行の持ち株を売却した。

しかしながら戦略的な不一致の伝統は継続した。1986年の初めにロイズ銀行はカリフォルニア子会社を売却した。これは、ロイズ銀行が世界的規模の野望から撤退するつもりであるというシグナルと受け止められかねないところであったが、4月にはスタンダード・チャータード銀行に対するTOBを開始している。ロイズ銀行は、この合併された銀行が「資本、経営、自国市場での相当なシェア、および海外ネットワークの幅と深さにおいて強大な力を持つグローバルな金融機関」となると主張した[21]。これはイギリスの銀行業界における最初の敵対的TOBであると同時に、ロイズ銀行がグローバルバンクとなるための企てでもあった。

両方の計画は失敗した。7月までにスタンダード・チャータード銀行はロイズ銀行を打ち破った（第10章4節参照）。ロイズ銀行は、1986年にカナダの銀行を買収し、ロイズ銀行（カナダ）と改名したが、1990年にふたたび売却するというような迷走を続けた。全般的傾向としては、ニッチな商品と活動を除き多国籍銀行業務から撤退するというものとなった。ロイズ銀行はアメリカと、東京を除いた極東の金融センターにおいて商業銀行業務から撤退した。ロイズ・マーチャント銀行をBZWと同等のものに育成しようとした試みは、同行がほとんどの証券

市場活動から撤退した時点で断念された。その代わりロイズ銀行はイギリス国内市場に集中した。同行はアメリカで見られたパターンに追随し、不動産仲介事業に多角化し、リテール業務の商品を革新した。そして、1988年には大手生命保険会社と合併した。

1990年までにロイズ銀行の多国籍活動は大きく縮小した。依然としてアルゼンチンからアメリカまで20カ国に360の事務所を有していたが、イギリスに有する資産の比率は1985年の43％から1990年には82％へと上昇した。1994年にロイズ銀行はルーラル銀行を買収し、ニュージーランドにおける農業金融の最大の供給者となった。ロイズ銀行はニュージーランド・ナショナル銀行をすでに所有していたが、しかしその関心の的はイギリスの国内市場であった。1988年にロイズ銀行は5つの事業をアベイ生命保険会社と合併し、ロイズ・アベイ生命を創立した。1995年にロイズ銀行は旧住宅融資組合のチェルテンハム・アンド・グロウセスターを買収し、また同年に、TSBグループと合併しロイズTSBグループとなった。2000年にはスコティッシュ・ウィドゥ生命を買収した。2003年までにロイズTSBはイギリスに全資産の86％をもっていた。とはいえ、ニュージーランドとラテンアメリカには残存した外国商業銀行事業があり、オフショア・バンキング・センターにオフィスを置いてアメリカとヨーロッパのいたる所でプライベート・バンキング業務を行っていた。

1968年以降イギリスの銀行の「ビッグフォー」のうちの残る2行のミッドランド銀行とナショナル・ウエストミンスター銀行は、グローバルな銀行になろうとしていたとき、ロイズ銀行とバークレイズ銀行よりも困難な課題に直面した。というのは、多国籍銀行業務を行う関連会社をほとんど持たなかったからである。こうした未経験の状態は、発展途上国や南アフリカにおいて低収益のあるいはやっかいな支店網の重荷がなかったことを意味するが、経営陣には国際経験がほとんどなかったということも意味していた。

両行は大規模多国籍業務の人材や資産なしに、国際銀行業務における新しい機会の分け前を獲得するための戦略を探索した。ミッドランド銀行は、外国銀行との提携と合弁を主な戦略とする典型だった。この政策は1960年代に始まり、ミッドランド銀行はコルレス銀行業だけに依存するこれまでの政策を再検討した。

1963年に同行は大陸の銀行3行と共同で、欧州諮問委員会（EAC）を結成し、互いに同じ商圏で直接に競争しないということを基本とした協力関係を整備した。この「クラブ」は共同事業銀行ないしコンソーシアム（国際借款団）を設立するに至った。コンソーシアム銀行はミッドランド銀行が1964年にMAIBLを設立支援したときにすでに開拓した銀行形態である（第8章3参照）。1967年にEACの4銀行はヨーロッパにおいて、主要な産業プロジェクトへ相当額の中期ローンを提供するために立ち上げたブリュッセルに拠点を持つ銀行、クレディア・モエントレメ・ヨーロッパ銀行を設立し、他の新規事業も追随した[22]。

ナショナル・ウエストミンスター銀行は「クラブ」に属さなかったが、イギリスおよび海外の両方を拠点としたコンソーシアム銀行（例えば、70年代半ばまでにコンソーシアム銀行の中でイギリス最大となったオリオン銀行など）の設立活動も積極的に行った。コンソーシアムのメンバー銀行は互いにリスクを分担する一方、新しい事業エリアと専門知識を開拓しようとした。これは、アメリカの巨大マネーセンター・バンクとの競争に適切に対応するものであり、有力な国際事業を持たない欧州の銀行にとって、特に魅力的であった[23]。

イギリスのクリアリング・バンク、特にミッドランド銀行とナショナル・ウエストミンスター銀行は、ロンドンのコンソーシアム銀行において突出していた。表10-1は1977年におけるコンソーシアム銀行への投資リストである。

コンソーシアム銀行とクラブのネットワークは10年のうちに廃止されてしまった。コンソーシアム銀行における多くのパートナーは、自前の多国籍支店を設立することを決定したが、これが利害衝突を引き起こした。クラブのメンバーとの不競争に関する不文律は徐々に放棄された。コンソーシアム銀行もまた、とりわけ上級経営者の多くが親銀行から派遣されるようになったので、経営問題に苦しんだ。また、多くのコンソーシアム銀行は発展途上国に巨額の貸付があり、その結果、債務危機により被害を被った。日本と大陸欧州のいくつかの銀行にとって、コンソーシアム銀行は多国籍銀行になるための有用な中間段階であったかもしれない。しかし、イギリスの銀行にとっては、多くの時間を浪費したが、小さな結果しか残さなかったといった方が事実に近い[24]。クリアリング・バンクのいくつか、特にミッドランド銀行がユーロ通貨市場において自前のスキルを向上させる

表10-1 クリアリング・バンクのコンソーシアムへの投資（1977年前後）

決済銀行	コンソーシアム銀行	所在地	所有比率(%)	特化
ミッドランド	ヨーロッパ・クレジット銀行	ロンドン	14	
	ヨーロッパ・アメリカ銀行	ブリュッセル	16	ラテンアメリカ
	ヨーロッパ・アメリカ・バンコープ	ニューヨーク	20	アメリカ
	ヨーロッパ・アラブ・ホールディング（および以下の子会社）	ルクセンブルグ	5	中東
	ヨーロッパ・アラブ銀行	ロンドン		中東
	ヨーロッパ・アラブ銀行（ブリュッセル）	ブリュッセル		中東
	ヨーロッパ・アラブ銀行（フランクフルト）	フランクフルト		中東
	ヨーロッパ・アジア銀行（アジアセンター支店）	ハンブルグ	14	アジア
	ヨーロッパ・アジア・ファイナンス(HK)	香港	10	
	ヨーロッパ・バンキング・カンパニー	ロンドン	14	国際マーチャントバンク業務
	ユーロ-パシフィック・ファイナンス・コーポレーション	メルボルン	15	オーストラリア
	イラン海外投資銀行	ロンドン	6	イラン
	ミッドランド・アンド・インターナショナル・バンクス	ロンドン	45	
	シップ・モーゲージ国際銀行	アムステルダム	25	海運
	UBAF銀行	ロンドン	25	中東
ナショナル・ウエストミンスター	リビア銀行	ロンドン	5	ラテンアメリカ
	オリオン銀行およびその子会社	ロンドン	20	
	オリオンパシフィック (75%)	香港		極東
	ロイ・ウエスト・バンキング・コーポレーション	ナッソー	40	国際マーチャントバンク業務
	サウジ・インターナショナル銀行	ロンドン	5	イラン
ウィリアムズ＆グリンズ	イラン開発投資銀行	テヘラン	4	極東
	インター-アルファ・アジア	香港	14	
	ユナイテッド・インターナショナル銀行	ロンドン	10	東欧
バークレイズ	アングロ-ルーマニア銀行	ロンドン	30	
	ヨーロッパ・ソシエテ・ファイナンス銀行	パリ	12	西欧
	ユーロ-ラテンアメリカ銀行	ロンドン	5	ラテンアメリカ
	国際エネルギー銀行	ロンドン	15	エネルギー
	イラン海外投資銀行	ロンドン	6	イラン

(出典) The London Clearing Banks, *Evidence by the Committee of London Clearing Banks to the Committee to Review the Functioning of Financial Institutions*, (London, 1977/11), table 48.

際に、コンソーシアム銀行はハンディキャップになったのかもしれない。たとえば、MAIBLの主な活動はユーロ通貨貸付であったが、このことはミッドランド銀行と他のメンバー銀行は市場から出て行かねばならないか、あるいは、自ら設立したコンソーシアム銀行と競争せねばならないことを意味した。

　ミッドランド銀行とナショナル・ウエストミンスター銀行のスタンダード・チャータード銀行株の所有は同じように不本意な結末に終わった。1960年代に、シ

リル・ホーカーはこのような株式の繋がりの便益に大きな期待をかけたが、実際には関係銀行のいずれにおいても競争力を強くする点はほとんど見出せなかった。1976年にナショナル・ウエストミンスター銀行はスタンダード・チャータード銀行の株式を売却し、ミッドランド銀行も3年後に追随した[25]。

　新しい戦略の大きな失敗により、ナショナル・ウエストミンスター銀行とミッドランド銀行は自力での多国籍銀行業へと進むことになった。ナショナル・ウエストミンスター銀行は、フランスとベルギーで少数の支店を運営する中堅のウエストミンスター外国銀行を引き継ぎ、新しい子会社であるインターナショナル・ウエストミンスター銀行へと改変させた。インターナショナル・ウエストミンスター銀行はホールセールとユーロ通貨市場で大きな存在となっていった。1970年代に、ニューヨーク、シカゴ、そしてサンフランシスコ、フランクフルトなどの主要な大陸欧州の中心地、さらにバーレーン、シンガポール、東京に支店が設立された。

　ミッドランド銀行は1960年代後期から全社的な事業戦略を再検討していた。同時期は、内部準備金を公表するというすべてのクリアリング・バンクによる決定により、クリアリング・バンクのうちロイズ銀行よりもむしろミッドランド銀行の資本が最も過小であり、収益性が競合銀行に比べずっと低いということが明らかになった時期である[26]。1974年に同行の国際戦略に関するレビューにおいてミッドランド銀行の利益は、他のクリアリング・バンクと比較して、イギリスに過度に依存していることが示された。その結果、ミッドランド銀行は、主要な海外の中心地に自己の拠点を設立し、国際事業の利益貢献度を上昇させる必要があるとの歴史的な決定を下した[27]。その後5年間にわたりミッドランド銀行は海外に数多くの支店、代表事務所、関連会社を設立した。

　1979年から1982年の間にミッドランド銀行は一連の外国銀行の買収に着手し、1980年初めにカリフォルニアの最大手銀行の1つであるクロッカー・ナショナル株の51％の取得に関する予備合意にこぎつけた。この買収によりミッドランド銀行は世界第10位の銀行組織となった[28]。この数カ月前にナショナル・ウエストミンスター銀行もアメリカ東海岸の大手銀行を買収している。

　この時期、大規模買収は資産の急速なシフトを達成する最も効果的な手段とな

っていたが、すぐに次のことが明らかとなった。これらクリアリング・バンクには、これまでの事業とは大きく懸け離れている多国籍銀行業や投資銀行業、その他の分野への急速な多角化をコントロールするのに必要な経営スキルが欠如していた。

　ナショナル・ウエストミンスター銀行は初め発展し、1980年代初期には資産規模でバークレイズ銀行を抜きイギリス最大の銀行となった。同行は他のイギリスの銀行よりも第三世界向け債権が少なく、1987年にはイギリスの銀行史上初めて10億ポンド以上の利益を計上した[29]。しかしながら、その後、投資銀行業務への多角化は、大きな損失をもたらしたばかりでなく、1989年に同行の会長および3人の取締役を辞職に追い込んだ金融スキャンダルに関与することとなった。アメリカにおける多国籍銀行業務も巨額の損失を出すこととなった（第10章6参照）。

　1980年代はミッドランド銀行にとって史上最悪の10年間となった。1986年には、巨額の損失により結局クロッカー・ナショナルの売却を余儀なくされた。この売却は不良債権のほとんどとラテンアメリカのローンを差し引いて行われ、この部分はミッドランド銀行が保有を余儀なくされた。同行のカリフォルニアにおける総損失は約10億ポンドと推計される。クロッカーの悲惨なエピソードは、同行の組織と経営幹部のきわめて一般的な失敗の深刻な現象にすぎない。例えば、同行の輸出金融部門は同期間に1億ポンドに迫る損失を出した。その理由のほとんどはイギリスの安全保障機関と関係のある防衛関連会社のためであり、その企業の活動は上級管理職に知らされていなかった[30]。「ビッグバン」期間におけるロンドンの大手証券ブローカー、グリーンウエルズの買収も15カ月で3,000万ポンド超の赤字を出した。

　1987年にイングランド銀行の前副総裁であるキット・マクマオンがミッドランド銀行の会長兼CEOに任命された。同行は資本増強のためにスコットランドとアイルランドの収益性の高い地域子会社を売却し、ロンドン市場の株式トレーディングから撤退した。しかしながら、このリストラクチャリングは、異なる面からのグローバルな野望の復活により妨げられた。1987年12月に香港銀行がミッドランド銀行株式の14.9%を取得したのである。香港銀行はそれ以降の3年間は持ち株を増加させないと合意したが、世間一般の見方では、やがて完全合併へと進

むと見られていた。その間に、2行による取締役の交換があった[31]。両行の統合は、欧州、アジア太平洋および北米に強いグローバル・バンクの展望を開いた。その後、2グループ間の支店の多少の合理化が行われたが、海外銀行とイギリスのクリアリング・バンクの合併問題は軽んじられていた。特に、後者が巨大な第三世界債務対策と、1980年代末のイギリスにおける厳しい不況のために多くの商業的な不良債権対策に苦しめられたときがそうである。1990年12月、両行は増加する損失と株安の点から合併を進めないことを決定した。

ミッドランド銀行は20年前に行っていた事業と非常に類似した事業を継続していた。それは、本質的にはイギリスの国内銀行であり、コルレスの大規模ネットワークを通して国際業務を行い、かなりの外国為替事業をもっていた。しかしながら、依然として単独で生き残ることは疑問であった。1990年に同行は50年間で初めて配当金をカットしたイギリスのクリアリング・バンクとなった。新しい会長とCEOが任命されたが、後者はバークレイズ銀行から入ってきた[32]。1991年にロイズ銀行は、収益力が回復しはじめていたミッドランド銀行と合併する機会を模索しはじめ、翌年3月までに2銀行間の合併合意がほぼ整った。香港銀行がミッドランド銀行の株式に対して合意によるTOBを再開したのはこうした背景に対抗するものであった[33]。

こうして1970年代から1980年代の間に4つのイギリスクリアリング・バンクのすべてがグローバル・バンクになろうとした。そのうち3銀行の野望は、ラテンアメリカの債務、カリフォルニアの銀行業務、投資銀行業務により無残に歯止めがかけられた。4番手のバークレイズ銀行は同期間の大惨事を避け、その結果、当分はグローバル・バンクに数えられることを目指したが、1990年代までにその野望もそがれた。多くのアメリカの銀行、邦銀、大陸欧州の銀行も、新市場への国際的拡張と多角化、特に投資銀行業の戦略の失敗により弱体化した。議論の余地はあるが、イギリスのクリアリング・バンクの総合的な業績は、アメリカのマネーセンター・バンクの業績と比較して遜色のないものだった。しかしながら、イギリスの銀行の戦略および構造の不適切性は明白である。これらの失敗は、銀行上級経営陣の欠陥の単純な結果ではなく、銀行に受け継がれた制度的伝統およびその克服の問題の関連で理解すべきである。

4　グローバル化と海外銀行

　イギリスのクリアリング・バンクが多国籍銀行への道を模索していた時代、海外銀行の後継者達は、彼らがグローバル・バンクになる場合にハンディキャップにもなるフリースタンディング構造という困難な伝統に直面した。
　ANZ は1970年代の初期に特定の競争上の不利を自覚していた。取締役会と数多くの国際銀行業務がロンドンにあったということは別として、ANZ の事業はほぼすべてがオーストラリアとニュージーランドに限られていた。バークレイズ銀行が全体の約8％を所有する少数株主であったが、オーストラリアの規制当局はイギリスのクリアリング・バンクや海外銀行との合併が論外であると明らかにしてきた。ANZ は大きな銀行であったが、過去の歴史と現在の規制状況はその野望を小規模なオセアニア市場へ閉じこめることになったようだ。
　ブレトンウッズの固定為替相場制が崩れるにつれ、オーストラリアとイギリスの両政府は資本移動を規制しようとした。そして、ANZ の法的地位が資本調達に関する大きな問題として浮上した。イギリス当局は弱含みのポンドを防衛することを取り決めた。1974年にイングランド銀行は、資金が海外ポンド区域外に流出されない条件でのみ ANZ の株主割当増資を認可した。ANZ の経営陣はアジアとアメリカへのグループ事業の拡大を望んだ。さらなる打撃は1975年に訪れた。同年、同行は別に計画された株主割当増資のいかなる受取金も、イギリス外へ送金することを許容されないと通知されたのである。
　その結果、1976年時点で ANZ の株主の95％がイギリスの居住者であるにもかかわらず、オーストラリアへグループの本社を変更するという異常な決定が下された。ロンドンの旧取締役会は解散され、メルボルンに新しい取締役会が編成された。77年末までに ANZ 株の50％超がオーストラリア登記簿に登記され、81年までにその比率は70％に上昇した[34]。イギリス多国籍銀行業は1830年代にオーストラリアで開始され、ANZ の移転により文字通りその終焉を迎えた。
　ANZ の移転はイギリス海外銀行業のフリースタンディング構造を原因とする問題に対する最適な解決策であった。それは、他の業界における多くの19世紀の

イギリスフリースタンディング企業の運命に遅ればせながら続くものであった。こうした他分野のフリースタンディング企業は、イギリス本社が不必要になった第1次大戦前に、経営管理をしばしば受入国に移行したと思われる[35]。残る3つの海外銀行はANZのコースをとることができなかった。アフリカとアジアのスタンダード・チャータード銀行とグリンドレイズ銀行の現地経済は本拠を移動するのに適切な立地ではなく、一方、香港銀行の本拠である香港は政治的不確実性にさらされていたのである。

70年代から80年代にかけて、3行はイギリスでの銀行業と金融活動を発展させることにより、特異な経営管理の遺産に打ち勝とうとした。3行には明らかに優位性があったように見えた。3行の取締役会と上級経営管理層は、香港銀行の一部を除いて、その株式所有者と同様にほぼ全員がイギリス人であった[36]。それにもかかわらず、このイギリス人の野望に成功した銀行はなく、3行のうち2行は全社戦略と組織に重大な問題を抱えていた。

1970年代が始まった時には、グリンドレイズ銀行は明らかに合理的な展望を持っていたようだ。1965年に同行は、不良債権により業績不振にあったイギリスの同族支配のマーチャント・バンク、ブラントの株式の3分の2を取得した。イングランド銀行は、グリンドレイズ銀行が完全な支配権を手にすることを防止した[37]。しかしそれにもかかわらず、イングランド銀行は発展途上のグローバル為替市場への参加を認めた。80年代初頭までにグリンドレイズ銀行は利益の50%以上をロンドンの業務から得ていたが、そのことは、同行が高収益のユーロ通貨事業を築き上げていたことを意味していた[38]。

問題はこの潜在的な優位性をすべて手にするための適切な組織構造を考案することであった。これは非常に困難であると見られていた。グリンドレイズ銀行の上部組織には複雑な株式所有構造があった。ロイズ銀行は、持株会社のグリンドレイズ・ホールディングの41%を所有しており、この持株会社がグリンドレイズ銀行株の60%を所有していた。シティバンクはグリンドレイズ銀行株の40%を直接保有していた。この構造は、グリンドレイズ銀行がアメリカの支配下におかれること防止しようとするイングランド銀行の要求を満たしていたが、どちらの大株主もグリンドレイズ銀行の経営に干渉するのを防止するように作用した。

このマネジメントは最善ではなかった。商業銀行業務を監督するグリンドレイズ銀行の国際部門と、ブラントにより遂行されたマーチャント・バンキング機能との間に混同および重複があった。同行は全体的な戦略的意図をほとんど考えないで多角化した。同行において最初の「1年計画」が立案されたのは1970年であり、翌年には会長であるアルディントン卿（彼の一族「レーブ家」は1856年からほぼ継続的にグリンドレイズ銀行で働いている）は戦略的コンセプトとよばれた全社的戦略計画を策定した。これには、何らかの実質的な増資を行わないで、11％の投下資本税引前利益率（ROCE）、および「約10％の事業成長および利益成長」を達成するなど、多くの全社的な財務目標が掲げられた。南アジアおよびアフリカにおける成長の悲観的な見通しにより、計画立案者は欧州および環太平洋地域に目を向け、ブラント銀行の有する専門知識に基づくマーチャント・バンクによる手数料ベースの活動を増加させる必要性が特に強調された[39]。

しかしながら、ブラント銀行とイギリスのマーチャント・バンク業への関与は、戦略的コンセプトを支えるよりむしろ急速に衰退させた。グリンドレイズ銀行は1972年にブラント銀行の完全支配権をついに手にしたが、このマーチャント・バンク（ブラント銀行）の貸出政策に対する経営支配を少しも実践しようとしなかった。1974年の終わりにブラント銀行は9,000万ポンドの不動産担保融資残高を抱えていた。イギリスの2度目の銀行危機に関連した不動産価格の急落により不動産担保融資の多くは不良債権となり、翌年ブラント銀行は巨額の貸倒引当金の計上を義務づけられた。グリンドレイズ銀行は1975年に巨額の損失を計上し、無配とした[40]。

ロイズ銀行とシティバンクは、グリンドレイズ銀行の危険な資本基盤への支援を余儀なくされた。1975年にシティバンクはグリンドレイズ銀行に追加資本を投入し、その結果株式保有比率が49％に上昇した。一方、ロイズ銀行は5年ものの劣後ローンを2つ提供した。したがって、ロイズ銀行はグリンドレイズ・ホールディング株式の40％を保有しつづけたが、グリンドレイズ・ホールディングは同時点でグリンドレイズ銀行の株式の51％を所有するのみとなった。この支援と引き換えに、シティバンクはグリンドレイズ銀行の経営能力を高めるために人員を派遣した。シティバンクの上級役員が新しいポストである最高経営責任者に就任し、

その直後アルディントン卿が会長を引退した。シティバンクからの出向社員はグリンドレイズ銀行における経営システムを改善しようとしたが、株主としての地位が彼らのこうした努力を困難たらしめたようである。

グリンドレイズ銀行は1974年、75年の金融危機から完全に回復することはなかった。1980年にロイズ銀行とシティバンクは7,500万ドルの新規劣後ローンを引き受けた。1980年代初期の世界不況は不良債権増大の原因となり、グリンドレイズ銀行はその事業を部分的に整理しはじめた。1983年に巨額の不良債権への追加的な引当金は、株式所有の再編を促進し、シティバンクの責任はふたたび増加した。こうした整理の下で、グリンドレイズ銀行はグリンドレイズ・ホールディングの完全子会社となった。シティバンクはグリンドレイズ・ホールディング株の48.6％を支配し、別のシティバンク役員が最高経営責任者に任命された。ロイズ銀行の所有は21.3％に低下し、取締役レベルでの代表からはずれた。

1984年のANZによるグリンドレイズ銀行への買収提案は、ほとんどすべてにとっての救済となった。1億8,200万ポンドでの買収提案は、グリンドレイズ銀行の当時の市場価値を大幅に上回る額であり、シティバンクとロイズ銀行にすぐに受け入れられた。1976年にオーストラリアに移転していたANZは、本国経済を超えて多国籍に拡張する新たな戦略の実行を決めており、アフリカ、アジア、中東に展開するグリンドレイズ銀行の支店網に魅力を感じていた。グリンドレイズ銀行の会長は「ついに私達は、私達を真に望む株主をもつだろう」と述べている[41]。同行はイギリスに登記されたままであったが、その業務は徐々にANZの業務と統合され、経営機能はロンドンからメルボルンに移転していた。特別な遠回りをして、ANZによるグリンドレイズ銀行買収は、イギリス系オーストラリア銀行と他の地域で活動するイギリスの海外銀行との統合を達成した。1989年にANZはグリンドレイズ銀行の名称をANZグリンドレイズと変更した。しかしながら、ANZには明らかにこの銀行を効果的に管理するスキルが欠如していたと言えよう。1992年にはインドで証券ディーリングによる巨額の損失を計上した。さらに事業の撤退も行われた。1992年にANZグリンドレイズはアフリカの業務をすべて、サウス・アフリカ・スタンダード銀行の南アフリカにおける後継であるスタンビックに売却した。また、グリンドレイズ銀行のヨーロッパ支店群も売

却された。1993年に ANZ グリンドレイズはカナダの業務を香港銀行（カナダ）に売却した。最終的に、ANZ は2000年にグリンドレイズ銀行の残りの部分をスタンダード・チャータード銀行に売却した[42]。

グリンドレイズ銀行と同様に、スタンダード・チャータード銀行は、1970年代に大規模なイギリスの銀行およびアメリカの銀行による同行の株式所有が、利益よりも不確実性を生み出すということを悟った。ナショナル・ウエストミンスター銀行とミッドランド銀行による保有株式の最終的な売却はすでに記したとおりである。加えて、アメリカの規定では、チェイス・マンハッタンの株式所有がかなり以前から問題視された。法律の下でチェイスは別のアメリカの銀行の株式を所有できないとされ、つまり新グループ（スタンダード・チャータード銀行）がロンドンのチャータード銀行に、チャータード銀行のサンフランシスコ子会社を売却しなければならなかったことを意味する。スタンダード・チャータード銀行がその道を拒否した時、チェイスは1975年にスタンダード・チャータード銀行の株式を売らなければならなかった。

スタンダード・チャータード銀行は組織的問題にも直面した。2つの銀行を統合することが容易でないことが証明されたことは、驚くべきことではない。彼らには、前世紀から発展し、現地経済の性質に影響された独特な企業文化があった。チャータード銀行のスタッフは貿易金融と為替業務において熟練していたが、スタンダードのこれまでの重点はリテール業務におかれていた。さらに、合併時の両行の組織構造はまったく異なるものであった。スタンダード銀行は本質的にアフリカ諸国で登記された一連の子会社群の持株会社であり、一方のチャータード銀行は依然として、形式上、子会社による運営ではなく、商業銀行業務を持つ支店ベースの銀行であった。結局は合併後数年間、グループ内には機能的重複があり、2社の本社機能の完全統合は1975年まで達成されなかった[43]。

このような困難にもかかわらず、グローバルな野望を求めて1970年代に同行は大規模な多角化の戦略に着手した。これは、同グループ初の経営計画実践の中心となる部分であり、1975年に着手された5カ年経営計画であった[44]。1977年に就任したスタンダード・チャータード銀行の CEO は、1975年に宣言された新しい「壮大な計画」について、のちに以下のとおり想起している。「その戦略には2つ

表10-2　スタンダード・チャータード銀行の主な買収（1970～80年）

年	企　　業	資本参加(%)	活　　動
1973	ホッジグループ	100.0	英国での金融
1973	モカッタ・アンド・ゴールドスミッド	55.0	英国での金取引
1973	モカッタ・メタルズ	30.0	アメリカでの金取引
1974	リバティ・ナショナル銀行	10.0	カリフォルニアでの商業銀行
1976	ウォレスブラザーズ	94.7	英国でのマーチャント・バンク
1977	タザー・スタンダード・アンド・チャータード	100.0	英国でのマーチャント・バンク
1978	ミューチュアル・アクセプタンス・リミテッド	52.0	オーストラリアでの金融
1978	コマーシャル・アンド・ファーマーズ・ナショナル銀行	100.0	カリフォルニアでの商業銀行
1979	ユニオン銀行	100.0	カリフォルニアでの商業銀行

（出典）　Standard Chartered Annual Reports, 1973-80.

の基本戦略があり、1つは、主要な銀行の買収を通してアメリカで大手になること、もう1つは、イギリスに強力な国内基盤を確立することであった」[45]。

　買収はスタンダード・チャータード銀行がこれらの目標を達成するための手段となった。表10-2は1970年代において最も重要であった買収を示している。加えて、支店はオーストラリアとスウェーデンから、コロンビア、パナマ、ネパールへというようにさまざまな国々において開設された。アメリカにおけるカリフォルニアの小規模銀行の一連の買収はユニオン銀行の買収で完結した（第10章6参照）。オーストラリアにおいて同行は、1960年代からチャータード銀行が株式を所有していた割賦販売およびリース会社の過半数支配権を獲得した。マーチャント・バンクの共同事業は1973年に着手され、1977年に完全支配を実現し、同行はスタンダード・チャータード・マーチャント・バンクと改名された。ほかのマーチャント・バンク株式が、スタンダード・チャータード銀行による、ウォレスブラザーズの救済（イングランド銀行の要請による）により、同グループにもたらされた。この銀行は70年代半ばのイギリス不動産市場の崩壊のもう1つの犠牲者であった。また、スタンダード・チャータード銀行は金ディーラー大手のモカッタ・グループの株の多くも取得した[46]。

　イギリスにおける「強力な国内基盤」という目標があった。グローバル・バンキングの時代にスタンダード・チャータード銀行には、大規模なイギリス多国籍企業本社との接点がなく不利な立場にあった。同行はイギリスの預金基盤を持っていなかった。そして、このことは資金をすべて金融市場から調達しなければな

らないということを意味していた。言い換えれば、それゆえ、資金コストと外国貿易金融の利益マージンは、同行がコントロールできない利子率の変動により左右されるということを意味していた。また、スタンダード・チャータード銀行はイギリスでの利益も少なかったので、同行は不利な財務上の立場におかれていた。同行は、利益のほとんどを国外から得ていたが、一方で、イギリスの法人税は外国所得に対して事実上不利な取扱いをしていた。同行には海外の利益を相殺し、法人税を減免されるために必要なイギリス国内の利益が不足していた。

スタンダード・チャータード銀行はイギリス市場に参入するために数多くの戦略を試みた。1973年に同行は、1968年に少数の株式を取得していたホッジグループの全株式を取得した。同グループは大部分イギリスでリテール業務を行い、主にイギリスにおける大規模な支店網を通じた個人向け小規模のクレジット業務を拡張し、個人から預金を集めていた。加えて、同グループは、映画館やキャラバンパークなど幅広い活動を行う約100社の事業会社を持っていた。この買収が不運をもたらしたことは明らかである。というのは、同時期は、低水準の消費需要、不安定な利子率、コストの上昇、不良債権など、イギリスの金融機関にとって困難な時期であったからである。多角化されたホッジグループ（スタンダード・チャータード銀行は創業者であるジュリアン・ホッジを会長として経営させた）はとりわけ多くの不良債権に苦しみ、グループ内のノンコア事業の多くを分離するために相当な経営努力が必要とされた。スタンダード・チャータード銀行は、1978年にイギリス政府機関による同行の事業運営に関する不満を受け、消費者金融事業免許を許可しないとの警告をうけるという屈辱に苦しんだ。消費者金融業務は1979年にチャータード・トラストと改名されたが、さらに広範囲にわたる不良債権が79年から82年の不況期に発生した[47]。

スタンダード・チャータード銀行はまた、イギリスにおいて未進出地域への支店拡大を企画し、1970年代に10余りの支店を新設した。しかしながら新支店もホッジグループもポンド預金の不足への満足のいく対応はできなかった。後者はスタンダード・チャータード銀行への「廉価な」資金供給者になる潜在力を持っていたが、実際には70年代に同金融グループは、スタンダード・チャータード銀行が市場で調達したホールセール資金から援助を必要とするほど、資金問題をいっ

表10-3　スタンダード・チャータード銀行の資産および税引前利益の地理的配分
　　　　（1982年12月）

地　　域	資　　産		税引前利益	
	単位：100万ポンド	比率（％）	単位：100万ポンド	比率（％）
英国	4,240	27.5	7,376	3.2
北米	3,027	19.6	33,583	14.4
南米	3,510	22.8	54,489	23.4
アフリカ（南アフリカを除く）	1,097	7.1	45,956	19.8
極東	2,608	16.9	79,042	34.0
その他	935	6.1	12,034	5.2
合　計	15,417	100.0	232,480	100.0

（出典）　Monopolies and Mergers Commission, *A Report on the Proposed Mergers of the Hongkong and Shanghai Banking Corporation, Standard Chartered Bank Limited and the Royal Bank of Scotland Group Limited* (London, 1982/1), 35.

そう深刻化させた。支店拡大プログラムもわずかな緩和策でしかなかった。というのは、スタンダード・チャータード銀行は、他のイギリスのクリアリング・バンクに対して、リテール業務において競争しうる相当数の支店を手にしたが、実際には新しい支店は金融市場から資金調達の必要性を増加させた。

　表10-3は、イギリスにおいて未解決の諸問題があったにもかかわらず、スタンダード・チャータード銀行はその設立から十数年に、これまで引き継いできた構造を大きく修正したことを示している。同行は伝統的なアフリカとアジア地域から別の地域へ移転（依然として利益の5分の4はこれら地域でもたらされたとはいうものの）し、1980年までに資産の5分の1を北アメリカで持つようになった。資産の4分の1以上はイギリスにあったが、ほとんど利益を生んでいない本社およびその他の活動における資産であった。

　1980年代にスタンダード・チャータード銀行の経営陣は、イギリスにおけるプレゼンスを向上するための唯一の方法が買収であると結論づけた。イギリスの4大クリアリング・バンクはスタンダード・チャータード銀行の買収対象にはならなかったが、小規模なクリアリング・バンクの多数は買収の潜在的候補であった。最も魅力的だったのはロイヤル・バンク・オブ・スコットランド・グループであり、ロイズ銀行が同グループの普通株式の約16％を所有する筆頭株主であった。同グループは、スコットランドの3大銀行（「ビッグスリー」）の1つであるロイ

ヤル・バンク・オブ・スコットランドとイギリスの小規模銀行のウィリアムズ＆グリンズを所有した。事業のほとんどが国内業務であったロイヤル・バンクとスタンダード・チャータード銀行の間には完璧に近いシナジーがあった。両行は1976年の合併議論では結論が出なかったが、ロイヤル・バンクは、1979年にロイズ銀行が非歓迎的な合併を提案したのを契機に、スタンダード・チャータード銀行との合併にいっそう興味を示すようになった。1980年にロイヤル・バンクとスタンダード・チャータード銀行は合併交渉を開始した。それを知ったイングランド銀行は、以前とは異なり、合併がイギリスの国際銀行業の競争力を増強するばかりでなく、国内銀行業における望ましい「第5の勢力」をつくることになると信じ、国内銀行と海外銀行の統合を支持した。合併は合意に達し、1981年3月17日にスタンダード・チャータード銀行は、ロイヤル・バンク・オブ・スコットランド・グループに対する3億3,400万ポンドの友好的買収を公表した[48]。

　3週間後、香港銀行はロイヤル・バンクに対するより高額の買収提案を行い、2つの主要なアジアの為替銀行間で、「本国」への地位回復を目指して、買収合戦が開始された。香港銀行の1970年代の状況はスタンダード・チャータード銀行の状況といくつかの点で共通性があった。香港銀行もアメリカやヨーロッパにおいて限られた代表機関しか持っていなかったが、香港は低税率の環境と有利な法制度を提供しつづける独特な場所であった。イギリスのクリアリング・バンクが内部留保を公表した1970年代、香港銀行はこれに追随しなかった。香港の規則では「真の利益」と内部留保額を公表しない慣行が引き続き許されていた[49]。

　1970年代に香港銀行は他の金融サービスへの多角化を続けていた[50]。商業銀行業からの多角化のほとんどは、新会社設立によりなされていた。例えば未開拓のマーチャント・バンクであるワードレイは1972年に創立された[51]。数少ない買収の内の1つは、1973年におけるロンドンのマーチャント・バンクであるアントニー・ギブス株の30％の購入であるが、これもまた、10年間にわたり、数少ない問題点の1つになった。そして、1980年に全所有権が取得され、ワードレイと合併された[52]。香港銀行グループ全体の業績は見事であった。公表された純利益は71年から75年に、75年から78年に、78年から80年にそれぞれ2倍となり、その一方で真実の利益はこれより相当高かった。その上、この成長は内部資金によって

達成された。香港銀行は長期負債を持たず、1921年以来、株主割当増資をしていなかった[53]。

それにもかかわらず、香港銀行はグローバル・バンキングの時代に、とりわけ香港に、またより一般的には極東に高度に依存したままであり、このことが不利になることは明らかであった。1980年に香港銀行はニューヨークのマリーン・ミッドランド・バンクの51％を取得し、その後イギリスへ標的を移した。そこでは香港銀行が買収によりポジションを急速に向上できるということが明らかであった。ロイヤル・バンク・オブ・スコットランドは明白なターゲットであったが、あらゆる動きがマリーン・ミッドランドの買収の最終合意により延期されていた。スタンダード・チャータード銀行のロイヤル・バンクに対する友好的買収提案は、香港銀行の関心を集め、4月7日にスタンダード・チャータード銀行の提案より1億6,400万ポンド高い4億9,800万ポンドの提案を行ったのである[54]。

熾烈な買収合戦は続いた。スタンダード・チャータード銀行は4億8,100万ポンドの増額提案を出した。この問題はイギリス政府の法制機関である独占および合併委員会にゆだねられた。委員会は両提案に対して、スコットランドの自立的な銀行システムを維持する必要があるため、最終的な決定はスコットランドにゆだねると報告した[55]。

数多くの要素がこの決定の背後にあった。スコットランドにおける著名な団体はスコットランドの銀行業の自主性の保持を声高に求めた。香港銀行の買収提案はイングランド銀行の反対という特殊な妨害に遭った。イングランド銀行はスタンダード・チャータード銀行の提案に同意し、香港銀行の会長が自身の意向を通知したときに、イングランド銀行は会長に買収計画を進めないことを要請した。香港銀行がこの忠告を無視したとき、イングランド銀行はその提案を妨害するためのあらゆることを行った。イングランド銀行の独占および合併委員会に対する証言では、「海外の」所有と支配に反対し、香港銀行の規定が不適切であると主張した。しかしながら根本的な反対は、イングランド銀行総裁の権限が軽視されるとすれば、ロンドンのシティにおける彼の権限が致命的に弱まることになるということであった[56]。以上のことがスタンダード・チャータード銀行の提案を支援したとはいえ、香港銀行に対するイングランド銀行の反対という極端な蛮行が、

ロイヤル・バンクにとってスコットランドのアイデンティティの維持がきわめて重要な問題になるとの雰囲気の原因となった。

ロイヤル・バンク・オブ・スコットランドの出来事は非常に皮肉な成り行きとなった。多くのスコットランド人は為替銀行の経営者を多く提供してきたが、スコットランドの銀行に対する為替銀行の買収の試みは、スコットランド人のナショナリズムに打ち破られた。イングランド銀行は、海外銀行と国内銀行の統合を60年間妨げてきたが、スタンダード・チャータード銀行とロイヤル・バンクのケースにおいて、その考えをあきらめた。香港銀行はアジアでのイギリスの金融の力の伝統的なシンボルであったが、自身を「海外」銀行とみなされていることが分かった。

スタンダード・チャータード銀行と香港銀行の業績はロイヤル・バンク事件後に悪化したが、最も損害を受けたのは前者であった。最初スタンダード・チャータード銀行はイギリス戦略の頓挫から回復したように見えた。1984年にスタンダード・チャータード銀行はイギリスにおけるクリアリング・バンクの地位を取得する一方、85年にはアリゾナ・ユナイテッド銀行の買収が合意に達した。このことは、アメリカへのいっそうの地理的多角化を象徴した。一方、子会社が現地化され、歴史的なアフリカ依存は低下しつづけた。また部分的には政治的理由により、同行は南アフリカへの関与を減少した。1985年、スタンダード・チャータード銀行は、南アフリカの持株会社であるスタンダード・バンク・インベストメント・コーポレーション（SBIC）による株主割当増資へ参加しなかった。そして、その結果スタンダード・チャータード銀行の株式持分は39％に低下した。

しかし、この期間には戦略の失敗が明白であり、1981年から83年にかけて不良債権の引当金が3倍に増したことで、経営管理上の欠点が指摘された。スタンダード・チャータード銀行は1986年4月にロイズ銀行に敵対的TOBをしかけられるほど弱い状態にあった（第10章3参照）。スタンダード・チャータード銀行の経営陣は自行の独立性を維持する決定を下し、同行の顧客であった極東とオーストラリアの主要な企業グループが「ホワイトナイト」の役割を引き受け、ロイズ銀行を打ち破るに足る40％に達する高比率の株式を取得したのである[57]。3カ月後にそれは実現された。しかしながら、独立銀行として保護されたとはいえ、ス

タンダード・チャータード銀行の問題は深刻化した。異常な株式保有構造は同行の将来に一定の不確実性を生み、同行株式は投機株となった[58]。1987年に第三世界に対する債権の引当金が巨大な損失となり、同行は相当額の不良債権とカナダその他における子会社の低迷により、いっそう苦しめられた。

資産売却と経営陣の追放が続いた。1987年に同行のSBICに対する残余持分は売却され、翌年、アリゾナ・ユニオン・アンド・ユナイテッド銀行が売却された。同行のアメリカ戦略は終焉を迎えた。一方、1987年度決算発表が行われる少し前の1988年3月、イングランド銀行の銀行監督の責任者がCEOに任命された。グループを管理する取締役が辞任し、続く8月には会長が引退した。グループの資本力の増強を図るために株主割当増資が行われ、ロンドンとシンガポールの本社事務所を売却した。長い年月をかけて、「ホワイトナイト」に所有された株式が売却されていき、同行の異常な株式保有構造は解消された[59]。

再生計画（あるいは「ブレイク・アウト」として知られる）は、既成事実となっており、避けて通れないことであった。スタンダード・チャータード銀行は、伝統的な「コア」事業に集中することを決定した。極東-太平洋およびアフリカを業務の主要地域とし、貿易金融などの伝統業務へ集中した。商業銀行業務およびリテール業務は、香港やジンバブエなど、スタンダード・チャータード銀行が地位を確立した国に限定するようにした[60]。同行は1970年の姿、つまり、ロンドンを基盤とした国際銀行業務とアジア太平洋地域においてチャータード銀行から受け継いだ広大な支店網、そして英語圏のブラック・アフリカの一部における高収益銀行業務を統合した金融機関を目指すことに立ち戻った。イギリスにおける消費者金融事業のチャータード・トラストなど、先進国市場におけるスタンダード・チャータード銀行の業務のほとんどは売却された。チャータード・トラストは2000年にロイズTSBに9億5,000万ドルで売却された。ヨーロッパおよびアメリカにあった残りの営業所はホールセール業務、貿易金融に携わった。

1990年代にスタンダード・チャータード銀行は専門的な「エマージング市場の銀行」としての自身のポジションを追及した。90年にベトナム、92年にカンボジアとイラン、93年にタンザニア、95年にミャンマーに支店が開設された。98年には、主に貿易金融にかかわるアンデス地域の銀行であるロス・アンデス・エクス

テリア銀行の支配的株式を取得した。99年には97年のアジア金融危機の被害者でタイ政府によって救済されたナコンタン銀行株の75％を取得した。これらはスタンダード・チャータード銀行に、タイでのリテール業務の相当なプレゼンスとともに50を超える支店を与えた。2000年にはスタンダード・チャータード銀行は同行の歴史上最大の2つの買収を行った。1つはチェイス・マンハッタンの香港での消費者向け事業を13億2,000万ドルで、もう1つはグリンドレイズ銀行を17億4,000万ドルで買収した。後者は、スタンダード・チャータード銀行を資産規模でインド最大の国際銀行たらしめた。

2003年までにスタンダード・チャータード銀行は50カ国以上に500を超える事務所を持ったが、圧倒的にエマージング市場が多かった。総収入のほぼ3分の1は香港からもたらされ、シンガポールとインドからそれぞれ総収入の10％、9％がもたらされた。一方、イギリスとアメリカは資産の30％を有していたが、総収入の13％しか貢献していない。同行は独立性を維持し、エマージング市場の銀行であると肯定的にみなされたが、1990年代後半の相次ぐ買収の結果、高コストの体質になり、この銀行は、エマージング市場で強い販売権を持つ魅力的な買収ターゲットとなってしまった。

香港銀行はスタンダード・チャータード銀行のような深い傷を負うことはなかった。スタンダード・チャータード銀行のように、ロイヤル・バンク買収の失敗に対する香港銀行の対応は他のところへ多角化することであった。香港銀行はシティの証券市場の重要な変化を見越して、商業銀行によるロンドンの株式ブローカーの買収ラッシュに加わった。1984年、同行はロンドンの大手仲介業者であり、投資アナリストとして卓越した評判を得ていたジェームス・ケーペルの株式29.9％を取得した。29.9％は証券取引規則で許容される最大限であった。2年後、香港銀行は同社の100％の所有権を取得した[61]。商業銀行業務においては、銀行制度の規制緩和の進んだカナダとオーストラリアに参入した。同行は両国での商業銀行設立を許可された。カナダにおいては、問題を抱えたカナダの国内銀行の買収（1986年）、その後のロイズ銀行とミッドランド銀行のカナダ業務の取得を通じて、相当数の支店網が確立された。香港銀行（カナダ）は90年末までにカナダ最大の外銀となった[62]。

1980年代が進むにつれ、香港銀行が2つの深刻な問題に直面したことが明らかとなった。第1は同行の本国基盤である。香港の将来は不透明であった。それは、多くの土地（ニュー・テリトリー）が、1898年に中国政府からイギリスに99年間リースされたにすぎなかったという事実である。香港島など植民地の遺物は、リースされた区域なしで、成長しうる存在ではなかった。初め香港銀行は、1997年問題は存在しないとしていた。象徴的な意味において1982年に香港銀行は、20年の住宅抵当ローンを提供することにより、将来への自信をあらためて表明した[63]。2年後にイギリス政府は、植民地全体が1997年に中国に返還されることになるが、97年以降も領内の経済のライフスタイルの継続性に対して保証するという協定を取り決めた。しかし、この協定はほとんど信頼を与えず、天安門事件のあった1989年6月までに、企業および専門家の大量移転がすでに始まっていた。

香港銀行にとっての第2の問題は多角化戦略にあった。1980年代に同行は多くの子会社に対して統合管理アプローチを継続した。ハンセン銀行、マリーン・ミッドランド（87年までは完全所有ではない）、およびジェームス・ケーペルは独立した銀行として運営された。80年代半ばにおいてこの政策は強みの源泉であり、多くのM&Aにより生じた企業文化の衝突問題を克服してきた。しかし実際には、この政策は強みより経営の弱点の兆候となった。香港銀行はスタッフに対して正式な教育を導入したが、経営陣のスキルは特定の地域と製品に特化したままであった。その結果、既存の経営陣がその場所を離れるという選択肢はほとんどなかった。同行の副会長は以下のように回顧している。

> 私達は困難な状況で海外拡張戦略を行ったが、常に成功したわけではない。……アメリカとオーストラリアのどちらにおいても、私達は、自社文化を輸入しようとはしなかった。これは強みでもあり弱みでもあった。ジェームス・ケーペルにおいても、ケーペルが強力で確立された証券業の文化をもっていたために、文化の問題があった。私は、私達が直接実行できるスキルを有しているとは考えてない。特にアメリカでは、それが非常に困難であり、ジェームス・ケーペルも同様であった[64]。

表10-4　香港銀行の子会社（一部）の公表損益（1985～90年）

	ジェームス・ケーペル (単位：千ポンド)	CM & M (千USドル)	マリーン・ミッドランド (千USドル)	HSBCカナダ (千カナダドル)	HSBCオーストラリア (千オーストラリアドル)
1985年	データなし	データなし	125,119	408	―
1986年	16,675	3,236	144,944	1,133	350
1987年	(13,985)	17,576	(408,765)	6,009	6,667
1988年	(32,381)	(30,946)	160,531	20,837	10,753
1989年	358	(4,743)	13,886	34,818	(81,564)
1990年	(30,350)	407	(295,631)	48,688	(273,198)

(出典)　Hongkong Bank Annual Reports, 1985-1990.

　表10-4は、1983年に買収したアメリカの証券業者のCM&Mなど、香港銀行の新たな子会社の1985年から90年までの公表利益を示しており、この期間の諸問題の概要を知ることができる。香港銀行は第三世界への債権をほとんど持っていなかったが、1980年代後半にイギリス・アメリカなどの先進国経済圏での不良債権はそれ以上であった。1987年10月の株式市場の暴落以降、イギリスとアメリカの証券業界において市場動向は非常に困難になったが、CM&Mでの損失と、とりわけジェームス・ケーペルでの損失は経営問題をより悪化させた。ケーペルのCEOは香港銀行に、この会社を売却させようとしたが失敗し、1990年に辞任した。その後、ケーペルの高い自立性は終焉した[65]。ほかの場合にも類似の問題があった。中国人移民を基礎としたコア事業を持っていた香港銀行（カナダ）だけが、この10年間の終わりごろもいっそう楽観的見通しであった。

　香港銀行の困難は絶対的というよりむしろ相対的であった。同行の公表利益は、世界中の多くの銀行にとって非常に困難な年であった1990年に減少したが、そのときでさえ依然として含み益に頼る必要がなかった。実際、同行の潜在的な強みは、含み益と真実の利益の公表を求める歴史的決定が下された1992年に明らかになった。同行の純利益の公表値は89年に3億7,600万ポンド、90年に2億7,200万ポンド、91年に4億6,500万ポンドであったが、含み益を加えるとそれぞれ、6億1,000万ポンド、3億8,000万ポンド、7億700万ポンドに修正された。香港銀行の全体レベルでの含み益は、これまで重要な推定の対象となってきたが、それは1989年に8億5,900万ポンド、1990年に9億2,300万ポンド、1991年に11億4,100万ポンドに上ったことが明らかになった。香港銀行にとって大きな問題が

収益の源泉であった。多角化戦略によって同行は、約50カ国に1,300を超える営業所を持ち、アメリカおよびカナダに資産の約4分の1を有していたものの、香港が依然として「王冠のなかの宝石」すなわち、とくに優れている地域であった。香港は1991年に同行の税引前利益の87%を計上していたのである[66]。

　香港への依存度を低下させ、政治的により安定した基盤を獲得する差し迫った必要性は、まず1987年のミッドランド銀行への投資、そしてその後の複雑な事業再構築へと導いた。新しいグループ持株会社であるHSBCホールディングスが創設された。1991年3月末時点で香港銀行の株式は香港とロンドン市場からなくなり、4月初めにHSBCホールディングスの株式としてふたたび現れた[67]。

　12カ月後、香港銀行はミッドランド銀行へのTOBを、その経営陣の同意の下で開始した。ロイズ銀行からの買収提案は、香港銀行が39億ポンドへと提案金額を上げたあと最終的に打ち破られ、1992年6月にミッドランド銀行はついに香港銀行に買収された。ミッドランド銀行は99年にHSBCへと名称を変更した。国際的な銀行サービスの提供とイギリス、北アメリカ、アジアにおける幅広いリテール業務を結合した銀行グループの誕生である。HSBCグループの本社は1993年にロンドンへ移転した。同グループが現地の責任を伝統的に重視したことにより、このロンドン本社は単に企業戦略や財務統制のような中心的職能のみを提供するということを意味していた。

　1990年代を通じて、HSBCは先進国市場およびエマージング市場の両方に拡大しようとした。99年にHSBCは全世界に同一の国際的ブランドネームを確立した。企業イメージは「世界のローカルバンク」であった。HSBCは南米にも拡大した。1997年に不調のバメリンダス銀行を買収し、同年アルゼンチンのロバート銀行の全支配権を取得した。2002年にはメキシコの4大金融サービスグループで国内に1,400の支店を持つGFビターの買収のために11億ドルが支払われた。翌年HSBCはブラジルでバンク・オブ・アメリカの資産管理事業を取得した。また、2000年にはHSBCはフランスの大手銀行の1つであるCCFを110億ユーロで買収した。CCFの買収は、低コストの取引を行う歴史を有するHSBCにとって特に高価な買収であった。オランダのINGとの買収合戦に打ち勝つためであった。HSBCは2001年にギリシャにおいてバークレイズ銀行の支店およびフ

ァンド運営会社を取得する一方、CCFはフランスの小規模地域銀行を買収しはじめた。最終的にHSBCはアメリカにおいて非常に大きい2つの買収を行った。1999年のリパブリック・ニューヨーク・コーポレーションと2002年のハウスホールド・インターナショナルの買収である。

　2003年までにHSBCグループは資産規模で世界第3位、株価時価総額で世界第4位の商業銀行となった。HSBCは80カ国以上に7,000の事務所を持ち、17万人を雇用した。HSBCの成功は、低コストでよい買収を行い、買収企業をうまく吸収し、それを保守的な実践方法と結合する能力による。しかしながら、ハウスホールドを買収する前は、香港が依然としてHSBCの税引前利益のほぼ半分を、欧州が44％強を占めていた。HSBCのその他地域への広範囲に及ぶ事業は、総利益にわずかに貢献しただけである。香港におけるHSBCの地位が長期にわたる成功の主因であることは疑いようがない。

　1970年代から海外銀行の後継者達は、クリアリング・バンクのように、その受け継がれた体制を急速に調整しようとし、新しい国や新商品へと多角化した。しかしながら多角化は、とりわけ買収により達成された場合は、経営の弱点を露呈させた。イギリスは海外銀行にとって絶え間ない問題の原因となった。グリンドレイズ銀行のマーチャントバンク業への投資は、同行をイギリスの不動産市場の予測不可能な変化にさらした。スタンダード・チャータード銀行は未知の消費者金融事業に参入するようになった。同行はスコットランドの銀行の買収に失敗したときに戦略方向を失っていた。そして同行は、失敗に終わったロイズ銀行からのTOBにより、その株主構成が不安定化した。香港銀行もまたイギリスにおいて問題を起こしやすかった。スタンダード・チャータード銀行は90年代に入りようやく、伝統的な強みにふたたび焦点を絞り強固になったのである。同行はロンドンに本社を置いたまま国内ビジネスを失い、ふたたび「フリースタンディング」な組織形態に戻った。対照的にHSBCは最終的にミッドランド銀行を買収し、イギリス内での巨大なプレゼンスを確立した。2003年までにHSBCは世界最大かつ最良のグローバルバンクとなった。

5 グローバル債務

　イギリスの銀行が自身の歴史により不利な立場にあったのであるが、より問題を悪化させた戦略を実行した。大規模な国際貸付への参入はよりコストのかかる新戦略の1つであった。イギリスの銀行家は、クリアリング・バンクと海外銀行ともに、事業を短期貸出に限定したことで有名であった。しかし1982年までに、こうした伝統を直接受け継いだイギリスの銀行は、世界債務危機——史上最大の「ロックアップ」——に巻き込まれた。

　商業銀行による国際貸付は1970年代に大幅に増加した。正味の国際貸付は75年に約400億ポンドであった。そして、1978年には900億ポンド、1980年には1,600億ポンドに達した[68]。これは新しい現象であり、ユーロ市場の誕生により可能となった。多国籍銀行は当初、ほとんど多国籍企業の要求に対しサービスを提供するためにグローバル新市場を利用した。この状況は1973～74年のオイルショックにより変化した。オイルショックは産油国に大幅な黒字を、非産油国に大幅な赤字をもたらした。商業銀行は仲介の役割を引き受けた。産油国は銀行に余剰資金を置き、銀行が余剰資金を再投資し、非産油国の支払い不足額をファイナンスした。銀行の顧客の特質は、その結果変化し、政府と公的機関が主要な顧客として出現した[69]。1970年代におけるアメリカの銀行の急速な国際成長はこうした国際貸付によりその大部分がもたらされた。アメリカの銀行の幹部のほとんどは次のような見解に賛成している。銀行経営の第一目標は銀行の資産規模を増大させることであり、借入れを行おうとするあらゆる者に対する国際貸付は、こうした目標を達成する最速の手段である。

　同時期に、銀行からの国際的な借り手はさまざまであったが、発展途上国、特にラテンアメリカ諸国が突出していた。ラテンアメリカ諸国の債務は1973年以降急速に拡大し、これら債務の増加部分は商業銀行によるものであった。ある推計では、ラテンアメリカ諸国の債務に占める商業銀行のシェアは1973年の60％から7年後には78％に上昇した[70]。借り手と貸し手の利害の間にはシナジーが存在したようであった。発展途上国は公的機関や政府機関から十分な支援を受けること

がまったくなく、石油価格高騰による大規模な赤字支出に直面した。銀行による信用の提供は、公的機関からローンに通常付けられる条件がなかったために、発展途上国にとってとりわけ魅力的であった。一方、西洋の商業銀行は非常に資金が潤沢であり、発展途上国が生産する多くの主要製品の価格高騰があったために、多くの発展途上国への貸出を行った。銀行は、公的債務が無リスクであると信じていたことに加え、国際貸付のあらゆる危険は多様な利子率のローンの導入、シンジケートローンの利用により最小化されると信じていた。シンジケートローンは主幹事銀行により組成された。主幹事はローンを引き受ける用意のある少数の主要銀行を集め、その後ローンを分担する用意のある多数の小さな銀行を集めた。幹事銀行は手数料を受け取る一方、小銀行は外見上、低いリスクとわずかな管理コストで国際貸付に参加することができた[71]。

アメリカの銀行は1970年代に発展途上国へのシンジケートローンの主幹事であったが、同じくイギリスの銀行も重要であった。1976年から1977年にアメリカの銀行は国際シンジケートローンの総額の半分以上を集めたが、イギリスの銀行も16％と重要な位置を占めていた。ドイツ（16％）とコンソーシアム銀行（6％）もまた重要であった。1978年から1982年にかけてシンジケートローン組成では、アメリカ以外の銀行、とりわけカナダ（13％）、日本（9％）、フランス（5％）の銀行が急速な成長を果たしたが、アメリカの銀行とイギリスの銀行が主幹事を独占しつづけた[72]。

1982年8月の世界債務危機の発生とそれに続くメキシコの90日間の負債元金支払停止宣言は、その後銀行の融資政策に対する非難の嵐を巻き起こした。銀行は、（おそらく前払ローン手数料を得るために）ローンの質に関して十分に考慮しないで過剰融資をしており、借り手にローンを「押し付け」、また、おそらく国家の破綻に関する最近の情報がないためにリスク評価において無能であるなど、さまざまに非難された[73]。また、銀行が「集団行動」（herd behavior）をとる傾向にあり、その結果、貸付は経済の潜在的強さにわずかに関連していただけであった[74]。

より詳細な分析によると、1970年代の発展途上国に対する貸し手である多様な多国籍銀行に、少なくとも3つの戦略が識別されうる[75]。「リーダー」はアメリ

第10章　グローバリゼーションの興亡　467

カの5大銀行であり、公的シンジケートローンの組成で優位に立ち、銀行資産の急速な成長を達成しようとした。アメリカの銀行は高マージンの大規模ローンを重視する貸付戦略を採用した。第2は「リーダー」に対する「チャレンジャー」であった相対的に小規模な銀行10行のグループがあった。ロイズ銀行はこのグループに属する唯一のイギリスの銀行であり、ほかには東京銀行、ケミカル銀行、モントリオール銀行などが含まれていた。これらの銀行は、より大規模な取引を通して市場シェアを増大させることを目指し、「最悪の事態の軽視」(disaster myopia)、あるいは全債務が返済されるという認識の甘さのために、破綻に対して大きなリスクを負う傾向にあった。第3は、よりいっそう受動的な「フォロワー」の銀行グループであり、そこにはロイズ銀行以外のイギリスの3つのクリアリング・バンクが含まれた。フォロワーはシンジケートローンを組成する活動もするが、他の銀行よりも消極的であった。

　世界債務危機について言及するならば、イギリスに独自色は何一つなかった。イギリスの銀行の戦略は、より大規模なアメリカの銀行を控えめに模倣したというのが一番適切であろう。しかしながら、イギリスの銀行は、他のヨーロッパの銀行より発展途上国への貸付に積極的であり、その結果、問題国債務にいっそう多く直面したのである。1985年末までにアメリカの銀行の総ローンの61％、イギリスの銀行の45％が発展途上国向けであったのに対し、スイスの銀行はわずか18％に過ぎなかった[76]。表10-5はラテンアメリカ債務に対するイギリスの融資額を示しており、この金額はフランスとドイツの銀行の合計額と同じであった。

　イギリスの銀行に対する主な批判はおそらく、イギリス国際銀行業務の独自の歴史を考慮すると、イギリスの銀行は過去の経験を軽視し、先行するアメリカに追随しすぎたということであろう。のちに、あるイギリスの銀行の会長は次のように述べている。「ラテンアメリカへの貸付には十分な歴史的な前例があり、それはだれにも警告を与えていたはずである」[77]。「警告」はロイズ（インターナショナル）において特に重要であったはずである。同行は、100年以上のラテンアメリカでのイギリス支店銀行業務の継承者であり、いくらコストがかかろうとバランスシートの拡大を目指す「チャレンジャー」銀行として卓越していた。「私達の気風は拡大することであった。私達は、ロイズ銀行や他のクリアリング・バ

表10-5　ラテンアメリカの債務への与信額
（最大与信銀行の国籍を表示、1985年末現在）

(単位：百万ドル)

信用提供銀行 （国を表示）	債務国			
	ブラジル	メキシコ	アルゼンチン	ラテンアメリカ合計
アメリカ	25,600	24,100	8,900	90,500
イギリス	9,140	8,669	3,677	30,046
日本	8,200	10,000	4,300	29,730
フランス	6,802	4,500	1,500	17,047
カナダ	5,559	5,181	1,438	16,619
ドイツ	4,680	3,570	2,540	14,790

(出典)　United Nations Centre on Transnational Corporations, *Transnational Bank Behaviour and the International Debt Crisis* (New York, 1989/9), p. 63.

ンクと比較して小さすぎるとの理由で、大量のシンジケートローンを維持することを望んでいた」と、のちに元マネージャーは述べている[78]。ロイズ（インターナショナル）はアルゼンチンおよび、より小規模なブラジルとメキシコに対する融資において最大手の主幹事銀行の1つであった。ロイズ銀行はラテンアメリカ諸国の公的債務において、イギリスのどの銀行よりも高額の融資を持っていた。1983年末時点で同グループは、ラテンアメリカへ総額約35億ポンドの国際融資を行っていたが、これに対して、当時の株主資本総額は23億ポンドであった。同グループはまた、ポーランドが1981年に債務の償還期限を延期したとき、最大の貸し手であった。

　その他のイギリスの銀行はより用心深かった。バークレイズ銀行とナショナル・ウエストミンスター銀行の両行は、バークレイズ銀行が1980年代半ばまでに債務返済不能国に数えられた南アフリカとナイジェリア（伝統的に重要な2地域）を有していたとはいえ、ラテンアメリカの債務における融資残高はずっと少なかった。しかしながら、ミッドランド銀行はラテンアメリカへの融資を活発に行っており、債務危機が起きた1982年時点で発展途上国に対する融資残高が総額32億ドル（20億ポンド）あった。海外銀行の直接的な後継者である香港銀行とスタンダード・チャータード銀行はかなり保守的であった。スタンダード・チャータード銀行が1980年代半ばにアフリカの債務危機にさらされたとはいえ、両行は国際的な国家向け貸付、特にラテンアメリカへの国家貸付をほぼ回避した。

その後、香港銀行とミッドランド銀行の両行は、アメリカにおける多国籍銀行戦略の望まれざる副産物として国家債務を取得した。クロッカー・ナショナルとマリーン・ミッドランドの両行は大規模なLDC（発展途上国向け）ローンを提供していた。香港銀行がマリーン・ミッドランドの完全支配権を手に入れた後である1988年に、このアメリカの銀行は発展途上国に対する融資残高を1,500万ドル、もしくは800万ポンド超を有していた。LDC債務購入の最悪の例はミッドランド銀行であった。クロッカー・ナショナルは多くのLDC融資残高を持っていたが、ミッドランド銀行はクロッカーの売却時にもその融資残高に責任を持つことを余儀なくされた。結果ミッドランド銀行は、発展途上国への未決済融資をさらに26億ドル取得することになり、グループの融資総額は58億ドル（32億ポンド）となった[79]。

過去200年間の金融史には、多くの政府による債務不履行が含まれていたが、投資プロジェクトに対する長期金融の大部分は民間投資家への国債発行により提供されており、デフォルト時に被害を被るのは民間投資家だった。主要な貸し手であったいくつかの世界の大手商業銀行が、この債務危機に、異なる特徴やより深刻な特徴を与えたことも事実であった。アメリカの主要多国籍銀行はとりわけ危険なポジションにあった。債務のあるラテンアメリカとその他諸国において、収益水準が低下し、この問題解決のためにさまざまな試みが行われたが、失敗に終わった。しかしながら、実際の債務不履行はいつも回避された。1987年5月、シティバンクは多くの公的債務リスクは返済されるかどうかでさえ不確実であるとの認識を公表し、LDC債務残高に対し30億ドル（債務の26％に相当）の引当金を計上した。結果シティバンクは世界の銀行史において最大の四半期損失を計上した[80]。

イギリスの銀行はシティバンクに追随することを余儀なくされた。1987年8月にイングランド銀行は、問題債務を抱えるイギリス法人の銀行に書簡を送り、適切な引当金を再検討させた[81]。引当金計上の結果、ロイズ銀行、ミッドランド銀行、スタンダード・チャータード銀行がその年度に損失を報告することとなった。それらは、その前の10年間に多国籍戦略が最も不成功に終わった3行であり、すでに困難に陥っていた状況は、債務危機によりさらに悪化することとなった。と

りわけミッドランド銀行とスタンダード・チャータード銀行は困難な状況であった。翌年にかけてイギリスの銀行は第三世界債務に対して相当な引当金を計上した。1989年に国際決済銀行（BIS）も銀行の新たな自己資本比率規制を導入した。それは、銀行に資産の8％に相当する自己資本を維持することを要求し、銀行のバランス・シートを強化させ、その過程で1970年代にあったようなオーバーレンディングを防止しようとするものであった。

イギリスの銀行は、これまで国際的な国家向け貸付にかかわってこなかったが、1970年代に新しく規制のないユーロ市場に携わるようになった。イギリスの銀行には単独の戦略も独自の戦略もなかった。イギリスの銀行は、アメリカの銀行を模倣し、特にロイズ銀行のケースでは、熟知している分野の過去の歴史を無視し、堅実さよりも資産の成長を優先した。

6　アメリカおよびヨーロッパにおける多国籍銀行業

1970年代から80年代にかけてイギリスの銀行は第2の多国籍銀行帝国を作ろうとした。彼らの関心は、南半球とアジアからヨーロッパおよび、とりわけアメリカに移った。金融市場のグローバル化により、ホールセールとコーポレート・バンキングに携わるために、ヨーロッパとアメリカの主要金融センターに支店を設立することが必要不可欠となったが、イギリスの銀行は、より野心的な多国籍リテールバンキング戦略も追求した。

19世紀半ばにイギリス系カリフォルニアの銀行が相次いで設立されたことは別として、イギリスの銀行経営者は一般的にアメリカへの大規模な直接投資は避けてきた。大規模な海外銀行はニューヨークにおいて完全所有の「代理店」を維持した。それら代理店は貿易金融を行い、情報源としての活動をしたが、地元の預金を取り扱うことが法律により禁止された。一方、クリアリング・バンクはコルレスベースでアメリカ事業に従事し、戦間期において、時折アメリカでの個人的な「代表者」を任命した[82]。1950年代半ばにはこうした戦略の修正がみられるようになり、イギリスの銀行は1974年以降にアメリカの銀行の大規模な買収を行った。

1955年から73年までイギリスの銀行は、アメリカにおける新たな地域へのわずかな直接投資を行った。同期間は、香港銀行が長年のサンフランシスコ代理店を独立子会社に変更する決定にはじまったが、1970年までに9つの支店を持つだけの控えめな業務にとどまっていた[83]。1960年代にチャータード銀行とバークレイズ銀行（DCO）もカリフォルニア子会社を設立している。チャータード銀行は新子会社のロンドン・チャータード銀行を1964年に開業した。バークレイズ銀行（カリフォルニア）は1965年に法人化され、サンフランシスコでDCOの代表部の基盤を構築した。イギリスの親会社であるバークレイズ銀行が資本金の25％を、バークレイズ銀行（DCO）が残り75％を拠出した[84]。

イギリスの銀行はまたニューヨークの代表部の質も高めていった。1961年のニューヨーク州法の改正により、海外銀行はニューヨーク市の代理店を、国内事業を行う支店へと変更することができるようになった。バークレイズ銀行（DCO）は1963年にこれを実行し、64年に2つめのニューヨーク支店を開いたが、以降70年までは新たに支店を開いていない[85]。バークレイズ銀行は1971年に新子会社であるバークレイズ銀行（ニューヨーク）を設立し、リテール業務を展開しはじめた。74年、80年、82年に小規模な銀行と支店の取得があり、82年にはトータルで89店舗となった。その他の海外銀行も1960年代にニューヨークの代理店を改善し、例えば1969年にニューヨーク支店を開いたナショナル・ウエストミンスター銀行のような多国籍銀行業のイギリスの新参者もニューヨークに加わった。

1950年代からはじまったアメリカへの新しい関心の背景は前章でも記述した。イギリスの貿易および海外直接投資のアメリカとヨーロッパへのシフトによって、イギリスの銀行がイギリス企業の要求を満たすために用いてきた伝統的なコルレス契約が問題となった。しかしながら、アメリカでのイギリスの銀行活動とイギリス全体の直接投資のパターンの間には明確な相関はなく[86]、受入国の諸要因がより直接的な影響を与えた。ニューヨーク支店の開業においては規制の変化が最重要な要因であったのに対し、カリフォルニアにおいては高収益機会に関する起業家的な理解が重要であった。カリフォルニアは支店銀行業に対し自由を与え、アメリカで最も早く成長した州であった。

アメリカの多国籍銀行業の成長も重要であり、それは伝統的な銀行業の結びつ

きを崩壊させた。チャータード銀行のチーフマネージャーはカリフォルニア子会社を始める決定を以下のように説明した。カリフォルニアの銀行が私達のテリトリー、または彼らが自身のテリトリーだと述べている区域において、よりいっそう積極的な活動を行っていることである。数年前ならば、彼らがわれわれの支店を使い、われわれを通すことが習慣であった。しかし、現在彼らは高い評判を理由に大規模海外部門を欲しており、彼らの社員は、われわれを無視して、小規模な地元銀行とアジア諸国で為替事業を行おうとしている。おそらくこの消耗戦においては反撃が好ましいだろう[87]。

1960年代以降、イギリスのクリアリング・バンクは本国市場でアメリカの銀行と競争することとなった。アメリカの銀行はユーロ市場に参入するためにロンドンに来るやいなや、企業貸付においても市場シェアを急速に獲得した。アメリカの銀行の積極的なマーケティングとタームローンの利用はアメリカ企業の子会社だけでなく、イギリスの企業顧客を引き付けたのである[88]。イギリスは、総資産規模で言えば、アメリカの銀行の活動が最も多い国となった[89]。

カリフォルニアにおけるイギリスの反撃の第一段階はそれほど成功したとはいえない。市場が大きかったとはいえ、複雑かつ競争もあり、そこでの成功は相当な専門的知識を必要とした。カリフォルニアの子会社を監督するために送られた香港銀行の経営者は、アジア諸国で銀行業を学んできたが、アメリカで銀行を運営するには十分に準備されていなかった。一方、経験のあるアメリカ人の銀行家をイギリスの銀行に採用することは困難であった。彼らは、経営幹部へと昇格することができなかったからである。アメリカ市場にふさわしい地位を築くには他の問題もあった。このイギリスの銀行子会社は、国際貿易金融に集中すべきであったのだが、一般的な銀行業務を行うようになるとの長期展望が示されていた。しかし、リテール銀行として成功するにはまだ支店網が小さすぎたのである[90]。

ロンドン・チャータード銀行はイギリス親会社と関連して同じような問題をはらんでいた。同行も高収益の事業を育成するために、国内銀行業務を行うようになった。同行は土地価格が上昇する好況期に開業し、多くの不動産担保ローンを行った。利子率が上昇したときデフォルトが相次いだ。不動産投機リスクが顕在化し、貸出手続きの厳格化が行われる前に、さらなる不動産担保ローンが行われ

た。1969年末までに同行は不良債権により300万ドル（64年の初期資本の総計に相当）の損失を計上した。これら損失は、同行が不利なレートでユーロドル資金の提供を受けなければならないということを意味した。1968年と1969年に同行はそのような業務で230万ドルのコストを計上した[91]。この損失は直後に抑制されたが、非常に低い資本利益率を継続的にもたらした。そして、ロンドン・チャータード銀行はおおむね個人に幅広いサービスを提供する小規模リテール銀行として発展した。その結果、スタンダード・チャータード銀行のほかの事業とほとんどシナジーのない高コスト・低リターンの事業となった。

カリフォルニア事業の改善見込みのない業績にもかかわらず、イギリスの銀行のアメリカ市場への強い関心は低下しなかった。1974年、新たな地域の拡張期は買収の時期に代わった。表10-6は1974年から1990年までのイギリスの銀行による主なアメリカの銀行および金融サービス会社の買収を示した。

イギリスの銀行によるアメリカ商業銀行買収の波は、外国銀行のアメリカの銀行買収の一般的パターンと同様に、控えめな方式ではじまった。1970年以前には外資によるアメリカの小規模銀行の買収が5件あったにすぎない[92]。スタンダード・チャータード銀行は1974年にカリフォルニアの小規模銀行を買収した。バークレイズ銀行はニューヨークで中規模銀行を買収し拡張しようとしたが、規制当局に阻止された。しかしながら規制当局はより小規模なファースト・ウエストチェスター・ナショナル銀行の買収を1974年に許可した[93]。最も野心的で高価な買収はロイズ銀行による、ファースト・ウエスタン銀行（ロイズ銀行〔カリフォルニア〕に改名）の買収であった。こうした買収によって、カリフォルニアの総銀行資産に占める外国銀行のシェアは、1970年の5％から5年後には13％まで上昇した[94]。またこの買収により、ロイズ銀行はカリフォルニアで、他のイギリスや日本の銀行に先んじて最大の外銀になり、また預金量において同州8位の大銀行となった[95]。

買収の第一波のあと1979年まではほとんど活動がなかったが、1979年から1981年に大きな買収が集中した。それには2つの形式がとられた。まず、バークレイズ銀行とロイズ銀行がとりわけ多くの消費者金融事業を取得したことである。1979年にバークレイズ銀行は、23州で消費者金融、リースおよびファクタリング、

表10-6　イギリスの銀行によるアメリカの商業銀行・

年	英　　銀	米　　銀
1974	ロイズ	ファースト・ウエスタン
1974	バークレイズ	ファースト・ウエストチェスター
1974	スタンダード・チャータード	リバティ・ナショナル
1978	スタンダード・チャータード	コマーシャル・アンド・ナショナル・ファーマーズ
1979	スタンダード・チャータード	ユニオン銀行
1979	ナショナル・ウエストミンスター	ノース・アメリカ・ナショナル銀行
1979	バークレイズ	アメリカン・クレジット
1979	バークレイズ	ベネフィカル
1980	バークレイズ	アエトネ・ビジネス・クレジット
1980	ロイズ	タルコット・ファクターズ（60%）
1980	香港銀行	マリーン・ミッドランド（51%）
1987	香港銀行	マリーン・ミッドランド（49%）
1981	ミッドランド銀行	クロッカー・ナショナル（57%）[5]
1985	ミッドランド銀行	クロッカー・ナショナル（43%）
1987	スタンダード・チャータード	ユナイテッド・バンク（アリゾナ）
1987	ナショナル・ウエストミンスター	ファースト・ジャージー・ナショナル
1988	ロイヤル・バンク・オブ・スコットランド	シチズン・フィナンシャル
1988	ナショナル・ウエストミンスター	ウルトラ・バンコーポレーション
1996	ナショナル・ウエストミンスター	グリーンウィッチ・キャピタル・マーケット
2003	HSBC	リパブリック・ニューヨーク
2003	HSBC	ハウスホールド・インターナショナル

（注）　(1) s は売却、c は2002年現在で存続している。
　　　(2) このカテゴリーは主要事業がニューヨークかニュージャージーにある銀行のことで、必ずしも該当州に登記
　　　(3) 多様な州で運営されている消費者金融企業である。
　　　(4) ジェームス・タルコット・ファクターはニューヨーク、アトランタ、ダラス、ロサンゼルスにおいてファク
　　　(5) ミッドランド銀行は1981年10月にクロッカー・ナショナルの株式51%を5億9,700万ドル買収した。その後、
（出典）　各行年次報告書および *Financial Times* 各号参照。

　モーゲージローンを提供するアメリカン・クレジットを買収した。バークレイズ・アメリカン・コーポレーションと改名し、本社をノース・カリフォルニアに置いた。その後いくつかの買収が続いた[96]。

　より大きな規模でスタンダード・チャータード銀行、香港銀行、ナショナル・ウエストミンスター銀行、ミッドランド銀行は2つの商業銀行および、2つの他の銀行株式の過半数所有のために総額で19億6,500万ドルを投じた。1974年以降スタンダード・チャータード銀行はカリフォルニア、とりわけロサンゼルスにおいて、適当な買収案件を模索しつづけた。他のカリフォルニアの小規模銀行が買収されたのに続き、預金量でカリフォルニア6位、アメリカ24位のユニオン銀行

金融会社の主な買収事例（1974〜2003年）

コスト（百万ドル）	運命[1]	アメリカ カリフォルニア	アメリカ ニューヨーク ニュージャージー[2]	その他
118	1986s	X		
データなし	c		X	
16	1988s	X		
400	1988s	X		
429	1988s		X	
210	c		X	
145	1990s			X[3]
165	1990s			X[3]
118	1990s			X[3]
314	1986s			X[4]
770			X	
822	c			
224		X		
335	1986s			
820	1988s			X
440	1995s		X	
282	c			X
600	1995s		X	
600	c			
985	c		X	
14,200	c			X

されたのではない。

タリングと商業金融サービス事業を有していた。1984年に100％子会社となる。
1982年に54％（1億1,200万ドル）、1983年に57％（1億1,300万ドル）に保有比率を上昇させた。

　の買収が行われた。ロンドン・チャータード銀行はユニオン銀行と合併し、預金量でアメリカ25大商業銀行に入る金融機関を創った[97]。
　また1979年に、ナショナル・ウエストミンスター銀行は預金量でアメリカ37位のノース・アメリカ・ナショナル銀行を買収した。ナショナル銀行はニューヨークに本社を置き、グレーター・ニューヨーク地域に140の支店を持つ、ニューヨーク州13位の銀行であった。数年後、同行はナットウエスト USA と改名された。
　翌年、香港銀行はニューヨーク州の別の大規模銀行であるマリーン・ミッドランドの51％を取得した。これはアメリカ金融史において最大の外銀による買収であった。1978年初頭に始まった両銀行間の交渉は、10月に最終合意が株主により

表10-7 外資銀行所有の米金融機関の
総資産（国名で表示）

(単位：10億ドル)

国	1980年		1985年		1990年	
	資産	順位	資産	順位	資産	順位
日本	72.5	1	178.6	1	435.5	1
イギリス	25.1	2	57.0	2	44.1	3
カナダ	15.7	3	39.5	3	40.2	4
フランス	12.9	4	20.6	6	37.5	5
香港	11.9	5	23.3	5	22.4	7
スイス	11.3	6	18.3	7	25.6	6
イタリア	9.2	7	29.1	4	48.0	2
ドイツ	7.2	8	8.8	8	16.2	8

(出典) Faramarz Damanpour, *The Evolution of Foreign Banking Institutions in the United States* (New York: Quorum Books, 1991/8/23) 1990年の数字は、*Wall Street Journal*, 1991/8/23 およびミラ・ウィルキンスによる同著者への手紙。香港銀行はこのデータでは香港に属するものとした。

承認された。しかしながら、連邦および州の規制当局から正式な承認を得る手続きは非常に複雑であり、1980年10月になって初めて、株式の51％の取得が行われた[98]。州にまたがる銀行業に関する連邦規定の要求を考慮して、香港銀行（カリフォルニア）はアメリカの銀行に売却された。

香港銀行によるマリーン・ミッドランドの買収は、外資による最大のアメリカの銀行買収として長くは続かなかった。ミッドランド銀行は1981年にアメリカ11位のクロッカー・ナショナルの51％を取得したのである。ミッドランド銀行は数年間アメリカの銀行買収を模索し、シカゴに本社のある金融会社の買収を企画したことがあったが、調査の結果不良債権が明らかとなり身を引いていた。クロッカー買収の条件として、ミッドランド銀行は初め51％の株式を取得し、その後3年間で1株90ドル（総額2億2,500万ドル）で所有比率を57％まで上昇させることにも同意した。買収は1980年7月に合意したが、翌年10月までに当局の承認を得ることができなかった[99]。

1980年代初めに、イギリスの銀行は日本に続きアメリカにおける銀行資産の第2位の所有者になったが、それは劇的なことではなかった（表10-7参照）。

買収活動が一段落したのち、イギリスの銀行は1985年から1988年にかけて、4つの銀行と、1979年から1981年に部分的に取得していた2つの銀行の少数株式に28億7,100万ドルを投じた。ミッドランド銀行は1985年にクロッカー・ナショナルの残りの株式を取得し、香港銀行は1987年にマリーン・ミッドランドの少数株式を取得した。1987年にスタンダード・チャータード銀行はアリゾナ・ユナイテッド銀行の買収（これはユニオン銀行経由での買収である）により事業を多角化した。ナショナル・ウエストミンスターはニュージャージーの大規模銀行を2行

買収したが、1988年1月から同州で業務を行うニューヨークの銀行として承認された。最終的に、ロイヤル・バンク・オブ・スコットランド（以前は少数の外国支店と事務所のオーナーにすぎなかった）はロードアイランド最大の州公認銀行であるシチズン・フィナンシャルを買収し、その後2年間にわたる小規模な買収により同州に50以上の支店を持つに至った[100]。

買収ブームに邁進したイギリスの銀行は、資金を有益に利用しうる地域で、資産基盤を多角化し、預金基盤を獲得しようとする願望が動機となった。少数の支店や代表事務所を通して、アメリカにおける企業向けないしホールセール事業を発展させてきたイギリスの銀行は、ユーロドル市場よりも廉価な預金源泉を模索していた。銀行の買収はイギリス企業によるアメリカ企業の買収の一部でもありその対応でもあった。1976年から1986年の間にイギリス企業はアメリカに1,572件の直接投資を行い、ピークの1980年には年間188件に達していた[101]。イギリスの銀行はその顧客に追随したとみなしうるが、正確にはそれらを模倣したといえよう。イギリスの銀行もまた、アメリカでの事業が世界経済において重要な力を発揮するための必須条件であり、アメリカでの事業はまた低迷するイギリス市場から抜け出す手段になるという、イギリス企業全体に抱かれていた同時代の考えを共有していた。ミッドランド銀行の取締役は70年代末に次のように回想している。アメリカは「あらゆる興奮がある黄金のような場所であった、……もしそこに行かなければのろまと考えられた」と[102]。投資全体として見ると、売り手市場の要素もあった。1979年から1981年の買収は、競合他社がアメリカの銀行を買収しており、適切な候補の数は限定されていたという雰囲気の中で行われた[103]。

規制を考慮することもまた重要であった。1970年代を通して、外銀の活動の制限について州および連邦レベルでの議論があった。外銀はアメリカの銀行が許可されていない特定の機能を遂行でき、連邦準備制度の要求の対象でもなかった[104]。これらの特権は不公平とみなされ、外銀の活動が拡大されるにつれ、それらの統制に関する声が高まった。イギリスの銀行による買収は、扉が閉ざされるかもしれないという恐怖に対抗して行われた。例えば、ナショナル・アンド・グリンドレイズ銀行は1973年にニューヨーク支店を開設する決定を下したが、そこでは次のように論じている。このステップは、「アメリカ政府が外銀の参入に

関して規制を改めるかもしれないので、迅速に行われる必要がある」[105]。翌年、スタンダード・チャータード銀行は、部分的には「外銀の活動を制限する連邦法制が提案されることに関連した先制措置として」シカゴとシアトルに支店を開設すると決定した[106]。

1978年の国際銀行業法は外国銀行業組織をアメリカの銀行と同等に置き、この点での不確実性の終了がアメリカ市場を外銀にとってより魅力的なものにしたかもしれない。それにもかかわらず、その後の外資による買収の波がさらなる法的統制をもたらすであろうとの疑いがあった[107]。スタンダード・チャータード銀行のチーフマネージャーはニューヨークにおいて1979年1月に次のように報告した。「外銀の活動を制限するさらなる規制が導入され、その後扉が完全に閉められる可能性がある」[108]。このような見解は公然の認識であり、イギリスの銀行により時折行われた性急な決定の説明に役立つ[109]。

最後に考慮すべきは為替相場の動向であった。1974年と1979年は外国為替市場において米ドルが弱かった年であり、これが外銀によるアメリカの銀行買収の一要因であったと広く信じられた[110]。しかしながら、為替レートの変動は全体の戦略よりもむしろ、投資のタイミングと規模に影響を与えたという方が適切である。

イギリスの銀行によるアメリカの銀行買収の波はイギリス多国籍銀行業の急進的な再建のシグナルであった。実際、アメリカにおける広範なイギリス多国籍銀行の投資の期間は一時的であった。1990年までにアメリカにおけるイギリスの銀行資産は1985年から絶対額で縮小しており、イタリアより小さく、日本に大幅に超過されていた。この縮小の主な原因は、表10-8に示した子会社売却の波であった。

1986年から1990年のイギリス多国籍リテール銀行業務はカリフォルニアから完全に排除された。イギリスの銀行所有の銀行のうち2つは邦銀に売却され、残る2つはカリフォルニアの地元銀行であるウェルズ・ファーゴに売却された。さまざまな売却の条件は、イギリスの銀行の困難な状況を示した。ミッドランド銀行はクロッカーを簿価で売却したが、これはクロッカーの35億ドル（25億250万ポンド）の不良資産（ラテンアメリカ債務、赤字のカリフォルニアの不動産ローン

表10-8 イギリスの銀行による主な米資産売却（1986～95年）

年	英　　銀	アメリカ子会社	売　却　先	価　格 (百万ドル)
1986	ミッドランド	クロッカー・ナショナル	ウェルズ・ファーゴ	1,080
1986	ロイズ	ロイズ銀行（カリフォルニア）	三和銀行	263
1986	ロイズ	タルコット・ファクターズ	コングレス・フィナンシャル	データなし
1988	スタンダード・チャータード	ユナイテッド・バンク（アリゾナ）	シティコープ	210
1988	スタンダード・チャータード	ユニオン銀行	東京銀行	750
1988	バークレイズ	バークレイズ銀行（カリフォルニア）	ウェルズ・ファーゴ	125
1989	バークレイズ	バークレイズ・アメリカン・フィナンシャル	プリメリカ	150
1990	ロイズ	US コマーシャル・バンキング	大和	200
1992	バークレイズ	バークレイズ銀行（ニューヨーク）	ニューヨーク銀行	50
1995	ナショナル・ウエストミンスター	ナットウエスト USA	フリート・フィナンシャル	356

（出典）　各行年次報告書および *Financial Times* 各号参照。

など）をミッドランド銀行が引き継いだ後の数字であった[111]。ロイズ銀行は簿価の1.5倍でカリフォルニア子会社を売却したが、1億600万ドルのラテンアメリカ債務などを含む2億500万ドル（1億7,600万ポンド）の国際貸付を引き受けての売却であった[112]。バークレイズ銀行とスタンダード・チャータード銀行の売却は、問題債務の引き受けを含まなかったが、後者は近年取得したアリゾナ銀行を取得金額以下の8,000万ドルで売却しなければならなかった[113]。

　1990年までにスタンダード・チャータード銀行、ロイズ銀行、およびミッドランド銀行はアメリカにおける支店による銀行業を断念した。3行はほどんどニューヨーク営業所により運営されていた企業向け銀行業務と資金管理事業から撤退した。それらの業務は1970年代の着手時には有利な地位にあった。これらビジネスは決して小規模ではなかった（スタンダード・チャータード銀行は2003年に第2位の外銀であり米ドル決済においてアメリカ9位の銀行であった）が、ビジネスの範囲が制限されていた。バークレイズ銀行はアメリカの企業向け業務でのプレゼンスを維持したが、カリフォルニアのリテール業務から撤退し、また深刻な赤字を出した大規模な消費者金融事業からも撤退した。1992年にバークレイズ銀

行はニューヨークの65の支店をニューヨーク銀行に売却して、アメリカのリテール業務から完全に撤退した。1994年にバークレイズ銀行は、アメリカにおける資産をベースにした貸付事業であるバークレイズ・ビジネス・クレジットを売却した。バークレイズU. S. の営業所を通して計上された顧客へのローンおよび前貸金は1992年の90億ポンド超から1996年には30億ポンド以下へと減少した。

ほとんどの場合、これらの子会社売却は、低い財務業績が続き、そして、しばしばイギリスの親銀行による資本注入の後に行われた。これはカリフォルニアの子会社においてとりわけ顕著であった[114]。これらの低収益の業務の総コストにはイギリスの親銀行において上級管理層により費やされた大量の時間が含まれる。スタンダード・チャータードのユニオン銀行の買収はカリフォルニアにおける最も成功した買収であった。ユニオン銀行の税引後純利益は1980年から1987年の間に3,200万ドルから5,600万ドルへと上昇し、ピーク時の1986年にはグループ全体の税引前利益の25%に達するなど、スタンダード・チャータードの利益に大きく貢献した[115]。カリフォルニアの銀行業において相当な成功を果たしたイギリスの一銀行が、親銀行の問題のために撤退しなければならないということは、誠に皮肉であった。

ユニオン銀行とは対照的に、ミッドランド銀行のクロッカー・ナショナルの買収は悲惨であった。1983年11月にアメリカの銀行の規制当局はクロッカーの融資記録を検査し、数多くの不良債権を確認した。クロッカーはその引当金として1億ドル以上を計上しなければならず、その結果、同年に小額の赤字を計上した。アメリカ人の新経営者が加わり、ロンドンからの統制は厳しく、さらに引当金が積み増しされた。しかしながら、1年後、規制当局はさらに多くの不良債権の引当を命令し、イギリスの親会社に対してクロッカーの倒産を予防することを要求した。クロッカーは1984年に3億2,400万ドルの損失を計上した。1985年1月にミッドランド銀行はクロッカーにさらに2億500万ドルを投資し、1億2,500万ドルの予備的融資を取り決めるとともに、5カ月後にクロッカーの少数株式を取得した。最終的にクロッカーは1986年5月にウェルズ・ファーゴに売却され、その銀行名はすぐに廃止された[116]。

1980年代後半の子会社売却においては、ロイヤル・バンク・オブ・スコットラ

ンドの小規模な業務と並んで、アメリカにおける多国籍リテール業務に依然として活発なイギリスの大手銀行としての香港銀行とナショナル・ウエストミンスター銀行が残った。ナットウエスト USA は1980年初頭では損失もしくはわずかな利益しか上がらなかったが、最初の3年間で1億5,000万ドルの資本を受け入れた後、ゆっくりと回復したようだ。アメリカの銀行の業績のレヴューによると、マリーンの1980年から1986年の年間平均の ROE は、アメリカのマネー・センター・バンクが13.8％、地方銀行が12.7％だったのに対し、10.4％であったとされる[117]。とはいえ、80年代半ばに香港銀行とナショナル・ウエストミンスター銀行は、少なくとも他のイギリスの銀行との比較において、「不安定なアメリカ市場をマスターした経営」を行った銀行とみなされた[118]。

しかしながら、1980年代末にアメリカ銀行業市場は例外的に「不安定」になった。香港銀行とナショナル・ウエストミンスター銀行の両行は、アメリカの北東地域と不動産市場にとりわけ影響を与えた不況に、多大な被害を受けた。両行は1990年にアメリカ子会社の支援のために3億ドルの新たな資本提供を要求された。ナットウエスト USA は1989年に1億400万ドル、1990年に3億5,200万ドルの損失を出した。1990年の損失（1億6,700万ポンドに相当）はクロッカー・ナショナルの1984年の記録的損失より大きく、不幸にもミッドランド銀行の失敗と比較されることになった[119]。ナショナル・ウエストミンスター銀行は1995年に、310億ドルの資産を有し、アメリカ最大の外資所有の銀行となっていたアメリカ事業を売却した。しかしながら、翌年、ナショナル・ウエストミンスター銀行は日本長期信用銀行からグリーンウィッチ・キャピタル・マーケットを買収した。このコネティカットに本社のあるブローカーは、ナットウエストにアメリカ国債と関連デリヴァティブの取引におけるプレゼンスを与えた。2000年にこのブローカーは、イギリス銀行史上最大の買収劇においてナットウエストを取得したロイヤル・バンク・オブ・スコットランドの傘下に入った。

カリフォルニアにおけるイギリスの多国籍銀行業の終焉および、その他地域での諸問題に対し、さまざまな説明を与えることができる。そこには強力な負の外的要因があったといえる。カリフォルニアの銀行業は1970年代と80年代に非常に競争的になった。規制緩和は金利カルテルを取り除くと同時に、他の金融機関に

よる商業銀行業務への参入を可能にした。貯蓄貸付会社は個人金融以外の分野に参入した。証券会社が大規模リテーラーと同様に、預金獲得のために競争を行った[120]。同様に、北東海岸におけるマリーン・ミッドランドとナットウエストUSAの問題は、ほとんどの銀行も業績の悪い厳しい不況の中で起こった。複雑なアメリカの手続き規制は、買収提案と承認の双方の長期遅延を引き起こし、もう1つの負の外的要因とみなされうる。これはクロッカー・ナショナルのケースにおいてとりわけ明白であった。そこでは規制による承認の遅延が深刻な結果をもたらした。クロッカーの経営陣は拡大のための追加資本を要求した。14カ月の間に、同行はその貸付を15億ドルに増加したが、その多くは投機的な不動産とラテンアメリカへのものであった[121]。

しかしながらイギリスの銀行の戦略および経営における失敗もある。例えば買収先選定と条件に問題があった。外資によるアメリカの銀行の敵対的買収が不可能であったので、イギリスの銀行により買収される銀行は売り手がそれを望む必要があった。成功した銀行の経営陣は、イギリスの銀行に自行を売却するはずもなく、したがって、この教訓が「『所有者としてあなたを迎えたいと思っている銀行は決して買収しない』というグルーチョ・マルクスを誤って引用」したような（マリーン・ミッドランドに関する）言葉にも正統性があった[122]。結果、イギリスの銀行は誰も望まない銀行、あるいは経営に問題のある銀行に多くの資金を投じる傾向にあった。ロイズ銀行はファースト・ウエスタン買収をこの流儀で開始したが、この銀行は「あてもなくたらいまわしにされ、いろいろなオーナーにより利益を搾り取られていた」のである[123]。最終的な所有者であったワールド・エアウェイズは規制により銀行業からの撤退を義務づけられた。買収価格は、税引後利益が200万ポンドの銀行に対し5,000万ポンドを拠出し、法外だと広く考えられたが、ロイズ銀行の経営陣はカリフォルニアの銀行を買う「まれな機会」であるとして正当性を主張した[124]。

他の例では、アメリカの銀行が拡大資金を切望して、イギリスの銀行に最小限の支配権で資金提供するように強いることができた。クロッカー・ナショナルはこの現象の唯一最も深刻な実例であった。例えば、マリーン・ミッドランドは資本を使い果たされていた1970年代中ごろの厳しい不況の中にあった。株主として

外銀を受け入れることは、事業再生資金の得る最も現実的な方法であり、マリーン・ミッドランドは香港銀行に51％の株式の取得を余儀なくさせるためには、十分に強力なポジションにあった[125]。

さらなる失敗は多くの場合、特化戦略の欠如であった。イギリスの銀行は、少なくとも初期段階においては、すべての銀行業務（リテール、インベストメント・バンキング、ホールセール）に進出しようとしたが、そこには成功するための規模と経営の専門知識の両方が欠けていた。ユニオン銀行は、長期間実行され、またスタンダード・チャータード銀行が継続を許容した、より明確な集中（カリフォルニアの中規模企業市場の上位へのサービス）戦略で注目すべきものであった。皮肉にも、スタンダード・チャータード銀行は、連邦規制当局と1978年の地域再投資法のプレッシャーによって、ユニオン銀行をホールセール政策からより消費者とリテール向けの事業に移行させる必要性を感じ、米ドル預金基盤の確保もこの地域で関心を高めたが、ユニオン銀行を最終的には得意な分野だけにとどめた[126]。多国籍リテール業務はすべての市場で困難であると証明されており、その後スタンダード・チャータード銀行のニッチ戦略は外銀の最も効果的な競争戦略であると認識された[127]。

イギリス親銀行とアメリカ子会社の関係は、多くの場合、骨の折れるものでもあった。通常のパターンはイギリスの銀行が新たな買収に際して広範な子会社の独自性を許容したことであった。経営の困難性が浮上したあとで、親銀行は強力な支配権を行使せざるを得なくなった。クロッカー・ナショナルは極端な例であった。ミッドランド銀行は規制当局の承認を待つ間、過剰な貸付をほとんどコントロールできなかった。1981年8月以降でさえ、ミッドランド銀行はほとんど影響することができなかったことに加え、その事業活動全体を統合することもできなかった。ミッドランド銀行がクロッカーの事件を調査するためにイギリス人役員を送ったのは1983年末であり、クロッカーの上級管理層が解任され、カリフォルニアの銀行家が同行を立て直すために経営者として採用されたのはその翌年だった[128]。香港銀行のマリーン・ミッドランドとの関係は同様の傾向にあった。初期にマリーン・ミッドランドは独立した事業体として機能したあと、1987年に経営問題により香港銀行が少数株主持分を買い取ることになった。香港銀行（ニ

ューヨーク)の取締役がマリーン・ミッドランド(ニューヨーク)の建物に事務所を確保したのは、1988年であった。1980年代末までに子会社による独自の政策は断念され、新経営陣が徹底的速なリストラクチャリングを行うために親銀行から派遣された[129]。

21世紀の初めに、HSBCとロイヤル・バンク・オブ・スコットランドは、アメリカにおけるイギリス商業銀行業の主要な生き残りであった。後者は持続的成長と有力な地域銀行を構築するための小規模な追加的買収の活用における興味深い事例である。1990年代前半期に、シチズン銀行はニューイングランドの中堅銀行の一連の買収を行った。また、1995年にシチズンは、イギリスの大手小売業者のJ. シムズバリーの完全子会社であるシャウズ・スーパーマーケットとのパートナーシップで、スーパーマーケット支店を運営しはじめた。1996年にシチズンはアイルランド銀行が所有するファースト・ニュー・ハンプシャー銀行と合併し、見返りにシチズン株の23.5%をアイルランド銀行に与えた。さらなる小規模買収のあと、1998年にロイヤル・バンクはシチズンの完全支配権を新たに取得した。2001年にシチズンはメロン銀行の大西洋中部の銀行事業を200万ドル超で買収し、初めてペンシルバニア、デラウェア、ニュージャージーにおいてリテール・フランチャイズ権を獲得した。2003年までにシチズンは5,500億ドルの資産と、7つの州に740の支店を持ち、アメリカ20大商業銀行持ち株会社の1つにランクされた。シチズンは持続的な収益性もあった。ロイヤル・バンクはまたナショナル・ウエストミンスター銀行からグリーンウィッチ・キャピタルの所有権を獲得した。これは、ロイヤル・バンクのアメリカを基盤とした債権市場事業となり、アメリカの資産担保証券市場においてリーダーとして認められるようになった。

HSBCは1990年代にニューヨークにおいてマリーン・ミッドランドの事業を発展させつづけた。同行は個人向けおよび商業銀行事業に集中したが、それは一連の小規模買収により強化された。1996年にイースト・リバー・セイビング銀行の事業が取得された。1997年には、フェデラル・セイビング・アンド・ローン・アソシエーション・オブ・ロチェスターの買収が完了し、1999年にフィラデルフィア・ファースト・コマーシャル銀行の支店が追加された。99年にマリーン・ミッドランドはHSBC銀行USAと改名された。同年HSBCホールディングスは

ニューヨーク証券取引所に上場した。

　1990年代末に、2つの非常に大規模なアメリカの銀行買収が初めて見られた。HSBC がリパブリック・ニューヨーク・コーポレーションとサフラ・リパブリック・ホールディングスを1999年に買収したことである。これはアメリカの買収のリスクをふたたび証明した。というのは、これら銀行がある不正業務に従事していたからである。買収価格は潜在的損失を反映して減じられた。ハウスホールド・インターナショナルの買収もリスクをもたらした。同社はアメリカの大手の独立ノンバンク金融会社であり、トータルで1億700万ドルのローンと、5,000万人の顧客、46州に1,400の営業所を運営した。主な事業は、信用履歴の不十分な、あるいはまったくない「二流」の顧客を対象にした消費者金融であった。同社は、GMや広範囲の店舗カードなど、大規模な自社ブランドのクレジットカード事業も行った。アメリカ国民の3分の1が「二流」と考えられるので、ハウスホールドは HSBC にアメリカにおける事業の大幅な拡大の機会を提供した。顧客基盤は HSBC が世界のほかの場所で求めてきたアッパーミドル以上の所得水準とは大きく異なり、非常に高いシナジーがあり、2つの金融機関の間にはほとんど重複がなかった。買収は HSBC のリスクを上昇させたが、低い買収価格は相当な価値創造の見通しを提供した。この買収は HSBC の北米からの利益を10％から29％に上昇させた。

　イギリスの銀行は大陸欧州において控えめな役割のみを果たすことを継続したが、これに対して、イギリスは、特に1973年の EC 加盟後、ヨーロッパ大陸とより強い経済的、政治的関係によって結ばれた。大陸のイギリス・クリアリングバンク子会社は第1次大戦から始まったが、1960年代にそれらは再復興され、その小規模な支店網にもかかわらず、資金基盤を拡大するためにユーロ市場を使うことで、新しい活力が与えられた[130]。また、いくつかの海外銀行もヨーロッパ大陸へいくらか関心を戻した。例えばスタンダードとチャータードの両行はスイス、ドイツ、スペイン、マルタ、その他で小規模な金融サービスおよび投資会社の株式を取得したが、続いて起こったアメリカにおけるイギリスの銀行の劇的な拡大と大陸欧州は同じではなかった。ほとんどの欧州諸国において国内銀行の買収に対する規制とその他の困難性、および新しい地域への支店の拡大の莫大なコスト

を考慮して、イギリスの銀行は、ほぼマーチャント・バンク、プライベート・バンク、金融サービスにおける株式取得の範囲にとどめていた。

1992年以降のEC単一市場の切迫で、欧州内の多国籍リテール業務の増加が予想されたが[131]、イギリスの銀行の対応は控えめであった。1989年にスタンダード・チャータード銀行は自身の大陸欧州銀行業務を、新たな合弁会社の中心となっていたチャータード・ウエスト・LB（マーチャント・バンク）株式の半分とともに、ドイツの第4位の銀行であったヴェスト・ドイチェ・ランデス銀行に売却した[132]。いくつかのイギリスのクリアリング・バンクは大陸欧州にとりわけ興味があった。1980年代にバークレイズ銀行はさまざまな欧州市場に多国籍リテールおよびその他の子会社を発展させた。ナショナル・ウエストミンスター銀行は、地元のパートナーとの提携と合弁を通して大陸欧州の銀行業務に進出する戦略を持っていたが、実際の結果はフランスにおいて少数の支店を取得したにすぎなかった[133]。ミッドランド銀行も1980年代後半に欧州に手を出し、ミラノのマーチャント・バンクの株式の半分近くを取得し、フランスにおいて住宅貸付業務に参入したが、さまざまな業務（例えば、フランスにおける住宅貸付）はすぐに放棄された[134]。ロイズ銀行は、大陸から専門的なニッチ領域を除き事実上撤退し、ポルトガルで長い歴史のあるBolsaも1990年に売却した。96年にナショナル・ウエストミンスター銀行はスペインの銀行子会社を売却したが、これは大陸欧州における同行最後の主要リテール事業であった[135]。

大陸欧州におけるイギリスの銀行による直接投資は小規模なままであった。いくつかの南欧諸国、特にスペインとギリシャでは、イギリスの銀行は多国籍リテール業務で一定の地位を有していた。これら諸国の地元銀行は外銀の参入制限により保護され、ギリシャのいくつかのケースのように国有であった。地元銀行はしばしば非効率的で、イギリスの銀行およびその他の外銀はより効率的なサービスを提供することができ、発展した市場で培った技術を移転した。ドイツ、イタリアとその他地域で、イギリスの銀行は多くの高収益のマーチャントないしインベストメント・バンク事業を展開した。いくつかのイギリス中規模銀行もまた、欧州大陸の銀行との戦略的提携、株式持合い、および合弁を行った[136]。これらは1960年代の「クラブ」の時代を想起させ、その時代のものよりも利益を確保で

きたわけではなかった。HSBCがより強力な存在へと進みはじめたのはようやく1990年代後半に入ってからであった。新たな銀行子会社が1996年にアルメニアに設立され、ミッドランド銀行の支店が97年にプラハに開設された。1999年にHSBCはマルタ最大の商業銀行であるミッド・メッド銀行の過半数株式を取得した。フランスにおけるCCFの買収は大陸欧州でのより大きくより本格的な投資であった。

　1960年代からのグローバル・バンキングの時代にイギリスの銀行は、その前身が19世紀に移住地経済圏に設立したものとの大きな類似性を持って、アメリカで多国籍銀行業を構築しようとした。国際銀行業務と多国籍リテール業務を結合しようと努めた。この戦略はほとんどの場合失敗した。ニューヨークとその他アメリカの主要ビジネスセンターに支店を開設する戦略は正しかった。なぜならば、イギリスの銀行のサービスおよびホールセール業務はそうした施設を必要としたからである。しかしながら、イギリスの銀行は先進国市場、特にアメリカのような非常に競争的でかつ規則に縛られた先進国市場における多国籍リテール業務の諸問題を過小評価した。イギリスの銀行は買収資金を捻出する能力以外に、アメリカでの優位性を持っていなかった。また、不十分な経営が競争的かつ複雑な市場において急速に困難を導いた。2003年までにHSBC、およびそれよりずっと小規模なロイヤル・バンク・オブ・スコットランドのみがアメリカで事業を成功させた。大陸欧州はイギリスの銀行にとって依然として困難な地域であり、それは特に、それだけではないが、大規模買収を行うことが困難であるためであった。

7　結　　論

　多国籍銀行業界は1960年代から変容した。グローバルな金融市場の出現は金融業を完全に変化させた。イギリス、あるいはむしろロンドンのシティは、国際的に非常に重要な地位を維持した。というのは、多くの新市場が物理的には再起したシティに設置されていたからであった。しかし、イギリスの銀行は重要性を急速に失った。

　アメリカ、およびその後の日本の多国籍銀行業の成長は、それらの経済規模、

世界経済における相対的重要性、そして通貨の強さを反映した。19世紀におけるイギリス多国籍銀行の競争優位性は同様に、その本国経済の重要性に依存していた。イギリス多国籍銀行業の縮小は、この意味で「避けられなかった」のである。しかしながらイギリスの銀行はその戦略と構造における諸問題によっても弱体化した。

イギリスの銀行家は1960年代から、まったく異なる状況で形成された経営遺産を持ちつつグローバル・バンキングの時代に突入した。それは細分化された市場、専門的金融機関、および強い企業文化を基礎とした。イギリスの銀行はこの遺産を修正しようとしたが、それは困難な仕事であり、しばしば非常にゆっくりと、また不完全に行われた。伝統的事業戦略の急な変更の不運な結果により、事態はいっそう厳しくなった。19世紀にイギリスの海外銀行は多国籍銀行業を開拓した。この過程でイギリスの銀行は1980年代においても依然として利益を生んでいた特権を確保していた。しかし60年代以降の多国籍銀行業において、イギリスの銀行はリーダーというよりフォロワーであった。それは魅力がなく価値もない役割であった。

21世紀初頭までに、イギリスの銀行業は合併と多くのイギリス住宅金融組合の株式会社化により大きく変容した。HSBCはミッドランド銀行の買収により、国内市場の大きなシェアを得てイギリス最大の銀行となった。これは１つのイギリスの銀行が変化して「グローバル・バンク」となったものであった。ロイヤル・バンク・オブ・スコットランドによるナショナル・ウエストミンスター銀行の買収は2002年に行われた。ロイヤル・バンク・オブ・スコットランドは株価時価総額で欧州第２位、世界第５位の銀行であるが、国際事業は限定的であった。ロイズTSBとバークレイズ銀行は古いイギリスのクリアリング・バンクの生き残りであった。一方バンク・オブ・スコットランドは2001年にハリファックスと合併し、HBOSとなり、ロイズ銀行、バークレイズ銀行よりも大きくなった。これらすべての銀行はホールセールとコーポレート市場においていくつかの国際業務を持つが、唯一HSBC（ずっと小規模ではスタンダード・チャータード銀行がある）が巨大な多国籍商業銀行事業を持つに至っている。

1) グローバルな貨幣・資本市場の起源と発展、長期的な市場変化の展望に関しては膨大な研究がある。貴重な洞察として以下のものを参照せよ。Fritz Maschlup, 'Euro-Dollar Creation: A Mystery Story', *Banca Nazionale del Lavoro Quarterly Review*, 94 (1974年9月); Brian Scott-Quinn, *The New Euromarkets* (London: Macmillan, 1975); John Grady and Martin Weale, *British Banking, 1960-85* (London: Macmillan, 1986), 130-5.

2) Michael R. Darby, 'The Internationalization of American Banking and Finance: Structure, Risk, and World Interest Rates', *Journal of International Money and Finance*, 5 (1986), 404; Derek F. Channon, *Global Banking Strategy* (Chichester: Wiley, 1988), ch. 1.

3) Darby, 'The Internationalization of American Banking and Finance', 405-7; Lawrence G. Goldberg and Denise Johnson, 'The Determinants of US Banking Activity Abroad', *Journal of International Money and Finance*, 9 (1980), 126-7; Thomas F. Huertas, 'US Multinational Banking: History and Prospects', Geoffrey Jones (ed), *Banks as Multinationals* (London: Routledge, 1990), 254; Henry S. Terrell, Robert S. Dohner, and Barbara R. Lowrey, 'The US and UK Activities of Japanese Banks: 1980-1988', *International Finance Discussion Papers, Federal Reserve System*, 361, 1989年9月; Channon, *Global Banking Strategy*, 11-34.

4) この点における分析、特にアメリカの銀行に関連しては次の文献を参照。Beverly Hirtle, 'Factors Affecting the Competitiveness of Internationally Active Financial Institutions', *Federal Reserve Bank of New York Quarterly Review*, 16 (1) (Spring, 1991), 38-51.

5) *Annual Reports of Bank for International Settlements, 1985-2002*. 比較可能なデータは1984年以前には公表されていない。

6) 70年代、80年代における国際金融センターとしてのロンドンの重要性、およびこうした重要性のいくつかの理由については以下の文献で議論されている。'Lonondon as an International Financial Centre', *Bank of England Quarterly Bulletin*, 24 (9) (1989); E. P. Davis, *International Financial Centres: An Industrial Analysis* Bank of England Discussion Papers, No. 51, 1990年9月。

7) 1990年にイギリスは国際銀行貸付総額の約18％を占めた。最大の金融センターとなった日本は19％、アメリカが8％であった。'Developments in International Banking and Capital Markets in 1990', *Bank of England Quarterly Bulletin*, 31 (2) (1991).

8) 本節は次の文献を多く引用している。A. Bartlett, 'Building and Managing the

Transnational: The New Organisational Challenge', Michael E. Porter (ed), *Competition in Global Industries* (Boston, Mass: Harvard Business School Press, 1986), 372-5.
9) Huertas, 'US Multinational Banking', 263-264.
10) 'The Euro-Currency Business of Banks in London', *Bank of England Quarterly Bulletin*, 10 (1970年3月).
11) Monopolies Commission, *Report on the Proposed Merger of Barclays Bank Ltd., Lloyds Bank Ltd., and Martins Bank Ltd.* (London, 1968), 49. また Sect. 8.3 を参照せよ。
12) Geoffrey Jones, 'Competition and Competitiveness in British Banking, 1918-71', Geoffrey Jones and M. W. Kirby (eds.), *Competitiveness and the State* (Manchester: Manchester University Press, 1991), 124-5.
13) Richard Fry (ed.), *A Banker's World* (London: Hutchinson, 1970), 32; R. V. I. による本社メモ (1962年11月22日、Eurodollar File, LB)。さらにボルトン報告書の section 8.3 を参照せよ。
14) W. G. pullen によるメモ (1968年3月27日、File on International Division, Chartered Archives, SC)。
15) 1979年会長報告の草稿 (Office of the Chairman, 1970-72, Grindlays Archives, ANZ Archives)。
16) F. H. H. King, *The History of the Hongkong and Shanghai Banking Corporation*, iv (Cambridge: Cambridge University Press, 1991), 665-6, 917-8.
17) Ibid., 672. クリアリング・バンクにおいて同様の過程があった。London Clearing Banks, *Evidence by the Committee of London Clearing Bankers to the Committee to Review the Functioning of Financial Institutions* (London, 1977年11月), 160.
18) Margaret Ackrill and Leslie Hannah, *Barclays: The Business of Banking* (Cambridge: Cambridge University Press, 2001), 301-26; Derek F. Channon, *British Banking Strategy and the International Challenge* (London: Macmillan, 1977).
19) 'The Last Days of Lloyds Bank International', *Euromoney*, 1984年12月。
20) 'LBI Gets Caught in the Cross Fire', *Euromoney*, 1983年2月。
21) Lloyds Bank PLC offer for Standard Chartered PLC, 1986年4月。
22) A. R. Holmes and Edwin Green, *Midland: 150 Years of Banking Business* (London: Batsford, 1986), 253-5. 他の2銀行、ウィリアムズ&グリンズとバークレ

イズ銀行は「クラブ」で活動した。1977年のこれら3つの「クラブ」のメンバーシップはロンドン・クリアリング・バンクに与えられた。*Evidence by the Committee of London Clearing Banks to the Committee to Review the Functioning of Institutions*, table28.

23) Alberto A. Weissmüller, 'London Consortium Banks', *Journal of the Institute of Bankers*, 95 (1974年8月), 203-16; Channon, *Global Banking Strategy*, 20-21.
24) Channon, *Global Banking Strategy*, 22-3; Holmes and Green, *Midland*, 257.
25) Channon, *Global Banking Strategy*, 131; Holmes and Green, *Midland*, 296.
26) Holmes and Green, *Midland*, 244-5.
27) Ibid., 257-60, 287. 会長の報告（1979 Report of the Directors and Accounts, Midland Bank）。
28) 'How Midland was Struck by a Californian Earthquake', *Financial Times*, 1988年1月25日。
29) 'Nat West's Profit Soars Past £1bn.', *Financial Times*, 1987年2月25日。
30) 'Tinker, Tailor, Soldier, Banker', *Financial Times*, 1991年7月15日。
31) 'A Special Relationship—If not exactly a Marriage', *Financial Times*, 1987年12月11日、'The Road to Britain', *Far Eastern Economic Review*, 1987年11月26日。
32) 'MacMahon to Quit Midland', *Financial Times*, 1991年3月6日、'A Look Back at Years of Living Dangerously', *Financial Times*, 1991年3月12日。
33) 'Lloyds and Midland Merger was Blocked by Threat to Quit', *Financial Times*, 1992年3月25日。
34) David Merrett, *ANZ Bank* (Sydney: Allen and Unwin, 1985), 295-301.
35) Mira Wilkins, *The History of Foreign Investment in the United States to 1914* (Cambridge, Mass: Harvard University Press, 1989), 161-2.
36) 香港銀行は1974年にロンドンにおける株式登録を取りやめた。当時株式の70%がロンドンで保有された。1982年中盤に株式の73%は香港に居住している株主により保有されるようになった。King, *The History of the Hongkong and Shanghai Banking Corporation*, iv. 569.
37) Channon, *British Banking Strategy*, 137; Geoffrey Jones, 'Competitive Advantage in British Multinational Banking since 1890', in id., *Bank as Multinationals*, 50.
38) G. O. Nwanko, 'British Overseas Banks in the Developing Countries. 3: The Future of the Overseas Banks', *Journal of the Institution of Bankers*, 93 (1972年

10月), 334.
39) 会長から取締役会へのメモ (1971年12月20日、Office of the Chairman, 1970-72, Grindlays Archives, ANZ Archives)。
40) Grindlays Bank Ltd., 会長の報告; Channon, *British Banking Strategy*, 135. 付録5も参照せよ。
41) 'ANZ Launches £182 million Offer for Grindlays', *Financial Times*, 1984年6月14日、Merrett, *ANZ Bank*, 318.
42) D. T. Merrett, 'The Internationalization of Australian Banks', *Journal of International Financial Markets, Institutions and Money*, 12 (2002), 385.
43) John Donald Wilson, *The Chase* (Boston, Mass: Harvard Business School Press, 1986), 170-1.
44) Standard Charterd Bank, *A Story Brought up to Date* (London: Standard Charterd Bank, 1980), 24, 28.
45) 'A Banking Mastermind', *Financial Times*, 1981年3月21日。
46) Margaret Reid, *The Secondary Banking Crisis, 1973-75* (London: Macmillan, 1982), 145. 1973年以前のウォレス・ブラザーズの社史研究は次の文献を参照せよ。A. C. Pointon, *Wallace Brothers* (Oxford: Oxford University Press, 1974). サスーン・バンキングの参入については付録2と次の文献も参照せよ。Standard Chartered Bank, *A Story Brought Up to Date*, 37.
47) Standard Chartered Bank, *A Story Brought Up to Date*, 29; Timothy O'Sullivan, *Julian Hodge: A Biography* (London: Routledge & Kegan Paul, 1981), 89-96. 消費者金融免許に関する出来事についての当時の議論は次の文献を参照せよ。*Daily Express*, 1978年12月18日; *Financial Times and Guardian*, 1978年12月21日; Office of Fair Trading Press Release, 1978年12月20日, 'Consumer Credit Act Licensing: Hodge Group Companies', BBC2 TV 'Money Programme' でのジュリアン・ホッジ氏へのインタビュー、1978年10月11日。
48) Monopolies and Mergers Commission, *A Report on the Proposed Mergers of the Honkong and Shanghai Banking Corporation, Standard Chartered Bank Limited and the Royal Bank of Scotland Group Limited* (London, 1982年1月), 4, 62.
49) King, *The History of the Hongkong and Shanghai Corporation*, iv. 572-3.
50) Ibid., 717-9, 747-61.
51) Ibid., 712-3.
52) Ibid., 714-6, 869-70.

53) Ibid., 875.
54) Ibid., 891-3.
55) Monopolies and Mergers Commission, *Report on the Proposed Mergers of the Honkong and Shanghai Banking Corporation*, 84-7.
56) Ibid., 61-5; King, *The History of the Hongkong and Shanghai Corporation*, iv. 893-6; R. Fay, *Portrait of an Old Lady* (London: Viking, 1987), 122-6.
57) 重要な「ホワイトナイト」は次の3者であった。香港で有力な財界人であり船舶所有者であるYue-Kong Pao氏（14.9％取得）、マレーシアの実業家であるTan Sri Khoo Teck Puat氏（5％取得）、Robert Holmes à Courtに率いられたオーストラリアのベル・グループ（7.4％取得）である。
58) Lex Column, *Financial Times*, 1987年4月7日。
59) 'Bond Sells £165m Bank Stake', *Financial Times*, 1988年11月5日; 'Y. K. Pao Sells 10% stake in Standard', *Financial Times*, 1989年6月20日。2002年現在までに主要株主として残ったのはTank Sri Knoo（約13.7％保有）のみであった。
60) 'Breaking out of a Turbulent Era', *Financial Times*, 1989年8月17日。
61) 'James Capel Tops Analysts' League Table', *Financial Times*, 1986年10月21日。'Going Solo after Big Bang', *Financial Times*, 1986年10月22日。
62) King, *The History of the Hongkong and Shanghai Banking Corporation*, iv. 862; 'HK Bank may Buy Lloyds Canada', *Financial Times*, 1990年2月2日。Honkong Bank Annual Report, 1989.
63) King, *The History of the Hongkong and Shanghai Banking Corporation*, iv. 911n. 1.
64) 'Culture Shock Delays the Wedding Bells', *Financial Times*, 1990年10月16日。
65) 'Exodus Tests James Capel's Leading Role', *Financial Times*, 1990年4月30日; 'HK Bank Tightens Grip on J. Capel', *Financial Times*, 1991年1月15日。
66) 'The Beginning of an Era of Change for Hong Kong Investors', *Financial Times*, 1992年4月15日。
67) 'The Bank Does a Bunk', *Far Eastern Economic Review*, 1990年12月27日; 'Bank Seeks to Retain its Privileges', *Financial Times*, 1991年1月18日。
68) P. Campagne, 'The Impact of Multinational Banks on the International Location of Banking Activity and the Global Hierarchy of Financial Centres' Ph. D. 1990 thesis, Reading University, 27.
69) Channon, *Global Banking Strategy*, ch. 5.
70) Robert Devlin, *Debt and Crisis in Latin America* (Princeton, NJ: Princeton

University Press, 1989), 44.

71) United Nations Centre on Transnational Corporations (UNCTC), *Transnational Bank Behaviour and the International Debt Crisis*, (1989年9月), 19-22; Carlos Marichal, *A Century of Debt Crises in Latin America* (Princeton, NJ: Princeton University Press, 1989), 233-6.

72) UNCTC, *Transnational Bank Behaviour and the International Debt Crisis*, 46. 同報告書は1976年から1982年に組成された主要25行のシンジケートローンを出資規模によりランク付けしたものである。ナショナル・ウエストミンスター（225億ドル）とロイズ銀行（213億ドル）はそれぞれ6位、7位であり、シティコープ（574億ドル）、チェイス・マンハッタン（527億ドル）、バンク・アメリカ・コープ（351億ドル）、JPモルガン（328億ドル）、マニュファクチャーズ・ハノバー（257億ドル）に次ぐ順位であった。他のイギリスの銀行2行もリストに加えられている。バークレイズ銀行（134億ドル）、ミッドランド（132億ドル）はそれぞれ16位、17位であった。

73) William Darity, 'Did the Commercial Banks Push Loans on the LDCs?', in Michael P. Claudon (ed.), *World Debt Crisis* (Cambridge, Mass: Ballinger, 1986); Devlin, *Debt ant Crisis in Latin America*, 79-83.

74) Graham Bird, *Commercial Bank Lending and Third World Debt* (London: Macmillan, 1989), 21. 第2章では発展途上国における銀行の信用度の評価に関する詳細で重要な分析がなされている。

75) この分析は次のものを基礎とした。UNCTC, *Transnational Bank Behaviour and the International Debt Crisis*, 9-10. 79ページ以降を参照するとアメリカ大手5行はシンジケートローンの主幹事と一致することがわかる。

76) UNCTC, *Transnational Bank Behaviour and the International Debt Crisis*, 46.

77) ナショナル・ウエストミンスター会長へのインタビュー。'Outsider with a Fresh Eye', *Financial Times*, 1991年6月24日。

78) 'The Last Day of Lloyds Bank International', *Euromoney* (1984年12月), 60.

79) Midland Bank PLC, Annual Report and Accounts, 1989.

80) Channon, *Global Banking Strategy*, 174-8.

81) Bird, *Commercial Bank Lending and the Third World Debt*, 88-90; Stephany Griffith-Jones, 'The New Bank of England Rules for Provisioning', *IDS Bulletin* (1990年4月), 61.

82) 戦間期におけるロイズ銀行代表の仕事については、Fea氏によるメモ（1928年

6月27日、File 2330, LB) を参照せよ。
83) King, *The History of the Hongkong and Shanghai Banking Corporation*, iv. 489-493; Annual Report of Hongkong Bank, 1970.
84) Crossley and Blandford, *The DCO Story*, 242-3, 324.
85) Ibid., 214-5.
86) また、1980年代のアメリカにおける邦銀資産の成長と日本の直接投資を関連づけることは困難である。Rama Seth and Alicia Quijano, ' Japanese Bank Customers in the United States', *Federal Reserve Bank of New York Quarterly Review*, 6 (1) (Spring 1991).
87) W. G. Pullen から W. H. Quasha への書簡（1963年7月19日、File on USA, Chartered Archives, SC）。
88) Janet Kelly, *Bankers and Borders: The Case of American Banks in Britain* (Cambridge, Mass: Ballinger, 1977).
89) Goldberg and Johnson, 'The Determinants of US Banking Activity Abroad', 128-9.
90) King, *The History of the Hongkong and Shanghai Banking Corporation*, iv. 495-8, 776-7.
91) Ian G. Thompson to Chief General Manager (1968年3月18日); 会長へのメモ (1970年11月2日、Chartered Bank of London File, SC)。
92) King, *The History of the Hongkong and Shanghai Banking Corporation*, iv. 769-70.
93) Drek Channon, *Cases in Bank Strategic Management and Marketing* (Chichester: Wiley, 1986), 286.
94) Adrian E. Tschoegl, 'Foreign Bank Entry into Japan and California', Alan M. Rugman (ed.), *New Theories of the Multinational Enterprise* (London: Croom Helm, 1982), 198.
95) 'Competing in California', *The Economist*, 1974年12月14日。当時のカリフォルニアの他の大銀行は東京銀行（預金量10位）、住友銀行（同11位）、バークレイズ銀行（同15位）であった。チャータードは25位、香港銀行は37位であった。
96) Channon, *Cases in Bank Strategic Management and Marketing*, 286.
97) Standard Chartered Bank, *A Story Brought up to Date*, 34; King, *The History of the Hongkong and Shanghai Banking Corporation*, iv. 770-771; Standard Chartered Bank Limited News Release, 'Standard Chartered Bank Limited Merger of Californian Subsidiaries', 1980年1月2日。

98) King, *The History of the Hongkong and Shanghai Banking Corporation*, iv. 776-848.
99) 'How Midland was Struck by a Californian Earthquake', *Financial Times*, 1988年1月25日。
100) Linda S. Tissiere, 'Citizens Financial Group, Inc.: From the Past to the Present', *The Royal Bank of Scotland Review*, 171、1991年9月。
101) Jim Hamill, 'British Acquisitions in the United States', *National Westminster Bank Quarterly Review* (1998年8月), 12.
102) 'How Midland was Struck by Californian Earthquake', *Financial Times*, 1988年1月25日。
103) King, *The History of the Hongkong and Shanghai Banking Corporation*, iv. 771.
104) Faramarz Damanpour, *The Evolution of Foreign Banking Institutions in the United States* (New York: Quorum Books, 1990), 45-67.
105) National and Grindlays Overseas and International Banking Committee, 1973年12月18日、ANZ Archives. 事実同銀行は支店を開設することはなかった。
106) The Chartered Bank: Proposed Branch Expansion in the USA, Joint Managing Director, 1974年7月2日、USA Box, SC.
107) King, *The History of the Hongkong and Shanghai Banking Corporation*, iv. 771; 'How Midland was Struck by Californian Earthquake', *Financial Times*, 1988年1月25日; L. G. Goldberg and A. Saunders, 'The Determinants of Foreign Banking Activity in the United States', *Journal of Banking and Finance*, 5 (1981), 29-30.
108) USAのチーフ・マネージャーから取締役への書簡（1979年1月24日、USA Box, SC）。
109) 'Why British Banks are Storming US', *American Banker*, 1979年3月29日。
110) Damanpour, *The Evolution of Foreign Banking Institutions in the United States*, 120-1; 'Why British Banks are Storming US', *American Banker*, 1979年3月29日; Goldberg and Saunders, 'The Determinants of Foreign Banking Activity in the United States', 28-9.
111) 'Midland Bank Sells Crocker for £715m. to Wells Fargo', *Financial Times*, 1986年2月8日。
112) 'California Bank Sold by Lloyds', *Independent*, 1986年2月15日。
113) 'Standard Chartered £110m. US Bank Sale; *Financial Times*, 1988年1月30

第10章　グローバリゼーションの興亡　497

日。バークレイズ銀行（カリフォルニア）は1.7倍、ユニオン銀行は1.3倍で売却された。

114) 'Over there and Overdrawn', *Sunday Times*, 1984年3月4日、'California Proves a Tough Testing Ground', *Financial Times*, 1986年2月8日。
115) スタンダード・チャータード株主向け回覧資料、'Proposed Sale of Union Bank', 1988年4月26日。
116) 'How Midland was Struck by Californian Earthquake'; 'Midland Storm-troopers Fight to Stem Soaring Losses'; 'The £1bn. Cost of an Ill-starred Excursion', *Financial Times*, 1988年1月25日、27, 29.
117) 'Marine Midland Sees Light at the End of the Tunnel', *Far Eastern Economic Review*, 1988年12月22日。
118) 'California Proves a Tough Testing Ground', *Financial Times*, 1986年2月8日。
119) Lex Column,, *Financial Times*, 1991年4月5日。
120) Channon, *Case in Bank Strategic Management and Marketing*, 380-381.
121) 'How Midland was Struck by Californian Earthquake', *Financial Times*, 1988年1月25日。
122) Shroff, *Far Eastern Economic Review*, 1991年3月21日; Darby, 'The Internationalization of American Banking and Finance', 409.
123) 'Competing in California', *The Economist*, 1974年12月14日、74.
124) Interview with Jeremy Morse, *The Economist*, 1975年4月9日。
125) King, *The History of the Hongkong and Shanghai Banking Corporation*, iv. 786-90, 793-4. Damanpour, *The Evolution of Foreign Banking Institutions in the United States*, 162.
126) 'California Proves a Tough Testing Ground', *Financial Times*, 1986年2月8日; Standard Chartered Bank, California Conference, 1978年11月27日-12月1日、Union Bank Files, SC.
127) Hirtle, 'Factors Affecting the Competitiveness of Internationally Active Financial Institutions', 42.
128) 'Midland Storm-Troopers', *Financial Times*, 1988年1月27日。
129) 'Culture Shock Delays the Wedding Bells', *Financial Times*, 1990年10月16日; 'Marine Midland Losses Rise to $111. 5million', *Financial Times*, 1990年11月1日。
130) Geoffrey Jones, 'Lombard Street on the Riviera: The British Clearing Banks

and Europe, 1900-1960', *Business History*, 24 (1982), 202-4.
131) Edward P. M. Gardener and Philip Molyneux, *Changes in Western European Banking* (London: Unwin Hyman, 1990), 139.
132) 'Standard-bearing West LB Grabs the Political Initiative', *Financial Times*, 1989年10月10日; 'An Anglo-German Link-up', *Financial Times*, 1991年2月14日。
133) 'Developing a European Branch Network', *Financial Times*, 1988年10月17日; 'Nat West to Withdraw from Belgian Market' *Financial Times*, 1991年2月2日。
134) 'Midland to Sell Swiss Subsidiary', *Financial Times*, 1990年6月28日; 'Woolwich to Buy French Group', *Financial Times*, 1991年3月5日。
135) 'Nat West to sell control of Spanish retail arm', *Financial Times*, 1996年6月13日。
136) 1988年においてロイヤル・バンク・オブ・スコットランドはスペインのサンタンダー銀行と株式交換の契約を交わした。2年後両銀行は、ヨーロッパの銀行電子ネットワーク（IBOS）に加盟した。クレジット・コマーシャル・デ・フランスは1991年に加盟した。1990年にバンク・オブ・スコットランドはギリシャの新銀行の株式の3分の1を買い取り、ドイツにおいてクレジットカード業務行う合弁会社を設立した。

第11章 結　　　論

1　イギリス多国籍銀行業：概要

　1830年代からイギリスの銀行は海外進出を開始し、19世紀中には広範な海外支店網を確立した。最初にオーストラリアとカナダのイギリスの植民地へ進出し、さらに西インド諸島の植民地に進出した。1840年代から1850年代にかけて、東インド会社の独占体制が終わり、規制緩和が進むとともにアジア地域でのビジネス・チャンスを狙って新しい銀行が設立された。1860年代から1870年代には、さらに多くのイギリスの銀行が、繁栄する南半球のアルゼンチン、ブラジル、南アフリカ植民地およびニュージーランドに設立された。19世紀の末までには、多国籍銀行業を行うイギリスの銀行が随所にみられるようになった。およそ30のイギリス籍の銀行グループが、アジアの主要な湾港都市や南半球のいたるところに支店を開き営業を行っていた。

　支店の数では、オーストラリアとニュージーランドといった植民地が19世紀のイギリス多国籍銀行の中心であった。資産規模から見ると、第１次世界大戦前の50年間、イギリスの海外銀行は、オーストラリア、ラテンアメリカ、アジアの「三拠点」が中心であった。オーストラリアとニュージーランド地域では、現地資本の銀行と同じような形態で多くの支店網を持ち、リテールバンキングを行っていた。アジアでは、イギリスの銀行は主として港や貿易の中心地に立地していた。ラテンアメリカにおけるイギリスの銀行は、当初、アジア地域の為替銀行と同じような業務形態だったが、次第にオセアニアのようなリテール・バンキングへと発展していった。

こうした地域を基盤として、イギリスの銀行は19世紀に素晴らしいビジネスチャンスを得ることができた。これらの地域での特産品（農産物などの一次産品）の生産と貿易の急激な拡大は、優れたビジネスの場となり、同様にヨーロッパ、特にイギリスからの工業製品の輸入は大きなビジネスとなった。植民地への銀行の定着によって、ヨーロッパからの労働者や資本の流入をもたらし、市場が拡大し、経済が発展した。アジアの小規模農業は、主要な生産物の取引からはほとんど利益が得られなかった。しかし、ヨーロッパからの綿織物製品やその他商品の輸入が増加するにともない、アジアの地域から、米、綿花、アヘンなどの一次産品の輸出が急増した。イギリスの政治的支配はオセアニア地域やアジアの貿易中心地にまで及び、この経済環境は非常に強化されていった。その結果、多国籍銀行が被るリスクは非常に小さなものであった。世界最大の資本輸出国、最大の貿易取引国、そして世界最強のイギリス帝国の地位を背景にして、イギリスの銀行の海外ビジネスは展開されていった。

　当初、イギリス多国籍銀行は互いに競争し、また他の金融機関とも競合関係にあったが、このような業界の競争構造は彼らにとって好ましいものであった。アメリカにおける製造業の急速な成長や多国籍企業の国際的な拡大にもかかわらず、それは第１次世界大戦以前までアメリカの多国籍銀行業の重要な営業対象とはならなかった。ヨーロッパ諸国の多国籍銀行は、19世紀末まではイギリスの銀行と競争関係にあったが、この分野で先行していたイギリスの銀行に対抗することは難しかった。オーストラリアとニュージーランドにおいて、イギリスの銀行は現地銀行との競争に直面していたが、ラテンアメリカやアジアの現地銀行の経営は不安定で、その数もあまり多くはなかった。19世紀、金融制度が整備されていた西ヨーロッパ、アメリカ、明治維新後の日本では、イギリスの銀行はそれほど活発な業務を行わなかった。

　急速に発展し、かつ非常に専門化したイギリスの金融制度によって、イギリス多国籍銀行はさらに拡大した。イギリスの国内銀行やクリアリング・バンクは、19世紀後半まで国際銀行業には参入することはなかった。

　イギリス人が保守的であるかどうかは別にして、銀行再編時代以前のイギリスの国内銀行は、比較的小規模なものが多くリテールバンキング以外の経験が不足

していたため、多国籍銀行業務には消極的だった。マーチャント・バンクは優れた経験を持つ国際銀行グループであったが、その家族的経営と小規模資本は多国籍銀行業参入への障害になっていた。実際、マーチャント・バンクの信用力と顧客基盤は強く、高い利益水準を誇っていたので、海外戦略は不要だったのである。マーチャント・バンクと国際銀行とは、異なる金融サービスを異なる地域で提供しており、完全にすみわけができていた。これらの銀行間で競争があったとしても、ラテンアメリカでの貸付問題の事例のように共同事業と認識されていたようである。

19世紀のイギリス多国籍銀行の企業形態は独特で、貿易金融や一部の預金業務以外はスコットランドを除くイギリス連合国（UK）内で銀行業務を行わないフリースタンディング企業だった。しかし時として、国内と海外の銀行にまたがる業務があり、国内銀行が新しい海外銀行を展開したこともあった。多国籍銀行は一般的にイギリスに小さな本社を置き、海外支店の貸出やその他のビジネスに対する綿密な管理を行っていた。香港銀行の場合のように、イギリス資本の銀行がイギリス植民地に本社登録された場合には、その形態に変化が生じた。それぞれの銀行は1つの国あるいは1つの地域だけで営業活動を行っていた。

イギリスに本社拠点をおき、海外の支店を管理する企業形態は多国籍銀行業の歴史の中でも異例であったが、この企業形態は19世紀のイギリスの海外直接投資の典型的なもので、多くの業界で使われていた。この企業形態が発展した背景には、ロンドンのシティ（金融街）があり余るほどの利用可能な資本を持っていたこと、アメリカと比較して管理者層が不足していたことなどの理由があった。他の業界ではほとんど消滅したこの企業形態は、多国籍銀行の株式の一部を引き受けたクリアリング・バンクによって部分的に変更されたが、戦間期とその後の数年間にわたってイギリス系多国籍銀行業の中で存続した。多国籍銀行業でこのフリースタンディング企業形態が存続した理由は明白である。小さな本社と少数の経営組織は、複雑な業務プロセスや研究開発を持つ産業では大きな障害となったが、銀行業では非常に便利な形だった。またイギリスの銀行は、海外支店を管理するために社会化戦略を効果的に活用したので、従業員管理のための大きな本社を必要としなかった。

イギリス多国籍銀行は、チャンドラー学派の基準では発展途上の経営組織と定義されたが、19世紀においては最も効率的な企業であった。

イギリスの銀行は、ビジネス戦略にきわめて柔軟に対応しており、貿易金融および為替取引業務に関する最初の多国籍サービス銀行であった。しかし、あらゆる場面で現地経済に深く介入し、さらに多国籍リテールバンキングへと参入していった。こうした変化は最初にオーストラリアで起こったが、それ以外の地域でも、国際貿易金融に参入した銀行は、農産物の流通や栽培に対して融資をする金融機関となっていった。紙幣の発行や預金の獲得もまた現地経済に大きな影響を及ぼした。

これらの銀行は、信用の高い金融機関として一般の評価を得ることによって、非常に大きな利益を得ることができた。実際面では、その国々の金融政策に従い、その範囲内で業務を展開しなければならなかった。このため、ロンドン本社と現地マネージャーの対立が頻繁に引き起こされた。特に、イギリスの銀行の現地支店では、貸付条件を変更しなければならなかった。短期貸付はより長い返済期間への変更を余儀なくされた。不動産担保融資も扱われるようになった。また、いくつかのケースでは、本人の名前だけの保証で貸付も行われた。

このような傾向はイギリスの移民が入植したイギリスの植民地で銀行業務が始められた当初から起こっていた。イギリスと現地の間で、政治的、法的、文化的な差異が大きいほど、イギリスの銀行業務の基本規則を修正することに躊躇した。19世紀から20世紀前半、イギリスの銀行は、アフリカはいうまでもなくアジアで貸出をするのはリスクが高いと考えていた。しかし、アジア地域の為替銀行は仲買人を利用して同地域の企業と取引を行っていた。1950年代まで、これらの銀行の営業活動は2つに区分されていた。第1はイギリス人のマネージャーによる西欧企業への貸出であり、第2は現地人スタッフによる現地企業との取引である。結果的に後者（現地企業）への貸出コストが増加したが、西欧企業と現地ビジネスの結びつきは、コスト増だけでなく利益をもたらした。

1914年の第1次世界大戦発生以後、60年間にわたるイギリス多国籍銀行業の歴史における最も顕著なテーマは現状維持であった。イギリスの銀行の進出地域の変化、組織体制やビジネス戦略の変更はきわめて緩慢だった。地域的に見ると、

オーストラリアとニュージーランドで1914年から1960年代にかけてイギリスの支店の数が最も高い増加をみせており、イギリス多国籍銀行の総資産割合は20％程度で推移していた。アジアには比較的少数の支店しかなかったが、資産規模は全体で約4分の1に達していた。しかし、最も重要な変化はラテンアメリカに代わってアフリカがイギリス海外銀行業の第3の主要な地域となったことである。1955年までに南アフリカにおけるイギリス所有の銀行支店数はオセアニアとほぼ同じ水準となったが、南アフリカ地域は最大の資産シェアを占めていたと思われる。

　その他の地域的変化は穏やかであった。イギリスの銀行はアフリカにあるイギリス植民地のさまざまな地域や中東での近代的銀行業の先駆けであった。イギリスの銀行は第1次世界大戦後にカナダとアメリカから事実上撤退し、ニューヨークに駐在員事務所のみを残した。1920年代は西ヨーロッパの一部でイギリスの銀行支店がほぼゼロから急速に増加した時代であったが、それほど長くは続かなかった。

　現状維持というテーマはイギリス多国籍銀行業の組織体制でも同じことが言える。同じ地域に特化する銀行が合併によってその数を大幅に減らしつつあったにもかかわらず、この多国籍銀行業界は国内銀行業に参入することなく、特定の地域に特化したフリースタンディング銀行を構成しつづけていた。1936年以後、1つのイギリスの銀行がラテンアメリカで代表される銀行となり、1951年以降はオーストラリアにおいても2つのイギリスの銀行だけが営業活動を行っていた。

　最も劇的な構造変化は、国内銀行が多国籍銀行業に参入したことであった。1913年から1920年代中頃にかけてクリアリング・バンクにおいて多国籍業務への関心が高まったが、その後1970年頃までは新しい動きにはならなかった。最も重要な制度上の革新は、バークレイズ（DCO）の誕生であった。この銀行はバークレイズ銀行の一部出資により設立された巨大な広域地方銀行で、バークレイズ銀行の支配下におかれた。ロイズ銀行は、ラテンアメリカの大規模だが財務基盤の弱いイギリス資本の銀行を買収し、南アジアの銀行支店網の獲得や他の海外銀行への資本参加などを行った。クリアリング・バンクもヨーロッパ大陸で支店銀行業を行うために子会社を設立した。多国籍銀行業からクリアリング・バンクを

締め出すことを求めていたイングランド銀行の意向にもかかわらず、こうした進展が見られた。

イギリス多国籍銀行のビジネス戦略にも強い現状維持の姿勢が見られ、既存の手法に執着していた。それでも環境の変化に合わせて貸出やその他の方針を部分的に変更していた。戦間期、世界貿易が減少する中、イギリスの銀行は現地貸出を増やすようになり、担保条件も緩和するようになった。1930年代に入るとアジア地域の為替銀行ではスタッフの職にアジア人を採用することが試みられるようになった。第2次世界大戦後、いくつかの銀行がアフリカ、アジア地域で中期貸出を開始し、南半球の先進経済圏で割賦金融業務、貯蓄銀行業務、ユニット型信託業務などの金融サービスを行うようになった。イギリスの銀行は急進的な変化を好まないが、第2次世界大戦後の金融革新は、多くの国において政府の管理下で進められた。

1960年代以降、多国籍銀行業はグローバルな通貨や資本市場の到来によって様変わりした。アメリカの銀行の大規模な多国籍展開、続いて他のヨーロッパ諸国や日本の金融機関の登場はこの業界を大きく変えた。さらに先進地域での技術革新や規制緩和は、銀行業務と金融サービスとの区別を曖昧なものにした。

イギリス多国籍銀行の組織体制はこの数年で著しく変化した。1970年頃、事業統合が進展し、2つのフリースタンディング銀行が合併してスタンダード・チャータード銀行ができたのはその象徴であった。さらに、唯一つのイギリス系オセアニア銀行としてオーストラリア・ニュージーランド銀行（ANZ）が成立した。また、ロイズ銀行およびバークレイズ銀行の海外拠点の完全な子会社化などの事業再編も進み、その後、これらの子会社は親会社へ完全に統合された。1970年代に、2つのイギリスの大手クリアリング・バンクであるミッドランド銀行とナショナル・ウエストミンスター銀行は初めて大規模な海外投資を行った。

これらの結果、海外と国内の銀行業の大規模な統合が進み、地域に特化した伝統的な銀行業は事実上終わった。しかし、従来のフリースタンディング企業構造は容易になくならず、多くの多国籍銀行は重要なイギリス国内銀行業を行えないという形のまま残された。国内銀行業参入問題に関して、1970年代から1980年代にかけてスタンダード・チャータード銀行と香港銀行の場合には、1981年の両行

によるロイヤル・バンク・オブ・スコットランドに対する買収提案の競合や、1986年のロイズ銀行によるスタンダード・チャータード銀行に対する株式公開買付などを含む多くの解決策が試みられたが、ほとんど失敗に終わった。オーストラリア・ニュージーランド銀行（ANZ）は1976年に本社をオーストラリアへ移すことによってこの課題を解決した。

　企業再編はビジネス戦略や地域展開の激しい変化によって実現した。伝統的な貿易金融や国際銀行サービス提供への重点的な取り組みは、リテール・バンキングと相まって、南半球経済圏やアジアでかなり弱くなった。イギリスの銀行は初めて広い範囲で外国政府貸付業務を始めた。イギリスの銀行はその他の金融サービスへと大規模に多様化した。さらに地域的な変化も生じた。イギリス多国籍銀行はアジアやアフリカ諸国での多くの投資業務を残していたが、事実上、オーストラリアと南アフリカの古い基盤を失い、ラテンアメリカでの業務も重要ではなくなった。イギリス多国籍銀行は再びイギリス帝国の夢を見るかのように、1980年代、アメリカで大手銀行買収の波を起こした。

　しかし、19世紀の先駆者とは異なり、1980年代のイギリス多国籍銀行はその地位を維持することができなかった。ほとんどの銀行が巨額の赤字に転落したのちにアメリカでのリテール・バンキングから撤退した。政府貸付はアメリカの銀行に次いで2番目の第三世界の債務の負担をもたらした。金融サービスへの多様化も赤字を生み、過度の経営負担となった。1990年までにイギリスの銀行は再編の活路をふたたび見出したものの、それ以前の20年間の変化への対応の失敗や誤った戦略の影響は大きく、打撃を受けることとなってしまった。イギリスの銀行は30年前に比べて国際銀行業においてそれほど重要ではなくなった。しかし、この時代のイギリスの不運は決して特異なものではなかった。アメリカやその他の国の銀行でも国際銀行業の中で同様な戦略の誤りを犯していた。そして、少なくとも1つのイギリスの銀行はこの時代をうまく切り抜け、1990年代初めに「グローバル」銀行として生き残った。1992年の香港銀行のミッドランド銀行買収はイギリス資本による大規模な「グローバル」リテール銀行を生み出した。2003年までには香港上海銀行（HSBC）は資産規模で世界第3位の商業銀行となり、数少ない真のグローバルな銀行となった。

2　起源と競争力優位

　本書は、イギリス多国籍銀行の一般的な歴史の範囲で、その起源と競争力に関連した特定のテーマを長期にわたり研究したものである。多国籍銀行業の起源の現存するモデルは、多くの資料により19世紀に誕生したイギリス多国籍銀行に求められる。イギリス多国籍銀行は海外へ進出した企業顧客に追従したのではなく、こうした顧客の金融ニーズに応えるために設立されたものであったが、一般的にはイギリス多国籍銀行はイギリスとイギリス帝国の貿易と資本の取引を行うために出現したというのが事実である。外国銀行が現地の競争相手に対して「なんらかの強み」が必要であることを強調する多国籍銀行業理論は、ここに示された実証的根拠によって明らかである。イギリスの銀行は最初の近代的な銀行であったか、あるいは、現地の競争相手に対抗できる「強み」となる支店銀行業のような新しい手法を導入した。金融市場を活用するのではなく、多国籍支店を設立することに決定したのは銀行の内部事情を考えれば理解できる。イギリスの銀行は現地に信用のおけるコルレス先を持たなかったので、19世紀に進出した国々での金融市場の活用は高い取引コストがかかっていたと思われる。

　これに加えて、イギリス多国籍銀行業の起源には、さらに2つの要因があげられる。第1に起業家的意思決定の重要性である。最初の銀行は起業家的精神を持った男たちによって作られた。彼らはイングランドの銀行がアイルランドでもビジネス許可を得られる形態に注目し、数千マイルも離れた植民地にもこの形を適用できると考えた。イギリス産業と大英帝国の植民地に対する覇権が、イギリスの銀行のためにチャンスを生み出したが、その機会を認識し実行したのは起業家的発想であった。その後継者たちは大英帝国だけでなく、ラテンアメリカ、中東、アジアなどに事業機会を見出していった。のちに、この起業家的判断によって、この経済圏で貿易金融としての起源を持つ銀行の中にリテールバンキングを取り入れていった。

　第2の重要な要因は起業家の大望が実現される企業形態の形成における制度的および法的な環境の影響である。それは、どこでどのように経営者達が市場を獲

得するかを決定する環境であった。最初のイギリス多国籍銀行はイギリス銀行システムの専門化した構造がすでに確立されていた時代に生まれた。イギリス、ヨーロッパ大陸、アメリカで国際銀行業をすでに展開していたマーチャント・バンクの優位性はゆるぎないもので、同じ地域で多国籍銀行を設立しようとする試みは成功しないことが明らかであった。法制度はもっと重要であった。海外銀行が生まれた最初の数十年間、イギリス多国籍銀行業という独特な企業構造(国内銀行業務を持たずに特定の国や地域だけでビジネスを展開する銀行)が作られた背景にはイギリスの法制度があった。

なぜ19世紀のイギリスの多国籍銀行は卓越した存在だったのだろうか。その理由は国際競争力に関するポーターのダイヤモンドを使って説明されてきた。事実、このダイヤモンド・フレームワークのすべての側面は、イギリスの銀行にとって好ましいものばかりであった。それは世界最大の資本市場へのアクセスが可能であり、熟練労働者を確保することができるということであった。イギリスのビジネスは世界経済におけるマーケットの比類のない中心的な存在であった。19世紀、世界貿易は急速に成長し、イギリスの商品はその貿易で顕著なシェアを占めていた。ロンドンのシティ(金融街)への金融サービスの集中は国際的に競争力のある多くの関連産業を生み出した。19世紀後半には世界貿易の3分の2がポンド建てとなり、国際貿易でのロンドンにおける為替手形の重要性によって、イギリスの銀行は貿易金融や為替取引の中心的な存在となり、きわめて有利な状況にあった。イギリスの海外銀行は外国直接投資を通じて、こうした競争力の優位性を利用することにより成長した。

しかし、そのような圧倒的な国家的優位性にもかかわらず、イギリス多国籍銀行の成功の重要な点は企業戦略と組織体制にあったと主張されてきた。イギリスの銀行の組織能力は高く、それは世界貿易金融にとって理想的で効果的な統治構造を持っていた。代理店と本店の問題は支配体制と効果的な社会化戦略によって解決された。これらの銀行は長期的な競争優位性として役立つ信頼、誠実、安全性といった評判を獲得した。特定の地域で専門化し、競合するイギリスの銀行グループの存在は、強力な対外的競争力を促進した。

19世紀のイギリス多国籍銀行はイギリス経済や政治権力に単に「ただのり」し

ただけではなかった。銀行内部の起業家的戦略と高い組織能力の組合せもまた重大な要因であった。その結果として、特に1860年代、多くの投機的な銀行あるいは欠陥のある銀行は破綻したが、多くの安定した金融機関が生まれ、生き残った。確かに、19世紀に設立された銀行の多くが長命であったことは最も著しい特徴のうちの1つである。それらは1890年代初頭の金融危機、その後1931年の世界金融恐慌など大きな金融危機を乗り越え、その大半が生き残ることができた。

　また、効率的な企業統治の仕組みによって、イギリスの銀行は変化に対応できるビジネス戦略を実施することができた。イギリスの銀行は本国と文化的、法的に類似点が多いイギリス植民地の居留地から業務を開始し、貿易金融と為替取引業務から現地での金融ビジネスやリテール業務へと移行した。20世紀初頭までに、このような多様化はラテンアメリカやアジアのイギリスの銀行で顕著にみられるようになった。現地資本の金融仲介業者に貸出をすることによって、仲介業者の上手な活用やリスクを最小化する戦略を身につけたイギリスの銀行は、イギリス生まれのビジネス以外の多様な業務を行うことができた。ブラジルから中国に至るまで、儲かるニッチ業界が現地の起業家や取引業者によって設立された。その結果、多国籍金融サービス銀行は多国籍リテール銀行へと発展した。

　限られた範囲ではあるが、国家の政策は19世紀イギリスの銀行の競争優位性を高める上で重要な役割を果たしていた。イギリス政府の規制は銀行の地域的、機能的な専門性を強化するものであり、銀行の安定性を確実に高めていた。その一方で、銀行が新しい試みを実施するための余地も残していた。イギリスの政策はアメリカの政策とは対照的なものであった。アメリカでは事実上、多国籍銀行業は違法だった。イギリス植民地の政府もまた時々銀行に有利なビジネスを提供した。イギリス外務省の支援は香港銀行やペルシャ・インペリアル銀行の貸出に関する業務活動にとって重要だった。

　ヨーロッパやアメリカ以外の世界の多くの地域において、銀行業や金融に関する厳密な規制がなかったことがイギリスの銀行が成功した重要な前提条件であった。外国銀行に対する規制はほとんどなく、外国為替ビジネスで不利な条件を課す為替管理もなかった。また、ロンドン金融市場の余剰資金の投資規制を行うような為替管理もなかった。規制がまったくなかったこと、あったとしてもそれは

穏やかなものであったことが、良好な経営状態にあったイギリスの銀行の競争優位性を高めた。多くの地域において現地銀行が失敗する傾向があった（あるいは信じられていた）こともイギリスの銀行優位性の原因の1つであった。イギリスの銀行の戦略を制限するために設定される流動性比率をほとんどの現地政府はもっていなかった。その結果は多国籍銀行にとって最も好ましい環境となった。

　多国籍銀行業は第1次世界大戦後に成熟した産業であった。金融商品や金融技術はその後の50年間ほとんど変わらず、成長の機会は限られていた。戦間期、世界貿易の成長は非常に遅かった。また、その後も為替管理や通貨取引の規制が続けられた。多くの国々では現地資本の銀行がしばしば政府支援の下に設立され業績を拡大した。また南半球経済圏において経済状態が弱体化し、この傾向は南アメリカで最も顕著となった。南半球とアジアの現地経済圏は輸入代替品の登場によって経済成長を享受していたが、これはイギリスの銀行が得意な貿易関連ビジネスではなかった。

　イギリスの銀行が持っていた当初の競争優位性は弱まった。特に需要条件の低下が著しく、イギリスの海外企業の要求を満たしてきたイギリス多国籍銀行の核となる市場が長期の相対的縮小をはじめた。イギリスは1950年代から1973年までの急速な経済成長の時代に乗り遅れた。その結果、イギリス経済は国際的な重要性を失っていった。戦間期の数年には貿易金融で米ドルへの移行が見られはじめた。ロンドンに本社があるポンド建ての銀行の競争優位性は戦間期の数年に揺らいだ。1945年以降、ポンド建ての資本が競争優位性を失うようになった。法改正によってイギリスの銀行は国際的に資金を移動することに制限が加えられた。

　このような困難な環境と競争優位性の低下に直面した中で、イギリス多国籍銀行の業績は相当な成功であったとみなすことができる。アメリカやヨーロッパ諸国の銀行システムが戦間期の数年に大きな打撃を受けていた一方、イギリスの銀行は危機管理に熟練していたため、世界大戦と1931年の世界金融恐慌を生き残ることができた。資産規模で最大のイギリスの銀行、アングロ-サウス・アメリカ銀行の破綻は1つの大きな例外であった。

　この期間、イギリスの銀行は保守的であるとの批判を受けたが、こうした批判は部分的に正しいといえるだけである。この時期には金融商品と地域は多様化し

ていた。戦間期でも貸出戦略や雇用政策には部分的に変更が加えられた。特に1940年代末から1950年代にかけては、イギリスの銀行はアラブ世界やアフリカなど「新しい」地域で近代的銀行業を最初に開始した。オーストラリアやラテンアメリカなどの多くの地域では、国内銀行業におけるイギリスの銀行の市場占有率が停滞し下落したが、現地の競争者と比較して外国銀行に不利な条件を考慮すれば、イギリスの銀行がその地位を維持することができたことは非常に特質すべきことであった。

多くの要因によってイギリスの銀行は市場占有率を保持することができた。また多国籍銀行業において卓越性を維持することができた。他の多国籍銀行との競争は起きなかった。アメリカの多国籍銀行業は1950年代末まで控えめであった。ドイツの多国籍銀行業の発展は1914年以前には、ラテンアメリカとアジアの一部でイギリスの銀行に相当な脅威を与えていたが、第1次世界大戦によって成長を妨げられ、1970年代まで完全に回復することはなかった。イギリスの銀行は特定の市場において現地の銀行からの深刻な競争に直面したが、他の多国籍銀行からの決定的な挑戦には遭遇しなかった。

先行者利得もまた重要である。1914年までにイギリスの銀行は活動していた多くの地域で優れた特権を獲得した。これらの特権は現地政府が積極的に動かない限り容易に覆せるものではなかった。イギリスの銀行は広範な支店網という形で実際の資産を所有していたが、そのうちのいくつかは現地の象徴的なビルであった。無形の財産はより強く、イギリスの銀行は特に健全で安定しており、効率的という評判であった。イギリスの銀行業の貸出慣行には人種的な偏りがあるとの批判があったが、イギリスの銀行が破産せず、マネージャーは信頼でき、そして顧客情報が完全に機密にされていたというこれらの事実によって、イギリス多国籍銀行はアジアやアフリカ、ラテンアメリカの多くの地域において強力な優位性を引き続き保っていた。

イギリスの銀行の支店網の中には、厳しい戦間期を相互協力によってしのいだ地域もあった。戦間期におけるバークレイズ（DCO）組織の主要な機能の1つは、南アフリカから得られた利益を使って、西インド諸島や北、西、東アフリカを網羅する大きな支店網の損失を補塡することだった。ラテンアメリカやヨーロ

ッパ大陸の支店網は戦間期の全期間または一部期間にわたって存続可能ではなくなり、クリアリング・バンクからの支援なしでは生き残ることはできなかった。

イギリスの銀行全体の業績が比較的楽観的な評価であったにもかかわらず、戦略および組織体制上のイギリスの銀行の競争優位性は、第1次世界大戦以前ほどはっきりしなくなった。制度変更には数多くの規制があり、変化する環境に柔軟に対応することができなかった。貿易銀行にとって理想とされた伝統的管理手法は、多国籍リテール銀行にとってはそれほど経済合理性を持っていなかった。ロンドンにある本社は、現地の銀行のように緻密に銀行のリスクを評価することができなかった。それらは保守的で、外国為替取引や銀行の資金運用業務を優先する傾向があった。イギリスの銀行は、貿易銀行から現地の経済圏での幅広い総合金融サービス会社へと進化することによって、イギリスの貿易が縮小してきた第1次世界大戦後も生き残っていくことができたのだが、逆に、その組織体制が新しいビジネス展開の重荷となってしまった。1945年以降、イギリスの銀行で最もダイナミックな香港銀行は、貸出判断を行う最適な場所であり、銀行の主な市場である香港に、本社や最高経営責任者を置いた。社会化戦略もまた変化を抑える要素として作用した。19世紀に非常にうまく機能したパブリック・スクールからの新卒採用や終身雇用、業務による教育訓練（OJT）などに基づく企業文化は地域や製品に特化した専門性を育んだが、その結果、イギリス多国籍銀行の体制はビジネス戦略上の改革を抑制することとなった。

また地域的、機能的に特化された伝統的な体制は特有な問題を引き起こした。これらの銀行のフリースタンディング組織は脆弱なイギリスの国内顧客基盤をそのまま放置する一方、少数の国で生産されたわずかな商品に対する金融に特化してきた銀行はリスク分散の必要性を感じていた。しかし、国内と海外銀行業との統合や大規模地方銀行を形成するための取り組みには長い時間がかかった。第1次世界大戦の頃、国内銀行による多国籍銀行業への参入や、主要なイギリスの国内銀行と密接につながりを持った広域地方銀行バークレイズ（DCO）の1926年の誕生は革新的なできごとであった。しかしながら、それも大きな変化の始まりにすぎなかった。ロイズ銀行は海外の銀行の実質的な株式を取得したが、50年間、海外銀行業間、あるいは国内銀行業との間の協力関係を実現できなかった。国内

銀行「大手5行」のうち3行は多国籍へ関心も意欲もなかった。1950年代から1960年代の間には、イギリス多国籍銀行業の特殊な構造を克服するための試みとして、海外銀行間の合併が引き続き行われた。全体構想はやっと議論されるようになったが、1960年代末になるまで大規模な銀行再編は起こらなかった。

　この緩慢な銀行再編のペースは、さまざまな方法で説明することが可能である。これらの銀行特有の企業文化は、その強さの源であったかもしれないが、合併の障害でもあった。このことは、1940年代や1950年代に取締役が提案した合併にCEOが反対したという実例から明らかである。この時代には競争の外的脅威が少なかったのである。イギリスの銀行は自分たちで世界市場を分割し、国内の競争とはほとんど無縁の状態だった。なれあいの談合が広く行き渡っていた。イギリスの銀行間では財務数値で激しい競争をしていたが、銀行業界全体としては激しい競争はなかった。

　国の政策によって定められた環境が、銀行再編やその他の革新に対するさらなる障害となっていた。イングランド銀行は、1920年代から1950年代まで、海外銀行業と国内銀行業の統合を断固として阻止しようとしたが、この試みは必ずしもうまくはいかなかった。1950年代や1960年代、イングランド銀行は各種の合併計画案を承認したが、そのプロセスは緩慢であった。その一方でイギリスの銀行や外国企業からのいかなる敵対的買収の脅威も起きないようにしていた。同様に、イギリスの銀行は多くの現地政府によって規制されており、その経済圏ではすべての銀行の自由な戦略を禁止していた。

　それゆえ、イギリス多国籍銀行は、1914年と1945年の間の衝撃的な政治的、経済的事件でも生き残った。19世紀に築いた競争優位性はこの期間に弱められたが、それほど致命的なものではなく、ある程度まで補うことができた。イギリス多国籍銀行は先行者利得があったこと、他の多国籍銀行の存在がなかったこと、クリアリング・バンクの株主が喜んで外国支店の損失を補填したことなどからもまた恩恵を受けていた。組織体制は戦略よりも停滞していたが、多国籍銀行業は急激な革新の機会が限られている成熟した産業だった。

　この状況は、1960年代からのグローバル銀行業の新時代に変化した。（ポーターの示した）ダイヤモンドのいくつかの要素はイギリス多国籍銀行に不利な方向

へと急激に変わった。イギリス経済の継続的な脆弱さが、金融サービスの需要に影響した。イギリスの輸出品は世界貿易の中で重要度が相対的に下落し続けた。イギリスの製造業の弱体化によって、イギリスの国内市場には、外国からの輸入品やイギリス多国籍企業の海外子会社からの供給が増加した。世界通貨としてのポンドの役割も崩れ、大英帝国の権威は、1997年までの香港、バミューダ諸島、フォークランド諸島など一握りの特別な地域を除いて、斜陽となってしまった。

　これまで競争優位性をもたらしていたその国独特な要素が低下し、イギリスの多国籍銀行業のフリースタンディング組織は重荷となった。海外の支店網を管理するためにイギリス国内に本社を置くという利点の多くは消失した。1960年代、生き残ったフリースタンディング銀行は多地域型の合併や、より強力なアメリカやイギリスのクリアリング・バンクとの資本提携による道を求めた。その後の10年間においてANZ本社のオーストラリアへ移転は、コスト面でイギリスに本社を置くことは負担が大きいことを示すものであった。

　このことは、イギリス経済の停滞の結果避けられないものであったとして、イギリス多国籍銀行の問題を片づけられてしまいがちだが、このような説明は、19世紀にイギリスで多国籍銀行が卓越していたのは単にイギリスの経済の強さであったという説明と同様に、満足できるものではない。法的および制度的要因には予想されていたほどの直接的な相関はみられなかったが、多国籍銀行業の活動の広がり、その国全体の経済規模と資本輸出者としての銀行の地位との間には、歴史的に明確な相関があった。しかし、ある程度までイギリス多国籍銀行は競争優位性を回復した。ロンドンは世界をリードする国際金融の中心地として生まれ変わった。イギリスの銀行がロンドンに本拠を置くことを最優先としていたのと同様に、アメリカの銀行やその他の国の銀行もロンドン支店を開くことを最優先と考えた。新しいユーロ市場は貸出通貨と貸出地域の間のつながりを壊し、その結果ポンドの下落からイギリスの銀行をある程度まで解放した。多国籍銀行業のこの最初の段階では、まだイギリスの銀行には十分な優位性があった。ロンドンのシティ（金融街）に本社があることは別にして、イギリスの金融機関は、シンガポールや香港のような主要な金融中心地や多くの国々での国際活動や個人預金業務の独自の豊富な経験を持っていた。

イギリスの銀行は、その戦略と体制の欠陥によって、これまでの特権や回復した競争優位性の潜在的な可能性のすべてを実現することができなかった。1960年代を通して行われた非常に緩慢な合併交渉の時期は、アメリカ多国籍銀行の急速な成長と急速な商品革新の時代と一致している。1970年前後の統合の後でも、イギリスの銀行の組織的な能力は弱体化したままであった。少なくとも1970年代までのイギリスの銀行内の形式的なトレーニングレベルでは急速に変化する業界内では通用しなかった。

構造的、組織的能力の欠陥は、この期間にイギリスの銀行によって行われた非効率で計画的でない戦略によって説明することができる。1960年代および1970年代初頭、イギリスの銀行は既存の体制や経営をある程度残しておく戦略を明らかに好んでいた。これは競争優位性を回復する戦略上のツールとして少数持株の活用を試みた時期にあたり、また同時にコンソーシアム銀行業への広い範囲で関心を抱いた時期でもあった。こうした検討は新しい手法を研究し、新しいビジネスを開発するために役立つという意味があった。しかし、イギリスの銀行の限りある組織力では、そうした研究をすることはできなかった。アメリカのマネーセンター・バンクによる海外銀行の少数持株による資本参加は、経営技術の移転にはほとんど結びつかなかった一方で、いくつかのイギリスの銀行は、コンソーシアム銀行という概念にとりつかれ、その価値に疑問が投げかけられた後でも執着し続けた。

しかしながら、最悪の戦略上の失敗が、1970年中頃以降の10年間に決定的となった。経営者たちは、アジアとアフリカで確立し、時には、潜在的に価値のある特権をしばしば見過ごし、よりファッショナブルな国と活動へと多様化するアメリカ流を真似ようとしていた。イギリスの銀行では、アメリカの銀行が採用した専門的に訓練された経営が欠如しており、その結果、アメリカの銀行の状況より相当悪くなった。また、それぞれの銀行はそれぞれ違った弱点を持っていた。しかし、全体的に政府貸出、消費者金融やアメリカ的銀行業などへの多様化には、無計画で、準備不足であった。

1990年までに、ほとんどのイギリスの銀行経営陣は、19世紀の前任の経営者および財務当局が、特定の地域で、特定のビジネスに、その活動を制限した理由を

もう一度学ぶことになった。銀行業の成功には顧客や金融商品についての知識が必要である。1970年代および1980年代の多様化時代には、未知のビジネスまで銀行が手を伸ばすようになった。イギリスの銀行はこのような流れの中ではリーダーではなく模倣者であったが、イギリスの銀行だけが悪いわけではなかった。しかし100年間の多国籍銀行業の経験が、新たに参入する際の落とし穴から回避させてくれると思っていたかもしれない。

　イギリス多国籍銀行業にとってより満足な結果になると考えたことはそれほどおかしなことではない。これは、10年後というよりむしろ、観念的には1960年代初頭に行われた海外銀行とクリアリング・バンクの統合によって形成されたいくつかの銀行グループの誕生に関係していると考えられる。バークレイズやロイズの株式所有は、この2つのグループの明白な基礎となった。スタンダード銀行とチャータード銀行と残されたクリアリング・バンクの1つ、おそらくミッドランド銀行との合併は、第3のグループを形成したかもしれない。これらのグループは、ロンドン・アンド・サウスアメリカ銀行（Bosla）が実施を試みたように、ロンドンでのユーロ・ダラーやユーロ債市場における卓越した役割を発展させたであろう。これらの銀行グループは既存の海外特権をより有効に利用し、縮小したイギリスの経済活動を補うために第三国ビジネスを積極的に展開し、国際的な特権としての広域地方支店業を効果的にマーケティングに活用したであろう。香港銀行やスタンダード・チャーター銀行のように、これまで積み上げてきた経験から判断して、第三世界に対する過大なシンジケート・ローンでアメリカの銀行に追従することに注意したであろう。イギリスの銀行は、こうした専門的知識によって、アメリカの大きな金融ビジネスセンターで大規模企業金融を扱う少数の支店を設立することを選択し、多国籍リテール戦略を避けることができたであろう。より正式な教育を受けたスタッフの採用や広範囲なトレーニング計画の早期導入をしていれば、これらの戦略を効果的に実行するための組織的な能力が備えられたであろう。

　19世紀の遺産がこのような成果にとっては重荷となった。海外と国内銀行業の間の伝統的に弱いつながり、強い個人主義的企業文化と管理上の社会化戦略、イギリスの海外銀行における金融商品と地域に特化した手法、これらのすべてが、

急激な変化にとって障害となった。起業家精神を発揮させるためには、このような障害を克服することが必要だった。ジョージ・ボルトン（George Bolton）とシリル・ホーカー（Cyril Hawker）の両氏による、イギリスの多国籍銀行業をより効果的な形に再編成した試みは、1960年代では評価されるべきである。しかしながら、多くの場合、イギリスの銀行業務の上級ランクで起業家的ビジョンを持ち、そして経営を熟知した人は、ほとんど存在しなかった。

3　業績および効果

　19世紀に設立されたイギリスの海外銀行は、最初の関門を突破しビジネスでの成功をおさめ、生き残った。現在も営業活動を続けている少数の銀行は1830年代から1860年代までに設立された銀行の直系の子孫である。19世紀にあった多くの銀行は、巨大なグループへと合併されたり、買収されたりした。これは失敗したからではなく、たいてい自らの選択によるものであった。設立から5年以上続いた銀行は、相当な期間にわたって存続した。

　長命の理由はすでに詳細に述べた。19世紀に確立した経営組織はリスク管理と安全な銀行運営には有効だった。経営組織は、現地の経済環境に非常に柔軟に対応したが、この柔軟性がスタッフの不正や重大な貸倒れになることについては非常に警戒していた。イギリスの銀行のビジネス組織体制は、急激な環境変化に対応するための備えは十分でなかったが、1960年代まで問題にはならなかった。

　目立った倒産もあったが、驚くべきはその数の少なさであった。19世紀には1866年アグラ・アンド・マスターマンズ銀行と1884年オリエンタル銀行が破綻した。これらの銀行はその時代のグローバル銀行で、大陸に広がる数多くの支店網で営業していた。

　戦間期におきたアングロ-サウス・アメリカ銀行の倒産は、別の形の破局だった。この銀行は、買収を行い、ラテンアメリカその他の地域での新たな銀行業務市場を拡大し、さらに堅実な競合銀行であるロンドン・アンド・サウスアメリカ銀行よりも柔軟な貸出政策を採用するなどによって、急速に成長した。一時、アングロ-サウス・アメリカ銀行は、バークレイズ（DCO）と類似した広域地方銀

行に発展するかのように見えたが、チリの硝酸塩（農業用肥料）危機によって、発展の道が断たれた。

さらなる不幸な出来事は、1980年代に起きたミッドランド銀行によるカリフォルニアにあるクロッカー・ナショナル銀行の買収だった。ミッドランド銀行は、第1次世界大戦末まで世界最大の銀行であったが、その後、国内市場でも重要性が低下した。クロッカー・ナショナル銀行の買収は、銀行再生の劇的なサインに見えた。その後の5年間に発生した10億ポンド以上の損失は、物価変動を考慮しても、多国籍銀行業の歴史上被った単独での最も大きな金額だったが、ミッドランド銀行がコアとなる国内業務で生き残ることは疑う余地もなかった。

これらの失敗の要因は特異なものであったにもかかわらず、いくつかの共通点が見られる。共通点は、多国籍銀行が直面した市場に関する知識が不足する場合の問題に集中している。オリエンタル銀行の広域地方支店網は、現地貸出条件についての知識が不足していたため、不良債権と差し押えたコーヒーや砂糖の土地資産の権利書をもたらした。アングロ-サウス・アメリカ銀行の新市場での急速な成長は、しばしば合併によるものであったが、チリ危機以前でも深刻な問題を引き起こした。イギリスの国内銀行業を行うミッドランド銀行の経験では、カリフォルニア州の不動産市場のリスクに対して経営的に無防備であった。経営の失敗や組織能力の不足は、未知の領域での銀行業に含まれている固有の問題を悪化させた。

ここに示された事実は次のことを示唆している。多国籍銀行業は1つの国の市場のシステマティック・リスクを回避することができるので、国内銀行業よりも多国籍銀行業の方が優れているという見方には条件が必要である。いくつかの多国籍銀行の営業活動では、多角化がリスクを高める。リテールやサービス銀行業を成功させるためには、いつも顧客に関する詳細な知識が求められてきた。結果的に数多くの市場の中で活動することは、リスクを縮小させるというよりもむしろ増大させる。バークレイズ（DCO）は広域地方銀行として効果的に機能することができた。それはある程度、現地市場を熟知した長い歴史のあるイギリスやその植民地の銀行から形成されていたからであり、その経営陣はバークレイズ銀行に適切に残されていたからである。対照的に、1970年代から1980年代にかけて

のイギリス銀行によるアメリカの銀行大型買収は、危機に直面していた銀行にとって、とても危険な戦略であった。というのは、イギリスの銀行は、どうしても必要な地位を除いて、まったくなじみのない外国の市場で活動する異なる伝統を持った経営陣を採用したからであった。

　1890年から1975年にかけて、イギリスのある多国籍銀行の財務実績を調査したところ、多くの事実が明らかになった。イギリス多国籍銀行は業績の良い時期と悪い時期があった。1890年代初頭と1930年代は、特に業績の悪い年であった。この時代には、調査した銀行の大多数の株主は、銀行株よりもイギリス政府債に多く投資をした方が良い結果が得られたであろう。逆に、これらの銀行は、第1次世界大戦前の数十年と1950年代および1960年代の急速で世界的な規模の成長の時代に、より良い業績をあげていた。もし、調査した銀行の海外支店が敵国に占領されなかったならば、これらの銀行の業績は、グループ全体としては、2つの世界大戦中も比較的好調であったと言うことができる。

　長期にわたって、特に、イギリスの銀行市場が本質的に寡占カルテルを形成していた1914年以降の半世紀、国内銀行業は多国籍銀行業よりも収益性が良好であった。しかし、そのような一般的な考え方が個々の状況を分からなくしてしまった。多国籍銀行業務は国内銀行業務よりもリスクが高かったが、報酬も大きかった。業績の良い多国籍銀行の株式を保有すれば大きな利益になったが、逆に業績の悪い銀行を選ぶと、非常に悪い結果にもなりえた。

　イギリス多国籍銀行は、公表された数字よりも業績が良かったことは明白である。1970年代以前（香港銀行の場合はもっと後まで）、それらの銀行は利益を公表する前に、いつも利益を内部留保へ付け替えていた。業績が悪い時期に、これらの内部留保を使って、公表される財務数値を平準化することによって、株主や預金者への信用を維持した。この内部留保による財務戦略の意味は1930年代初期の世界恐慌の時代において明らかになった。調査したいくつかの銀行が内部留保を取り崩すことによって、「実際の」損失額を偽ることができた。この問題で利害関係者間に一部、利益対立があった。利益を内部留保へ付け替えることは、株主が期待したよりも少ない配当しか受け取ることができないことを意味した。他方、経営者やスタッフは、危機管理の有効なツールとして使用される内部留保を

蓄積することで、銀行の長期的な存続を確保しようとした。預金者もまた安定性の恩恵を受けた。これが、多くの国々に展開するイギリスの銀行が危機の時にも資金を引きつけた1つの理由であった。

確かに、イギリス多国籍銀行の業績は、株主の視点や収益性から見た場合には、幅広いバラツキがあった。アジア地域における為替銀行は長期にわたって最も成功した銀行のグループだったようだが、この一般的な評価は戦間期で崩れたといっても差し支えない。この時期では、南アフリカでの営業活動が最も良い業績を上げていたようだ。現地の地域経済圏の健全性とそこで行われているビジネスの種類は、この業績の違いを説明するのに役立つ。一般的に言って、主要な港やビジネス・センターでの貿易金融は、リテール業務を行うために広範囲に支店網を運営するよりも有利なビジネスであった。国際貿易を取り扱っていた一部のアジア経済圏は、1914年以前に繁栄し、その後1950年代以降にふたたび全盛期を迎えた。対照的に、南半球経済圏はイギリスの銀行にとって前途はあまり良くなかった。一次産品経済は、第1次世界大戦の後に長期的、相対的な縮小を経験した。南アフリカはこの縮小傾向の例外である。そこでは、1920年代から1970年代までイギリスの銀行は、大量の安い黒人労働力によって採掘されるかなりの量の鉱物資源を有する国で、数社による独占を維持していた。

同じ地域で営業している銀行の間にも、明らかに業績に違いがあった。香港銀行は、最も目立つアジア地域の為替銀行の「星」であった。現地の経済事情もまた、業績の違いの理由を説明する重要な部分である。第2次世界大戦後、業績の良かった銀行とは、低い税率と軽い規制で、外国銀行に対する差別がなく、拡大する経済の中で、良質の預金基盤を備えた銀行だった。香港銀行はこの点で理想的であった。

収益チャンスに対する起業家的な視点も重要だった。各銀行はチャンスを認識する能力に違いがあった。戦間期のオーストラリアで、イギリス系オーストラリアの銀行大手2行が、ニュー・ノース・ウェールズの産業地区や郊外にすばやく拠点を置かなかったために、事業機会を逃したことがあった。香港銀行の取締役会やCEOがロンドンでなく香港に拠点をおいていたことが、この点に関して競争優位性の源であったことは確実である。香港銀行の意思決定者たちは、営業活

動する市場について多くの最新の情報にアクセスでき、それを利用してリスクを取ることができるようになった。

時代と地域で成果に大きな違いがあったと考えられるが、営利企業として銀行業績の追求から、経済全体の繁栄への貢献者としての利益追求へと移行するにはより複雑な問題がある。それでも、多くの一般的な意見を述べることができる。

イギリス多国籍銀行に関する乱暴な風刺は明らかに不適切である。例えば、実際の利益と内部留保はそれほど大きなものでなく、イギリスの銀行が現地経済から大量の金を引き出し、その処理を貸借対照表の中に隠したという見解には該当しないだろう。イギリスの銀行は、営利企業として外国為替を投機に使ったことはなかった。コメントや批評のようにイギリスの貸出方針は「月並み」なものでも「人種的に偏った」ものでもなかった。1914年以前でも、イギリスの銀行は、そのビジネスをアジアやその他の発展途上国に住むイギリス人に限定することは滅多になかった。

そのどれも、これらの銀行が異質な資本主義的企業であることを示唆すべきものはなにもなかった。イギリスの銀行は、株主のための利益と長期的な企業存続を求めた。イギリスの銀行は、イギリスの原則に基づいた銀行業の伝統と各世代で共通の政治的、社会的、人種的認識の中で、その目標を追求した。その結果、管理者にイギリス人を登用するとともに、未知の文化圏でビジネスを展開する場合には、仲介業者を使用することによりリスクを最小限に抑えた。イギリスの銀行は短期の貿易金融を好み、小農民への融資や製造業への長期貸付は、あまり賢いことではないと考えていた。

現地経済で貸し出すよりもロンドンの金融市場での運用の方がより安全で高い収益があげられるようになると、銀行は海外から預金を集めてイギリスに移した。これらすべての方策にはコストがかかるが、このコストは全体システムに恩恵をもたらす一部として理解されなければならない。

多くの経済全体への恩恵は、最初に市場に参入したイギリスの銀行が導入した新しい仕組みから生じたものだった。当然、これらの恩恵は第1次世界大戦前に最大となった。オーストラリアの植民地や他の地域でイギリスの銀行は、支店銀行業を導入し、その後、発展途上の世界の広範な地域に近代的銀行業を持ちこん

だ。1980年代になっても、イギリスの銀行は、他の外国銀行とともに、アメリカの各州間にまたがる銀行業務自由化への圧力をかけるなど、アメリカの銀行システムに影響を与えた。イギリスの銀行が長期にわたって革新の最前線に位置することはほとんどなかったが、のちの保守主義が最初の革新的な効果をおおい隠すことはないであろう。さらに、19世紀のラテンアメリカ、南アフリカ、および他の地域で現地の銀行業務が未発達だった時期に、イギリスの銀行は安定した信用のある金融機関を提供した。こうした貢献は第1次世界大戦で終わらなかった。いくつかの国々ではイギリスの銀行が実質的な中央銀行の活動をしており、その国の安定した為替管理機関を作る際に重要な役割を果たした。

　イギリスの海外銀行の競争上の問題は、いくつかの点で部分的ではあるが、多くの国々で近代的銀行業の手法をうまく普及させたことから生じた。この結果、やがて現地の金融機関は、イギリスの銀行を模倣し、現地の市場について詳しい知識を活用して、銀行業務を改革した。

　イギリスの海外銀行は19世紀の多国籍ビジネスの最も特異な形態の1つであった。イギリスから何千マイルも離れた支店網を運営することのできる銀行組織を創造し、そして次の世紀まで生き残ったこの組織形態は起業家的精神と経営手腕の賜物だった。1960年代から始まったグローバル銀行の時代、イギリス多国籍銀行業の重要性の低下は、イギリス経済全体の相対的失墜によるものであり、ある程度避けられない結果だった。イギリス多国籍銀行の歴史は、過去の競争力優位がどのように現在の競争劣位になり得るかをある程度まで示す実例であった。

【付録1】
イギリス多国籍銀行：総資産、時価総額、海外支店および関連会社

　本付録の各表は、1860年、1890年、1913年、1928年、1938年、1955年、1970年、1990年を基準年として、イギリス多国籍銀行の活動を記載している。この基準年の間に設立されたあるいは倒産した銀行は、必然的に除外されている。したがって19世紀の銀行ブームの間に設立された相当数の短命の銀行は、リストに掲載されていない。しかし、そうした銀行の中には、海外支店を設立または配置したり、事業を開設したりする段階に至った銀行も相当数含まれている。この基準年に基づき記載した各銀行の簡単な歴史は、付録2に挙げられている。これらの表は、本文中の多くの一般概念の基礎となるので、この表に含めるか除外するかの基準を明確にする必要がある。

　この表に含める銀行の主要な根拠は、イギリス人により所有され、その結果、イギリスから支配されていること、そして海外直接投資を行っている、すなわちイギリス外で少なくとも1つの支店あるいは関連会社を所有および支配しているということである。後者の基準が、最も明確である。この基準により、イギリスの事務所あるいは海外の提携会社やコルレス網を通じて国際銀行業務に携わっていたイギリスの銀行を除外している。また、海外進出が代表事務所に限定される銀行も除外している。いくらかの銀行業務機能を有し、完全所有の「代理業者」は支店として含めている。特別な場合を除き、大英帝国内で現地法人化された銀行および植民地に本店を構える銀行は、除外されている。外国の銀行の多くの関連会社で、イギリスで登録された銀行またロンドンを拠点とする銀行も除外している。そうした銀行の初期の例は、ロンドン・ジャーマン銀行であった。同行は、1871年に設立され、ドイツ銀行あるいは他のドイツ系銀行により大部分を所有されていたイギリスで登記された銀行である。

　主な定義上の問題は、イギリス外で登記されたが、実質的に「イギリスの」要素を含んでいるいくつかの銀行の事例において生じている。そうした銀行は、表ではゴシック体で示されている。こうした金融機関のうち最も重要なものは香港銀行である。その理由は本文において明らかにしたが、同行をイギリスの銀行のカテゴリーから除外することは不合理であろう。イギリスのクリアリング・バンクの海外で登記された子会社もまた、1970年までこのカテゴリーに含まれていた。これらの銀行は親会社と異なる銀行であり、明らかにイギリスの支配下にあった。また、エジプト・ナショナル銀行およびトルコ・ナショナル銀行も含まれている。前者は、第2次世界大戦以前の準国立銀行であったが、かなりのイギリス人株主がおり、多くのイギリス人経営者がいた。さらに、1898年の創立から1940年まで同行は、ロンドン在住の3人の取締役と重要な戦略事項に影響力を持つ強力なロン

ドンの委員会を有していた。同様に、1913年のリストに見られるトルコ・ナショナル銀行は、相当なイギリス資本がある上に、かなりの影響力を持つロンドンの委員会を有していた。

多くの銀行がこのリストに含めることについて検討されたが、結局除外された。ニュージーランド銀行は、明白に現地で所有され、ニュージーランドで運営される銀行として1862年に設立された。しかし、1890年から1894年までその本店はロンドンにあった。1890年のリストに含まれているのは、海外の10大銀行の1つ——およそ1,150万ポンドの総資産を有する銀行——となったからである。しかし、厳密な意味では、決して本当の「イギリスの」銀行ではなかった。

イギリス領インドの銀行業務システムにおいて、これらのリストに含まれている為替銀行以外でも相当な「イギリスの」影響があった。19世紀においてインドで登記された少なくとも2つの国内銀行——アラハバードとシムラ・アライアンス銀行——が、「イギリス系」として広く見なされていた。それらの経営はイギリス人の手中にあり、おそらく多くの株式がインドのヨーロッパ人居住者により所有されていたであろう。しかし、イギリスからの「支配」はなく、支店網がインドに限定されていたので多国籍的行動の要素はなかった。結果として、これらの銀行はリストから除外されている。しかし、アラハバードは1920年にP&Oバンキング・コーポレーションによる買収後、関連会社としてこのリストに加えられている。同様の理由により、プレジデンシー銀行とそれらの前身であるインド・インペリアル銀行を除外することとなった。ベンガル、ボンベイ、マドラスの銀行は、1876年以降に民間の金融機関となったが、準政府銀行機能を維持していた。それらの銀行の取締役は、インドで活動するイギリスの実業界から招かれた。そうした経営者は、イギリスで採用され、居住するヨーロッパ人がおそらく大量の株式を所有した。しかし、これらの銀行は圧倒的にイギリス的性質を有していたけれども、イギリスからの支配はなかった。さらに、それらの支店がインドに限定されていたので、こうした銀行は多国籍銀行ではなかった。プレジデンシー銀行の詳細は、A. K. Bagchiの著書（*The Presidency Banks and the Indian Economy, 1876-1914*）により入手できる。

いくつかの銀行は、複雑または不安定な株主構成であった。オスマン銀行は、1860年のリストに含まれているが、それは当時、まだ同行がイギリス政府の設立許可証に基づき設立されたイギリスの銀行であったからである。同行は、1863年にオスマン帝国法に基づきオスマン・インペリアル銀行として再編成され、その後、イギリス人、フランス人、オスマン帝国民による株式所有および役員の混成が見られた。ある時期には、かなりのイギリスの影響があったが、同行がイギリスの銀行としての役割を果たすことは決してなかった。そして、同行は1860年以降の表からは除外されている。アングロ-オーストラリア銀行もまた、常にイギリスの支配下にあったわけではない。同行は、イギリスの銀行として1863

年に創設されたが、翌基準年度までに支配権がオーストラリア人の手中に渡った。1922年から1926年までの時期、イギリスの支配も同様に、基準年の中間で減少していた。

　1990年のリストは、以前の年度のリストとはかなり異なっている。それは、多くの多国籍専業銀行が国内銀行の親会社へ統合されたこと、現地登記子会社が急増したことによる。1990年のリストは、参考として、その年度に多国籍銀行業務に携わっていた主要なイギリスの銀行の資産額および時価総額のみを示している。

表 A1-1　イギリス多国籍銀行：総資産、時価総額、海外支店数（1860年）

銀 行 名	総資産（ポンド）	時価総額（ポンド）	海 外 支店数
オリエンタル・バンク・コーポレーション	12,697,538	2,412,500	14
オーストラリア・ユニオン銀行	6,559,102	1,720,000	23
インド・チャータード・マーカンタイル銀行	4,489,117	700,000	10
オーストラレイシア銀行	4,449,150	1,636,875	17
アグラ・アンド・ユナイテッド・サービス銀行	3,304,702	1,650,000	7
ブリティッシュ・ノース・アメリカ銀行	2,417,021	1,085,000	12
コロニアル銀行	2,361,731	805,000	14
インド・オーストラリア・アンド・チャイナ・チャータード銀行	2,289,477	711,218	5
オーストラリア・ロンドン・チャータード銀行	2,144,118	892,500	9
イングリッシュ、スコティッシュ＆オーストラリアン・チャータード銀行	1,280,189	381,250	4
オスマン銀行	1,058,865	475,000	4
サウス・オーストラリア銀行	1,052,342	484,000	3
エジプト銀行	503,592	217,500	2
イオニア銀行	n. a.	n. q.	5
ロンドン・アンド・サウス・アフリカ銀行	200,000	n. q.	3
全銀行総計			132

(注)　n. a. は、入手不可能であることを示し、n. q. は株価がつけられていないことを示す。

付　録　527

表A1-2　イギリス多国籍銀行：総資産、時価総額、海外支店および関連会社数（1890年）

銀 行 名	総資産（ポンド）	時価総額（ポンド）	海　外支店数	海外関連会社数
香港銀行[a]	25,571,439	5,480,000	22	
オーストラレイシア銀行	19,251,209	4,000,000	149	
オーストラリア・ユニオン銀行	19,174,585	4,020,000	90	
インド・オーストラリア・アンド・チャイナ・チャータード銀行	15,923,197	1,080,000	17	
サウス・アフリカ・スタンダード銀行	13,608,196	2,080,000	71	
ロンドン・アンド・リバープレート銀行	12,361,335	1,800,000	4	
ロンドン・アンド・ブラジル銀行	12,119,225	1,250,000	14	
リバープレート・イングリッシュ銀行	10,983,039	1,050,000	5	
チャータード・マーカンタイル銀行	10,593,188	750,000	13	
ニュー・オリエンタル・バンク・コーポレーション	10,573,541	575,000	20	
リオ・デ・ジャネイロ・イングランド銀行	10,410,555	650,000	9	
オーストラリア・ロンドン・チャータード銀行	8,999,346	1,475,000	61	
イングリッシュ、スコティッシュ＆オーストラリアン・チャータード銀行	8,680,098	1,575,000	92	
アグラ銀行	6,992,789	900,000	8	
インド・ナショナル銀行	6,858,295	466,500	8	
ブリティッシュ・ノース・アメリカ銀行	5,168,351	1,520,000	18	
コロニアル銀行	4,865,415	1,080,000	14	
サウス・オーストラリア銀行	4,758,182	800,000	27	
アフリカ銀行	3,368,230	360,000	19	
ブリティッシュ・コロンビア銀行	3,208,695	1,140,000	9	
ニュージーランド・ナショナル銀行	2,690,122	175,000	31	
アングロ-エジプト銀行	2,573,135	400,000	5	
アングロ-カリフォルニア銀行	2,215,644	464,535	1	
ペルシャ・インペリアル銀行	1,789,427	1,100,000	5	
デリー・アンド・ロンドン銀行	1,683,037	146,867	5	
ロンドン、パリ・アンド・アメリカ銀行	1,598,870	600,000	1	
ロンドン・アンド・サンフランシスコ銀行	1,560,275	420,000	3	
メキシコ・アンド・サウス・アメリカ・ロンドン銀行	1,513,314	350,000	1	1
タラパカ・アンド・ロンドン銀行	1,205,865	550,000	3	
イオニア銀行	1,149,096	239,780	5	
アングロ-アルゼンチン銀行	922,178	200,000	2	
スペイン・アンド・イングランド・ユニオン銀行	905,896	174,825	5	
エジプト銀行	844,280	370,000	2	
イギリスで登記された銀行総計			717	1
全銀行総計			739	1

（注）　ゴシック体で記されている銀行は、イギリス外で登記されたものであるが、重要な「イギリスの」銀行に含まれていた。以下の表も同様。
　　　a：香港銀行の総資産額は149,686,477香港ドルであり、時価総額は32,078,049香港ドルであった。

表 A1-3　イギリス多国籍銀行：総資産、時価総額、海外支店および関連会社数
（1913年）

銀 行 名	総資産 （ポンド）	時価総額 （ポンド）	海　外 支店数	海外関連 会社数
ロンドン・アンド・リバープレート銀行	39,829,819	5,880,000	30	
香港銀行[a]	39,466,404	9,540,000	32	
サウス・アフリカ・スタンダード銀行	29,626,461	3,484,181	218	
インド・オーストラリア・アンド・チャイナ・チャータード銀行	27,243,396	3,570,000	36	
オーストラリア・ユニオン銀行	27,228,975	3,360,000	182	
オーストラレイシア銀行	25,916,790	5,850,000	204	
ロンドン・アンド・ブラジル銀行	22,312,586	3,625,000	16	
インド・ナショナル銀行	19,817,803	3,200,000	25	
サウス・アメリカ・ブリティッシュ銀行	19,449,679	2,400,000	13	
アングロ-サウス・アメリカ銀行	19,017,495	4,106,250	21	
ブリティッシュ・ノース・アメリカ銀行	12,872,238	1,480,000	98	
エジプト・ナショナル銀行	12,153,229	4,725,000	20	
イングリッシュ、スコティッシュ・アンド・オーストラリア銀行	10,146,153	582,593	133	
インド・マーカンタイル銀行	8,187,487	975,000	17	
オーストラリア・ロンドン銀行	7,332,891	492,338	91	
ニュージーランド・ナショナル銀行	6,976,044	1,500,000	50	2
アフリカン・バンキング・コーポレーション	6,612,795	480,000	45	
アングロ-エジプト銀行	5,467,877	1,175,000	11	
Cox & Co.	4,673,327	n.q.	6	
コロニアル銀行	3,578,878	600,000	20	
イースタン銀行	3,299,295	525,000	3	
ペルシャ・インペリアル銀行	3,305,029	712,500	17	
ブリティッシュ・ウエスト・アフリカ銀行	3,150,842	675,000	61	
イオニア銀行	3,062,842	388,464	15	
デリー・アンド・ロンドン銀行	2,281,342	229,585	7	
ロイズ銀行（フランス）	1,558,921[b]	n.q.	1	
トルコ・ナショナル銀行	1,050,340	n.q.	1	
モーリシャス銀行	599,298	169,493	2	
スパニッシュ・アメリカ商業銀行	394,853	n.q.	9	
グリンドレイズ・アンド・カンパニー	n.a.	n.q.	3	
ロンドン、カウンティ・アンド・ウエストミンスター銀行（パリ）	n.a.	n.q.	1	
イギリスで登記された銀行総計			1,334	―
全銀行総計			1,334	2

（注）　n.a. は、入手不可能であることを示し、n.q. は株価がつけられていないことを示す。
　　　a：香港銀行の総資産額は408,554,906香港ドルであり、時価総額は98,757,764香港ドルであった。
　　　b：概算値。

表A1-4　イギリス多国籍銀行：総資産、時価総額、海外支店および関連会社数（1928年）

銀　行　名	総資産（ポンド）	時価総額（ポンド）	海外支店数	海外関連会社数
アングロ-サウス・アメリカ銀行[a]	76,449,705	6,823,953	39	3
香港銀行[b]	71,791,858	22,480,000	40	
バークレイズ銀行（DCO）	71,680,929	7,353,994	455	
サウス・アフリカ・スタンダード銀行	67,356,854	7,625,000	310	
ロンドン・アンド・サウス・アメリカ銀行	65,144,927	7,699,500	55	
インド・オーストラリア・アンド・チャイナ・チャータード銀行	60,991,370	13,200,000	47	
オーストラレイシア銀行	47,618,928	12,937,500	237	
オーストラリア・ユニオン銀行	47,144,289	12,300,000	214	
エジプト・ナショナル銀行	45,027,709	10,800,000	35	2
イングリッシュ、スコティッシュ・アンド・オーストラリア銀行	44,512,778	7,687,500	451	
インド・ナショナル銀行	41,639,338	8,400,000	29	
インド・マーカンタイル銀行	18,989,409	2,940,000	23	
ニュージーランド・ナショナル銀行	18,809,338	5,850,000	95	
Ｐ＆Ｏバンキング・コーポレーション	14,979,222	2,399,598	9	1
ウエストミンスター外国銀行	13,396,955	n. q.	7	
ペルシャ・インペリアル銀行	13,103,068	1,100,000	30	
ロイズ・アンド・ナショナル・プロヴィンシャル外国銀行	12,981,650	n. q.	20	
イースタン銀行	11,601,892	1,387,500	12	
サウス・アメリカ・ブリティッシュ銀行[a]	11,601,339	n. q.	7	
アングロ-インターナショナル銀行	10,402,499	1,715,007	3	
ブリティッシュ・ウエスト・アフリカ銀行	10,378,153	1,425,000	54	
バークレイズ銀行（フランス）	9,103,915	n. q.	15	
ブリティッシュ・イタリアン・バンキング・コーポレーション	8,863,772	n. q.	1	
イオニア銀行	6,028,832	960,000	45	
グリンドレイズ・アンド・カンパニー	2,936,596	n. q.	5	
スパニッシュ・アメリカ商業銀行[a]	582,506	n. q.	―	
バークレイズ銀行（SAI）	n. a.	n. q.	2	
イギリスで登記された銀行総計[c]			2,176	4
全銀行総計			2,253	6

（注）　n. a. は、入手不可能であることを示し、n. q. は株価がつけられていないことを示す。
　　　a：アングロ-サウス・アメリカ銀行は、サウス・アメリカ・ブリティッシュ銀行およびスペイン・アメリカ・コマーシャル銀行のほぼ100％を所有していた。これらの勘定は、親会社に連結されていなかった。
　　　b：香港銀行の総資産額は710,810,474香港ドルであり、時価総額は222,574,257香港ドルであった。
　　　c：本表には、ロイズ銀行に所有され、東部部門により管理されていた南アジアの支店13行が含まれている。

表A1-5　イギリス多国籍銀行：総資産、時価総額、海外支店および関連会社数（1938年）

銀行名	総資産（ポンド）	時価総額（ポンド）	海外支店数	海外関連会社数
バークレーズ銀行（DCO）	112,873,412	9,841,175	506	
サウス・アフリカ・スタンダード銀行	86,120,381	7,625,000	384	
香港銀行[a]	77,738,160	12,720,000	40	
ロンドン・アンド・サウス・アメリカ銀行（Bolsa）	76,361,018	3,838,000	76	1
インド・オーストラリア・アンド・チャイナ・チャータード銀行	60,552,110	5,550,000	42	
オーストラレイシア銀行	54,801,223	6,525,000	248	
オーストラリア・ユニオン銀行	47,658,188	4,600,000	231	
イングリッシュ、スコティッシュ・アンド・オーストラリア銀行	46,643,085	4,375,000	406	
インド・ナショナル銀行	33,395,019	5,280,000	29	
エジプト・ナショナル銀行	31,557,160	9,150,000	45	
インド・マーカンタイル銀行	18,400,660	2,295,000	24	
ニュージーランド・ナショナル銀行	18,275,130	1,200,000	90	
P&Oバンキング・コーポレーション[b]	17,018,614	2,594,160	10	1
ロイズ・アンド・ナショナル・プロヴィンシャル外国銀行	15,189,264	n.q.	12	
ウエストミンスター外国銀行	12,753,123	n.q.	7	
イースタン銀行	11,521,445	1,250,000	12	
ブリティッシュ・ウエスト・アフリカ銀行	9,860,306	1,200,000	37	
イラン・インペリアル銀行	7,735,514	1,200,000	15	
バークレイズ銀行（フランス）	7,042,935	n.q.	15	
E. D. サスーン・バンキング・カンパニー	5,814,081	n.q.	2	
イオニア銀行	4,989,845	195,000	51	
グリンドレイズ・アンド・カンパニー	4,138,537	n.q.	12	
バークレイズ銀行（SAI）	n.a.	n.q.	1	
バークレイズ銀行（カナダ）[c]	2,600,000	n.q.	2	
イギリスで登記された銀行総計[d]			2,225	2
全銀行総計			2,315	2

（注）　n.a.は、入手不可能であることを示し、n.q.は株価がつけられていないことを示す。
　　　a：香港銀行の総資産額は1,254百万香港ドルであり、時価総額は872百万香港ドルであった。
　　　b：1937年の数値。
　　　c：1934年の数値。バークレイズ銀行（カナダ）の同年の総資産額は、13百万カナダドルであった。
　　　d：本表には、ロイズ銀行に所有され、アジア部門により管理されていた南アジアの支店18行が含まれている。

表 A1-6　イギリス多国籍銀行：総資産、時価総額、海外支店および関連会社数（1955年）

銀 行 名	総資産（ポンド）	時価総額（ポンド）	海外支店数	海外関連会社数
バークレイズ銀行（DCO）	574,398,931	21,661,519	997	
サウス・アフリカ・スタンダード銀行	340,392,541	16,875,000	680	
オーストラリア・アンド・ニュージーランド銀行	339,227,987	17,850,000	854	1
インド・オーストラリア・アンド・チャイナ・チャータード銀行	223,227,987	7,437,500	65	1
香港銀行[a]	214,199,992	19,300,000	40	1
インド・ナショナル銀行	168,653,013	4,790,625	61	
ロンドン・アンド・サウス・アメリカ銀行（Bolsa）	140,219,664	5,176,250	60	1
イングリッシュ、スコティッシュ・アンド・オーストラリア銀行	121,113,121	6,125,000	467	1
ブリティッシュ・ウエスト・アフリカ銀行	85,827,019	4,312,500	69	
ミドル・イースト・ブリティッシュ銀行	72,423,492	2,587,500	23	
インド・マーカンタイル銀行	72,065,153	2,610,000	28	
ニュージーランド・ナショナル銀行	65,015,121	3,480,000	140	
イースタン銀行	43,558,711	1,650,000	23	
ロイズ銀行（外国）	27,654,951	n. q.	8	
グリンドレイズ銀行	26,378,449	n. q.	20	
ウエストミンスター外国銀行	19,815,089	n. q.	7	
イオニア銀行	16,695,546	720,000	38	
バークレイズ銀行（フランス）[b]	15,000,000	n. q.	12	
イギリスで登記された銀行総計[c]			3,572	4
全銀行総計			3,612	5

（注）　n. q. は株価がつけられていないことを示す。
　　a：香港銀行の総資産額は3,428百万香港ドルであり、時価総額は309百万香港ドルであった。
　　b：数値は概算である。残存するもっとも近い年度のバランス・シートは、バークレイズ銀行（フランス）では1951年度のものであり、総資産額は12,334,271ポンドであった。
　　c：本表には、ロイズ銀行に所有され、アジア部門により管理されていた南アジアの支店18行が含まれている。

表 A1-7　イギリス多国籍銀行：総資産、時価総額、海外支店および関連会社数（1970年）

銀　行　名	総資産 （千ポンド）	時価総額 （千ポンド）	海　外 支店数	海外関連 会社数
スタンダード・アンド・チャータード・バンキング・グループ	2,524,509	105,432	400	9
バークレイズ銀行（DCO）	2,405,503	106,000	1,312	6
香港銀行[a]	1,809,056	160,685	118	4
オーストラリア・アンド・ニュージーランド・バンキング・グループ	1,773,902	82,333	1,549	2
ロンドン・アンド・サウス・アメリカ銀行（Bolsa）	932,227	50,076	86	1
ウエストミンスター外国銀行	906,907	n.q.	9	
ナショナル・アンド・グリンドレイズ	869,333	29,672	117	3
ロイズ銀行（ヨーロッパ）	612,585	n.q.	17	
ニュージーランド・ナショナル銀行	174,089	n.q.	218	
イギリスで登記された銀行総計			3,708	21
全銀行総計			3,826	25

（注）　n.q. は株価がつけられていないことを示す。
　　　a：香港銀行の総資産額は26,294百万香港ドルであり、時価総額は2,335百万香港ドルであった。

表 A1-8　イギリス主要商業銀行：総資産、時価総額（1990年）

銀　行　名	総資産 （百万ポンド）	時価総額 （百万ポンド）
バークレイズ銀行	134,887	5,709.6
ナショナル・ウエストミンスター銀行	121,100	4,341.7
香港銀行[a]	77,372	2,023.5
ミッドランド銀行	59,636	1,521.0
ロイズ銀行	55,202	3,698.2
ロイヤル・バンク・オブ・スコットランド	24,864	1,202.0
スタンダード・チャータード	22,141	607.1
バンク・オブ・スコットランド	18,395	858.8

（注）　a：香港銀行の総資産額は1,158,256百万香港ドルであり、時価総額は30,352.5百万香港ドルであった。

表 A1-9　イギリス主要商業銀行：総資産、時価総額（2003年3月）

銀　行　名	総資産 （百万ドル）	時価総額 （百万ドル）
HSBC・ホールディングス	1,111,518	162,408
ロイヤル・バンク・オブ・スコットランド	858,760	103,845
バークレイズ	830,507	57,697
HBOS	727,176	63,119
ロイズ TSB	550,814	46,520
スタンダード・チャータード	171,784	20,483

【付録2】
各銀行の歴史

　本付録は、付録1に掲載されている各銀行の簡単な歴史を挙げている。記載されている事業地域は、主要な地域のみである。1990年時点で事業活動を行っている銀行あるいはバークレイズ銀行（DCO）のような多地域展開銀行に関しては、地域の記載がない。これらの地域に関する情報は、本文で述べている。銀行がほぼ完全に当該国に特化されていた場合には、その国の銀行として取り扱う。

アフリカン・バンキング・コーポレーション
　1890年に有限責任会社として登記された。1891年に設立され、ロンドンに本店を構えた。ケープ・オブ・グッド・ホープ銀行やサウス・アフリカ・リパブリック・ナショナル銀行の多くの事業を買収した。1891年から1892年の間に、以下の現地の南アフリカ系銀行を吸収した。その銀行は、ウェスタン・プロヴィンシャル銀行、カフラリアン・コロニアル銀行、ウースター・コマーシャル銀行である。1920年にサウス・アフリカ・スタンダード銀行（同項目参照）と合併するために任意解散を行った。地域：南アフリカ。

アグラ・アンド・ユナイテッド・サービス銀行
　1833年にインド系銀行として、また1857年にロンドンに本店を構えるイギリス系銀行として法人化された。1864年にロンドンの民間銀行であるマスターマン、ピーターズ、マイルドレッド・アンド・カンパニーとの合併にともない、行名をアグラ・アンド・マスターマンズ銀行に変更した。1866年6月に同行の事業活動は一時停止されたが、1867年にアグラ銀行（同項目参照）の名の下に再建された。1900年に任意解散を行った。地域：南アジア、東南アジア。

アグラ銀行
　アグラ・アンド・ユナイテッド・サービス銀行参照。

アングロ-アルゼンチン銀行
　1889年にロンドンおよびアルゼンチンの銀行として登記された。しかし、ほぼ同時にその行名を変更した。タラパカ・アンド・アルゼンチン銀行（のちのアングロ-サウス・アメリカ銀行、同項目参照）の行名となるタラパカ・アンド・ロンドン銀行（同項目参照）による統合に先立って、1900年に任意解散を行った。地域：ラテンアメリカ。

アングロ-カリフォルニア銀行

　1873年に創立された。1909年に任意解散を行い、サンフランシスコ・ロンドン-パリ・ナショナル銀行により吸収された。同行は、その後、サンフランシスコ・アングロ・アンド・ロンドン-パリ・ナショナル銀行となる。地域：アメリカ合衆国。

アングロ-エジプト銀行

　1864年にアングロ-エジプシャン・バンキング・カンパニーとして設立された。1887年の再建時に新行名を取得した。1920年に同行の株式の90％以上が、バークレイズ銀行（同項目参照）により取得され、1925年に新たに組織されたバークレイズ銀行（DCO：自治領、植民地および海外）（同項目参照）の一部となった。地域：エジプト、中東。

アングロ-インターナショナル銀行

　1926年に登記され、ロンドンに本店を構える。かつてのアングロ-オーストリア銀行およびブリティッシュ・トレード・コーポレーションの事業ならびに資産を買収と同時に併合した。前者は1922年に中央ヨーロッパに支店を展開するイギリスに拠点を置く銀行として再建されており、後者はイギリスの海外貿易を促進するために1916年にイギリス政府により設立され、1917年にイギリス政府による設立許可証を与えられている。その銀行業務は、1944年にグリン、ミルズに譲渡され、アングロ-インターナショナル銀行は1951年に任意解散を行った。地域：ヨーロッパ大陸。

アングロ-サウス・アメリカ銀行

　1888年にタラパカ・アンド・ロンドン銀行（同項目参照）として設立された。1900年に同行がアングロ-アルゼンチン銀行（同項目参照）を買収し、名称をタラパカ・アンド・アルゼンチン銀行に変更した。1907年にアングロ-サウス・アメリカ銀行の名称となった。1912年にメキシコ・アンド・サウス・アメリカ・ロンドン銀行（同項目参照）を吸収し、1918年にスパニッシュ・アメリカ商業銀行（同項目参照）、1920年にサウス・アメリカ・ブリティッシュ銀行（同項目参照）および民間銀行であったチリのA. エドワルド銀行資本の大半を取得した。1931年に破綻寸前となり、1936年に任意解散を行った。その時点で、負債および資産はロンドン・アンド・サウス・アメリカ銀行（同項目参照）に譲渡された。地域：ラテンアメリカ。

オーストラリア・アンド・ニュージーランド銀行

　1951年にオーストラリア・ユニオン銀行（同項目参照）およびオーストラレイシア銀行（同項目参照）の併合された事業を引き継ぐために法人化された。1969年にイングリッシ

ュ・スコティッシュ・アンド・オーストラリア銀行と合併し、1970年10月にオーストラリア・アンド・ニュージーランド・バンキング・グループに統合された。1976年に拠点をオーストラリアへ移した。地域：オーストラレイシア。

アフリカ銀行

1879年にロンドンに開設され、オリエンタル・バンク・コーポレーションの南アフリカ事業を買収した。1912年に現地を拠点とするサウス・アフリカ・ナショナル銀行により吸収された。地域：南アフリカ。

オーストラレイシア銀行

1835年にイギリス政府による設立許可証によりロンドンで法人化された。1836年に現地を拠点とするコーンウォール・バンク・タスマニア、1941年にウェスタン・オーストラリア銀行を吸収した。1951年にオーストラリア・ユニオン銀行（同項目参照）と合併し、オーストラリア・アンド・ニュージーランド銀行（同項目参照）となった。地域：オーストラレイシア。

ブリティッシュ・コロンビア銀行

1862年にイギリス政府による設立許可証によりロンドンで法人化された。1900年にカナダ商業銀行に吸収された。地域：カナダ。

ブリティッシュ・ノース・アメリカ銀行

1836年に共同出資会社としてロンドンで法人化され、1840年にイギリス政府による設立許可証を与えられた。1918年にモントリオール銀行に事業および資産を買収され、任意解散を行った。地域：カナダ。

ブリティッシュ・ウエスト・アフリカ銀行

1894年に主に西アフリカで事業活動を行うための有限責任会社としてロンドンで登記された。ロンドンに移転する1910年まで、同行の本店はリバプールにあった。1920年に（アングロ-アフリカン銀行として1899年に創立された）ナイジェリア銀行を吸収した。1920年から同行の株式の大部分が、ロイズ銀行（同項目参照）、ウエストミンスター銀行（ナショナル・ウエストミンスター銀行の項を参照）、サウス・アフリカ・スタンダード銀行（同項目参照）に所有された。1957年にウエスト・アフリカ銀行に名称変更し、1965年にサウス・アフリカ・スタンダード銀行と合併した。同行は、1966年11月よりウエスト・アフリカ・スタンダード銀行として知られている。地域：西アフリカ。

エジプト銀行

1856年にイギリス政府による設立許可証により法人化された。1911年に事業を一時停止させられ、1912年に解散させられた。地域：エジプト。

ロンドン・アンド・サウス・アメリカ銀行

1862年8月にロンドン、ブエノスアイレス・アンド・リバープレート銀行の名称でロンドンに設立された。同行は、1923年にロンドン・アンド・ブラジル銀行と合併しロンドン・アンド・サウス・アメリカ銀行（Bolsa）となるまで、ロンドン・アンド・リバープレート銀行（同項目参照）として知られていた。1918年にロイズ銀行（同項目参照）が、同行の株式の99％を取得した。ロンドン・アンド・ブラジル銀行との合併によって、ロイズの株式所有比率が57％まで減少した。1936年にアングロ-サウス・アメリカ銀行（同項目参照）の残余資産および残余負債を買収した。1970年にロイズ銀行（ヨーロッパ）（ロイズ・アンド・ナショナル・プロヴィンシャル外国銀行の項を参照）と合併し、（1971年に株式会社として登記された）ロイズ・アンド・ボルサ・インターナショナル銀行となった。ロイズ銀行は、同行の55％の株式を所有した。1973年12月にロイズ・アンド・ボルサ・インターナショナルは、ロイズの完全子会社となり、親銀行の海外株式の大部分を取得した。1974年にロイズ銀行（インターナショナル）に改称し、1986年1月1日にロイズ・バンクPLCと合併した。地域：ラテンアメリカ。

モーリシャス銀行

1894年に、ニュー・オリエンタル銀行（同項目参照）のモーリシャス事業買収のために、ロンドンで登記された。1916年に任意解散を行うと同時に、同行の資産はインド・マーカンタイル銀行（同項目参照）に買収された。地域：モーリシャス。

バンク・オブ・スコットランドPLC

1695年にスコットランド議会条例により設立された。国際事業部が1975年に設置され、1979年に初のイギリス外の支店が香港に開設された。2001年に同行はハリファクスと合併し、HBOS PLCを形成した。

サウス・オーストラリア銀行

1836年にサウス・オーストラリア・バンキング・カンパニーとして事業が始められた。1841年に独自に銀行としての許可を与えられ、1847年にイギリス政府による設立許可証により法人化された。1884年に有限責任会社として登記された（それと同時にイギリス政府による設立許可証を失った）。一部の資産が、オーストラリア・ユニオン銀行（同項目参

照）により買収された。1892年に任意解散を行い、オーストラリア・ユニオン銀行に併合された。地域：オーストラレイシア。

タラパカ・アンド・ロンドン銀行

1888年に創設された。1900年にアングロ-アルゼンチン銀行（同項目参照）に吸収され、1907年にアングロ-サウス・アメリカ銀行（同項目参照）に名称変更した。地域：ラテンアメリカ。

バークレイズ銀行（カナダ）

1929年にカナダ法に基づき設立された。1955年にカナダ・インペリアル銀行と合併した。地域：カナダ。

バークレイズ銀行（DCO）

コロニアル銀行（同項目参照）の再編にともない、バークレイズ（バークレイズ銀行PLCの項を参照）が株式を所有した。1920年よりバークレイズに完全所有されていた2つの銀行サウス・アフリカ・ナショナル銀行（同行は1891年に南アフリカで法人化された）およびアングロ-エジプト銀行（同項目参照）が、1925年にコロニアル銀行と合併し、バークレイズ（DCO：自治領、植民地および海外）と改称された。バークレイズ銀行は、新銀行の大部分の株式を所有した。1954年に行名をバークレイズ銀行（DCO）に変更した。1971年には、バークレイズDCOの南アフリカ事業がバークレイズ・ナショナル銀行へ戻され、残りの海外事業は親会社のバークレイズ・グループに吸収された。親銀行の国際事業部とともに、バークレイズ銀行（インターナショナル）と呼ばれる完全所有子会社となった。1984年に、同子会社はバークレイズ銀行PLCに完全に吸収された。

バークレイズ銀行（フランス）

1915年にコックス&Co.（フランス）として法人化された。当時は、コックス&Co.（同項目参照）とロンドン・アンド・サウス・ウエスタン銀行の共同所有権下にあった。1918年にバークレイズが後者と合併すると、コックス&Co.（フランス）の株式の半数を取得した。1922年にその事業は、バークレイズに完全に買収され、バークレイズ銀行（海外）となり、1926年にバークレイズ銀行（フランス）に名称変更した。1968年には、行名がバークレイズ銀行（ロンドン・アンド・インターナショナル）に変更された。1976年1月にバークレイズ・マーチャント・バンクの基礎となり、1986年に後者はバークレイズ・デズート・ウェッド（BZW）となっている。地域：ヨーロッパ大陸。

バークレイズ銀行 PLC

1694年より前に民間銀行として設立された。1896年に、バークレイ、ビーバン、トリットン、ランソン、ブーベリエ・アンド・カンパニーのように、バークレイ・アンド・カンパニーとして他の19銀行とともに法人化された。1917年に名称がバークレイズ銀行に変更された。1984年のバークレイズ・バンク法によりバークレイズ銀行PLCの名称で公開有限会社として登記された。

バークレイズ銀行（SAI）

1925年にバークレイズ銀行（バークレイズ銀行PLCの項を参照）の完全所有子会社として設立された。1950年に売却された。地域：ヨーロッパ大陸。

ミドル・イースト・ブリティッシュ銀行（BBME）（The）

1889年にイギリス政府による設立許可証によりペルシャ・インペリアル銀行として法人化された。1890年にペルシャのニュー・オリエンタル・バンク・コーポレーション（同項目参照）の資産および事業を買収した。1928年まで事実上のペルシャの国立銀行として活動した。行名をイラン・インペリアル銀行（1935年）、イラン・アンド・ミドル・イースト・ブリティッシュ銀行（1941年）、ミドル・イースト・ブリティッシュ銀行（1952年）と次々と変更している。1960年に香港銀行（香港、上海・バンキング・カンパニーの項を参照）に買収された。1999年にHSBC・バンク・ミドル・イーストと改称した。地域：中東。

サウス・アメリカ・ブリティッシュ銀行

1863年にブラジリアン・アンド・ポルトガル銀行として登記された。1866年にリオ・デ・ジャネイロ・イングリッシュ銀行（同項目参照）に名称変更した。1891年にサウス・アメリカ・ブリティッシュ銀行に改称した。1920年には同行の株式の99%以上が、アングロ-サウス・アメリカ銀行に取得された。1936年に解散した。地域：ラテンアメリカ。

ブリティッシュ・イタリアン・バンキング・コーポレーション

1916年に、イギリス政府の要請で、ロイズ、ナショナル・プロヴィンシャル、ウエストミンスターに主導された有名な銀行23行のグループにより創設された。1920年代半ばに同行の完全所有子会社であるイタロ-ブリタニカ銀行が莫大な損失を被り、1930年にバンク・オブ・アメリカに売却された。地域：ヨーロッパ大陸。

付　録　539

インド・オーストラリア・アンド・チャイナ・チャータード銀行（The）
　1853年にイギリス政府による設立許可証により法人化されたが、1858年まで海外事業に着手しなかった。1927年にP&O・バンキング・コーポレーション（同項目参照）の株式の大部分を取得した。1939年2月よりP&Oコーポレーションを完全に吸収した結果、P&Oコーポレーションが所有するアラハバード銀行（P&Oバンキング・コーポレーションの項を参照）の株式（90％以上）を取得した。1957年にイオニア銀行（同項目参照）のキプロスの事業を引き継ぎ、また同年イースタン銀行（同項目参照）を買収した。1956年の追加許可証の条項により、名称がチャータード銀行と短縮された。1969年には、スタンダード銀行と合併し、1970年に持株会社により2行の資本が取得され、スタンダード・アンド・チャータード・バンキング・グループ（同項目参照）となった。地域：南アジア、東南アジア、東アジア。

インド・ロンドン・アンド・チャイナ・チャータード・マーカンタイル銀行
　1853年にボンベイ・マーカンタイル銀行として初めはインドに設立され、ほぼ同時にインド・ロンドン・アンド・チャイナ・マーカンタイル銀行に名称が変更された。（1853年にイギリス政府による設立許可証を与えられた）アジア・チャータード銀行のイギリス政府による設立許可証から利益を得るために、同行との合併を試みた。このことが法的に不可能であることがわかると、アジア・チャータード銀行は任意解散を行い、1857年にマーカンタイル銀行は独自のイギリス政府による設立許可証を手に入れた。1892年に支払いを停止したが、同年後半にインド・マーカンタイル銀行（同項目参照）として再建された。地域：南アジア、東南アジア、東アジア。

コロニアル銀行
　1836年にイギリス政府による設立許可証により法人化された。1925年には、バークレイズ銀行（DCO）（同項目参照）として個別法（Private Act）によりふたたび法人化された。地域：西インド、（1917年より）西アフリカ。

スパニッシュ・アメリカ商業銀行
　1904年にコロンビア、ニカラグア、サン・サルバドルにおけるロンドン・バンク・オブ・セントラル・アメリカ・アンド・コルテス・アンド・カンパニーの事業を一体化するためにコルテス・コマーシャル・アンド・バンキング・カンパニーとして登記された。1910年に、アングロ-サウス・アメリカ銀行（同項目参照）が、同行の株式の大部分を取得し、1911年には名称をスパニッシュ・アメリカ商業銀行に変更した。1918年にアングロ-サウス・アメリカ銀行は、所有株式を約92％まで増やした。1934年に同行は、任意解散

を行った。地域：ラテンアメリカ。

コックス & Co.

1758年に創設され、英国軍の代行業者および取引銀行として特に発展した。初のインド支店がボンベイに開設された1905年に、直系支店による海外銀行業務を始めた。1922年にヘンリー・S. キングをインドの関連会社および支店とともに吸収した。1923年には、コックス & Co. およびその関連会社が、ロイズ銀行（同項目参照）により吸収された。地域：南アジア。

デリー・アンド・ロンドン銀行

1844年にデリー・バンキング・コーポレーションとしてインドで法人化された。1865年にデリー・アンド・ロンドン銀行の名称でロンドンの銀行として登記された。翌年、本店がロンドンに移転した。1916年に事業が分割され、6つのインドの支店がシムラ・アライアンス銀行（同行は、大部分にイギリス人経営者が属するインドの共同出資銀行として1874年に設立された）に、そしてイギリスの事業はロンドンのボルトン・ブラザーズに売却された。ボルトン・ブラザーズとシムラ・アライアンス銀行の破綻の結果、1924年に任意解散を行った。地域：南アジア。

イースタン銀行

1909年末にロンドンで創設された。1957年にチャータード銀行（同項目参照）の完全所有子会社となったが、1971年の完全統合まで自立した存在のままであった。地域：南アジア、東アジア、中東。

リバープレート・イングリッシュ銀行

1881年に設立された。1891年に支払いの停止を余儀なくされた。1892年には、リバープレート・ニュー・イングリッシュ銀行として再建されたが、1894年に永久解散を行った。地域：ラテンアメリカ。

リオ・デ・ジャネイロ・イングリッシュ銀行

サウス・アメリカ・ブリティッシュ銀行の項を参照。

イングリッシュ、スコティッシュ・アンド・オーストラリア銀行

1852年にイングリッシュ、スコティッシュ＆オーストラリアン・チャータード銀行としてイギリス政府による設立許可証により法人化され、1853年にオーストラリアで事業を開

始した。1893年に支払いを停止するとすぐにイングリッシュ、スコティッシュ・アンド・オーストラリア銀行として再建された。1921年にタスマニア商業銀行およびオーストラリア・ロンドン銀行を、1927年にオーストラリア・ロイヤル銀行を吸収した。1969年にオーストラリア・アンド・ニュージーランド銀行（同項目参照）と合併し、1970年にオーストラリア・アンド・ニュージーランド・バンキング・グループに統合された。地域：オーストラレイシア。

グリンドレイズ銀行

19世紀半ばよりインド軍の代行業者および取引銀行としてグリンドレイズ・アンド・カンパニーの名称で活動した。1908年よりロンドンの拠点からインドにある支店を直接運営した。1924年にナショナル・プロヴィンシャル銀行に吸収された。1948年にナショナル・プロヴィンシャルが所有するグリンドレイズ銀行の株式が、インド・ナショナル銀行（同項目参照）に譲渡された。1958年に同行の事業は、インド・ナショナル銀行と合併された。地域：南アジア、（1953年より）南アフリカ。

グリンドレイズ・アンド・カンパニー

グリンドレイズ銀行の項を参照。

香港アンド上海バンキング・コーポレーション（The）

1865年に香港政府銀行条例により香港アンド上海バンキング・カンパニーとして香港で創設された。イギリス政府が同条例に許可を与えたのちの1867年に名称が香港アンド上海バンキング・コーポレーションに変更された。1959年にマーカンタイル銀行（同項目参照）を、1960年にミドル・イースト・ブリティッシュ銀行（同項目参照）を買収し、1965年にハンセン銀行の過半数株式を取得した。1980年にニューヨーク州のマリーン・ミッドランド・バンク Inc. 株式の51％（1987年に100％）を、1984年にロンドンの株式仲買人であるジェームズ・ケーペル・アンド・カンパニー株式の29.9％（1986年に100％）を取得した。1991年には、香港銀行グループは、新たな持株会社である HSBC ホールディング PLC の下、再編成し、ロンドンで法人化された。1993年には、本店がロンドンに移転した。1992年にミッドランド銀行、1999年にリパブリック・ニューヨーク・コーポレーション、2000年に CCF、2002年にハウスホールド・インターナショナルを買収した。

イラン・インペリアル銀行

ミドル・イースト・ブリティッシュ銀行の項を参照。

ペルシャ・インペリアル銀行
　ミドル・イースト・ブリティッシュ銀行の項を参照。

イオニア銀行
　1839年にロンドンで創設され、同年後半にイギリスの保護領であるイオニア諸島合州国からの設立許可証を与えられた。1844年にもイギリス政府による設立許可証を与えられている。1864年にイオニアン諸島がギリシャ王国へ譲渡されると、イオニア銀行はギリシャの有限会社 SA となることを受けて新たな許可証を与えられた。1883年に、イオニア銀行はイギリス政府による設立許可証を放棄し、イギリスの有限責任会社として登記された。ギリシャでは、同行は1920年までギリシャ・ナショナル銀行とともに紙幣発行に関して「特権」銀行であった。1956年にエジプトの事業が国営化された。1957年にはキプロスの事業がチャータード銀行（同項目参照）に、ギリシャの事業がギリシャ商業銀行に売却された。その後、小規模のマーチャント・バンクとしてロンドンで活動を続けた。地域：ギリシャ、（1907年より）エジプト、（1926年より）キプロス。

ロイズ・アンド・ナショナル・プロヴィンシャル外国銀行
　1911年にロイズ銀行（同項目参照）によるアームストロング・アンド・カンパニーの事業買収を受けてロイズ銀行（フランス）として設立された。1917年にナショナル・プロヴィンシャル銀行が株式の半数を取得し、同行はロイズ・バンク（フランス）・アンド・ナショナル・プロヴィンシャル（フランス）銀行に改称され、2年後にロイズ・アンド・ナショナル・プロヴィンシャル外国銀行に変更された。1954年にナショナル・プロヴィンシャルがロイズに同行の株式を売り戻し、ロイズ銀行（外国）の新名称で、ロイズ銀行の完全所有子会社となった。1964年に名称がロイズ銀行（ヨーロッパ）にふたたび変更された。ロイズ銀行（ヨーロッパ）は、1970年にロンドン・アンド・サウス・アメリカ銀行（同項目参照）と合併し、1971年にロイズ・アンド・ボルサ・インターナショナル銀行の一部、1974年にロイズ銀行（インターナショナル）（ロンドン・アンド・サウス・アメリカ銀行の項を参照）の一部に次々となった。地域：ヨーロッパ大陸。

ロイズ銀行（ヨーロッパ）
　ロイズ・アンド・ナショナル・プロヴィンシャル外国銀行の項を参照。

ロイズ銀行（外国）
　ロイズ・アンド・ナショナル・プロヴィンシャル外国銀行の項を参照。

ロイズ銀行（フランス）

ロイズ・アンド・ナショナル・プロヴィンシャル外国銀行の項を参照。

ロイズ銀行 PLC

1756年に設立され、1853年に名称がロイズ・アンド・カンパニーに変更された。1865年に共同出資会社として法人化され、その後50以上の民間銀行および共同出資銀行を吸収した。1889年に名称がロイズ銀行に変更された。現在の名称は、1980年の会社法を受けて採用された。ロイズ銀行（フランス）が設立された1911年（ロイズ・アンド・ナショナル・プロヴィンシャル外国銀行の項を参照）に最初の海外直接投資を行った。1918年にロンドン・アンド・リバープレート銀行（ロンドン・アンド・サウス・アメリカ銀行の項を参照）の株式の99％を取得した。1923年のロンドン・アンド・リバープレート銀行とロンドン・アンド・ブラジル銀行（同項目参照）の合併にともない、新たに併合されたロンドン・アンド・サウス・アメリカ銀行（同項目参照）の株式の57％を所有した。1936年にBolsaが、アングロ-サウス・アメリカ銀行の残余資産および残余負債を吸収すると、所有株式が47％まで減少した。1923年にロイズはコックス＆Co.（同項目参照）を買収した。こうして買収された南アジアの支店は、1960年までロイズ銀行のアジア部門により管理された。1960年にこれらの支店は、ナショナル・アンド・グリンドレイズ銀行（同項目参照）に同行の株式の25％を見返りとして売却されている。この株式は、1984年にナショナル・アンド・グリンドレイズがオーストラリア・アンド・ニュージーランド・バンキング・グループ（オーストラリア・アンド・ニュージーランド銀行の項を参照）に売却されるまで保有された。1965年にロイズが、1919年より少数株主持分を有していたニュージーランド・ナショナル銀行（同項目参照）の全所有権を買収した。1974年より、多くの海外株式が、1973年12月に完全所有子会社となったロイズ銀行（インターナショナル）（ロンドン・アンド・サウス・アメリカ銀行の項を参照）に集中した。1974年にロイズ銀行（カリフォルニア）が設立され、1986年に売却された。1986年1月1日に、ロイズ銀行（インターナショナル）は親会社と合併した。1995年にロイズ銀行はTSBグループと合併しロイズTSBとなった。

ロンドン・アンド・ブラジル銀行

1862年に創設された。同年、設立されたばかりのアングロ-ポルトガル銀行を買収した。1871年に名称が、ニュー・ロンドン・アンド・ブラジル銀行に変更されたが、1885年に元の名称に戻された。1923年に同行の事業および資産が、ロンドン・アンド・リバープレート銀行（ロンドン・アンド・サウス・アメリカ銀行の項を参照）に買収され、新たに併合された銀行はロンドン・アンド・サウス・アメリカ銀行（同項目参照）として知られてい

る。地域：ラテンアメリカ。

ロンドン・アンド・リバープレート銀行
　ロンドン・アンド・サウス・アメリカ銀行の項を参照。

ロンドン・アンド・サンフランシスコ銀行
　1865年に設立された。1871年にカリフォルニア・パロット・アンド・カンパニーの民間銀行業務を吸収した。1905年にカリフォルニア銀行に買収された。地域：アメリカ合衆国。

ロンドン・アンド・サウス・アフリカ銀行
　1860年に設立され、南アフリカの西ケープ州で事業を行うために、翌年イギリス政府による設立許可証により法人化された。1877年にサウス・アフリカ・スタンダード銀行（同項目参照）に吸収された。地域：南アフリカ。

オーストラリア・ロンドン銀行
　1852年にオーストラリア・ロンドン・チャータード銀行（同項目参照）の名称でイギリス政府による設立許可証により法人化され、1853年にオーストラリアで事業活動を開始した。1893年に事業の一時停止を余儀なくされたが、同年オーストラリア・ロンドン銀行の名称で有限責任会社として再建された。1921年にイングリッシュ・スコティッシュ・アンド・オーストラリア銀行（同項目参照）に吸収されたのを受けて、任意解散を行った。

メキシコ・アンド・サウス・アメリカ・ロンドン銀行
　1863年にロンドン・アンド・サウス・アメリカ銀行として初めにペルーで設立された。同行は、メキシコで（1864年にこのためにわざわざ組織された）イギリス系銀行と合併され、メキシコ・アンド・サウス・アメリカ・ロンドン銀行に改名された。1880年代半ばに、メキシコ事業が現地の法人組織であり、イギリス系銀行が資本の3分の2を所有していたエル・バンコ・デ・ロンドレ・イ・メジコに売却された。その後、同行のロンドン事務所が、海外の法人化された銀行の持株会社として運営された。1912年にアングロ-サウス・アメリカ銀行（同項目参照）に吸収された時点で、ロンドン銀行はこうした銀行の資産を保有していた。地域：ラテンアメリカ。

オーストラリア・ロンドン・チャータード銀行
　オーストラリア・ロンドン銀行の項を参照。

ロンドン・カウンティ・アンド・ウエストミンスター銀行（パリ）
　ウエストミンスター外国銀行の項を参照。

ロンドン、パリ・アンド・アメリカ銀行
　1884年にロンドン、パリ・アンド・アメリカ銀行の名称でイギリスの有限責任会社として再編成されたが、初めはカリフォルニアでラザール・フルールの代理店であった。その後、太平洋岸の国際為替市場で大規模ディーラーとなった。1908年に、カリフォルニアのグループが管理を引き受け、サンフランシスコ・ロンドン-パリ・ナショナル銀行として再編成された。その後、アングロ-カリフォルニア銀行（同項目参照）と合併し、サンフランシスコ・アングロ・アンド・ロンドン-パリ・ナショナル銀行（同項目参照）として再編成された。地域：アメリカ合衆国。

インド・マーカンタイル銀行
　1892年に前身のインド・ロンドン・アンド・チャイナ・チャータード・マーカンタイル銀行（同項目参照）の有限責任会社として再編成された。1906年に法人のカルカッタ銀行、1916年にモーリシャス銀行（同項目参照）を吸収した。1956年1月に名称がマーカンタイル銀行に変更され、1959年に香港銀行（香港、上海バンキング・コーポレーションの項を参照）に吸収され、完全所有子会社となった。1966年に同行の本店が、香港に移転した。1984年7月に同行の残余機能が、移行期間経過後、売却され、大部分の事業が香港銀行に吸収された。地域：南アジア、東南アジア、東アジア。

ミッドランド銀行 PLC
　1836年にバーミンガム・アンド・ミッドランド銀行として設立された。1880年に有限責任会社として登記された。一連の買収後、名称が変更され、1923年にミッドランド銀行という名称が採用された。1980年の会社法を受けて、現在の名称を取得した。1964年のミッドランド・アンド・インターナショナル銀行の設立にあたりリーダーシップを取った。1974年に国際事業部が設置された。1980年にカリフォルニアのクロッカー・ナショナル銀行株式の51％を、1985年に100％を取得したが、1986年にこの銀行を売却した。1987年には、香港銀行（香港、上海バンキング・コーポレーションの項を参照）が、ミッドランドの株式の14.9％を取得し、1992年に100％の所有権を確保した。1999年にミッドランドはHSBC銀行に改称された。

ナショナル・アンド・グリンドレイズ銀行
　1958年にインド・ナショナル銀行（同項目参照）とその完全所有子会社であるグリンド

レイズ銀行（同項目参照）の合併により、ナショナル・オーバーシーズ・アンド・グリンドレイズ銀行となった。1年後に名称が、ナショナル・アンド・グリンドレイズ銀行と短縮された。1960年にロイズ銀行（同項目参照）のアジア支店（以前のコックスとキング）を、1969年にオスマン銀行のキプロス、中東、東アフリカの各支店を取得した。1960年に同行の株式の25％がロイズ銀行に、1968年には40％がシティバンクに取得された。1974年1月にグリンドレイズ銀行に名称変更した。1984年にニュージーランド・バンキング・グループ（オーストラリア・アンド・ニュージーランド銀行の項を参照）に買収された。2000年にスタンダード・チャータードに売却された。地域：南アジア、(1890年代より) 東アフリカ、(1953年より) 南アフリカ、(1969年より) 中東。

エジプト・ナショナル銀行

1898年にカディーブ・エジプト総督法令によりエジプトで法人化された。本店および取締役会の中枢は、カイロに置かれたが、ロンドン在住の3人の取締役がいた。1902年に、エジプト政府の協力で、アグリカルチャラル・エジプト銀行が創設し（エジプト総督法令により設立）、1905年に、皇帝メネリク（Emperor Menelik）による許可および勅許の下、アビシニア銀行を創設（有限会社SAとしてエジプト総督法令により設立）した。1931年にアビシニア銀行の許可が取り消され、同行の事業は新たなエチオピア・ステイト銀行に買収された。1936年には、アグリカルチャラル・エジプト銀行は、任意で解散した。1948年にエジプト・ナショナル銀行は、完全にエジプトの会社となった。地域：エジプト。

インド・ナショナル銀行

1863年にカルカッタ・シティ・バンキング・コーポレーションとしてカルカッタで創設された。1864年に名称がインド・ナショナル銀行に変更された。1866年に所在地および本店がロンドンに移転された。1865年にインド-エジプシャン・アンド・ロンドン銀行を吸収した。1948年にグリンドレイズ銀行（同項目参照）の所有権を取得した。1958年には、2つの銀行の事業が合併され、ナショナル・オーバーシーズ・アンド・グリンドレイズ銀行（ナショナル・アンド・グリンドレイズ銀行の項を参照）となった。地域：南アジア、(1890年代より) 東アフリカ。

ニュージーランド・ナショナル銀行

1872年にイギリス共同出資法の下、設立された。1874年に現地を拠点とするオタゴ銀行を吸収した。1891年に資本の減額を余儀なくされた。1919年にロイズ銀行（同項目参照）が、少数株主持分を取得した。1965年末には、ロイズの完全所有子会社となった。1978年に同行の所在地は、ロンドンからニュージーランドへ移された。地域：オーストラレイシ

ア。

トルコ・ナショナル銀行

1909年にオスマン帝国法により設立された。本店はコンスタンチノープルにあったが、取締役のうち6人はイギリス人であり、特別委員会としてロンドンに設置された。1919年に大部分の資本が、ブリティッシュ・トレード・コーポレーション(アングロ-インターナショナル銀行の項を参照)に取得されたが、1922年までにそのほとんどが消滅しかかっていた。1931年に最終的に解散した。地域：トルコ。

ナショナル・ウエストミンスター銀行 PLC

1968年にナショナル・プロヴィンシャル(1833年創設)およびウエストミンスター銀行(ロンドン・アンド・ウエストミンスターとして1834年に創設)の取締役会が合併を決定し、設立された。1980年の会社法を受けて、ナショナル・ウエストミンスター銀行 PLC として登記された。初期の海外直接投資に関しては、ウエストミンスター外国銀行およびロイズ・アンド・ナショナル・プロヴィンシャル外国銀行の項を参照のこと。1969年にニューヨーク・エージェンシーが設立され、1970年に支店となった。1970年に国際銀行業務事業部が設置された。1973年にウエストミンスター外国銀行(同項目参照)が、インターナショナル・ウエストミンスター銀行に改名され、1985年にナショナル・ウエストミンスターに完全に吸収された。1979年にノース・アメリカ・ナショナル銀行が買収され、1983年にナショナル・ウエストミンスター銀行 USA に改名された。1988年には、ナショナル・ウエストミンスター・バンコープ Inc. が、ナショナル・ウエストミンスター銀行 USA およびナショナル・ウエストミンスター・バンコープ NJ のアメリカ持株会社として組織された。1995年にこれらは売却され、翌年グリーンウィッチ・キャピタル・マーケットを買収した。2000年にナショナル・ウエストミンスターは、ロイヤル・バンク・オブ・スコットランドに買収された。

ニュー・オリエンタル・バンク・コーポレーション

1884年にオリエンタル・バンク・コーポレーション(同項目参照)の再編にともない登記された。1892年に破産し、1年後に任意解散を行った。地域：アジア、中東、オーストラレイシア。

オリエンタル・バンク・コーポレーション

1842年にウェスタン・インディア銀行としてボンベイで創設された。1845年に所在地がボンベイからロンドンに移転され、名称がオリエンタル銀行となった。1849年にバンク・

オブ・セイロンを買収した。同行は、1840年に創設され、2年後にイギリス政府による設立許可証を与えられている。1851年にオリエンタル・バンク・コーポレーションの名称の下に統合された金融機関が、新たな許可証を与えられた。1884年に破産した。同年、有限責任会社であるニュー・オリエンタル・バンク・コーポレーション（同項目参照）として再編成された。地域：アジア、オーストラレイシア、南アフリカ。

オスマン銀行

1856年にオスマン帝国で銀行業務を行うためにイギリス政府による設立許可証により法人化された。1863年に、国王および政府の保護の下、インペリアル・オスマン銀行として再法人化され、所在地はコンスタンチノープルに置かれた。地域：オスマン帝国。

P&Oバンキング・コーポレーション

1920年に有限責任会社として法人化され、登録事務所はロンドンに置かれた。ロイズ（同項目参照）およびナショナル・プロヴィンシャル・アンド・ウエストミンスター（ナショナル・ウエストミンスターの項を参照）と共同でP&Oスティーム・ナビゲーションにより支援された。1920年にインドで登記されたアラハバード銀行（1865年設立）の過半数株式を取得した。1927年にチャータード銀行（同項目参照）がP&O銀行の過半数株式を取得し、1939年の初めに同行を完全に吸収した。同時に、P&Oが所有するアラハバード銀行の過半数株式が取得されたが、アラハバード銀行はインド政府により国営化されるまで自立した存在のままであった。地域：南アジア。

ロイヤル・バンク・オブ・スコットランドPLC

1727年にイギリス政府による設立許可証により設立された。1969年4月にナショナル・コマーシャル・バンキング・グループの一員であったナショナル・コマーシャル・バンク・オブ・スコットランドと合併し、名称をロイヤル・バンク・オブ・スコットランドに変更した。1984年にウィリアムズ&グリンズ銀行との合併を果たすためにロイヤル・バンク・オブ・スコットランドPLCとして法人化された。そして、1985年9月に合併が行われた。1970年代まで直系の海外支店を持たなかった。1977年に国際事業部が設置され、1978年に最初の海外支店がニューヨークに開設された。続いて1979年に香港、1984年に上海に支店が開設された。1988年にロード・アイランドのシチズン・ファイナンシャルを買収した。同行は、21世紀までに主要な地域銀行となった。2000年にロイヤル銀行は、ナショナル・ウエストミンスターを買収した。

サスーン・バンキング・カンパニー（E. D.）

　1930年にE. D. サスーン商社のロンドン、マンチェスター、香港における銀行業を買収するために、香港で登記された。1952年に新たな民間会社であるE. D.・サスーン・バンキング・カンパニーがバハマで登記された。これは、香港事業のすべての資産および負債を買収するためのものであった。1963年にE. D. サスーン・バンキング・カンパニーは、マーチャント・バンクとして設立され、1967年にバハマで法人化されたE. D. サスーン・バンキング・インターナショナル（E. D. サスーン・バンキング・カンパニーの前身）を吸収した。1972年に資本がウォレス・ブラザーズ・アンド・カンパニー（ホールディングス）に取得され、同行の事業がウォレス・ブラザーズと併合され、名称がウォレス・ブラザーズ・サスーン銀行となった。1974年にウォレス・ブラザーズ銀行と改名され、1976年にスタンダード・チャータード銀行（スタンダード・チャータード・バンキング・グループの項を参照）に買収された。地域：南アジア、東アジア。

サウス・アフリカ・スタンダード銀行

　1857年に、初めはポート・エリザベス・スタンダード銀行として南アフリカで計画され、最終的に1862年にブリティッシュ・サウス・アフリカ・スタンダード銀行としてロンドンで法人化された。1883年にサウス・アフリカ・スタンダード銀行に改名された。1863年に南アフリカで事業を開始し、同年に現地の銀行4行、そして1864年に1行を吸収した。1870年代に5つ以上の現地の銀行とロンドン・アンド・サウス・アフリカ銀行（同項目参照）を買収した。1920年にアフリカン・バンキング・コーポレーション（同項目参照）を買収した。1962年には、南アフリカ事業が他の銀行から分離され、完全所有子会社となり南アフリカで法人化された。ロンドンを拠点とする銀行の名称がスタンダード銀行に短縮された。1965年にウエスト・アフリカ銀行（ブリティッシュ・ウエスト・アフリカ銀行の項を参照）と、そして1969年にチャータード銀行（同項目参照）と合併した。1970年2月に新たに法人化されたスタンダード・アンド・チャータード・バンキング・グループ（同項目参照）の完全所有子会社となった。1985年1月に名称が、スタンダード・チャータード・バンク・アフリカPLCに変更され、スタンダード・チャータードPLCの完全所有子会社となった。1987年に南アフリカから完全に撤退した。地域：アフリカ南部、（1890年代より）アフリカ中部、（1911年より）東アフリカ、（1965年より）西アフリカ。

スタンダード・アンド・チャータード・バンキング・グループ

　1970年1月1日に遂行されたスタンダード銀行（サウス・アフリカ・スタンダード銀行の項を参照）およびチャータード銀行（同項目参照）の資本を買収するために組織された持株会社である。1969年に合併が決定され、両行がこの新金融機関の完全所有子会社とな

った。1971年よりイースタン銀行の事業がチャータード銀行の事業に完全統合された。1975年10月には、完全合併へ向けた動きとして、両子会社銀行のイギリス事業がスタンダード・アンド・チャータード・バンキング・グループへ移転され、スタンダード・チャータードに改名された。1980年2月に、スタンダード・チャータードの名称は、同年の会社法を受けてスタンダード・チャータードPLCに変更された。1985年1月には、スタンダード・チャータード銀行にふたたび変更され、スタンダード・チャータード・バンク・アフリカPLC（サウス・アフリカ・スタンダード銀行の項を参照）とともに、新しい持株会社であるスタンダード・チャータードPLCの完全所有子会社となった。1979年にカリフォルニア・ユニオン銀行、1987年にアリゾナ・ユナイテッド銀行を買収したが、1988年にこれらの子会社はともに売却された。1990年代に新興成長市場の銀行として復活した。2000年に香港のチェイス・マンハッタンの小口業務およびグリンドレイズを買収した。

スタンダード・チャータードPLC

スタンダード・アンド・チャータード・バンキング・グループの項を参照。

オーストラリア・ユニオン銀行

1837年にロンドンで設立され、1838年にオーストラリアで事業を開始した。ほぼ同時に、現地法人のタマル・バンク・タスマニアおよびバサースト銀行を買収し、引き続き1840年にアーチャーズ・ギルズ・アンド・カンパニーを買収した。同行はイギリス政府による設立許可証を持たず、代わりに銀行共同体として設立された。しかし、1840年までに同行にとって好都合な法律が、植民地議会により可決された。それは、許可証を持つ銀行と法的に対等な立場を与えるものであった。1880年に有限責任会社として登記された。1892年にサウス・オーストラリア銀行（同項目参照）を買収した。1951年にオーストラレイシア銀行（同項目参照）と合併し、オーストラリア・アンド・ニュージーランド銀行（同項目参照）となった。地域：オーストラレイシア。

スペイン・アンド・イングランド・ユニオン銀行

1881年に英国で登記された銀行として設立された。1896年に事業活動を停止し、1年後に任意解散を行った。地域：ヨーロッパ大陸。

ウエストミンスター外国銀行

1913年にロンドン・カウンティ・アンド・ウエストミンスター銀行の完全所有子会社としてロンドン・カウンティ・アンド・ウエストミンスター銀行（パリ）の名称で創設された。1920年4月に名称が、ロンドン・カウンティ・アンド・ウエストミンスター・アン

ド・パー外国銀行に、また1923年にウエストミンスター外国銀行に変更された。1973年1月にインターナショナル・ウエストミンスター銀行としてナショナル・ウエストミンスター銀行の子会社となった。この子会社は、1985年に親会社と完全に統合された。地域：ヨーロッパ大陸。

【付録3】
イギリスの多国籍銀行における支店の地理的分布（1860〜1970年）

本表は、主要地域別の支店の分布状況を示している。小計は、各主要地域内の主な国々または地域における支店数を示している。それらは、各主要地域に対する合計とは必ずしも一致しない。

表A3-1　英国多国籍銀行の海外支店および

地域[a]	1860年		1890年			1913年		
	支店	%	支店	%	関連会社	支店	%	関連会社
オーストラレイシア	60	46	452	61		660	47	
オーストラリア	51	39	378	51		521	37	
ニュージーランド	9	7	73	10		138	10	
北アメリカ	12	9	33	5		109	8	
アメリカ合衆国	−	−	12	2		13	1	
カナダ	12	9	21	3		96	7	
その他のアメリカ	14	11	48	6	1	97	7	
西インド諸島	14	11	14	2		19	2	
ブラジル	−	−	16	2		23	2	
アルゼンチン	−	−	8	1		29	2	
南部アフリカ	3	2	90	12		256	19	
南アフリカ	3	2	90	12		234	17	
その他のアフリカ	2	1	4	−		71	5	
西アフリカ	−	−	−	−		58	4	
東アフリカ	−	−	−	−		11	1	
中東／北アフリカ	6	5	10	1		55	4	2
南アジア	18	14	42	6		56	4	
東南アジア	4	3	19	3		32	2	
東アジア	8	6	22	3		25	2	
ヨーロッパ（連合王国を除く）	5	3	19	3		26	2	
西部	−	−	4	1		15	1	
南部	5	3	14	2		11	1	
総計	132		739		1	1,387		2
銀行数	15		33			31		

（注）　a：以下の地理的定義が用いられている：オーストラレイシアはオーストラリア、ニュージーランドおよび太平洋アメリカおよび西インド諸島で構成される；南部アフリカは、南アフリカ、ジンバブエやザンビアの近代国家でジランド、レソト、アンゴラおよびモザンビークで構成される；その他のアフリカは南部アフリカおよび北部アフリカおよび東アフリカが広く定義されている。また、中央アフリカに関するカテゴリーがない；中東および北った地域（インド、パキスタン、バングラデシュ、ビルマ、スリランカ）で構成される；東南アジアは、シンガ香港、日本、ベトナムおよびカンボジアを含む；ヨーロッパは、ヨーロッパ大陸すべてを含む；西ヨーロッパは、く）、キプロス共和国、マルタ島、ポルトガルを含む。
　　　　b：ロイズ銀行のアジア部門は、1銀行としてカウントされていないが、南アジア支店はこの分析に含まれている。

関連会社の地理的分布 (1860〜1970年)

1928年			1938年			1955年			1970年		
支店	%	関連会社	支店	%	関連会社	支店	%	関連会社	支店	%	関連会社
997	45		975	42		1,461	40	2	1,767	46	2
804	36		795	34		1,149	32	2	1,334	35	2
193	9		180	8		307	8		419	11	
6	—	1	8	—		6	—	1	11	—	4
6	—	1	6	—		6	—	1	11	—	4
—	—	—	2			—	—		—		
111	5		86	4	1	118	3	1	228	6	1
19	1	19	1		19	1		115	3		
24	1		16	1		12	—		14		
29	1		25	1		22	1		31		
659	29		756	32		1,326	37		1,168	31	1
590	26		660	29		1,082	30		823	21	1
106	5		103	5		268	7		127	3	10
65	3		52	2		140	4		—	—	6
40	2		50	2		133	3		113	3	4
123	5	2	126	5		136	4		74	2	2
73	3	1	84	3	1	100	3	1	113	3	—
41	2		41	2		71	2		104	3	—
38	2		38	2		23	1		116	3	3
99	4	2	98	4		103	3		118	3	2
50	2	1	39	1		32	1		34	1	2
46	2	1	59	3		71	2		84	2	
2,253		6	2,315		2	3,612		5	3,826		25
27[b]			24[b]			18[b]			9		

沿岸諸国で構成される；北アメリカは、アメリカ合衆国およびカナダで構成される；その他のアメリカは、中央アメリカ、南
構成されている国々（南部および北部ローデシア）、マラウィ（以前のニヤサランド）、ボツワナ（ベチュアナランド）、スワ
フリカを除いたものであり、西アフリカ、東アフリカ、モーリシャスおよびセイシェル共和国が含まれる。小区分では、西ア
アフリカは、スーダン、イスラエル（パレスチナ王国）およびトルコを含んでいる；南アジアは、過去のインドの英国領であ
ポール、マレーシア、インドネシア、フィリピン、タイおよびブルネイといった近代国家で構成される；東アジアは、中国、
フランス、ドイツ、ベネルクス、スイスおよびスカンジナビアを含む；南ヨーロッパは、すべての地中海諸国（フランスを除

【付録4】
イギリスの多国籍銀行における総資産の地理的分布（1860〜1990年）

4.1 1860〜1970年

　この時期の銀行は、資産の地理的分布を内訳で示していない。またこのようなデータは、非公開のデータからでさえ容易に推測できるものではない。本表は、1つの銀行を1地域（あるいは複数の地域）に定め、その銀行の総資産額を同地域に割り当てるものと見なす簡単な方法によりまとめられたものである。実際には、各銀行の資産の一部はイギリスにあったと思われる。この方法は、銀行の地域的特化を考えると、第1次世界大戦以前の地域別資産分布に対しおそらく十分代用されうるものであろう。しかし、各地域で保有される資産の絶対的水準に関する確固とした数値を示すものではない。したがって、多地域展開銀行の発展が、データの信憑性を低下させている。多地域展開銀行の資産は、支店数および各銀行の事業全般におけるさまざまな地域の重要性に関する主観的な評価に基づき、さまざまな地域に割り当てられている。

表A4-1　イギリス多国籍銀行における総資産の地理的分布比率（1860〜1970年）

地域	1860年	1890年	1913年	1928年	1938年	1955年	1970年
オーストラレイシア	35	27	21	20	22	20	16
北アメリカ	5	6	4	—	—	—	—
その他のアメリカ	5	23	29	20	12	7	9
南部アフリカ	—	7	10	15	22	29	25
その他のアフリカ	—	—	2	5	6	12	7
中東／北アフリカ	4	2	6	8	6	4	3
アジア	51	34	27	25	27	25	27
ヨーロッパ（連合王国を除く）	—	1	1	7	5	3	13
資産総計（百万ポンド）	45	236	366	803	767	2,567	12,007
銀行数	15[a]	33	29[b]	26[c]	23[d]	18[e]	9

(注)　a：イオニア銀行を除く。
　　　b：ロンドン、カウンティ・アンド・ウエストミンスター銀行（パリ）およびグリンドレイ・アンド・カンパニーを除く。
　　　c：バークレイズ銀行（SAI）およびロイズ銀行アジア部門を除く。
　　　d：バークレイズ銀行（SAI）およびロイズ銀行アジア部門を除く。
　　　e：ロイズ銀行アジア部門を除く。

4.2 1990年

下記の表は、1990年の年次報告書および証券取引委員会の形式20-Fに基づく年次報告書により補足された銀行の計算書類からまとめられたものである。残念ながら表に示された銀行は、同じ地域で資産を分類しておらず、下記の表は脚注と併せて見る必要がある。バークレイズ、ナショナル・ウエストミンスター、ミッドランド銀行に関する統計値は、大概共通であるが、他の銀行の統計値は共通ではない。特に、スタンダード・チャータードおよび香港銀行は、「ヨーロッパ」の中にイギリスを含めていることに注意してもらいたい。

表 A4-2　イギリス多国籍銀行における総資産の地理的分布（1990年）

銀行名	総資産(百万ポンド)	海外の資産									
		総計		イギリス		アメリカ合衆国		その他ヨーロッパ		その他の地域	
		百万ポンド	%	百万ポンド	%	百万ポンド	%	百万ポンド	%	百万ポンド	%
バークレイズ PLC[a]	134,887	49,214	36	9,061	7	15,620	12	15,310	11	9,061	7
ナット・ウエスト PLC[b]	121,000	53,065	44	19,102	16	15,785	13	n. a.		18,178	15
ミッドランド PLC	59,636	23,554	39	13,188	22	1,843	3	7,100	12	1,423	2
ロイズ PLC[c]	55,202	9,936	18	n. a.		n. a.		2,760	5	7,176	13
スタンダード・チャータード PLC[d]	22,141	n. a.		n. a.		1,039	5	8,036	38	12,245	37
香港銀行[e]	77,372	n. a.		n. a.		20,349	26	15,629	20	41,394	54

(注)　n. a.＝not available.
　　a：バークレイズのデータのうち「その他ヨーロッパ」に関するものは、EC(イギリスを除く)のみである。
　　b：ナショナル・ウエストミンスターは、イギリス、アメリカ合衆国、およびその他の地域に関するもののみ資産内訳を提供している。
　　c：ロイズは、イギリス内の資産とイギリスを拠点とする海外の資産を分類していない。海外資産の18%という数値は、バークレイズ、ナットウエスト、ミッドランドの数値と共通ではない。
　　d：スタンダード・チャータードは、イギリスとその他ヨーロッパを区分しておらず、8,036百万ポンドという数値は両者の合計である。アメリカ合衆国に配分された1,039百万ポンドは、概して北アメリカに関するものである。同行は、アジア太平洋に10,031百万ポンド(47%)、アフリカに1,052百万ポンド(5%)、中東／南アジアに930百万ポンド(4%)、オーストラリアに232百万ポンド(1%)を保有していた。
　　e：香港銀行は、イギリスとその他ヨーロッパを区分しておらず、15,629百万ポンドという数値は両者の合計である。アメリカ合衆国の20,349百万ポンドはアメリカ大陸全体の合計である。さらに、同行はアジア太平洋に39,305百万ポンド(51%)、中東に2,089百万ポンド(3%)を保有していた。1992年のミッドランドの買収で、同行は1990年の資産分布に関するより詳細なデータを公開した。このデータにおいて、同行は香港に39.5%、その他のアジア太平洋に11.3%、アメリカ大陸に26.3%、イギリスに20.2%、ヨーロッパ大陸に0%、中東／インドに2.7%を保有していた。

【付録5】
イギリスの多国籍銀行のサンプルにおける業績、収益性、企業価値
（1890～1975年）

5.1 方法論および資料

　イギリスの多国籍銀行のサンプルは、体系的分析により選ばれている。サンプルは、各時期に活動していた銀行の少なくとも60％を、さらに第1次世界大戦以降は70％以上を含んでいる。それは、規模および特化した地域別に適度に分散している。各地域は、代表的なものである。含まれている銀行の総体は、全銀行の資産および支店の地理的分布にほぼ対応している。比較数値もまた、イギリスの大規模クリアリング・バンク2行の値を採用したものである。ミッドランド銀行は、1970年初頭まで多国籍業務を行っていなかった。反対に、ロイズ銀行は、サンプル内の複数の海外銀行における全部または一部の所有者であった。1890年から1975年までの中心的時期に関する研究に焦点を合わせることとした。19世紀の資料の多くに、「実質」利益のようなオフ・バランス・シート項目は存在しない。その上、バランス・シートおよび株価情報でさえも見つけることが困難である。1975年以降、イギリス国内の銀行と海外銀行の統合は、研究が真の意義を失う程度まで進んだ。全期間は一定の期間ごとに分けられており、この区分は2度の世界大戦といった一般的な外因的環境に関連している。

　表A5-1は、サンプル海外銀行におけるバランス・シートおよびオフ・バランス・シートデータの抜粋を示している。銀行ごとに会計年度が異なるという事実は、面倒な問題である。そこで次のルールを採用した。1月から5月までの決算期は前の年度とし、6月から12月までの決算期は同じ年度としている。したがって、4月に報告書を作成した銀行について表に示されている1900年度のバランス・シートの数値は、1901年4月のものである。異なる業務分野の株式を持ついくつかの銀行における時価総額は適切な調整により決定されている。香港銀行は、ポンド以外の通貨で記録されている唯一のサンプル銀行であったが、その配当は1971年までポンドで申告されており、また公表された準備金の一部はロンドンで確保され、ポンドで示されている。同行に関する他のデータすべては、主な為替レートを用いて香港ドルからポンドへ換算されたものである。

　表題の多くは、わかりやすいものである。留保利益は、前年度の経営の結果として繰り越された純利益である。多くの議論のある項目は、実質利益と内部積立金に関するものである。銀行は、こうした項目をさまざまな方法で利用した。しばしば内部積立金は、いくつかの異なる勘定で確保された。それゆえ、この情報を標準化するためのあらゆる試みがなされたが、その数値は注意深く取り扱われる必要がある。また、特殊な問題がある。それは、銀行がしばしば特定の不良債権や他の特別の必要性のために、臨時費を内部積立金

額に算入したことである。ここに示されているデータは、判定可能な限り、「使用目的のない自由な」内部積立金に関するものである。それは、周知の臨時費に対するものではないオフ・バランス・シートに確保された積立金である。しかし、ES&Aの数値は、単に自由な内部積立金というよりはむしろ明らかに積立総額に関するものであり、それらを用いて行う計算はこうした事情を考慮して扱われなければならない。さらなる問題は、銀行がしばしば支店に臨時の積立金を保有していたということである。この金額を確かめることは通常困難であり、それらはほとんどの場合において与えられたデータから除外されている。時として、支店の積立金から本店の内部積立金への移動が、銀行の全体的な積立金が増加したという誤った印象をもたらす。最も重要な事例は、1908年のコロニアル銀行に見出せる。その年は、同行の一般的な業績が芳しくなかったという時に、そうした操作が内部積立金の明らかに急激な増加をもたらした。実質（または真実の）利益の概念もまた、漠然としたものである。ここで示す実質利益とは内部積立金調整前の公表された利益純額を表す。公表された利益は、通常、実質利益にそうした調整金額を加減したものに等しくなる。

　アングロ-サウス・アメリカ銀行、ロイズ・アンド・ナショナル・プロヴィンシャル外国銀行のバランス・シートは、1930年代初期に部分的に作り直されている。両行は、この時期に大規模なオフ・バランス・シートの調整を受け入れた。これらの調整は、大胆な推測に基づいて、本データに算入されており、また業績の算定に用いられている。

　実質利益と内部積立金に関するデータは、銀行の記録文書から大部分集められた。主な出所は次の通りであった。しかし、矛盾するデータおよび連続する資料の欠落の問題は、銀行の記録文書に広く分散している情報を参照することによりしばしば解明されたということだけは付記しておく。コロニアル銀行およびバークレイズ（DCO）に関するデータは、バークレイズ銀行のアーカイブ、ファイル38/97および38/251より入手した。モーリシャス銀行およびインド・マーカンタイル銀行に関するデータは、香港銀行グループのアーカイブ、ファイルMB1191およびMB2371, 2374, 2397より入手した。イオニア銀行に関するデータは、イオニア銀行のアーカイブ、ロンドン・スクール・オブ・エコノミクス、会計帳簿年鑑より入手した。ロンドン・アンド・リバープレート銀行およびBolsaに関するデータは、ロイズ銀行のアーカイブ、政府刊行物、損益計算書、Bolsaの貸借対照表より入手した。ロイズ・アンド・プロヴィンシャル海外銀行に関するデータは、大部分をナショナル・ウエストミンスター銀行のアーカイブ、ファイルNW4252より入手した。チャータード銀行、スタンダード銀行、イースタン銀行、バンク・オブ・ブリティッシュ・ウエスト・アフリカに関するデータは、スタンダード・チャータード銀行のアーカイブ、ファイルSC228, 259-61; P25, P/34, P76; R/21; R/29より入手した。イングリッシュ、スコティッシュ・アンド・オーストラリア銀行の内部積立金に関するデータは、

1895～1941年のES&A台帳およびES&A貸借対照表帳簿、ANZのアーカイブ、D. Merrett から G. Jones への1989年8月29日の報告により入手した。ペルシャ・インペリアル銀行およびその前身の銀行に関するデータは、Geoffrey Jones, *Banking and Empire in Iran* および *Banking and Oil* に掲載されている。香港銀行に関するデータは、F. H. H. King, *The History of The Hongkong and Shanghai Banking Corporation*, iii. 193ページおよびiv. 200ページより引用した。

株価に関するデータは、Financial Times社 *Bankers' Magazine*、*Investors' Monthly Manual* および *the Stock Exchange Ten Year Record* より引用した。取り上げた株価は、各年の12月第3週のものである。そうしたデータが入手できない場合——例えば、1942年から1945年まで——は、当該年度の高値と底値の平均値を用いた。

表A5-2からA5-4は、さまざまな視点からのサンプル銀行における収益性および業績の分析を含んでいる。専門的な多くの分析結果は、英国コルチェスターのエセックス大学にある the Economics and Social Research Council Data Archive に保管されている。データ・セットは、Profitability and Worth of British Overseas Banking between 1890 and 1970（1890年から1970年までのイギリスの海外銀行業務の収益性および価値、1990年3月）という表題がつけられている。以下、ESRC Report と呼する。

本付録における業績評価は、すべて物価変動を考慮している。用いた指標は、Forrest Capie and Allan Webber, *A Monetary History of the United Kingdom, 1870-1982* (London: Allen and Unwin, 1985)、第1巻の表3（12）およびコラムiii「GNPデフレーター」により作成されたものおよび the CSO Blue Book からのデータに示されたものである。コンソル公債の価格もまた、the CSO Blue Book を引用した。1913年は、基準年として用いられている。ESRC Report は、物価変動調整後および調整前の両方でさまざまな計算を行っている。

表A5-2は、（1913年を基準年とした）正味現在価値（NPV）の計算、平均配当、利回りを示している。銀行は、NPVの大きさによりランク付けされている。NPV計算は、株主の視点からサンプル銀行の業績を評価する。NPVは、各期間にわたる予定利率で割り引かれた将来キャッシュ・フローの現在価値である。銀行のすべての株式が、年初に市場価格で購入され、予定された期日に市場価格で売却されたと仮定する。その間に、配当が支払われ、銀行はさまざまな対策のために株主資本を維持する。ESRC Report は、こうした基準でNPVを測定するが、表A5-2は支払済配当基準で計算されたNPVに限定している。割引率は、同一の各期間にわたるイギリス政府コンソル公債への投資によりもたらされた利益率から計算されている。NPVの負の結果は、投資家がコンソル公債に投資するほうが良かったであろうということを示している。このNPVによる銀行のランク付けは、各銀行の初期投資が異なっているので、誤解を与えてしまうであろう。それゆえ、

このNPV方式は、各銀行に対して、それぞれ別々の期間の初めに行われた投資の100ポンド単位ごとのNPVを、適切な利率で割り引いて示すように改良したものである。

ここに提示されているNPVデータは、この分析手法に馴染みのないもので注意深く用いられるべきである。専門家ではない人は、このNPVが各銀行の個別配当分析結果との関連で、特定の期間にわたる予定された投資利回りが獲得されているかどうかの1つの指標として計算されているということを注意すべきである。そしてまた、適切な市場価格で、年初にすべての資本を購入し年末にそれを売却するという概念の前提要素に注意すべきである。例えば、売買日付は、特別な業績指標で調整されていない。好ましくない株価の変動が見込まれる場合、一方で業績発表のような銀行関連事象にかかわる調整も、また他方で宣戦布告のような外因的事象にかかわる調整もしていない。ある特定の時点が代表として取られており、トレンド分析や調整が行われない。選択された時代区分および用いられた仮定は、もたらされた結果に重大な影響を及ぼし、これらはそれ相応に取り扱われなければならない。

ESRC Reportは、株主の視点からの他の業績測定方法を含んでいる。全体で異なる事業規模に関して未調整である4つのNPV法のほかに、4つの内部収益率法が計算されている。100ポンドの投資ごとのNPVは、最も適した業績の比較方法という理由で本書のために選ばれた。内部収益率（IRR）に固有の種々の問題は、よく知られている（例えば、S. Lumbly, *Investment Appraisal and Related Decisions* (London: Nelson, 1981), 41 ff. を参照のこと）。銀行の内部収益率の結果は、コンソル公債という代替投資と比較する際に、株主にとって良好な投資を行っているかどうかを決定する上で有益である。しかし、IRR単独で自動的に最適な選択肢を示すものではない。NPV方式は、正の結果が「適当な」投資を示し、負の結果が「不適当な」投資、すなわちコンソル公債の方が良好な投資であったということを直ちに示すので、比較的好まれている。

平均配当および利回りもまた、表A5-2に挙げられている。それらは、NPV方式と同時期にわたり平均化されている。平均配当は、払込済資本に対する配当総額の比率である。これは、株主が投資した名目上の資本による株主利益を表している。1株当たりの平均配当は、配当総額を株式数で割ったものである。その利回りは、1株当たりの配当を株価で割ったものである。

香港銀行のドル建てのバランス・シートにポンドで示されている配当が、株主資本配当率に対する影響を有しているという事実に留意が必要である。1890年代から1930年代まで、香港銀行の株主資本配当率は、銀価格の下落傾向、すなわちポンドに対する香港ドルの価値の下落傾向と関連して見なければならない。一般に、香港ドルは1930年代半ばまで価値を下げた。それは、中国が銀本位制からはずれ、香港がそれに続いた時代である。香港ドルの価値の低下に関する影響は、ここで計算されているように銀行の株主資本配当率の増

加である。

　表A5-3は、収益性の基本的な測定方法である株主資本に対する公表利益の比率および預金に対する資本金の比率を挙げている。ESRC Reportにおいて他の多くの収益性比率が計算されており、入手することができる。

　表A5-4は、実質利益と内部積立金に関する有効なデータを利用することにより収益性比率の精緻化がなされている。そうしたデータが存在する銀行のみが含まれている。いくつかの事例において、各期間全体にわたって情報が入手できない。したがって、表A5-3に挙げられている株主資本に対する公表利益の比率は、直接比較を行うために各銀行に実存するデータに対応する期間で再計算されている。これらの日付がこの期間と一致していない場合には、実際の日付が銀行名とともに書き込まれている。また、3つの新たな比率が、計算されている。これらは、株主資本および内部積立金に対する公表利益の比率、株主資本に対する実質利益の比率、株主資本および内部積立金に対する実質利益の比率である。これらのデータは、銀行の本当の収益性およびバランス・シートが公表されたものとどの程度異なっているかを間接的に示している。

　検証されるべき明白な仮説は、地理的選定がイギリスの多国籍銀行に影響を与えるかどうかであった。その結果、ESRC Reportは、銀行を地理的領域に割り振り、各地域におけるグループごとの業績の総計を調査した。この調査において集められたデータは、もしかすると誤解を与えるように思われるので、ここでは引用されていない。サンプル銀行の特定地域への配置は、いったん多地域展開銀行が出現すると、恣意的になる。さらに、このデータ分析は、個別銀行の規模や各地域の銀行数の違いについて考慮することを重視しない。

　2つの図A5-1およびA5-2は、サンプル海外銀行の年間収益性全体を、1890年から1939年までのイングランドおよびウェールズの共同出資銀行における公表された収益性と比較し、また、イングランドおよびウェールズの共同出資銀行における公表された収益性を、各年の収益性が「上位」および「下位」の海外銀行各5行と比較している。収益性曲線は、公表された株主資本（すなわち払込済資本、公表された準備金、留保利益を加えたもの）に対する公表された純利益の年間比率から得られる。年間の数値は、総計されたものである。海外銀行の場合には、図A5-1で用いられる比率は、サンプルの全海外銀行に該当する数値を総計することにより得られる。図A5-2の場合には、比率は、「上位の」5行および「下位の」5行それぞれの年間の数値を総計することにより得られる。イングランドおよびウェールズの共同出資銀行に関する収益性比率は、Forrest Capie, 'Structure and Performance in British Banking, 1870-1939', 82-83ページ、表3-2から引用している。イギリスの海外銀行に関する収益性比率は、サンプル銀行の公表されたバランス・シートから得られている。

本付録の分析は、Frankie Bostock と Mark Bostock の両氏により行われた。

付　録　563

表A5-1　バランス・シートおよびオフ・バランス・シートのデータ抜粋

アングロ・エジプト銀行

(単位:ポンド)

年度	公表純利益	実質利益	支払配当金(総額)	払込済資本金	時価総額:資本金	公表準備金	利益剰余金	内部積立金	預金	バランス・シート総計
1890	45,620	n.a.	30,000	400,000	400,000	0	14,768	n.a.	934,132	2,573,135
1891	40,437	n.a.	20,000	400,000	340,000	0	35,704	n.a.	966,494	2,696,848
1892	36,151	n.a.	24,000	400,000	320,000	0	47,855	n.a.	637,614	2,453,781
1893	37,715	n.a.	24,000	400,000	360,000	0	60,000	n.a.	695,316	2,347,452
1894	40,094	n.a.	24,000	400,000	360,000	0	75,000	n.a.	743,787	2,516,993
1895	39,611	n.a.	24,000	400,000	380,000	0	90,000	n.a.	796,850	3,025,748
1896	40,476	n.a.	24,000	400,000	400,000	100,000	6,000	n.a.	758,562	2,769,219
1897	52,783	n.a.	28,000	400,000	440,000	125,000	5,000	n.a.	910,320	3,078,142
1898	57,810	n.a.	32,000	400,000	540,000	150,000	5,000	n.a.	1,373,322	4,446,307
1899	59,659	n.a.	32,000	400,000	620,000	175,000	7,000	n.a.	1,440,021	4,697,340
1900	83,994	n.a.	40,000	400,000	720,000	215,000	10,000	n.a.	1,640,360	4,823,955
1901	81,301	n.a.	40,000	400,000	700,000	250,000	15,000	n.a.	1,666,508	5,541,117
1902	91,336	n.a.	40,000	400,000	880,000	300,000	15,000	n.a.	2,009,641	5,198,234
1903	93,174	n.a.	40,000	400,000	960,000	350,000	17,000	n.a.	2,461,814	6,392,484
1904	99,431	n.a.	50,000	400,000	980,000	400,000	15,000	n.a.	2,777,209	6,953,625
1905	115,018	n.a.	62,500	400,000	1,275,000	500,000	36,000	n.a.	3,274,364	8,570,322
1906	129,893	n.a.	75,000	500,000	1,375,000	550,000	29,000	n.a.	3,122,534	6,431,711
1907	133,012	n.a.	75,000	500,000	1,300,000	590,000	35,000	n.a.	2,586,265	5,257,870
1908	105,212	n.a.	75,000	500,000	1,350,000	600,000	43,000	n.a.	2,762,258	5,412,376
1909	105,162	n.a.	75,000	500,000	1,375,000	610,000	46,000	n.a.	2,985,182	5,680,056
1910	104,254	n.a.	75,000	500,000	1,325,000	620,000	48,000	n.a.	2,760,654	5,191,700
1911	114,905	n.a.	75,000	500,000	1,200,000	640,000	50,000	n.a.	3,349,013	6,929,107
1912	107,905	n.a.	75,000	500,000	1,225,000	666,000	52,000	n.a.	3,001,501	5,495,718
1913	108,026	n.a.	75,000	500,000	1,175,000	680,000	52,000	n.a.	2,943,374	5,467,877
1914	102,591	n.a.	75,000	500,000	1,200,000	680,000	77,000	n.a.	3,045,867	5,461,757
1915	102,299	n.a.	75,000	500,000	937,500	680,000	50,000	n.a.	5,145,305	7,196,161
1916	112,825	n.a.	87,500	500,000	1,175,000	690,000	52,000	n.a.	7,495,125	9,492,835
1917	144,347	n.a.	87,500	500,000	1,400,000	710,000	67,000	n.a.	9,057,654	10,989,554
1918	146,038	n.a.	75,000	500,000	1,600,000	710,000	38,000	n.a.	12,544,967	14,794,382
1919	142,980	n.a.	105,000	600,000	1,980,000	720,000	40,000	n.a.	17,113,477	19,567,202
1920	133,406	n.a.	105,000	600,000	4,050,000	720,000	50,000	n.a.	15,542,208	18,401,562

(注)　会計年度末は9月である。1920年に過半数株式がバークレイズ銀行に取得された(1925年よりバークレイズ(DCO)の一部となった)。
n.a.は、実質利益に関するデータは利用不可能であり、公表準備金に関するデータは該当なしを示す。

オーストラレイシア銀行

年度	公表純利益	実質利益	支払配当金(総額)	払込済資本金	時価総額：資本金	公表準備金	利益剰余金	内部積立金	預金	バランス・シート総計
1890	224,495	n.a.	224,000	1,600,000	4,000,000	800,000	15,098	n.a.	13,657,509	19,251,209
1891	211,929	n.a.	212,000	1,600,000	3,800,000	800,000	15,027	n.a.	13,855,142	19,318,088
1892	174,960	n.a.	180,000	1,600,000	3,400,000	800,000	9,986	n.a.	15,127,807	19,890,696
1893	121,349	n.a.	120,000	1,600,000	2,660,000	800,000	11,335	n.a.	13,060,845	17,816,681
1894	94,306	n.a.	96,000	1,600,000	2,220,000	800,000	9,641	n.a.	12,706,772	17,424,247
1895	82,013	n.a.	80,000	1,600,000	2,120,000	800,000	11,654	n.a.	13,079,365	17,574,519
1896	80,968	n.a.	80,000	1,600,000	2,000,000	800,000	12,622	n.a.	13,695,370	18,587,791
1897	85,654	n.a.	96,000	1,600,000	2,120,000	800,000	18,276	n.a.	12,860,664	17,765,169
1898	102,694	n.a.	120,000	1,600,000	2,080,000	800,000	9,970	n.a.	12,456,004	17,728,077
1899	176,183	n.a.	152,000	1,600,000	2,560,000	835,000	11,153	n.a.	13,646,125	19,657,991
1900	299,888	n.a.	160,000	1,600,000	3,160,000	925,000	14,041	n.a.	13,650,832	19,471,223
1901	285,196	n.a.	176,000	1,600,000	3,160,000	994,000	14,237	n.a.	13,878,371	19,445,453
1902	296,553	n.a.	176,000	1,600,000	3,200,000	1,070,000	14,648	n.a.	14,313,893	19,882,524
1903	309,303	n.a.	192,000	1,600,000	3,360,000	1,130,000	16,952	n.a.	14,662,650	20,082,628
1904	290,999	n.a.	192,000	1,600,000	3,580,000	1,190,000	16,951	n.a.	15,186,395	20,572,520
1905	273,604	n.a.	192,000	1,600,000	3,660,000	1,250,000	17,555	n.a.	16,329,565	22,063,673
1906	308,307	n.a.	208,000	1,600,000	3,840,000	1,310,000	16,862	n.a.	16,001,835	22,164,826
1907	433,213	n.a.	224,000	1,600,000	4,000,000	1,470,000	16,075	n.a.	15,879,335	22,444,425
1908	399,720	n.a.	224,000	1,600,000	4,240,000	1,610,000	16,795	n.a.	15,205,569	21,513,680
1909	351,676	n.a.	224,000	1,600,000	4,340,000	1,710,000	17,472	n.a.	16,214,618	22,429,779
1910	392,253	n.a.	256,000	1,600,000	4,580,000	1,810,000	15,725	n.a.	16,896,476	23,838,452
1911	404,349	n.a.	264,000	1,600,000	4,520,000	1,910,000	16,074	n.a.	17,414,474	24,058,048
1912	424,475	n.a.	272,000	1,600,000	4,840,000	2,010,000	28,549	n.a.	17,906,493	24,587,279
1913	427,620	n.a.	306,000	2,000,000	5,850,000	2,690,000	30,169	n.a.	18,088,955	25,916,790
1914	454,406	n.a.	340,000	2,000,000	5,925,000	2,710,000	114,575	n.a.	19,108,792	27,202,663
1915	410,521	n.a.	340,000	2,000,000	5,400,000	2,780,000	115,096	n.a.	20,568,326	29,148,214
1916	407,568	n.a.	340,000	2,000,000	5,550,000	2,840,000	122,664	n.a.	19,672,174	28,284,504
1917	405,645	n.a.	340,000	2,000,000	5,700,000	2,905,000	123,309	n.a.	20,891,101	30,061,763

1918	438,746	n.a.	340,000	2,000,000	6,850,000	3,000,000	127,055	n.a.	21,903,753	31,590,944
1919	460,768	n.a	360,000	2,000,000	6,275,000	3,100,000	127,823	n.a.	24,351,904	33,864,081
1920	573,051	n.a.	455,000	3,500,000	7,000,000	3,075,000	145,874	n.a.	27,018,082	39,797,964
1921	588,389	n.a.	487,500	4,000,000	8,800,000	3,425,000	121,763	n.a.	25,603,631	37,914,315
1922	620,106	n.a.	520,000	4,000,000	10,600,000	3,525,000	121,869	n.a.	25,661,481	37,580,814
1923	618,559	n.a.	520,000	4,000,000	10,500,000	3,625,000	120,428	n.a.	27,352,162	39,479,749
1924	629,904	n.a.	520,000	4,000,000	11,000,000	3,700,000	130,332	n.a.	28,010,187	39,882,923
1925	632,555	n.a.	520,000	4,000,000	10,900,000	3,760,000	132,887	n.a.	28,708,674	40,993,316
1926	652,621	n.a.	560,000	4,000,000	11,000,000	3,810,000	135,508	n.a.	29,394,047	42,508,631
1927	654,060	n.a.	560,000	4,000,000	11,600,000	3,850,000	139,568	n.a.	31,478,756	44,594,860
1928	675,192	n.a.	595,000	4,500,000	12,937,500	4,450,000	139,760	n.a.	33,876,329	47,618,928
1929	677,183	n.a.	630,000	4,500,000	10,800,000	4,475,000	161,943	n.a.	34,414,798	49,323,597
1930	615,084	n.a.	585,000	4,500,000	7,762,500	4,475,000	192,027	n.a.	34,232,584	48,036,386
1931	217,536	n.a.	405,000	4,500,000	7,312,500	2,475,000	151,063	n.a.	36,678,573	50,720,919
1932	254,970	n.a.	315,000	4,500,000	6,637,500	2,475,000	169,783	n.a.	38,120,630	51,832,563
1933	258,508	n.a.	337,500	4,500,000	8,775,000	2,475,000	175,166	n.a.	37,833,350	52,244,203
1934	371,087	n.a.	337,500	4,500,000	8,100,000	2,475,000	178,690	n.a.	39,601,807	53,893,799
1935	273,857	n.a.	348,750	4,500,000	8,100,000	2,475,000	182,266	n.a.	37,058,103	51,237,369
1936	300,962	n.a.	360,000	4,500,000	8,887,500	2,475,000	193,329	n.a.	37,165,580	51,126,418
1937	309,501	n.a.	360,000	4,500,000	7,650,000	2,475,000	205,830	n.a.	40,775,464	55,846,939
1938	310,049	n.a.	360,000	4,500,000	6,525,000	2,475,000	227,879	n.a.	39,563,740	54,801,223
1939	292,024	n.a.	360,000	4,500,000	6,075,000	2,475,000	237,106	n.a.	40,921,527	56,222,871
1940	266,107	n.a.	360,000	4,500,000	5,850,000	2,500,000	242,213	n.a.	44,458,438	59,365,947
1941	237,012	n.a.	360,000	4,500,000	5,175,000	2,500,000	215,600	n.a.	46,768,240	62,519,256
1942	188,570	n.a.	270,000	4,500,000	4,753,125	2,500,000	212,358	n.a.	51,776,988	67,848,658
1943	215,157	n.a.	270,000	4,500,000	5,779,688	2,500,000	233,265	n.a.	56,106,502	74,244,914
1944	195,864	n.a.	270,000	4,500,000	6,567,188	2,500,000	237,504	n.a.	64,278,000	82,546,211
1945	200,667	n.a.	337,500	4,500,000	5,934,375	2,500,000	246,921	n.a.	69,426,745	75,319,044
1946	223,014	n.a.	382,500	4,500,000	9,562,500	2,500,000	259,560	n.a.	75,180,980	95,503,869
1947	243,588	n.a.	405,000	4,500,000	8,100,000	2,500,000	280,398	n.a.	77,793,298	101,306,979
1948	271,033	n.a.	405,000	4,500,000	9,337,500	2,500,000	328,681	n.a.	92,972,243	108,915,385
1949	278,290	n.a.	405,000	4,500,000	8,775,000	2,500,000	384,221	n.a.	110,130,236	137,386,516
1950	290,874	n.a.	450,000	4,500,000	8,775,000	2,500,000	427,595	n.a.	134,097,774	171,366,772

(注) 会計年度末は10月である。1951年にユニオン・バンク・オブ・オーストラリアと合併した（その後については、ANZ銀行の項を参照）。
n.a. は、利用不可能であることを示す。

ANZ(オーストラリア・アンド・ニュージーランド)銀行

年度	公表純利益	実質利益	支払配当金(総額)	払込済資本金	時価総額:資本金	公表準備金	利益剰余金	内部積立金	預金	バランス・シート総計
1951	574,844	n.a.	850,000	8,500,000	15,512,500	5,750,000	893,324	n.a.	275,401,947	378,718,425
1952	559,050	n.a.	850,000	8,500,000	13,175,000	5,750,000	1,006,125	n.a.	246,298,446	303,357,693
1953	597,502	n.a.	850,000	8,500,000	14,662,500	6,000,000	886,127	n.a.	267,358,232	331,782,298
1954	732,000	n.a.	1,020,000	10,200,000	18,870,000	6,470,000	1,057,127	n.a.	276,899,322	330,305,369
1955	841,442	n.a.	1,224,000	10,200,000	17,850,000	6,470,000	1,194,769	n.a.	277,587,846	339,227,987
1956	801,521	n.a.	1,224,000	10,200,000	17,595,000	6,470,000	1,292,490	n.a.	268,398,397	321,525,077
1957	814,291	n.a.	1,224,000	10,200,000	17,340,000	7,000,000	872,981	n.a.	287,053,198	343,385,912
1958	824,815	n.a.	1,224,000	10,200,000	19,252,500	7,000,000	993,996	n.a.	291,795,327	349,928,265
1959	837,219	n.a.	1,224,000	10,200,000	26,010,000	7,000,000	1,081,516	n.a.	300,089,617	365,820,434
1960	971,785	n.a.	1,224,000	10,200,000	17,467,500	7,350,000	1,285,992	n.a.	387,883,488	465,076,984
1961	1,022,669	n.a.	1,224,000	10,200,000	21,037,500	8,000,000	1,408,962	n.a.	393,870,637	463,331,310
1962	1,087,764	n.a.	1,320,000	11,000,000	22,000,000	8,150,000	1,138,226	n.a.	427,032,687	501,889,886
1963	1,503,539	n.a.	1,680,000	14,000,000	39,900,000	12,024,043	1,447,222	n.a.	474,347,194	566,530,685
1964	1,727,935	n.a.	1,848,000	15,400,000	37,625,000	12,450,537	1,718,763	n.a.	530,352,425	626,303,932
1965	2,079,103	n.a.	1,848,000	15,400,000	35,805,000	11,789,581	1,973,122	n.a.	563,294,071	666,727,470
1966	2,411,075	n.a.	1,848,000	15,400,000	37,730,000	12,318,229	1,990,441	n.a.	626,722,653	746,670,737
1967	2,958,167	n.a.	1,848,000	15,400,000	55,440,000	13,117,000	2,302,000	n.a.	676,117,530	814,222,000
1968	4,147,000	n.a.	1,848,000	15,400,000	73,727,500	15,524,000	2,533,000	n.a.	845,911,000	1,019,503,000
1969	6,918,000	n.a.	3,055,000	32,130,000	101,611,125	20,383,000	4,338,000	n.a.	1,241,527,000	1,579,254,000
1970	7,350,000	n.a.	3,213,000	32,130,000	82,333,125	24,534,000	4,325,000	n.a.	1,328,707,000	1,773,902,000
1971	6,362,000	n.a.	3,213,000	32,130,000	87,714,900	27,482,000	4,525,000	n.a.	1,409,830,000	1,919,444,000
1972	8,418,000	n.a.	3,213,000	32,130,000	133,339,500	32,396,000	5,699,000	n.a.	1,749,151,000	2,312,572,000
1973	13,731,000	n.a.	2,362,000	32,130,000	107,635,500	56,801,000	6,856,000	n.a.	2,823,950,000	3,572,204,000
1974	12,702,000	n.a.	3,338,000	36,720,000	59,486,400	72,126,000	7,244,000	n.a.	2,611,739,000	3,661,119,000
1975	16,864,000	n.a.	3,562,000	36,720,000	157,896,000	91,420,000	8,103,000	n.a.	3,438,963,000	4,618,888,000

(注) 会計年度末は9月である。1960年より連結決算となっている。1969年にイングリッシュ・スコティッシュ・アンド・オーストラリア銀行と合併した。1973年より配当に関わる税金は、考慮していない。
n. a. は、利用不可能であることを示す。

ブリティッシュ・ノース・アメリカ銀行

年度	公表純利益	実質利益	支払配当金（総額）	払込済資本金	時価総額：資本金	公表準備金	利益剰余金	内部積立金	預金	バランス・シート総計
1890	86,742	n.a.	75,000	1,000,000	1,520,000	265,000	3,818	n.a.	1,982,933	5,168,351
1891	78,016	n.a.	75,000	1,000,000	1,500,000	265,000	6,834	n.a.	2,186,109	5,453,835
1892	86,030	n.a.	75,000	1,000,000	1,440,000	275,000	15,512	n.a.	2,280,277	5,552,233
1893	74,755	n.a.	75,000	1,000,000	1,400,000	275,000	13,233	n.a.	2,074,956	4,870,804
1894	40,999	n.a.	45,000	1,000,000	1,380,000	275,000	4,486	n.a.	2,032,426	4,608,337
1895	42,139	n.a.	40,000	1,000,000	1,120,000	275,000	6,444	n.a.	1,995,665	5,047,031
1896	43,690	n.a.	40,000	1,000,000	1,080,000	275,000	11,270	n.a.	2,066,210	5,399,239
1897	59,124	n.a.	50,000	1,000,000	1,280,000	285,000	12,051	n.a.	2,310,148	5,129,963
1898	67,834	n.a.	50,000	1,000,000	1,220,000	300,000	12,527	n.a.	2,583,244	5,618,982
1899	88,016	n.a.	55,000	1,000,000	1,240,000	325,000	17,189	n.a.	2,908,815	6,827,321
1900	95,095	n.a.	60,000	1,000,000	1,260,000	350,000	18,725	n.a.	3,124,634	7,009,808
1901	71,039	n.a.	60,000	1,000,000	1,320,000	365,000	13,111	n.a.	3,151,128	7,724,706
1902	95,211	n.a.	60,000	1,000,000	1,380,000	390,000	10,040	n.a.	3,098,177	8,189,206
1903	75,223	n.a.	60,000	1,000,000	1,280,000	400,000	12,162	n.a.	3,364,030	8,287,907
1904	91,960	n.a.	60,000	1,000,000	1,310,000	420,000	12,922	n.a.	3,675,556	8,024,827
1905	93,091	n.a.	60,000	1,000,000	1,410,000	440,000	16,758	n.a.	4,155,545	9,657,835
1906	129,016	n.a.	70,000	1,000,000	1,460,000	460,000	57,472	n.a.	4,744,750	10,265,999
1907	122,618	n.a.	70,000	1,000,000	1,380,000	480,000	60,214	n.a.	4,481,038	9,335,823
1908	85,823	n.a.	70,000	1,000,000	1,480,000	500,000	50,597	n.a.	5,384,266	9,338,116
1909	101,652	n.a.	70,000	1,000,000	1,510,000	520,000	39,080	n.a.	6,258,913	10,583,304
1910	114,030	n.a.	70,000	1,000,000	1,530,000	545,000	47,806	n.a.	6,589,777	10,965,325
1911	129,887	n.a.	80,000	1,000,000	1,490,000	570,000	65,082	n.a.	7,411,173	12,799,008
1912	139,418	n.a.	80,000	1,000,000	1,560,000	600,000	55,285	n.a.	8,106,777	13,618,550
1913	141,728	n.a.	80,000	1,000,000	1,480,000	620,000	22,281	n.a.	7,855,670	12,872,238
1914	110,256	n.a.	80,000	1,000,000	1,560,000	620,000	34,332	n.a.	8,686,717	12,453,081
1915	67,519	n.a.	70,000	1,000,000	1,235,000	620,000	10,721	n.a.	9,088,014	12,639,801
1916	112,263	n.a.	70,000	1,000,000	1,190,000	620,000	21,416	n.a.	10,151,694	13,928,621
1917	137,261	n.a.	80,000	1,000,000	1,300,000	620,000	32,118	n.a.	12,140,508	15,962,228

(注) 会計年度末は1911年まで12月。その後は11月である。1918年にバンク・オブ・モントリオールに併合された。
n.a.は、利用不可能であることを示す。

ブリティッシュ・ウェスト・アフリカ銀行

年度	公表純利益	実質利益	支払配当金（総額）	払込済資本金	時価総額：資本金	公表準備金	利益剰余金	内部積立金	預金	バランス・シート総計
1890	318	n.a.	0	12,000	12,000	0	318	n.a.	0	104,030
1891	4,358	n.a.	960	12,000	12,000	2,000	31	n.a.	87,666	126,368
1892	1,806	n.a.	1,553	21,940	24,425	4,285	184	n.a.	108,263	188,146
1893	2,284	n.a.	1,794	22,892	26,969	5,000	30	n.a.	148,134	241,056
1894	4,253	n.a.	2,064	27,240	33,505	7,500	365	n.a.	191,282	313,553
1895	4,316	n.a.	2,327	33,560	43,091	10,000	934	n.a.	252,491	290,923
1896	2,393	n.a.	2,926	40,000	53,088	11,610	213	n.a.	217,092	460,110
1897	8,646	n.a.	3,553	46,720	67,160	15,000	1,221	n.a.	360,954	654,451
1898	10,760	n.a.	3,845	47,760	68,655	20,000	1,018	n.a.	523,414	668,771
1899	8,334	n.a.	4,251	60,000	90,000	26,120	1,041	n.a.	545,919	707,627
1900	7,894	n.a.	4,800	60,000	90,000	28,000	1,255	n.a.	549,123	785,814
1901	9,118	n.a.	4,800	60,000	82,500	30,000	1,574	n.a.	541,261	864,164
1902	13,402	n.a.	4,800	60,000	93,750	35,000	2,176	n.a.	605,174	905,038
1903	16,002	n.a.	8,400	100,000	131,250	50,000	2,278	n.a.	659,297	1,186,705
1904	10,851	n.a.	9,000	100,000	137,500	50,000	2,129	n.a.	825,477	1,274,483
1905	20,568	n.a.	11,712	200,000	287,500	80,000	2,985	n.a.	841,320	1,626,198
1906	30,099	n.a.	18,000	200,000	312,500	85,000	5,084	n.a.	1,074,793	1,813,984
1907	29,649	n.a.	20,000	240,000	390,000	100,000	6,053	n.a.	1,251,126	2,116,456
1908	43,956	n.a.	26,280	292,000	511,000	116,000	6,729	n.a.	1,388,871	2,660,232
1909	60,801	n.a.	33,680	400,000	675,000	187,000	9,600	n.a.	1,805,798	3,150,842
1910	47,541	n.a.	26,000	400,000	700,000	150,000	10,141	n.a.	2,025,527	3,235,250
1911	59,276	n.a.	32,000	400,000	543,750	150,000	15,417	n.a.	2,267,715	3,591,040
1912	64,760	n.a.	32,000	560,000	805,000	220,000	18,177	n.a.	2,523,090	4,332,306

付　録　569

Year										
1917	71,514	n.a.	46,078	580,000	797,500	237,500	21,613	n.a.	3,083,574	6,462,157
1918	83,767	n.a.	52,200	580,000	942,500	250,000	22,680	n.a.	4,668,587	9,000,018
1919	125,147	n.a.	71,200	800,000	1,400,000	400,000	30,377	n.a.	6,489,248	16,500,922
1920	139,803	n.a.	80,000	1,200,000	1,500,000	625,000	50,180	n.a.	11,810,340	13,475,657
1921	105,936	n.a.	72,000	1,200,000	1,312,500	400,000	34,116	n.a.	8,018,670	12,294,811
1922	100,574	n.a.	60,000	1,200,000	1,312,500	400,000	34,690	n.a.	7,602,564	9,273,632
1923	95,990	n.a.	60,000	1,200,000	1,125,000	400,000	35,680	n.a.	5,823,332	9,528,493
1924	112,352	n.a.	60,000	1,200,000	1,237,500	400,000	38,032	n.a.	6,540,010	10,103,287
1925	114,368	n.a.	60,000	1,200,000	1,200,000	400,000	42,400	n.a.	6,726,491	8,957,301
1926	116,930	n.a.	60,000	1,200,000	1,200,000	400,000	49,330	n.a.	6,068,803	10,282,982
1927	124,950	n.a.	72,000	1,200,000	1,200,000	400,000	52,280	n.a.	6,975,748	9,988,277
1928	128,331	n.a.	72,000	1,200,000	1,425,000	400,000	53,611	n.a.	6,717,224	10,378,153
1929	121,822	n.a.	72,000	1,200,000	1,200,000	400,000	53,433	n.a.	6,873,385	9,607,378
1930	24,568	n.a.	48,000	1,200,000	1,012,500	400,000	30,001	n.a.	6,549,175	8,885,423
1931	59,625	n.a.	48,000	1,200,000	881,250	400,000	41,626	n.a.	5,909,445	8,123,887
1932	58,611	n.a.	48,000	1,200,000	825,000	400,000	52,237	n.a.	5,549,759	8,773,570
1933	58,766	n.a.	48,000	1,200,000	1,106,250	400,000	53,003	n.a.	6,107,184	8,645,450
1934	64,671	n.a.	48,000	1,200,000	1,200,000	400,000	54,674	n.a.	6,134,040	9,297,919
1935	85,298	n.a.	60,000	1,200,000	1,218,750	400,000	54,972	n.a.	6,672,668	10,031,422
1936	90,656	185,636	60,000	1,200,000	1,743,750	400,000	55,608	n.a.	7,372,929	11,383,165
1937	60,106	60,106	60,000	1,200,000	1,312,500	400,000	55,714	n.a.	8,695,295	12,538,551
1938	42,878	59,887	48,000	1,200,000	1,200,000	400,000	50,592	558,649	9,851,769	9,860,306
1939	36,649	36,649	36,000	1,200,000	900,000	400,000	51,241	520,488	7,280,392	9,757,195
1940	58,888	74,317	48,000	1,200,000	600,000	400,000	52,129	569,267	7,380,582	12,588,707
1941	70,942	90,942	48,000	1,200,000	975,000	400,000	55,071	605,829	9,976,851	13,368,931
1942	74,463	96,463	48,000	1,200,000	1,096,875	400,000	56,534	744,722	11,141,110	16,320,919
1943	117,304	142,304	48,000	1,200,000	1,462,500	500,000	55,838	742,624	14,056,532	18,913,396
1944	126,232	161,232	60,000	1,200,000	1,567,500	600,000	62,070	747,316	16,380,129	21,754,148
1945	130,974	160,974	72,000	1,200,000	1,809,375	700,000	64,644	672,690	19,271,150	28,601,627

ブリティッシュ・ウエスト・アフリカ銀行（続き）

年度	公表純利益	利益剰余金	支払配当金（総額）	払込済資本金	時価総額：資本金	公表準備金	利益剰余金	内部積立金	預　金	バランス・シート総計
1946	145,582	215,582	84,000	1,200,000	2,531,250	800,000	64,226	714,613	23,754,810	32,935,921
1947	143,472	163,472	84,000	1,200,000	2,887,500	850,000	61,298	735,703	25,911,207	46,443,690
1948	144,932	194,932	84,000	1,200,000	2,250,000	900,000	60,030	785,989	38,005,629	46,967,016
1949	154,268	324,268	84,000	1,200,000	1,875,000	950,000	68,098	1,162,662	38,060,185	52,182,778
1950	283,321	315,321	108,000	1,200,000	2,100,000	1,000,000	93,969	1,519,766	44,628,715	65,595,347
1951	212,029	422,029	108,000	1,200,000	2,287,500	1,050,000	99,298	1,915,309	52,710,589	66,302,651
1952	244,506	456,506	120,000	1,200,000	1,950,000	1,100,000	101,704	2,315,547	54,566,977	68,852,272
1953	244,712	565,712	120,000	1,200,000	2,062,500	1,200,000	105,416	2,785,425	58,773,777	91,633,366
1954	290,374	810,374	120,000	1,200,000	3,000,000	1,400,000	127,690	3,426,700	79,435,310	91,894,218
1955	351,381	661,381	250,000	2,500,000	4,312,500	1,900,000	135,321	3,548,806	78,823,505	85,827,019
1956	387,047	637,047	300,000	2,500,000	3,562,500	2,000,000	149,868	4,089,613	68,026,583	78,274,864
1957	386,044	842,544	300,000	2,500,000	3,750,000	2,500,000	163,412	4,955,502	61,859,339	80,279,882
1958	385,535	903,064	300,000	2,500,000	3,812,500	2,750,000	119,875	5,311,302	64,473,918	85,986,488
1959	403,274	1,028,149	320,000	4,000,000	5,900,000	2,700,000	127,149	4,631,354	73,144,294	82,306,880
1960	445,426	837,575	360,000	4,000,000	4,350,000	3,300,000	152,075	4,627,122	65,744,778	79,194,933
1961	438,294	730,369	360,000	4,000,000	4,250,000	3,500,000	169,869	4,644,429	62,642,167	84,273,929
1962	466,083	805,952	360,000	4,000,000	4,700,000	3,700,000	215,452	4,880,280	65,691,305	93,115,354
1963	535,212	n.a.	400,000	4,000,000	4,800,000	4,000,000	205,664	5,272,010	70,242,815	97,215,428
1964	611,630	n.a.	440,000	4,000,000	11,600,000	4,000,000	205,294	n.a.	74,722,190	108,372,045

(注) 会計年度末は3月である。すなわち、1920年度末は1921年3月末までの数値である。株式は1901年まで取引されていないため、1894年から1900年までの株価は概算である。1965年にスタンダード銀行と合併した。その時の株式取得価格は、1株当たり英国貨幣58ポンドである。
n.a. は、利用不可能であることを示す。

付録 571

モーリシャス銀行

年度	公表純利益	実質利益	支払配当金(総額)	払込済資本金	時価総額:資本金	公表準備金	利益剰余金	内部積立金	預金	バランス・シート総計
1895	14,165	n.a.	5,022	125,550	125,550	5,000	1,124	n.a.	159,490	360,402
1896	16,298	n.a.	6,278	125,550	125,550	15,000	1,144	n.a.	205,002	420,000
1897	15,176	n.a.	6,278	125,550	125,550	15,000	10,043	n.a.	178,659	425,616
1898	4,283	n.a.	6,278	125,550	116,134	20,000	3,048	n.a.	133,849	443,773
1899	16,645	n.a.	7,533	125,550	125,550	30,000	2,160	n.a.	130,394	395,053
1900	10,187	n.a.	7,533	125,550	128,689	30,000	1,814	n.a.	226,700	519,302
1901	10,204	n.a.	7,533	125,550	119,273	30,000	3,484	n.a.	233,629	514,264
1902	11,446	n.a.	7,533	125,550	125,550	35,000	2,397	n.a.	183,815	458,926
1903	14,258	14,295	7,533	125,550	125,550	40,000	4,122	n.a.	229,020	574,857
1904	15,436	15,637	7,533	125,550	125,550	50,000	2,026	n.a.	185,058	504,371
1905	17,135	17,135	7,533	125,550	147,521	55,000	6,628	n.a.	195,204	487,674
1906	15,774	15,973	7,533	125,550	131,828	65,000	4,869	n.a.	206,356	573,765
1907	8,237	15,236	7,533	125,550	128,689	65,000	5,573	3,000	164,872	447,232
1908	14,286	14,280	7,533	125,550	125,550	75,000	2,326	3,000	205,011	511,155
1909	16,144	16,144	8,788	125,550	150,660	80,000	3,682	3,000	219,824	492,092
1910	18,818	18,818	10,044	125,550	163,215	85,000	5,956	3,000	234,781	566,647
1911	12,375	18,375	10,044	125,550	182,048	87,500	4,787	3,000	287,717	546,584
1912	15,430	17,432	10,672	125,550	169,493	90,000	5,045	5,000	287,726	578,982
1913	15,127	15,627	12,555	125,550	169,493	92,000	4,117	5,500	265,612	599,298
1914	25,077	35,675	12,555	125,550	178,909	100,000	6,639	15,500	621,859	906,070
1915	8,915	33,279	12,555	125,550	227,873	100,000	2,999	15,500	509,881	790,079

(注) 会計年度末は12月である。1895年および1896年における株価は、取引されていないので額面価格を用いている。1916年にマーカンタイル銀行に買収された。
n.a. は、利用不可能であることを示す。

バークレイズ銀行 (DCO)

年度	公表純利益	実質利益	支払配当金（総額）	払込済資本金	時価総額：資本金	公表準備金	利益剰余金	内部積立金	預金	バランス・シート総計
1926	637,020	947,955	238,915	4,975,500	6,662,581	1,100,000	114,295	668,096	51,838,323	62,678,816
1927	482,046	738,825	254,828	4,975,500	6,906,313	1,250,000	122,479	1,138,715	51,770,262	63,997,855
1928	494,823	812,905	270,740	4,975,500	7,353,994	1,400,000	130,710	1,716,825	59,675,657	71,680,929
1929	516,594	1,003,875	286,653	4,975,500	6,854,988	1,550,000	137,982	2,006,741	61,043,263	73,098,634
1930	465,070	765,664	294,609	4,975,500	6,931,531	1,650,000	174,731	2,497,928	62,690,265	74,208,905
1931	402,754	708,812	294,609	4,975,500	5,694,938	1,650,000	244,738	1,576,563	68,462,423	79,428,109
1932	372,103	1,127,880	294,609	4,975,500	7,613,425	1,650,000	215,884	2,540,261	71,621,970	82,535,886
1933	371,549	736,987	294,609	4,975,500	8,202,863	1,650,000	216,477	3,084,839	74,521,924	85,225,869
1934	409,827	847,993	302,565	4,975,500	9,193,480	1,750,000	216,816	3,636,483	82,865,855	94,674,005
1935	473,401	936,782	318,478	4,975,500	10,732,063	1,850,000	223,397	4,234,468	87,781,143	99,439,949
1936	401,191	792,562	318,478	4,975,500	11,403,300	1,925,000	128,903	4,462,042	96,992,504	109,770,242
1937	431,209	1,011,404	334,390	4,975,500	10,393,638	2,025,000	134,320	4,678,791	96,209,544	110,006,923
1938	439,245	668,631	350,303	4,975,500	9,841,175	2,100,000	144,595	5,084,924	99,543,348	112,873,412
1939	414,704	640,131	350,303	4,975,500	8,866,250	2,100,000	154,442	4,148,588	106,638,711	120,885,915
1940	423,692	1,203,692	350,303	4,975,500	9,089,253	2,100,000	171,936	5,630,583	126,500,726	141,954,173
1941	399,685	511,861	350,303	4,975,500	10,551,640	2,600,000	196,470	5,981,803	156,936,261	175,856,636
1942	419,612	898,514	350,303	4,975,500	10,358,341	3,100,000	190,931	5,963,193	190,824,239	213,452,018
1943	415,497	707,155	350,303	4,975,500	11,980,270	3,600,000	181,277	4,943,436	247,773,599	272,841,312
1944	448,864	831,699	350,303	4,975,500	12,973,541	4,100,000	179,990	5,954,445	282,175,976	305,429,453
1945	467,491	959,828	350,303	4,975,500	14,136,023	4,350,000	172,330	5,746,399	321,497,747	344,852,958
1946	516,765	1,030,379	398,040	4,975,500	18,999,888	4,350,000	170,173	6,001,001	353,278,951	386,917,591

1947	572,413	1,493,966	569,720	7,121,500	10,820,500	7,569,000	176,452	6,056,365	356,941,570	400,081,967
1948	649,874	1,471,596	569,720	7,121,500	9,070,125	7,800,000	181,980	6,666,604	387,136,660	429,102,542
1949	666,879	1,802,988	569,720	7,121,500	7,399,313	8,000,000	185,513	7,482,146	341,439,104	383,079,009
1950	683,201	1,855,195	569,720	7,121,500	7,001,500	8,000,000	205,368	7,941,579	382,484,292	434,233,475
1951	769,581	2,580,327	569,720	7,121,500	7,001,500	8,855,375	225,846	8,382,294	442,893,048	504,384,145
1952	879,888	3,007,882	742,150	9,276,875	15,074,922	7,500,000	241,105	5,372,222	440,858,810	499,306,385
1953	869,431	2,302,449	742,150	9,276,875	17,626,063	8,000,000	252,354	8,457,421	455,527,500	510,592,933
1954	939,953	2,405,614	862,150	10,776,875	23,170,281	10,050,000	259,125	9,818,566	493,509,345	552,357,087
1955	1,152,101	3,731,349	1,034,580	12,776,875	21,661,519	8,500,000	247,868	6,007,450	508,478,781	574,398,931
1956	1,261,189	3,338,944	1,034,580	12,932,250	21,014,906	9,000,000	476,420	4,393,751	537,021,908	606,583,431
1957	1,161,473	2,865,219	1,034,580	12,932,250	19,075,069	9,500,000	543,009	4,338,186	536,797,601	605,945,245
1958	1,267,355	3,600,927	1,163,903	12,932,250	23,924,663	10,000,000	641,120	n.a.	539,747,221	604,484,738
1959	1,218,512	3,041,282	1,163,903	12,932,250	31,199,053	10,500,000	646,742	n.a.	602,012,316	688,334,936
1960	1,468,809	4,017,313	1,293,225	12,932,250	22,793,091	11,250,000	573,451	n.a.	616,296,179	698,445,951
1961	1,585,194	n.a.	1,700,000	17,000,000	32,087,500	15,154,299	813,997	n.a.	635,722,380	752,705,776
1962	1,715,115	n.a.	1,700,000	17,000,000	32,087,500	16,354,871	987,902	n.a.	729,062,693	852,584,572
1963	2,030,041	n.a.	1,700,000	17,000,000	34,212,500	17,106,788	1,226,693	n.a.	826,374,062	961,901,910
1964	2,643,021	n.a.	2,640,000	24,000,000	44,100,000	20,365,897	1,589,511	n.a.	934,902,306	1,094,328,814
1965	3,078,136	n.a.	2,756,000	24,000,000	48,600,000	21,403,494	1,996,147	n.a.	1,040,729,073	1,209,689,296
1966	3,508,102	n.a.	2,756,000	24,000,000	47,250,000	22,167,819	1,744,249	n.a.	1,169,810,874	1,371,797,724
1967	3,759,916	n.a.	2,756,000	24,000,000	66,900,000	23,384,171	1,744,165	n.a.	1,276,663,196	1,483,188,221
1968	4,532,253	n.a.	3,240,000	30,000,000	114,375,000	34,001,337	1,757,251	n.a.	1,726,521,607	1,975,234,083
1969	5,468,032	n.a.	3,675,000	30,000,000	87,375,000	35,939,076	2,041,672	n.a.	1,998,643,283	2,310,419,714
1970	14,277,000	n.a.	5,200,000	40,000,000	106,000,000	110,651,000	n.a.	n.a.	2,236,205,000	2,405,503,000

(注) 会計年度末は9月であり、1926年度は15ヵ月分である。1961年に連結決算となっている。

n. a. は、利用不可能であることを示すが、1970年の留保利益に関するデータは（完全に情報が公開されているため）不適用であり、これを除く。

チャータード銀行

年度	公表純利益	実質利益	支払配当金(総額)	払込済資本金	時価総額：資本金	公表準備金	利益剰余金	内部積立金	預金	バランス・シート総計
1890	113,337	113,337	64,000	800,000	1,080,000	300,000	9,105	25,000	6,882,216	15,923,197
1891	57,143	57,143	56,000	800,000	960,000	250,000	10,248	50,000	7,728,332	13,553,034
1892	61,107	61,107	56,000	800,000	840,000	250,000	15,855	10,000	6,320,527	12,111,575
1893	105,258	120,258	56,000	800,000	800,000	275,000	16,294	25,000	5,433,497	10,892,927
1894	114,607	139,607	64,000	800,000	880,000	325,000	11,901	50,000	6,433,168	11,021,511
1895	90,457	105,457	64,000	800,000	1,060,000	350,000	13,358	65,000	7,237,200	11,768,948
1896	89,320	106,320	64,000	800,000	1,060,000	375,000	13,678	82,000	7,032,798	11,520,272
1897	160,725	205,725	72,000	800,000	1,160,000	450,000	12,403	127,000	6,456,711	11,830,384
1898	156,809	191,809	80,000	800,000	1,300,000	500,000	14,212	162,000	7,420,564	12,499,422
1899	114,073	114,073	80,000	800,000	1,480,000	525,000	13,285	160,000	8,788,069	14,665,552
1900	148,248	173,248	80,000	800,000	1,440,000	575,000	21,533	185,000	9,175,272	14,556,756
1901	208,571	273,571	80,000	800,000	1,540,000	650,000	40,104	250,000	9,596,535	14,892,665
1902	197,689	222,689	80,000	800,000	1,660,000	725,000	47,793	275,000	9,958,345	15,577,652
1903	170,691	170,691	80,000	800,000	1,720,000	800,000	63,484	275,000	10,240,354	16,218,964
1904	239,595	289,595	88,000	800,000	1,820,000	875,000	80,079	325,000	10,974,739	17,549,307
1905	262,033	302,033	104,000	800,000	2,280,000	975,000	86,112	365,000	11,585,691	19,122,248
1906	264,257	264,257	104,000	800,000	2,560,000	1,075,000	93,369	365,000	13,204,594	20,986,217
1907	268,182	283,182	112,000	1,200,000	3,120,000	1,525,000	129,483	397,068	12,288,731	21,075,232
1908	265,695	245,695	168,000	1,200,000	3,420,000	1,575,000	134,178	360,000	12,409,842	19,484,477
1909	182,990	182,990	168,000	1,200,000	3,540,000	1,600,000	124,168	323,915	13,664,671	20,262,294
1910	251,196	271,196	168,000	1,200,000	3,420,000	1,625,000	126,364	339,268	15,625,288	23,000,476
1911	256,088	256,088	168,000	1,200,000	3,300,000	1,650,000	128,452	344,510	16,371,844	25,028,255
1912	325,118	375,118	198,000	1,200,000	3,300,000	1,700,000	132,570	419,336	18,040,418	27,477,478
1913	350,684	390,684	204,000	1,200,000	3,570,000	1,800,000	120,254	454,003	17,128,434	27,243,396
1914	372,080	372,080	168,000	1,200,000	3,900,000	1,800,000	125,334	634,204	18,617,884	26,775,515
1915	382,872	419,721	168,000	1,200,000	3,255,000	1,800,000	130,206	799,717	21,548,506	29,644,856
1916	381,260	541,260	204,000	1,200,000	3,360,000	1,900,000	157,466	706,504	22,704,095	33,390,842
1917	402,795	502,795	228,000	1,200,000	5,280,000	2,000,000	167,261	929,161	28,042,149	36,126,433
1918	409,221	409,221	243,000	1,200,000	5,280,000	2,100,000	168,482	954,374	33,777,276	47,604,548
1919	447,348	447,348	243,000	2,000,000	8,100,000	3,000,000	172,830	952,102	47,932,170	68,741,696

付　録　575

1920	676,771	676,771	405,000	3,000,000	7,800,000	3,600,000	209,601	993,753	48,702,304	70,932,745
1921	788,069	788,069	607,500	3,000,000	9,450,000	3,700,000	215,170	1,267,928	42,949,360	61,767,781
1922	789,531	789,531	607,500	3,000,000	10,950,000	3,800,000	222,201	1,228,030	42,408,289	60,153,373
1923	782,707	782,707	607,500	3,000,000	11,850,000	3,900,000	222,408	1,025,940	41,590,027	58,765,538
1924	770,716	800,716	607,500	3,000,000	12,450,000	4,000,000	210,624	1,053,685	42,059,313	61,849,258
1925	756,154	676,318	607,500	3,000,000	12,600,000	4,000,000	209,278	900,747	51,134,282	70,866,448
1926	778,576	778,576	607,500	3,000,000	12,000,000	4,000,000	215,354	1,050,289	50,067,105	66,645,956
1927	724,263	447,586	607,500	3,000,000	12,600,000	4,000,000	206,893	826,473	45,121,907	64,442,829
1928	627,263	471,195	607,500	3,000,000	13,200,000	4,000,000	186,656	728,800	44,004,911	60,991,370
1929	661,598	471,598	607,500	3,000,000	11,025,000	4,000,000	190,754	746,168	44,917,491	61,081,685
1930	634,343	579,764	607,500	3,000,000	10,575,000	4,000,000	187,597	823,038	40,833,796	54,802,422
1931	381,788	(715,872)	420,000	3,000,000	6,600,000	3,000,000	149,385	742,458	38,616,008	53,129,794
1932	454,499	394,499	420,000	3,000,000	8,025,000	3,000,000	184,884	813,270	43,632,955	58,724,031
1933	467,467	467,467	420,000	3,000,000	8,925,000	3,000,000	206,351	915,578	46,605,658	60,297,561
1934	466,044	866,044	420,000	3,000,000	9,600,000	3,000,000	177,395	1,690,840	46,548,424	61,650,731
1935	498,643	166,803	420,000	3,000,000	7,800,000	3,000,000	181,038	1,080,092	45,986,111	59,557,929
1936	496,682	716,682	420,000	3,000,000	9,450,000	3,000,000	182,720	1,153,252	48,184,255	64,508,274
1937	491,065	734,680	420,000	3,000,000	7,350,000	3,000,000	178,785	797,454	49,741,350	64,139,098
1938	335,309	144,530	300,000	3,000,000	5,550,000	3,000,000	179,094	515,805	46,191,968	60,522,110
1939	338,349	295,348	300,000	3,000,000	4,950,000	3,000,000	182,443	368,305	53,662,308	67,568,797
1940	400,159	938,743	300,000	3,000,000	4,875,000	3,000,000	182,602	1,219,109	65,505,296	76,114,229
1941	352,865	734,865	225,000	3,000,000	4,500,000	3,000,000	260,468	1,262,250	77,990,605	90,925,553
1942	296,664	682,100	150,000	3,000,000	6,150,000	3,000,000	357,132	1,690,522	75,593,151	85,975,194
1943	314,240	632,083	150,000	3,000,000	5,587,500	3,000,000	371,372	1,960,221	78,712,262	88,918,258
1944	321,000	456,108	150,000	3,000,000	6,431,250	3,000,000	387,372	2,323,102	86,338,447	95,564,109
1945	326,264	748,918	150,000	3,000,000	6,806,250	3,000,000	383,636	2,086,681	80,334,979	90,045,910
1946	378,632	533,974	300,000	3,000,000	6,750,000	3,000,000	387,268	3,591,096	103,679,751	118,174,870
1947	448,058	877,111	360,000	3,000,000	6,825,000	3,000,000	402,326	2,464,840	110,048,808	126,413,799
1948	467,111	949,044	360,000	3,000,000	6,825,000	3,000,000	406,437	3,694,251	120,410,809	138,421,141
1949	515,592	1,180,592	360,000	3,000,000	6,150,000	3,000,000	409,029	3,299,514	129,479,187	151,520,444
1950	632,807	1,532,807	420,000	3,000,000	5,700,000	4,000,000	365,836	3,816,413	166,243,044	193,602,640
1951	697,097	1,697,097	420,000	3,000,000	6,375,000	4,000,000	397,433	3,388,237	187,750,702	213,632,879
1952	698,782	1,740,782	420,000	3,000,000	5,925,000	5,000,000	399,215	3,398,459	180,088,401	208,514,840
1953	693,798	1,606,394	420,000	3,000,000	7,437,500	5,000,000	403,513	5,270,682	165,037,787	186,962,798
1954	723,147	1,813,365	490,000	3,500,000	7,980,000	5,000,000	392,910	7,363,930	180,134,217	203,685,695
1955	759,340	1,934,340	525,000	3,500,000	7,437,500	5,000,000	424,302	3,308,178	203,092,213	223,968,987

チャーター ド銀行 (続き)

年度	公表純利益	実質利益	支払配当金(総額)	払込済資本金	時価総額:資本金	公表準備金	利益剰余金	内部積立金	預金	バランス・シート総計
1956	800,808	1,645,706	525,000	3,500,000	5,862,500	5,000,000	432,068	4,200,689	197,718,275	222,867,566
1957	1,000,890	2,076,963	660,000	4,400,000	7,920,000	5,700,000	438,458	4,805,956	243,706,126	271,898,015
1958	993,590	1,959,840	750,000	5,000,000	11,437,500	5,500,000	481,673	8,885,428	259,566,496	285,430,502
1959	619,696	1,659,696	750,000	5,000,000	13,500,000	5,500,000	491,994	10,672,689	287,390,136	317,021,709
1960	761,916	2,284,553	825,000	5,500,000	12,512,500	5,750,000	506,254	9,781,586	333,639,529	362,759,636
1961	990,238	2,367,810	990,000	6,600,000	17,242,500	7,250,000	540,648	11,762,169	365,362,905	408,097,902
1962	1,076,748	2,004,682	990,000	6,600,000	17,407,500	7,700,000	591,021	16,813,486	427,621,917	468,658,106
1963	1,069,378	2,260,368	990,000	6,600,000	19,057,500	8,150,000	574,024	16,800,640	462,651,361	579,724,854
1964	1,254,778	2,315,778	1,155,000	7,700,000	18,095,000	9,700,000	571,365	12,014,805	479,654,265	600,518,805
1965	1,310,062	2,670,062	1,270,500	8,470,000	20,539,750	10,589,865	595,605	12,668,253	575,856,415	712,672,214
1966	1,886,657	3,171,657	1,270,500	8,470,000	22,233,750	10,925,200	678,619	13,749,139	570,211,344	715,450,145
1967	2,127,379	3,977,379	1,270,500	8,470,000	27,315,750	11,527,338	857,564	13,649,454	626,569,158	801,182,086
1968	2,477,407	4,677,407	1,270,500	8,470,000	31,559,750	14,644,533	989,776	13,015,263	721,914,090	907,783,000
1969	2,960,210	5,710,210	1,452,000	9,680,000	41,261,000	17,425,993	1,045,622	14,517,010	709,676,569	935,214,607

(注) 会計年度末は12月である。1956年より連結決算となっている。1969年末にスタンダード銀行と合併し、スタンダード・チャータードを創設した。個別の銀行を参照のこと。

コロニアル銀行

年度	公表純利益	実質利益	支払配当金(総額)	払込済資本金	時価総額：資本金	公表準備金	利益剰余金	内部積立金	預金	バランス・シート総計
1890	74,680	n.a.	72,000	600,000	1,080,000	150,000	5,404	n.a.	1,866,088	4,865,415
1891	56,137	98,637	60,000	600,000	940,000	150,000	1,541	22,500	1,822,718	4,878,369
1892	60,503	116,503	60,000	600,000	780,000	150,000	2,044	28,000	1,747,131	4,737,708
1893	64,506	91,503	60,000	600,000	760,000	150,000	6,550	18,000	1,924,532	4,939,773
1894	62,084	102,084	60,000	600,000	760,000	150,000	8,634	20,000	1,721,279	4,848,295
1895	59,104	78,048	60,000	600,000	650,000	150,000	7,738	7,400	1,790,507	4,677,964
1896	50,833	86,108	48,000	600,000	666,000	150,000	10,571	20,355	1,789,008	4,315,345
1897	36,604	65,800	36,000	600,000	420,000	150,000	11,175	10,709	1,535,733	3,748,676
1898	33,885	57,648	36,000	600,000	375,000	150,000	9,060	8,361	1,592,450	3,832,251
1899	34,697	66,947	36,000	600,000	400,000	150,000	7,756	22,046	1,883,022	3,791,728
1900	37,005	61,502	36,000	600,000	450,000	150,000	8,761	18,687	1,893,636	3,911,086
1901	37,671	60,025	36,000	600,000	475,000	150,000	10,432	21,584	1,852,623	3,782,068
1902	38,277	57,669	36,000	600,000	475,000	150,000	12,709	23,387	2,011,298	3,884,841
1903	41,483	71,866	36,000	600,000	475,000	150,000	17,374	25,571	1,886,656	3,705,232
1904	47,395	67,591	42,000	600,000	650,000	150,000	22,769	35,188	1,925,285	3,736,634
1905	42,070	57,712	42,000	600,000	650,000	150,000	22,839	13,429	1,852,395	3,678,773
1906	46,776	59,521	39,000	600,000	625,000	150,000	30,615	16,163	1,921,033	3,645,813
1907	42,051	76,173	36,000	600,000	550,000	150,000	31,666	23,993	1,897,083	3,721,830
1908	44,738	56,116	36,000	600,000	500,000	150,000	30,404	97,283	2,069,815	3,691,960
1909	41,121	49,648	36,000	600,000	537,500	150,000	30,525	121,138	2,133,459	3,746,738

578

コロニアル銀行（続き）

年度	公表純利益	実質利益	支払配当金（総額）	払込済資本金	時価総額：資本金	公表準備金	利益剰余金	内部積立金	預金	バランス・シート総計
1910	47,555	61,982	36,000	600,000	550,000	150,000	32,080	120,895	2,313,892	4,098,346
1911	55,293	63,614	36,000	600,000	825,000	150,000	35,373	85,599	2,104,481	3,752,993
1912	52,908	75,707	36,000	600,000	625,000	150,000	32,281	99,824	2,037,917	3,653,609
1913	54,646	85,021	36,000	600,000	600,000	150,000	30,927	140,304	2,051,092	3,578,878
1914	52,208	80,090	36,000	600,000	575,000	150,000	36,135	103,957	1,949,983	3,462,703
1915	52,825	92,084	39,000	600,000	462,500	150,000	31,110	168,017	2,119,693	4,069,785
1916	58,625	99,425	42,000	600,000	600,000	200,000	11,185	162,910	3,714,434	5,844,991
1917	73,936	101,832	45,000	600,000	650,000	225,000	26,371	187,461	4,695,936	7,462,367
1918	105,772	85,772	60,000	750,000	1,050,000	350,000	25,680	193,294	5,406,965	8,315,860
1919	147,703	148,003	90,000	900,000	1,162,500	375,000	31,609	231,682	8,508,544	13,711,562
1920	175,206	n.a.	90,000	900,000	900,000	400,000	39,015	377,140	10,206,697	15,243,266
1921	143,151	n.a.	81,000	900,000	956,250	400,000	31,166	243,460	6,646,767	10,768,881
1922	106,730	n.a.	72,000	900,000	862,500	300,000	22,740	260,740	6,266,466	9,601,703
1923	94,083	n.a.	72,000	900,000	937,500	300,000	28,473	321,305	6,649,042	10,294,708
1924	99,598	n.a.	72,000	900,000	993,750	300,000	27,621	313,190	6,611,024	9,772,807
1925	65,409	n.a.	36,000	900,000	187,500	300,000	27,330	n.a.	6,973,039	10,079,143

(注) 半期決算を採用し、会計年度末は12月である。1925年に再編成された。バークレイズ(DCO)を参照のこと。
n.a. は、利用不可能であることを示す。

付　録　579

イースタン銀行

年度	公表純利益	実質利益	支払配当金（総額）	払込済資本金	時価総額：資本金	公表準備金	利益剰余金	内部積立金	預金	バランス・シート総計
1910	4,762	n.a.	0	400,000	475,000	0	1,176	n.a.	1,166,190	2,233,568
1911	23,996	n.a.	16,000	400,000	475,000	0	9,172	n.a.	1,805,776	2,940,593
1912	33,826	n.a.	20,000	400,000	625,000	15,000	7,998	n.a.	2,155,212	3,566,636
1913	39,154	n.a.	24,000	400,000	525,000	30,000	8,152	n.a.	1,675,266	3,299,295
1914	36,971	n.a.	23,646	598,653	750,000	55,000	6,477	n.a.	1,396,021	2,746,049
1915	45,183	n.a	30,000	599,860	581,250	55,000	6,661	n.a.	1,915,883	3,795,744
1916	53,885	n.a.	36,000	599,880	600,000	70,000	9,546	n.a.	3,099,801	5,154,073
1917	68,373	n.a.	42,000	599,921	750,000	90,000	15,918	n.a.	5,049,972	6,845,541
1918	68,888	n.a.	45,000	600,000	1,050,000	110,000	19,806	n.a.	5,784,900	7,576,973
1919	102,645	n.a.	52,500	765,242	1,521,100	219,406	29,951	n.a.	12,520,390	16,676,409
1920	121,363	n.a.	80,000	995,780	900,000	266,000	31,010	n.a.	8,556,281	13,050,388
1921	144,171	n.a.	90,000	999,844	950,000	300,000	31,181	n.a.	5,664,034	9,712,219
1922	120,320	n.a.	90,000	1,000,000	1,050,000	320,000	31,501	n.a.	5,433,133	9,229,824
1923	121,847	n.a.	90,000	1,000,000	1,075,000	340,000	33,348	n.a.	4,942,940	9,668,579
1924	122,052	n.a.	90,000	1,000,000	1,212,500	360,000	35,400	n.a.	5,479,060	10,388,341
1925	122,503	n.a.	90,000	1,000,000	1,200,000	380,000	37,903	n.a.	5,693,140	10,030,267
1926	120,538	n.a.	90,000	1,000,000	1,225,000	400,000	38,441	n.a.	5,989,036	10,772,517
1927	121,910	n.a.	90,000	1,000,000	1,275,000	425,000	40,351	n.a.	6,201,584	11,801,668
1928	124,119	n.a.	90,000	1,000,000	1,387,500	450,000	44,470	n.a.	6,170,098	11,601,892
1929	123,521	n.a.	90,000	1,000,000	1,200,000	480,000	47,991	n.a.	6,223,523	11,238,795
1930	116,694	n.a.	90,000	1,000,000	1,150,000	480,000	49,685	n.a.	5,576,820	10,574,891
1931	119,607	72,444	60,000	1,000,000	800,000	500,000	34,292	197,272	5,605,915	9,727,371
1932	121,944	89,442	60,000	1,000,000	1,025,000	500,000	41,236	182,697	6,007,095	9,742,786
1933	125,525	87,464	60,000	1,000,000	1,150,000	500,000	51,761	182,697	5,604,674	9,621,731
1934	130,006	152,379	90,000	1,000,000	1,375,000	500,000	51,767	245,676	6,450,187	10,696,198
1935	125,386	141,844	60,000	1,000,000	1,300,000	500,000	62,153	323,734	6,799,954	10,639,067

イースタン銀行（続き）

年度	公表純利益	実質利益	支払配当金（総額）	払込済資本金	時価総額：資本金	公表準備金	利益剰余金	内部積立金	預金	バランス・シート総計
1936	131,865	153,210	70,000	1,000,000	1,425,000	500,000	74,018	365,395	7,771,799	11,904,984
1937	127,173	61,738	70,000	1,000,000	1,275,000	500,000	81,191	415,395	7,717,024	11,921,348
1938	111,601	158,870	70,000	1,000,000	1,250,000	500,000	82,792	460,395	7,499,725	11,521,445
1939	104,490	(26,530)	60,000	1,000,000	800,000	500,000	82,282	360,630	8,202,492	10,884,020
1940	102,390	134,015	60,000	1,000,000	825,000	500,000	84,672	354,510	8,820,145	11,081,589
1941	95,358	137,228	45,000	1,000,000	950,000	500,000	85,030	373,569	14,307,099	16,430,582
1942	95,581	204,253	50,000	1,000,000	912,500	500,000	85,611	424,389	18,158,589	20,225,851
1943	98,560	254,298	55,000	1,000,000	1,356,250	600,000	79,171	444,187	22,885,363	25,030,762
1944	98,705	208,396	55,000	1,000,000	1,593,750	700,000	72,876	455,605	21,510,196	23,760,161
1945	102,042	204,253	55,000	1,000,000	1,656,250	800,000	69,918	421,376	21,739,252	24,393,915
1946	110,917	236,000	60,000	1,000,000	1,850,000	850,000	70,835	548,000	22,101,958	24,974,550
1947	119,357	186,000	60,000	1,000,000	1,625,000	900,000	80,192	643,000	22,805,579	25,795,690
1948	110,998	165,000	60,000	1,000,000	1,525,000	1,000,000	83,190	688,000	22,123,649	25,176,606
1949	118,244	140,000	60,000	1,000,000	1,525,000	1,000,000	88,434	798,000	20,972,498	24,108,046
1950	123,928	140,000	60,000	1,000,000	1,325,000	1,200,000	89,362	658,000	24,351,579	27,659,393
1951	124,763	176,000	60,000	1,000,000	1,350,000	1,200,000	92,625	896,000	25,968,630	29,325,664
1952	126,722	247,000	70,000	1,000,000	1,200,000	1,250,000	102,597	952,000	28,037,882	31,329,045
1953	127,512	240,000	80,000	1,000,000	1,475,000	1,300,000	106,109	1,095,000	29,067,987	32,458,611
1954	129,011	283,000	80,000	1,000,000	1,950,000	1,500,000	111,120	1,137,000	33,294,778	37,352,355
1955	132,536	(84,000)	80,000	1,000,000	1,650,000	1,500,000	112,656	1,005,000	38,892,069	43,558,711
1956	129,940	195,000	80,000	1,000,000	1,400,000	1,500,000	111,596	1,115,000	39,771,749	44,173,237
1957	127,542	(149,000)	80,000	1,000,000	1,762,500	1,500,000	113,138	958,000	40,198,581	43,669,887

(注) 会計年度末は12月である。1957年にチャータード銀行に買取された。
n.a. は、利用不可能であることを示す。

付　録　581

イングリッシュ、スコティッシュ・アンド・オーストラリア銀行

年度	公表純利益	実質利益	支払配当金（総額）	払込済資本金	時価総額：資本金	公表準備金	利益剰余金	内部積立金	預金	バランス・シート総計
1893/4	164,331	n.a.	0	816,534	816,534	0	10,154	n.a.	950,764	6,381,081
1894/5	152,254	n.a.	0	968,055	n.q.	0	(6,279)	1,057,000	1,008,057	6,212,779
1895/6	139,813	n.a.	0	970,987	n.q.	0	0	990,000	1,128,613	6,263,569
1896/7	130,536	n.a.	0	970,987	n.q.	0	10,870	962,000	1,396,657	6,065,976
1897/8	119,560	n.a.	0	539,437	n.q.	10,870	6,034	1,177,000	1,426,278	5,576,230
1898/9	126,449	n.a.	0	539,437	n.q.	31,904	411	877,000	1,613,924	5,793,792
1899/1900	161,459	n.a.	13,486	539,437	n.q.	46,904	7,018	504,000	1,875,513	6,233,525
1900/1	156,374	n.a.	18,880	539,437	n.q.	61,904	7,627	509,000	2,071,800	6,162,982
1901/2	161,986	n.a.	21,577	539,437	n.q.	76,904	161,389	515,000	2,106,225	6,185,302
1902/3	148,485	n.a.	21,577	539,437	n.q.	91,904	10,221	500,000	2,320,029	6,153,463
1903/4	152,863	n.a.	21,577	539,437	n.q.	106,904	12,036	472,000	2,358,550	6,295,426
1904/5	151,882	n.a.	21,577	539,437	n.q.	121,904	16,612	467,000	2,555,854	6,339,734
1905/6	151,663	n.a.	24,275	539,437	n.q.	136,904	17,912	455,000	3,002,692	6,927,913
1906/7	167,948	n.a.	26,972	539,437	n.q.	151,904	25,274	438,000	3,374,866	7,449,866
1907/8	164,954	n.a.	26,972	539,437	n.q.	166,904	26,095	440,000	3,654,105	7,508,398
1908/9	164,937	n.a.	32,366	539,437	n.q.	181,904	30,135	417,000	4,164,250	7,990,141
1909/10	174,079	n.a.	32,366	539,437	485,494	200,000	30,761	385,000	4,687,119	8,713,324
1910/11	184,952	n.a.	37,761	539,437	528,649	215,000	31,594	385,000	5,368,629	9,576,416
1911/12	197,422	n.a.	43,155	539,437	604,170	250,000	32,454	378,000	5,981,583	10,026,755
1912/13	217,010	n.a.	43,155	539,437	582,593	300,000	32,588	406,000	6,110,487	10,146,153
1913/14	220,663	n.a.	43,155	539,437	722,846	350,000	43,083	447,000	6,857,928	10,959,280
1914/15	197,056	n.a.	43,155	539,437	852,311	400,000	33,229	452,000	7,058,797	11,163,389
1915/16	110,695	n.a.	43,155	539,437	598,776	450,000	33,884	464,000	7,665,487	11,893,718
1916/17	110,419	n.a.	43,155	539,437	668,903	500,000	34,263	482,000	9,159,320	13,793,684

イングリッシュ、スコティッシュ・アンド・オーストラリア銀行（続き）

年度	公表純利益	実質利益	支払配当金（総額）	払込済資本金	時価総額：資本金	公表準備金	利益剰余金	内部積立金	預金	バランス・シート総計
1917/18	133,169	n.a.	48,549	539,437	690,480	550,000	49,700	573,000	9,388,452	13,835,062
1918/19	133,179	n.a.	53,943	539,437	841,523	585,000	50,954	698,000	10,848,250	15,441,103
1919/20	170,178	n.a.	53,943	589,177	1,466,595	635,000	94,209	662,000	12,090,412	16,931,747
1920/1	267,975	n.a.	128,807	1,319,887	1,795,047	1,300,000	102,604	1,305,000	22,552,725	30,785,298
1921/2	345,475	n.a.	131,989	1,319,887	1,953,434	1,450,000	107,094	1,450,000	23,773,421	30,903,332
1922/3	470,848	n.a.	178,494	1,500,000	2,925,000	1,620,000	112,600	1,490,000	25,202,780	32,779,687
1923/4	502,502	n.a.	187,500	1,500,000	3,750,000	1,820,000	130,102	1,525,000	25,696,754	33,644,879
1924/5	515,981	n.a.	243,750	2,250,000	5,343,750	1,950,000	183,414	1,445,000	25,729,311	34,548,931
1925/6	542,308	n.a.	281,250	2,250,000	5,484,375	2,050,000	230,722	1,413,000	27,918,631	37,252,627
1926/7	550,988	n.a.	295,312	2,625,000	6,835,938	2,550,000	277,960	1,734,000	33,088,509	44,154,758
1927/8	598,769	n.a.	375,000	3,000,000	7,687,500	3,000,000	311,479	1,745,000	33,391,267	44,512,778
1928/9	601,262	n.a.	375,000	3,000,000	8,625,000	3,080,000	347,741	1,749,000	33,734,496	45,262,611
1929/30	542,736	n.a.	375,000	3,000,000	7,000,000	3,160,000	305,477	1,807,000	30,297,775	40,859,738
1930/1	266,658	n.a.	240,000	3,000,000	4,250,000	1,605,000	297,135	2,033,000	28,522,421	38,579,690
1931/2	147,719	n.a.	150,000	3,000,000	4,125,000	1,620,000	274,854	2,020,000	29,372,285	39,670,045
1932/3	219,327	n.a.	150,000	3,000,000	4,000,000	1,635,000	274,181	1,966,000	28,946,769	39,020,572
1933/4	221,566	n.a.	150,000	3,000,000	5,187,500	1,650,000	275,747	1,910,000	32,031,348	42,439,355
1934/5	243,580	n.a.	150,000	3,000,000	4,312,500	1,665,000	299,327	1,974,000	32,409,353	42,831,337
1935/6	257,460	n.a.	150,000	3,000,000	4,250,000	1,680,000	306,787	2,029,000	32,893,249	43,535,963
1936/7	276,127	n.a.	210,000	3,000,000	4,750,000	1,695,000	305,979	2,097,000	35,282,660	46,688,200
1937/8	280,594	n.a.	210,000	3,000,000	4,375,000	1,710,000	307,697	2,180,000	35,188,611	46,643,085
1938/9	245,294	n.a.	210,000	3,000,000	3,625,000	1,725,000	304,367	2,143,000	34,942,476	45,253,106
1939/40	210,088	n.a.	210,000	3,000,000	3,500,000	1,740,000	294,939	2,277,000	36,959,564	47,284,033
1940/1	213,892	n.a.	210,000	3,000,000	3,375,000	1,755,000	299,706	2,425,000	40,416,504	51,334,554

1941/2	126,120	n.a.	180,000	3,000,000	2,875,000	1,770,000	289,450	47,469,944	56,381,497
1942/3	144,355	n.a.	180,000	3,000,000	3,215,000	1,785,000	287,869	54,356,988	63,344,321
1943/4	148,444	n.a.	180,000	3,000,000	3,606,000	1,800,000	290,376	61,334,648	70,172,606
1944/5	139,106	n.a.	180,000	3,000,000	3,656,000	1,815,000	293,545	66,432,936	75,861,563
1945/6	180,326	n.a.	275,000	3,000,000	6,625,000	1,815,000	297,621	62,292,261	68,792,320
1946/7	225,920	n.a.	300,000	3,000,000	6,625,000	1,815,000	323,541	65,007,504	71,827,253
1947/8	235,732	n.a.	300,000	3,000,000	5,500,000	1,815,000	359,273	84,159,029	90,916,572
1948/9	237,965	n.a.	300,000	3,000,000	6,250,000	1,815,000	397,238	96,978,131	103,908,599
1949/50	259,310	n.a.	300,000	3,000,000	6,000,000	1,815,000	456,548	99,291,535	109,289,493
1950/1	253,883	n.a.	300,000	3,000,000	6,375,000	2,000,000	332,931	120,795,707	131,653,358
1951/2	237,520	n.a.	300,000	3,000,000	5,125,000	3,000,000	367,951	109,656,423	118,275,573
1952/3	253,873	n.a.	375,000	3,000,000	4,875,000	3,000,000	372,449	104,810,925	113,448,779
1953/4	254,982	n.a.	350,000	3,000,000	5,062,500	3,000,000	389,931	110,190,778	119,396,519
1954/5	314,359	n.a.	350,000	3,000,000	6,125,000	3,000,000	458,040	111,321,101	121,113,121
1955/6	307,746	n.a.	247,500	3,000,000	5,125,000	3,000,000	483,866	114,073,741	121,577,538
1956/7	343,780	n.a.	315,000	5,000,000	7,250,000	3,000,000	484,771	123,005,844	131,678,286
1957/8	385,461	n.a.	450,000	5,000,000	7,375,000	3,000,000	809,976	124,057,267	139,633,978
1958/9	414,993	n.a.	450,000	5,000,000	6,750,000	3,000,000	904,344	130,287,838	137,367,174
1959/60	378,431	n.a.	450,000	5,000,000	8,500,000	3,000,000	962,150	133,804,210	142,659,088
1960/1	526,789	n.a.	450,000	5,000,000	6,250,000	3,000,000	1,151,314	131,820,387	140,856,827
1961/2	691,639	n.a.	450,000	5,000,000	8,375,000	3,000,000	1,035,422	134,757,429	144,869,037
1962/3	956,066	n.a.	450,000	7,000,000	10,062,500	3,250,000	914,405	143,297,012	153,529,658
1963/4	1,030,741	n.a.	700,000	7,000,000	17,412,500	4,650,000	842,679	163,865,288	202,188,135
1964/5	1,213,940	n.a.	700,000	7,000,000	14,612,500	4,650,000	1,079,632	174,701,887	221,646,583
1965/6	1,403,098	n.a.	700,000	7,000,000	14,525,000	4,650,000	1,286,391	183,430,057	230,962,399
1966/7	1,658,990	n.a.	740,000	7,000,000	15,137,500	4,650,000	1,435,576	190,129,504	237,298,036
1967/8	2,189,431	n.a.	840,000	8,400,000	40,565,000	5,250,000	981,257	242,653,242	315,871,346

(注) 会計年度末は6月である。したがって、1893/4は年度末が1894年6月30日までの数値であることを意味している。1893年8月にES&Aは再編された。1909年まで株式は取引されていない。1958年より連結勘定となっている。1969年にANZ銀行と合併した。以降のデータは、ANZ銀行を参照のこと。公表準備金の数値は、オーストラリア通貨の下落のために1931年から1945年まで実施されていた特別準備金を含んでいる。n. q. は株価がつけられていないことを示す。

n. a. は、利用不可能であることを示し、n. q. は株価がつけられていないことを示す。

香港アンド上海バンキング・コーポレーション

年度	公表純利益	実質利益	支払配当金（総額）	払込済資本金	時価総額：資本金	公表準備金	利益剰余金	内部積立金	預金	バランス・シート総計
1890	457,162	n.a.	352,500	1,588,182	5,480,000	1,162,793	20,564	n.a.	17,615,054	25,571,440
1891	248,689	n.a.	238,500	1,542,000	4,000,000	971,460	4,780	n.a.	17,583,586	23,708,888
1892	222,388	n.a.	160,000	1,365,000	2,760,000	491,400	9,715	n.a.	12,282,277	17,675,350
1893	237,963	n.a.	180,000	1,125,000	2,400,000	472,500	12,970	n.a.	10,092,114	15,074,346
1894	281,908	n.a.	180,000	1,000,000	2,440,000	500,000	12,967	n.a.	10,430,075	15,316,639
1895	302,915	n.a.	200,000	1,068,000	3,240,000	614,100	33,405	n.a.	15,318,968	19,987,450
1896	276,830	n.a.	200,000	1,057,000	3,360,000	687,050	32,907	n.a.	14,960,645	19,461,357
1897	360,011	n.a.	200,000	985,000	3,360,000	788,000	29,438	n.a.	11,923,086	16,682,481
1898	626,737	n.a.	300,000	979,000	4,240,000	979,000	81,711	n.a.	12,826,547	17,793,830
1899	464,407	n.a.	280,000	974,000	4,800,000	1,120,100	93,586	n.a.	15,247,626	22,033,895
1900	492,002	n.a.	280,000	1,042,000	4,720,000	1,354,600	146,950	n.a.	15,707,369	22,287,925
1901	413,685	n.a.	280,000	927,000	5,000,000	1,320,975	133,326	n.a.	17,591,867	23,066,837
1902	388,330	n.a.	280,000	792,000	4,960,000	1,227,600	113,689	n.a.	17,478,831	22,246,142
1903	390,753	n.a.	280,000	870,000	5,120,000	1,435,500	123,311	n.a.	17,454,611	23,297,883
1904	525,959	n.a.	320,000	982,000	5,640,000	1,767,600	146,653	n.a.	21,009,846	26,984,745
1905	550,304	n.a.	360,000	1,023,000	7,440,000	1,994,850	173,887	n.a.	22,706,011	29,749,206
1906	544,205	n.a.	360,000	1,130,000	7,520,000	2,373,000	194,536	n.a.	22,510,717	29,843,049
1907	477,414	n.a.	360,000	1,359,000	9,540,000	2,582,100	181,235	n.a.	20,301,391	27,130,811
1908	609,123	n.a.	510,000	1,297,500	9,840,000	2,551,750	173,539	n.a.	25,827,058	33,218,027
1909	608,683	n.a.	510,000	1,344,000	10,980,000	2,732,800	181,797	n.a.	24,408,872	32,232,645
1910	603,419	n.a.	510,000	1,375,500	10,320,000	2,865,625	186,990	n.a.	24,215,095	31,758,802
1911	559,483	n.a.	510,000	1,390,500	9,600,000	2,943,225	181,983	n.a.	27,652,121	36,568,604
1912	620,260	n.a.	510,000	1,554,000	10,140,000	3,335,920	208,382	n.a.	29,882,957	39,600,796
1913	610,377	n.a.	510,000	1,449,000	9,540,000	3,153,990	199,702	n.a.	28,805,218	39,466,404
1914	644,927	n.a.	546,000	1,320,000	9,600,000	2,904,000	229,440	n.a.	28,979,480	38,295,439
1915	657,236	n.a.	546,000	1,437,000	9,090,000	3,161,400	290,008	n.a.	31,582,443	41,784,237
1916	855,186	n.a.	576,000	1,797,000	9,120,000	4,013,300	379,356	n.a.	36,307,522	48,256,991
1917	998,040	n.a.	636,000	2,250,000	10,080,000	5,175,000	483,486	n.a.	47,104,137	62,841,062

付　録　585

1918	1,106,348	n.a.	708,000	11,880,000	6,037,200	549,991	2,364,570	57,214,337	72,440,374
1919	1,800,917	n.a.	960,000	14,160,000	7,107,708	795,482	3,998,320	82,197,189	103,802,741
1920	1,399,557	n.a.	960,000	12,540,000	5,902,924	521,043	3,197,660	71,418,719	87,826,429
1921	1,398,111	n.a.	960,000	15,600,000	7,537,361	430,466	2,596,920	62,112,558	80,311,324
1922	1,441,963	n.a.	1,280,000	18,720,000	7,233,432	373,549	2,274,600	55,988,984	70,890,687
1923	1,536,428	n.a.	1,280,000	20,080,000	7,458,774	392,338	2,275,560	58,520,771	76,860,586
1924	1,503,328	n.a.	1,280,000	22,560,000	7,562,427	391,943	2,265,760	60,480,788	79,137,987
1925	1,472,355	n.a.	1,280,000	19,600,000	7,690,290	401,611	2,151,240	65,107,242	83,192,630
1926	1,386,075	n.a.	1,280,000	18,480,000	7,320,628	332,769	1,918,840	60,324,065	77,229,618
1927	1,446,712	n.a.	1,280,000	19,440,000	7,424,615	346,601	1,930,400	56,640,095	73,811,501
1928	1,356,436	n.a.	1,280,000	22,480,000	7,411,526	343,179	1,929,100	55,370,800	71,791,858
1929	1,150,249	n.a.	1,120,000	19,840,000	7,276,350	275,402	1,650,390	53,199,755	69,335,845
1930	1,133,752	n.a.	1,120,000	16,960,000	7,048,212	187,571	1,165,110	50,604,483	66,443,101
1931	1,184,154	n.a.	960,000	16,560,000	7,221,261	246,007	1,265,440	55,593,975	75,488,929
1932	1,055,858	n.a.	960,000	18,560,000	7,125,000	214,940	1,162,500	58,227,364	77,115,630
1933	1,107,476	n.a.	960,000	21,120,000	7,224,374	250,702	1,455,240	63,270,603	84,596,083
1934	1,110,601	n.a.	880,000	22,000,000	7,352,732	281,367	1,614,060	58,373,532	80,955,966
1935	786,984	n.a.	880,000	15,360,000	7,150,584	216,592	1,484,280	50,531,233	68,452,736
1936	936,645	n.a.	880,000	17,200,000	7,122,185	207,129	1,364,000	51,935,062	70,101,389
1937	956,804	n.a.	880,000	14,000,000	7,122,185	209,746	1,413,600	53,311,972	76,404,139
1938	948,391	n.a.	880,000	12,720,000	7,320,628	210,839	1,153,200	54,062,681	77,738,160
1939	827,946	n.a.	800,000	13,280,000	7,122,185	211,502	1,085,000	52,049,862	75,978,625
1940	867,992	n.a.	800,000	12,080,000	7,122,185	212,224	1,122,200	54,598,759	77,252,525
1941	0	n.a.	0	10,080,000	7,124,791	0	n.a.	57,537,996	80,059,043
1942	0	n.a.	0	9,360,000	7,127,397	0	n.a.	60,458,880	82,865,561
1943	216,149	n.a.	0	11,680,000	7,127,397	0	n.a.	61,123,398	86,578,598
1944	214,136	n.a.	1,240,000	13,280,000	7,127,397	0	n.a.	63,409,905	87,604,828
1945	217,855	n.a.	1,250,000	14,440,000	7,125,000	113,827	n.a.	67,653,912	94,512,388
1946	593,447	n.a.	480,000	13,600,000	5,995,251	211,440	n.a.	93,277,942	126,743,293
1947	1,025,576	1,180,380	800,000	19,040,000	5,995,251	264,419	n.a.	103,643,158	149,561,008
1948	1,042,742	1,161,840	800,000	16,320,000	6,000,000	334,943	n.a.	111,116,676	164,703,819
1949	1,110,770	1,462,500	800,000	14,640,000	6,000,000	418,702	n.a.	113,781,972	169,476,890
1950	1,077,981	1,931,250	800,000	13,040,000	6,000,000	504,708	n.a.	159,916,246	216,043,257
1951	1,080,229	2,618,750	800,000	14,640,000	6,000,000			195,883,504	254,628,696

香港アンド上海バンキング・コーポレーション（続き）

年度	公表純利益	実質利益	支払配当金（総額）	払込済資本金	時価総額：資本金	公表準備金	利益剰余金	内部積立金	預金	バランス・シート総計
1952	1,082,588	2,806,250	800,000	1,250,000	12,720,000	6,000,000	593,073	n.a.	164,957,425	221,338,339
1953	1,080,890	2,643,750	800,000	1,250,000	15,120,000	6,000,000	616,221	n.a.	164,779,448	221,042,920
1954	1,205,653	2,537,500	800,000	1,250,000	17,280,000	8,000,000	638,454	n.a.	167,040,036	223,199,676
1955	1,286,270	3,225,000	1,000,000	1,562,500	19,300,000	8,000,000	662,918	n.a.	159,835,987	214,199,992
1956	1,289,714	2,918,750	1,000,000	1,562,500	18,500,000	8,000,000	689,974	n.a.	160,267,989	214,393,731
1957	1,314,721	3,231,250	1,050,000	3,125,000	18,200,000	8,000,000	128,904	n.a.	168,449,043	224,987,116
1958	1,466,628	2,500,000	1,200,000	3,125,000	18,800,000	8,000,000	130,342	n.a.	179,392,060	227,694,709
1959	1,837,656	2,862,500	1,500,208	3,894,461	28,040,119	10,949,165	176,175	n.a.	248,879,084	315,879,935
1960	2,932,118	5,012,500	2,372,365	4,940,383	45,391,848	15,000,000	202,005	n.a.	368,821,982	445,021,142
1961	3,077,904	4,231,250	2,371,384	4,940,383	55,332,288	15,000,000	293,590	n.a.	400,120,400	478,725,883
1962	3,170,189	n.a.	2,529,476	4,940,383	52,960,900	15,000,000	315,805	n.a.	434,491,944	602,880,269
1963	3,305,506	n.a.	2,529,476	4,940,383	64,027,361	15,000,000	490,760	n.a.	454,800,771	639,681,908
1964	3,713,143	n.a.	3,161,845	4,940,383	69,560,590	16,000,000	575,078	n.a.	483,391,954	682,811,440
1965	4,465,389	n.a.	3,179,744	9,880,766	57,703,671	16,843,415	1,049,802	n.a.	574,896,616	801,207,664
1966	5,557,952	n.a.	3,497,578	10,868,842	63,908,792	17,827,240	1,189,271	n.a.	637,516,467	888,588,892
1967	5,594,111	n.a.	3,864,718	11,964,421	65,647,807	20,444,415	1,728,239	n.a.	754,704,976	1,073,364,031
1968	6,611,794	n.a.	4,240,447	13,964,421	88,689,752	22,624,541	2,232,176	n.a.	915,800,606	1,259,566,947
1969	8,775,416	n.a.	5,003,602	13,160,864	110,949,143	24,788,535	2,730,168	n.a.	1,091,072,778	1,486,168,377
1970	9,920,190	n.a.	5,462,253	26,143,728	160,684,965	27,357,923	4,412,497	n.a.	1,340,201,160	1,809,055,571
1971	11,711,382	n.a.	6,093,105	28,953,900	227,254,451	32,638,609	5,065,484	n.a.	1,539,338,833	2,041,428,432
1972	16,389,201	n.a.	7,668,828	34,858,307	564,769,385	56,439,923	7,490,221	n.a.	2,112,267,807	2,789,117,553
1973	23,775,396	n.a.	11,988,722	47,713,977	560,681,275	70,124,471	10,528,706	n.a.	2,800,448,588	3,793,343,888
1974	26,122,282	n.a.	15,665,125	60,250,479	322,076,294	88,961,489	10,611,237	n.a.	3,135,623,800	4,295,483,216
1975	32,719,552	n.a.	19,767,433	85,204,451	1,041,194,916	92,404,547	15,984,137	n.a.	4,109,799,818	5,678,040,098

（注）1921年まで会計年度末は12月であり、1935年までは8月、1936年より12月である。1922年は8カ月分であり、1936年は16カ月分である。1959年に連結決算となっている。数値は、バランス・シートに挙げられている為替レートにより適切に、香港ドルから導き出されている。配当は1972年までポンド通貨で示されていた。1890年の20,000株の新株発行は、発行済株式と同じ価格で評価されている。時価総額は英国の株価から導き出されている。

n.a.は、利用不可能であることを示す。

付録　587

ペルシャ・インペリアル銀行／ミドル・イースト・ブリティッシュ銀行

年度	公表純利益	実質利益	支払配当金(総額)	払込済資本金	時価総額：資本金	公表準備金	利益剰余金	内部積立金	預金	バランス・シート総計
1890	62,249	n.a.	51,666	1,000,000	1,100,000	150,000	10,582	n.a.	113,025	1,789,427
1891	42,528	n.a.	50,000	1,000,000	725,000	150,000	3,110	n.a.	225,233	2,128,441
1892	64,814	n.a.	50,000	1,000,000	575,000	100,000	17,923	n.a.	356,120	2,081,234
1893	33,715	n.a.	50,000	1,000,000	425,000	100,000	1,639	n.a.	285,338	2,155,398
1894	24,384	n.a.	0	1,000,000	425,000	14,485	26,022	n.a.	269,162	1,930,261
1895	24,214	n.a.	35,000	650,000	325,000	56,287	1,236	n.a.	239,165	1,402,695
1896	40,616	n.a.	35,000	650,000	400,000	70,488	1,852	n.a.	225,878	1,940,021
1897	36,382	n.a.	35,000	650,000	350,000	63,494	3,234	n.a.	216,803	1,584,848
1898	33,958	n.a.	35,000	650,000	400,000	72,459	2,191	n.a.	219,677	2,035,416
1899	35,307	n.a.	35,000	650,000	400,000	72,459	2,498	n.a.	179,581	1,156,648
1900	46,490	n.a.	35,000	650,000	425,000	72,459	13,987	n.a.	280,758	1,377,616
1901	37,868	n.a.	35,000	650,000	425,000	80,000	9,314	n.a.	278,265	1,421,245
1902	49,138	n.a.	35,000	650,000	450,000	100,000	3,451	n.a.	282,390	1,520,174
1903	47,540	n.a.	35,000	650,000	500,000	100,000	15,992	n.a.	225,439	1,507,202
1904	49,784	n.a.	40,000	650,000	575,000	115,000	10,776	n.a.	410,519	1,897,674
1905	55,248	n.a.	40,000	650,000	675,000	130,000	11,024	15,273	426,118	1,986,386
1906	59,930	49,930	40,000	650,000	675,000	150,000	10,953	9,048	527,460	2,001,911
1907	67,262	92,262	40,000	650,000	625,000	175,000	12,000	36,051	549,048	2,189,027
1908	55,279	65,279	40,000	650,000	600,000	185,000	16,494	46,051	607,937	2,202,167
1909	47,985	45,944	40,000	650,000	625,000	185,000	24,479	48,095	686,541	2,448,734
1910	58,447	110,027	45,000	650,000	687,500	200,000	22,925	94,515	746,854	2,753,114
1911	64,501	86,898	50,000	650,000	700,000	210,000	27,426	118,117	775,792	3,057,848
1912	53,558	63,020	50,000	650,000	675,000	210,000	30,965	128,636	725,010	3,004,425

ペルシャ・インペリアル銀行/ミドル・イースト・ブリティッシュ銀行(続き)

年度	公表純利益	実質利益	支払配当金(総額)	払込済資本金	時価総額：資本金	公表準備金	利益剰余金	内部積立金	預金	バランス・シート総計
1913	51,149	52,886	50,000	650,000	712,500	210,000	32,114	127,085	905,995	3,305,029
1914	31,244	54,891	40,000	650,000	737,500	210,000	23,310	143,438	695,368	3,102,541
1915	25,749	(98,633)	30,000	650,000	518,750	150,000	19,108	70,369	703,199	2,486,124
1916	50,170	53,090	35,000	650,000	662,500	160,000	24,277	67,449	727,838	2,650,871
1917	79,962	105,148	40,000	650,000	775,000	190,000	24,240	92,635	1,187,774	4,350,337
1918	78,149	283,156	40,000	650,000	900,000	220,000	27,388	297,642	1,789,369	7,716,747
1919	75,421	176,221	40,000	650,000	1,075,000	250,000	27,809	245,084	2,830,065	10,076,809
1920	76,242	40,096	40,000	650,000	725,000	280,000	29,051	136,916	3,228,336	8,260,996
1921	82,904	286,754	40,000	650,000	500,000	310,000	31,955	293,777	2,805,375	7,172,370
1922	86,766	332,966	45,000	650,000	650,000	340,000	33,721	526,970	3,966,064	7,296,687
1923	135,832	406,924	70,000	650,000	750,000	390,000	34,552	710,197	4,198,905	8,348,277
1924	85,014	176,014	45,000	650,000	800,000	420,000	34,566	896,313	4,165,429	8,001,999
1925	129,492	273,023	50,000	650,000	900,000	470,000	33,968	755,464	3,916,722	9,682,404
1926	135,367	270,208	55,000	650,000	937,500	520,000	34,335	1,191,953	4,842,729	12,358,908
1927	135,312	140,429	55,000	650,000	1,075,000	570,000	34,646	1,123,464	6,483,396	14,332,495
1928	125,955	432,020	55,000	650,000	1,100,000	610,000	35,602	1,399,627	7,804,441	13,103,068
1929	124,279	160,102	65,000	650,000	975,000	650,000	44,831	1,508,335	6,176,015	10,244,844
1930	93,013	103,348	65,000	650,000	900,000	870,000	42,893	1,509,991	4,212,056	7,986,062
1931	88,194	117,956	65,000	650,000	650,000	890,000	46,087	1,214,304	2,895,227	7,060,454
1932	85,802	215,734	65,000	650,000	1,025,000	910,000	46,889	1,366,234	2,555,647	6,084,840
1933	77,169	140,696	65,000	650,000	1,387,500	920,000	49,058	1,434,773	2,730,969	6,726,924
1934	75,760	64,695	65,000	650,000	1,362,500	930,000	49,818	1,626,523	3,128,793	7,370,341

付　録　589

1935	75,786	75,978	65,000	650,000	1,325,000	940,000	50,604	1,558,714	3,065,478	8,071,358
1936	77,430	74,811	65,000	1,000,000	1,575,000	750,000	53,034	1,411,208	3,587,911	7,922,584
1937	65,974	115,555	65,000	1,000,000	1,475,000	750,000	54,008	1,456,686	3,539,235	7,822,113
1938	92,922	47,783	90,000	1,000,000	1,200,000	750,000	56,930	1,449,995	3,740,552	7,735,514
1939	98,437	153,785	90,000	1,000,000	1,075,000	760,000	55,367	1,468,190	3,355,430	9,307,900
1940	97,440	128,133	90,000	1,000,000	900,000	760,000	62,807	1,471,462	4,544,830	8,717,329
1941	132,828	83,395	90,000	1,000,000	1,025,000	800,000	65,635	1,400,646	4,448,313	15,736,287
1942	140,500	165,742	90,000	1,000,000	1,196,875	850,000	66,135	1,443,233	9,507,949	23,571,815
1943	141,335	162,238	90,000	1,000,000	1,168,750	900,000	67,470	1,443,546	16,668,336	26,653,230
1944	145,287	244,530	90,000	1,000,000	1,828,125	950,000	72,757	1,543,914	20,233,362	29,692,864
1945	134,023	178,154	90,000	1,000,000	1,757,500	980,000	86,780	1,574,817	22,099,736	33,590,360
1946	138,305	222,742	90,000	1,000,000	1,800,000	1,000,000	115,085	1,605,700	23,728,923	36,842,838
1947	100,350	158,896	90,000	1,000,000	1,575,000	1,000,000	115,934	1,626,748	24,663,245	32,577,008
1948	105,411	194,502	90,000	1,000,000	1,650,000	1,050,000	121,845	1,682,485	23,032,799	34,396,659
1949	96,949	172,079	90,000	1,000,000	1,400,000	1,150,000	119,294	1,628,045	22,297,488	38,905,439
1950	108,089	108,657	90,000	1,000,000	1,300,000	1,200,000	129,383	1,608,775	26,995,960	51,541,500
1951	97,773	208,262	90,000	1,000,000	1,175,000	1,250,000	129,906	1,090,567	33,612,092	58,768,036
1952	105,295	447,239	100,000	1,000,000	1,250,000	1,300,000	130,951	1,656,261	45,765,466	49,811,993
1953	113,814	223,733	112,500	1,500,000	1,650,000	1,350,000	132,890	1,915,183	24,084,694	53,649,904
1954	189,380	320,380	150,000	1,500,000	2,737,500	1,400,000	137,520	2,102,400	43,158,575	65,803,314
1955	251,975	528,975	150,000	1,500,000	2,587,500	1,800,000	153,246	1,244,335	53,346,430	72,423,492
1956	254,213	759,213	150,000	1,500,000	2,250,000	1,900,000	171,209	1,457,760	57,980,118	69,815,229
1957	265,675	470,675	200,000	2,000,000	2,500,000	2,100,000	171,884	1,606,773	54,690,004	80,851,100
1958	331,179	826,179	300,000	2,000,000	4,700,000	2,200,000	174,938	2,077,115	64,170,097	93,004,016
1959	332,063	793,063	300,000	2,000,000	7,800,000	2,300,000	173,251	2,572,861	74,079,687	92,881,986

(注) 1924年まで会計年度末は9月であり、その後は3月である。すなわち、1925年度は1926年3月を会計年度末として参照する。1923年度は、1923年9月に代わり1924年3月までの数値のため、18ヵ月分である。1960年に香港、上海銀行に買収された。
n. a. は、利用不可能であることを示す。

イオニア銀行

年度	公表純利益	実質利益	支払配当金（総額）	払込済資本金	時価総額：資本金	公表準備金	利益剰余金	内部積立金	預金	バランス・シート総計
1890	18,797	n.a.	15,775	315,507	239,786	0	23,195	n.a.	296,626	1,149,096
1891	17,587	n.a.	15,775	315,507	227,165	0	25,007	n.a.	296,712	1,059,635
1892	16,287	n.a.	15,775	315,507	220,855	0	25,519	n.a.	208,601	984,704
1893	16,278	n.a.	15,775	315,507	145,133	0	26,022	n.a.	272,951	967,018
1894	13,194	n.a.	15,775	315,507	176,684	0	26,596	n.a.	247,981	897,831
1895	13,350	n.a.	12,620	315,507	164,064	0	27,326	n.a.	276,761	923,579
1896	13,586	n.a.	12,620	315,507	195,615	0	28,292	n.a.	279,341	949,430
1897	13,643	n.a.	12,620	315,507	189,305	0	29,315	n.a.	312,812	1,035,408
1898	13,601	n.a.	12,620	315,507	201,925	0	30,296	n.a.	340,413	1,078,449
1899	17,233	n.a.	15,775	315,507	214,545	0	31,754	n.a.	327,694	1,044,710
1900	16,926	n.a.	15,775	315,507	227,165	0	32,905	11,500	366,374	1,080,043
1901	16,698	20,144	15,775	315,507	258,716	0	33,828	24,800	533,844	1,231,328
1902	16,048	15,198	15,775	315,507	239,786	0	34,101	21,460	544,294	1,250,130
1903	16,548	24,262	15,775	315,507	277,647	0	34,874	21,483	509,604	1,153,539
1904	20,028	29,607	18,931	315,510	299,735	0	35,971	25,832	593,906	1,207,090
1905	19,680	23,763	18,931	315,510	331,286	0	36,720	22,671	667,482	1,275,897
1906	22,896	45,458	18,931	315,510	331,286	0	49,685	30,406	752,880	1,382,850
1907	19,871	26,019	18,931	315,510	315,510	0	41,625	37,049	1,008,541	1,703,201
1908	47,113	66,322	18,931	315,510	315,510	50,000	19,808	58,151	1,317,386	2,190,682
1909	38,813	58,022	18,931	315,510	331,286	100,000	10,938	65,735	1,676,682	2,664,400
1910	32,817	52,046	24,341	393,552	467,859	114,000	8,468	73,320	1,814,423	3,030,836
1911	22,942	42,151	28,568	485,580	509,859	65,000	2,842	80,904	1,910,902	2,874,833
1912	25,099	42,166	24,279	485,580	388,464	65,000	3,662	88,488	1,832,254	2,729,204
1913	24,434	41,350	24,279	485,580	388,464	65,000	3,817	106,141	2,164,602	3,062,842
1914	24,700	41,839	24,279	485,580	376,325	65,000	4,238	117,004	2,871,095	2,871,095
1915	25,594	66,139	24,279	485,580	339,906	65,000	5,553	132,769	3,047,705	3,942,684
1916	43,729	86,259	29,135	485,580	364,185	75,000	7,147	83,706	5,077,428	6,028,509
1917	72,885	124,435	33,991	485,580	437,022	85,000	9,134	107,142	5,936,105	9,571,862
1918	79,865	128,728	33,991	485,580	582,696	120,000	11,008	159,825	6,427,197	9,696,179
1919	39,289	39,555	33,991	485,580	631,254	125,000	11,307	83,722	6,557,284	11,977,231
1920	39,433	49,216	33,991	485,580	437,022	130,000	11,750	45,472	7,087,587	11,554,590
1921	59,021	116,110	33,991	485,580	388,464	150,000	11,781	204,501	9,778,562	15,698,413
1922	37,693	93,931	22,661	485,580	388,464	155,000	11,813	231,660	2,831,793	4,524,966

付　録　591

年									
1923	49,644	73,493	33,991	485,580	388,464	170,000	12,467	252,656	2,783,582	5,013,835
1924	63,077	123,429	38,846	485,580	534,138	190,000	12,640	236,186	3,210,382	6,536,314
1925	69,399	107,380	38,846	587,845	720,000	220,000	13,193	194,251	3,111,725	6,111,763
1926	65,059	77,800	48,000	600,000	735,000	235,000	15,252	148,480	2,954,290	5,663,446
1927	61,080	72,513	48,000	600,000	810,000	250,000	13,331	142,688	3,707,594	6,115,400
1928	53,681	75,231	48,000	600,000	960,000	250,000	19,012	123,636	3,778,866	6,028,832
1929	48,046	78,276	42,000	600,000	660,000	250,000	25,058	127,620	3,849,297	5,776,203
1930	39,531	103,046	36,000	600,000	435,000	250,000	28,589	153,761	3,844,301	5,297,736
1931	47,114	48,129	12,000	600,000	180,000	200,000	8,703	218,411	3,413,071	4,908,344
1932	15,092	98,760	12,000	600,000	180,000	200,000	11,795	273,582	2,629,231	4,087,071
1933	14,730	33,325	12,000	600,000	240,000	200,000	14,525	234,335	2,592,677	3,910,412
1934	12,042	17,042	12,000	600,000	300,000	200,000	14,567	202,444	2,768,933	4,468,018
1935	12,079	12,682	12,000	600,000	255,000	200,000	14,646	188,640	3,269,850	4,325,163
1936	21,177	67,394	18,000	600,000	285,000	200,000	7,823	191,461	3,151,042	4,324,575
1937	16,639	33,252	15,000	600,000	270,000	200,000	9,462	167,065	3,511,320	4,601,583
1938	17,473	66,067	15,000	600,000	195,000	200,000	11,935	190,015	3,958,583	4,989,845
1939	19,111	68,919	18,000	600,000	210,000	200,000	13,406	156,900	3,970,940	5,914,237
1940	15,636	48,325	0	600,000	180,000	260,000	13,406	90,858	1,631,724	2,622,907
1941	18,164	34,828	0	600,000	187,500	260,000	13,406	106,082	2,370,702	3,539,036
1942	18,405	25,609		600,000	198,000	260,000	6,565	118,627	2,393,411	3,517,930
1943	26,519	55,604	18,000	600,000	285,000	275,000	8,326	142,830	3,930,602	5,138,201
1944	39,761	79,397	18,000	600,000	396,000	225,000	8,851	196,848	4,606,662	5,728,057
1945	43,525	74,408	18,000	600,000	426,750	225,000	8,952	112,012	5,646,479	6,538,444
1946	38,101	61,170	18,000	600,000	390,000	150,000	10,422	123,387	7,840,320	8,821,402
1947	39,470	70,331	18,000	600,000	375,000	150,000	12,821	227,007	6,996,677	8,027,956
1948	40,399	104,911	18,000	600,000	345,000	170,000	14,543	243,337	7,478,645	10,868,267
1949	44,722	86,311	18,000	600,000	276,000	170,000	11,422	236,518	9,326,873	13,556,849
1950	36,329	69,508	18,000	600,000	321,000	200,000	12,552	257,097	10,743,602	15,184,663
1951	35,580	64,836	18,000	600,000	339,000	200,000	17,042	294,500	12,617,253	18,813,514
1952	37,090	73,428	24,000	600,000	261,000	300,000	20,177	461,295	11,619,056	16,232,568
1953	36,335	48,389	24,000	600,000	435,000	300,000	19,044	445,258	9,810,838	13,408,353
1954	37,067	38,657	24,000	600,000	450,000	400,000	22,694	357,611	10,318,580	15,362,374
1955	37,450	84,070	24,000	600,000	465,000	400,000	21,558	404,714	11,229,695	16,695,546
1956	37,664	98,438	24,000	600,000	720,000	400,000	21,626	392,409	9,566,289	13,457,616
1957	40,593	85,593	27,000	600,000	1,440,000	500,000		602,318	2,227,022	3,412,840

(注) 1917年まで会計年度末は1月中旬である。すなわち、1917年度は1918年1月中旬の数値である。その後、1921年まで12月である。1935年までは8月である（したがって、1922年度は8ヵ月分である）。1936年より会計年度末は12月である（したがって、1936年度は16ヵ月である）。1957年に海外銀行業務を閉鎖した。

n.a. は、内部積立金および実質利益に関しては利用不可能であり、公表準備金に関しては該当なしであることを示す。

ロイズ・アンド・ナショナル・プロヴィンシャル外国銀行

年度	公表純利益	実質利益	支払配当金(総額)	払込済資本金	時価総額：資本金	公表準備金	利益剰余金	内部積立金	預金	バランス・シート総計
1917	2,707	2,707	0	480,000	480,000	0	1,022	n.a.	5,248,437	5,860,604
1918	51,427	91,849	0	480,000	480,000	0	11,740	n.a.	7,206,601	8,077,995
1919	71,119	87,119	21,903	480,000	480,000	3,010	27,485	n.a.	21,687,022	22,942,153
1920	171,880	216,778	18,978	480,000	480,000	9,258	94,368	n.a.	21,193,420	22,647,704
1921	79,364	105,625	16,800	480,000	480,000	115,222	42,840	44,800	16,716,492	17,948,756
1922	67,197	60,581	18,000	480,000	480,000	114,348	67,006	123,633	12,730,261	14,172,027
1923	42,599	45,137	18,600	480,000	480,000	110,757	87,352	202,465	11,126,403	12,937,763
1924	102,706	118,661	18,600	480,000	480,000	161,311	70,899	15,955	9,437,780	11,120,914
1925	80,739	79,416	19,200	480,000	480,000	157,587	62,265	34,764	8,568,125	10,146,345
1926	105,034	115,034	19,200	480,000	480,000	208,052	56,673	53,573	9,665,755	11,420,098
1927	29,942	120,085	19,200	480,000	480,000	207,954	55,720	72,382	10,599,069	12,585,319
1928	74,933	104,933	26,400	840,000	840,000	225,000	54,720	91,191	10,079,165	12,981,650
1929	84,898	96,142	46,200	1,200,000	1,200,000	250,000	56,146	110,000	9,605,767	13,095,061
1930	(14,655)	(114,655)	0	1,200,000	1,200,000	150,000	28,261	90,294	10,272,003	12,895,646
1931	(22,874)	(54,744)	0	1,200,000	1,200,000	150,000	5,387	70,587	13,108,565	15,372,790
1932	17,543	(11,483)	0	1,200,000	1,200,000	150,000	6,213	48,852	12,887,668	15,154,670
1933	8,244	2,833	0	1,200,000	1,200,000	150,000	14,457	50,471	11,873,373	14,747,664
1934	8,058	14,107	0	1,200,000	1,200,000	150,000	22,514	59,571	13,000,938	15,761,489

付録 593

1935	(15,682)	(165,682)	0	1,200,000	1,200,000	150,000	6,833	64,103	12,376,664	16,333,233
1936	2,101	12,101	(1,500,000)	1,200,000	1,200,000	150,000	18,934	269,803	13,772,459	17,427,861
1937	6,910	(50,403)	0	1,200,000	1,200,000	150,000	25,844	334,319	14,885,387	18,158,416
1938	4,117	276,225	0	1,200,000	1,200,000	150,000	29,961	410,034	11,798,367	15,189,264
1939	(26,225)	23,121	0	1,200,000	1,200,000	150,000	3,736	373,940	11,904,179	14,830,135
1940	8,535	23,121	0	1,200,000	1,200,000	150,000	12,272	337,845	4,022,537	7,250,917
1941	57,979	23,121	0	1,200,000	1,200,000	150,000	70,250	335,172	4,379,893	7,656,625
1942	30,903	23,121	0	1,200,000	1,200,000	150,000	101,153	333,172	4,272,324	7,592,131
1943	50,343	23,121	0	1,200,000	1,200,000	150,000	151,496	331,172	4,551,553	7,956,094
1944	24,270	23,121	0	1,200,000	1,200,000	150,000	175,766	329,910	4,715,335	8,433,164
1945	49,102	49,102	0	1,200,000	1,200,000	150,000	78,792	351,871	12,514,921	14,844,477
1946	49,102	85,089	30,000	1,200,000	1,200,000	150,000	82,563	373,831	15,831,431	19,988,150
1947	19,771	80,310	0	1,200,000	1,200,000	150,000	100,736	395,792	15,861,937	20,189,759
1948	15,460	80,372	0	1,200,000	1,200,000	150,000	129,773	417,753	15,109,613	20,257,992
1949	29,037	101,715	0	1,200,000	1,200,000	150,000	156,093	439,714	17,738,260	24,180,141
1950	26,320	65,514	0	1,200,000	1,200,000	150,000	183,576	461,674	18,375,630	25,029,517
1951	27,483	74,427	0	1,200,000	1,200,000	150,000	218,132	483,635	20,218,832	26,822,446
1952	34,556	85,174	0	1,200,000	1,200,000	150,000	253,016	577,423	20,069,884	24,426,315
1953	34,884	41,240	0	1,200,000	1,200,000	150,000	281,686	671,212	21,534,734	26,246,737
1954	28,670	116,430	0	1,200,000	1,200,000	150,000	145,348	765,000	21,755,788	26,598,949
1955	63,662	n.a.	0	1,200,000	1,200,000	112,716	134,057	382,500	22,339,463	27,654,951

(注) 会計年度末は12月である。株式は取引されていないため、時価総額は額面価格を用いた。内部積立金の数値のいくつかは、近接する年度に基づき見積もられている。1936年度の配当に関する負の数値は、親会社により提供された「救済資金」を示している。
n.a. は、利用不可能であることを示し、n. q. は株価がつけられていないことを示す。

ロンドン・アンド・ブラジル銀行

年度	公表純利益	実質利益	支払配当金(総額)	払込済資本金	時価総額:資本金	公表準備金	利益剰余金	内部積立金	預金	バランス・シート総計
1890	149,790	n.a.	87,500	625,000	1,250,000	360,000	29,545	n.a.	3,518,032	12,119,255
1891	206,712	n.a.	98,750	750,000	1,162,500	450,000	87,507	n.a.	4,176,631	10,895,007
1892	168,472	n.a.	105,000	750,000	1,162,500	500,000	150,979	n.a.	3,806,021	10,216,543
1893	185,429	n.a.	105,000	750,000	1,087,500	500,000	231,408	n.a.	4,505,619	10,344,765
1894	174,006	n.a.	105,000	750,000	1,350,000	500,000	200,414	n.a.	2,352,731	8,775,355
1895	134,861	n.a.	105,000	750,000	1,500,000	600,000	146,941	n.a.	2,535,733	8,272,898
1896	122,397	n.a.	105,000	750,000	1,387,500	600,000	164,339	n.a.	2,621,276	8,597,155
1897	120,450	n.a.	75,000	750,000	1,350,000	600,000	163,067	n.a.	2,267,018	8,351,635
1898	105,610	n.a.	105,000	750,000	1,425,000	600,000	163,676	n.a.	2,469,797	8,780,174
1899	116,201	n.a.	105,000	750,000	1,425,000	600,000	164,877	n.a.	2,785,912	9,436,011
1900	78,894	n.a.	105,000	750,000	1,462,500	600,000	138,771	n.a.	3,706,808	10,108,070
1901	36,828	n.a.	75,000	750,000	1,462,500	600,000	100,599	n.a.	4,153,846	10,956,502
1902	81,328	n.a.	75,000	750,000	1,275,000	600,000	100,825	n.a.	3,935,982	9,753,420
1903	95,941	n.a.	75,000	750,000	1,200,000	600,000	108,766	n.a.	3,860,249	10,316,858
1904	135,537	n.a.	93,750	750,000	1,293,750	600,000	100,553	n.a.	3,523,523	11,842,144

付　録　595

1905	183,075	n.a.	750,000	1,612,500	650,000	100,123	3,775,800	12,046,509
1906	208,738	n.a.	750,000	1,818,750	700,000	100,366	4,723,175	13,523,750
1907	240,111	n.a.	1,000,000	2,150,000	760,000	100,477	4,290,029	12,247,844
1908	239,075	n.a.	1,000,000	2,450,000	1,000,000	150,552	4,873,913	13,187,927
1909	240,019	n.a.	1,000,000	2,750,000	1,000,000	209,071	5,706,836	15,791,218
1910	272,688	n.a.	1,000,000	3,300,000	1,000,000	269,759	7,096,954	18,355,117
1911	308,219	n.a.	1,000,000	3,300,000	1,000,000	269,978	8,576,019	20,440,664
1912	378,615	n.a.	1,250,000	4,250,000	1,050,000	273,593	8,721,511	22,307,654
1913	341,562	n.a.	1,250,000	3,625,000	1,400,000	290,155	8,739,248	22,312,586
1914	193,785	n.a.	1,250,000	3,687,500	1,400,000	296,440	8,359,736	19,507,871
1915	201,131	n.a.	1,250,000	3,062,500	1,400,000	297,571	8,489,897	18,840,689
1916	201,279	n.a.	1,250,000	2,562,500	1,400,000	298,850	8,602,124	19,233,297
1917	238,536	n.a.	1,250,000	2,875,000	1,400,000	300,386	9,368,265	19,227,589
1918	307,172	n.a.	1,250,000	3,625,000	1,400,000	332,558	12,313,674	22,837,010
1919	363,061	n.a.	1,500,000	3,900,000	1,400,000	505,619	13,040,959	26,660,866
1920	306,028	n.a.	1,500,000	3,150,000	1,500,000	511,647	18,031,324	37,976,717
1921	211,976	n.a.	1,500,000	3,225,000	1,500,000	498,623	20,030,777	35,143,845
1922	41,353	n.a.	1,500,000	3,000,000	1,500,000	189,976	19,684,399	34,655,903

(注)　会計年度末は1月である。すなわち、1890年度は1891年1月31日までの数値である。1923年にロンドン・アンド・リバープレート銀行に併合され、ロンドン・アンド・サウス・アメリカ銀行(Bolsaを参照のこと)を組織した。

n.a.は、利用不可能であることを示す。

ロンドン・アンド・クラパンカ／アングローサウス・アメリカ銀行

年度	公表純利益	実質利益	支払配当金（総額）	払込済資本金	時価総額：資本金	公表準備金	利益剰余金	内部積立金	預金	バランス・シート総計
1889/90	33,905	n.a.	25,000	500,000	550,000	10,000	1,384	n.a.	131,747	1,205,865
1890/1	(5,914)	n.a.	0	500,000	300,000	10,000	(4,530)	n.a.	376,259	1,153,178
1891/2	60,649	n.a.	25,000	500,000	350,000	10,000	4,198	n.a.	392,049	1,433,955
1892/3	25,978	n.a.	25,000	500,000	300,000	30,000	5,176	n.a.	429,355	1,479,843
1893/4	12,941	n.a.	12,500	500,000	225,000	30,000	5,618	n.a.	736,339	2,014,078
1894/5	33,654	n.a.	25,000	500,000	225,000	30,000	4,272	n.a.	680,928	2,144,397
1895/6	28,260	n.a.	25,000	500,000	225,000	40,000	7,531	n.a.	696,316	2,112,183
1896/7	21,630	n.a.	25,000	500,000	312,500	40,000	4,160	n.a.	596,300	1,778,248
1897/8	34,967	n.a.	25,000	500,000	325,000	40,000	14,126	n.a.	743,035	2,326,342
1898/9	15,965	n.a.	25,000	500,000	300,000	40,000	5,091	n.a.	1,262,570	2,665,760
1899/1900	72,126	n.a.	30,000	500,000	375,000	40,000	7,217	n.a.	1,201,599	2,642,243
1900/1	68,080	n.a.	48,125	750,000	675,000	135,000	9,646	n.a.	1,546,811	3,804,860
1901/2	77,038	n.a.	45,000	750,000	750,000	150,000	9,684	n.a.	2,085,264	4,906,003
1902/3	89,684	n.a.	45,000	750,000	750,000	175,000	16,559	n.a.	2,207,518	4,738,854
1903/4	91,773	n.a.	45,000	750,000	731,250	200,000	10,331	n.a.	2,489,532	5,031,298
1904/5	111,277	n.a.	45,000	750,000	918,750	250,000	18,608	n.a.	3,561,150	7,220,538
1905/6	165,457	n.a.	52,500	750,000	1,143,750	300,000	27,965	n.a.	5,465,062	10,637,299
1906/7	278,017	n.a.	67,500	950,000	2,312,500	500,000	38,193	n.a.	5,836,625	14,245,011
1907/8	166,146	n.a.	112,500	1,250,000	1,562,500	700,000	43,505	n.a.	4,894,199	11,092,991
1908/9	181,559	n.a.	118,750	1,250,000	1,781,250	750,000	44,299	n.a.	5,227,119	11,164,846
1909/10	178,563	n.a.	125,000	1,250,000	2,000,000	800,000	48,479	n.a.	5,394,020	11,993,277
1910/11	206,728	n.a.	125,000	1,250,000	2,000,000	830,000	49,117	n.a.	6,598,768	13,992,984

付　録　597

1911/12	253,012	n.a.	150,000	1,250,000	2,062,500	850,000	40,798	n.a.	6,397,040	14,526,953
1912/13	320,364	n.a.	255,600	2,130,000	4,106,250	1,440,000	49,001	n.a.	7,182,224	19,017,495
1913/14	279,055	n.a.	225,000	2,250,000	3,712,500	1,400,000	110,164	n.a.	7,786,613	16,993,840
1914/15	269,286	n.a.	180,000	2,250,000	3,262,500	1,400,000	133,888	n.a.	7,956,289	18,591,832
1915/16	257,898	n.a.	202,500	2,250,000	2,587,500	1,400,000	140,786	n.a.	9,076,322	25,659,835
1916/17	320,031	n.a.	225,000	2,250,000	2,756,250	1,400,000	154,966	n.a.	14,114,982	42,602,652
1917/18	451,690	n.a.	281,250	2,250,000	3,318,750	1,600,000	188,887	n.a.	27,275,473	61,279,123
1918/19	520,082	n.a.	337,500	2,250,000	4,556,250	1,750,000	241,619	n.a.	41,829,904	98,276,852
1919/20	1,024,155	n.a.	654,678	4,364,520	9,601,944	3,850,000	393,115	n.a.	58,458,171	83,046,572
1920/1	743,175	n.a.	655,005	4,366,700	7,423,390	4,000,000	402,785	n.a.	49,823,164	73,434,597
1921/2	552,268	n.a.	524,025	4,366,875	7,642,031	4,000,000	256,685	n.a.	45,467,069	76,324,498
1922/3	436,257	n.a.	436,733	4,367,330	7,096,911	4,000,000	337,662	n.a.	47,809,274	73,217,108
1923/4	425,907	n.a.	436,733	4,367,330	6,223,445	4,000,000	350,100	n.a.	45,567,205	69,258,599
1924/5	431,022	n.a.	436,733	4,367,330	6,878,545	4,000,000	414,925	n.a.	42,551,755	61,967,918
1925/6	471,714	n.a.	436,733	4,367,330	6,278,037	3,232,309	375,025	n.a.	34,844,312	64,201,505
1926/7	474,270	n.a.	436,733	4,367,330	6,005,079	3,256,422	454,810	n.a.	39,079,271	76,449,705
1927/8	480,440	n.a.	436,733	4,367,330	6,823,953	3,356,604	507,172	n.a.	49,341,126	79,970,393
1928/9	480,716	n.a.	436,733	4,367,330	6,987,728	3,382,412	507,902	n.a.	50,365,213	80,166,390
1929/30	491,408	n.a.	563,267	5,632,670	6,873,666	3,408,466	207,150	(4,500,000)	49,814,504	70,707,814
1930/1	461,384	n.a.	337,960	5,632,670	4,999,030	3,249,370	153,070	n.a.	40,639,615	40,927,878
1931/2	465,892	n.a.	0	6,632,670	(125,000)	71,713	158,962	n.a.	25,563,797	42,360,033
1932/3	63,362	n.a.	0	6,632,670		95,864	158,962	n.a.	28,428,725	38,519,012
1933/4	60,783	n.a.	0	6,632,670	4,750,000	70,065	158,962	n.a.	24,585,280	35,385,135
1934/5	37,018	n.a.	0	6,632,670		57,946	158,962	n.a.	22,796,474	

(注)　会計年度末は6月である。すなわち、1890/91年度は1891年6月30日までの数値である。株価は前年度の12月の価格である。すなわち、1890/1の株価は1890年12月の価格である。1930/1年度の内部積立金額(4,500,000ポンド)はイングランド銀行のコンソーシアムより同行に提供された「救済資金」の総額を示している。1936年にBolsaに買取された。

n. a. は、利用不可能であることを示す。

ロンドン・アンド・リバープレート銀行

年度	公表純利益	実質利益	支払配当金(総額)	払込済資本金	時価総額：資本金	公表準備金	利益剰余金	内部積立金	預金	バランス・シート総計
1890	351,678	n.a.	112,500	750,000	1,800,000	600,000	33,079	n.a.	7,998,678	12,361,335
1891	124,657	n.a.	82,500	900,000	1,620,000	700,000	25,236	n.a.	4,937,025	8,554,496
1892	167,953	n.a.	112,500	900,000	1,980,000	750,000	20,689	n.a.	8,541,840	13,654,353
1893	174,051	n.a.	112,500	900,000	2,016,000	800,000	32,240	n.a.	9,844,699	15,924,764
1894	181,521	n.a.	135,000	900,000	2,304,000	850,000	23,761	463,096	9,694,605	18,007,648
1895	200,916	235,195	144,000	900,000	2,700,000	900,000	24,957	302,295	9,877,788	17,526,321
1896	217,447	259,447	162,000	900,000	3,168,000	950,000	25,404	342,437	12,154,319	19,849,612
1897	210,477	243,477	180,000	900,000	3,492,000	1,000,000	50,881	303,469	12,131,161	20,932,444
1898	197,053	252,053	180,000	900,000	3,780,000	1,000,000	52,934	328,934	13,056,547	21,534,010
1899	197,494	242,494	180,000	900,000	3,816,000	1,000,000	55,428	372,760	14,702,444	23,343,029
1900	197,652	227,652	180,000	900,000	3,636,000	1,000,000	58,081	408,512	17,837,623	28,703,022
1901	168,008	208,008	180,000	900,000	3,564,000	1,000,000	41,089	382,183	15,179,273	24,484,033
1902	161,068	188,069	162,000	900,000	3,528,000	1,000,000	40,157	312,726	15,781,648	24,687,371
1903	164,211	199,211	162,000	900,000	3,420,000	1,000,000	37,368	350,670	15,617,420	24,751,566
1904	182,887	242,887	171,000	900,000	3,492,000	1,000,000	34,225	395,376	16,829,429	25,996,893

付録 599

年							
1905	225,070	325,069	180,000	900,000	3,816,000	1,000,000	44,325	445,515	17,705,670	28,091,257
1906	290,619	365,619	180,000	900,000	4,536,000	1,000,000	44,944	524,692	19,431,126	28,582,104
1907	331,637	401,637	180,000	1,200,000	4,000,000	1,100,000	74,497	638,705	18,052,386	28,221,973
1908	368,894	428,894	240,000	1,200,000	4,680,000	1,200,000	78,391	638,705	16,128,920	26,689,016
1909	345,589	385,589	240,000	1,200,000	4,880,000	1,300,000	158,980	663,059	18,611,671	30,937,950
1910	360,773	390,772	240,000	1,200,000	4,840,000	1,300,000	229,753	652,059	21,144,694	35,570,072
1911	391,597	421,597	240,000	1,200,000	4,720,000	1,300,000	231,350	714,229	21,371,692	35,651,052
1912	477,778	504,611	312,000	1,800,000	6,480,000	2,000,000	273,962	745,410	21,622,723	38,193,519
1913	422,227	632,226	360,000	1,800,000	5,880,000	2,000,000	306,189	757,970	21,977,918	39,829,819
1914	238,970	464,268	270,000	1,800,000	5,880,000	2,000,000	275,175	484,000	19,039,656	32,392,385
1915	222,516	299,148	270,000	1,800,000	4,410,000	2,000,000	260,975	450,558	20,581,475	34,183,577
1916	183,782	267,777	270,000	1,800,000	4,020,000	2,000,000	228,758	454,265	20,369,465	33,232,603
1917	334,599	334,599	270,000	1,800,000	4,380,000	2,000,000	293,357	461,690	24,375,354	37,514,307
1918	400,394	416,310	270,000	1,800,000	4,560,000	2,000,000	323,751	455,696	30,515,335	44,040,165
1919	505,574	549,301	270,000	1,800,000	4,560,000	2,100,000	319,325	419,509	36,823,491	53,783,857
1920	534,815	650,194	306,000	2,040,000	4,560,000	2,100,000	318,140	629,236	37,923,129	60,376,460
1921	404,184	444,632	244,800	2,040,000	4,560,000	2,100,000	317,524	160,000	30,686,098	46,854,000
1922	107,468	96,730	204,000	2,040,000	4,560,000	2,100,000	220,992	n.a.	27,581,911	43,143,143
1923	162,916	162,917	163,200	2,040,000	6,000,000	2,100,000	220,709	n.a.	24,906,959	43,478,815

(注) 会計年度末は9月である。1918～23年の間、株式は取引されていない。したがって、株価はロイズに買収された1918年にロイズ銀行により提示された株価に基づき見積もられている。

n.a.は、利用不可能であることを示す。

BOLSA(ロンドン・アンド・サウス・アメリカ銀行)

年度	公表純利益	実質利益	支払配当金(総額)	払込済資本金	時価総額:資本金	公表準備金	利益剰余金	内部積立金	預金	バランス・シート総計
1924	415,708	n.a.	414,000	3,540,000	6,460,500	3,600,000	412,393	193,352	45,002,048	79,113,444
1925	454,307	914,308	389,400	3,540,000	7,080,000	3,600,000	411,300	413,352	46,363,571	79,096,487
1926	449,924	549,924	389,400	3,540,000	7,080,000	3,600,000	390,665	373,235	40,387,433	68,953,725
1927	460,025	502,304	389,400	3,540,000	7,434,000	3,000,000	201,231	334,235	37,956,766	64,636,229
1928	456,997	456,997	389,400	3,540,000	7,699,500	3,000,000	208,828	417,545	38,734,743	65,144,927
1929	435,145	360,012	389,400	3,540,000	6,466,500	3,000,000	209,573	500,856	41,061,295	68,862,647
1930	390,472	44,174	318,600	3,540,000	4,956,000	3,000,000	181,445	584,166	39,431,736	62,752,294
1931	331,898	(713,898)	177,000	3,540,000	3,540,000	1,500,000	186,343	2,084,166	34,380,596	52,252,731
1932	312,108	(419,839)	106,200	3,540,000	2,478,000	1,500,000	192,251	2,284,166	41,437,183	56,722,692
1933	337,379	(249,688)	106,200	3,540,000	3,186,000	1,500,000	193,430	2,514,166	42,807,816	57,854,312
1934	276,331	457,564	106,200	3,540,000	3,274,500	1,500,000	163,561	2,714,166	31,431,704	46,865,302
1935	209,913	364,608	106,200	3,540,000	3,009,000	2,000,000	167,274	2,014,166	28,325,298	43,016,447
1936	252,851	328,253	106,200	3,540,000	5,757,000	2,000,000	168,925	2,471,549	55,505,375	74,749,291
1937	462,076	797,583	202,000	4,040,000	4,545,000	2,000,000	169,000	2,723,391	58,340,328	79,678,893
1938	466,477	665,604	202,000	4,040,000	3,838,000	2,000,000	173,476	2,723,391	56,322,642	76,361,018
1939	472,287	515,859	202,000	4,040,000	4,242,000	2,000,000	173,763	2,993,391	60,531,234	81,068,532
1940	535,564	910,831	202,000	4,040,000	4,141,000	2,000,000	177,327	3,323,391	55,403,249	77,718,069
1941	597,286	605,875	242,400	4,040,000	4,949,000	2,000,000	177,213	3,678,391	60,505,077	81,682,731
1942	636,546	880,860	242,400	4,040,000	5,681,250	2,000,000	176,358	4,073,391	71,955,551	92,913,975
1943	655,475	943,396	242,400	4,040,000	6,893,250	2,000,000	179,434	4,132,158	93,403,904	115,174,352
1944	647,108	908,968	242,400	4,040,000	6,868,500	2,000,000	180,141	4,190,924	108,314,953	128,908,865
1945	638,461	821,382	242,400	4,040,000	6,893,250	2,000,000	179,202	4,249,691	109,774,750	132,892,754

付　録　601

1946	341,588	426,258	242,400	4,040,000	7,272,000	2,000,000	179,469	4,308,457	117,317,535	143,100,204
1947	373,902	510,902	242,400	4,040,000	5,858,000	2,000,000	180,051	4,367,224	114,717,069	167,912,203
1948	350,030	606,030	242,400	4,040,000	5,555,000	2,000,000	180,761	4,425,990	99,697,441	156,284,811
1949	313,217	602,060	242,400	4,040,000	4,141,000	2,000,000	180,658	4,484,757	109,641,522	165,852,025
1950	393,208	594,043	303,000	4,040,000	4,747,000	2,000,000	177,216	4,543,523	126,259,773	165,885,093
1951	359,871	828,846	303,000	5,050,000	5,050,000	3,000,000	178,012	4,602,290	130,535,744	170,915,045
1952	361,094	692,802	303,000	5,050,000	4,292,500	3,000,000	180,031	4,661,056	119,701,304	145,695,226
1953	341,778	(137,834)	303,000	5,050,000	5,024,750	3,000,000	180,159	4,719,823	131,682,394	161,132,751
1954	393,681	1,557,572	353,500	5,050,000	5,428,750	3,000,000	181,161	4,778,589	106,262,473	134,806,292
1955	391,694	(124,741)	353,500	5,050,000	5,176,250	3,000,000	177,899	4,837,356	109,820,043	140,219,664
1956	560,047	1,203,833	454,500	5,050,000	4,797,500	3,000,000	211,308	4,528,852	113,351,206	151,824,602
1957	682,559	1,423,889	454,500	5,050,000	6,438,750	4,000,000	213,254	5,459,996	114,433,052	146,321,764
1958	649,150	1,118,975	656,000	7,575,000	12,639,375	5,000,000	213,617	5,683,563	130,513,020	163,564,645
1959	747,452	1,268,585	757,500	7,575,000	18,653,438	5,000,000	228,044	6,365,103	178,106,714	205,161,744
1960	756,340	1,514,053	757,500	9,100,000	21,840,000	7,100,000	238,827	5,689,159	233,654,735	262,709,666
1961	972,988	n.a.	1,137,500	11,375,000	25,735,938	9,325,000	249,049	n.a.	252,565,850	288,387,815
1962	1,107,772	n.a.	1,296,750	13,650,000	26,105,625	8,000,000	271,662	n.a.	328,747,660	363,392,086
1963	1,118,013	n.a.	1,365,000	13,650,000	29,006,250	8,000,000	273,613	n.a.	415,006,146	453,963,908
1964	1,353,088	n.a.	1,711,710	18,018,000	31,531,500	8,321,270	278,279	n.a.	409,090,404	456,718,744
1965	1,233,440	n.a.	1,711,710	18,768,000	28,855,800	8,877,768	281,097	n.a.	410,620,899	461,237,805
1966	2,093,000	n.a.	1,836,000	20,109,000	29,535,094	10,318,000	301,000	n.a.	426,715,000	478,620,000
1967	2,414,000	n.a.	1,914,000	21,018,000	46,776,050	10,490,000	365,000	n.a.	482,686,000	535,994,000
1968	3,355,000	n.a.	2,067,000	21,118,000	69,953,375	10,825,000	871,000	n.a.	543,779,000	606,403,000
1969	2,563,000	n.a.	2,076,000	21,318,000	53,295,000	11,457,000	808,000	n.a.	711,396,000	790,311,000
1970	3,855,000	n.a.	2,322,000	24,577,000	50,075,658	15,899,000	1,130,000	n.a.	842,019,000	932,227,000

(注) 1950年まで会計年度末は9月であり，その後は12月である (1950年度は15ヵ月分である)。1971年にロイズ・アンド・ボルサ・インターナショナル銀行となった。

n.a. は，利用不可能であることを示す。

マーカンタイル銀行

年度	公表純利益	実質利益	支払配当金(総額)	払込済資本金	時価総額：資本金	公表準備金	利益剰余金	内部積立金	預金	バランス・シート総計
1893	21,713	n.a.	8,744	554,907	n.q.	0	1,050	n.a.	1,188,276	3,128,187
1894	16,880	n.a.	9,375	555,937	n.q.	0	8,555	n.a.	1,138,164	2,576,359
1895	16,263	n.a.	16,771	557,312	n.q.	0	8,047	n.a.	1,539,779	2,911,383
1896	23,141	n.a.	20,625	562,500	562,500	10,000	10,563	n.a.	1,437,646	2,808,384
1897	21,110	n.a.	20,625	562,500	554,464	10,000	11,049	n.a.	1,396,426	3,084,384
1898	31,129	n.a.	20,625	562,500	546,429	20,000	11,553	n.a.	1,367,180	3,094,443
1899	31,166	n.a.	20,625	562,500	538,393	30,000	12,094	n.a.	1,526,888	3,621,689
1900	35,843	n.a.	24,375	562,500	530,357	40,000	13,562	44,675	1,614,110	3,515,932
1901	36,423	n.a.	24,375	562,500	522,321	50,000	15,610	54,928	1,666,012	3,780,192
1902	35,008	n.a.	24,375	562,500	514,286	60,000	16,243	48,115	2,010,888	3,449,292
1903	46,434	n.a.	28,125	562,500	506,250	80,000	14,552	59,961	1,902,457	4,122,292
1904	60,675	n.a.	28,125	562,500	506,250	110,000	15,102	76,500	2,238,727	4,386,010
1905	59,461	n.a.	28,125	562,500	506,250	135,000	19,437	87,745	3,717,650	4,486,098
1906	71,364	n.a.	33,750	562,500	667,500	170,000	20,051	113,051	2,655,616	5,903,142
1907	80,300	n.a.	33,750	562,500	746,250	210,000	24,601	146,311	3,599,818	6,156,773
1908	76,528	n.a.	33,750	562,500	761,250	250,000	25,379	138,289	3,459,962	5,535,657
1909	71,401	n.a.	33,750	562,500	761,250	285,000	26,030	140,822	4,401,868	6,498,106
1910	82,867	n.a.	39,375	562,500	738,750	325,000	26,522	132,350	5,349,908	7,587,400
1911	84,993	n.a.	39,375	562,500	862,500	365,000	29,140	142,560	5,595,509	7,928,013
1912	98,965	n.a.	45,000	562,500	867,188	415,000	30,105	162,046	5,625,602	8,368,315
1913	111,499	n.a.	45,000	562,500	975,000	465,000	34,604	188,032	5,303,064	8,187,487
1914	101,620	n.a.	45,000	562,500	1,104,375	500,000	47,224	243,718	5,152,746	7,901,553
1915	100,328	n.a.	56,250	562,500	900,000	550,000	31,302	214,004	6,413,313	9,023,778
1916	133,375	n.a.	67,500	562,500	988,125	600,000	32,177	113,976	8,558,582	11,265,674
1917	176,005	n.a.	78,750	562,500	1,211,250	650,000	58,432	233,963	9,812,321	12,807,941
1918	181,112	n.a.	78,750	562,500	1,580,625	700,000	85,794	267,969	12,370,253	15,302,126
1919	215,636	n.a.	120,000	750,000	2,283,750	750,000	96,430	462,963	15,706,213	22,450,927
1920	260,208	n.a.	144,000	1,050,000	2,662,500	1,100,000	127,638	868,963	15,893,766	20,157,778
1921	263,033	n.a.	168,000	1,050,000	2,040,000	1,150,000	137,671	868,963	12,743,991	16,429,435
1922	267,434	n.a.	168,000	1,050,000	2,362,500	1,200,000	152,105	719,054	13,112,374	16,643,701
1923	258,707	n.a.	168,000	1,050,000	2,542,500	1,250,000	157,812	632,912	12,831,536	16,599,678
1924	243,410	n.a.	168,000	1,050,000	2,497,500	1,300,000	158,222	565,373	12,158,015	16,460,755

付録 603

年								
1925	257,663	n.a.	168,000	1,050,000	2,490,000	1,350,000	162,885	532,470	14,717,982	18,418,528
1926	250,782	n.a.	168,000	1,050,000	2,700,000	1,385,000	160,666	471,022	14,957,987	18,800,720
1927	257,180	n.a.	168,000	1,050,000	2,812,500	1,420,000	164,846	470,778	14,442,526	18,387,226
1928	250,201	n.a.	168,000	1,050,000	2,940,000	1,450,000	162,047	648,372	13,493,253	18,989,409
1929	257,495	n.a.	168,000	1,050,000	2,670,000	1,480,000	166,505	621,108	12,677,951	17,857,416
1930	213,340	n.a.	168,000	1,050,000	2,355,000	1,500,000	166,845	603,154	13,979,094	17,643,624
1931	152,082	n.a.	168,000	1,050,000	1,560,000	1,050,000	167,927	113,905	11,220,361	14,668,281
1932	170,809	n.a.	126,000	1,050,000	2,130,000	1,050,000	171,736	443,592	13,034,773	16,211,689
1933	161,697	n.a.	126,000	1,050,000	2,475,000	1,075,000	172,433	455,215	12,248,040	15,291,862
1934	173,398	n.a.	126,000	1,050,000	2,715,000	1,075,000	172,831	699,568	12,974,356	16,730,419
1935	174,266	n.a.	126,000	1,050,000	2,535,000	1,075,000	174,097	710,818	13,916,615	17,160,163
1936	181,732	n.a.	126,000	1,050,000	2,895,000	1,075,000	172,829	803,964	14,675,061	18,468,464
1937	183,497	n.a.	126,000	1,050,000	2,595,000	1,075,000	173,327	844,855	16,025,388	19,673,948
1938	192,443	267,443	126,000	1,050,000	2,295,000	1,075,000	177,770	970,528	14,852,169	18,400,660
1939	195,869	307,532	126,000	1,050,000	2,085,000	1,075,000	179,639	1,146,188	18,077,610	22,025,002
1940	196,106	200,606	126,000	1,050,000	2,010,000	1,075,000	181,745	1,191,559	20,887,358	24,923,500
1941	173,023	275,403	94,500	1,050,000	2,145,000	1,075,000	182,268	957,199	24,783,662	28,632,069
1942	131,916	149,006	63,000	1,050,000	1,421,250	1,075,000	183,184	1,017,778	25,078,653	28,318,370
1943	133,239	198,739	63,000	1,050,000	1,680,000	1,075,000	185,423	1,216,965	27,126,555	31,298,482
1944	133,581	217,581	63,000	1,050,000	2,036,250	1,075,000	188,004	1,289,671	30,063,977	33,150,254
1945	132,991	194,991	63,000	1,050,000	1,980,000	1,075,000	164,995	1,356,514	33,487,896	36,701,950
1946	180,837	254,837	84,000	1,050,000	1,995,000	1,075,000	168,832	1,453,004	40,193,170	44,016,133
1947	183,152	296,152	105,000	1,050,000	1,785,000	1,075,000	176,234	1,816,747	41,281,138	45,073,759
1948	189,238	255,238	126,000	1,050,000	1,830,000	1,200,000	178,172	1,842,914	45,529,030	49,550,860
1949	191,805	413,805	126,000	1,050,000	1,950,000	1,075,000	182,677	2,479,658	49,931,897	54,093,343
1950	193,542	585,542	126,000	1,050,000	1,680,000	1,350,000	188,911	2,973,853	62,018,130	67,041,587
1951	195,361	878,361	126,000	1,050,000	1,680,000	1,500,000	200,130	3,239,351	67,395,576	74,153,595
1952	195,188	648,688	147,000	1,050,000	1,642,500	1,500,000	200,143	3,677,237	68,510,460	73,654,579
1953	194,687	537,687	147,000	1,050,000	2,025,000	1,500,000	200,980	4,365,152	59,381,939	63,634,427
1954	194,324	510,824	205,800	1,470,000	2,940,000	1,750,000	200,284	4,257,803	63,218,637	68,594,152
1955	235,423	704,423	205,800	1,470,000	2,610,000	1,750,000	219,372	3,992,653	66,984,096	72,065,153
1956	236,484	777,484	205,800	1,470,000	2,226,000	2,000,000	224,521	4,458,872	69,440,154	74,897,385
1957	331,243	685,699	367,500	2,940,000	7,717,500	2,100,000	231,452	3,324,849	68,334,824	71,001,656
1958	324,267	561,267	367,500	2,940,000	6,703,200	2,200,000	231,407	3,983,332	63,809,265	71,027,431
1959	300,566	429,566	367,500	2,940,000	6,468,000	2,200,000	231,879	4,071,583	64,882,480	71,083,661

(注) 会計年度末は12月である。1903年まで株式は取引されていない。したがって、1896~1902年度の株価は概算である。資本金の時価総額は全種類の株式の価格から導き出されている。1959年に香港アンド上海バンキング・コーポレーションに買収されたことを示す。
n.a. は、利用不可能であることを示し、n.q. は株価がつけられていないことを示す。

インド・ナショナル銀行／ナショナル・アンド・グリンドレイズ

年度	公表純利益	実質利益	支払配当金（総額）	払込済資本金	時価総額：資本金	公表準備金	利益剰余金	内部積立金	預金	バランス・シート総計
1890	108,359	n.a.	27,990	466,500	466,500	100,000	11,011	n.a.	4,256,262	6,858,295
1891	39,132	n.a.	27,990	500,000	500,000	100,000	22,153	n.a.	4,598,892	7,295,353
1892	64,459	n.a.	30,000	500,000	500,000	100,000	16,237	n.a.	4,991,882	8,182,344
1893	70,100	n.a.	30,000	500,000	500,000	120,000	18,952	n.a.	4,872,118	7,573,943
1894	92,563	n.a.	35,000	500,000	500,000	160,000	17,507	n.a.	3,961,219	6,277,973
1895	37,704	n.a.	35,000	500,000	653,600	160,000	18,211	n.a.	4,484,920	6,419,984
1896	58,587	n.a.	35,000	500,000	645,000	180,000	19,798	n.a.	4,421,579	7,018,377
1897	94,440	n.a.	40,000	500,000	685,000	230,000	22,238	n.a.	4,600,485	7,668,545
1898	96,103	n.a.	40,000	500,000	750,000	280,000	26,341	n.a.	5,097,179	8,275,216
1899	72,503	n.a.	40,000	500,000	800,000	310,000	26,844	n.a.	5,519,610	8,650,804
1900	96,988	n.a.	50,000	500,000	865,000	350,000	31,332	n.a.	5,809,751	9,718,646
1901	117,471	n.a.	50,000	500,000	980,000	400,000	36,303	n.a.	6,578,098	11,189,289
1902	123,745	n.a.	50,000	500,000	1,040,000	450,000	47,548	n.a.	7,823,207	10,918,482
1903	125,461	n.a.	60,000	500,000	1,115,000	500,000	50,509	n.a.	8,476,104	11,676,571
1904	156,789	n.a.	50,000	500,000	1,240,000	500,000	43,798	n.a.	8,555,886	11,869,953
1905	162,267	n.a.	72,000	600,000	1,608,000	550,000	69,065	n.a.	9,197,877	12,675,336
1906	192,600	n.a.	72,000	600,000	1,878,000	600,000	122,165	n.a.	9,806,403	13,650,411
1907	241,744	n.a.	72,000	600,000	2,028,000	600,000	71,909	n.a.	10,583,705	14,376,199
1908	246,933	n.a.	96,000	800,000	2,472,000	700,000	102,842	n.a.	10,856,746	13,871,170
1909	221,812	n.a.	96,000	800,000	2,752,000	800,000	108,654	n.a.	12,005,665	15,927,172
1910	248,219	n.a.	96,000	800,000	3,008,000	800,000	40,873	n.a.	12,150,682	15,505,82
1911	252,496	n.a.	120,000	1,000,000	3,000,000	900,000	53,369	n.a.	13,080,587	17,462,779
1912	270,639	n.a.	140,000	1,000,000	2,960,000	1,000,000	64,008	n.a.	13,936,024	18,551,215
1913	294,617	n.a.	160,000	1,000,000	3,200,000	1,100,000	78,625	n.a.	14,876,240	19,817,803
1914	269,371	n.a.	160,000	1,000,000	3,280,000	1,175,000	92,996	n.a.	14,832,899	19,170,678
1915	291,418	n.a.	160,000	1,000,000	2,880,000	1,200,000	103,140	n.a.	16,447,780	20,475,501
1916	297,474	n.a.	160,000	1,000,000	3,120,000	1,250,000	106,690	n.a.	19,551,978	24,058,457
1917	353,139	n.a.	200,000	1,000,000	3,480,000	1,350,000	139,829	n.a.	24,685,344	29,716,621

付録 605

1918	403,635	n.a.	200,000	1,000,000	5,680,000	1,550,000	123,464	n.a.	27,517,994	32,707,668
1919	452,170	n.a.	250,000	1,500,000	6,840,000	2,000,000	135,634	n.a.	35,164,356	42,366,948
1920	553,398	n.a.	300,000	2,000,000	6,240,000	2,500,000	149,032	n.a.	45,200,202	55,351,510
1921	555,064	n.a.	400,000	2,000,000	6,160,000	2,600,000	164,096	n.a.	34,295,599	42,418,027
1922	535,160	n.a.	400,000	2,000,000	6,880,000	2,700,000	159,256	n.a.	32,267,602	40,384,019
1923	534,799	n.a.	400,000	2,000,000	6,880,000	2,750,000	199,055	n.a.	31,254,516	38,694,524
1924	535,925	n.a.	400,000	2,000,000	7,680,000	2,800,000	224,980	n.a.	32,548,163	40,332,356
1925	536,105	n.a.	400,000	2,000,000	7,440,000	2,850,000	241,085	n.a.	33,168,283	40,729,048
1926	534,316	n.a.	400,000	2,000,000	7,600,000	2,900,000	255,401	n.a.	31,973,704	39,618,234
1927	541,099	n.a.	400,000	2,000,000	8,000,000	2,950,000	276,500	n.a.	33,655,120	41,489,781
1928	530,829	n.a.	400,000	2,000,000	8,400,000	3,000,000	277,329	n.a.	34,088,230	41,659,338
1929	511,133	n.a.	400,000	2,000,000	7,440,000	3,000,000	278,462	n.a.	31,467,322	38,519,027
1930	480,329	n.a.	400,000	2,000,000	6,640,000	3,000,000	278,791	n.a.	30,860,471	37,674,730
1931	470,019	n.a.	400,000	2,000,000	4,480,000	2,200,000	278,810	n.a.	27,804,029	35,263,577
1932	450,197	n.a.	400,000	2,000,000	6,880,000	2,200,000	249,007	n.a.	30,113,142	35,885,793
1933	450,783	n.a.	400,000	2,000,000	7,240,000	2,200,000	249,790	n.a.	29,656,308	35,479,912
1934	460,310	n.a.	360,000	2,000,000	6,960,000	2,200,000	250,100	n.a.	28,703,042	34,540,488
1935	457,569	n.a.	360,000	2,000,000	6,880,000	2,200,000	247,669	n.a.	29,382,941	35,178,978
1936	456,286	n.a.	360,000	2,000,000	7,600,000	2,200,000	243,955	n.a.	30,027,681	35,728,311
1937	465,862	n.a.	360,000	2,000,000	6,560,000	2,200,000	249,817	n.a.	30,466,946	36,332,028
1938	444,063	n.a.	320,000	2,000,000	5,280,000	2,200,000	248,880	n.a.	27,856,726	33,395,019
1939	442,692	n.a.	320,000	2,000,000	4,480,000	2,200,000	246,572	n.a.	29,166,004	36,607,102
1940	439,943	n.a.	320,000	2,000,000	5,000,000	2,200,000	246,515	n.a.	34,795,739	40,527,837
1941	437,738	n.a.	280,000	2,000,000	5,040,000	2,200,000	284,253	n.a.	39,695,737	45,519,512
1942	439,159	n.a.	280,000	2,000,000	4,120,000	2,200,000	273,412	n.a.	48,513,672	54,362,609
1943	436,499	n.a.	280,000	2,000,000	5,480,000	2,200,000	269,911	n.a.	56,138,175	61,867,358
1944	441,947	n.a.	280,000	2,000,000	6,220,000	2,200,000	271,858	n.a.	61,112,750	66,623,503
1945	442,621	n.a.	280,000	2,000,000	6,810,000	2,200,000	274,479	n.a.	61,803,510	67,566,994
1946	452,130	n.a.	320,000	2,000,000	5,760,000	2,300,000	276,609	n.a.	62,598,998	68,880,650
1947	475,597	n.a.	320,000	2,000,000	5,360,000	2,500,000	277,206	n.a.	70,226,126	76,912,228
1948	379,950	n.a.	280,000	2,000,000	6,000,000	2,750,000	276,156	n.a.	97,652,249	107,510,614
1949	458,209	n.a.	365,000	2,281,250	6,022,500	3,550,000	288,615	n.a.	106,863,815	114,559,065
1950	399,847	n.a.	365,000	2,281,250	5,840,000	3,663,892	313,820	n.a.	124,989,659	133,404,121

インド・ナショナル銀行/ナショナル・アンド・グリンドレイズ（続き）

年度	公表純利益	実質利益	支払配当金（総額）	払込済資本金	時価総額：資本金	公表準備金	利益剰余金	内部積立金	預金	バランス・シート総計
1951	441,457	n.a.	365,000	2,281,250	5,383,750	3,738,892	318,652	n.a	133,030,752	147,283,674
1952	411,676	n.a.	365,000	2,281,250	5,018,750	3,738,892	323,703	n.a.	133,596,157	143,467,142
1953	387,644	n.a.	365,000	2,281,250	5,931,250	3,738,892	320,597	n.a.	126,619,173	136,452,974
1954	385,923	n.a.	427,734	2,851,563	6,159,375	3,168,579	326,266	n.a.	152,716,970	162,031,432
1955	421,839	n.a.	427,734	2,851,563	4,790,625	3,168,579	342,158	n.a.	154,012,447	168,653,013
1956	432,835	n.a.	427,734	2,851,563	4,676,563	3,168,579	354,046	n.a.	153,776,259	163,635,741
1957	427,490	n.a.	427,734	2,851,563	4,676,563	3,168,579	355,589	n.a.	152,520,838	162,105,220
1958	371,707	n.a.	427,734	3,421,875	6,444,531	3,000,000	351,349	n.a.	141,782,636	151,491,479
1959	404,708	n.a.	427,734	3,421,875	10,322,656	3,000,000	301,488	n.a.	152,647,354	181,035,588
1960	479,276	n.a.	453,398	3,421,875	6,957,813	3,050,000	308,058	n.a.	173,848,690	181,508,676
1961	644,273	n.a.	638,736	4,562,500	9,733,120	4,000,000	311,105	n.a.	240,804,001	251,284,590
1962	714,730	n.a.	912,480	5,703,000	12,071,350	5,250,000	316,941	n.a	264,726,828	277,468,847
1963	679,318	n.a.	798,420	5,703,000	12,831,750	5,400,000	357,227	n.a.	283,766,311	356,915,796
1964	771,810	n.a.	855,450	5,703,000	12,641,650	5,400,000	355,074	n.a.	316,562,751	392,978,515
1965	1,444,109	n.a.	969,510	5,703,000	13,687,200	6,901,000	369,596	n.a.	373,681,089	463,618,964
1966	1,293,000	n.a.	969,510	7,604,000	16,253,550	5,100,000	437,200	n.a.	331,414,400	424,540,100
1967	1,390,000	n.a.	1,027,000	7,604,000	17,774,350	11,592,000	550,000	n.a.	408,516,000	521,516,000
1968	1,502,000	n.a.	1,062,000	7,604,000	28,705,100	11,592,000	760,000	n.a.	466,208,000	588,294,000
1969	2,101,000	n.a.	1,915,000	11,250,000	31,640,625	17,671,000	945,000	n.a.	651,737,000	819,830,000
1970	4,112,000	n.a.	2,137,000	11,250,000	29,671,875	24,854,000	1,975,000	n.a.	817,150,000	869,333,000
1971	2,728,000	n.a.	2,137,000	11,250,000	41,625,000	26,710,000	591,000	n.a.	849,711,000	906,488,000
1972	5,274,000	n.a.	1,901,000	11,250,000	17,325,000	29,564,000	3,373,000	n.a.	1,021,679,000	1,097,927,000
1973	5,170,000	n.a.	1,473,000	11,250,000	10,462,500	37,281,000	3,697,000	n.a.	1,220,261,000	1,416,060,000
1974	(9,998,000)	n.a.	838,125	13,410,000	4,693,500	49,799,000	(10,836,000)	n.a.	1,514,434,000	1,590,519,000
1975	(20,134,000)	n.a.	0	15,776,000	5,679,360	20,862,000	(20,134,000)	n.a.	1,826,725,000	1,917,795,000

（注）会計年度末は12月である。1948年にグリンドレイズ銀行を買収し、1958年にその事業を吸収した。1984年にANZ銀行に買収された。1973年より配当にかかる税金を考慮していない。

n.a.は、利用不可能であることを示す。

付録　607

ニュージーランド・ナショナル銀行

年度	公表純利益	実質利益	支払配当金（総額）	払込済資本金	時価総額：資本金	公表準備金	利益剰余金	内部積立金	預金	バランス・シート総計
1890	18,167	n.a.	6,250	250,000	175,000	10,000	0	n.a.	1,941,458	2,690,122
1891	19,335	n.a.	12,500	250,000	50,000	0	6,835	n.a.	1,673,609	2,576,797
1892	16,343	n.a.	12,500	250,000	125,000	0	10,678	n.a.	1,605,027	2,441,043
1893	16,998	n.a.	12,500	250,000	125,000	0	15,176	n.a.	1,434,366	2,285,048
1894	16,431	n.a.	12,500	250,000	75,000	0	19,107	n.a.	1,534,641	2,184,102
1895	18,089	n.a.	12,500	250,000	100,000	20,000	4,696	n.a.	1,904,179	2,524,482
1896	21,461	n.a.	12,500	250,000	175,000	30,000	3,657	n.a.	2,139,227	2,925,950
1897	25,538	n.a.	15,000	250,000	225,000	40,000	4,195	n.a.	2,298,927	3,009,903
1898	40,966	n.a.	17,500	250,000	225,000	60,000	5,161	n.a.	2,279,181	3,065,133
1899	42,348	n.a.	20,000	250,000	275,000	80,000	7,509	n.a.	2,510,755	3,551,189
1900	55,785	n.a.	25,000	250,000	350,000	180,000	8,294	n.a.	2,553,255	3,677,223
1901	64,933	n.a.	25,000	250,000	350,000	150,000	8,227	n.a.	2,732,951	3,742,044
1902	54,534	n.a.	25,000	250,000	400,000	180,000	7,761	n.a.	2,838,524	3,854,202
1903	60,643	n.a.	30,000	250,000	425,000	210,000	8,403	n.a.	3,043,440	4,171,361
1904	49,907	n.a.	30,000	250,000	500,000	230,000	8,310	n.a.	3,218,481	4,386,727
1905	67,857	n.a.	30,000	250,000	550,000	250,000	9,167	n.a.	3,440,456	4,753,696
1906	87,401	n.a.	38,750	375,000	787,500	325,000	10,318	n.a.	3,681,399	5,201,862
1907	90,545	n.a.	45,000	375,000	787,500	350,000	11,363	n.a.	3,760,526	5,251,819
1908	93,443	n.a.	48,750	375,000	768,750	375,000	13,036	n.a.	3,853,871	5,433,090
1909	92,874	n.a.	45,000	375,000	918,750	347,000	17,910	n.a.	4,306,295	5,931,312
1910	106,095	n.a.	57,500	500,000	1,150,000	480,000	20,005	n.a.	4,296,328	6,213,786
1911	120,759	n.a.	65,000	500,000	1,075,000	500,000	26,264	n.a.	4,357,926	6,527,809
1912	135,492	n.a.	65,000	500,000	1,175,000	520,000	36,756	n.a.	4,229,440	6,641,961
1913	144,896	n.a.	94,335	750,000	1,500,000	665,000	43,317	n.a.	4,304,654	6,976,044

ニュージーランド・ナショナル銀行(続き)

年度	公表純利益	実質利益	支払配当金(総額)	払込済資本金	時価総額：資本金	公表準備金	利益剰余金	内部積立金	預金	バランス・シート総計
1914	149,763	n.a.	97,500	750,000	1,575,000	685,000	48,080	n.a.	4,740,397	7,444,585
1915	143,529	n.a.	97,500	750,000	1,425,000	700,000	42,109	n.a.	5,298,296	8,224,126
1916	153,645	n.a.	97,500	750,000	1,462,500	715,000	42,754	n.a.	5,472,552	8,786,888
1917	148,996	n.a.	97,500	750,000	1,575,000	730,000	45,550	n.a.	5,656,903	9,945,671
1918	186,882	n.a.	97,500	750,000	1,950,000	750,000	64,932	n.a.	6,481,558	10,235,155
1919	256,299	n.a.	131,658	1,000,000	2,600,000	1,020,000	69,573	n.a.	8,856,133	13,578,444
1920	326,822	n.a.	140,000	1,000,000	2,200,000	1,040,000	115,895	n.a.	8,296,492	15,654,581
1921	212,726	n.a.	140,000	1,000,000	2,300,000	1,050,000	142,121	n.a.	8,243,238	14,175,380
1922	228,747	n.a.	172,700	1,250,000	3,187,500	1,260,000	145,567	n.a.	9,261,899	15,191,651
1923	243,935	n.a.	175,000	1,250,000	3,312,500	1,270,000	155,558	n.a.	11,442,154	16,884,510
1924	279,826	n.a.	208,687	1,500,000	4,275,000	1,480,000	167,698	n.a.	10,822,912	17,371,872
1925	333,087	n.a.	277,741	2,000,000	5,500,000	2,000,000	173,044	n.a.	10,438,468	18,471,719
1926	312,275	n.a.	280,000	2,000,000	5,600,000	2,000,000	175,769	n.a.	11,283,316	18,701,309
1927	289,803	n.a.	280,000	2,000,000	5,600,000	2,000,000	165,572	n.a.	12,088,015	18,981,716
1928	290,582	n.a.	280,000	2,000,000	5,850,000	2,000,000	155,154	n.a.	10,507,019	18,809,388
1929	282,917	n.a.	240,000	2,000,000	5,100,000	2,000,000	174,171	n.a.	12,165,675	19,214,575
1930	208,286	n.a.	200,000	2,000,000	4,000,000	2,000,000	168,457	n.a.	11,657,303	17,908,777
1931	177,836	n.a.	140,000	2,000,000	2,800,000	2,000,000	142,294	n.a.	12,314,328	18,558,582
1932	116,448	n.a.	80,000	2,000,000	2,250,000	2,000,000	114,742	n.a.	13,767,817	20,229,079
1933	135,674	n.a.	80,000	2,000,000	2,400,000	1,500,000	106,416	n.a.	15,595,886	22,166,932
1934	132,949	n.a.	80,000	2,000,000	2,150,000	1,500,000	155,366	n.a.	13,554,859	18,730,841
1935	102,594	n.a.	80,000	2,000,000	2,150,000	1,500,000	113,959	n.a.	13,655,182	18,968,774
1936	102,838	n.a.	80,000	2,000,000	2,150,000	1,500,000	112,797	n.a.	13,751,541	18,892,983
1937	105,727	n.a.	90,000	2,000,000	1,700,000	1,500,000	113,691	n.a.	13,908,667	18,897,361

付　録　609

年									
1938	106,524	n.a.	100,000	2,000,000	1,200,000	114,131	n.a.	13,298,386	18,275,130
1939	86,149	n.a.	80,000	2,000,000	1,150,000	115,363	n.a.	14,905,357	19,791,663
1940	81,736	n.a.	70,000	2,000,000	1,050,000	115,849	n.a.	15,180,750	20,235,401
1941	92,585	n.a.	80,000	2,000,000	1,050,000	116,184	n.a.	16,863,303	21,899,833
1942	88,070	n.a.	80,000	2,000,000	1,040,000	117,882	n.a.	20,069,098	24,796,210
1943	100,589	n.a.	80,000	2,000,000	1,445,000	117,887	n.a.	21,723,116	26,960,909
1944	102,309	n.a.	80,000	2,000,000	1,663,750	116,741	n.a.	18,104,375	22,916,637
1945	99,250	n.a.	90,000	2,000,000	1,640,000	117,731	n.a.	21,498,742	26,196,352
1946	110,798	n.a.	100,000	2,000,000	2,200,000	118,092	n.a.	26,840,804	32,115,207
1947	139,550	n.a.	100,000	2,000,000	2,384,000	119,280	n.a.	31,020,684	36,968,582
1948	160,412	n.a.	100,000	2,000,000	2,300,000	132,460	n.a.	36,514,864	43,440,424
1949	168,340	n.a.	100,000	2,000,000	2,260,000	126,794	n.a.	39,976,296	46,934,595
1950	204,914	n.a.	140,000	2,000,000	2,260,000	128,005	n.a.	49,964,293	57,854,605
1951	244,015	n.a.	160,000	2,000,000	2,440,000	129,827	n.a.	59,179,885	67,207,267
1952	210,066	n.a.	160,000	2,000,000	2,440,000	132,393	n.a.	50,582,420	59,250,869
1953	213,227	n.a.	200,000	2,000,000	2,688,000	135,620	n.a.	54,571,596	63,387,460
1954	265,430	n.a.	200,000	2,000,000	4,000,000	188,050	n.a.	60,024,307	69,328,183
1955	277,447	n.a.	240,000	2,400,000	3,480,000	227,497	n.a.	60,304,824	65,015,121
1956	269,108	n.a.	270,000	2,400,000	4,800,000	255,155	n.a.	58,104,639	63,946,044
1957	275,268	n.a.	270,000	2,500,000	3,600,000	275,173	n.a.	62,907,023	68,768,446
1958	301,044	n.a.	315,000	2,500,000	4,812,500	150,030	n.a.	60,157,348	66,364,565
1959	299,602	n.a.	315,000	3,500,000	7,175,000	156,695	n.a.	70,043,036	76,156,918
1960	316,586	n.a.	315,000	3,500,000	5,556,250	180,344	n.a.	78,115,388	84,352,919
1961	313,216	n.a.	315,000	3,500,000	5,250,000	200,623	n.a.	70,213,814	76,571,624
1962	338,197	n.a.	350,000	3,500,000	5,818,750	224,445	n.a.	69,949,274	76,452,344
1963	366,668	n.a.	385,000	3,500,000	7,612,500	255,301	n.a.	79,901,638	86,557,001
1964	401,571	n.a.	420,000	3,500,000	6,781,250	155,747	n.a.	82,781,561	89,581,246

(注) 会計年度末は3月である。すなわち、1890年度末は1981年3月までの数値である。1965年よりロイズ銀行に完全所有された。
n.a. は、利用不可能であることを示す。

P&Oバンキング・コーポレーション

年度	公表純利益	実質利益	支払配当金(総額)	払込済資本金	時価総額：資本金	公表準備金	利益剰余金	内部積立金	預金	バランス・シート総計
1920	99,725	n.a.	125,000	2,500,000	2,375,000	0	6,846	n.a.	2,662,391	6,139,842
1921	159,300	n.a.	142,678	2,594,160	2,983,284	90,000	14,043	n.a.	6,317,930	12,909,967
1922	139,388	n.a.	142,678	2,594,160	3,631,824	115,000	15,180	n.a.	10,360,705	20,271,292
1923	136,382	n.a.	142,678	2,594,160	3,210,273	135,000	17,567	n.a.	9,491,219	17,156,484
1924	136,215	n.a.	129,708	2,594,160	2,821,149	160,000	17,584	n.a.	9,419,041	16,779,431
1925	135,780	n.a.	129,708	2,594,160	2,334,744	180,000	19,042	n.a.	8,245,072	16,944,442
1926	125,947	n.a.	129,708	2,594,160	2,788,722	180,000	19,380	n.a.	8,627,483	18,552,005
1927	107,632	n.a.	129,708	2,594,160	2,723,868	180,000	20,495	n.a.	7,843,865	14,979,222
1928	106,917	n.a.	129,708	2,594,160	2,399,598	180,000	20,625	n.a.	7,238,242	18,795,956
1929	107,345	n.a.	129,708	2,594,160	2,140,182	180,000	25,668	n.a.	8,094,623	18,685,974
1930	108,450	n.a.	129,708	2,594,160	1,771,811	180,000	31,589	n.a.	7,712,779	14,386,537
1931	107,265	n.a.	129,708	2,594,160	1,556,496	180,000	37,855	n.a.	6,897,715	13,625,737
1932	111,318	n.a.	129,708	2,594,160	1,919,678	180,000	44,553	n.a.	7,071,905	14,959,484
1933	112,393	n.a.	129,708	2,594,160	2,407,380	180,000	52,196	n.a.	6,433,239	16,461,810
1934	113,443	n.a.	129,708	2,594,160	2,757,592	180,000	55,143	n.a.	7,169,970	14,713,867
1935	111,610	n.a.	129,708	2,594,160	2,674,579	180,000	56,014	n.a.	6,818,404	16,093,117
1936	102,481	n.a.	129,708	2,594,160	2,529,306	180,000	52,971	n.a.	7,370,489	17,018,614
1937	85,228	n.a.	103,766	2,594,160	2,594,160	180,000	51,915	n.a.	6,761,724	

(注) 会計年度末は3月である。すなわち、1920年度は1921年3月末を参照している。1927年にチャータード銀行に過半数株式を取得された。1938年2月にチャータード銀行に吸収された。そのため、1938年度の数値はない。少数株主持分の株価に基づく当該年度の高値と底値の平均である。1939年2月以降、利用可能ではない。時価総額は少数株主持分の株価に基づく当該年度の高値と底値の平均値を示す。

n.a. は、利用不可能であることを示す。

付　録　611

サウス・アフリカ・スタンダード銀行

年度	公表純利益	実質利益	支払配当金（総額）	払込済資本金	時価総額：資本金	公表準備金	利益剰余金	内部積立金	預金	バランス・シート総計
1890	180,200	n.a.	140,000	1,000,000	2,080,000	570,000	14,275	n.a.	8,881,092	13,608,196
1891	171,608	n.a.	140,000	1,000,000	2,060,000	600,000	15,883	n.a.	7,743,102	11,880,107
1892	169,811	n.a	140,000	1,000,000	2,120,000	630,000	15,694	n.a.	7,740,698	12,196,409
1893	172,994	n.a.	140,000	1,000,000	2,060,000	660,000	18,688	n.a.	8,132,831	12,565,727
1894	180,476	n.a.	140,000	1,000,000	2,200,000	700,000	19,164	n.a.	9,048,352	13,412,879
1895	205,143	n.a.	160,000	1,000,000	2,440,000	740,000	19,307	n.a.	15,246,053	19,931,199
1896	204,005	n.a.	160,000	1,000,000	2,360,000	780,000	18,312	n.a.	13,490,121	18,422,059
1897	212,197	n.a.	160,000	1,000,000	2,620,000	820,000	20,509	n.a.	11,029,056	16,087,335
1898	213,525	n.a.	160,000	1,000,000	2,680,000	860,000	24,034	n.a.	10,549,854	16,057,811
1899	229,594	n.a.	179,118	1,239,850	3,074,828	1,167,820	44,440	566,505	13,141,423	19,473,030
1900	255,786	445,786	199,188	1,250,000	3,500,000	1,225,000	46,038	693,644	16,931,474	23,423,522
1901	262,895	486,895	200,000	1,250,000	3,850,000	1,275,000	48,933	818,184	18,875,703	25,366,418
1902	298,059	415,059	212,500	1,250,000	4,150,000	1,335,000	54,492	782,294	23,348,242	31,303,614
1903	305,439	345,439	225,000	1,548,475	4,806,645	1,865,700	59,931	818,757	18,357,173	28,489,037
1904	292,886	317,253	278,734	1,548,525	5,264,985	1,997,050	33,083	821,554	19,479,027	27,930,084
1905	278,490	305,135	247,764	1,548,525	4,831,398	1,997,050	37,809	794,575	20,413,041	29,249,666
1906	269,873	323,082	247,764	1,548,525	4,335,870	1,997,050	36,918	715,454	19,133,621	28,015,035
1907	235,600	250,600	232,279	1,548,525	3,778,401	1,900,000	40,239	697,650	18,377,856	26,171,558
1908	151,498	151,499	170,338	1,548,525	3,953,254	1,900,000	21,399	689,727	17,943,768	26,040,791
1909	171,278	226,278	154,852	1,548,525	4,026,165	1,900,000	37,825	800,943	17,282,245	25,789,986
1910	260,681	340,681	193,566	1,548,525	3,747,431	1,920,000	44,940	880,943	17,544,159	26,435,741
1911	304,005	374,005	201,308	1,548,525	3,499,667	1,960,000	47,657	950,943	19,142,055	27,367,183
1912	311,653	361,653	209,051	1,548,525	3,561,608	1,980,000	50,239	1,000,943	20,845,264	28,775,102
1913	338,647	414,647	216,794	1,548,525	3,484,181	2,000,000	52,092	1,006,897	20,900,321	29,626,461
1914	315,142	345,142	216,794	1,548,525	3,406,755	2,000,000	100,440	1,041,957	21,781,982	30,163,923
1915	309,386	374,286	216,794	1,548,525	3,213,189	2,000,000	87,032	1,012,878	24,555,410	32,998,471

サウス・アフリカ・スタンダード銀行(続き)

年度	公表純利益	実質利益	支払配当金(総額)	払込済資本金	時価総額:資本金	公表準備金	利益剰余金	内部積立金	預金	バランス・シート総計
1916	364,824	569,824	216,794	1,548,525	3,174,476	2,000,000	100,062	1,077,221	25,338,129	35,192,009
1917	406,712	556,712	237,441	1,548,525	3,251,903	2,000,000	204,333	1,218,181	32,981,024	44,230,276
1918	540,357	690,357	255,507	1,548,525	4,103,591	2,200,000	199,184	1,290,861	39,629,892	53,640,065
1919	634,075	984,075	257,813	1,562,500	4,218,750	2,200,000	210,446	1,482,665	52,624,151	70,155,611
1920	759,378	953,537	413,099	2,229,165	4,235,414	2,893,335	206,725	1,288,553	57,285,173	77,913,392
1921	502,313	502,313	367,812	2,229,165	4,904,163	2,893,335	191,226	999,396	52,018,941	70,649,377
1922	388,824	678,824	312,083	2,229,165	5,349,996	2,893,335	117,967	898,429	48,946,880	64,254,180
1923	456,397	781,397	312,083	2,229,165	4,736,976	2,893,335	112,281	876,771	48,518,049	62,580,335
1924	508,952	711,952	312,083	2,229,165	5,238,538	2,893,335	109,150	1,119,771	47,031,133	61,381,739
1925	570,988	785,988	367,812	2,229,165	5,071,350	2,893,335	112,326	1,589,985	49,416,227	65,086,464
1926	583,801	753,801	367,812	2,229,165	6,074,475	2,893,335	128,315	1,932,985	47,629,322	64,265,822
1927	596,596	696,596	367,812	2,229,165	6,576,037	2,893,335	132,099	2,211,468	49,795,263	67,356,854
1928	621,466	758,966	406,041	2,500,000	7,625,000	3,164,170	122,524	2,478,614	51,830,148	71,760,150
1929	652,478	702,478	425,000	2,500,000	7,312,500	3,164,170	125,002	2,679,670	49,565,891	68,451,189
1930	567,620	567,620	375,000	2,500,000	7,487,500	3,164,170	142,622	2,342,576	51,934,061	70,409,068
1931	457,442	457,442	275,000	2,500,000	5,250,000	2,500,000	150,064	2,247,739	52,152,392	69,130,918
1932	429,336	529,336	250,000	2,500,000	5,437,500	2,500,000	154,400	2,291,047	52,960,375	66,996,985
1933	433,180	608,180	250,000	2,500,000	6,125,000	2,500,000	165,169	2,484,767	55,162,977	69,398,755
1934	502,589	1,062,589	300,000	2,500,000	6,937,500	2,500,000	165,169	3,060,759	55,463,478	70,901,373
1935	477,536	837,536	300,000	2,500,000	7,562,500	2,500,000	142,705	3,381,403	57,880,798	73,709,555
1936	556,587	1,036,587	350,000	2,500,000	8,000,000	3,000,000	149,292	3,498,422	65,971,568	84,277,804
1937	621,633	1,162,633	375,000	2,500,000	7,250,000	3,000,000	170,925	4,122,466	65,149,365	85,001,578
1938	573,147	897,147	350,000	2,500,000	7,625,000	3,000,000	169,072	4,453,105	65,974,635	86,120,381
1939	563,860	751,860	350,000	2,500,000	6,375,000	3,000,000	157,932	4,502,222	70,229,165	90,298,959
1940	561,837	751,837	350,000	2,500,000	6,312,500	3,000,000	144,769	4,801,718	87,897,000	106,996,439
1941	560,740	743,740	350,000	2,500,000	7,375,000	3,000,000	155,509	5,037,400	105,494,024	125,266,531

付　録　613

年							
1942	568,326	765,326	350,000	2,500,000	6,789,063	3,000,000	173,835	5,325,915	136,357,457	153,271,783
1943	567,351	767,351	350,000	2,500,000	7,781,250	3,000,000	191,187	5,619,772	156,883,852	174,874,411
1944	557,807	659,807	350,000	2,500,000	8,671,875	3,500,000	198,994	5,282,000	178,311,006	197,265,592
1945	661,299	993,299	425,000	2,500,000	9,914,063	4,000,000	185,293	5,152,000	213,629,957	237,324,292
1946	819,014	1,680,439	500,000	2,500,000	14,375,000	4,000,000	179,307	5,494,000	226,336,829	255,420,502
1947	672,691	2,284,682	500,000	2,500,000	14,500,000	5,000,000	201,998	6,190,000	278,860,229	327,774,855
1948	715,834	2,300,509	500,000	2,500,000	12,750,000	5,000,000	192,832	4,684,000	243,447,780	281,085,232
1949	760,692	2,220,235	500,000	5,000,000	10,250,000	5,000,000	178,524	4,284,000	232,677,245	269,712,508
1950	809,224	2,221,852	500,000	5,000,000	10,750,000	5,000,000	170,873	5,640,000	272,760,089	330,275,676
1951	911,999	2,813,592	500,000	5,000,000	9,250,000	5,000,000	220,372	4,627,000	268,171,701	325,645,970
1952	594,762	2,104,762	562,500	5,000,000	7,875,000	6,000,000	310,447	4,571,000	285,166,557	338,020,363
1953	635,811	1,520,712	787,500	7,000,000	12,460,000	7,000,000	338,133	5,538,340	292,028,425	363,643,250
1954	787,945	1,857,054	875,000	7,000,000	13,300,000	7,000,000	581,703	6,461,456	301,743,703	322,283,560
1955	823,359	1,806,200	1,125,000	9,000,000	16,875,000	8,750,000	458,187	6,575,470	314,669,176	340,392,541
1956	815,669	1,472,373	1,125,000	9,000,000	15,300,000	8,850,000	470,854	7,162,463	332,563,381	366,988,042
1957	876,548	1,994,161	1,145,000	9,160,000	15,114,000	8,850,000	479,021	8,377,115	332,965,240	360,755,389
1958	1,080,864	1,930,864	1,448,000	11,000,000	21,037,500	10,440,000	540,160	8,673,848	333,102,387	373,080,360
1959	1,180,968	2,055,968	1,540,000	11,000,000	27,637,500	10,600,000	567,878	9,283,718	345,489,682	413,090,634
1960	1,338,862	2,918,862	1,650,000	11,000,000	19,800,000	10,850,000	596,115	10,306,582	376,402,196	408,340,627
1961	1,306,899	3,336,899	1,925,000	11,000,000	22,550,000	16,599,328	626,329	9,663,425	374,012,997	457,178,431
1962	1,236,223	1,722,223	1,650,000	11,000,000	24,337,500	16,699,328	701,927	9,770,672	413,371,609	509,234,792
1963	1,906,647	2,406,647	2,038,750	11,650,000	27,523,125	18,349,328	832,636	9,891,480	467,492,938	612,146,704
1964	2,333,267	2,983,267	2,038,750	11,650,000	32,037,500	19,124,328	884,791	10,956,026	548,558,929	779,970,025
1965	3,477,071	3,503,905	3,127,609	17,872,609	49,371,538	28,668,774	1,111,892	11,668,431	716,774,052	892,230,167
1966	3,802,242	4,382,242	3,127,609	17,872,050	46,690,731	29,081,244	1,161,247	13,582,760	826,368,271	1,220,821,369
1967	4,272,195	5,655,195	3,127,609	17,872,050	68,472,292	33,764,721	1,312,664	n.a.	1,031,226,266	1,535,464,836
1968	4,752,835	n.a.	3,216,969	26,808,075	81,094,427	26,347,697	1,349,456	n.a.	1,304,948,705	1,805,679,067
1969	6,390,664	n.a.	3,980,808	26,808,075	70,036,096	39,306,168	1,589,199	n.a.	1,515,457,419	

(注) 1919年まで会計年度末は12月であり、その後は3月である。したがって、1920年度は15ヵ月分である。1961年より連結決算となっている。1969年末にチャータード銀行と合併した。スタンダード・チャータード銀行を参照のこと。

n.a. は、利用不可能であることを示す。

スタンダード・チャータード銀行

年度	公表純利益	実質利益	支払配当金（総額）	払込済資本金	時価総額：資本金	公表準備金	利益剰余金	内部積立金	預金	バランス・シート総計
1970	16,376,000	n.a.	7,809,703	52,065,000	105,431,625	103,111,000	10,128,000	n.a.	2,335,907,000	2,524,509,000
1971	18,951,000	n.a.	7,289,000	52,065,000	182,227,500	108,983,000	19,762,000	n.a.	2,422,449,000	2,622,235,000
1972	20,621,000	n.a.	6,295,000	52,065,000	283,754,250	131,403,000	14,326,000	n.a.	3,006,541,000	3,235,346,000
1973	34,595,000	n.a.	7,362,000	60,096,000	195,312,000	168,897,000	27,233,000	n.a.	4,265,231,000	4,578,901,000
1974	25,029,000	n.a.	7,989,000	60,096,000	117,187,200	186,186,000	17,040,000	n.a.	4,968,169,000	5,307,300,000
1975	34,463,000	n.a.	10,276,000	69,110,000	331,728,000	235,123,000	24,187,000	n.a.	5,014,996,000	6,680,113,000

（注）1978年まで会計年度末は3月である（すなわち、1977年度末は1978年3月までの数値である）。その後は、12月であり、そのため1978年度は9ヵ月分である。
1972年より配当金が切りえられておらず、それらは実際の支払い総額に反映している。
n.a.＝連結決算は、完全な情報開示に基づき作成されているので、該当しない。

614

付録 615

表 A5-2 業績比率 (1913年の物価基準で調整した実質値)

銀行名	支払われた100ポンドごとの正味現在価値		期間ごとの年平均		
	割引率	支払配当(総額)	平均配当	平均利回り	平均配当
	%	£	£/一株	%	%
期間1：1890-5	3.8				
ロンドン・アンド・リバープレート銀行		62.15	1.99	5.6	13.3
インド・ナショナル銀行		54.97	0.94	6.0	6.3
ロンドン・アンド・ブラジル銀行		46.08	1.66	8.1	13.9
サウス・アフリカ・スタンダード銀行		37.53	4.29	6.6	14.3
アングロ-エジプト銀行		14.88	0.36	6.8	6.1
チャータード銀行		14.58	1.79	6.4	7.5
イオニア銀行		-6.71	1.39	7.5	4.7
ブリティッシュ・ノース・アメリカ銀行		-12.54	3.83	4.6	6.4
ニュージーランド・ナショナル銀行		-14.26	0.14	10.6	4.6
コロニアル銀行		-15.73	3.70	7.5	10.3
香港アンド上海銀行		-26.14	3.21	6.4	16.8
オーストラレイシア銀行		-31.73	4.53	5.0	9.5
タラパカ・アンド・ロンドン銀行		-44.34	0.22	5.8	3.8
ペルシャ・インペリアル銀行		-52.38	0.47	6.6	4.2
ミッドランド銀行		46.24	2.29	5.1	15.0
ロイズ銀行		22.27	1.49	4.7	15.5
期間2：1896-1913	0.3				
ブリティッシュ・ウエスト・アフリカ銀行(1894-)		5,519.75	0.35	5.3	8.1
タラパカ・アンド・ロンドン／アングロ-サウス・アメリカ銀行		1,831.20	0.45	6.1	8.2
ニュージーランド・ナショナル銀行		904.55	0.31	5.9	10.9
インド・ナショナル銀行		464.65	1.59	4.3	11.3
アングロ-エジプト銀行		344.61	0.68	5.5	12.1
チャータード銀行		334.14	2.72	5.0	12.1
香港アンド上海銀行		291.83	4.27	5.2	31.8
オーストラレイシア銀行		276.36	5.23	5.2	11.5
ロンドン・アンド・ブラジル銀行		252.58	1.68	6.3	15.0
イオニア銀行		203.81	0.43	6.1	5.3
ペルシャ・インペリアル銀行		196.95	0.45	7.2	6.1
モーリシャス銀行 (-1915)		159.58	0.74	5.8	6.6
サウス・アフリカ・スタンダード銀行		152.35	2.76	5.4	14.6
ロンドン・アンド・リバープレート銀行		147.78	2.92	4.9	19.1
マーカンタイル銀行		119.53	0.75	4.6	5.3
ブリティッシュ・ノース・アメリカ銀行		100.20	3.58	4.6	6.3
コロニアル銀行		62.33	0.47	6.9	6.3
イースタン銀行		13.22	0.21	3.7	5.0
イングリッシュ,スコティッシュ・アンド・オーストラリア銀行		-2.00	0.49	12.8	3.0
ミッドランド銀行		488.77	2.63	4.8	17.9
ロイズ銀行		261.78	1.61	4.6	17.9
期間3：1914-20	-12.2				
アングロ-エジプト銀行		253.25	0.56	5.5	16.2
アングロ-サウス・アメリカ銀行		184.69	0.36	6.9	10.9
マーカンタイル銀行		165.37	0.91	5.5	12.0

表 A5-2 （続き）

銀行名	支払われた100ポンドごとの正味現在価値		期間ごとの年平均		
	割引率 %	支払配当（総額）£	平均配当 £/一株	平均利回り %	平均配当 %
ブリティッシュ・ウエスト・アメリカ銀行		135.24	0.19	4.9	7.4
イングリッシュ、スコティッシュ・アンド・オーストラリア銀行		122.76	0.70	5.8	8.4
チャータード銀行		116.20	1.07	4.6	15.3
インド・ナショナル銀行		108.42	1.38	4.7	16.8
コロニアル銀行		104.10	0.30	7.2	7.6
ロンドン・アンド・ブラジル銀行（-1922）		75.61	1.00	6.4	15.6
ニュージーランド・ナショナル銀行		66.78	0.22	6.1	13.1
香港アンド上海銀行		61.32	3.85	6.3	32.8
サウス・アフリカ・スタンダード銀行		57.52	0.52	6.9	15.2
イオニア銀行		54.07	0.21	6.8	6.0
オーストラレイシア銀行		40.88	4.48	5.9	16.6
イースタン銀行		40.31	0.17	4.8	6.0
ペルシャ・インペリアル銀行		15.58	0.26	5.0	5.7
ブリティッシュ・ノース・アメリカ銀行（-1917）		-3.76	3.29	5.6	7.5
ロンドン・アンド・リバープレート銀行		-6.95	1.61	5.8	15.0
ロイズ銀行		111.00	0.32	6.1	18.4
ミッドランド銀行		110.82	0.29	5.8	18.0
期間4：1921-9	15.5				
イングリッシュ、スコティッシュ・アンド・オーストラリア銀行		166.20	0.22	4.9	11.8
ニュージーランド・ナショナル銀行		51.89	0.20	5.0	13.7
ペルシャ・インペリアル銀行		47.99	0.31	6.2	8.3
ロンドン・アンド・リバープレート銀行(-1923)		35.51	0.86	3.9	9.8
イオニア銀行		33.86	0.21	6.3	7.2
イースタン銀行		16.34	0.26	7.6	9.0
サウス・アフリカ・スタンダード銀行		11.44	0.45	6.1	15.7
マーカンタイル銀行		10.85	0.80	6.5	16.0
香港アンド上海銀行		7.11	4.38	6.2	57.5
ロイズ、ナショナル・プロヴィンシャル外国銀行		3.17	0.51	3.8	3.8
インド・ナショナル銀行		-3.11	1.42	5.4	20.0
オーストラレイシア銀行		-4.78	0.38	5.0	13.3
チャータード銀行		-5.05	0.58	5.1	20.3
アングロ-サウス・アメリカ銀行		-13.15	0.30	6.8	10.6
バークレイズ (DCO)（1926-）		-14.96	0.03	3.8	5.3
P&O バンキング・コーポレーション（1920-）		-15.99	0.28	4.9	5.1
Bolsa (1924-)		-18.83	0.33	5.6	11.1
ブリティッシュ・ウエスト・アフリカ銀行		-23.42	0.12	5.2	5.4
コロニアル銀行（-1925）		-45.91	0.24	8.5	7.3
ミッドランド銀行		11.61	0.24	5.0	18.0
ロイズ銀行		-2.97	0.09	5.5	16.1
期間5：1930-8	9.7				
P&O バンキング・コーポレーション（-1937）		22.41	0.32	5.5	4.9
イラン・インペリアル銀行		13.16	0.44	5.6	8.8

表 A5-2　（続き）

銀行名	支払われた100ポンドごとの正味現在価値		期間ごとの年平均		
	割引率 %	支払配当（総額）£	平均配当 £/一株	平均利回り %	平均配当 %
バークレイズ（DCO）		-1.40	0.04	3.5	6.3
イースタン銀行		-5.76	0.23	5.8	7.0
ブリティッシュ・ウエスト・アフリカ銀行		-7.85	0.11	4.5	4.3
マーカンタイル銀行		-13.74	0.71	5.4	12.4
サウス・アフリカ・スタンダード銀行		-20.48	0.41	4.6	12.5
インド・ナショナル銀行		-21.09	1.52	5.7	18.7
オーストラレイシア銀行		-23.49	0.27	4.9	8.4
香港アンド上海銀行		-23.82	3.80	5.4	70.0
Bolsa		-36.96	0.14	4.1	4.2
チャータード銀行		-42.53	0.46	5.2	14.2
イングリッシュ,スコティッシュ・アンド・オーストラリア銀行		-45.64	0.13	4.2	6.5
イオニア銀行		-48.02	0.09	6.1	2.6
ニュージーランド・ナショナル銀行		-61.30	0.08	4.5	5.1
アングロ-サウス・アメリカ銀行(-1935)		-79.48	0.09	4.4	2.3
ロイズ,ナショナル・プロヴィンシャル外国銀行		-177.77	-4.63	-14.2	-14.2
ミッドランド銀行		-15.20	0.21	4.2	16.2
ロイズ銀行		-26.52	0.08	4.3	11.8
期間6：1939-46	-0.3				
ブリティッシュ・ウエスト・アフリカ銀行		133.38	0.09	4.1	4.5
イースタン銀行		104.47	0.13	4.6	5.5
サウス・アフリカ・スタンダード銀行		93.92	0.35	4.6	15.0
ニュージーランド・ナショナル銀行		78.24	0.05	6.0	4.1
バークレイズ（DCO）		74.12	0.03	3.0	7.1
イラン・インペリアル銀行		69.83	0.43	6.9	9.0
イングリッシュ,スコティッシュ・アンド・オーストラリア銀行		62.56	0.10	5.4	6.8
イオニア銀行		61.77	0.04	4.0	1.8
Bolsa		53.59	0.14	4.0	5.7
オーストラレイシア銀行		43.68	0.17	5.3	7.3
インド・ナショナル銀行		31.51	0.88	5.6	14.8
チャータード銀行		23.00	0.17	4.1	7.4
マーカンタイル銀行		-6.68	0.35	4.6	8.4
香港アンド上海銀行		-15.22	0.86	2.4	23.5
ロイズ,ナショナル・プロヴィンシャル外国銀行		-29.28	0.06	0.3	0.3
ロイズ銀行		33.18	0.05	4.3	11.4
ミッドランド銀行		27.74	0.14	4.0	16.0
期間7：1947-55	-6.3				
イオニア銀行 (-1957)		465.55	0.05	4.5	3.5
バークレイズ（DCO）		211.29	0.03	5.3	8.0
ミドル・イースト・ブリティッシュ銀行		170.28	0.06	6.3	9.1
マーカンタイル銀行		162.11	0.14	7.1	12.6
ニュージーランド・ナショナル銀行		144.86	0.05	5.7	7.4
ブリティッシュ・ウエスト・アフリカ銀行		124.36	0.06	4.6	8.8
チャータード銀行		95.67	0.08	6.3	13.5
イースタン銀行 (-1957)		89.67	0.10	4.5	6.9

表 A5-2　（続き）

銀行名	支払われた100ポンドごとの正味現在価値		期間ごとの年平均		
	割引率 %	支払配当（総額） £	平均配当 £/一株	平均利回り %	平均配当 %
サウス・アフリカ・スタンダード銀行		86.34	0.06	5.3	12.3
インド・ナショナル銀行		76.74	0.10	6.5	15.8
香港アンド上海銀行		65.18	1.52	5.2	64.2
ANZ (1951-)		62.53	0.03	6.0	10.4
イングリッシュ、スコティッシュ・アンド・オーストラリア銀行		59.21	0.10	5.5	10.6
Bolsa		56.31	0.10	5.7	6.4
オーストラレイシア銀行 (-1950)		44.23	0.16	4.6	9.2
ロイズ、ナショナル・プロヴィンシャル外国銀行		18.93	0.00	0.0	0.0
ロイズ銀行		61.30	0.04	4.2	11.8
ミッドランド銀行		26.53	0.10	4.2	16.4
期間8：1956-69	-2.0				
Bolsa (-1970)		1,192.00	0.02	4.6	9.3
チャータード銀行		761.72	0.03	5.5	15.0
イングリッシュ、スコティッシュ・アンド・オーストラリア銀行		750.38	0.02	4.8	9.6
ナショナル・アンド・グリンドレイズ		736.03	0.02	6.1	14.7
香港アンド上海銀行		629.79	0.15	5.1	40.2
ANZ		539.46	0.02	4.4	11.7
サウス・アフリカ・スタンダード銀行		503.10	0.03	6.1	15.2
バークレイズ (DCO) (-1970)		479.91	0.02	4.7	10.5
ミドル・イースト・ブリティッシュ銀行 (-1959)		280.50	0.03	5.5	12.6
マーカンタイル銀行 (-1959)		241.87	0.03	5.7	12.7
ニュージーランド・ナショナル銀行 (-1964)		94.22	0.02	5.8	9.7
ブリティッシュ・ウエスト・アフリカ銀行 (-1964)		-15.71	0.02	6.8	10.0
ミッドランド銀行		482.66	0.03	4.3	15.4
ロイズ銀行		481.66	0.02	4.1	11.4
期間9：1970-5	-7.9				
香港アンド上海銀行		471.60	0.01	2.3	23.3
スタンダード・チャータード銀行		198.03	0.02	4.0	13.6
ANZ		74.24	0.01	3.1	9.4
ナショナル・アンド・グリンドレイズ		-62.51	0.02	7.6	13.0
ミッドランド銀行		93.55	0.01	4.0	13.1
ロイズ銀行		50.96	0.01	3.9	12.5

表 A5-3　収益性比率および資本比率(1913年の物価基準で調整した実質値)(単位：%)

銀行名	比率：株主資本に対する公表利益純額	比率：預金に対する払込済資本金
期間1：1890-5		
香港アンド上海銀行	14.6	9.2
ロンドン・アンド・ブラジル銀行	12.5	21.0
ロンドン・アンド・リバープレート銀行	12.0	10.3
サウス・アフリカ・スタンダード銀行	10.8	10.5
インド・ナショナル銀行	10.8	10.9
アングロ-エジプト銀行	8.8	50.3
コロニアル銀行	8.3	33.1
チャータード銀行	8.2	12.0
ニュージーランド・ナショナル銀行	6.6	14.9
オーストラレイシア銀行	6.3	11.8
ブリティッシュ・ノース・アメリカ銀行	5.3	47.8
タラパカ・アンド・ロンドン銀行	5.1	108.7
イオニア銀行	4.7	118.4
ペルシャ・インペリアル銀行	4.0	378.8
ロイズ銀行	10.7	6.9
ミッドランド銀行	9.7	8.7
期間2：1896-1913		
イングリッシュ、スコティッシュ・アンド・オーストラリア銀行	21.1	21.6
香港アンド上海銀行	15.8	5.6
インド・ナショナル銀行	13.3	7.2
ニュージーランド・ナショナル銀行	11.8	10.4
ロンドン・アンド・リバープレート銀行	11.5	6.3
アングロ-エジプト銀行	10.5	19.5
チャータード銀行	10.4	8.2
ロンドン・アンド・ブラジル銀行	10.0	18.6
ブリティッシュ・ウエスト・アフリカ銀行（1894-）	9.8	16.8
オーストラレイシア銀行	9.8	10.7
タラパカ・アンド・ロンドン／アングロ-サウス・アメリカ銀行	9.8	25.9
サウス・アフリカ・スタンダード銀行	8.4	7.9
マーカンタイル銀行	7.7	18.8
モーリシャス銀行（-1915）	7.7	53.1
イースタン銀行（1911-）	7.6	21.3
ブリティッシュ・ノース・アメリカ銀行	6.6	22.5
ペルシャ・インペリアル銀行	6.2	144.4
コロニアル銀行	5.6	31.2
イオニア銀行	5.5	37.8
ロイズ銀行	13.3	5.5
ミッドランド銀行	10.9	5.9

表 A5-3 　（続き）

銀行名	比率：株主資本に対する公表利益純額	比率：預金に対する払込済資本金
期間3：1914-20		
イングリッシュ、スコティッシュ・アンド・オーストラリア銀行	15.2	6.1
香港アンド上海銀行	13.9	4.4
インド・ナショナル銀行	12.8	4.9
マーカンタイル銀行	11.3	6.7
チャータード銀行	11.2	5.1
サウス・アフリカ・スタンダード銀行	11.0	5.0
ニュージーランド・ナショナル銀行	11.0	13.3
アングロ-エジプト銀行	9.5	6.1
アングロ-サウス・アメリカ銀行	9.0	13.1
ブリティッシュ・ウエスト・アフリカ銀行	8.9	15.1
コロニアル銀行	8.7	15.5
オーストラレイシア銀行	8.6	10.0
イースタン銀行	8.2	12.4
イオニア銀行	7.5	10.2
ロンドン・アンド・リバープレート銀行	7.5	7.3
ロンドン・アンド・ブラジル銀行（-1922）	7.1	11.2
ブリティッシュ・ノース・アメリカ銀行（-1917）	6.3	10.2
ペルシャ・インペリアル銀行	6.1	50.0
ミッドランド銀行	16.1	2.6
ロイズ銀行	14.2	3.5
期間4：1921-9		
香港アンド上海銀行	14.2	3.7
イングリッシュ、スコティッシュ・アンド・オーストラリア銀行	11.1	7.5
インド・ナショナル銀行	10.5	6.1
チャータード銀行	10.3	6.7
サウス・アフリカ・スタンダード銀行	10.2	4.6
マーカンタイル銀行	10.0	7.8
ペルシャ・インペリアル銀行	10.0	12.9
ロイズ、ナショナル・プロヴィンシャル外国銀行	10.0	4.8
イースタン銀行	8.7	17.4
バークレイズ（DCO）（1926-）	8.3	8.9
コロニアル銀行（-1925）	8.0	13.6
オーストラレイシア銀行	7.9	13.9
ニュージーランド・ナショナル銀行	7.8	15.7
イオニア銀行	7.3	14.3
ブリティッシュ・ウエスト・アフリカ銀行	6.9	17.7
Bolsa（1924-）	6.2	8.5
アングロ-サウス・アメリカ銀行	5.8	9.7
ロンドン・アンド・リバープレート銀行（-1923）	4.9	7.4
P&Oバンキング・コーポレーション（1920-）	4.5	32.3

表 A5-3　(続き)

銀行名	比率：株主資本に対する公表利益純額	比率：預金に対する払込済資本金
ミッドランド銀行	10.2	8.9
ロイズ銀行	9.9	4.4
期間5：1930-8		
香港アンド上海銀行	11.7	2.4
インド・ナショナル銀行	10.1	6.8
サウス・アフリカ・スタンダード銀行	9.5	4.3
イースタン銀行	7.9	15.2
マーカンタイル銀行	7.6	7.7
チャータード銀行	7.5	6.6
バークレイズ (DCO)	6.0	6.0
Bolsa	5.8	8.6
イングリッシュ、スコティッシュ・アンド・オーストラリア銀行	5.3	9.5
イラン・インペリアル銀行	4.9	23.5
ロイズ、ナショナル・プロヴィンシャル外国銀行	4.4	9.5
オーストラレイシア銀行	4.4	11.9
P&O バンキング・コーポレーション (-1937)	3.8	36.9
ブリティッシュ・ウエスト・アフリカ銀行	3.7	17.2
ニュージーランド・ナショナル銀行	3.4	14.8
アングロ-サウス・アメリカ銀行 (-1935)	3.4	19.9
イオニア銀行	2.6	18.6
ミッドランド銀行	8.8	6.0
ロイズ銀行	6.9	4.2
期間6：1939-46		
サウス・アフリカ・スタンダード銀行	10.1	1.8
インド・ナショナル銀行	9.9	4.2
Bolsa	9.1	4.9
マーカンタイル銀行	7.0	3.9
イラン・インペリアル銀行	6.5	8.3
イースタン銀行	6.0	5.8
チャータード銀行	5.4	3.9
バークレイズ (DCO)	5.2	2.2
ブリティッシュ・ウエスト・アフリカ銀行	5.1	9.2
香港アンド上海銀行	4.7	2.0
イングリッシュ、スコティッシュ・アンド・オーストラリア銀行	3.6	5.9
オーストラレイシア銀行	3.2	8.2
イオニア銀行	3.1	15.4
ニュージーランド・ナショナル銀行	2.7	10.5
ロイズ、ナショナル・プロヴィンシャル外国銀行	1.7	15.7
ミッドランド銀行	7.1	2.3
ロイズ銀行	5.6	2.4

表 A5-3 　（続き）

銀行名	比率：株主資本に対する公表利益純額	比率：預金に対する払込済資本金
期間7：1947-55		
香港アンド上海銀行	13.6	0.9
ブリティッシュ・ウエスト・アフリカ銀行	8.8	2.6
チャータード銀行	8.1	2.0
マーカンタイル銀行	7.2	2.0
インド・ナショナル銀行	7.1	2.0
サウス・アフリカ・スタンダード銀行	6.6	1.9
ニュージーランド・ナショナル銀行	5.5	4.2
イースタン銀行（-1957）	5.3	3.4
Bolsa	5.0	3.9
ミドル・イースト・ブリティッシュ銀行	5.0	3.5
バークレイズ（DCO）	4.6	2.0
イングリッシュ、スコティッシュ・アンド・オーストラリア銀行	4.5	3.0
イオニア銀行（-1957）	4.3	6.1
ANZ（1951-）	4.0	3.4
オーストラレイシア銀行（-1950）	3.7	4.4
ロイズ、ナショナル・プロヴィンシャル外国銀行	2.2	6.3
ミッドランド銀行	7.5	2.0
ロイズ銀行	6.0	1.4
期間8：1956-69		
香港アンド上海銀行	16.4	1.4
チャータード銀行	8.4	2.1
ナショナル・アンド・グリンドレイズ	7.3	1.9
ANZ	7.3	2.7
ミドル・イースト・ブリティッシュ銀行(-1959)	7.1	3.0
サウス・アフリカ・スタンダード銀行	6.9	2.3
バークレイズ（DCO）(-1970)	6.8	2.0
ブリティッシュ・ウエスト・アフリカ銀行(-1964)	6.6	5.1
Bolsa（-1970）	6.6	3.9
マーカンタイル銀行（-1959）	6.1	3.8
ニュージーランド・ナショナル銀行(-1964)	5.2	4.8
イングリッシュ、スコティッシュ・アンド・オーストラリア銀行	4.4	3.7
ミッドランド銀行	10.3	2.1
ロイズ銀行	7.3	2.8
期間9：1970-5		
香港アンド上海銀行	17.2	1.9
ANZ	12.0	1.6
スタンダード・チャータード銀行	10.7	1.6
ナショナル・アンド・グリンドレイズ	-1.0	1.1
ミッドランド銀行	11.1	1.8
ロイズ銀行	9.4	1.6

付録 623

表 A5-4 利益率比較 (単位: %)

銀行名	比率：株主資本に対する公表利益	比率：株主資本＋内部積立金に対する公表利益	比率：株主資本に対する実質利益	比率：株主資本＋内部積立金に対する実質利益
期間1：1890-5				
チャータード銀行	8.2	7.9	9.0	8.7
コロニアル銀行（1891-）	8.0	7.8	12.9	12.5
期間2：1896-1913				
イングリッシュ、スコティッシュ・アンド・オーストラリア銀行	21.4	11.9	n.a.	n.a.
ロンドン・アンド・リバープレート銀行	11.5	9.5	13.9	11.5
チャータード銀行	10.4	9.2	11.9	11.3
マーカンタイル銀行（1900-）	8.5	7.7	n.a.	n.a.
サウス・アフリカ・スタンダード銀行	8.0	6.4	10.2	8.2
モーリシャス銀行（1907-）	6.9	6.7	9.5	9.2
ペルシャ・インペリアル銀行（1906-）	6.6	6.1	8.2	7.5
イオニア銀行（1901-）	5.9	5.3	8.9	7.9
コロニアル銀行	5.6	5.3	8.7	8.4
期間3：1914-20				
イングリッシュ、スコティッシュ・アンド・オーストラリア銀行	15.2	10.3	n.a.	n.a.
香港銀行（1918-）	14.4	10.9	n.a.	n.a.
マーカンタイル銀行	11.3	9.3	n.a.	n.a.
チャータード銀行	11.2	9.2	11.9	9.8
サウス・アフリカ・スタンダード銀行	11.0	8.5	16.0	12.3
コロニアル銀行（-1919）	8.7	7.3	10.7	9.1
イオニア銀行	7.5	6.3	13.0	11.0
ロンドン・アンド・リバープレート銀行	7.5	6.7	10.3	9.2
ペルシャ・インペリアル銀行	6.1	5.3	9.9	8.5
期間4：1921-9				
香港銀行	14.2	11.7	n.a.	n.a.
イングリッシュ、スコティッシュ・アンド・オーストラリア銀行	11.1	8.3	n.a.	n.a.
チャータード銀行	10.3	9.1	9.6	8.5
サウス・アフリカ・スタンダード銀行	10.2	7.7	13.3	10.2
マーカンタイル銀行	10.0	8.1	n.a.	n.a.
ペルシャ・インペリアル銀行	10.0	5.5	23.7	13.1
ロイズ、ナショナル・プロヴィンシャル外国銀行	8.9	8.1	11.3	10.2
バークレイズ（DCO）（1926-）	8.3	6.8	13.6	11.2
イオニア銀行	7.3	5.9	11.8	9.5
Bolsa（1925-）	6.4	6.0	7.9	7.5
期間5：1930-8				
香港銀行	11.7	10.2	n.a.	n.a.
サウス・アフリカ・スタンダード銀行	9.5	6.0	14.7	9.4
イースタン銀行（1931-）	7.9	6.8	7.4	6.2
マーカンタイル銀行	7.6	6.0	n.a.	n.a.
チャータード銀行	7.5	6.5	5.9	5.1
バークレイズ（DCO）	6.0	4.0	12.1	8.0

表 A5-4 利益率比較(単位:%) （続き）

銀行名	比率：株主資本に対する公表利益	比率：株主資本＋内部積立金に対する公表利益	比率：株主資本に対する実質利益	比率：株主資本＋内部積立金に対する実質利益
Bolsa	5.8	4.2	2.5	1.8
イングリッシュ、スコティッシュ・アンド・オーストラリア銀行	5.3	3.8	n.a.	n.a.
イラン・インペリアル銀行	4.9	2.6	6.4	3.4
イオニア銀行	2.6	2.1	6.5	5.2
ロイズ、ナショナル・プロヴィンシャル外国銀行	0.0	0.0	-0.7	-0.7
期間6：1939-46				
サウス・アフリカ・スタンダード銀行	10.1	5.4	14.9	8.0
Bolsa	9.1	5.6	12.1	7.5
マーカンタイル銀行	7.0	4.6	9.8	6.4
イラン・インペリアル銀行	6.5	3.7	8.6	4.9
イースタン銀行	6.0	4.8	10.0	8.0
チャータード銀行	5.4	4.3	9.9	7.7
バークレイズ（DCO）	5.2	3.1	10.0	6.1
ブリティッシュ・ウエスト・アフリカ銀行	5.1	3.7	6.6	4.8
イングリッシュ、スコティッシュ・アンド・オーストラリア銀行(-1941)	4.4	3.0	n.a.	n.a.
イオニア銀行	3.1	2.7	6.6	5.8
ロイズ、ナショナル・プロヴィンシャル外国銀行	1.9	1.5	2.4	1.9
期間7：1947-55				
香港銀行	13.6	n.a.	25.8	n.a.
ブリティッシュ・ウエスト・アフリカ銀行	8.8	5.0	16.3	9.3
チャータード銀行	8.1	5.4	19.3	12.7
マーカンタイル銀行	7.2	3.4	19.4	9.0
サウス・アフリカ・スタンダード銀行	6.6	4.5	18.3	12.5
イースタン銀行(-1957)	5.3	3.9	5.9	4.3
ミドル・イースト・ブリティッシュ銀行	5.0	3.0	10.2	6.2
Bolsa	5.0	3.1	7.8	4.8
バークレイズ（DCO）	4.6	3.2	13.4	9.4
イオニア銀行(-1957)	4.3	3.1	8.3	5.9
ロイズ、ナショナル・プロヴィンシャル外国銀行(-1954)	2.1	1.6	5.3	3.9
期間8：1956-69				
香港銀行(-1961)	13.5	n.a.	23.7	n.a.
チャータード銀行	8.4	4.9	17.0	9.9
ミドル・イースト・ブリティッシュ銀行(-1959)	7.1	4.8	17.1	11.7
ブリティッシュ・ウエスト・アフリカ銀行(-1964)	6.6	4.0	13.0	7.4
スタンダード銀行(-1966)	6.1	4.5	9.0	6.7
マーカンタイル銀行(-1959)	6.1	3.4	12.5	6.9
バークレイズ（DCO）(-1960)	5.4	n.a.	14.3	n.a.
Bolsa(-1960)	5.3	3.8	11.1	7.9

(注) n.a. は、利用不可能であることを示す。

図 A5-1　イギリス海外銀行サンプルとイングランドおよび
　　　　 ウェールズの共同出資銀行の収益性比較（1890～1939年）

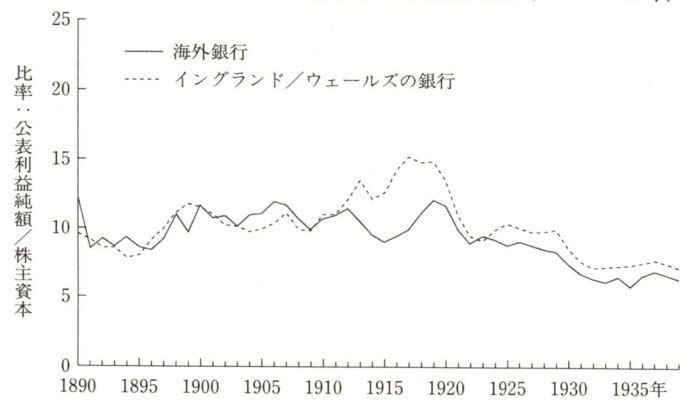

比率：公表利益純額／株主資本

　　　―――― 海外銀行
　　　‐‐‐‐‐ イングランド／ウェールズの銀行

図 A5-2　上位および下位の海外銀行サンプルとイングランドおよび
　　　　 ウェールズの共同出資銀行の収益性比較（1890～1939年）

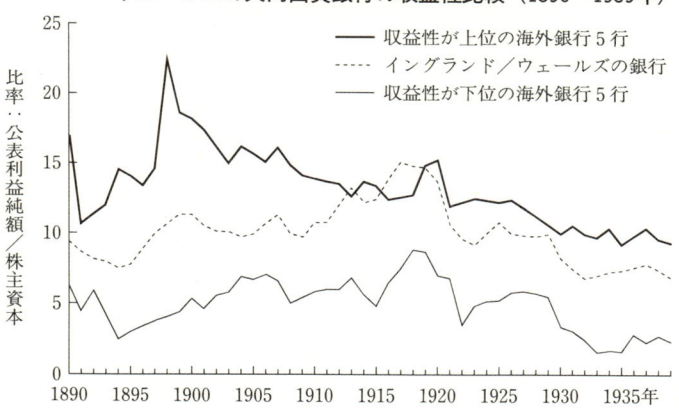

比率：公表利益純額／株主資本

　　　―――― 収益性が上位の海外銀行5行
　　　‐‐‐‐‐ イングランド／ウェールズの銀行
　　　―――― 収益性が下位の海外銀行5行

5.2 注　釈

業績および収益性分析からの主な結果は、本文にて確認される。ここでは、いくつかの補足的な所見を述べる。

ここでのNPV分析は、各期間において金融機関ごとに幅広いばらつきがあり、収益性比率とのわずかな相関があることが明らかになった。最も多くの期間において「スター」であったブリティッシュ・ウエスト・アフリカ銀行（1896～1913年、また1939～46年）、アングロ-エジプト銀行（1914～20年）、イオニア銀行（1947～55年）は、イギリス多国籍銀行における主役ではなかった。投資額100ポンドごとのNPVの順位は、単に投資実績を示しており、銀行の基礎をなす財務上の強さを必ずしも反映しない。基本的に、正のNPVはコンソル公債への投資から得られる利益と比較して、「良好な」投資実績を示す。NPVは、投資価値を予定収益利率で測定し、その計算における主要な変数は各期間の期首および期末の銀行株式の時価および支払配当である。この株式の時価で、購入および売却価格を仮定する。また、支払配当は株主に対する収入を示したものである。高収益を求める投資家が、急速な成長期をまさに迎えた銀行ではなくて、開業したばかりの銀行や難局を切り抜けた銀行の株式を購入するよう助言され、その銀行を株式市場が高く評価することは明白である。こうした説明は1896～1913年のNPVの順位で上位すべての銀行に当てはまり、ブリティッシュ・ウエスト・アフリカ銀行、アングロ-サウス・アメリカ銀行、ニュージーランド・ナショナル銀行である。個人投資家にとっての問題は、いつものように、成長の見込みの予測に関するものである。モーリシャス銀行は、ブリティッシュ・ウエスト・アフリカ銀行のように、1890年代の「新参者」であったが、同行の支払配当額や資本増加は、決して高くなかった。

また、他行に買収された銀行の株主は、利益を得る傾向にあるのは明らかである。それは、支払われた買収価格が、合併の結果として得られるであろう将来の多額の利益に対する買収者の期待を反映し、被買収者の株式における実際の時価をしばしば上回るからである。バークレイズによるアングロ-エジプト銀行の買収は、1914～20年の期間に同行のNPVの順位の高さに反映された。1947～55年のイオニアおよび続く期間のBolsaの高い順位もまた、こうした事象に関連づけられる。当然、1930年代のアングロ-サウス・アメリカ銀行の株主に対するこうした報酬はなかった。

株主にとって、海外銀行株式は、この分析に含まれているクリアリング・バンク2行の株式よりもさらに「危険」である。業績の低迷する時期において、2つの国内銀行の株主は比較的良い収益を得ていたが、業績が良好な時期には、多国籍銀行からの収益がはるかに高かった。すべての時期において、「上位の」海外銀行は、株主にとってクリアリング・バンク2行よりも高い収益を得た。反対に、業績の悪い海外銀行の株主は、国内銀行2行よりもさらにひどかった。

データは、イギリス多国籍銀行像が保守的な金融機関であることを立証している。多くの銀行の経営陣は、長期間にわたって、株主への分配を増やすよりもむしろ、危険や将来の不確実性に備えるために公表準備金を増やすことおよび補足的な内部積立金を生み出すことに努めた。銀行は、長い間に内部積立金を増やしたが、その優先順位は期間により異なった。1913年に9つのサンプル銀行の内部積立金は、公表準備金に対して45％であった。1928年にデータの存在する9つのサンプル銀行の内部積立金は、公表準備金の50％であり、また2つの銀行だけは、公表準備金より内部積立金が多かった。1955年に、この時の数値は10行がわかっているが、内部積立金の全体は公表準備金の約95％であった。そのうち4行においては内部積立金が公表準備金を上回っていた。

　本文では、アジア諸国の為替銀行が長期にわたりイギリス海外銀行の中で最も利益をあげるグループであったということを、公表準備金比率が示していることについてはすでに述べた。1914年以降、1939～46年を除き、為替銀行は少なくとも各期間で高い収益性比率を有する上位5行のうち3行を占めた。表A5-4で分析した現存する「実際の」データは、この解釈の決定的証拠を提供することはできない。インド・ナショナル銀行に関する情報が入手できず、香港銀行に関しては限られたデータしか入手できない。ほぼ一貫したデータが、チャータード銀行に関しては入手できる。これらは、株主資本に対する実質利益の比率が1890～95年、1896～1913年、1914～20年の期間で公表利益よりもやや高く、戦間期では悪かったということを示す。他のいくつかの銀行における実際の業績の方が、顕著に良好であった。しかし、チャータードの公表された比率もまた、1890年から1946年までに2度だけ、すなわち1914～20年と1921～29年に「上位5行」に入るのに十分であった。ただ面白いことに、「上位5行」の1行となった1930～38年におけるイースタン銀行の株主資本に対する実質利益の比率は、公表利益の比率よりも低かった。

　為替銀行の外見上の長期間の好業績は、本書で論じられたいくつかの要因により説明され得る。しかし、銀行の収益性に対する1つの重要な影響は、表A5-3で計算された預金に対する払込済資本の比率であるように思われる。一般に、例外もあるが、高い収益性と低い資本金／預金の比率との間に相関関係があった。為替銀行は、「新参」のイースタン銀行は例外として、低い比率となっていた。預金に対する払込済資本の比率は、銀行が最も効率の良い資金のバランスをとっているかどうかを測る尺度である。これは、資本の利用──配当の支払い──にかかわる費用が、預金を利用する費用──預金者に対する利息の支払い──よりもほとんどいつも大きいと仮定した場合である。

　図A5-1およびA5-2は、1890年から1939年まで概して類似した傾向を見せたサンプル海外銀行ならびにイングランドおよびウェールズの共同出資銀行の公表された収益性を示している。当初の海外銀行の収益性は、同時期の国内銀行の収益性を上回っていたが、1908年以降こうした状況はなくなった。こうした収益性の大きな相違は、第1次世界大戦

の時期に現われた。

　Lance E. Davis と Robert A. Huttenback は、その著書 *Mammon and the Pursuit of Empire*, p. 84, pp. 87-9 において、1860年から1912年までイギリス、諸外国、大英帝国で活動するイギリスの商業銀行の利益率を計算した。この計算は、収益性比率や本書で行われた NPV 分析と同じではない。Davis と Huttenback は、諸外国で活動する銀行が1880年から1894年まで最も高い利益率を上げていたが、それから1912年までは大英帝国の銀行は、諸外国やイギリスの銀行以上に高い利益率を上げていたことを示している。海外銀行11行は、彼らのサンプルに含まれており、その中にはイギリス系カリフォルニアの小規模銀行3行を含んでいる。

　ここでは、個別の銀行の収益性および業績に影響を及ぼす特有の要因を取り扱うことはしない。データは、事業集団の比較考察の一環として作られているのであり、それ自体は個別の銀行の自己完結した金融史を提供するためのものではない。個別の銀行の業績を追跡するためにこれらのデータを利用しようとする人は、付録で計算されたすべての比率を活用し——それはしばしば各銀行のさまざまな要素を説明している——、そして本文で述べた定性的考察との関連で統計データを用いることをお勧めする。

参考文献一覧

主要文献

　この本は、イギリス多国籍銀行の秘密資料を広範囲にわたり引用している。1つ大きな例外はあるが、それぞれの現存する関連の商業銀行の資料を調査した。その例外とは、香港銀行の歴史資料で、その銀行の歴史は F. H. H. キングが書いた4巻の歴史書で十分に研究されている。しかし、この研究資料がすべてを網羅しているわけではないということを強調しておかなければならない。いくつかの資料（特に ANZ とスタンダード・チャータード銀行の資料）は膨大であり、調査した資料はその内のわずかであった。資料へのアクセスの条件は銀行によって異なっている。これは、閲覧できる資料の種類や期間が、ともに制限されたためである。各銀行の資料室で閲覧した特定の資料の出典については、本書の脚注に表示している。

　イギリス多国籍銀行間で合併が数多く行われたことによって、多くの地域で、保管資料が集中するようになっていた。その結果、以下の説明は、個別の銀行ごとではなく、その記録の保管されている地域ごとに纏めている。ANZ や香港銀行を除き、すべての資料はイギリスに保管されている。

　アングロ-オーストラリア銀行の資料は、メルボルンの ANZ グループの資料室にある。オーストラレイシア銀行やイングリッシュ・スコティッシュ・アンド・オーストラリア銀行、オーストラリア・ユニオン銀行の資料は、主に戦間期について閲覧した。インド・ナショナル銀行やグリンドレイズ銀行の現存する資料も、ANZ グループの資料室で管理されている。しかし、調査時、それらは ANZ 銀行のロンドン事務所に保管されていた。1970年代以前からの2行の記録のいくつかはほとんど残っていなかったが、グリンドレイズの取締役会議事録は1940年代から現存しており、閲覧することができた。

　バークレイズ銀行 PLC の資料室で、バークレイズ銀行（フランス）、バークレイズ銀行（DCO）、コロニアル銀行の資料を閲覧した。調査時点では、極めて限られた範囲しか資料の閲覧ができなかったが、研究者たちのために、マンチェスター近郊のウィゼンショー事務所において、現存資料の公開に向けての準備を行っている。香港における香港銀行グループの資料室において、インド・マーカンタイル銀行の資料を広範囲にわたりに調査し、モーリシャス銀行の限られた資料もここで閲覧することができた。この資料室には、ブリティッシュ・ミドル・イースト銀行（この銀行の歴史の2冊の著作で使用された資料）や香港銀行の資料も保管されていた。

　ロンドンのロイズ銀行グループの資料室は、ロイズ銀行自身やロイズ・アンド・ナシ

ョナル・プロヴィンシャル外国銀行、コックス&コーポレーションを含むたくさんの銀行の資料が保管されていた。これらの資料も調査した。注目すべきは、ナショナル・ウエストミンスター銀行PLCの資料室にも、ロイズ・アンド・ナショナル・プロヴィンシャル外国銀行の重要な資料があった。これらの資料は、著者の以前の研究においても参考にしており、*Business History*, 24 (1982)に掲載された。ロイズにおいて、ニュージーランド・ナショナル銀行の財務データも閲覧した。ロイズにはまた、ロンドン・アンド・サウス・アメリカ銀行 (Bolsa) と、その前身であるロンドン・アンド・リバープレート銀行、ロンドン・アンド・ブラジル銀行、アングロ‐サウス・アメリカ銀行などの銀行に現存する歴史資料の一部が保管されていた。最も重要な資料には、1925年からのBolsa取締役会議事録も含まれており、Bolsaとその前身銀行の財務情報が詳細に記されている。僅かながら往復書簡が現存しており、これも閲覧することができた。

ロンドン・スクール・オブ・エコノミクス、イギリス政治経済学図書館には、イオニア銀行の数多くの歴史資料がある。それらも詳細に調査した。

ロンドンにあるミッドランド銀行の資料室で、ミッドランド銀行の関連資料も調査した。

調査時、スタンダード・チャータード銀行PLCの資料室には、アフリカン・バンキング・コーポレーションやブリティッシュ・ウエスト・アフリカ銀行、インド・チャータード銀行、オーストラリア・アンド・チャイナ・イースタン銀行、P&Oバンキング・コーポレーション、サウス・アフリカ・スタンダード銀行の歴史資料が保管してあった。それらも十分に調査したが、膨大な収集資料のために、ほんの一部しか見ることができなかった。調査が完了してから、この資料の一部はロンドンのギルドホール図書館に移管された。

ロンドンの大学にあるD. M. Sワトソン図書館には、ロンドン・アンド・サウス・アメリカ銀行とその前身銀行の現存資料の大部分がある。このほとんどの資料は支店間での、そしてラテンアメリカ支店とロンドン間での往復文書であり、その一部を閲覧した。

2つの公共図書館はこの研究に非常に重要であった。イングランド銀行の資料館もかなり頻繁に使用した。そこには1914年以降のイギリス多国籍銀行の歴史に関する重要な情報が保管されていた。ロンドン公文書館にあるイギリス政府の資料も有用であった。調査した主な資料は、商務省、植民省、外務省、財務省のものであった。

二次文献

この参考文献は、イギリス多国籍銀行の歴史および営業活動状況に最も関連する文献の手引書である。本文に引用されたすべての資料をリストアップしているわけでない。

A Bank in Battledress (London: Barclays (DCO), 1948).

A Banking Centenary: Barclays Bank (Dominion, Colonial and Overseas), 1836-1936 (London: Barclays, 1936).

Aliber, Robert Z., 'International Banking: A Survey', *Journal of Money, Credit and Banking*, 16 (4) (1984), 661-78.

Amphlett, G. T., *History of the Standard Bank of South Africa Ltd., 1862-1913* (Glasgow: Maclehose, 1914).

Appleyard, R T., and Schedvin, C. B. (eds.), *Australian Financiers* (Melbourne: Macmillan, 1988).

Arndt, H. W., *The Australian Trading Banks* (Melbourne: Cheshire, 1957).

Bagchi, A. K., 'Angro-Indian Banking in British India: From the Paper Pound to the Gold Standard', *Journal of Imperial and Commonwealth History*, 13 (3) (1985), 93-108.

—— *The Evolution of the State of India* (Bombay: Oxford University Press, 1987), Part 1 and 2.

—— *The Presidency Banks and the Indian Economy, 1876-1914* (Calcutta: Oxford University Press, 1989).

Baster, A. S. J., *The Imperial Banks* (London: King, 1929).

—— *The International Banks* (London: King, 1935).

Bird, Graham, *Commercial Bank Lending and Third World Debt* (London: Macmillan, 1989).

Bostock, Frances, 'The British Overseas Banks and Development Finance in Africa after 1945', *Business History*, 33 (1991), 157-76.

—— and Jones, Geoffrey, *Planning and Power in Iran* (London: Cass, 1989).

Burk, Kathleen, *Morgan Grenfell, 1838-1988* (Oxford: Oxford University Press, 1989).

Butlin, S. J., *Australia and New Zealand Bank* (London: Longman, 1961).

—— *The Australian Monetary System, 1851-1914* (Sydney, 1986).

Capie, Forrest, 'The Evolving Regulatory Framework in British Banking', in Martin Chick (ed.), *Governments, Industries and Markets* (Aldershot: Elgar, 1990).

—— 'Structure and Performance in British Banking, 1870-1939', in P. L. Cottrell and D. E. Moggridge (eds.) *Money and Power* (London: Macmillan, 1988).

Carosso, Vincent P., *The Morgans: Private International Bankers, 1854-1913* (Cambridge, Mass.: Harvard University Press, 1987).

Cassis, Youssef, *Les Banquiers de la City. à l'époque Edouardienne, 1890-1914* (Geneva: Librairie Droz, 1984).

Casson, Mark, 'Evolution of Multinational Banks: A Theoretical Perspective', in Geoffrey Jones (ed.), *Banks as Multinationals*.

Chandavarkar, 'Money and Credit, 1858-1974', in D. Kumar (ed.), *The Cambridge Economic History of India*, ii (Cambridge: Cambridge University Press, 1983).

Chandler, Alfred D., *Scale and Scope* (Cambridge, Mass.: Harvard University Press, 1990).

——*Strategy and Structure* (Cambridge, Mass.: MIT Press, 1962).

——*The Visible Hand* (Cambridge, Mass.: Harvard University Press, 1977).

Channon, Derek F., *British Banking Strategy and the International Challenge* (London: Macmillan, 1977).

——*Case in Bank Strategic Management and Marketing* (Chichester: Wiley, 1986).

——*Global Banking Strategy* (Chichester: Wiley, 1986).

Chapman, Stanley, *The Rise of Merchant Banking* (London: Allen and Unwin, 1984).

Chee Peng Lim, Phang Siew Nooi, and Boh, Margaret, 'The History and Development of the Hongkong and Shanghai Banking Corporation in Peninsular Malaysia', in F. H. H. King (ed.), *Eastern Banking*.

Clay, Christopher, 'The Imperial Ottoman Bank in the Later Nineteenth Century: A Multinational "National" Bank?', in Geoffrey Jones (ed.), *Banks as Multinationals*.

Cleveland, Harold Van B., and Huertas, Thomas F., *Citibank 1812-1970* (Cambridge, Mass.: Harvard University Press, 1985).

Collins, Michael, *Money and Banking in the UK: A History* (Beckenham: Croom Helm, 1988).

Collis, Maurice, *Wayfoong: The Hongkong and Shanghai Banking Corporation* (London: Faber & Faber, 1965).

Cottrell, P. L., 'Aspects of Western Equity Investment in the Banking Systems of East and Central Europe', in Alice Teichova and P. L. Cottrell (eds.), *International Business and Central Europe, 1918-1939* (Leicester: Leicester University Press, 1983).

——'The Coalescence of a Cluster of Corporate International Banks, 1855-1875', *Business History*, 33 (1991), 31-52.

——'London Financiers and Austria, 1863-1875: The Anglo-Austrian Bank', *Business History*, 11 (1969), 106-19.

Crossley, Sir Julian and Blandford, John, *The DCO Story* (London: Barclays Bank International Ltd., 1975).
Damanpour, Faramarz, *The Evolution of Foreign Banking Institutions in the United States* (New York: Quorum Books, 1990).
Davenport-Hines, R. P. T., *Dudley Docker* (Cambridge: Cambridge University Press, 1984).
——and Jones, Geoffrey (eds.) *British Business in Asia since 1860* (Cambridge: Cambridge University Press, 1989).
——(eds.), *The End of Insularity* (London: Cass, 1988).
Davis, Clarence B., 'Financing Imperialism: British and American Bankers as Vectors of Imperial Expansion in China, 1908-1920', *Business History Review*, 56 (1982), 236-64.
Davis, Lance E., and Huttenback, Robert A., *Mammon and the Pursuit of Empire* (Cambridge: Cambridge University Press, 1986).
Dayer, Roberta Allbert, *Finance and Empire: Sir Charles Addis, 1861-1945* (London: Macmillan, 1988).
Denison, Merrill, *Canada's First Bank: A History of the Bank of Montreal*, 2 vols. (Toronto: Dodd Mead, 1966).
Devlin, Robert, *Debt and Crisis in Latin America* (Princeton, NJ: Princeton University Press, 1989).
Fry, Richard, *Bankers in West Africa* (London: Hutchinson Benham, 1976).
——(eds.), *A Banker's World* (London: Hutchinson, 1970).
Fulford, Roger, *Glyn's, 1753-1953* (London: Macmillan, 1953).
Gilbert, R. S., 'London Financial Intermediaries and Australian Overseas Borrowing 1900-29', *Australian Economic History Review*, 11 (1971), 39-47.
Goldberg, Lawrence G., and Johnson, Denise, 'The Determinants of US Banking Activity Abroad', *Journal of International Money and Finance*, 9 (1990), 123-37.
Gonjo, Y., 'La Banque coloniale et l'État: la Banque de l'Indochine devant l'interventionnisme, 1917-1931', *Le Mouvement Social*, 142 (1988), 45-74.
Grady, John, and Weale, Martin, *British Banking, 1960-85* (London: Macmillan, 1986).
Graham, Richard, *Britain and the Onset of Modernisation in Brazil 1850-1914* (Cambridge: Cambridge University Press, 1968).
Gray, Jean M., and Gray, Peter H., 'The Multinational Bank: A Financial MNC?,

Journal of Banking and Finance, 5 (1981), 33-63.

Grubel. H. G., 'A Theory of Multinational Banking', *Banca Nazional del Lavoro*, 123 (1977), 349-63.

Hall, A. R., *The London Capital Market in Australia, 1870-1914* (Canberra: Australian National University, 1963).

Hawke. G.. R., *Between Governments and Banks: A History of the Reserve Bank of New Zealand* (Wellington: Shearer, 1973).

Henry, J. A., *The First Hundred Years of Standard Bank* (London: Oxford University Press, 1963).

Hertner, Peter, 'German Banks Abroad before 1914', in Geoffrey Jones (ed.), *Banks as Multinationals*.

——and Jones, Geoffrey (eds.), *Multinationals: Theory and History* (Aldershot: Gower, 1986).

Holder, R. F., *Bank of New South Wales: A History*, i and ii (Sydney: Angus and Robertson, 1970).

Holmes, A. R., and Green, Edwin, *Midland: 150 Years of Banking Business* (London: Batsford, 1986).

Huertas, Thomas F., 'US Multinational Banking: History and Prospects' in Geoffrey Jones (ed.), *Banks as Multinationals*.

Ionian Bank Ltd.: A History (London: Ionian Bank, 1953).

Jao, Y. C., 'Financing Hong Kong's Early Postwar Industrialization', in F. H. H. King (ed.), *Eastern Banking*.

——and King, F. H. H., *Money in Hong Kong* (Hong Kong: Centre of Asian Studies, University of Hong Kong, 1990).

Jones, Charles A., 'Commercial Banks and Mortgage Companies', in Platt (ed.), *Business Imperialism, 1840-1930*.

——'The Transfer of Banking Techniques from Britain to Argentina, 1862-1914', *Revue Internationale d'Histoire de la Banque*, 26-7 (1983), 251-64.

Jones, Geoffrey, *Banking and Empire in Iran* (Cambridge: Cambridge University Press, 1986).

——*Banking and Oil* (Cambridge: Cambridge University Press, 1987).

——'The British Government and Foreign Multinationals before 1970', in Martin Chick (ed.), *Governments, Industries and Markets* (Aldershot: Elgar, 1990).

——'Competition and Competitiveness in British Banking, 1918-71', in Geoffrey

Jones and Maurice Kirby (eds.), *Competitiveness and the State*.

—— 'International Financial Centres in Asia, the Middle East and Australia: A Historical Perspective', in Youssef Cassis (eds.), *Finance and Financiers in European History, 1880-1960* (Cambridge: Cambridge University Press, 1992).

—— 'Lombard Street on the Riviera: The British Clearing Banks and Europe, 1900-1960', *Business History*, 24 (1982), 186-210.

—— (ed.), *Banks as Multinationals* (London: Routledge, 1990).

—— (ed.), *Multinational and International Banking* (Aldershot:, Elgar, 1992).

—— and Kirby, Maurice (eds.), *Competitiveness and the State* (Manchester: Manchester University Press, 1991).

Jones, Stuart, 'The Apogee of Imperial Banks in South Africa: Standard and Barclays, 1919-1939', *English Historical Review*, 103 (1988), 892-916.

Jones, Stuart, (ed.), *Banking and Business in South Africa* (London: Macmillan, 1988).

Joslin, David, *A Century of Banking in Latin America* (London: Oxford University Press, 1963).

Kent, Marion, 'Agent of Empire? The National Bank of Turkey and British Foreign Policy', *Historical Journal*, 18 (1975), 367-89.

King, David J. S., 'China's First Public Loan: The Hongkong Bank and the Chinese Imperial Government "Foochow" Loan of 1874', in F. H. H. King (ed.), *Eastern Banking*.

—— 'The Hamburg Branch: The German Period, 1889-1920', in F. H. H. King (ed.), *Eastern Banking*.

King, F. H. H, Defending the Chinese Currency', F. H. H. King (ed.), *Eastern Banking*.

—— *The History of the Hongkong and Shanhai Banking Corporation*, i-iv (Cambridge: Cambridge University Press, 1987-91).

—— 'The Mercantile Bank's Royal Charter', in F. H. H. King (ed.), *Asian Policy, History and Development*.

—— 'Structural Alternatives and Constraints in the Evolution of Exchange Banking', in Geoffrey Jones (ed.), *Banks as Multinationals*.

—— (ed.), *Asian Policy, History and Development* (Hong Kong: University of Hong Kong, 1979).

—— (ed.), *Eastern Banking*. (London: Athlone, 1983).

Mabin, A., and Conradie, B. (eds.), *The Confidence of the Whole Country* (Johannesburg: Standard Bank Investment Corporation, 1987).

Mackenzie, Compton, *Realms of Silver* (London: Routlledge & Kegan Paul, 1954).

Mclean, David, 'International Banking and its Political Implications: The Hongkong and Shanghai Banking Corporation and the Imperial Bank of Persia, 1889-1914', in F. H. H. King (ed.), *Eastern Banking*.

Marichal, Carlos, *A Century of Debt Crises in Latin America* (Princeton, NJ: Princeton University Press, 1989).

Mathur, Rajul, 'The Delay in the Formation of the Reserve Bank of India: The India Office Perspective', *Indian Economic and Social History Review*, 25 (2) (1988), 133-69.

Merrett, David, *ANZ Bank* (Sydney: Allen and Unwin, 1985).

——'Australian Banking Practice and the Crisis of 1893', *Australian Economic History Review*, 29 (1) (1989), 60-85.

——'Paradise Lost? British Banks in Australia', in Geoffrey Jones (ed.), *Banks as Multinationals*.

Meuleau, Marc, *Des pionniers en Extrême-Orient* (Paris: Fayard, 1990).

Muirhead, S. W., 'The Mercantile Bank of India on the East Coast of Malaya', in F. H. H. King (ed.), *Eastern Banking*.

National Bank of Egypt, 1898-1948 (Cairo: National Bank of Egypt, 1948).

Nelson, W. Evan, 'The Hongkong and Shanghai Banking Corporation Factor in the Progress towards a Straits Settlements Government Note Issue, 1881-1889', in F. H. H. King (ed.), *Eastern Banking*.

'The New Oriental Bank Corporation: A Lesson in Bad Banking', *Bankers' Magazine*, 57 (1894), 69-80.

Newlyn, W. T., *Money in an Africa Context* (Nairobi: Oxford University Press, 1967).

Onoh, J. K., *Money and Banking in Africa* (London: Longman, 1982).

Patrikeef, Felix, 'Prosperity and Collapse: Banking and the Manchurian Economy in the 1920s and 1930s', in F. H. H. King (ed.), *Eastern Banking*.

Phylaktis, Kate, 'Banking in a British Colony: Cyprus, 1878-1959', *Business History*, 30 (1988), 416-31.

Platt, D. C. M. (ed.), *Business Imperialism, 1840-1930* (Oxford: Clarendon Press, 1977).

Pohl, Manfred, *Deutsche Bank Buenos Aires, 1887-1987* (Mainz: Hase & Koehler, 1987).

Porter, Michael, *The Competitive Advantage of Nations* (London: Macmillan, 1990).

Pramuanratkarn, T., 'The Hongkong Bank in Thailand: A Case of a Pioneering Bank', in F. H. H. King (ed.), *Eastern Banking*.

Quigley, Neil C., 'The Bank of Nova Scotia in the Caribbean, 1889-1940: The Establishment and Organisation of an International Branch Banking Network', *Business History Review*, 63 (1989), 797-838.

Reddings, S. G., 'Organisational and Structural Change in the Hongkong and Shanghai Banking Corporation, 1950-1980', in F. H. H. King (ed.), *Eastern Banking*.

Republic Bank Ltd., *From Colonial to Republic: One Hundred and Fifty Years of Business in Banking in Trinidad and Tobago, 1837-1987* (Trinidad: Republic Bank, n. d.).

Sayers, R. S., *The Bank of England 1891-1944*, 2 vols. (Cambridge: Cambridge University Press, 1976).

—— *Lloyds Bank in the History of English Banking* (Oxford: Clarendon Press, 1957).

—— (ed.), *Banking in the British Commonwealth* (Oxford: Clarendon Press, 1952).

Segreto, Luciano, 'La City e la "Dolce Vita" romano: la storia della Banca Italo Britannica, 1916-1930', *Passato e Presente*, 13 (1987), 63-95.

Selvaratnam, H. L. D., 'The Guarantee Shroffs, the Chettiars, and the Hongkong Bank in Ceylon', in F. H. H. King (ed.), *Eastern Banking*.

Sit, Victor F. S., 'Branching of the Hongkong and Shanghai Banking Corporation in Hong Kong: A Spatial Analysis', in F. H. H. King (ed.), *Eastern Banking*.

Smith, Carl T., 'Compradores of the Hongkong Bank', in F. H. H. King (ed.), *Eastern Banking*.

Standard Bank, 1892-1967: Three Quarters of a Century of Banking in Rhodesia (Salisbury: Standard Bank 1967).

Standard Chartered Bank, *A Story Brought up to Date* (London: Standard Chartered Bank, 1980).

Tamaki, Norio, 'The Yokohama Specie Bank: A Multinational in the Japanese Interest, 1879-1931', in Geoffrey Jones (ed.), *Banks as Multinationals*.

Teichova, Alice, 'Versailles and the Expansion of the Bank of England into Central Europe', in H. Horn and J. Kocka (eds.), *Law and Formation of the Big Enterprises in the Nineteenth and Early Twentieth Centuries* (Göttingen: Vandenhoeck and Ruprecht, 1979).

Thane, P., 'Financiers and British State: The Case of Sir Ernest Cassel', in R. P. T.

Davenport-Hines (ed.), *Speculators and Patriots: Essays in Business Biography* (London: Cass, 1986).

Truptil, R. J., *British Banks and the London Money Market* (London: Cape, 1936).

Tschoegl, Adrian E., 'International Retail Banking as a strategy: An Assessment', *Journal of International Business Studies*, 19 (2) (1987), 67-88.

Tuke, A. W., and Gillman, R., *Barclays Bank Limited, 1926-1969* (London: Barclays Bank, 1972).

Tyson, Geoffrey, *100 Years of Banking in Asia and Africa* (London: National and Grindlays, 1963).

White, R. C., *Australian Banking and Monetary Statistics, 1945-1970*, Reserve Bank of Australia, Occasional Paper No. 4B, Sydney, 1973.

Wilkins, Mira, 'Banks over Borders: Some Evidence from their Pre-1914 History', in Geoffrey Jones (ed.), *Banks as Multinationals*.

—— 'Defining a Firm: History and Theory', in Hertner and Jones (eds.), *Multinationals: Theory and History*.

—— 'European and North American Multinationals, 1870-1914: Comparisons and Contrasts', in Davenport-Hines and Jones (eds.), *The End of Insularity*.

—— 'The Free-Standing Company, 1870-1914: An Important Type of British Foreign Direct Investment', *Economic History Review*, 2nd ser., 41 (1988), 259-82.

—— 'The History of European Multinationals: A New Look', *Journal of European Economic History*, 15 (1986), 483-510.

—— *The History of Foreign Investment in the United States to 1914* (Cambridge, Mass: Harvard University Press, 1989).

—— (ed.) *The Growth of Multinationals* (Aldershot: Elgar, 1991).

Wilson, John Donald, *The Chase* (Boston, Mass: Harvard Business School Press, 1986).

Wilson, Rodney, 'Financial Development of the Arab Gulf: The Eastern Bank Experience, 1917-1950', *Business History*, 29 (1987), 178-98.

Winton, J. R., *Lloyds Bank, 1918-1969* (Oxford: Oxford University Press, 1982).

公開資料

Committee to Review the Functioning of Financial Institutions, *Report and Appendices*, 1980 (Cmnd. 7937).

London Clearing Banks, *Evidence by Committee of London Clearing Bankers to the*

Committee to Review the Functioning of Financial Institutions (London, Nov. 1977).

Monopolies and Mergers Commission, *A Report on the Proposed Mergers of the Hongkong and Shanghai Banking Corporation, Standard Chartered Bank Limited and the Royal Bank of Scotland Group Limited* (London, Jan. 1982).

Monopolies Commission, *Report on the Proposed Merger of Barclays Bank Ltd., Lloyds Bank Ltd., and Martins Bank Ltd.* (London, 1968).

Report of the Royal Commission Appointed to Inquire into the Monetary and Banking Systems at Present in Operation in Australia (Melbourne, 1936).

Report to the Board of Trade by Committee Appointed to Investigate the Question of Financial Facilities for Trade, Cd. 8346, 1916.

United Nations Centre on Transnational Corporations, *Transnational Bank Behaviour and the International Debt Crisis* (New York, Sept. 1989).

新聞、雑誌

本研究において貴重な情報源として活用した新聞および雑誌は下記のとおりである。

The Banker, Bankers' Magazine, Bank of England Quarterly Bulletin, Economist, Euromoney, Far Eastern Economic Review, Financial Times, Journal of the Institute of Bankers.

未公開資料

Colgate, P., Sheppard, D. K., Guerin, K., and Hawke, G. R., 'A History of the Bank of New Zealand, 1862-1982. Part 1: 1862-1934', Victoria University of Wellington Money and Finance Association, Discussion Paper No. 7, 1990.

Jones, Charles A., 'British Financial Institutions in Argentine, 1860-1914', Ph. D. thesis, Cambridge, 1973.

Hawke, G. R., and Sheppard, D. K., 'The Evolution of New Zealand Trading Banks mostly until 1934', Victoria University of Wellington Working Papers in Economic History, No. 84/2, Mar. 1984.

Merrett, David, 'The 1893 Bank Crashes: The Aftermath', unpublished paper.

——'The 1983 Bank Crashes: A Reconsideration', unpublished paper given to Monash Economic History Seminar, 13 Nov. 1987.

——'Two Hundred Years of Banking', unpublished paper.

Swanson, J. J., 'History of the Bank in East Africa', Memoirs unpublished MS, June

1954, Standard Chartered Archives.

訳者あとがき

　本書は、ジェフリー・ジョーンズ（Geoffrey Jones）の *British Multinational Banking, 1830-1990* の全訳である。しかし、本書は、「日本語版への序文」に示したように、さらに2000年までの10年間の英国多国籍銀行の活動を網羅して書かれている。これは監訳者の坂本恒夫が、日本語版を刊行するに際して、著者ジェフリー・ジョーンズ氏に強く要望して、若干の補筆をお願いした結果である。

　言うまでもなく、1985年頃から2000年頃までは、多国籍銀行にとっては激動の時代であった。銀行は、国際化・多国籍化とその撤退に続いて、投資銀行化の様相を見せ、その失敗の結果、今度はリテール化へと転回した。さらに、欧州のEC統合の流れの中で、全ヨーロッパを巻き込んだ大型合併が展開された。

　このような激動の中で、銀行の歴史を科学的に把握することは、容易なことではない。しかし、ジェフリー・ジョーンズは、ミラ・ウィルキンスのフリースタンディング企業理論やマイケル・ポーターのダイヤモンド理論を駆使しながら、経営史的にも国際理論的にも困難な銀行の歴史の解明に果敢に挑戦している。

　著者の研究には、*The State and the Emergence of the British Oil Industry* (Macmillan, London, 1981)；*Banking and Empire in Iran: The History of the British Bank of the Middle East*, vol. 1 (CUP, Cambridge, 1986)；*Banking and Oil: The History of the British Bank of the Middle East*, vol. 2 (CUP, Cambridge, 1987)；*Planning and Power in Iran* (Frank Cass, London, 1989)、*The Evolution of International Business: An Introduction* (International Thomson Publishing, 1995)、*Multinationals and Global Capitalism: From the 19th to the 21st Century* (Oxford University Press 2005) の 6 冊の単著をはじめ、R. Davenport-Hines との共著 *British Business in Asia since 1860* (CUP, Cambridge, 1989) を含む18冊の編著など、非常に多数のものがある。

　本書は、170年にわたる英国の多国籍銀行業の歴史を 5 年以上の歳月をかけて研究している。著者は、銀行業の歴史が、他の業種の企業の歴史を研究すること

と遜色のない重要なビジネスの1つと位置づけて分析している。また、銀行の資料室から持ち出すことが長く禁止されていた機密文書を、多くの団体や個人の協力によって、丹念に読み解くことによって説明出来なかった幾つかの事象を見事に解明している。

　まず第1章では、研究対象の範囲と本書の課題について明らかにしている。そして分析のツールというべき用語の概念について規定した後、多国籍企業理論を検証して英国多国籍銀行論を展開するにあたり、どのような理論が有効か提起している。

　第2章では、1830年代に創設された英国多国籍銀行は、海外支店を次々に設立していったが、その主な進出先は豊富な一次産品を持つ地域であり、殖民地経済の発展に大きく寄与したことが述べられている。

　第3章と第4章は、1890年から第1次世界大戦終了時の1913年までである。まず第3章では1890年から1895年の金融危機を中心に論じ、銀行利益の減少、巨額不良債権の発生、株価の暴落の悪循環の中で、淘汰される銀行と生き残る銀行について説明している。続いて第4章では、イギリス多国籍銀行がいくつかの国で紙幣を発行したりして通貨エージェントとして重要な役割を果たしてきたことが述べられている。またこの際、イギリス外務省ときわめて強い協力関係にあったことが指摘されている。

　第5章、第6章そして第7章は、第1次大戦終了時の1914年から第2次大戦終了時の46年まで、いわゆる両大戦間である。まず第5章では、1914年から1946年におけるイギリス多国籍銀行の会社組織に焦点をあて、代表的クリアリングバンクであるロイズとバークレイズが多国籍銀行へ変貌する過程を述べている。また2つの大戦と大恐慌という逆境に対応しながらも、イギリスの多国籍銀行が生き残りを果たし、そして時代の変化の中で19世紀的遺物が壊れていくことを描いている。続いて第6章では、両大戦期という不安定な時期に、イギリス多国籍銀行がカルテルによる競争制限や進出先経済への適応によって市場シェアを維持しつつも、地域や商品への多角化には限界があったことを述べている。そして第7章では、両大戦間において、イギリス政府やイングランド銀行が行ったクリアリングバンクの多国籍銀行業務参入への支援策について検証しているが、その成果は

倒産回避程度のものであったと述べている。

　第8章から第10章までは、第2次大戦後から今日までのことを述べている。まず第8章では、1970年頃までの時期で英国の政治的および経済的地位が後退するに伴い、多国籍銀行の競争力も低下していったことが述べられている。英国多国籍銀行の統合や再編成の動きは緩慢であり、新たな時代に対応する戦略も銀行内部の保守的な企業文化と既存の業界構造を変えたがらないイングランド銀行によってほとんど実現しなかったことが書かれている。続いて第9章では、英国多国籍銀行の保守的行動を説明している。それは、短期貸付と流動性への選好、そして人種・民族問題での従来的手法であった。そして第10章では金融市場のグローバル化の中で、英国多国籍銀行の衰退とそれへの克服について分析している。

　最後の第11章では、総括的にイギリス多国籍銀行の歴史を振り返っている。起業家精神や経営手腕によって19世紀には競争力の優位性を確立したが、1960年代以降、保守的な経営行動で競争力を失っていく。これは環境変化に対応できなかった銀行の衰退の歴史であると結んでいる。

　ジェフリー・ジョーンズ氏は、1974年にケンブリッジ大学を卒業し、78年に同大学で博士の学位を取得した。ロンドン大学政治経済学院（LSE）から教職につき、1988年レディング大学経済学に移籍したが、本書はこの頃の研究活動を中心にして著されている。Europian Business History Society の会長、学術誌 *Business History* の総責任者を務めるなど、その幅広い活躍が認められ、現在は Harvard 大学ビジネススクールの教授として、地球的規模で研究活動を展開している。

　本書の翻訳は、坂本恒夫が1977年から99年までレディング大学に在外研究で明治大学から派遣され同氏にお世話になり親しい間柄であったこともあり、この企画がスタートした。著者は2004年に来日され、明治大学で特別講義をされ、翻訳者全員ともいっそう緊密になった。

　翻訳の分担は、日本語版はしがき、序文、第1章が坂本、第2章は澤田と野村、第3章は森谷と大坂、第4章は白坂、第5章は落合と松田、第6章は松田、第7章は林、第8章は文堂、第9章は井口と鵜崎、第10章は趙、第11章は正田、付録は澤田、主要参考文献は鳥居が、それぞれ担当した。訳文の統一と全体の整合性

については、坂本と正田が手を加えた。また、これらの作業の事務的な整理、用語の統一作業については、明治大学大学院の鳥居陽介君が献身的に手助けしてくれた。

　最後に出版事情の厳しいなか本書の刊行に暖かく応じてくれた日本経済評論社の栗原哲也社長、根気強く完成原稿が出来上がるのを待っていただいた谷口京延氏には心より感謝を申し述べたい。

　2007年11月

訳者を代表して

坂 本 恒 夫

索　引

【ア行】

アグラ銀行　Agra bank（アグラ・アンド・マスターマンズ、アグラ・アンド・ユナイテッド・サービス銀行）　29, 33, 37, 62, 73, 75, 103, 516, 526-7, 533
アジア地域の為替銀行　Eastern Exchange Banks
　　設立・歴史　30-32, 36, 122, 124-5, 228, 257, 263, 335, 345, 347-9, 362, 365, 386-7, 499
　　組織　52, 57, 59, 63, 89, 107, 216, 366, 373, 421, 504
　　業績　45, 86, 89, 98-99, 184-5, 231, 519, 627
　　戦略　48, 51, 109-111, 115-7, 126-7, 252-4, 265-6, 268-9, 272, 278-9, 281-3, 340, 393-4, 407-8, 413-7, 502
　　（個々の為替銀行参照）
アフリカ銀行　Bank of Africa　35, 104, 527, 535
アフリカン・バンキング・コーポレーション　African Banking Corporation
　　設立・歴史　100, 210, 528, 533
　　戦略　93-4, 95, 104, 119, 151
アングロ・アルゼンチン銀行　Anglo-Argentine Bank　34, 104, 527, 533
アングロ・インターナショナル銀行　Anglo-International Bank　309-10, 323, 325, 529, 534
アングロ・エジプト銀行　Anglo-Egyptian Bank　305
　　設立・歴史　36, 198-9, 527-8, 534
　　業績　230, 235, 563, 615, 619-20, 626
　　戦略　50, 276
アングロ・カルフォルニア銀行　Anglo-Californian Bank　36, 527, 534
アングロ・サウス・アメリカ銀行　Anglo-South American Bank（タラパカ・アンド・ロンドン銀行）
　　1931-6年の失敗　184, 202, 212-4, 231, 235, 237-8, 317-8, 320-2, 324-5, 509
　　設立・歴史　34, 42, 188, 190, 220, 310, 527-9, 534, 536
　　組織　90, 211-2, 215, 217, 237
　　業績　86, 92, 96, 211, 229, 262, 596-7, 615-7, 619-20, 626
　　戦略　95, 101, 104, 114, 158, 210-11, 275, 277, 283, 322-3, 516-7
イースタン銀行　Eastern Bank
　　設立・歴史　101, 205, 206, 228, 343-4, 346-7, 528-31, 540
　　組織　106, 216, 349
　　業績　579-80, 615-7, 619-24
　　戦略　166-7, 227, 230, 266, 269, 272-3, 279, 417-8, 627
イオニア銀行　Ionian Bank
　　設立・歴史　22-24, 112, 142-4, 305, 343, 346-7, 348, 364, 388, 526-31, 542
　　組織　53-55, 216, 220, 223, 324
　　業績　98, 227-8, 231, 590-1, 615-7, 619-22, 623-4, 626
　　戦略　42, 47, 49-50, 93, 158, 271, 277-8, 281
イギリス財務省　Treasury, British　27-8, 30, 49, 125, 141-3, 145, 150, 153, 170, 228, 289, 302, 304, 307, 309, 311, 315, 317, 320, 322

イングランド銀行　Bank of England
　　アメリカの銀行の対応　354-5, 356, 357, 363, 365, 375
　　アングロ・オーストリアおよびアングロ・インターナショナル銀行の対応　306-10
　　金融危機　85, 88, 140, 188, 190, 194, 213, 228, 235, 276, 312-4, 317, 319-25, 446, 453
　　銀行合併　301, 314-26, 346, 348, 362-5, 449, 456-9, 504, 512
　　機能と方針　28, 125, 145, 161, 254-5, 340, 433, 448, 469
イングリッシュ・スコティッシュ・アンド・オーストラリア銀行（ES&A）　English, Scottish & Australian Bank
　　設立・歴史　31, 86, 210, 343-4, 350-1, 358, 526-31, 540-1
　　組織　216, 218, 260, 396-7
　　業績　234, 235, 581-3, 615-24
　　戦略　48, 89, 186-7, 261, 267, 275, 397-8
インターコンチネンタル・バンキング・サービス（IBS）　Intercontinental Banking Service　355, 360, 375
インド・オーストラリア・アンド・チャイナ・チャータード銀行　Chartered Bank of India, Australia and China（チャータード銀行）
　　設立・歴史　31, 93-4, 205, 208-9, 254, 256, 265, 277, 340, 342, 343, 345-7, 350-1, 355, 358, 359-61, 386, 387, 526-31, 539
　　組織　52-53, 57, 59, 214-6, 220, 372, 421
　　業績　227-8, 231-2, 235, 574-6, 615-24, 627
　　戦略　94, 95, 109, 111-2, 115, 150-1, 159, 165-6, 167-8, 278-9, 282, 393, 415-6, 436-7, 471-2, 483, 485, 515
　　（スタンダード・チャータードPLC参照）
インド・ナショナル銀行　National Bank of India
　　設立・歴史　36, 315, 343-4, 527-31, 546
　　組織　54, 57, 106, 421
　　業績　604-6, 615-22
　　戦略　93-4, 251
　　（ナショナル・アンド・グリンドレイズ銀行参照）
インド・マーカンタイル銀行　Mercantile Bank of India（マーカンタイル銀行）
　　設立・歴史　63, 86, 105, 208, 343, 347-9, 363, 545
　　組織　221-2, 286-7, 408-9, 417, 421
　　業績　227, 528-31, 602-3, 615-24
　　戦略　94, 265, 268-9, 271, 393, 407, 413-4, 417
　　（インド・ロンドン・アンド・チャイナ・チャータード・マーカンタイル銀行参照）
インド・ロンドン・アンド・チャイナ・チャータード・マーカンタイル銀行　Chartered Mercantile Bank of India, London and China（チャータード・マーカンタイル銀行）　32, 86, 90, 122, 150, 154, 526-7, 539（インド・マーカンタイル銀行参照）
ウィルキンス、ミラ　Wilkins, Mira【人名】　12-13, 65
ウエストミンスター外国銀行　Westminster Foreign Bank（インターナショナル・ウエストミンスター、ロンドン・カウンティ・ウエストミンスター銀行（パリ）　205, 317, 445, 528-32, 550-1
ウエストミンスター銀行　Westminster Bank（ロンドン・カウンティ・ウエストミンスター銀行、ロンドン・アンド・ウエストミンスター銀行）　56, 103, 157, 160-2, 165, 168, 205, 306, 310, 311, 313, 356, 359, 550-1

エジプト・ナショナル銀行　National Bank of Egypt　　103,146-148,169,305,310,320,523,528-30,546
エジプト銀行　Bank of Egypt　　26,31,53,103,147,526-7,536
オーストラリア・コモンウェルス銀行　Commonwealth Bank of Australia　　145,186,233,237,255-7,395,396,397
オーストラリア・ニュージーランド銀行（ANZ）　Australia and New Zealand Bank
　　設立・歴史　　210,343-5,350-1,355,374-5,448-9,504-5,513,532,534-5
　　組織　　349,367,373
　　業績　　566,618,622
　　戦略　　359,360-1,385,396-8,451-2
オーストラリア・ユニオン銀行　Union Bank of Australia
　　設立・歴史　　22-3,62,66,70,86,90,104,124,259-61,263,526-531,550
　　組織　　26,52-7,64,106,214-8,224,259,342,343-5
　　戦略　　35,42,45-6,155,161,221,229,257-9,260,274-5
　　（オーストラリア・ニュージーランド銀行参照）
オーストラリア・ロンドン銀行　London Bank of Australia（オーストラリア・ロンドン・チャータード銀行）　　31,42,86,89,210,261,526-8,544
オーストラレイシア銀行　Bank of Australasia
　　設立・歴史　　22-24,66,70,90,263,342,343-5,526-31,535
　　組織　　52,54-7,62,106,214-6,218
　　業績　　233,235,564-5,615-8,619-22
　　戦略　　29,35,42,45-6,124,221,229,259-61,274-5
　　（オーストラリア・ニュージーランド銀行参照）
オスマン・インペリアル銀行　Imperial Ottoman Bank　　148-9,271,305,323,324,350,356,524
　　（オスマン銀行参照）
オスマン銀行　Ottoman Bank　　26,524,526,548（オスマン・インペリアル銀行参照）
オリエンタル・バンク・コーポレーション（オリエンタル銀行）　Oriental Bank Corporation　　29-30,32,35,36-7,49,52,62,73,75,141,150,154,158,516-7,526,547-8（ニューオリエンタル・バンク・コーポレーション参照）

【カ行】

キング、F. H. H.　King【人名】　　166
グリンドレイズ銀行　Glindlays Bank（グリンドレイズ・カンパニー）　　102,206,343-4,528-31,541（ナショナル・アンド・グリンドレイズ銀行参照）
コックス&CO　Cox & Co.（コックス・アンド・コーポレーション）　　102,188,190-1,193,203-4,276,283,317,319-21,324,528,540
コロニアル銀行　Colonial Bank
　　設立・歴史　　22,41,142,526-8,539
　　組織　　121
　　業績　　98,203,227,235,577-8,615-6,619-20,623
　　戦略　　95,119-21,171,197-201
　　（バークレイズ銀行（DCO）参照）

【サ行】

サウス・アフリカ・スタンダード銀行　Standard Bank of South Africa（ブリティッシュ・サウ

ス・アフリカ・スタンダード銀行）
　　設立・歴史　　35, 69-70, 87-8, 91, 92, 210, 257, 264, 350-1, 352, 355, 357-61, 364-5, 398-402, 515, 527-31, 549
　　組織　　54-57, 107, 215, 218-9, 285, 342, 363, 366, 369-72, 373, 422-3
　　業績　　87, 185, 227, 229, 231-2, 611-3, 615-24
　　戦略　　93, 95, 110, 112-3, 150, 155, 158, 165, 205-6, 251, 266, 270, 281, 283, 305, 334-5, 339, 399-401, 406-7, 410-1, 416, 483, 485, 486
　　（スタンダード・チャータードPLC参照）
サウス・アメリカ・ブリティッシュ銀行　British Bank of South America　114, 210-1, 528-9, 538
サウス・オーストラリア銀行　Bank of South Australia　22, 23, 86, 89, 104, 526-7, 536-7
サスーン・バンキング・カンパニー（E.D.サスーン、サスーン家）Sasson family　52, 102, 344, 530, 549
スタンダード・チャータードPLC　Standard Chartered PLC
　　設立・歴史　　7, 361, 374-5, 441, 444-5, 449, 452-459, 488, 504-5, 532, 549-50, 555
　　組織　　452
　　業績　　455, 458-60, 614, 618, 622
　　戦略　　464, 468-70, 473-6, 478, 479-80, 483-6, 515
　　（インド・オーストラリア・アンド・チャイナ・チャータード銀行およびサウス・アフリカ・スタンダード銀行参照）
スパニッシュ・アメリカ商業銀行　Commercial Bank of Spanish America　95, 101, 210-1, 528-9, 539-40
スペイン・アンド・イングランド・ユニオン銀行　Union Bank of Spain and England　103, 527, 550

【タ行】

タラパカ・アンド・ロンドン銀行　Bank of Tarapaca and London　537（アングロ-サウス・アメリカ銀行参照）
ダンニング、ジョン　Dunning, Jhon. H【人名】　6
チャンドラー、アルフレッド　Candler, Alfred. D【人名】　11, 65, 258, 502
デリー・アンド・ロンドン銀行　Delhi and London Bank　208, 527-8, 540
トルコ・ナショナル銀行　National Bank of Turkey　103, 146, 148-9, 169, 302, 305-6, 523, 528, 547

【ナ行】

ナショナル・アンド・グリンドレイズ銀行　National and Grindlays Bank
　　設立・歴史　　343-5, 347, 348-9, 350, 354-5, 356-8, 359, 365, 374, 440-1, 449-52, 464, 532, 545-6
　　組織　　341, 368, 437, 449-51
　　業績　　355, 604-6, 618, 622
　　戦略　　414, 415, 416, 477
　　（インド・ナショナル銀行参照）
ナショナル・ウエストミンスター銀行PLC　National Westminster PLC
　　コンソーシアム銀行業　　442-4
　　設立・歴史　　356, 368, 468, 532, 547, 555
　　1970以降の多国籍投資と業績　　360-1, 442-6, 452, 471, 474-9, 481, 484, 486, 488, 504（ナショナル・プロヴィンシャル銀行およびウエストミンスター銀行参照）

索　引　649

ナショナル・プロヴィンシャル銀行　National Provincial Bank　159, 189, 195, 205-6, 304, 306, 311, 343, 356, 359, 547（ロイズ・アンド・ナショナル・プロヴィンシャル銀行参照）
ニュー・オリエンタル・バンク・コーポレーション　New Oriental Bank Corporation（ニュー・オリエンタル銀行）　37, 86, 89, 90, 103, 105, 122, 150, 527, 547（オリエンタル・バンク・コーポレーション参照）
ニュージーランド・ナショナル銀行　National Bank of New Zealand
　　設立・歴史　35, 70, 124, 194-6, 206, 315, 317, 343-5, 350, 354, 355, 385, 440, 527-32, 546-7
　　組織　41, 55
　　業績　87, 607-9, 615-22, 626
　　戦略　46, 119

【ハ行】

バークレイズ銀行（DCO）　Barclays Bank（DCO）
　　設立・歴史　198-205, 238, 263-4, 316-8, 341, 350, 354-7, 364, 375, 503, 510-1, 529-32, 537
　　組織　199, 203, 218, 368, 369-371, 373, 422, 517
　　業績　185, 201-3, 227-8, 231-2, 235, 572-3, 616-8, 620-4
　　戦略　229-30, 251, 266, 270, 276-7, 280, 347, 399-401, 406, 410-1, 471
バークレイズ銀行（カナダ）　Barclays Bank（Canada）　204-5, 262, 317, 344, 530, 537
バークレイズ銀行（フランス）　Barclays Bank（France）　204, 317, 529-31, 537
バークレイズ銀行 PLC　Barclays Bank PLC
　　バークレイズ銀行（DCO）との関係　121, 196-204, 207, 248, 317-8, 350, 364, 375, 503
　　バークレイズ銀行インターナショナルとの関係　357, 360-1, 438-9, 504
　　設立・歴史　488, 532, 538, 555
　　DCO 以外の多国籍投資　203-4, 304, 344, 345-7, 350, 355, 375, 412, 444, 448, 504
　　1960 年以降のヨーロッパおよびアメリカ投資　439, 471, 473-4, 479-80, 486
　　1968 年ロイズとの合併提案　354-6, 362, 435, 515
　　国家への貸付　468
バークレイズ銀行 SAI　Barclays Bank SAI　204, 344, 529-30, 538
バークレイズ銀行インターナショナル（BBI）　Barclays bank international　357, 361, 438, 537
バンク・オブ・スコットランド PLC　Bank of Scotland　532, 536
フリースタンディング企業　Free-standing firm　13, 25, 65, 71, 99-100, 128, 249, 448-9, 501, 504
ブリティッシュ・イタリアン・（バンキング）・コーポレーション　British Italian Corporation　194-6, 205-6, 310-3, 317, 319, 325, 529, 538
ブリティッシュ・ウエスト・アフリカ銀行（BBWA）　Bank of British West Africa（Bank of West Africa after 1957）
　　設立・歴史　100-2, 195-6, 198, 205, 206, 236, 315, 317, 350-1, 354, 358, 528-31, 535
　　組織　107, 215, 220, 284-5, 366, 422
　　業績　96, 227, 229, 568-70, 615-22, 624, 626
　　戦略　93-4, 95, 118, 151-3, 250, 273, 406, 410
ブリティッシュ・コロンビア銀行　Bank of British Colombia　35, 96, 104, 527, 535
ブリティッシュ・トレード・コーポレーション（BTC）　British Trade Corporation　186, 194, 195, 303-7, 308-9, 311-2, 313, 534
ブリティッシュ・ノース・アメリカ銀行　Bank of British North America
　　設立・歴史　22-24, 53, 105, 208, 262, 526-528, 535
　　業績　98, 567, 615-616, 619-20

戦略　29, 95-6
P&Oバンキング・コーポレーション　P&O Banking Corporation
　　設立・歴史　194-5, 205-6, 208-9, 524, 529-30, 548
　　組織　216, 222
　　業績　209, 610, 616, 620-1
　　戦略　256, 277, 282-3
ペルシャ・インペリアル銀行　Imperial Bank of Persia（1935年以降イラン・インペリアル銀行）、（ミドルイースト・ブリティッシュ銀行参照）
ホーカー、シリル　Hawker, Cyril【人名】　351, 357-61, 363, 366, 374-5, 444-5, 516
ポーター、マイケル　Porter, Micheal【人名】　6-7, 14-5, 71, 72-74, 254, 341, 433, 507, 512
ボルトン、ジョージ　Bolton, George【人名】　351-7, 358, 361-363, 366-7, 374-5, 436, 516
香港、上海バンキング・コーポレーション　HSBC Holdings　463-4, 474, 484-5, 487-8, 505, 532, 541
香港銀行　Hongkong Bank
　　設立・歴史　7, 11, 36, 66, 92, 215-8, 228, 236-7, 340, 343, 347-9, 361, 363, 374, 386-7, 391, 446-7, 449, 501, 527-32, 541, 555
　　組織　40, 52, 56-8, 62, 64, 107, 215-6, 219, 222, 223-4, 337, 341, 366-8, 373, 409, 417, 422, 437, 462-3, 511
　　業績　87, 98-99, 185, 335, 347, 518-9, 584-6, 615-24
　　戦略　41-2, 45, 49, 88, 94-6, 109, 115, 122-3, 124, 149-51, 154, 158-9, 163-8, 170-2, 237, 253-4, 266, 269, 278-9, 282, 412-5, 456-8, 460-3, 469-71, 472, 474-6, 481-5, 504-5, 508, 515

【マ行】

ミッドランド銀行PLC　Midland Bank
　　コンソーシアム銀行業　358-9, 442-4
　　コルレス戦略　207, 338
　　設立・歴史・業績　103, 157-8, 368, 463-4, 505, 515, 532, 545, 555, 615-22
　　1970以降の多国籍投資と業績　361, 365, 445-7, 452, 460, 468-70, 474-83, 486-8, 504-5, 517
ミッドランド・アンド・インターナショナル・バンク（MAIBL）　Midland and International Bank　358, 365, 375, 443-4
ミドルイースト・ブリティッシュ銀行（BBME）　British Bank of the Middle East (formerly Imperial Bank of Persia)（ペルシャ（イラン）・インペリアル銀行）
　　設立・歴史　26, 36, 122, 228, 236, 262, 342, 343, 345-6, 348-9, 363-4, 389, 391, 508, 527-31, 538
　　組織　52, 53, 57, 64, 106, 141-2, 214-6, 222, 223, 366, 372-3, 417-8, 40-22
　　業績　86, 227, 231, 587-9, 615-24
　　戦略　90, 98, 113, 117, 119, 149, 153-6, 158, 162-3, 165-6, 169-72, 223, 230, 252, 256, 273, 275, 281, 287-8, 335, 387, 416-8
メキシコ・アンド・サウス・アメリカ・ロンドン銀行　London Bank of Mexico and South America　34, 104, 158, 527, 544
モーリシャス銀行　Bank of Mauritius　42, 101, 106, 113, 208, 528, 536, 571, 615, 619, 623, 626

【ラ行】

リオ・デ・ジャネイロ・イングリッシュ銀行　English Bank of Rio de Janeiro　34, 53-4, 527, 540
リバープレート・イングリッシュ銀行　English Bank of the River Plate　26, 34, 53, 86, 89, 103, 105, 527, 540

索 引 651

ロイズ（フランス） Lloyds Bank (France)、（ロイズ・アンド・ナショナル・プロヴィンシャル外国銀行参照）
ロイズ（ヨーロッパ） Lloyds Bank Europe（ロイズ・アンド・ナショナル・プロヴィンシャル外国銀行参照）
ロイズ・アンド・ナショナル・プロヴィンシャル外国銀行 Lloyds and National Provincial Foreign Bank
 設立・歴史 103, 188-9, 317, 343, 350, 354, 357, 528-30, 542
 業績 191-3, 204, 206, 227, 231, 592-3, 616-7, 620-1, 623-4
 戦略 191-3
ロイズ銀行 PLC Lloyds Bank PLC
 設立・歴史・業績 53, 445, 447, 455, 463, 532, 543, 555, 615-22
 1970年以前の多国籍投資および業績 103, 187-97, 202-205, 206, 210, 221, 238, 250, 268, 273, 276, 285, 304, 306, 311, 313, 315-9, 320-322, 343-5, 349-50, 352, 357, 364, 503-504
 組織上の失敗 190-3, 199, 201, 326, 341-2, 357, 360-1, 375, 511
 1970 以降の多国籍投資と業績 440-2, 449-51, 458, 460, 473-5, 479, 482, 486, 488, 504-505
 バークレイズとの統合提案（1968） 354-7, 362, 435, 515
 国家への貸付 467-70
ロイズ銀行インターナショナル（LBI） Lloyds Bank International（ロイズ・アンド・ボルサ・インターナショナル） 357, 440-1, 467-8, 543
ロイヤル・バンク・オブ・スコットランド PLC Royal Bank of Scotland PLC 319, 364, 456-7, 458, 464, 474-5, 477, 480-1, 484, 487-8, 505, 532, 548
ロンドン、パリ・アンド・アメリカ銀行 London, Paris and American Bank 36, 527, 545
ロンドン・アンド・サウス・アメリカ銀行（Bosla） Bank of London and South America
 設立・歴史 35, 189-90, 262, 277, 317-8, 321-2, 344, 350, 387, 402-4, 486, 529-32, 536
 組織 192-3, 219-20, 223-4, 363, 367
 業績 227-8, 231, 235, 321, 616-8, 620-4, 600-1, 626
 戦略 249, 256, 275, 283, 342, 351-7, 390, 403-4, 435-7, 515-6
 （ロイズ銀行およびロイズ銀行インターナショナル参照）
ロンドン・アンド・サンフランシスコ銀行 London and San Francisco Bank 35-6, 527, 544
ロンドン・アンド・サウス・アフリカ銀行 London and south Africa Bank 35, 526, 544
ロンドン・アンド・ブラジル銀行 London and Brazilian Bank
 設立・歴史 26, 34, 188-90, 210, 317, 527-8, 543-4
 組織 53, 58
 業績 112, 189-90, 193, 594-595, 619-20
 戦略 46-7, 95-6, 114, 158, 306
 （ロンドン・アンド・サウスアメリカ銀行参照）
ロンドン・アンド・リバープレート銀行 London and River Plate Bank
 設立・歴史 34, 91, 92, 104-5, 188-190, 193, 210, 317, 527-8, 544
 組織 53-55, 58
 業績 189-90, 227, 598-9, 615-6, 619-20, 623
 戦略 46, 50, 95-6, 98, 113-114, 158, 304-5
 （ロンドン・アンド・サウスアメリカ銀行参照）
ロンドン・カウンティ・アンド・ウエストミンスター銀行 London, County and Westminster Bank（ウエストミンスター銀行参照）

【訳者紹介】

澤田茂雄（さわだ・しげお）
創価女子短期大学講師

野村佐智代（のむら・さちよ）
埼玉学園大学経営学部准教授

森谷智子（もりや・ともこ）
嘉悦大学経営経済学部専任講師

大坂良宏（おおさか・よしひろ）
石巻専修大学経営学部教授

白坂　亨（しらさか・とおる）
大東文化大学経営学部准教授

落合孝彦（おちあい・たかひこ）
青森公立大学経営経済学部准教授

松田　淳（まつだ・じゅん）
川口短期大学准教授

林　幸治（はやし・こうじ）
諏訪東京理科大学経営情報学部助手

文堂弘之（ぶんどう・ひろゆき）
常盤大学人間科学部准教授

井口知栄（いぐち・ちえ）
立命館大学経営学部准教授

鵜崎清貴（うざき・きよたか）
大分大学経済学部教授

趙　　丹（ちょう・だん）
朝鮮大学校助手

鳥居陽介（とりい・ようすけ）
明治大学経営学部助手

【監訳者略歴】

坂本恒夫（さかもと・つねお）

経営学博士、明治大学経営学部教授、明治大学一部教務部長。
1947年生まれ。79年明治大学大学院経営学研究科博士後期課程修了。
91年より現職。この間、1984・85年豪州ニューサウス・ウエールズ大学、97～99年英国レディング大学客員研究員、2004年仏国トゥールーズ第一社会科学大学客員教授。
現在、日本経営財務研究学会会長、日本経営分析学会および中小企業・ベンチャービジネスコンソーシアムの各副会長、証券経済学会および日本財務管理学会の各理事。
主な著作（単著）『企業集団財務論』泉文堂、1990年、『企業集団経営論』同文舘、1993年、『戦後経営財務史――成長財務の軌跡』T&Sビジネス研究所、2000年。（編著）『実証分析　英国の企業・経営』中央経済社、2002年。（翻訳）『規制緩和と現代株式会社』文眞堂、1994年。

正田　繁（しょうだ・しげる）

㈱日立製作所金融システム事業部ビジネスソリューション企画部長、ファイナンシャル・ブリッジ㈱代表取締役。
1950年生まれ。74年立教大学経済学部卒。
2002年より現職。この間、1990～94年日立ヨーロッパGmbH（ドイツ）経理部長、95～99年日立ホームエレクトロニクスヨーロッパ（イギリス）財務部長、2004年明治大学経営学部特別招聘教授。
現在、（独）日本学術振興会経営問題108委員会委員、中小企業・ベンチャービジネスコンソーシアム理事。
主な著作（単著）『企業経営・未来への指針』（明治大学リバティアカデミー）、2006年。

イギリス多国籍銀行史──1830〜2000年──

2007年11月26日	第1刷発行	定価(本体5,500円＋税)

著　者　　ジェフリー・ジョーンズ
監訳者　　坂　本　恒　夫
　　　　　正　田　　　繁

発行者　　栗　原　哲　也

発行所　株式会社　日本経済評論社
〒101-0051　東京都千代田区神田神保町3-2
電話 03-3230-1661　FAX 03-3265-2993
E-mail : nikkeihy@js7.so-net.ne.jp
URL : http://www.nikkeihyo.co.jp

装幀＊渡辺美知子　　　　印刷＊藤原印刷・製本＊美行製本

乱丁落丁はお取替えいたします。　　　　　Printed in Japan
© SAKAMOTO Tsuneo et. al. 2007　　ISBN978-4-8188-1705-0

・JCLS 〈㈱日本著作出版権管理システム委託出版物〉
本書の無断複写は著作権法上での例外を除き禁じられています。複写される場合は、そのつど事前に、㈱日本著作出版権管理システム（電話03-3817-5670、FAX03-3815-8199、e-mail: info@jcls.co.jp）の許諾を得てください。